Franz Kurowski

DIE
SACHSEN

Franz Kurowski

DIE SACHSEN
SCHWERTGENOSSEN SAHSNÔTAS

© 2009 Nikol Verlagsgesellschaft mbH & Co. KG,
Hamburg

Alle Rechte, auch das der fotomechanischen Wiedergabe
(einschließlich Fotokopie) oder der Speicherung auf
elektronischen Systemen, vorbehalten.
All rights reserved.

Covergestaltung: Thomas Jarzina, Holzkirchen
Titelabbildung: akg-images
Printed in the Czech Republic

ISBN: 978-3-86820-019-5

www.nikol-verlag.de

Inhaltsverzeichnis

URSPRÜNGE DER SACHSEN

Erste Nennung 11
Die Seesachsen – Eroberer und Seeräuber 14
Eine weitere Theorie 21
Gegen Gallien 23
Sachsen und Römer 25
Die Völkerwanderung und die Sachsen 27
Die Thüringerkriege 31
Franken gegen Westsachsen 37
Mit den Langobarden nach Italien 39
Das Schiff bei den Seesachsen 43

DER WEG NACH BRITANNIEN

Die Vorgeschichte 51
Der Sprung an die britannische Küste 55
Das angelsächsische Königreich 60
Die Missionierung Britanniens 64
Christentum und kulturelle Entwicklung der Sachsen
  in Britannien 66
Von Alfred dem Großen bis zur Schlacht von Hastings 70
Götterglaube in Sachsen 74
Die germanischen Runenschriften 77
Sächsische Kleidung 81
Die seegermanische Männertracht 82
Die Leute von Issendorf 83
Das Gräberfeld von Liebenau 86
Waffenfunde in Grabstätten 97
Die sächsischen Adelsgräber 89

DIE FRANKEN – TODFEINDE DER SACHSEN

Die Merowinger als Auslöser 92

Die Missionierungsversuche 95
Weitere Sachsenkriege der Merowinger 97

DIE ZEIT DER KAROLINGER

Der Beginn der karolingischen Herrschaft 105
Das Eingangstor ins Sachsenland: die Hohensyburg 109
Mit Widukind gegen die Franken 114
Reichstag zu Paderborn – Der neue Aufstand 116
Grafschaftsverfassung und neuer Aufstand 122
Das Blutbad von Verden 125
Die weiteren Kämpfe 127
Der siebente Frankenzug nach Sachsen 130
Vom Oberhof zum Reichshof 135
Wer war Widukind? 138
Von der Widukindgedächtnisstätte zum Widukindmuseum . . 143
Widukinds Grab 145
Die gebietliche Neuordnung in Sachsen 147
Die letzte Phase des Sachsenkrieges 148
Entwicklung in acht Jahren der Ruhe 149
Die Stände der Sachsen 151
Sächsische Krieger – Waffen und Burgen 156
Gütererzeugung, Handel und Geldwesen 158
Die weitere Missionierung zur Zeit Karls des Großen . . . 162
Die letzten Sachsenkriege 167
Die Verteilung des Reichtums 175
Sachsen unter Ludwig dem Frommen 177

DAS RÄTSEL DER EXTERNSTEINE

Lage und Art eines Heiligtums 181
Entwicklung bei den Externsteinen 187
Germanische Astronomie im Oesterholz 188
Die Externsteine als Mittelpunkt 191
Lohengrin und die Externsteine 195

LIUDOLFINGER UND OTTONEN

Liudolf und die Franken 200
Konrad I. – König der Ostfranken 204
Der Sachse auf dem Königsthron 209
Otto der Große – der erste sächsische Kaiser 220

Der erste Italienzug 229
Die Schlacht auf dem Lechfeld 233
Die Italienzüge Otto I. 237
Kaiserliche Kriegszüge in Italien 240
Die Regierungszeit Ottos II. 242
Ottos II. Weg über die Alpen 245
Otto III. – Ein König wird entführt 247
Heinrich II. – Die Wiederherstellung des Frankenreiches . . 253
Heinrichs Aufgabe im Osten 254
Der Zug nach Italien 255

SÄCHSISCHE HERZÖGE

Hermann Billung – Dux in Sachsen 257
Bernhard I. am Werk 261
Gegen Aschmänner und Liutizen 264
Bernhard II. – Kämpfe gegen Polen 267
Die Northeimer als Bundesgenossen 272
Lothar von Süpplingenburg – Deutscher König und Kaiser . . 276
Lothars Kampf gegen den Kaiser 282
Der neue Sachsenkönig 284
Lothar als Bauherr und Städtegründer 286
Lothars Ostpolitik 288
Konrad III. und Heinrich der Stolze 289

HEINRICH DER LÖWE UND FRIEDRICH BARBAROSSA

Der Herzog von Sachsen 292
Heinrich als Herzog von Sachsen 296
Was waren die eigentlichen Stammesherzogtümer? 298
Wendeneinfälle und erste Besiedlung im Osten 299
Kampf gegen den Kaiser 301
Differenzen zwischen Herzog und Kaiser 304
Unterlassene Hilfeleistung und ihre Folgen 308
Das große Duell der beiden Vettern 311
Der Prozeßverlauf und seine Belegung 322
Die letzten Jahre eines Löwen 326
Der Wendenkreuzzug 331
Die Slawenpolitik Heinrichs des Löwen nach dem
 Wendenkreuzzug 332
Weiterer Verlauf der Ostsiedlung in Stichworten 337

SÄCHSISCHE WIRTSCHAFT, KUNST UND KULTUR

Wirtschaft und Architektur 343
Handschriften und Bronzeguß 346
Literatur in Sachsen 350

DAS ENDE IN SACHSEN

Die Teilung – Das Herzogtum Westfalen 362
Freigericht – Gogericht – Veme in Westfalen 370
Was war die Veme? 372
Die Herrschaft im Herzogtum Sachsen 375

NACH HEINRICH DEM LÖWEN

Allgemeiner Überblick 377
Ostsachsen unter Graf Bernhard von Anhalt 378
Nach der Aufteilung 381
Die kirchlichen Herrschaften und das Welfenhaus 383
Die Wettiner 385
Die diversen Teilungen 387
Die Reformation in Sachsen 388
Das Kurfürstentum Sachsen 391
Vom Königreich Sachsen zur Deutschen Demokratischen
  Republik 393
Die vier Linien des Welfenhauses 395
Niedersachsen im Dreißigjährigen Krieg 398
Die Welfen von 1648 bis 1803/6 398
Das Fürstentum Wolfenbüttel von 1648 bis 1806 399
Hannover und Großbritannien 400

DAS LAND NIEDERSACHSEN

Wie der Name Niedersachsen entstand 403

DAS KÖNIGREICH HANNOVER

Napoleon in Niedersachsen 406
Hannovers Eingliederung in den preußischen Staat 407
Hannover von 1918 bis 1933 409
Niedersachsen von 1933 bis 1945 409
Niedersachsen im Zweiten Weltkrieg 411
Niedersachsen 1945 bis 1946 411

ANLAGEN

Formenkreise und »Transgressionen« in Jütland und Nordwestdeutschlan	15
Sagenhafte Überlieferung zur Ausbreitung der Sachsen . . .	15
Sächsische Ausbreitung nach antiken und frühmittelalterlichen Quellen	52
Karte der angelsächsischen Königreiche	62
Verbreitung der Funde aus der zweiten Hälfte des 5. Jahrhunderts im Elbe-Weser-Gebiet	84
Itinerar (Reisewege) Karls des Großen	129
Das Reich Karls des Großen in seiner größten Ausdehnung .	174
Reise des Lohengrin zur Gralsburg	197
Die deutschen Herzogtümer im 10. Jahrhundert	202
Das Herzogtum Sachsen und seine Ausdehnung nach Osten .	206
Deutschland zur Zeit der Sachsenkönige	212
Die Ostgrenzen des Reiches 1000 nach Christus	269
Die Liudolfinger (Ottonen)	414
Geschichte der Ottonenzeit	415
Übersicht Deutsches Reich und Europa	416
Heinrich der Löwe als Erbe der großen Geschlechter Sachsens .	417
Stammtafel des Welfenhauses (Gesamtübersicht)	417
Zeittafel in Gegenüberstellung	418
QUELLENANGABE UND LITERATURVERZEICHNIS .	425

Ursprünge der Sachsen

Erste Nennung

In der Geschichtsliteratur nennt Ptolemäus die Sachsen erstmals. Auf seiner Karte erscheinen sie als Bewohner des Nackens des kimbrischen Chersonnes. Dies bedeutet, daß sie im westlichen Holstein und auf drei westlichen Inseln in der Elbmündung, die möglicherweise mit Neuwerk, Scharhörn und Böschsand identisch sind, gesessen haben. Damit befand sich ihr Siedlungsgebiet nördlich der Chauken, denn Ptolemäus bemerkte wörtlich dazu: „Von den Wohnsitzen der Chauken nach Norden bis in den Nacken der kimbrischen Halbinsel wohnten die Sachsen."

Die andere Quelle ist die sächsische Stammessage. Aus ihr erfahren wir, daß die Sachsen irgendwann nach dem 1. Jahrhundert n. Chr. mit einer Mannschaft in Hadeln (Haduloha) landeten und sich mit List und Gewalt in den Besitz dieses Landes setzten.

Die Hauptwaffe der Eindringlinge, das einschneidige Hiebschwert, Sax oder Skramasax genannt, trug diesen Landnehmern ihren Namen „Sachsen" ein. Diese Überlieferung stammt allerdings schriftlich erst aus dem 9. Jahrhundert. Widukind von Corvey hat sie in der uns überlieferten Form überliefert.

Daraus leitete Ludwig Schmidt in seinem umfassenden Werk über die Geschichte der deutschen Stämme ab, daß der Name Sachsen sich aus dem Wort Sahsnôtas – Schwertgenossen – herleite und daß es sich dementsprechend bei den Sachsen um eine zur „Schutz- und Trutzgemeinschaft geschlossene Völkergemeinschaft" gehandelt habe. Die direkte Übersetzung dieses Wortes jedoch lautet, daß Sahsnôtas lediglich „Leute, die den Sachs als Waffe benutzen", heißt.

Da vielleicht schon mehrere Stämme diese Waffe benutzt haben, besteht die Möglichkeit, daß die Nennung der Sachsen bereits bei Ptolemäus mehr als *einem* Stamm gegolten hat. Es könnte damals ein Zusammenschluß zwischen Sachsen, Reudingern und einem Teilstamm der Avionen bestanden haben. Daß etwa 100 Jahre später auch der große Stamm der Chauken den Namen „Sachsen" führte und im Stammesverband der Sachsen aufging, ist bekannt.

So allein war auch das plötzliche Verschwinden der Chauken aus der

Geschichte zu erklären. Sie brachen nicht etwa mit unbekanntem Ziele zu einer Wanderschaft ins Unbekannte auf und gingen verloren, sondern auch sie schlossen sich den Sachsen an, gingen in ihnen auf und wurden Sachsen. Durch diese Entwicklung gewann das Stammesgebiet der Sachsen immer größere Ausdehnung.

Die sächsische Überlieferung, die uns durch Rudolf von Fulda und Widukind von Corvey ebenso wie durch die Quedlinburger Annalen bekannt wurde, führt die Entstehung des großen Stammes der Sachsen, wie eingangs erwähnt, auf einen von Norden über See erfolgenden Einbruch der Ursachsen in das Land Hadeln zurück. Dieses Land, zwischen Unterelbe und Unterweser gelegen, wurde von den Ursachsen erobert, seine Bewohner zu Hörigen gemacht.

Die Nordalbingier, wie die über die Elbe nach Süden vorgedrungenen Ursachsen auch genannt wurden, haben gemäß der Überlieferung zunächst also das große Land der Chauken unterworfen. Richtiger ist vielleicht, daß sie die Führung bei den Chauken übernommen hatten und daß diese nicht durch kriegerische Handlungen, sondern aus ihrer Lage heraus mehr oder weniger freiwillig Sachsen wurden.

Diese zweite Version erhärten die Gräberfunde, bei denen sächsische und chaukische Keramik gleicherweise gefunden wurde. Die Keramik der chaukischen Zeit des 2. Jahrhunderts n. Chr. weist nämlich auf diesen Gräberfeldern eine Weiterentwicklung in die sächsische Zeit des 3. und 4. Jahrhunderts auf.

Die Chauken haben aufgrund dieser Ausgrabungen den größten Teil an der Stammesbildung der Sachsen. Doch nicht sie, sondern die holsteinischen Sachsen lenkten durch ihre Fahrten und Raubzüge zur See die Aufmerksamkeit mehr und mehr auf diesen Stamm.

Daß die weitere Ausbreitung der Sachsen nach Süden auch mit dem Aufbruch der Langobarden aus Norddeutschland zusammenhängt und daß die Sachsen in diese Zug um Zug freigegebenen Leerräume hineinstießen und solcherart ihr Gebiet auf friedliche Weise erweiterten, ist ebenfalls durch Gräberfunde erwiesen. Dies läßt auch die Vermutung zu, daß die Sachsen bereits zu jener Zeit mit den Langobarden freundschaftlich verbunden waren, da es nie zum Streit zwischen den zurückgebliebenen Teilen der Langobarden und den in ihr Land nachrückenden Sachsen kam. Einige Jahrhunderte später sollte ein Teil der Sachsen sogar an dem Kriegs- und Landnahmezug der Langobarden unter deren König Lebuin nach Italien teilnehmen.

Daß die an der unteren Elbe zurückbleibenden Langobarden ebenfalls in das sächsische Stammestum eingingen, kann als sicher angenommen werden.

Zu dieser Zeit breiteten sich die Sachsen nicht nur über jenes Gebiet aus, das die Langobarden freigegeben hatten, sondern drangen noch weiter vor, bis sie den gesamten Raum um Uelzen mit der Leinemündung und dem Steinhuder Meer, Petershagen und Oldenburg in einem weiten Bogen umgreifend, bis zur Hunte erreichten. Von dort aus war es nur noch ein kleiner Schritt zur Wesermündung.

Eine besondere Variante der Geschichtsschreibung ist die Theorie, die Thüringer könnten ebenfalls versucht haben, von Osten aus in das von den Langobarden freigegebene Gebiet einzudringen und es für sich zu beanspruchen. Sie stießen dabei auf die Sachsen und lagen seit dieser Zeit mehr oder weniger offen mit diesen in Fehde.

Darauf deuten Passagen im geschichtlichen Werk des Widukind von Corvey hin, der berichtete, daß die Sachsen einen Hafen mit letzter Kraft gegen die anstürmenden Thüringer verteidigen mußten und daß der Kampf lange Zeit zwischen diesen beiden großen Völkern tobte. „Danach wurde Friede geschlossen und den Sachsen durch Vertrag das Handelsrecht in diesem Hafen zugesprochen."

In diesem ersten bekannt gewordenen Vertrag der Sachsen mit einem anderen Stamm waren der Grunderwerb, Mord und Raub von der gegenseitig verbürgten Sicherheit ausgeschlossen.

Daß dieser Vertrag ohne weitere Rechte am Nordosten die Sachsen nicht befriedigte, scheint klar zu sein. Sie suchten mit List und ab und zu auch mit Gewalt ihr eigenes Stammesgebiet weiter auszuweiten. Dies führte zu neuen Auseinandersetzungen mit den Thüringern. Diese Scharmützel hörten erst auf, als sich die Sachsen fürs erste eines Besseren besannen, ihr Augenmerk nach Westen richteten und ihre Vorstöße in diese Richtung folgen ließen.

Ihre Ausdehnungsversuche nach Westen hatten sowohl bei den Franken im Westen als auch bei den Batavern Erfolg, die im Nordwesten zwischen den Mündungsarmen von Maas und Rhein saßen. Lediglich die Friesen widerstanden jedem Versuch, sie aus Teilen ihres Stammesgebietes zu verdrängen.

Diese Friesen waren es übrigens, die sich in jenen Landstrichen festsetzten, welche von den Sachsen bei ihren großen Britannienzügen ab etwa 409 freigegeben wurden. Sie wurden auch nie wieder von den Sachsen als ihr Eigen reklamiert. Doch zurück zu den Anfängen sächsischer Entwicklung und Ausdehnung.

Nach der Erwähnung durch Ptolemäus traten die Sachsen in der römischen Geschichtsschreibung erst wieder im Jahre 286 n. Chr. auf. Die zwischen den Sachsen und dem Niederrhein lebenden Franken bildeten zu dieser Zeit noch kein einheitliches Volk. Einer jener

Stämme, die sich zu den Franken gehörend fühlten, die Salier, schlossen sich jenen Sachsen an, die von diesem Zeitpunkt an die Nordseeküste und jene Küsten Galliens unsicher machten, die unter dem Zugriff ihrer Schiffe lagen.

Die Seesachsen – Eroberer und Seeräuber

Gemeinsam mit den Saliern zogen die Seesachsen in den Jahren 285–86 auf ihren kleinen und schnellen Schiffen vor die Küste der römischen Provinz Gallien in Nordfrankreich und plünderten die dort liegenden Ortschaften. Diese aus dem Rheindelta operierenden Gruppen der Sachsen und Salier bildeten in den folgenden Jahrzehnten eine dauernde Bedrohung der gallischen Küstenstriche. Was wunder, daß die Römer ihren Flottenführer Carausius mit der Bekämpfung der Sachsen beauftragten.

Der „Flottenführer gallische Küste" ließ seine Flotte aus Boulogne auslaufen und die Piratenschiffe abfangen. Die Beute daraus, die er im Jahre 286 machte, lieferte er nicht etwa nach Rom ab, sondern behielt sie für sich.

Auch im Frühjahr 287 gelang es ihm wieder, einige sächsische Schiffe abzufangen, als diese eben von ihrem Raubzug landeinwärts zurückkehrten und in Richtung Osten davonlaufen wollten. Die römische Flotte hatte ihnen geschickt den Weg verlegt. Die sächsischen Schiffe wurden geentert, ihre Mannschaften im Kampf niedergemacht, über Bord geworfen und die geraubten Schätze in Besitz genommen.

Solcherart gerüstet und in der Lage, weitere Kämpfer anzuwerben, darunter bezeichnenderweise auch einige sächsische Schiffe mit Bewaffneten, zog Carausius Ende 287 oder Anfang 288 nach Britannien und machte sich dort selbständig.

Über diesen Kampf der Seesachsen ist bei Erhard in der Regesta Historiae Westfaliae (Quelle der Geschichte Westfalens) zu lesen:

„Neben einer besonderen Geschicklichkeit und Ausdauer bei ihren Angriffen zur See machten die Sachsen sich den Römern durch ihre Stärke und Gewandtheit zur See furchtbar. Die Eigentümlichkeit ihrer Kriegführung bestand in unerwarteten, raschen und ständig wechselnden Überfällen."

Dabei verfehlt Erhard nicht, den Charakter der Sachsen als „rauh und grausam, aber auch edelmütig" zu schildern. So haben sich gefangene Sachsen, als sie in römischen Arenen zu öffentlichen Kampfspie-

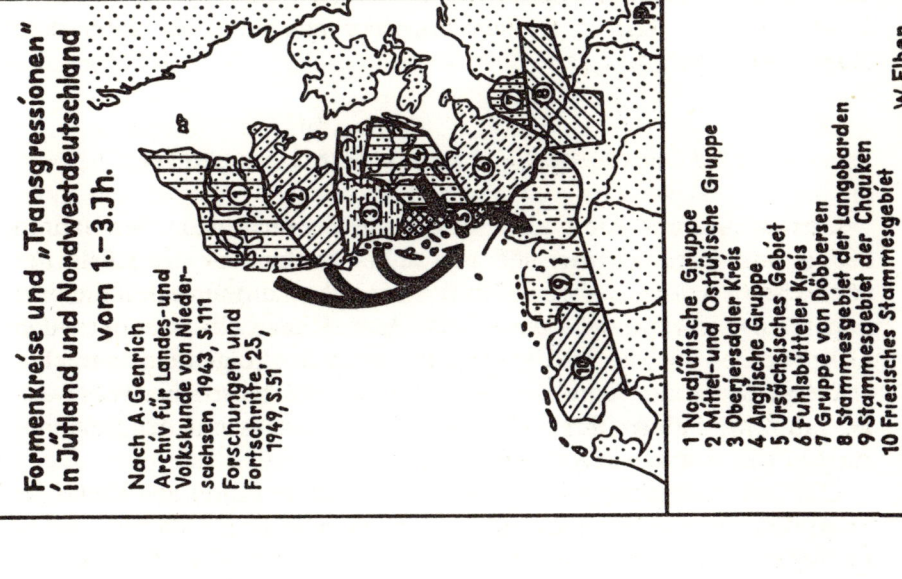

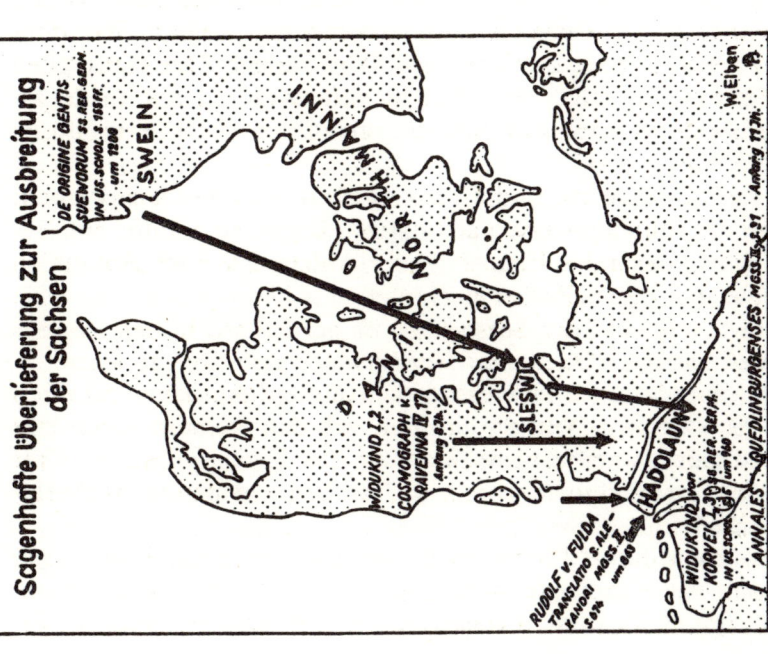

(Aus: Annales Quedlinburgenses; Anfang des 11. Jahrhunderts.)

len gezwungen werden sollten, angeblich selbst den Tod gegeben, um dieser Schmach zu entgehen.

Auch Zosimus berichtet im Zusammenhang mit den sächsischen Seeräuberfahrten, daß diese die salischen Franken gedrängt hätten, die Bataver-Inseln anzugreifen.

Diese Sachsen, die zu ihren Seefahrten aufbrachen, waren nicht mit jenen identisch, die aus Nordalbingien kamen, sondern es waren jene, die bereits nach Süden gezogen waren und sich mit den Chauken vermischt hatten. Andere kleinere Stämme kamen hinzu. Sie wohnten in unmittelbarer Nachbarschaft der Franken, die zu dieser Zeit ebenfalls noch kein in sich geschlossenes Volk waren. Die Salier gaben, durch die Sachsen dazu gezwungen, das Salland an der Ijssel auf und zogen sich weiter nach Süden in die Valuwe am Ufer des Alten Rheins zurück.

Damit erstreckte sich das Gebiet der Sachsen bereits zur Mitte des vierten Jahrhunderts bis zur Ijssel hinunter. Der Typus des sächsischen Hauses war von dieser Zeit an dort vertreten, und man findet ihn auch heute noch in diesem Gebiet; ebenso ist die sächsische Sprache im Salland noch heute zu Hause und wird auch im Raume Drente, Twente und zum Teil noch in der Valuwe gesprochen. Dies als eines der Ergebnisse der sächsischen Eroberungen des vierten und fünften Jahrhunderts.

Auch nach Osten dehnten die Sachsen sich weiter aus. Sie nahmen bald nach dem ersten Auszug der Langobarden um das Ende des 3. und zu Anfang des 4. Jahrhunderts die im Großraum Lüneburg zurückbleibenden Teile dieses Volkes, die Bardi, in sich auf. Es handelte sich hier um eine ausschließlich friedliche Durchdringung, denn die Bardi behielten ihren alten Namen bei. Daß zwischen den Langobarden und den Sachsen auch darüber hinaus Freundschaft herrschte, ist aus vielen Beispielen bekannt, von denen eines später dargelegt werden soll.

In Nordalbingien wiederum weiteten die Sachsen ihre Grenze, die von Pinneberg zur Hohwachter Bucht verlief, weiter nach Südosten bis in die Linie Hamburg–Travemünde aus. (Siehe dazu auch: Tackenberg: Nachrichten aus Niedersachsens Urgeschichte.)

Im 4. Jahrhundert kam es zwischen den Angeln und dem sächsischen Gauvolk der Myrgingen an der Eider zu Kämpfen, die aber wenig später friedlich beigelegt werden konnten.

Daß die nordalbingischen Sachsen, die sich aus den drei großen Gruppen der Dithmarscher, der Stormarner und der Sturmarii zusammensetzten, von denen die letzte aus dem Pagus Sturmi an der Aller stammte, an der Besiedlung Britanniens in der Mitte des 5. Jahrhunderts großen Anteil hatten, wird später noch abgehandelt werden. Das

Vorkommen des Flusses Stör als Sture an der Grenze von Suffolk und Essex sowie auch in Kent und des Flusses Stour als Nebenfluß des Severn in Worcestershire deuten dies ebenfalls an.

Die Piratenzüge der Sachsen gingen weiter. Dies zwang bereits Kaiser Constantinus I. 288 und dann wieder 294 und 313 dazu, sie zu bekämpfen und die ins Bataverland eingedrungenen Sachsen und Chauken, die sich nun beide als Sachsen bezeichneten, zu vertreiben. Er machte seinen Neffen Julian zum Cäsar von Gallien und übertrug ihm diesen römischen Vorposten.

Der nach Britannien gezogene und dank der sächsischen Beute zu weiterem Ansehen gelangte Carausius wurde von Diokletian und Maximian – wenn auch zähneknirschend – als Mitkaiser geduldet und ein weiteres Mal mit der Bekämpfung der Piraterie beauftragt. Bis zum Ende seiner Herrschaft im Jahre 293 war Carausius einer der gefährlichsten Gegner der sächsischen Eroberer.

Nachdem 297 dieses „britische Kaisertum" beseitigt war, wurde der Küstenschutz von Nordgallien gegen die Sachsen zwischen Loire und Schelde und jener an der südost- und ostenglischen Küste in dem Gebiet vom Wash bis zur Insel Wight – das „Litus Saxonicum" – begründet. Es handelte sich also um das von den Sachsen bedrohte und nicht um das von ihnen besiedelte Land. (Siehe Ehmer: Die sächsischen Siedlungen auf dem Litus Saxonicum, Diss. Göttingen 1937.)

Dies zeigt auf, daß die Sachsen überwiegend auf dem Wasserwege nach Gallien vordrangen und daß auch Britannien bereits sehr früh von ihnen angelaufen wurde. Dort faßten sie zeitweilig Fuß und legten einige Stützpunkte an, die aber von den Römern immer wieder vernichtet wurden.

Unter diesen sächsisch-chaukischen Seegermanen befanden sich mit Sicherheit auch bereits Kontingente anderer Seegermanenstämme, so der Angeln und der Jüten, die später noch für Britannien eine besondere Rolle spielen sollten.

Julian, der von Kaiser Constantinus mit der Verteidigung Galliens beauftragt war, gelang es, den einfallenden Sachsen einige harte Schläge zu versetzen. In geschickter Kampfführung konnte er sie und die übrigen Stämme über den Rhein nach Osten zurückschlagen. Im Spätsommer 355 drangen seine Truppen in Köln ein und eroberten die Stadt zurück.

Insgesamt dauerte Julians Feldzug gegen die Germanen zwei Jahre. Er endete im Jahre 357 mit der bei Straßburg stattfindenden Alemannenschlacht. Über seine Vorbereitungen zu diesem Entscheidungskampf meldete Julian nach Rom:

„Im römischen Britannien habe ich Schiffe bauen lassen und bin mit deren sechshundert in den Rhein eingelaufen. Um mir die Durchfahrt zu sichern, mußte ich zu einer Kriegslist greifen. Ich bot den dort wohnenden Chamavern und Franken einen Tribut von 2000 Pfund Silber; daraufhin hielten sie still."

Daß Julian diesen Preis nicht nur nicht zahlte, sondern die übertölpelten Chamaver auch noch mit einem Überraschungsschlag gegen ihren Stammessitz an der Ijssel unterwarf und danach auch noch die salischen Franken übertölpelte, sei am Rande vermerkt.

Ein Jahr später aber brachen die Sachsen abermals auf, um gegen diese Römer zu Felde zu ziehen. Von den salischen Franken forderten sie das Durchzugsrecht und vertrauten darauf, daß es ihnen umgehend gewährt würde, denn diese Franken hatten ja allen Grund, den Römern die Schlappe des Vorjahres heimzuzahlen. Doch weit gefehlt: Sie verweigerten den Sachsen den Durchzug durch ihr Stammesgebiet.

Die Sachsen, inzwischen als Seesachsen profiliert und mit der Schiffsführung wohlvertraut, griffen nun Gallien von See aus an. Dazu drangen sie zunächst – weil diese so günstig gelegen waren – über den Rhein in das Gebiet der Rheininseln ein. Die dort sitzenden Salier mußten die Bataver-Insel verlassen. Sie zogen sich vor den nachsetzenden Sachsen bis in den Raum Tondern zurück und ließen sich dort zu beiden Ufern der Maas in Toxandrischem Gebiet nieder.

Julian aber nutzte diese Erfolge der Sachsen gegen die Salier geschickt für sich aus. Nach anfänglichen Scheinverhandlungen mit den salischen Franken griff er diese plötzlich in ihrem neuen Gebiet an den Maasufern an, unterwarf sie und nahm sie dann auf deren erneute Bitten wieder unter seinen Schutz. Ebenso geschickt verfuhr Julian mit den an der Ijssel wohnenden Chamavern. Damit hatte er zwei große Bundesgenossen gegen die am meisten gefürchteten Sachsen gewonnen und zugleich seine von See nach Gallien führenden Versorgungswege gesichert. Die Sachsen mußten sich vom Niederrhein zurückziehen, und Julian bekam freie Hand, sich nunmehr den übermächtig werdenden Alemannen zuzuwenden.

Damit wurde Julian zu jenem gefürchteten Herrscher in Gallien, dem sich niemand mehr widersetzte und gegen den auch die Sachsen keinen direkten Angriffsstoß mehr führten. Erst nach Julians Tod im Jahre 363 begann erneut, und zwar bedeutend stärker als vorher, der germanische Ansturm gegen die römischen Provinzen in Gallien und auf dem rechten Rheinufer.

Den Kampf eröffneten die Alemannen. Die römischen Truppen, nun unter Julians Nachfolger Valentinian, stellten sich ihnen entgegen und wurden geschlagen. Nun ging Valentinian an die Arbeit und ließ von der Quelle des Rheins bis hinauf zu dessen Mündung Kastelle und andere Festungswerke errichten.

Dies alles hinderte jedoch die Sachsen nicht daran, ebenfalls wieder aktiv in das Geschehen in diesem Gebiet einzugreifen.

Nachdem im Münsterland die dort wohnenden Angrivarier zu Hörigen der Chauken gemacht worden waren und diese wiederum ihre Vereinigung mit den Sachsen und ihr Aufgehen in deren Stammesverband vollzogen hatten, hatten die Sachsen eine so breite Basis gewonnen, daß sie verstärkt zu neuen Unternehmungen zu Lande, vor allem aber zur See aufbrechen konnten. Zosimus schreibt dazu: „Die Chauken bildeten einen Teil der Sachsen und wurden von diesen ausgesandt."

Infolge ihrer überlegenen Kenntnisse in der Navigation, in der Schiffahrt und in der besseren Handhabung ihrer schnellen Schiffe waren die Sachsen inzwischen allen übrigen zur See fahrenden Völkern weit überlegen. Ihre nunmehrigen Unternehmungen, die sie gegen die gallische ebenso wie gegen die britannische Küste führten, zeigten ihre Überlegenheit deutlich. In dieser Zeit mit Schwerpunkt im 4. und 5. Jhdt. häuften sich die Nachrichten der Sachsenüberfälle von See her immer mehr. Der Name der Sachsen galt auf dem Höhepunkt dieser Entwicklung sogar als Synonym für Angriffe, die von See her geführt waren.

In dieser Hinsicht drängt sich der Vergleich mit den ein halbes Jahrtausend später aus dem Nordraum kommenden Wikingern auf. Die sächsischen Überfälle über See nahmen derart zu, daß man entlang der gallischen und englischen Küste ein tiefgestaffeltes Befestigungsnetz anlegte, um sich dieser Überfälle erwehren zu können.

Schiffe haben im Leben der Sachsen zunächst offenbar eine viel größere und entscheidendere Rolle gespielt, als es nach dem archäologischen Fundgut in Siedlungen und Gräbern den Anschein hat.

Angefangen von der sächsischen Stammessage, nach der die Sachsen auf Schiffen zum Festland kamen, über die zahlreichen und offenkundig äußerst gefährlichen Angriffe von See her gegen die Küsten des römischen Gallien und Britannien bis hin zu den Zeugnissen ihrer frühmittelalterlichen Handels- und Kriegsschiffahrt gibt es außer den wenigen erhaltenen Schiffsresten eine Vielzahl indirekter archäologischer Hinweise auf einen intensiven Verkehr zur See. Dies betrifft nicht nur die Lage wichtiger Siedlungen in Norddeutschland (Feddersen und Wierda) und England (in Mucking) direkt an Wasserwegen, sondern auch den deutlichen, Jahrhunderte andauernden Kulturkontakt über

See, nicht nur zwischen dem Kontinent und England, sondern vor allem auch von diesen beiden Gebieten aus nach Skandinavien sowie entlang der norwegischen Küste und auch sehr weit nach Norden auf der zur Ostsee geöffneten schwedischen Seite. Es ist D. Ellmers in seinem Denkmodell gelungen aufzuzeigen, daß „bereits lange vor der sächsischen Zeit" das für schnelle Überraschungsangriffe von See her entworfene Kriegsboot sich ständig weiterentwickelt hatte und durch den Einsatz von Rudern anstelle von Paddeln und den Einsatz von Segeln auch seine Schnelligkeit *und* Reichweite verbesserte. Dadurch waren die Sachsen von ihren Stützpunkten unabhängiger geworden. Diese Fortschritte in der Schiffstechnik und zugleich in der praktizierten Schiffahrt waren unabdingbare Voraussetzungen für die massive Gefährdung und – später – für die Besiedlung Britanniens. „Sea-born" ist also ein entscheidendes Element für die historisch folgenschweren Einsätze der Sachsen, Jüten und Angeln.

Dieser These folgend, muß man die Sachsen als gleichrangige Vorläufer der Wikinger bezeichnen, wenn sie auch viel weniger bekannt waren als diese, weil eben die Kommunikationsmöglichkeiten geringer waren.

Über die religiösen Vorstellungen der Sachsen vor der Christianisierung ist durch die Funde der Brakteaten (das sind einseitig geprägte münzenähnliche Schmuckanhänger, meistens aus Gold gefertigt) und das Begräbnisritual einiges bekannt geworden. Das gilt auch für die seegermanischen religiösen Vorstellungen, denen auch die Sachsen huldigten und anhingen.

So wird beispielsweise *nur* bei den Sachsen das Pferd als Opfergabe gefunden, was eine besondere rituelle Behandlung des Pferdes erkennen läßt. Auch nach der Einführung des Christentums spielte das Pferd bei den Sachsen eine besondere Rolle, wie aus den Pferdebestattungen in christlicher Zeit hervorgeht. Daß das Sachsenroß als Wappen der Sachsen von Widukind gewählt wurde, bestätigt dies treffend.

Die erwähnten Brakteaten zeigen oftmals Wodanbilder, aber auch andere.

Wenn die Sachsen aus römischer Zeit und von römischer Seite als die „schrecklichsten unter unseren Feinden" bezeichnet und dementsprechend gefürchtet wurden, so ist der Grund dafür weitgehend verborgen geblieben. Den Ursprung der Sachsen und ihres Stammes und ihre weiträumige Ausbreitung im ersten halben Jahrtausend unserer Zeitrechnung vermag dies nicht aufzuhellen.

Eine weitere Theorie

Martin Lintzel, der anerkannteste Sachsenforscher zwischen den beiden Weltkriegen, hat die sächsische Bündnistheorie vertreten. Albert Genrich vertrat diese ebenfalls. Sie ist um so glaubhafter, als die Spatenforschung im Gebiet von Schleswig-Holstein und Niedersachsen aus der Zeit der ersten 500 Jahre keinerlei Anzeichen fand, die auf eine Eroberung dieses Raumes hindeuteten. Die Siedlungsforschung zeigt nur ungestörte kontinuierliche Entwicklungen auf. Damit trifft die Theorie einer unkriegerischen Ausbreitung am ehesten zu.

Ob dies durch bewußt historische Aktionen, etwa die einer Serie von Bündnissen, erfolgt ist, läßt sich jedoch nicht sagen. Möglicherweise sind auch kleinere Stämme und Stammesgruppen durch Assimilation in den Sachsen aufgegangen.

Genrich glaubt die Entstehung des sächsischen Kerns im heutigen Schleswig einschließlich des dänischen Nordschleswig und im westlichen Holstein für die Zeit um 100 n. Chr. ansetzen zu können. Hier waren von Tacitus um diese Zeit herum „Menschen" erkannt worden, die alle dem Kult der Fruchtbarkeitsgöttin Nerthus huldigten. Es waren die Reudinger im Gebiet zwischen Hamburg, dem Travebogen und zur Halbinsel Wagrien, die Avionen (auch Oboibones genannt) in Nordschleswig bis nach Nordfriesland sowie die Angeln, die beiderseits der Schlei bis nach Alsen hinüber und womöglich noch in Südfünen wohnten. Außerdem noch die nördlich der Elbe im Umkreis der Eidermündung ansässigen Chauken, die im übrigen, möglicherweise in Form eines Stammesbundes, das heutige Niedersachsen besiedelten.

Alle diese nordelbischen Stämme bildeten wahrscheinlich bereits in der Mitte des 2. Jahrhunderts n. Chr. den Stammesbund der Sachsen. Zur gleichen Zeit wurde in diesem Stammesbund zunehmend ein kriegerisches Element erkennbar.

Später, möglicherweise erst nach dem 3. Jahrhundert n. Chr., weitete sich dieser Stammesbund auch auf das linkselbische Gebiet aus. Er umfaßte damit das gesamte Nordwestdeutschland, ohne den Küstenstreifen der Friesen zu tangieren.

Aus den vorher bedeutenden Chauken wurden demzufolge Sachsen, womit ihr spurloses Verschwinden erklärbar wird. Im ehemaligen Siedlungsgebiet der Chauken befindet sich seit dem 5. Jahrhundert das sächsische Stammesgebiet als Kernland der Sachsen.

Zu Beginn des 4. Jahrhunderts tritt im sächsischen Kerngebiet – dem Winkel zwischen Weser und Elbe – neben der dort ansässigen Gruppe der „Westerwanna" südlich der Oste die Gruppe Perlberg auf (beide

Gruppen sind nach bedeutenden Urnenfriedhöfen benannt). Bei letzterer handelte es sich um Einwanderer aus dem Holsteinischen.

Seit der ersten Hälfte des 4. Jahrhunderts häuften sich die Meldungen darüber, daß Sachsen zumindest zeitweise als Laeten und Foederaten (germanische Hilfstruppen, die durch einen Vertrag mit den Römern verbunden waren) im römischen Militärdienst standen. Ihre Gräber und auch jene ihrer Frauen finden sich zahlreich in Nordgallien, wo sie überwiegend eingesetzt wurden. Viele kehrten aber auch in die Heimat zurück. Sie wurden archäologisch an mitgebrachten römischen Ausrüstungsteilen, vor allem an den breiten Militärgürteln, erkannt. Aber auch goldene Solidi fanden sich und halfen teilweise mit, die Dienstzeit ungefähr zu bestimmen. Manche dieser Foederaten müssen in den Legionen zu hohen Rängen aufgestiegen sein. Dies zeigt sich an großen Goldfunden, vor allem aber an der in Lengerich ausgegrabenen Zwiebelknopffibel, die nur sehr hochgestellten Persönlichkeiten zustand.

Eine der scheinbaren Ungereimtheiten dieser Zeit ist die Tatsache, daß die Hauptbedrohung der römischen Provinzen in Nordgallien und Britannien von Sachsen herrührte *und* daß man sich zu deren Abwehr gleichfalls der Sachsen bediente.

Die erste Erwähnung der Sachsen nach Ptolemäus besagt, daß 285 bis 86 Franken und Sachsen von See her die Küsten Galliens bedrohten. Es folgte eine lange Reihe ähnlicher Nachrichten, die diese Angriffe ebenfalls meldeten. Und es hat den Anschein, als ob dieses Sachsenabenteuer nicht erst zu der genannten Zeit begonnen hat, sondern bereits 100 Jahre früher. Archäologische Hinweise darauf gibt es eine Reihe.

Ob dies bereits „waschechte" Sachsen waren oder nur Seegermanen, ist nicht mit Sicherheit zu entscheiden. Auf alle Fälle verfügten sie bereits zu dieser Zeit über sehr bewegliche Schiffe, die von den Seegermanen stammten.

Die gegen diese Seegermanen eigens aufgestellte römische Flotte, die „classis Britannica", war gegenüber diesen Schiffen erfolglos. Auch der Aufbau des Litus Saxonicum, ein aufwendiges Warn- und Verteidigungssystem, konnte daran nichts ändern.

Nach den Abwehrmaßnahmen zu urteilen, haben die sächsischen Überfälle von See her ein viel größeres Ausmaß und bedeutend größere Erfolge gehabt, als dies aus den lakonisch kurzen Meldungen herauszulesen ist.

Gegen Gallien

Im Jahre 368 drangen die Sachsen gemeinsam mit Franken und Burgundern in einer Art von Zangenbewegung zu Lande *und* zu Wasser nach Gallien ein. Zunächst schien dieser Feldzug erfolgreich zu verlaufen, doch dann wurde die sächsische Flotte von dem römischen „comes" Theodosius gestellt. Die römische Flotte war diesmal stark genug, die Sachsen in ihrer eigenen Domäne zu schlagen. Dies kam nicht von ungefähr, denn eigentlich hatte Theodosius Befehl erhalten, in Britannien gegen die Pikten, Skoten und Atakotten zu kämpfen, die sich gegen die römische Besatzung aufgelehnt hatten. Die sächsische Flotte kam ihnen zur rechten Zeit zu Gesicht, und in einem mörderischen Kampf wurden die Sachsen geschlagen.

Durch diesen grandiosen Sieg gegen die sächsischen Piraten erhielt Theodosius den Kriegsnamen „Saxonicus" und wurde als „Saxoniens großer Schreck" begeistert gefeiert. (Siehe Pan. II, 5 „Saxo consumptus bellis navalibus".) Es handelte sich um Theodosius, den Vater des späteren gleichnamigen Kaisers.

Der Kampf zu Lande verlief für die Sachsen erfolgreicher, und mit großer Beute beladen zogen die Krieger wieder heim. Bereits zwei Jahre später griffen sächsische Piratenschiffe abermals die gallische Küste an und brandschatzten neben dem Küstenstreifen auch noch das Hinterland, indem sie in die Flußmündungen einliefen und flußaufwärts zu den reichen Ansiedlungen fuhren. In Eilmärschen drangen sie tiefer nach Gallien ein.

Diesmal warf sich der Legionsführer Nannenus den Sachsen entgegen. Da er nicht stark genug war, schien er ruhmlos unterzugehen. Allerdings konnte einer seiner ausgeschickten Kuriere die römischen Fußlegionen unter Severus erreichen und diesen um Hilfe bitten.

Severus rückte nun mit seinen Truppen von zwei Seiten gegen die Sachsen heran. Bei der Annäherung dieser feindlichen Übermacht, die im Glanze aller ihrer Feldzeichen anrückte, verloren die Sachsen den Mut und baten um Verhandlungen. Diese wurden gewährt, und in dem ausgehandelten Friedensvertrag wurde der freie Abzug aller Sachsen in ihre Heimat festgeschrieben, nachdem diese einige Dutzend Freiwillige als Söldner für das römische Heer gestellt hatten.

Die Verhandlungen zeigten auf, daß auch die Römer sich ihres Sieges nicht allzu sicher waren. Die Sachsen machten sich nun in Befolgung der Bestimmungen des Friedensvertrages auf den Rückweg. Doch bereits während dieser Verhandlungen hatten Nannenus und Severus an einigen Engstellen des Rückzugsweges ihrer Gegner Hinterhalte gelegt, um die Sachsen dort zu packen. Als diese den ersten großen Hinterhalt erreichten, fielen die bereitliegenden Legionäre über sie her, um sie abzuschlachten und sich für alle Zeit von dieser Geißel zu befreien.

Dieser heimtückische Hinterhalt, der sich in „Deusone in regione Francorum" ereignete, das dem heutigen Diest am Demer entspricht, wurde jedoch durch die Voreiligkeit der Römer beinahe zum Mißerfolg. Als nämlich einige Gruppen, an der Spitze die Kohorten der Heerführer, die die Beute für sich reklamieren wollten, voreilig aus dem Hinterhalt hervorbrachen, konnten die Sachsen sich rechtzeitig auseinanderziehen und ihre ersten Gegner in offener Feldschlacht in die Flucht schlagen. Ihre Kurzschwerter hielten reiche Ernte.

Erst das rasch nach vorn geworfene Panzerreiter-Regiment des Nannenus konnte die Sachsen stoppen und die bereits vor Augen liegende Niederlage noch in einen Sieg ummünzen. Die schon auf der Flucht befindlichen römischen Fußtruppen machten wieder kehrt und griffen die Sachsen erneut an. Diese wurden umzingelt und Mann für Mann niedergemacht. Keiner von ihnen entkam diesem Desaster. Der Geschichtsschreiber Hieron hat dieses Blutbad in seiner Chronik bereits 373 dargestellt.

Zunächst hörten danach die sächsischen Streifzüge zu Lande und zur See auf, zumal der Stamm auch an seiner Ostgrenze mit den Thüringern rang. Erst im Jahre 388 erreichten sächsische Piraten wieder die gallische Küste und konnten einen erfolgreichen Streifzug unternehmen, da der Usurpator Magnus Maximus von Theodosius bekämpft werden mußte und nicht genügend Truppen zur Abwehr dieses gleichzeitig damit erfolgenden zweiten Angriffs zur Verfügung standen.

Da auch Britannien einige Male Ziel sächsisch-chaukischer Raubzüge war, begannen dort ab 370 n. Chr. an der britischen Ostküste von Huntcliff bei Saltburn bis nach Filey die Arbeiten an Signalstationen, die das Nahen sächsischer Eroberungsschiffe meldeten. 15 Jahre später war die gesamte für solche Landungen in Frage kommende Küste dadurch gesichert.

Noch vor dem Jahre 400 setzten sich sächsische Seefahrer an der nordfranzösischen und dann auch an der armorikanischen Küste Galliens – der heutigen Bretagne – fest. Bereits 395 erfolgte der erste dieser Kriegszüge nach Westen, und selbst die Bewohner der Orkney-Inseln in der nördlichsten der römischen Provinzen waren vor ihnen nicht mehr sicher.

Die Küste Galliens sah immer neue Vorstöße. Diese wurden dadurch unterstützt, daß es den Sachsen bei vorhergehenden Landungen gelungen war, im Küstengebiet des Litus Saxonicum eigene Stützpunkte anzulegen und Siedler dort zurückzulassen. Sie sicherten die Häfen und vor allem die Landegebiete an der Küste für nachfolgende sächsische Schiffsbewegungen. Diese Bewegungen verstärkten sich so, daß zur Mitte des 5. Jahrhunderts die armorikanische Küste der Bretagne ganz besonders angegriffen und erobert wurde. Sidonius Apollinaris weist in seinem Werk carm. VII ganz besonders darauf hin.

Sachsen als Soldaten der Römer

Die Sachsen traten zu dieser Zeit ihrer ersten Erwähnung jedoch nicht nur als Eroberer und Plünderer in Erscheinung, wie dies die Geschichte besonders vermerkt. Darüber hinaus finden sich sächsische Kontingente als Söldner im römischen Heer. Zur Zeit der gallischen Sonderreiche stützten sich alle römischen Usurpatoren von Posthumus (249–268) und Victorinus (268–270) bis über Tetricus (270–274) hinaus auf diesen Kriegerstamm, dem ein großer Ruf vorausging. So griff auch Magnentius (350–353) auf germanische Söldner zurück, welche die eigenen Grenztruppen verstärken sollten. Die römischen Grenztruppen Julians (355–363) und Valentinians I. (364–375) wurden bei ihren Kämpfen an den Grenzen des Reiches von germanischen Laeten (zwangsausgesiedelten Kriegsgefangenen) und Foederaten (freien Verbündeten) unterstützt, die in verschiedenen Teilen der nordgallischen und germanischen Provinzen angesiedelt waren.

In der spätrömischen Militärhierarchie dienten darüber hinaus zwischen 365 und 395 zahlreiche römische Offiziere germanischer Herkunft, die bis zu den höchsten Rängen und Dienststellungen aufsteigen konnten.

Neben diesen im römischen Reichsverband lebenden Laeten und Foederaten traten Kontingente von Germanen aus den Gebieten rechts des Rheins. Die Männer waren jeweils angeworben, um nach den beendeten Feldzügen wieder in ihre Heimat zurückzukehren. Bei diesen zuletzt genannten Foederaten handelte es sich in sehr starkem Maße um Sachsen. Sie erhielten ihren Sold in Gold und (oder) Landzuweisungen; ihre Ausrüstung und Bewaffnung stammte aus römischen Magazinen.

Einzelne und in größeren Schätzen aufgefundene römische Solidi des späten 4. und frühen 5. Jahrhunderts wurden im gesamten Bereich zwischen Rhein und Weser gefunden. Eine größere Rolle spielten hierbei die Münzen des Magnentius und anderer gallischer Sonderkaiser. Die Mehrzahl der einzeln gefundenen Goldmünzen, insbesondere aber die großen Schatzfunde stammen aus dem Rheinland, aus Westfalen, dem Emsland und der Gegend um Osnabrück. Dies deutet darauf hin, daß die Söldner aus diesen Gebieten kamen und nach ihrem Einsatz wieder dorthin zurückgingen. Einzelne Solidi-Funde aus dem mittleren Wesertal und dem Elbe-Weser-Dreieck zeigen auf, daß auch sächsische Söldner und Truppen an den Feldzügen der römischen Kaiser und Usurpatoren in Gallien beteiligt waren.

Die Zusammensetzung eines solchen Schatzfundes wird an dem Hortfund von Ellerbeck, Kreis Osnabrück, deutlich. In einer zylindrischen Bronzedose fand man hier 25 Solidi mit Prägungen des Constantinus (337–361) und Münzen des Valens (364–378). Auffällig hoch mit zehn Münzen ist der Gegenkaiser Magnentius vertreten, dessen Prägungen wie auch jene von fünf weiteren Kaisern aus Trier stammen.

Neben den Münzen finden sich in diesen Hortfunden auch goldene Schmuckstücke, z. B. Ringe vom Typ „Velp", die aus eingeschmolzenen Solidi gefertigt wurden. Als Beispiel dafür dient der große Fund aus der Dortmunder Ritterstraße, wo sich neben 444 Solidi noch drei nicht verzierte Halsringe befanden, die aus weiteren 55 Solidi hergestellt waren.

Zu dieser Gruppe von Schatzfunden zählt auch der Fund von Lengerich im Kreise Lingen. Dieser enthält neben einer großen Anzahl von Silbermünzen eine goldene Zwiebelknopffibel, mehrere goldene Fingerringe, zwei goldene Armringe, die facettiert und mit verdickten Enden versehen sind, und mehrere Goldmünzen von Constantin dem Großen (306–337) und seinen Söhnen.

Diese Funde und einige andere machen deutlich, daß ein größerer Teil des Münzgoldes eingeschmolzen und in germanischen Werkstätten zu Schmucksachen verarbeitet worden ist. Die Münzschätze im niederrheinischen und westfälischen Bereich zeigen, daß die Münzen im fortgeschrittenen 4. Jahrhundert zusammengetragen und zu Beginn des 5. Jahrhunderts vergraben wurden. Im 5. Jahrhundert brachen die Kontakte zwischen dem norddeutschen Flachland und Gallien ab.

Die erhalten gebliebenen Bestandteile der breiten römischen Militärgürtel, die auf den sächsischen Friedhöfen des mittleren und unteren Weserbereiches ans Licht gebracht wurden, sprechen dafür, daß sie von germanischen Söldnern oder Foederaten in römischen Diensten getragen und nach Ablauf ihrer Dienstzeit mit in die Heimat genommen wurden.

Einzelne Funde von römischen Waffen, zum Teil mit Fabrikstempeln, so Spatha aus Helle (Kreis Ammerland), unterstreichen dies.

Man kann also mit Sicherheit annehmen, daß beträchtliche Scharen sächsischer Krieger in römischen Diensten gestanden haben.

Die Völkerwanderung und die Sachsen

Etwa um das Jahr 375 setzte die Völkerwanderung ein. Sie erreichte ihren Höhepunkt im fünften Jahrhundert. Hinzu kamen einige weitere Ereignisse, welche die rasanten Bewegungen vieler Völker noch beschleunigten. Eines davon waren die Hunneneinfälle. Den Einfällen dieser hunnischen Reiterheere wichen auch die Westgoten unter Alarich aus und drangen nach Italien ein. Von Stilicho zwar wieder hinausgedrückt, unternahmen sie 408 einen zweiten Anlauf. Diesmal konnten ihnen die römischen Truppen keinen entscheidenden Widerstand mehr entgegensetzen. 410 standen westgotische Truppen vor Rom. Das Weströmische Reich erbebte in seinen Grundfesten. Dies war der wirkliche Anlaß, der die Römer seit 408 bewog, Britannien aufzugeben und selbst die Rheingrenzen von ihren Truppen zu entblößen, um den neuen Feind in Gallien, an der Atlantikküste sowie vor den Toren der eigenen Hauptstadt zum Stehen zu bringen und zu vernichten.

Die von den Römern unterjochten Kelten blieben in Britannien zurück und hatten sich nunmehr – der Hilfe der Römer ledig – gegen die von Norden nach Süden vorstoßenden Pikten und Skoten zu verteidigen, die nach dem Abzug der Römer eine hilflose, ihnen auf Gedeih oder Verderben preisgegebene Beute witterten. Dies sollte ab 408, verstärkt ab 448 zum großen Zug der Sachsen, Angeln und Jüten nach Britannien führen, als der keltische König Vortigern sich keinen anderen Rat wußte, als die früheren Peiniger gegen seine neuen, die Pikten und Skoten, aufzubieten.

Die Aufgabe der Nordprovinzen durch die Römer brachte noch weitere Völker in Bewegung. 406 bereits überschritten die Wandalen gemeinsam mit den Alanen den Rhein und drangen 409 nach Spanien ein; ihr endgültiges Ziel war Nordwestafrika.

Die Burgunder zogen 408 in das Gebiet am Mittelrhein ein und machten Worms nach dessen Inbesitznahme zu ihrer Hauptstadt. Damit schoben sie sich zwischen Franken und Alemannen.

Nach Alarichs Tod traten die Westgoten 412 unter Führung von Athaulf, einem Schwager Alarichs, ihren Marsch nach Gallien an und ließen sich im Süden mit Toulouse als neuer Hauptstadt ihres Reiches nieder.

Der Feldherr Aëtius, einstmals Geisel am Hofe Attilas, übernahm 434 die Führung im Römischen Reich. Zu Anfang seiner Regierungszeit stützte er sich auf hunnische Hilfe bei der Abwehr der Germanen, die in sein Reich eindrangen. Er schlug 436 die am Rhein sitzenden

Burgunder, die 437 abermals, diesmal von den Hunnen, vernichtend geschlagen wurden. Ihre Reste wurden von Aëtius an die Saône und die obere Rhône zwangsumgesiedelt.

445 gelang es Aëtius, die bis in die heutige Picardie vorgedrungenen salischen Franken zu besiegen. Als danach die Freundschaft mit den Hunnen endete und Attila mit seinen Reiterheeren in Gallien eindrang und bereits Orléans erreichte, von wo er sich der Marne zuwandte, kam es 451 zu jener gewaltigen Schlacht auf den Katalaunischen Feldern, die eine völlig neue Zeit einläutete.

An dieser Schlacht nahmen auch Sachsen teil, die unter Aëtius' Führung die Hunnen bekämpften und Anteil an dem großen Erfolg der Römer hatten.

So kämpften in dieser Schicksalsstunde Europas die Römer im Bündnis mit den Westgoten, Franken und Sachsen, um den Hauptfeinden aller Germanen, den Hunnen, eine vernichtende Niederlage zu bereiten. So trugen auch die Sachsen und vor allem jene, die sich an der armorikanischen Küste festgesetzt hatten, *ihren* Teil zur Niederwerfung der Hunnen bei.

Dies hinderte sie jedoch nicht daran, zu weiteren Streifzügen aufzubrechen. Unter ihrem überragenden Führer Advocarius drangen sie vom Litus Saxonicum aus in die Loiremündung ein, fuhren die Loire aufwärts und erschienen 464 vor Angegavum – Angers. Hier ließen sie sich nach dem Tode des Aegidius im folgenden Jahre von dieser Stadt und einigen umliegenden Ortschaften Geiseln stellen.

Der nächste Angriff der Sachsen gegen Gallien im Jahre 469 verlief ergebnislos. Die Römer unter ihrem Feldherrn Paulus, durch Krieger des Frankenkönigs Childerich I. verstärkt, schlugen die Sachsen zurück und folgten ihnen mit ihren bereitliegenden Schiffen und beiderseits des Flusses mit berittenen Truppen bis zur Mündung der Loire, wo sie die Sachsen von den Inseln in diesem Delta vertrieben.

Daß es diesen Gegnern dennoch nicht gelang, die Sachsen für immer von dort zu verjagen, zeigt jenes Bündnis auf, das Advocarius kurz darauf mit dem Frankenkönig Childerich I. einging. Dieser König der Salier, der im Raume vom Tournay herrschte und als Bundesgenosse der Römer gegen die Westgoten, die Alemannen und die Sachsen gekämpft hatte, war diesmal auf der Seite der Sachsen.

Der vereinigten Kampfkraft dieser beiden Verbündeten gelang es, die als römische Militärkolonisten eingesetzten und soeben von einem Raubzug zurückkehrenden Alanen bei Orléans zu stellen und vernichtend zu schlagen.

475 standen die Sachsen als Seeräuber vor der Girondemündung. Mit

ihren schnittigen Schiffen drangen sie weit in die Gironde hinein vor. Aber eine westgotische Flotte unter Namatius stellte die sächsischen Schiffe und konnte sie in einer wildbewegten Schlacht überwinden. Dennoch blieben viele Loiresachsen im Lande und siedelten sich hier an, wie die späteren Berichte des Bischofs von Nantes über ihre Taufe im Jahre 570 beweisen.

Das Jahr 477 sah dann einen erneuten großangelegten Streifzug der Sachsen nach Gallien. Geführt von dem neuen Stern am Sachsenhimmel, dem Kriegsmanne Odovacrius, drangen sie wieder über die Loire bis nach Angers vor. Im Gegenzug gelang es diesmal den Römern, die Franken zur Gegenwehr auf ihre Seite zu ziehen. Letztere wurden immer noch von Childerich geführt.

Da Childerich zur gleichen Zeit mit den Alemannen im Streit lag, wollte er einen besonderen Coup landen. Er trat in Verhandlungen mit den Sachsen ein, schloß mit ihnen einen Separatfrieden und bewog sie gleichzeitig dazu, ihm im Kampf gegen die Alemannen beizustehen.

Die Sachsen erwiesen sich als erfolgreiche Bundesgenossen im Kampf gegen diese Alemannen und gewannen bei ihrer Unterstützungsaktion reichere Beute, als sie ihr Streifzug ergeben hätte.

Daß Childerich von den Loiresachsen abstammen soll, wurde von einigen Forschern für möglich gehalten, konnte jedoch nicht bewiesen werden. Sicher ist jedoch, daß die Gattin von König Dagobert, Nantilde, ebenso wie die Gattin Chlodewechs, Baltilde, sächsischen Geblütes waren und als Sklavinnen aus Britannien nach Gallien kamen.

In diesem Zusammenhang ist in der Chronik Fredegars und der Frankenkönige eine Passage von besonderem Interesse, die dieses Faktum erhärtet und ein Blitzlicht auf jene hübsche Sklavin warf, die schließlich fränkische Königin wurde. Darüber heißt es in der Biographie der Baltilde, die noch während der Regierungszeit Theuderichs III., Baltildes Sohn, geschrieben wurde:

„Durch die göttliche Vorsehung ward Baltilde übers Meer herübergerufen und, obwohl eine kostbare Perle, um geringen Preis hierher verkauft. Von dem Frankenfürsten Erchinoald wurde sie gekauft; sie brachte in dessen Dienst ihre Jugend ehrbar zu. Sie war gütig von Herzen, züchtig in ihrem ganzen Betragen, klug und nicht leichtfertig oder vorlaut in ihren Reden, wie sie denn vom Geschlecht der Sachsen war. Von anziehender und feiner Leibesgestalt, schön anzusehen, freundlich in ihren Mienen und würdig in ihrem Gang.

Darum fand sie Gnade vor den Augen des Fürsten, und er ließ sich von ihr in seiner Kammer den Weinbecher reichen, und sie war eine ehrbare Mundschenkin.

Als nun Erchinoalds Frau gestorben war, so wollte er Baltilde zur Frau nehmen, sie aber verbarg sich vor seinem Antlitz. Aber während sie des Königs Diener ausschlug, sollte sie nach dem Willen Gottes die Gemahlin des Chlodwig, Dagoberts Sohn, werden und Königskinder gebären." (Siehe: Die Chronik Fredegars und der Frankenkönige, Hrgb. Alexander Heine. Übersetzt von Otto Abel.)

Daß also bereits zu dieser Zeit sächsisches Blut in fränkische Königsfamilien einging, ist damit bezeugt. Später sollte dies noch mehrfach der Fall sein.

Auch Chlodwig, der Sohn des 481 verstorbenen Childerich, bediente sich während der Kämpfe gegen die Alemannen sächsischer Hilfe und obsiegte im Jahre 496 bei Zülpich. Ohne dies zu jener Zeit auch nur ahnen zu können, hatten die Sachsen jenem Volke den Weg nach oben geebnet. Auf diesem Wege überzogen sie die Sachsen 300 Jahre später mit einem über dreißig Jahre andauernden Krieg, um sie schließlich zu unterwerfen. Es waren die Franken, die, später nach Osten vordringend, der sächsischen Macht ein Ende bereiteten.

Chlodwig hatte bereits 486 in der Schlacht bei Soissons die Römerherrschaft in Gallien beendet und den Grundstein zu einem mächtigen, allen anderen Reichen überlegenen Frankenreich gelegt, das schließlich die Oberherrschaft in ganz Europa antreten würde. Lediglich Theoderich, König der Ostgoten, der später der Große genannt wurde, hinderte die Franken daran, sich noch weiter auszudehnen. Nach Theoderichs Tod im Jahre 526 fiel diese den Franken auferlegte Fessel. Es begann jene Entwicklung, die als die Zerstörung des Thüringerreiches durch die Franken in die Geschichte einging.

Ohne die hier nur in den Umrissen zitierte und skizzierte Entwicklung des Frankenreiches und seiner Aktionen wäre die Geschichte der Sachsen unvollständig und weitgehend auch unverständlich. Deshalb hier zunächst in knappen Zügen der weitere Verlauf der Entwicklung des tödlichen Gegners der Sachsen.

Als Chlodwig 511 starb, wurde sein Reich unter seine vier Söhne Theuderich, Chlodemer, Childebert und Chlotar geteilt. Chlodemer und Childebert erhielten den südlichen und westlichen Teil des Frankenreiches. Jener Teil aber, der nach Osten an den Rhein und noch weiter über den Fluß nach Osten hinaus fränkisch war, fiel an die beiden anderen Söhne. So erhielt der unehelich geborene Theuderich das Teilreich Ripuarien, das sich vom Mittelrhein bis in die Champagne erstreckte, mit Metz und Reims als seinen Hauptstädten.

Der jüngere Sohn, Chlotar, wiederum erhielt das ehemals salische Reich mit den Gebieten um Arras und jenem Streifen, der nördlich von

Paris an der Seine entlang bis zum Meer und von dort bis zum Unterlauf des Rheins reichte.

Die Thüringerkriege

Zur gleichen Zeit herrschten im Thüringerreich drei Brüder: Irminfried, Baderich und Berthachar. Irminfried, der nach der Alleinherrschaft greifen wollte, gelang es, seinen Bruder Barthachar auf einem Jagdausflug zu ermorden. Er nahm dessen Tochter Radegunde als Waise in sein Haus auf. Da dieser Schlag über Erwarten reibungslos gelungen war, stachelte Amalaberga, Irminfrieds Frau, diesen dazu an, auch Baderich zu beseitigen und sich damit zum Alleinherrscher in Thüringen aufzuschwingen.

Dies war jedoch für Irminfried ein zu großer Happen. Ihn konnte er allein nicht bewältigen. Er schickte daher Boten zum Frankenkönig Theuderich und bat diesen um Hilfe gegen seinen Bruder. Im Falle des Gelingens dieses Handstreiches wollte er ihm einen Teil jenes Reichsgebietes schenken, über das Baderich verfügte. Die Franken nahmen dies Anerbieten an.

Die Franken unter Theuderich und Irminfrieds Truppen schlugen Baderichs Heer und töteten Baderich. Als Theuderich nunmehr seinen Lohn verlangte, wurde er von Irminfried hohnlachend abgewiesen. Dieser empfahl ihm, so rasch wie möglich zu verschwinden, wenn er nicht ebenso wie Baderich Gut und Leben verlieren wollte.

Der Frankenkönig zog wutschnaubend mit seinem Heer wieder zurück, denn Theoderich lebte noch und hielt seine Hand über die Thüringer, da ja Amalaberga, Irminfrieds Frau, seine Nichte war.

Nach Theoderichs Tod im Jahre 526 wurde die Lage für die Thüringer ernst. Nicht nur wollte Theuderich seine Ansprüche verwirklichen, sondern es hatte auch einige thüringische Überfälle auf fränkisches Gebiet gegeben, bei denen sich Irminfried eine Reihe edler junger Franken und fränkischer Mädchen als Geiseln nach Thüringen holen konnte.

Um den Kampfesmut der Franken anzuheizen, ließ Theuderich überall die Kunde einer schmählichen Tat verbreiten, laut welcher sich die Thüringer an ihren Geiseln vergangen haben sollten. Die häßlichen Grausamkeiten – ob nun wahr oder geschickte Propaganda, das ist nicht eindeutig geklärt – der Thüringer machten die Runde, laut denen „Mädchen von Pferden in Stücke gerissen und Jünglinge von schweren Wagen zermalmt worden" seien. Theuderich verkündete dies seinem

Heer, wobei er natürlich nicht vergaß, an den alten Wortbruch der Thüringer zu erinnern, der seinerzeit die Kriegsbeute so gering gehalten hatte. Bei diesem Feldzug konnte sich Theuderich voll auf seinen Sohn und seinen Bruder Chlotar stützen.

Auf dem alten Hellweg zog das Frankenheer nach Osten. Der Zug über diese alte Heerstraße durch das Land der Sachsen bot noch die zusätzliche Gelegenheit, diese um Hilfe zu bitten. Die Sachsen sagten mit Freuden zu und verstärkten das fränkische Heer.

Die alte Heerstraße verlief in einer Spur von Zülpich aus über den Brühler Paß und in der anderen von der Maas über Jülich nach Köln. Von dort aus führte Theuderich bei Herdecke sein Heer über die Ruhr. Hier hatten die Sachsen eine große Fliehburg, die Syburg, angelegt, die, hoch über dem Ruhrtal gelegen, einen weiten Ausblick ins Land ermöglichte, von woher sie auch ihren Namen hatte.

Von Herdecke aus zielte der Weg nach Überwindung der Ruhr direkt auf Minden, das mitteldeutsche Bergland umrundend, am Nordrand der Bückeberge herum und um den Deister über Nenndorf und Ronnenberg zur Leine, die zwischen Pattersen und Darstedt überschritten wurde.

Ostwärts der Leine gabelte sich der Heerweg abermals. In seiner nördlichen Fortsetzung führte er nördlich des großen Bruches über Asse und Schöningen nach Magdeburg. Die südliche Strecke ging über Hildesheim am Rande des Nordharzes entlang zur Saale.

Dies waren zu jener Zeit die einzigen Fernstraßen, welche jene Berge und Flußtäler umgingen, die ein schnelles Weiterkommen verhinderten. Einer der wichtigsten Kreuzungspunkte dieser beiden Heerstraßen lag bei Ronnenberg. Hier traf die südliche Straße, die vom Rhein aus über Paderborn, Horn und Hameln verlief und bei Hannover die Leine überschritt, auf den nördlichen großen Heerweg.

Das Reich der Thüringer reichte zu dieser Zeit vom Main bis zur unteren Elbe. Sein Mittelpunkt war der Harz. In diesem Gebiet hatten sich wichtige Entscheidungen abgespielt und weiter angebahnt. *Hier* lagen die natürlichen Sperren, an denen jeweils die Entscheidungskämpfe stattfanden. So beispielsweise in dem Paßgebiet zwischen Deister und Steinhuder Meer, bei den Leinefurten ebenso wie an den Okerübergängen.

Ostwärts der Leinefurten wurde bei Anderten in der Nähe von Hannover ein Gräberfeld aus merowingischer Zeit festgestellt, was ein weiteres Zeichen dafür ist, daß die Franken bereits sehr früh während ihrer Kriegszüge nach Sachsen hinein diesen Weg benutzten. Es ist das Gräberfeld am Ronnenberg südlich von Hannover.

An der Nordwestgrenze ihres Reiches traten die Thüringer den

Franken und mit ihnen verbündeten Sachsen entgegen. Über diesen Kampf berichtete Rudolf von Fulda:

„Im Norden des Harzes und der Unstrut fanden diese Schlachten statt. Der südlich der Unstrut gelegene Teil Thüringens wurde vom Kriegssturm nicht berührt." (Siehe Rudolf von Fulda: Translatio S. Alexandri.)

Dieser Thüringerfeldzug entwickelte sich nach den gewonnenen Erkenntnissen folgendermaßen: Als Irminfried durch seine Grenzposten und Späher davon hörte, daß sich Theuderich und Chlotar zum zweiten Kriegszug gegen ihn rüsteten, versuchte er alles, um diesen gefährlichen Gegner so weit wie möglich vorn zum Stehen zu bringen und ihn möglichst noch vor Erreichen seines Reiches zu vernichten oder zumindest aufzuhalten. Es hieß also, ihm mit einer möglichst großen Truppe so schnell wie möglich entgegenzureiten, bevor der Gegner die thüringische Grenze erreicht hatte.

An diesem Thüringischen Feldzug nahmen Sachsen in großer Zahl teil. Theuderich hatte ihnen das Versprechen gegeben, ihnen die nördliche Hälfte des Thüringerreiches abzutreten. Im Gefolge des Theuderich befand sich auch dessen Sohn Theudebert.

Das thürinigische Heer erreichte den Gau Maerstem und setzte sich im Paß zwischen Deister und Leine fest. Dieser schmale Durchlaß war durch ein tief gestaffeltes, unüberwindliches Sumpfgebiet zu beiden Seiten begrenzt. Hier, zwischen den Gherdener und den Bentheimer Bergen, ließ Irminfried seine Wolfsfallen anlegen, in welche die fränkischen und sächsischen Reiter stürzen mußten, weil es keinen anderen Weg durch diese Enge gab.

„In dieser sicheren Stellung trafen die Franken- und Sachsenheere auf die Thüringer, die sie mit mächtig bewaffneter Hand bei dem Orte erwarteten, welcher Runniberg genannt wird."

Der Kampf tobte 48 Stunden hin und her. Die von den fränkischen Reitertruppen versuchten Umgehungsangriffe bei den Leineübergängen nahe Hannover und bei Pattensen-Sarstedt mißlangen.

Nachdem es zunächst wie ein glatter Abwehrsieg der Thüringer aussah, erlahmte am dritten Tage die Kraft der Verteidiger. Die frischen, zurückgehaltenen Reservekräfte der Angreifer wurden nun nach vorn geworfen, nachdem die vorhergehenden Kräfte die Verteidiger auf drei verschiedene Ziele fixiert waren und sie solcherart geteilt hatten.

Diesem letzten gewaltigen Ansturm konnten die Thüringer nicht widerstehen. Sie wichen zunächst Schritt um Schritt, dann immer schneller zurück, bis dieser Rückzug in eine wilde, zügellose Flucht ausartete.

Den nachsetzenden Gegner im Rücken, der die Zurückbleibenden erbarmungslos niederhieb, erreichte das Gros des thüringischen Heeres südlich von Wolfenbüttel den Okerübergang bei Ohrum dicht vor den Franken.

Hier, im Gebiet des Zusammenflusses von Oker und Ilse, in jenem dort beginnenden Sumpfgebiet, das sich bis nach Hornburg hinzog, von dort aus nach Osten schwenkt und bis zur Bode reichte, kam es im „großen Bruch" und am Flußübergang zu weiteren Gefechten.

Die Franken, nach den drei Tage andauernden Kämpfen und vor allem durch die schnelle Verfolgung des Gegners ebenfalls erschöpft, verschanzten sich den Thüringern gegenüber in einem rasch errichteten festen Lager. Für sie war es wichtig, erst einmal die mitgenommenen Verwundeten zu versorgen.

König Irminfried war der Gefangennahme durch die Franken nur unter Einsatz seiner Getreuen entkommen. Diese hatten sich den Verfolgern entgegengeworfen und sie um die entscheidenden Stunden gestoppt, die es dem König erlaubten, in seine Burg zu gelangen.

Bei den Franken war es zwischenzeitlich unter den Brüdern Theuderich und Chlotar zu ernsten Auseinandersetzungen gekommen. Bei diesem Streit zwischen den Brüdern ging es darum, wer mehr von der Beute zu beanspruchen habe. Dies führte schließlich so weit, daß sie einander nach dem Leben trachteten.

Die Fama weiß von einer Falle zu berichten, die Theuderich seinem Bruder gestellt habe, um diesen umbringen zu lassen.

Theuderich lud seinen Bruder zu einer Besprechung in sein Zelt. Vorher hatte er einen Teil des Zeltraumes durch einen Vorhang abtrennen lassen. Hinter diesen Vorhang stellten sich die von ihm gedungenen Mordgesellen mit ihren Waffen auf. Dieser Mordanschlag sah Chlotar jedoch nicht unvorbereitet, denn durch seine Späher im brüderlichen Lager wußte er bereits davon und hatte seinerseits eine größere Schar bis an die Zähne bewaffneter Leibwächter mitgebracht, die das Zelt umstellten.

Mit seinem Schwert schlug Chlotar den Vorhang herunter und jagte die Meuchler, die sich in der Falle sahen, hinaus.

Nun schaltete Theuderich sogleich auf „liebender Bruder" um. Er schenkte Chlotar ein großes silbernes Becken aus der bis dahin gemachten Beute, das dieser auch annahm. Zwar wußten sie beide nun, wie sie zueinander standen, aber im Felde mußten sie ihre Rivalitäten zurückstellen, wenn sie den endgültigen Sieg erringen wollten.

Die Sachsen wurden gebeten, noch mehr Männer nach vorn zu werfen und im vordersten Treffen mitzukämpfen. Sie, die als „große und furchtbare Kämpfer" bekannt waren, kamen auch und ließen sich von

Theuderich als Siegespreis noch einmal das nördliche Thüringen versprechen, wenn es ihnen nun gelänge, die Thüringer zu vernichten.
Theuderich ließ zwölf seiner Edlen zusammenrufen. Diese mußten den versammelten Sachsen unter Eid ganz Nordthüringen versprechen. Damit waren die Sachsen an der Reihe, und da sie seit vielen Jahrzehnten an ihrer Ostgrenze mit den Thüringern in zahlreichen Scharmützeln die Schwerter gekreuzt hatten, brannten sie nun darauf, sich richtig und mit voller Kraft auf diesen Gegner stürzen zu können.

Das sächsische Heer, von neun Herzögen geführt, marschierte heran. Auf dem linken Unstrutufer begann der Kampf. Mit ihren zweischneidigen Streitäxten, den langen Dolchen und den Lanzen waren die Sachsen ihren von Irminfried geführten Gegnern überlegen. Die Thüringer wichen zurück, sie gaben das Sumpfgebiet und das Flußufer preis, und Irminfried erreichte, hart von den Sachsen verfolgt, seinen Hauptsitz, die Burg Scheidungen an der Unstrut.

Sachsen und nachrückende Franken richteten sich zu deren Belagerung ein. Die Sache der Thüringer schien verloren; es war nur noch eine Frage der Zeit, bis die Burg fallen mußte. In dieser verzweifelten Lage verfiel Irminfried auf eine glorreiche Idee. Im Aushecken von Verrats- und Umsturzplänen ebenso geübt wie im Meuchelmord, ließ er insgeheim Theuderich um Frieden bitten.

Dieser, nicht gewillt, den Sachsen ein so wichtiges Gebiet wie Nordthüringen zu überlassen, heckte nun gemeinsam mit seinen erklärten Gegnern, den Thüringern, einen Plan aus, die Sachsen zu vertreiben, die jetzt – da sie den Sieg erfochten hatten – nur noch unnütze Forderer waren.

Doch die Sachsen wußten sich vor solchen Bubenstücken zu schützen. Auch sie hatten ihre Späher im gegnerischen Lager, die ihnen dieses Komplott hinterbrachten. Während der nächsten Nachtwache, die sie halten mußten, stürmten sie unter Führung des ältesten und erfahrensten Herzogs – er hieß Hadugato (Hathagat) – gegen die thüringische Festung an und eroberten sie in einem mit äußerster Wucht geführten nächtlichen Handstreich. Die Besatzung der Burg Scheidungen wurde niedergemacht. Nur Irminfried gelang es, mit seiner Gemahlin und seinen Söhnen, begleitet von einigen Getreuen, die den Weg freischlugen, dem nächtlichen Massaker zu entkommen. Nun schwenkte Theuderich abermals um und schmeichelte den Sachsen, daß sie es verstanden hätten, den Gegner zu schlagen, während er ihn – so gab er vor – in Sicherheit gewiegt habe.

Die Sachsen erhielten jetzt – das war nun nicht mehr zu umgehen – das gesamte nordthüringische Gebiet nördlich der Unstrut als Beute. Damit hatten sie einen nach Osten gerichteten guten Abschluß ihres bereits riesig gewordenen Stammesgebietes erreicht.

Die Franken ließen zwar Irminfried einen Teil des großen übrigen Landes. Hierbei handelte es sich um das heutige Thüringen. Dennoch sann man darauf, wie man ihn verschwinden lassen und sich auch dieses Gebiet kampflos aneignen könne. Das fränkische und sächsische Heer kehrte im Herbst 531 nach Westen zurück.

Um einen dritten Thüringenfeldzug zu vermeiden, der fällig geworden wäre, wenn Theuderich sich auch noch in den Besitz des restlichen Thüringerreiches setzen wollte, sann man auf eine List. Theuderich verlockte den jungen thüringischen König Irminfried dazu, nach Zülpich in seine Residenz zu kommen. Chlotar, der eine Nichte Irminfrieds mit Namen Radegunde nach der Erstürmung von Scheidungen als Gefangene weggeführt und diese schließlich zu seiner Frau gemacht hatte, um solcherat seine Anwartschaft auf das Thüringerreich zu dokumentieren, ließ auch durch seine Frau den „Lockruf für einen Gimpel" erschallen, als den man Irminfried ansah.

Obgleich Amalaberga ihren Gatten Irminfried anflehte, nicht nach Zülpich zu gehen, weil sie Schlimmstes befürchtete, ließ sich dieser nicht von seiner Goodwilltour abbringen. Er reiste nach Zülpich. Dort wurde er auf einem seiner ersten Spaziergänge von der Stadtmauer, wo ihm die Stadt gezeigt werden sollte, durch gedungene Meuchler hinabgestoßen; er brach sich das Rückgrat. Fredegar III. berichtet allerdings in seiner Chronik, es sei Theuderichs Sohn Theudebert gewesen, der Irminfried hinuntergestoßen habe.

Nun galt es nur noch, sich der Gattin des Toten und seiner Kinder zu entledigen, um den thüringischen Thron sicher und ohne Kampf in die Hände zu bekommen.

Amalaberga jedoch erfuhr schon sehr bald, daß dieser Plan in die Tat umgesetzt werden sollte. Sie floh mit einigen treuen Helfern und ihren Kindern nach Italien zu ihrem Bruder Theodahad, der seinerzeit bereits König der Ostgoten war. Damit war sie vor jeder Meuchlerhand sicher.

Irminfrieds Sohn Amalafried trat in kaiserliche Kriegsdienste. Im Jahre 550 trennte sich Radegunde von Chlotar, als sie erfuhr, daß ihr Bruder unmittelbar vorher auf Weisung ihres Gatten ermordet worden war. Sie ging in das Kloster Poitiers, das von ihr gegründet worden war. Chlotar war zugetragen worden, daß sich der Bruder seiner Frau zur Flucht vorbereitete, um in Thüringen das alte thüringische Reich wieder aufzurichten und sich an dessen Spitze zu stellen. Thüringen wurde fränkische Provinz unter einem Herzog.

Nordthüringen war, wie vorher dargestellt, an die Sachsen gefallen.

Die Thüringer mußten von nun an über Jahrhunderte den „Schweinezins" an die Sachsen zahlen. Diese Zinsleistung wurde erst im Jahre 1002 aufgehoben.

Jene Thüringer, die unter fränkische Oberhoheit fielen, konnten weitgehend ihre Eigenart bewahren. Sie behielten ihr altes thüringisches Privat- und Strafrecht, das in der Lex Angliorum et Werinorum hoc est Thuringorum aufgezeichnet und in Gebrauch genommen worden war.

Die unter die Sachsen gefallenen Landesteile im Norden wurden nach sächsischem Recht verwaltet. Hier wurde Sächsisch als Landessprache eingeführt.

Franken gegen Westsachsen

Theuderich, von Theudebert I. in der Führung der Franken anno 534 abgelöst, hatte seinem Volk eine große Eroberung zuschlagen können. Theudebert waren damit neben seinem Teil des Frankenreiches, Ripuarien, die Räume vom Main bis zur Donau zugefallen. Daß die Sachsen zumindest in einem lockeren Unterordnungsverhältnis zu ihm standen, geht aus einem Schreiben von Theudebert I. hervor, das dieser an Kaiser Justinian richtete:

„... cum Saxonibus, qui se nobis voluntate propria tradiderunt", was bedeuten würde, daß sich die Sachsen ihm aus freien Stücken untergeordnet hätten.

Für seine Hilfeleistung bei der Unterwerfung der Thüringer erhielt Chlotar aus Theuderichs Erbschaft eine jährliche Abgabe der Sachsen in Gestalt von 500 Rindern. Dies scheint die freiwillige Unterwerfung zu bekräftigen.

Daß diese Tributleistung den Sachsen ein Dorn im Auge war, versteht sich. Im Jahre 555 verweigerten sie endgültig diesen ihnen auferlegten Tribut. Dies wiederum brachte Chlotar auf den Plan, der sich den Tribut nun persönlich von den Sachsen holen wollte.

Als er mit seiner Truppe die sächsischen Grenzbefestigungen erreichte, baten die Sachsen um Frieden und erklärten sich bereit, die verlangten Leistungen auch in Zukunft zu erbringen. Chlotar war bereit, dieses Angebot zu akzeptieren, doch seine Heerführer waren dagegen. Sie wollten nicht umsonst eine so lange Strecke marschiert sein, um dann einfach auf die erhoffte Beute zu verzichten. Sie wollten, „da wir schon einmal hier sind, auch unsere Schwerter an den Sachsen erproben".

Der Angriff begann. Die Sachsen kämpften wie immer, wenn sie gestellt wurden, mit berserkerhafter Anstrengung und mit dem Mute der Verzweiflung. Es gelang ihnen, den Gegner zu überwinden. Die Niederlage der Franken war total, und dies war um so verhängnisvoller, als Chlotars Bruder Childebert die Chance wahrgenommen hatte, das Reich Chlotars, während es von Truppen entblößt war, von Westen her anzugreifen. Damit standen Chlotars Verbände zwischen zwei Feuern. Sie ließen von den Sachsen ab und zogen sich in Eilmärschen nach Westen zurück, um Childebert daran zu hindern, das gesamte Reich seines Bruders in Besitz zu nehmen.

Dies wiederum gab den Sachsen die Chance, ihnen dicht auf den Fersen zu bleiben und mit den Westsachsen 557 bis nach Deutz an den Rhein vorzudringen. Wo sich die fränkischen Nachhuten an den Engpässen oder Flußübergängen zum Kampf stellten, wurden sie niedergemacht. Dennoch erreichten sie, daß dem Gros des fränkischen Heeres die Flucht gelang. Am Rhein blieben die Sachsen stehen. Diesen mächtigen Strom zu überschreiten, nachdem sie so weit nach Westen vorgedrungen waren, verbot sich für sie aus Selbsterhaltungstrieb.

Nachdem Chlotar seinen Bruder Mores gelehrt hatte, machte er mit der Truppe wiederum kehrt und wandte sich den Sachsen erneut zu. Diese wurden zurückgeschlagen.

Bereits ein Jahr darauf, man schrieb das Jahr 556, erhoben sich die Sachsen erneut gegen Chlotar. Diesmal drangen sie bis zur Weser vor. Dort wurden sie von Chlotars Truppen geschlagen. Vor allem die schnelle Reiterei der Franken gab hier den Ausschlag. Die Sachsen mußten ihre Tributleistungen in Gestalt der Abgabe von 500 Rindern wieder aufnehmen.

Da sich mit den Sachsen gleichzeitig auch die Thüringer erhoben hatten, nachdem sie sich mit den Sachsen geeinigt hatten, durchzog das fränkische Heer nach Überwindung der Sachsen Thüringen und verwüstete dieses Land in einer bis dahin noch nie gesehenen Strafexpedition.

Nach Childeberts Ausschaltung war das Frankenreich zwar unter Chlotar vereinigt, doch nach dessen Tod im Jahre 561 zerfiel es abermals in vier Teile. Der östliche Teil wurde von Siegbert I. regiert. Auch er hatte einen dauernden Grenzkrieg gegen die Sachsen zu führen, von dem uns allerdings keine genauen Kenntnisse übermittelt sind.

Von noch größerer Bedeutung als die Reihe der bereits genannten sächsischen Stützpunkte an der gallischen Küste waren die weiteren hier genannten sächsischen Ansiedlungen an der nordfranzösischen Küste und in Flandern. Die Sachsen von Bayeux – als Saxones Baiocassini bekannt –, die König Chilperich gegen die Bretonen aufbot, erlitten 578 eine schwere Niederlage. Sie kämpften 590 in der Haartracht der

Bretonen mit diesen gegen Guntrams Franken. Wahrscheinlich führten sie diesen Auftrag auf Weisung von Fredegundis aus, der Gemahlin Chilperichs I., die nach dessen Tod für ihren Sohn Chlotar II. regierte.

Von diesen Sachsen stammt mit großer Wahrscheinlichkeit auch jener Edle Aeghyna oder „Aigyna genere Saxonorum" ab, der 636 bis 637 einen Teil des fränkischen Heeres gegen die Basken führte.

Otlinga Saxonia heißt dieser Raum um Bayeux noch im 9. Jahrhundert; dies in einer Urkunde Ludwigs des Frommen ebenso wie in zwei Urkunden Karls des Kahlen aus den Jahren 843 und 845, worin dieser Landstrich der „pago Otlinga Saxonia" genannt wird.

Die Spuren der altsächsischen Niederlassungen in den Küstengebieten zwischen Boulogne und Calais sind überall dort zu finden, wo die Ortsnamen auf „tun" und „kan" enden. Aber auch landeinwärts bis ins Departement Aisne hinein sind sie zu verfolgen.

Mit den Langobarden nach Italien

Als in dieser Situation die Aufforderung des Langobardenkönigs Alboin an die Sachsen herangetragen wurde, sich dessen und seines Volkes Feldzug zur Eroberung Italiens anzuschließen, waren vor allem die thüringischen Sachsen, die Bewohner des späteren Schwabengaues um Aschersleben und Ballenstedt, sehr davon angetan. Sie zogen zu Ende des Jahres 557 mit Frauen und Kindern und ihren Herden nach Süden. Es waren nach den Chroniken der Zeitgenossen etwa 20000 Menschen, die sich diesem Zug ins Ungewisse anschlossen.

Sie vereinigten sich mit Alboins Heer in Pannonien und zogen von dort am 2. April 568, es war der Tag nach dem Osterfest, nach Süden.

Die von ihnen verlassenen Gebiete zwischen Gernrode-Harzgerode und Bernburg an der Saale wurden von den Sueven besetzt, die aus dem heutigen Holstein kamen. Diese Inbesitznahme sächsischen Landes durch die Sueven sollte für die das Land verlassenden Sachsen viel später noch zu einem schweren Problem werden.

Sächsische Krieger unterstützten die Langobarden entscheidend im Kampf um den Predilpaß und bei der Besetzung von ganz Venetien. Die gesamte norditalienische Ebene wurde dank ihrer Hilfe von den Langobarden in kürzester Zeit besetzt. Das Land wurde verteilt und der Weiterzug nach Süden angetreten.

Da sich die Sachsen aber nicht der lästigen langobardischen Herrschaft unterordnen wollten und nach eigenem Recht zu leben gedachten, kam es unter den beiden Partnern zu Zerwürfnissen. Die Sachsen beschlossen, den Rückmarsch in ihre alte Heimat anzutreten. Dies wurde ihnen von den Langobarden freigestellt, und so machten sie einen Schlachtplan, durch Gallien und das fränkische Gebiet nach Norden in ihre sächsische Heimat zurückzugelangen.

Es war Frühsommer 572, als sie zunächst unter Zurücklassung des Trosses sowie der Frauen und Kinder, die nachgeholt werden sollten, sobald der Weg frei war, über den Mont Genèvre nach Gallien zogen. Über Embrun gelangten sie in den Raum Riez.

Hier wurden sie durch Truppen des Feldherrn Mummolus gestellt, überraschend angegriffen und geschlagen. Am Tage nach dieser Schlacht verpflichteten sie sich gegenüber den Siegern, die gemachte Beute und die Gefangenen zurückzugeben. Daraufhin konnten sie sich zurückziehen, nachdem sie geschworen hatten, daß sie mit ihrem ganzen Volke wiederkommen, sich den Franken unterwerfen und ihnen Heerfolge leisten würden.

Im folgenden Sommer zogen sie dann mit allem, was sie besaßen, in zwei großen Gruppen über Nizza und Embrun nach Gallien und vereinigten sich in Avignon.

Daß einzelne kleinere Gruppen in Italien verblieben und diese Odyssee nicht mitmachten, zeigen die sächsischen Ortsnamen in diesem Gebiet auf, wie beispielsweise Sassinoro – Saxonorum curtis in Benevent. Personennamen wie Saxo, Saxa, Saxulus und andere wurden in diesen Gebieten nachgewiesen.

Wieder vereinigt, begannen die Sachsen im Raume Avignon die reifende Ernte von den Feldern zu plündern. Als sie danach über die Rhône weiterziehen wollten, um in Sigiberts Frankenreich zu gelangen, wurde ihnen der Weiterzug abermals durch Mummolus verwehrt. Diesmal kam es jedoch nicht zum Kampf. Die Sachsen hatten vorgesorgt und entschädigten Mummolus für die Feldfrüchte reichlich mit Gold, das von ihrem italienischen Heerzug stammte. Damit kauften sie sich den Weiterzug frei und konnten ungehindert das fränkische Gebiet durchwandern.

Sie erreichten im Frühjahr 575 ihre Heimat und fanden diese von den Sueven, einem Stammesrest des Semnonenvolkes, besetzt, den Sigibert bereits 568 dort angesiedelt hatte.

Die Sueven, von der stattlichen Zahl der Sachsen und ihrem kriegerischen Gehabe eingeschüchtert, boten diesen an, das Land mit ihnen zu teilen. Als sich die Sachsen weigerten, auf diesen Handel einzugehen, boten die Sueven zwei Drittel aller Äcker und ihres Viehs an. Doch auch darauf reagierten die Sachsen sauer. Sie wollten nichts anderes als „ihr eigenes Land wieder zur Gänze zurück". Und um zu betonen, daß sie die

Größten waren, griffen sie sich suevische Frauen und Mädchen und teilten sie unter sich auf.
Dies war für die friedfertigen Sueven denn doch zu starker Tobak. Sie griffen nun mit allen Bewaffneten an. Es sollen nach den Zeitzeugen etwa 6000 Männer gewesen sein, die gegen etwa 26 000 Sachsen angingen. Daß diese Zahlen geschönt waren, um den Sieg der Sueven heller erstrahlen zu lassen, war bald klar, nachdem bekannt wurde, welche Verluste die Sachsen unterwegs und durch die zurückgebliebenen Familien erlitten hatten.
Ein Sieg der Sueven wurde es jedenfalls. Sie sollen nur 480 Männer an Gefallenen verloren haben, während die Zahl der gefallenen Sachsen mit 20 000 angegeben wurde.
Die Sachsen schworen, sich nicht eher Haupt- und Barthaare schneiden zu lassen, bis sie diese Schmach getilgt hätten. Sie suchten ihre eigenen zurückgebliebenen Stammesbrüder, deren Besitzungen an die suevischen Ländereien stießen, zur Hilfeleistung aufzurufen, doch diese kamen dem Ersuchen nicht nach, weil sie in den Sueven gute Nachbarn gefunden hatten.
Es kam zu einem zweiten Kampf um dieses Land. Auch dieser verlief für die Sachsen erfolglos und verlustreich zugleich.
Erst jetzt kam es wieder zu Verhandlungen. Die Sachsen erhielten einen Teil ihres früheren Besitzes zurück und nahmen zudem weiteres anliegendes unbewohntes Land in Besitz. Damit unterwarfen sie sich auch wieder der thüringischen Tributpflicht gegenüber den Franken.
Unter der Regierung Sigiberts I. und seiner Frau Brunhilde, die sich bereits zu Lebzeiten Sigiberts in die Regierungsgeschäfte eingeschaltet hatte und diese noch weit über dessen Tod im Jahre 575 hinaus beibehielt und für ihren Sohn ausübte, kam es nicht mehr zu größeren Kämpfen zwischen Franken und Sachsen. Dies hatte einen entscheidenden Grund darin, daß Brunhilde, die Tochter des Westgotenkönigs Athanagild, die Sachsen in ihrem Streit gegen Burgund als Bundesgenossen gewinnen wollte. So schaffte sie es auch, daß die Sachsen ihrem Großsohn Theudebert II. zur Hilfe kamen, als dieser zum Kampf gegen seinen Bruder, den Burgunderkönig Theuderich II., zu Felde zog.
In der Schlacht bei Zülpich im Jahre 612 siegte Theudebert II. mit Hilfe der Sachsen und Thüringer über seinen Bruder.
Erst im Jahre 626 erklärten die Sachsen nach langen Jahren friedlicher Weiterentwicklung dem Frankenkönig Chlotar II. den Krieg. Jener sächsische Gesandte, der den Franken die Kriegserklärung überbrachte, wurde mitsamt seiner Begleitung zum Tode verurteilt. Als sein Todestag bereits feststand, gelang es dem heiligen Faro, der am Hofe

der Franken lehrte, den Gesandten und seine Begleiter zum Christentum zu bekehren; so rettete er ihnen das Leben. Die Sachsen durften als christliche Zeugen in ihre Heimat zurückkehren. Sie sollen übrigens die ersten Bekenner des christlichen Glaubens in Sachsen gewesen sein.

Der Krieg begann dennoch, und Sachsenherzog Bertoald zog mit seinem Heer nach Westen. Sein Ziel war der Rhein. Die Franken kamen ihnen mit einem starken Heer entgegen; sie überschritten den Rhein und stellten sich unter ihrem Feldherrn Dagobert, einem Sohn Chlotars II., zum Kampf. Dagobert wurde von den Sachsen geschlagen.

Inzwischen aber hatte Chlotar II. den zweiten Heerbann zusammengerufen und eilte in schnellen Märschen seinem Sohne zu Hilfe. Es gelang ihm, die Sachsen Schritt für Schritt bis an die Weser zurückzudrängen. Hier kam es zu einer blutigen Entscheidungsschlacht.

Der Herzog der Sachsen, Bertoald, fiel im Zweikampf mit einem fränkischen Ritter. Die Sachsen flohen, und hinter ihnen durchzog das fränkische Heer das Land seines Gegners und hielt blutige Rache. „Alles Volk", so berichtete ein Zeitgenosse, „das größer als ein Schwert hoch war, wurde niedergemacht."

Dagobert, der von seinem Vater die „Lande am Rhein" erhalten hatte und zunächst in Metz, später aber in Köln residierte, beherrschte zwei Jahre nach seinem glorreichen Sieg über die Sachsen den gesamten Frankenraum und nahm 628 Paris als endgültige Hauptstadt in Besitz.

Eine entscheidende Wende bahnte sich an, als im sächsisch-fränkischen-thüringischen Gebiet Wenden, Slawen und Sorben einfielen. Die Sachsen schickten eine Gesandtschaft nach Paris. Sie schlugen Dagobert vor, selbst den Slawen und Sorben entgegenzutreten, die in das fränkische Thüringen eingefallen seien. Sie wollten die Eindringlinge auch aus dem fränkischen Wendengau hinaustreiben, wenn ihnen endlich der jährliche Tribut in Gestalt der 500 Rinder erlassen würde.

Dagobert war einverstanden. Die sächsichen Gesandten legten nun „pro universis Saxonibus" ihren Schwur ab, indem sie nach ihrer Sitte mit ihren Waffen gegen die Schilde schlugen.

Die Sachsen griffen die Wenden mit aller Macht an. Nicht nur um den Franken zu helfen, sondern *auch* und *vor allem*, um ihre eigenen Grenzen im Osten gegen diese Völker zu sichern.

Es gelang ihnen, die Eingedrungenen zu vertreiben. Dies leitete eine jahrzehntelange friedliche sächsisch-fränkische Entwicklung ein. Mit der Aufhebung dieser Tributpflichtigkeit der Sachsen gegenüber den

Franken war die Unabhängigkeit der sächsischen Herrschaft über das Land nördlich der Unstrut von den Franken anerkannt worden.

In dieser Zeit begann das aus Frankreich kommende Christentum nach und nach in Sachsen Fuß zu fassen.

Suibert, einer der Gehilfen des Missionars Willibrord, kam aus Friesland, wo er missioniert hatte, zu den Brukterern zwischen Lippe und Ems, die damals noch von den Franken abhängig waren. Er konnte jedoch nur ein Jahr dort wirken, ehe er von den Sachsen vertrieben wurde. Diese hatten 694 einen raschen Feldzug gegen die Brukterer unternommen, diese unterworfen und deren Land ihrem eigenen Lande angeschlossen. Die Brukterer gingen nun also ebenfalls in den Sachsen auf.

Mit dieser Eroberung dehnten diese ihr Reich auch nach Westen hin aus und erhielten dadurch ihre größte Ausdehnung; nach Osten hin war diese ja bereits im Jahre 531 durch die Eroberung und Inbesitznahme Nordthüringens erreicht worden. Die Lippe wurde nun bis nahe ihrer Mündung in den Rhein zu einem sächsischen Fluß.

Etwa zu dieser Zeit, also zu Ende des 7. Jahrhunderts, zeigen die alten Berichte auf, daß auch der Raum südlich der Ems, der Pader, der Lippe und der Leine sächsisches Stammesgebiet geworden war. Dies geht auch aus dem Bericht des unbekannten Kosmographen von Ravenna hervor. Mit den Brukterern (oder Bruktuariern) ging der letzte germanische Stamm in diesem Großgebiet in den Sachsen auf.

Auf der Gegenseite mußten die Merowinger, die ihre Herrschaft teils selber untergraben hatten, ihre Macht in zunehmender Weise den Hausmeiern überlassen, die bereits von Chlotar II., unter seinem Eide stehend, auf Lebzeiten angestellt wurden. Einer der ersten nannte sich Warnachar, der als Hausmeier von Burgund firmierte. Später wurde diese Würde erblich und führte in der Folgezeit zur Aufrichtung der Herrschaft der Karolinger.

Das Schiff bei den Seesachsen

Aus der Zeit der Seesachsen wissen wir, daß sie als Beförderungsmittel für ihre Streifzüge fast ausschließlich das Schiff benutzten. Dabei sagen die wenigen Nennungen dieser Schiffseinsätze noch nichts über den wirklichen Wert der sächsischen Schiffe für diesen Stammesbund aus.

Bereits in der vorrömischen Eisenzeit muß die technische Fertigkeit des Schiffsbaues im Norden zu einer hohen Blüte gelangt sein. Aus dem

3. vorchristlichen Jahrhundert kennen wir das Boot von Hjortspring auf Alsen in Dänemark, das aus Lindenbohlen zusammengesetzt und verschnürt war. In diesem Boot fanden 18 Paddler zu jeweils neun Paaren Platz. An beiden Bootsenden saß jeweils ein Steuermann. Damit kann man von einer Besatzung von 20 Mann für dieses Boot ausgehen.

Es handelte sich um eine Weiterentwicklung des Rindenbootes der Bronzezeit. Doch erst, als man die Technik herausgefunden hatte, große Baumstämme derart auszuhöhlen, daß nur noch eine wenige Zentimeter dicke Holzwand übrigblieb, aber ein dickerer, festerer Kiel, war mit dem solcherart gebauten Boot, das um die Zeitwende in Gebrauch kam, etwa 12,5 Meter lang war und die gleiche Zahl an Besatzungsmitgliedern aufnehmen konnte, ein seegehendes Fahrzeug geschaffen worden.

Als Prototyp dieses Bootes gilt jenes 12,3 Meter lange Boot, das im Vaalener Moor nördlich der Elbemündung gefunden wurde. Mit Hilfe eingesetzter Spanten konnten die auf diese Weise gebauten Boote breiter gemacht werden, weil das Holz sehr dünn ausgearbeitet wurde. Dadurch erhielt es bessere Schwimmfähigkeit.

Diese Fahrzeuge wurden aus den größten Baumstämmen gebaut; Wrackteile von Booten, die nach den Berechnungen bis zu 30 Männer tragen konnten, wurden in den Mooren gefunden. Seetüchtig aber waren auch diese Boote noch nicht.

Zu Beginn des 2. Jahrhunderts nach Christus wurden die einander überlappenden Planken durch Eisennieten befestigt, womit eine sehr wasserdichte Verbindung hergestellt werden konnte. Diese Boote und ihre „Klinkertechnik", die im kleinen Boot von Björke bekannt wurden, ermöglichte später den Bau hochseegehender Schiffe, mit denen der nördliche Atlantik überquert werden konnte.

Den germanischen Stämmen in Norddeutschland und damit auch den Sachsen war dieses Boot in den ersten Jahrhunderten n. Chr. noch nicht bekannt. Dennoch waren auch ihre Boote imstande, aus der Rheinmündung und von der Nordseeküste zur gallischen und zur armorikanischen Küste und auch nach Britannien zu gelangen.

Die Römer stellten jene sächsischen Schiffe des frühen 4. Jahrhunderts auf Keramikvasen und Tonschüsseln dar. Auf dem römischen Keramikfragment des Landesmuseums Trier ist ein gepaddeltes Kriegsschiff der Angelsachsen zu sehen, das allein auf einer Seite sieben Ruderer und einen Steuermann zeigt. Einige weitere Vasenbilder sind in ähnlicher Art erhalten. Dies sind die einzigen Bildnisse, die germanische Schiffe in Aktion zeigen. Es handelt sich hierbei fraglos um die früheste bildliche Darstellung der gefürchteten „Saxones".

Diese Darstellungen zeigen auf, daß die sächsischen Schiffe mit zweimal sieben Ruderern und zwei Steuerleuten nur 16 Krieger über See zur gallischen Küste bringen konnten. Dies wiederum macht klar, daß die Anzahl der jeweils eingesetzten Boote dieser Art bei jedem Zug der Seesachsen groß gewesen sein muß. Daß zu dieser Zeit immer noch gepaddelt und nicht gerudert oder gesegelt wurde, ist aus den erhaltenen Schiffsdarstellungen klar zu erkennen.

Dies bedeutet, daß eine solche Flotte küstenabhängig war, weil nicht genügend Trinkwasser und Proviant für längere Fahrten mitgenommen werden konnte. Die Schiffe waren also auf Stützpunkte angewiesen, die in ganz bestimmten Abständen zueinander liegen mußten. Daraus ergibt sich die Tatsache, daß die Sachsen bei jeder Landung zunächst einen großen, nahe der Küste gelegenen Bauernhof in ihre Gewalt brachten, der als Versorgungsbasis diente.

Diese Landabhängigkeit der sächsischen Flotte ermöglichte es der römischen Kanalflotte, die sächsischen Boote zu stellen und teilweise zu vernichten. Zum einen, weil die sächsischen Stützpunkte bekannt waren, zum anderen, weil die auch in diesen Gewässern operierenden Biremen der Römer durch ihre große Zahl an Besatzungsmitgliedern *und* ihre durch die Doppelruder bedeutend höhere Geschwindigkeit den Booten der Sachsen weit überlegen waren.

Daraus resultierte auch, daß die sächsischen Streifzüge zur See für diese Männer keine Spaziergänge waren, sondern immer wieder in den Rachen des Löwen führten. Nur die Vielzahl ihrer Boote sicherte das Entkommen des Gros, wenn es gestellt wurde, weil ein römisches Kampfschiff sich nur jeweils auf *ein* Boot stürzen konnte und damit die anderen Gelegenheit hatten, auseinanderzurudern und irgendwo in versteckten Buchten Schutz zu finden.

Daß unter diesen Bedingungen eine Landung in Britannien immer ein gefährliches Abenteuer war, dürfte klar sein. Da die Seesachsen diesen Weg dennoch nahmen, zeugt dies für ihr Selbstvertrauen und ihren Wagemut.

Eines jedoch profitierten die Angelsachsen von der Kenntnis dieser großen Ruderschiffe der Römer. Sie stellten fest, daß die Technik des Ruderns ihrem Paddeln weit überlegen war. So stellten sie nach und nach auch ihre Boote auf Rudern um. Allerdings waren ihre Boote zu klein, als daß sie mehrere Ruderreihen hätten einsetzen können; deshalb gab es bei ihnen nur eine Ruderreihe, und die Ruder wurden in Keipen anstelle von Rojepforten geführt.

Als Ergebnis dieser Umstellung entstand im zu Ende gehenden 4. Jahrhundert das Nydam-Schiff. Als man in Nydam oder Neuteich, einem Teil der Gemeinde Oster-Sotrup im Sundewir in Nordschleswig, im Jahre 1863 in einem Opferfund neben einer Reihe von Eisenwaffen, römischen Münzen, Schmuckstücken und Gerätschaften aller Art zwei seegehende Boote freilegte, von denen das Nydamboot so gut erhalten war, daß es wieder völlig zusammengebaut werden konnte, hatte man *das* Boot der Angelsachsen gefunden. Es war 22,84 Meter lang und 3,26 Meter breit. Auf diesem Boot war insgesamt für etwa 40 Männer mit ihren Waffen Platz.

In der Nähe dieses Bootes wurde, dies sei der Vollständigkeit halber erwähnt, im Jahre 1880 ein sehr wertvoller Fund von etwa 100 Gegenständen gemacht. Sie bestanden fast ausschließlich aus Silberbeschlägen für Schwertschneiden des 5. Jahrhunderts. Diese in einer rein germanischen Art verzierten Gegenstände wurden namengebend für den Nydamstil.

Dieses Boot hatte mit seinen 15 Paaren Ruderer eine bedeutend größere Schnelligkeit als die davor bekannten seegermanischen Boote.

Daß es gelang, diese Schiffe länger und breiter zu bauen als die vorhergehenden Boote aus gehöhlten Baumstämmen, war der hier angewandten Klinkertechnik zu verdanken, bei der die Schiffsteile durch Eisennieten miteinander verbunden wurden. Dadurch gelang es, das Schiff länger, breiter und hochbordiger zu bauen. Die Höhe der Bordwand des Nydambootes beträgt mittschiffs genau 1,22 Meter. Der ursprüngliche Einbaum wurde bei dieser Bauweise zum Sohlkiel umgewandelt; daran waren vorn und achtern Steven und Heck durch waagerechte Verbindungsstücke befestigt. Die waagerecht darauf gesetzten Planken wurden mit der Zeit immer weiter erhöht und die Spanten derart dimensioniert, daß sie elastisch genug waren, die auftretenden Stöße der See sowie die Erschütterungen beim Landen oder beim Auflandziehen auszuhalten.

Mit dem Nydamschiff hatten die Seegermanen das seiner Zeit vorauseilende schnelle Kriegsschiff bekommen. Auch die anderen aus dieser Zeit und auch am gleichen Fundort geborgenen Schiffe unterstreichen dies, denn sie wiesen noch die älteren Konstruktionsmerkmale auf und stellten den Unterschied zwischen ihrer Konstruktion und dem neuen Nydamschiff frappierend unter Beweis.

Daß diese Art der Schiffe mit Ruderpaaren in Skandinavien bereits im 5. Jahrhundert ebenso bekannt war, zeigen die Steinritzungen solcher Schiffe auf schwedischen Grabsteinen an.

Mit diesen neuen Schiffen konnten mehr Kämpfer befördert und zugleich auch mehr Vorräte mitgenommen werden. Verbunden mit der Tatsache, daß sie dank ihrer Größe auch hochseefähiger waren, konnte man mit ihnen auch in weiterer als der sonst üblichen Entfernung von der Küste operieren.

Hinweise dafür, daß die nach Britannien fahrenden Sachsen und Angeln bereits Segel benutzten, sind nicht bekannt. Diese Ausnutzung des Windes zur Zurücklegung weiterer Strecken und leichterer kraftsparender Fortbewegung ist wohl erst von den „Wikingern" erprobt und auf ihren weiten Reisen ausgenutzt worden. Daß auf diesen Schiffen nicht nur die Segel gesetzt und gerefft, sondern sogar der ganze Mast umgelegt werden konnte, deutet an, daß sie die Segel nur bei günstigem Wind benutzten und sich nicht lange mit Kreuzen aufhielten, wenn der Wind ungünstig stand. Durch die Verwendung der Segel in der Phase der Annäherung an ein feindliches Ziel konnten die Wikinger sich unterwegs ausruhen, so daß sie zum letzten geruderten Endspurt auf das Ziel frisch waren und gut kämpfen konnten, denn am Ziel ihrer Reisen stand fast immer das Kämpfen und Beutemachen.

Dieser Tatsache, daß die Angelsachsen nicht mit Segeln umgegangen seien, scheint allerdings der Bericht des Plinius entgegenzustehen, der von besegelten Booten bei den Nordsee-Germanen geschrieben hat. Dies bezog sich allerdings auf Handelsschiffe, von denen bis heute kein zur Gänze erhaltenes gefunden wurde. Erst aus der Wikingerzeit liegen solche Funde vor. Da sie aber zu dem Zeitpunkt, da man sie fand, bereits voll entwickelt waren, müssen auch vorher Handelsschiffe mit einem weniger weit vorangeschrittenen Entwicklungsstand vorhanden gewesen sein.

Die bekannten Handelsschiffe der genannten Zeit waren bedeutend breiter und hochbordiger gebaut als die Kampfschiffe und konnten demzufolge entsprechend mehr Ladung tragen. Auch auf ihnen gab es Ruderer, aber wesentlich weniger als auf den Kriegsschiffen, auf denen die Ruderer ja auch gleichzeitig Krieger waren. Ansonsten wurden diese Handelsschiffe gesegelt.

Der englischen Schiffsarchäologie ist es gelungen, ein Kriegsschiff des frühen 7. Jahrhunderts bei Sutton Hoo auszugraben. In Sutton Hoo im südöstlichen Suffolk/England wurde im Jahre 1939 am Ostufer des Deben-Flusses gegenüber Woodbridge ein Schiffsgrab entdeckt, das unter einem vier Meter hohen und langgestreckten Hügel gelegen war. Die Ausgrabungsarbeiten ergaben, daß es sich um ein mastloses Ruderschiff von 26 Metern Länge handelte. Anhand der reichen Grabbeigaben war der Zeitpunkt dieser Grabanlage genau zu datieren. Es war die reichste germanische Grabausteuer, die man außerhalb von Skandinavien je gefunden hatte. Unter den Fundstücken befanden sich Metallstandarten und ein steinernes Szepter mit Bronzeschmuck, die auf ein königliches Grab hindeuteten. An den Goldmünzen und ihren Prägungen, unter denen sich 37 merowingische Goldmünzen befanden, wurde der Ursprung des Grabes dem Jahre 625 n. Chr. zugeordnet.

Die Fundstücke zeigen hervorragende ostanglische Goldschmiedearbeit und deuten Kunstbeziehungen zum östlichen Mittelmeer ebenso an wie zu Gallien, Schweden und Irland. Unter ihnen Trinkhörner, eine sechssaitige Harfe und Silberschüsseln. Das Grab war als Leergrab angelegt. Wem es einmal als Ruhestätte dienen sollte, ist ungewiß; sicher jedoch einem der ostanglischen Könige.

Bei Graveney wurden sodann zwei kleinere Handelsschiffe des 9. Jahrhunderts ausgegraben, und schließlich gelang die Ausgrabung eines Schiffes aus dem 15. Jahrhundert bei Blackfirars, einem Stadtteil von London.

Alle diese Schiffe stimmten in einem wichtigen Detail mit dem Nydamschiff überein: der waagerechten Laschenverbindung zwischen Kiel und Steven. Diese wurde in Skandinavien bereits im 6. Jahrhundert durch eine fast senkrecht stehende Schräglasche abgelöst.

Die nach Britannien einfallenden angelsächsischen Eroberer haben nach diesen Funden mit Sicherheit im Laufe des 5. Jahrhunderts Schiffe des Typs Nydam benutzt. Unklar ist es noch, wer die umlegbaren Masten für die Besegelung dieser Schiffe erfunden hat: die Angelsachsen oder erst viel später die Wikinger. Das Kriegsschiff von Sutton Hoo hatte jedenfalls noch keinen Mast, was darauf hindeutet, daß er zu dieser Zeit um 630 in Britannien noch nicht bekannt war.

Daß angelsächsische Schiffe im 5. und 6. Jahrhundert auch die Schelde aufwärts gefahren und in das Gebiet des heutigen Belgien eingedrungen sind, ist durch die dort gefundenen abnehmbaren Drachenköpfe ihrer Schiffssteven bezeugt. Diese Holzschnitzereien stellen die bisher größten Kunstwerke des frühen germanischen Tierstils dar.

Daß die Angelsachsen den Gewinn ihrer neuen Heimat in Britannien ihren Schiffen verdankten, war ihnen zu allen Zeiten bewußt. Sie nannten ihre Schiffe „Kiel". Die Angelsachsen gaben ihren männlichen Kindern deshalb oftmals Namen, in denen sich die Bezeichnung für Schiff = „Kiel" befand. Sie sind uns in den Namen Ceolbald, Ceolhere, Ceolward, Ceolwin erhalten. Sie bedeuten kühner Schiffskrieger, Schiffsherrscher, Schiffsschützer und Schiffsfreund. Daß Krieger im 7. Jahrhundert ihre Schwerter mit Knäufen versahen, die wie Verzierungen an Schiffssteven aussahen, liegt auf der gleichen Linie der Hochschätzung des Schiffes.

So sind denn auch auf Bestattungsurnen des 7. Jahrhunderts Szenen mit Schiffsbildern eingeritzt, und auch die Goldbrakteaten weisen solche Bilder auf. Auf einem solchen, der in Norwegen gefunden wurde, waren das Kriegsschiff „Naglfar" und der „Fenriswolf" im Kampf gegen Wodan und seine Freunde abgebildet. Daß Kriegsschiffe von Seegermanen auf ihre Grabsteine eingeritzt waren und daß man einen König in oder mit seinem Schiff bestattete, wie dies in Sutton Hoo geplant war, ist ein weiterer Beweis dafür, daß Schiffe für die Seegermanen und demzufolge auch für die seefahrenden Sachsen etwas Heiligmäßiges sein mußten.

Das Schiff von Sutton Hoo ist das längste bisher ausgegrabene seegermanische Schiff, das mindestens 41 Männer befördern konnte. Daß Angelsachsen ihre Kriegsschiffe in späterer Zeit nach Abschluß ihrer Landnahme in Britannien nicht mehr für kriegerische Zwecke benutzten, scheint erwiesen. Erst im weiteren Verlauf des 11. Jahrhunderts wurden diese Schiffe zur Beförderung englischer Gesandtschaften ans Festland benutzt, wie der Teppich von Bayeux dies zeigt. Auf diesen Schiffen nahmen die Gesandten alles mit, was sie zu ihrer gehobenen Lebensführung und zur Repräsentation brauchten, einschließlich ihrer Jagdfalken, wie dies ebenfalls im Wandteppich von Bayeux dargestellt wird.

Entscheidend zur Weiterentwicklung der Schiffe wurde schließlich die Handelsschiffahrt. Die Kriegsschiffe verschwanden von der See und wurden durch Handelsschiffe ersetzt, die man mittels einiger Aufbauten auf den Vor- und Achterschiffen zu schwimmenden Festungen ausbaute.

Aus diesen Handelsschiffen schälte sich wenig später die von den Friesen entwickelte Kogge heraus, die als Vorläufer und Urtyp der Hansekogge gilt.

Daß wir die sachkundige Ausgrabung des Königsschiffes von Sutton Hoo erleben durften, verdanken wir den Findern dieses Schiffes und jenen Männern, die die Ausgrabungen vornahmen. Die erste Phase dieser Operation in Gestalt der Anlage eines Suchgrabens wurde von Basil Brown, einem Archäologen dieses Gebietes, durchgeführt. Er war von der Eigentümerin des Grundstückes, Mrs. Edith Pretty, auf dem dieses Grab und die 15 weiteren Grabhügel lagen, mit der Erforschung des größten Hügels beauftragt worden, nachdem er bereits vorher einen der kleineren Hügel geöffnet und ein Schiff gefunden hatte.

Nach dreitägiger Arbeit stieß Brown auf die ersten Eisennieten des Schiffes. Da er von seinem ersten Fund in Sutton Hoo im Vorjahr wußte, daß sich das Schiff in Nichts auflösen würde, sobald er es ganz ausgrub, ging er sehr vorsichtig vor. Das Holz hatte sich schon völlig zersetzt und war nur an der dunklen Verfärbung des Sandes zu erkennen.

Basil Brown ließ den Sand aus dem Innern des Schiffes so weit entfernen, bis er die Rostspuren der Eisennieten erkannte. Damit lag noch eine dicke Sandschicht über der Schiffsbeplankung. Ebenso verfuhr er, wenn er auf eine der Spanten stieß. Auf diese Weise blieb das Schiff selbst im feuchten Sandboden und wurde erst in den drei letzten Wochen der Ausgrabung freigelegt.

Als Brown sich vom Bug bis zum Heck vorarbeiten wollte, stieß er etwa mittschiffs auf die ersten Spuren einer Grablege. Zur gleichen Zeit erschien der Archäologe Ch. Phillips in Sutton Hoo, der später im Auftrag des Ministry of Works mit einem Stab von vier Spezialisten, darunter Mrs. Margret Guido, die Grabkammer ausgrub und die weltberühmten Schmuckstücke bergen konnte.

Lieutenant Commander J. K. D. Hutchinson vom British Science Museum übernahm dann gemeinsam mit Brown die letzten Ausgrabungsarbeiten an dem Schiff. Alle Phasen der Ausgrabung wurden nunmehr durch über 500 Fotos belegt, so daß jedes Detail wirklichkeitsgetreu festgehalten werden konnte. Auf diese Weise konnte das Schiff von Sutton Hoo in seinen Grundzügen für immer festgehalten worden.

Da alle Unterlagen mit Ausnahme der Fotos im Zweiten Weltkrieg vernichtet worden waren, wurde in einer vom British Science Museum durchgeführten Nachuntersuchung in den Jahren 1965 bis 1967 noch einmal die Schiffskonstruktion soweit wie möglich freigelegt. Es zeigte sich, daß die Fundstelle durch schwere Militärlastwagen der Army und durch einen quer durch das Schiffsgrab gezogenen Graben fast völlig zerstört war.

Einzelne bis dahin ungeklärte Details konnten dennoch einer Klärung zugeführt werden, ohne daß wesentliche neue Erkenntnisse gewonnen worden wären. Den Fragen jedoch, die geklärt werden sollten, ob es ein Deck gab oder ob das Schiff besegelt gewesen sein könnte, konnten keine neuen Erkenntnisse beigefügt werden. (Siehe dazu: Bruce-Mitford, R. L. S.: The Sutton Hoo Ship Burial, Cambridge 1975, und: Evans, Angela: „The Sutton Hoo Ship".)

Der Weg nach Britannien

Die Vorgeschichte

Zweieinhalb Jahrhunderte hindurch haben die seefahrenden Sachsen und andere germanische Stämme das römische Britannien bedrängt, ohne daß es ihnen gelungen wäre, auf Dauer auf der Insel Fuß zu fassen. Dies war den mannigfachen römischen Verteidigungsanstrengungen zu verdanken.

Den römischen Provinzverwaltungen in Gallien und Britannien waren die von See her erfolgenden Überfälle der Sachsen wohlbekannt. In der Hauptsache waren es jene Länder, die über die Nordsee zu erreichen waren, also die Kanalküste und das nördliche Gallien ebenso wie der südliche und südöstliche Teil von Britannien.

Daß der Küstenstreifen vom Rhein bis hinunter zur Seine ebenfalls Ziel sächsischer Angriffe war, wurde bereits dargestellt. In diesen Gebieten gab es offene römische Siedlungen, die nicht auf weiterreichende längere Verteidigung eingerichtet waren, darunter auch große Landgüter, die im Handstreich erobert und ausgeplündert wurden.

Die Sachsen waren in dieser Art der Überfälle geübt. Sie gelangten auf ihren Schiffen, wie dargestellt, über See bis zu den Flußmündungen und, in diese hineinfahrend, flußaufwärts bis tief ins Landesinnere hinein.

Die ersten dieser Überfälle wurden 285 bis 286 in römischen Berichten überliefert. Die römische Kanalflotte war nicht in der Lage, diese überfallartigen Angriffe abzuwehren. Daß es ihnen gelang, den Schutz der Handelsschiffahrt über den Kanal nach Britannien weitgehend zu sichern, ist jedoch bekannt, und damit bildete die Kanalflotte das entscheidende Bindeglied zwischen dem Römischen Reich und seinen Provinzen auf dem Festland und in Britannien.

Bereits zu dieser Zeit, als die Sachsen zu ihren gallischen Raubzügen aufbrachen und dann und wann auch den Kurs ihrer Schiffe auf Südost-Britannien legten, wurden viele britannische Ortschaften und Städte in der Nähe der gefährdeten Küste mit Erdwällen und anschließend sogar mit Steinmauern befestigt. Auch dieses Indiz deutet auf frühe sächsische Angriffe in Britannien hin.

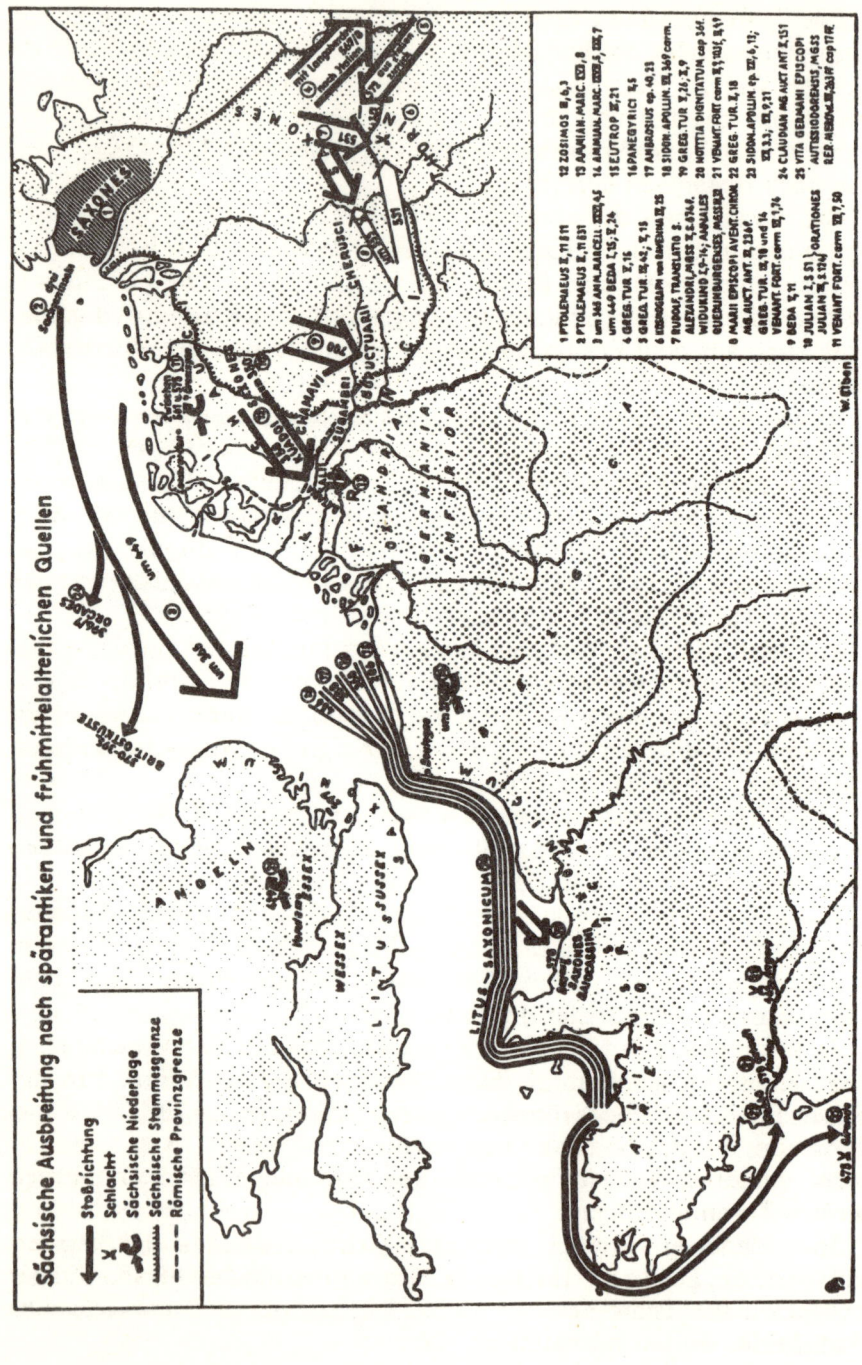

Die Spatenforschung fand heraus, daß es in Britannien eine ganze Reihe küstennaher Siedlungen gibt, die zerstört oder teilweise zerstört worden waren. Dies begann nach den gewonnenen Erkenntnissen bereits im zweiten und dritten nachchristlichen Jahrhundert. Diese Erkenntnisse können durchaus bereits von sächsischen Überfällen über See nach Britannien herrühren.

Die Reaktionen der römischen Provinzherren auf diese Angriffe bestanden in der Befestigung gefährdeter Häfen und in Einrichtung weiterer Stützpunkte und Basen für ihre Kanalflotte. Die geschützten Hafenstädte lagen an der südöstlichen und östlichen Küste Britanniens, aber auch auf dem Festland zwischen Boulogne und der Rheinmündung.

Einige dieser Häfen waren ausgedehnte Siedlungen, teilweise mit Kastellen für Legionskohorten. So beispielsweise Colchester, Rochester, London und Brough-on-Humber. Die römischen Hauptflottenbasen befanden sich in Dover und Boulogne. Bei Dover beispielsweise wurde unter der modernen Stadt ein römisches Kastell ausgegraben, das nach den gewonnenen Erkenntnissen in der Zeit um 100 nach Christus belegt gewesen war.

Aus dem frühen dritten nachchristlichen Jahrhundert wurden diese genannten Flottenstützpunkte durch die Kastelle von Brancester und Reculver ergänzt. Auch der befestigte Hafen von Caister-on-Sea ist ein solcher Stützpunkt der Römer gewesen. Mit großer Wahrscheinlichkeit hat auch Lympne als Flottenbasis gedient.

In der Mitte des dritten Jahrhunderts wurde jenes große Monument in Richborough, das den Eingang in die römische Provinz Britannien darstellte, zu einem verteidigungsfähigen Wachtturm umgebaut.

Das gleiche gilt für einige Handelsplätze und Häfen an der Rheinmündung und, davon nach Westen verlaufend, zum Kanal hin. Auch sie weisen Spuren militärischer Besetzung durch die Römer im späten zweiten und frühen dritten Jahrhundert auf.

In Aardenburg und Oudenburg wurden römische Kastelle ausgegraben. Jenes von Aardenburg diente zwischen 170 und 270 n. Chr. als Schutz für ein blühendes römisches Handelszentrum und als Umschlagsplatz von Waren, die für Britannien bestimmt waren. Es bestand aus einer steinernen Kaserne mit einer Steinumwallung, mit Rundtürmen an den Toren und Ecken.

In Oudenburg wurde ein steinernes Kastell aus dem 4. Jahrhundert ausgegraben. Davor fand man noch zwei ältere Befestigungsanlagen; sie bestanden aus Erdwällen mit Holzpalisaden, deren älteste aus dem Anfang des dritten Jahrhunderts stammte.

Dies zeigt, daß die römische Verwaltung von Gallien und insbesondere auch die britannische bereits 100 Jahre vor den ersten erwähnten sächsischen Überfällen die Verteidigungsbereitschaft an beiden Küsten und in den Häfen hergestellt hatte. Daß dies nicht grundlos geschah, dürfte einleuchten; womit wahrscheinlich wird, daß die Sachsen bereits viel früher, als dies geschichtlich belegt ist, diesen Kurs nahmen, wenn sie auf Seeräuberei ausgingen.

Noch vor Ende des dritten Jahrhunderts verlor die römische Kanalflotte ihre Einsatzbereitschaft, und die sächsische Flotte kleiner schneller Schiffe war derart stark geworden, daß die Sachsen zu den Herren der See wurden. Die weitere römische Entwicklung wandte sich von den Schutzflotten ab und den Festungsbauwerken zu. Alle britischen Forts wurden an Flußmündungen angelegt, um so das Eindringen der erwarteten Sachsenschiffe über die Flüsse ins Landesinnere zu vereiteln.

Doch vorerst beschränkten sich die Sachsen darauf, das gallische Festland zu schröpfen; sie kamen nur zu sehr schnellen und kurzen Überfällen nach Britannien herüber. In der Mitte des vierten Jahrhunderts wurden in den römischen Annalen einige sächsische Plünderungszüge gegen Britannien erwähnt; sie verliefen parallel zu den Streifzügen, welche die Sachsen nach Gallien hinein unternahmen.

Daß die römischen Herren trotz der Verteufelung der Sachsen als „blutrünstige Krieger und Seeräuber" während des gesamten 5. Jahrhunderts immer wieder Sachsen als Söldner in die römischen Legionen aufnahmen, wurde bereits dargestellt.

So nahm es auch nicht wunder, daß in den ersten Jahren des 5. Jahrhunderts, als die Lage auf dem Festland, in Gallien und kurz darauf auch in Spanien für die Römer kritisch wurde, sächsische Edle von den römischen Provinzverwaltern die Einladung erhielten, nach Britannien zu kommen. Diese kamen der Aufforderung nach, und der Zufluß sächsicher Gruppen begann. Immer mehr Sachsen gelangten auf diese Weise nach England.

So kam es, daß der „comes" der sächsichen Küste des Litus Saxonicum, der sein Kommando in Britannien führte, unter zwei Kanalküsten-Kommandanten die Verantwortung für die nordgallische Küste übernommen hatte und mehr und mehr über Sachsen als Foederaten verfügte, um damit den Wall *gegen* die Sachsen zu schützen.

In der seit dem Jahre 395 n. Chr. geführten „notitia dignitatum", einer Liste spätrömischer ziviler und militärischer Ämter, sind in dem Abschnitt, der dem Comes – Kommandanten – der sächsischen Küste gewidmet ist, auch die Stärke seines Stabes und die ihm unterstellten Truppen aufgeführt. In den hier genannten neun Truppenstandorten dienten damals bereits Sachsen als Freiwillige.

Daß die Römer dieses System verteidigungsfähiger Häfen als Frontlinie gegen Sachseneinfälle nach Britannien betrachteten, steht außer Zweifel. Davon gibt auch die dichteste Konzentration im Bereich der Meerenge zwischen Dover und Boulogne Zeugnis, das durch die dichte Reihe der Kastelle entlang der britannischen Küstenlinie noch erhärtet wird. Jede Sachsenflotte, die auf ihren Raubzügen hierherkam, lief zweimal Gefahr, erfaßt und aufgerieben zu werden. Das erstemal, wenn sie in die Flüsse zur Fahrt ins Landesinnere einlief, und zum zweitenmal, wenn sie mit Beute beladen aus dem Landesinneren zur See zurückkehren wollte.

Außerdem wurden an den neutralen Punkten noch rückwärtige Forts angelegt. So bei Grannona auf dem gallischen Kontinent, bei Pevensey (Anderita) und Porchester im Hinterland der britannischen Küste. Sie hatten den Auftrag, den Sachsen den Weg abzuschneiden und sie rechtzeitig abzufangen.

Dieses System war auch in der Lage, etwa 100 Jahre hindurch die Sachsenüberfälle vor allem nach Britannien wirkungsvoll einzudämmen. Erst als Britannien von römischen Truppen aufgegeben wurde, brach für die Sachsen ein neues Zeitalter an.

Der Sprung an die britannische Küste

Als die römische Flotte im Jahre 406 damit begann, die in Britannien stationierten Legionssoldaten an das gallische Festland zurückzuschaffen, um Gallien und die Atlantikküste zu sichern und die Wandalen und andere germanische Stämme in ihre Schranken zu verweisen, ließ sie in Britannien die von Rom unterjochten Kelten zurück. Bereits im Jahre 407 und intensiver noch 408 drangen sächsische Gruppen, die leichte Beute witterten, auf schnellen Schiffen in immer dichteren Scharen nach Britannien vor. Sie plünderten die aufgegebenen Städte und richteten sich teilweise bereits in den Küstenforts ein.

Gegen die Gegenangriffe der keltischen Britannier hielten sich die Sachsen im Südwesten der großen Insel mühelos. Gleichzeitig mit ihnen und unmittelbar nach den ersten Sachsen waren auch die Angeln nach Britannien gelangt und stießen, nachdem ihre Vorhut Fuß gefaßt hatte, mit den ersten Kontingenten ihres ganzen Stammes von Jütland her nach Britannien hinein. Sie besetzten die östlichen Buchten und drangen in den Norden der Insel vor.

Eine kleinere Gruppe, die Euten, besetzte die Insel Wight und ging in Kent und Hampshire an Land.

Diese Bewegungen wurden dadurch erleichtert, daß die Kelten sich nach Abzug der Römer mit den verstärkten Angriffen der von Norden nach Süden vorstoßenden Pikten und Skoten auseinandersetzen mußten.

Über diese Einwanderungswelle, die im ganzen 5. Jahrhundert andauerte, sagte Beda, der erste britische Geschichtsschreiber, allerdings erst 300 Jahre *nach* diesen Ereignissen:

„Sie entstammten drei der mächtigsten Stämme Germaniens, den Sachsen, Angeln und Jüten. Von den Jüten stammten die Cantuarier und die Victuarier, das heißt jene ‚gens‘, welche die Insel Wight bewohnten, und jene, die in der Provinz der Westsachsen bis heute noch ‚Iutarum natio‘ genannt werden und gegenüber der Insel Wight sitzen.

Von den Sachsen, d. h. aus dem Gebiet, das jetzt das der Altsachsen genannt wird, stammen die Ostsachsen, Südsachsen und Westsachsen ab.

Weiter von den Angeln, das heißt von jenem Land, das Angulus genannt wird und seither bis heute wüst zwischen den Provinzen der Jüten und Sachsen liegt, stammen die Ost- und Mittelangeln, die Mercier, alle northhumbrischen Geschlechter, d. h. jene ‚gentes‘, die nördlich des Humberflusses wohnen, und andere ‚populi Anglorum‘."

Der erste massierte Sachseneinfall erfolgte bereits 408, nachdem die restlichen römischen Truppen unter Constantin III. endgültig aus Britannien abgezogen worden waren. Diese Invasoren blieben im Lande und siedelten sich in East-Anglia, den Midlands, Lincolnshire und Ost-Yorkshire an. Dort finden sich dann auch seit wenigen Jahren nach 400 die anglo-sächsischen Urnenfriedhöfe. Die dort gefundenen Gefäßformen und die Metallfunde zeigen eine starke sächsische Komponente, die erkennen läßt, daß als Heimatgebiet dieser Menschen das danach entvölkerte Gebiet zwischen Weser und Oste im nordwestlichen Elbe-Weser-Winkel erkennbar wird. Aber auch aus Teilen des anglischen Schleswig-Holstein und Westfrieslands sowie aus dem Gebiet um Drenthe sind Beweisstücke gefunden worden.

Diese weithin ungehinderte freie Ansiedlung brachte bereits bis zum Jahre 410 weite Gebiete nördlich der Themse in sächsischen Besitz. Die Wanderungen hielten bis über die Jahrhundertmitte an und wurden durch den raschen Machtverfall der britischen Gebiete Ostenglands im 5. Jahrhundert begünstigt.

Schon hier erhebt sich die große Frage: *Warum* verließ beinahe die gesamte sächsische Bevölkerung ihre Heimatgebiete in dem Winkel zwischen Weser und Elbe und anderswo in Norddeutschland bis hinauf nach Skandinavien, um in eine unbekannte Ferne mit ebenso unbekannten Gefahren zu ziehen?

Diese Frage wird ebenfalls durch die Spatenforschung erhellt; zumindest gelingt es ihr, eine Teilantwort darauf zu geben. In den Kerngebieten dieser Auswanderung (Beispiele finden sich in den Gräberfeldern auf der Feddersen Wierda, in Flögeln, in Wijster/Holland und auf Tofting in Eiderstedt) wurden durch die prähistorischen Grabungen Veränderungen in wirtschaftlicher *und* sozialer Hinsicht deutlich. Die Struktur der Kleinbauern veränderte sich. Sie konzentrierte sich auf eine Landwirtschaft, die von großen Herrenhöfen aus betrieben wurde. Dadurch wurden die kleinen Bauern aus dem Rennen geworfen und mußten sich darauf umstellen, ihren Lebensunterhalt künftig durch handwerkliche Tätigkeiten aller Art zu verdienen und ihre Landwirtschaft lediglich als Nebenerwerb zu betrachten.

Dieser Niedergang der Landwirtschaft hatte in den Marschgebieten eine weitere gravierende Ursache in der Versalzung und in der zunehmenden Überflutung der Landflächen durch die See. Aber auch zahlreiche Geestsiedlungen wurden verlassen, wobei die Gründe hierfür nicht eindeutig festliegen.

Anders sah die Entwicklung im britannischen Süden aus. Dort hatten sich die britischen Civitates nach dem Abzug der römischen Truppen bereits um 409 selbständig gemacht, die noch im Lande sitzenden römischen Beamten wurden vertrieben und eigene Herrschaften errichtet. Sie stellten sich nun, da die Truppen zu ihrem Schutz fehlten, auf Selbstverteidigung um. Im Jahre 410 forderten sie, bereit, sich wieder unter römisches Kommando zu begeben, noch einmal römische Militärhilfe an. Diese wurde ihnen von Flavius Honorius, der mit den Germaneneinfällen in Italien genug zu tun hatte und sich 410 auch der Eroberung Roms durch die Germanen gegenübersah, schlichtweg verweigert.

Nunmehr bedienten sich die Civitates als neue Herren zur Verteidigung ihres Landes germanischer Foederaten, die überwiegend aus *Sachsen* der norddeutschen Küstengebiete bestanden. Aber auch Franken wurden gelegentlich angeworben.

Ab 430 kam es zu einer weiteren germanischen Besiedlung in Britannien, und zwar im Gebiet um Kent, wo einer der regierenden Tyrannen mit Namen Vortigern zunächst Jütentruppen ins Land holte, eine Exilgruppe, die über Friesland nach Britannien gelangte. Diese

Neuankömmlinge hatten bereits ein hohes kulturelles Niveau, wie die historischen Überlieferungen *und* die archäologischen Fundstellen beweisen.

Sehr rasch kam es zwischen diesen ungleichen Paaren zu Streitigkeiten, die zunächst wegen verhältnismäßig harmloser Dinge, so etwa der Versorgung der jütischen Hilfstruppen, entstanden, um sodann zu eskalieren, als Vortigern diese Jüten zernieren und entwaffnen wollte.

Im Jahre 442 kam es zu einer ersten Revolte dieser Foederaten, die rasch niedergeschlagen wurde. Ein Jahr darauf erfolgte die zweite, bedeutend stärkere Revolte, die mit einem jütischen Sieg endete. Die Jüten nahmen das Herrschaftsgebiet um Kent in ihren Besitz und gründeten zugleich das älteste Königreich in Britannien. Daß sie sich dabei des noch immer gut funktionierenden römischen Straßenwesens, der hygienischen Einrichtungen und der wieder in Dienst gestellten römischen Verwaltung bedienten, war ein glücklicher Schachzug von ihnen.

In dieses erste Königreich erfolgte sehr rasch vom Festland her ein ziemlich starker sächsischer Neuzuzug, so daß von ihnen auch die benachbarten Gebiete, das spätere Sussex, Middlesex und Essex, besetzt werden konnten.

Dieser Einwanderungsschub, der nach der genannten Revolte der Jüten nach Britannien hineinschwappte, kam aus dem Weser-Elbe-Winkel. Als er verebbte, wurde der Kontakt mit dem Festland aufrechterhalten. Einige Nachzügler kamen auf diese Weise noch hinterher.

Diese ersten Schiffsladungen an Sachsen, die von Vortigern mehrfach und ein letztes Mal um 448 als Foederati im Osten Englands eingesetzt worden waren und sich gegen die Pikten wandten, erfüllten ihre Aufgabe offenbar wirkungsvoll, denn von dieser Zeit an hörte man nichts mehr von den Pikten.

Diese Politik Vortigerns rief die Opposition seines Rates hervor. Vortigern war aller Wahrscheinlichkeit nach Pelagianer und demzufolge Hauptwidersacher der bereits um diese Zeit in Britannien wirkenden katholischen Kirche. Er galt als Hauptgegner des heiligen Germanus, der 429 nach Britannien kam, um die hier um sich greifende pelagianische Häresie zu bekämpfen. Der Rat entschied sich mit Mehrheit dafür, die Foederati nach getaner Arbeit wieder auf das Festland zurückzuschicken.

Damit hatte er aber die Rechnung ohne den Wirt, sprich die Sachsen gemacht. Als die Kelten sich weigerten, die „epimenia" (Verpflegung) und die „annona" (Lieferung an Getreide) zu erfüllen, erklärten die Sachsen ihren Vertrag als gebrochen und fielen in das nach Westen anschließende Gebiet der Briten ein, plünderten es aus, belagerten deren Städte und trugen „das Feuer der Vernichtung bis an das westliche Meer".

Viele Briten wurden getötet, wieder andere mußten sich verstecken, weitere wurden gefaßt, zu Sklaven gemacht und verkauft.

Als sich die Sachsen aus diesem von Ambrosius beherrschten Gebiet wieder zurückzogen, konnte der sein Volk wieder sammeln und die Sachsen in einer Schlacht besiegen. Von dieser Zeit an tobte der Kleinkrieg an der Grenze hin und her, um schließlich zur Belagerung des Mons Badonicus zu führen.

Die Schlacht um diesen Hügel fand zwischen 502 und 506 statt. Die wahrscheinlichste Jahreszahl für dieses Ereignis ist 503.

Dieser dritte Vorstoß der Angelsachsen wurde jedoch nicht von Neuankömmlingen, sondern von der zweiten, bereits im Lande großgewordenen Sachsengeneration entlang der Südküste nach Westen geführt.

Die Sachsen schoben sich in der gleichen Zeit allmählich aus der Gegend von Portsmouth bis ins östliche Dorset vor, wo sie durch das noch sehr starke britische Königreich Dumnonia (möglicherweise in der überlieferten Schlacht am Mons Badonicus) um 503 gestoppt wurden.

Aus der Sicht des walisischen Klerikers Gildas wird in seinem zwischen 545 und 549 abgeschlossenen Werk „De Excidio et Conquestu Britanniae", in welcher die Geschichte der britischen Insel seit etwa 388, dem Jahrestage des Todes von Maximus, dargelegt wird, über diese Schlacht folgendes berichtet:

„Die Barbaren jagten uns zum Meer. Das Meer treibt uns gegen die Barbaren zurück. Zwischen beiden erwarten uns zwei Arten des Todes: entweder werden wir erschlagen oder ertränkt."

Den Foederaten war im Falle ihres Sieges über die Pikten die Insel Thanet versprochen worden. Dies bedeutete, daß sie mit Landbesitz belohnt und *nicht* wieder zurückgeschickt werden sollten.

Jene Sachsen, die sich im oberen Themsetal angesiedelt hatten, wurden sehr rasch durch weitere Zuwanderer ihres Stammes verstärkt. Andere frühe sächsische Gemeinschaften in Britannien ließen sich nicht weit entfernt von dieser starken Gruppe nieder, um Hilfe erhalten zu können, wenn sie nottat. So in Berinsfield, Abingdon und Frilfjord. Sie haben möglicherweise noch unter Foederatenstatus gestanden.

Gegen Mitte des 5. Jahrhunderts, nachdem Vortigern, wie bereits erwähnt, 448 noch einmal sächsische Hilfe herbeigerufen hatte, kamen diese Sachsen gemeinsam mit Angeln und Jüten, die sich aus der Gegend um Oxford themseaufwärts in Richtung Circencester ausbreiteten. Sie blieben als die Herren des Landes dort, womit die Kelten eine Herrschaft gegen die andere ersetzten.

Die Themse wurde nun zum Hauptverkehrsweg für die Sachsen und ihre fränkischen Verbündeten, die ebenfalls in diesem großen Schub nach Britannien gelangten und an der oberen Themse siedelten. Vom Kontinent kommend, fuhren sie ungehindert die Themse aufwärts, verstärkten die früheren Siedlungen und gründeten neue Kolonien in Essex, West-Kent, Surrey, Middlesex und im nördlichen Wessex.

Eines der entscheidenden Ergebnisse der Foederaten-Revolution war die Gründung des Königreiches Sussex durch eine Allianz aus Sachsen und Franken, die sich in der Mitte des 5. Jahrhunderts ergab.

Die ersten Foederaten in *diesem* Gebiet hatten in Highdown bei Worthing und in Alfriston und Bishopstone im östlichen Sussex zwischen den Flüssen Ouse und Chuckmere Land zugewiesen erhalten. Im westlichen Sussex residierten zu dieser Zeit in ihrer Hauptstadt Noviomagus, dem heutigen Chichester, die britischen Magnaten.

Der erste König von Sussex nannte sich AElle. Er war ein bekannter Soldat und stand möglicherweise als Führer hinter dem nächsten germanischen Vorstoß, der an der Küste entlang in das südliche Wessex führte.

Nach der Foederatenrevolte in Britannien war das südliche Britannien weiteren Eroberungszügen frei ausgesetzt. Die Sachsen aus dem Raume zwischen Oste und Elbe nützten diese Chance. Sehr viele von ihnen ließen sich im Raume Cambridge und in den südlichen Midlands nieder. Andere drangen ins Themsetal vor, und eine letzte Welle von ihnen, nun auch mit Franken untermischt, kolonisierte Sussex. Erst gegen das letzte Drittel des 5. Jahrhunderts ließ dieser Zustrom nach.

Das angelsächsische Königreich

Der Beginn des südsächsischen Königreiches in Britannien – Sussex – wird nach der angelsächsischen Chronik um 477 festgesetzt. In diesem Zeitraum spricht diese Chronik von der Ankunft AElles und seiner Söhne.

Nach Beda war AElle ein englischer König, der den Vorrang über alle anderen Könige errang (als Engländer wurden alle Sachsen, Franken und Angeln bezeichnet).

Der zweite herausragende König war nach Bedas Chronik Ceawlin, der allerdings erst in der zweiten Hälfte des 6. Jahrhunderts in das Licht der Öffentlichkeit getreten sein kann.

Die archäologischen Beweise der Anwesenheit der Sachsen in Sussex und die Erwähnung der Kämpfe beim römischen Kastell Anderita (Pevensey), können nach Meinung der Sachkenner nicht als Ursprungszeit des Königreiches datiert werden, denn ein solches Königreich kann nicht unmittelbar nach dem Eindringen der Germanen entstanden sein. Da eine Genealogie der Könige von Sussex fehlt und wir als nächsten nach AElle erst wieder AEthelberth kennen, der zwischen 680 und 685 starb, gibt es keinerlei Hinweise auf andere Herrscher in Sussex.

Für das Königreich Ostsachsen – Essex – gibt es keinerlei Hinweise auf einen so frühen Ursprung. Sein erster König, dessen Name sicher ist, war Saebert. Er lebte in der Zeit der frühchristlichen Mission um 604 bei seinem Volk.

In seiner Geschichte Britanniens sagt Beda, daß er der Sohn der Schwester AEthelberths von Kent war, der ihm auch diese Stellung als König verschafft habe.

Nach ihm setzte sich die Reihe der ostsächsischen Könige bis zum Jahre 825 fort, dem Zeitpunkt, da das Gebiet endgültig in das westsächsische Königreich, von dem es abhängig war, eingegliedert wurde. Essex war allerdings auch einmal von Kent abhängig und für kurze Zeit auch für Kent verantwortlich.

Es gibt allerdings Genealogien, die die Dynastie der Könige von Essex über Saebert zurück bis auf Saxnot (Saexnet) verfolgen, jene mythische Gottheit, die bei den Sachsen auf dem Kontinent noch im 8. Jahrhundert verehrt wurde.

Es ist durchaus möglich, daß Saeberts Vater Sledda oder gar sein Großvater Erchenwine als Begründer des Reiches in Frage kommen. Dies ist allerdings der weitestmögliche Bogen, der geschlagen werden kann.

Das Königreich der Westsachsen (Wessex) hat eine ähnliche Geschichte. Es blühte vom frühen 7. Jahrhundert an auf. Seine Dynastie blieb bestehen und begründete im 10. Jahrhundert das Königtum von ganz England.

Wie auch immer sich die Wanderung der germanischen Stämme, allen voran der Sachsen, über das Meer nach Britannien vollzogen hatte, diese Operation über ein halbes Jahrhundert und mehr hatte die daran beteiligten Menschen verändert. Sie lösten sich aus ihrer Heimat und ihren Traditionen und wollten dies vielleicht sogar auch.

Sie wollten Neues und Fremdartiges kennenlernen, und so kam es zwangsläufig zwischen ihnen und den Menschen auf der britannischen

Karte der angelsächsischen Königreiche.

(Aus: Katalog der Ausstellung Karls des Großen in Aachen.)

Insel zu einer Begegnung und nach diesem ersten Kennenlernen auch zu einem Austausch von Kenntnissen und Erfahrungen und – möglicherweise – auch zur menschlichen Durchdringung mit jenen Bewohnern, die zuerst dort gelebt hatten. Diese haben ihre eigenen starken Traditionen auf die Neuankömmlinge übertragen, gleichzeitig aber auch von diesen Traditionen übernommen.

Während es in ihrer alten Heimat – wie Beda dies feststellte – nur eine kleine politische Führungsschicht in Gestalt des Hochadels gab, entwickelte sich in Britannien aus einer Situation der Wanderungen und der Eroberungen, die einer straffen Führung bedurften, ein neuer Hochadel, der bald in das echte Königtum einmündete.

Eines steht auf alle Fälle fest: Die Unterschiede der politischen Geschichte der Sachsen auf dem Festland und jener, die nach England zogen und die wir nun als Angelsachsen und schließlich als Engländer begreifen sollten, hatten ihre Ursache in den Veränderungen der nach Britannien gezogenen Sachsen während ihrer langen kriegszugartigen Wanderschaft gehabt.

So mußte denn auch die politische Entwicklung auf der Insel ganz anders verlaufen, als dies auf dem Kontinent der Fall war. In Britannien entwickelten sich Königreiche, zunächst in größerer Zahl, die aber im Laufe der Zeit auf die größten, dauerhaftesten und wehrhaftesten reduziert wurden. Die überlebenden Reiche gewannen größeres Gewicht und auch größere Macht bis hin zu jenem Zeitpunkt, da das englische Königreich in der Lage war, mit einer weiteren Phase der Einfälle von See her *und* der folgenden Invasion der Wikinger fertig zu werden.

Diese Machterstarkung fand ihren größten Niederschlag in einer hohen kulturellen Blüte, die bis zu den Sachsen auf dem Kontinent ausstrahlte, denn der Kontakt zwischen diesen beiden Sachsengruppen, jener auf dem Festland und der anderen auf der Insel, ging niemals verloren. Dies wird ganz besonders an der Christianisierung deutlich, denn nachdem die Engländer missioniert worden waren, als das frühe Christentum durch die anglo-sächsische Mission zurückgedrängt worden war, begann diese angelsächsische Mission auch auf dem Festland mit ihrer Missionsarbeit.

Die Missionierung Britanniens

Durch das Zusammenwirken fränkischer, römischer und irischer Bekehrungsversuche kam es dazu, daß alle angelsächsischen Könige und deren Familien – mit Ausnahme des Königs von Sussex – um 660 bereits Christen waren, wenn auch manchmal nur dem Namen nach.

Sussex, das letzte noch zu bekehrende Königreich, wurde von Bischof Wilfrit missioniert, der zwischen 681 und 686 das Kloster und den Bischofssitz in Selsey gründete.

Wie diese Missionisierung begann, wird durch das Werk des Mönchs Beda berichtet, der die erste Kirchengeschichte des englischen Volkes schrieb. Ihr können wir entnehmen, daß die Bekehrung der Bewohner Britanniens mit der Entsendung des heiligen Augustin durch Papst Gregor von Rom aus im Jahre 597 begann. Sie dauerte bis zu ihrem Abschluß etwa ein Jahrhundert.

Seit dem Ende des späten sechsten Jahrhunderts unternahmen irische Peregrini ihre Fahrten nach Britannien und dem europäischen Festland. Sie gründeten Klöster und bekehrten die Nichtchristen in jenen Ländern, deren Herrscher wenigstens dem Namen nach christlich waren.

Augustin erreichte die Insel Thanet 597 und predigte vor König AEthelbert von Kent. Daß er dies ungehindert tun konnte, verdankte er dessen Gemahlin Bertha, die Christin war. In Canterbury, der Hauptstadt AEthelberts, erhielt er ein Haus zugewiesen. Kurze Zeit später richtete er dort den ersten Bischofssitz in England ein. Ebenso rasch gelang es ihm, den König und den gesamten Hofstaat zu taufen und für das Christentum zu gewinnen.

Die St.-Magnus-Kirche wie auch die Erlöserkirche in Canterbury wurden wiederhergestellt, Augustin zum Bischof geweiht. Dieser gründete ostwärts der Stadt das Kloster St. Peter. Aus Rom wurden ihm in schneller Folge weitere Helfer geschickt, denn in seinem Bereich bahnte sich eine ganze Christianisierungswelle an. So kamen Mellitus und Justus, die im Jahre 604 ihre Weihen als Bischöfe von London und Rochester erhielten.

Während Mellitus für die Bekehrung der Ostsachsen verantwortlich war, übernahm es Justus, die Sachsen im Gebiet von West-Kent zu bekehren. Der König der Ostsachsen, Saeberth, war ein Neffe des Königs von Kent. Deshalb hatte Mellitus bei den Ostsachsen leichteres Spiel als Justus. Beide aber blieben schließlich erfolgreich.

Nach Augustins Tod wurde Laurentius Erzbischof von Canterbury. Sein Nachfolger im Jahre 619 war Mellitus, dem 624 Justus folgte.

Es waren nicht allein die irischen Peregrini, die die angelsächsischen

Königreiche missionierten. Aus dem fränkischen Gallien kamen ebenso christliche Prediger und Missionare nach Britannien. So erreichte um 630 Felix aus Burgund den Hof von König Saeberth (Sigeberth) von East Anglia, wo er raschen Erfolg verzeichnen konnte, der es ihm wiederum ermöglichte, in Dundee seinen neuen Bischofssitz zu errichten.

Auch Gallier und in Gallien ausgebildete Priester kamen zu den Westsachsen. Sie kamen aus den gallischen Klöstern Brie, Celles und Andelys, wo sie ausgebildet und ausgeschickt wurden. Bertila von Celles beispielsweise, die Äbtissin des Klosters von Celles, schickte zwischen 658 und 709 nicht nur Geistliche und christliche Bücher nach England, sondern ließ dort auch einige Klöster gründen.

Ein weiterer Missionar, Birinus, den damaligen Geschichtsschreibern nach Herkunft und Geschlecht völlig unbekannt, kam ebenfalls vom europäischen Festland herüber auf die Insel und taufte um 635 den westsächsischen König Cynegils. Er wählte Dorchester an der Themse zum Bischofssitz.

Von besonderem Interesse ist ein Schreiben von Papst Gregor an seinen Gesandten Mellitus aus der Frühzeit von dessen Missionarsarbeit im Raume Kent. Darin schlug der Heilige Vater vor, daß er, Mellitus, zwar die heidnischen Tempel ihrer Götzenbilder berauben solle, sie dann aber als christliche Zentren weiter verwenden müsse. Die Leute, die diese Tempel sonst aufgesucht hätten, um dort ihre heidnischen Feste zu feiern, würden dann auch die christlichen Feste mit den frommen Festessen dort begehen, wenn auch ohne Rinderopfer.

Das war ein kluger Schachzug, und nach diesem wurde in Britannien in der Hauptsache verfahren. Bei den Sachsen auf dem Festland ging es rigoroser zu; allerdings auch mit viel geringerem Erfolg. Die Worte des genannten Briefes von Papst Gregor sind überliefert worden. Sie lauten:

„Er soll die Götzenbilder zerstören, die Tempel aber sollen mit heiligem Wasser besprengt, die Altäre aufgerichtet und die Reliquien darin eingeschlossen sein. – – –

Zu solchen Anlässen dürfen sie sich sehr wohl Schutzhütten aus Zweigen um die Kirchen herum, die einst Tempel waren, errichten und das Fest mit einem andachtsvollen Festmahl begehen. Sie sollen nicht mehr Tiere dem Tempel opfern; aber sie dürfen sie töten und essen zum Lobe Gottes und dem Geber aller Gaben danken für seine Wohltat."

Damit war bereits der Weg zum Erfolg beschritten. Ob er nun wirklich in einen vollen Erfolg einmündete, das hing immer von dem jeweiligen König ab. Zu ihm mußten die Missionare kommen und um die Erlaubnis bitten, predigen zu dürfen. Deshalb boten die Könige, ihre Familien und die Hofleute die ersten Ziele der Bekehrungsversuche der Mönche, denn sobald dieses wichtige Werk vollbracht war, hatten sie einen Fuß in der Tür und konnten ungehindert weiterarbeiten.

Auf der Synode, die 663 bis 664 in Withby gehalten wurde, gelang es den dort Versammelten, die Kontroverse um die Datierung des Osterfestes zu bereinigen, die am northumbrischen Königshofe entstanden war, weil man durch römische, irische und keltische Missionare verschiedene Tabellen erhalten hatte. Diese Synode wurde zu einem Triumph der römischen Kirche. König Oswin von Northumbrien entschied sich für die römische Berechnungsmethode, und ihm folgte sehr rasch die gesamte englische Kirche nach. Schließlich schlossen sich auch die irische, die schottische und die Walliser Kirche dieser Datumsbestimmung an.

Aufgrund der Ergebnisse dieser Synode von Withby verließ Bischof Colman zusammen mit vielen Menschen seiner Klostergemeinschaft Lindisfarne. Die Synode hatte weiter zur Folge, daß diese Entscheidung für das römische Osterfest dauernde und ständig enger werdende Beziehungen zu Rom knüpfte. Dies wurde schließlich noch im Jahre 669 durch die Einsetzung des Griechen Theodor zum Erzbischof von Canterbury verstärkt.

Um 700 war schließlich der größte Teil Englands wenigstens dem Namen nach christlich. Die Könige waren bekehrt worden und förderten alle kirchlichen Einrichtungen. Daß dennoch eine Fülle heidnischer Praktiken fortlebte und noch einige Jahrhunderte Bestand hatten, ist erwiesen, hinderte die christlichen Führer jedoch nicht daran, ihr Werk beharrlich fortzusetzen und Schritt für Schritt weiterzuführen. (Siehe dazu auch: Hanson, R. and Borkley, M. Hrgb.: Christianity in Britain 300 bis 700, Leicester 1968.)

Sussex, das letzte noch zu bekehrende Königreich, wurde von Bischof Wilfrit missioniert, der zwischen 681 und 686 das Kloster und den Bischofssitz von Selsey gründete. Damit war im Zusammenwirken fränkischer, römischer und irischer Bekehrungsversuche ganz Britannien christlich geworden.

(Über die Christianisierung der Festlandssachsen berichtet der nächste Abschnitt.)

Christentum und kulturelle Entwicklung der Sachsen in Britannien

Die sächsischen Königreiche, die auf dem keltisch-römischen Boden Britanniens gegründet wurden, stiegen ganz unvermittelt in die hier lebenden und wirkenden Überlieferungen des lateinischen Abendlandes hinein. Daß sich die Sachsen entschieden von der dienenden Bevölkerung der Kelten abzusondern suchten, hinderte die Menschen nicht daran, sich miteinander zu verbinden oder zumindest miteinander zu kommunizieren. Die in den großen Römerstädten Britanniens entstandene Kultur, die dort gewachsene geistige Haltung drang ebenso in die Eroberer ein, wie sich keltisches und sächsisches Blut miteinander mischten.

Dies war eine jener Sternstunden der Insel-Sachsen: daß sie, losgelöst von ihrer alten Heimat, in Britannien sehr schnell vorankamen, daß sie von der britisch-römischen Antike erfaßt wurden und daß sie sich zu einem mit starker Hand regierten Königreich formieren mußten, wenn sie sich gegen die unterjochten Einwohner des Landes behaupten wollten.

Während sich auf dem Festland die Sachsen gegen die in ihr Land kommenden Franken und gegen das von diesen Eindringlingen mitgebrachte Christentum bis zum letzten Blutstropfen zur Wehr setzten, beugten sich die Sachsen in Britannien, wie im vorigen Kapitel zu lesen ist, ohne Kampf unter das Kreuz, so daß sie, dieser dauernden Bedrohung ledig, sich ganz auf die Errichtung und Erhaltung ihrer Königreiche beschränken konnten. 50 bis 100 Jahre dauerte es, und die Inselsachsen hatten sich alle Künste und Wissenschaften der Römer angeeignet, welche die Römer in Britannien zurückgelassen hatten.

Von hier aus wanderten die direkten Impulse zu den auf dem Festland wohnenden Bruder-Sachsen hinüber und befruchteten ihre Kultur auch. Die Inselsachsen fanden in den geistlichen Herren Lehrmeister für viele Kenntnisse und Künste.

Der Erzbischof von Canterbury, Theodor, ein tarsischer Mönch, und ebenso sein Gehilfe, der Afrikaner Hadrian, die Meister in der lateinischen und griechischen Sprache waren, erzogen seit 660 in ihren Schulen sächsische Schüler und lehrten sie, die alten wissenschaftlichen Schriften zu lesen und auszulegen.

In der Schule von Abt Hadrian von Kent konnte der Westsachse Aldhelm antike Bildung und die Kenntnisse der griechischen Sprache erlernen, die ihn befähigten, Abt des Klosters zu Malmesbury und 705 Bischof von Sherborne zu werden.

Dem König von Northumberland, Alfred, konnte Aldhelm Lesen und Schreiben beibringen, indem er ihm als Beispiel den Kaiser Theodosius vorstellte, der 18 Bände des Priscianus abgeschrieben hatte. Es war Aldhelm, der schließlich auf der Höhe seiner Entwicklung ein Lehrbuch der römischen Verskunst verfaßte und darin seine eigene Rätselsammlung unterbrachte, die er dem König Alfred widmete.

Seit dieser Zeit ist das in Versform dargebrachte Rätselgedicht im Schwange. Tatwine aus Mercien, der 734 als Erzbischof von Canterbury starb, hatte sich dieser Dichtform ebenso verschrieben wie jener Winfried, der als Bonifatius in Deutschland predigte.

Einer jener Lehrer und Bewahrer aber, die entscheidend mithalfen, nicht nur geschichtliche Tatsachen der Nachwelt zu erhalten, war der 672 geborene Mönch Beda. Im Doppelkloster Wearmouth-Yarrow legte er seinen Landsleuten die Bibel aus und war zuletzt dabei, das Johannes-Evangelium in die angelsächsische Sprache zu übersetzen. Er berichtete in seinem geschichtlichen Werk „Historia ecclesiastica gentis Anglorum", wie die Sachsenkönige und ihr Volk in die römische Geschichte und Kultur eingeführt wurden. Diese Darstellung geht bis ins Jahr 731 und beschreibt Britanniens Lage, den Einfall und die Herkunft der sächsischen Eroberer, den Ablauf der Christianisierung unter den Sachsen und schildert Anfang und Fortschritt des angelsächsischen Schrifttums. Bedas geschichtliche Daten werden oftmals durch Urkunden belegt, und in seinem Zeitbuch der Weltgeschichte mit dem Titel „De temporum ratione" nimmt er auch Einfluß auf die geschichtliche Darstellung unter den Angelsachsen. Daß er eine Lehre von der Zeitmessung einleitete und neben diesen realen Dingen in einem weiteren Werk „De natura rerum" auch die Naturgeschichte in seiner Weltbeschreibung darlegt, zeichnet ihn als universellen Gelehrten aus, in dem eine unerschöpfliche Fülle angelsächsischer Bildung gespeichert war, die aus den Klöstern und Wissensschulen kam und dank Beda für die Angelsachsen zur Verfügung stand.

Es war neben vielen Unbekannten vor allem Alkuin, der Erzieher des Frankenkaisers Karls des Großen, der von Karl 771 ins Frankenreich gerufen wurde, um sich seiner Gelehrsamkeit zu versichern. Hinzu kam noch Winfried, der sich später Bonifatius nannte und auf dem Festland wirkte.

Das sächsische Schrifttum Britanniens wuchs sehr schnell, nachdem sächsische Edle und Gelehrte, des Lesens und Schreibens mächtig, zu arbeiten begannen.

Da war beispielsweise der Knecht Kaedmon, der als Stallbursche im Kloster Streaneshealth in Northumbrien lebte und dem ein „Traumgesicht" befahl, vom Anfang der Geschöpfe zu singen. (Siehe Beda: De natura rerum.)

Der Stallwächter begann damit die Bibel in hymnischen Gedichten zu übersetzen.

Cynewulf, ein fahrender Sänger mit gelehrter Bildung, belebte im 8. Jahrhundert die Rätseldichtung Aldhelms und Tatwines zu neuen Spielen voller Witz und Bildkraft. Er ließ jene Gegenstände, die er durch seine Stabreime zu enträtseln aufgab, sich selber redend und deklamierend einführen. So kam es bei seinen Gedichten vor, daß ein Schild seine eigenen Leiden im Kampf schilderte oder daß ein Hirschgeweih, dessen dickes Ende zu einem Tintenfaß verarbeitet worden war, sein Leid klagte.

Mit seinem Wechselgedicht, in das er chormäßig betonte Passagen einfügte, schlug er bereits zu damaliger Zeit eine Brücke zu den jüngeren Karfreitagsspielen. Er schuf solche Verslegenden wie „Tuliana", „Elene" und „Die Höllenfahrt Christi". In „Das Traumgesicht vom Heiligen Kreuz" folgte eine spätantike Stoffüberlieferung.

Die sächsische Literatur in Britannien wurde durch die Dichtung der römischen Autoren und durch die Pflege der überlieferten sächsischen Kunst gegenseitig befruchtet. Die ersten aus dieser Zeit bekannten lyrischen Gedichte sächsischer Autoren befaßten sich mit Dingen des Alltages, so des herrenlos Fahrenden, des Seemanns, des Verbannten, die ihre Schicksale schilderten und beklagten.

Diese völkische Literatur auf der Insel ging von Westsachsen aus und bahnte neben der künstlerischen zugleich auch die staatliche Vorherrschaft dieses Gaues an. Egbert machte 815 Wessex zur herrschenden Landschaft Britanniens, und im Jahre 830 legte er den Grundstein zu einem geeinten englischen Reich.

Daß die dänischen Einfälle der Nordleute nach England diese Entwürfe und Pläne Egberts verzögerten, hinderte dessen Enkel Alfred nicht daran, sie in größtem Stile fortzuführen. Ihm, der 849 geboren wurde und seit 871 auf dem Thron des Königs von Wessex saß, gelang es, die staatlichen Aufgaben ins Geistige und die geistigen Aufgaben ins Staatliche zu integrieren.

Alfred, durch keine der genannten Schulen gegangen, hatte dennoch durch seine Privatlehrer und durch seine Eltern jene Bildung erhalten, die ihm das angelsächsische Schrifttum bieten konnte. Er war als junger Mensch zweimal in Rom, und als es darum ging, sich für seine königliche Aufgabe vorzubereiten, wurde er sein eigener Lehrmeister, der Prototyp des „Do-it-yourself-Menschen".

Daß er dies schaffte, verdankte er jenen Männern, die er aus Mercien, Flandern und Altsachsen an seinen Hof rief. Mit ihrer Hilfe schuf er eine Hofschule und ging mit ihnen selber an die Arbeit, um eine schriftliche Staatssprache des Angelsächsischen zu verfassen. Dabei bediente er sich als Grundlage der „Regula pastoralis" von Gregor dem Großen und der

Schrift des Boëthius vom „Trost der Philosophie". Das wichtigste Buch der Inselsachsen, Bedas Kirchengeschichte, übersetzte er selber, und seiner Übersetzung der Weltgeschichte des Orosius fügte er eine Beschreibung Germaniens bei, die er aus dem nordischen Reisebericht des Normannen Ohthere entnahm.

In seinem Auftrag übersetzte Bischof Werfrit die Gespräche Gregors des Großen, und im Zuge dieser Entwicklung ging Aelfric, ein Mönch des Klosters Wincester, daran, die einzelnen Bücher des Alten Testamentes ins Angelsächsische zu übertragen. Auch noch als er 1005 Abt von Egnesham wurde, widmete er sich dieser Aufgabe.

So entstand bereits im 9. Jahrhundert auf der britischen Insel bei den Angelsachsen ein römisch-germanischer Kulturkreis. So wie die Westgermanen unter fränkischer Führung waren die Angelsachsen durch die Vorbesitzer der britischen Inseln, die Römer, zu einer neuen Blüte emporgestiegen und bildeten einen römisch-germanischen Staatskörper mit einer christlich-lateinischen Seele.

Die Angelsachsen waren von der fränkischen Kultur und Lebensart unabhängig. Sie hatten sich weiterentwickelt und so etwas wie eine lateinische Kultur übernommen.

So wie auf dem Festland in der Folgezeit teilweise noch vor dieser Entwicklung die Altsachsen als Besiegte von den Franken erobert und von ihrer Kultur beeinflußt wurden und deren Bildung aus zweiter Hand erhielten, waren in Britannien Christentum und lateinische Bildung der Vorgänger der Sachsen eine eroberte Unterschicht und die Sachsen jene darauf aufbauende Oberschicht.

Alle Jahrzehnte und Jahrhunderte, die auf die Eroberung des Altsachsenreiches durch Karl den Großen folgten, waren angefüllt mit sächsischen Versuchen, die Fakten umzukehren, die Geschehnisse ungeschehen zu machen, das auszumerzen, was die Franken erzwungen hatten.

Lassen wir an dieser Stelle jene Zeit der angelsächsischen Könige und ihrer Reiche Revue passieren, die bis zu ihrem Ende in der Schlacht bei Hastings dauerte.

Von Alfred dem Großen bis zur Schlacht von Hastings

Der 849 in Wantage Berkshire als fünfter Sohn von König Aethelwulf geborene Alfred, der als Kind zweimal in Rom war, heiratete im Jahre 868 Eahlswith, die Schwester des mercischen Ealdormans Aethelwulf. Als er wegen der von den Dänen drohenden Gefahr der Normanneneinfälle 871 König wurde, bewahrte er als allein in Britannien verbliebener angelsächsischer König Wessex und auch Mercien vor der Einnahme durch die Normannen Dänemarks. In den Kämpfen bei Edington 878 und bei der Eroberung von London 886 gelang es ihm, die Normannen zu schlagen und nach folgenden Verhandlungen mit dem dänischen König Guthrum von Ostanglien und dem östlichen Mercien Wessex und das westliche Mercien durch einen Vertrag zu sichern.

Es kam nun darauf an, gegen weitere Überfälle geschützt zu sein. Alfred sicherte den Bestand seines angelsächsischen Reiches durch den Bau einer neuen Flotte. Darüber hinaus führte er eine Verbesserung des Aufgebots ein und ließ planvolle Befestigungsbauten errichten.

Während der bereits angedeuteten Gründung und des Aufbaues der englischen Prosadichtung übersetzte er seit 892 mit den bereits genannten ausländischen Helfern lateinische Texte und die Haupttexte von Augustinus bis Beda. Alle diese Anstrengungen schienen ihm zur Erziehung seines Volkes als notwendig.

Am wichtigsten aber war ihm ein gemeinsames Recht für sein ganzes Reich. Er ließ es auf der Grundlage des alten Rechtes einheitlich erarbeiten und führte es ein. Mit der Übersetzung der zeitgenössischen Reiseberichte Ohtheros und Wulfstans verschaffte er seinem Volk neue Kenntnisse über Skandinavien und die Ostsee.

Als Alfred der Große am 26. Oktober 899 starb, hatte er seine Herrschaft weit nach Osten bis über London hinaus ausgeweitet und 886 vertraglich die Grenzen des dänischen Herrschafts- und Siedlungsgebietes, des „Danelaw", im Osten und Nordosten Englands festgesetzt.

Sein Nachfolger Aethelstan führte die Politik Alfreds fort. Aus Mercien stammend, wußte auch er, was es hieß, immer wieder dem Zugriff der Normannen ausgesetzt zu sein. So bekämpfte er nach seiner Thronbesteigung im Jahre 924 in harten Auseinandersetzungen die Norweger, Dänen und Schotten. Er drang dabei weit nach Schottland hinein und unterwarf sich das gesamte heutige England. Nach dem Sieg bei Brunanburh im Jahre 937 gelang es ihm, die Einigung Englands zu vollziehen.

Durch die Heiraten seiner Schwestern ergaben sich wichtige Beziehungen zum europäischen Kontinent.

Auch er erließ neue humane Gesetze und holte eine Reihe anerkannter Gelehrter aus ganz Europa an seinen Hof, schuf eine Staatskanzlei und ließ die neue Verwaltungsgliederung genau an die Shires, die Grafschaftsverfassung Egberts von Wessex, anknüpfen.

Damit legte er den Grundstein für das nationale Königtum der

Engländer, womit auch gleichzeitig die angelsächsische Geschichte in die Geschichte Englands übergeht.

Wessex hatte dazu seit Alfreds des Großen begonnener Wiederbelebung von Kultur und Bildung im Bunde mit der Kirche die geistige Führung in ganz England übernommen.

Unter ihrem Erzbischof Dunstan, der von 924 bis 988 im Amt war, wurde dem Königstum durch das feierliche Krönungsritual von 973, das Dunstan nach dem westfränkischen Beispiel und Vorbild schuf, eine geistliche Überhöhung verliehen.

Als dann das englische Königtum zu Ende des 10. Jahrhunderts mit den Magnaten in Konflikt geriet, die sich gegen die Schmälerung ihrer Stellung durch Kirche und Staat behindert fühlten, und zur gleichen Zeit auch die dänischen Raubzüge wieder verstärkt einsetzten, gelang es den Magnaten, den schwachen König Ethelred abzusetzen. Sie boten im Jahre 1014 Sven Gabelbart, dem dänischen König, die Krone von England an. Sven Gabelbarts zweiter Sohn, Knut der Große, drang schließlich mit einer starken Truppe der Nordmänner in die Themse ein und wurde von Englands Großen zum König gewählt. Bald darauf wurde er auch König von Dänemark und Norwegen.

Daß Knut der Große die Gesetze seiner Vorgänger anerkannte und in Kraft beließ, verschaffte ihm und seinen beiden Söhnen eine kurze Spanne der Herrschaft über England.

Eduard der Bekenner, der in der Normandie aufgewachsen war und als letzter König aus dem westsächsischen Hause von seinem Stiefbruder Harthaknut, dem derzeitigen König, 1041 nach England geholt wurde, wurde nach dessen Tod 1042 sein Nachfolger.

Er hatte, in der Normandie aufgewachsen, eine besondere Vorliebe für die Normannen. Ob er aber Wilhelm von der Normandie wirklich seine Nachfolge zusicherte, ist unklar.

Eduard der Bekenner bestieg also 1042 den Thron. Damit war nach dem Aussterben der Linie Sven Gabelbarts die Krone an die angelsächsische Herrscherdynastie zurückgefallen, denn Eduard, der später der Bekenner genannt wurde, war ein Sohn AEthelrads und ein Urururenkel Alfred des Großen. Die beiden anderen Thronanwärter befanden sich in Ungarn.

Dänen und Engländer schlossen sich Eduard an, und dieser – der ja in der Verbannung aufgewachsen war – regierte nach den Bekundungen seiner Biographen „mit Tugend und Heiligkeit".

Die von ihm veranlaßte Gründung der Westminsterabtei scheint diese Wertschätzung zu bestätigen.

Da Eduard kinderlos blieb, schickte er aus Sorge um seine Nachfolge seinen Schwiegervater, den Königmacher Godwin, ins Exil und rief auf seinem Sterbebett Wilhelm von der Normandie zu seinem Nachfolger aus.

Godwin selber starb bereits im Jahre 1053. Dessen Sohn Harald trat die Nachfolge in der Grafschaft Wessex an.

Da Wilhelm, der „Bastard von der Normandie", Matilda, eine Tochter des Grafen von Flandern, geheiratet hatte, die eine Nachkommin Alfreds des Großen war, hatte er einen durchaus berechtigten Anspruch auf den englischen Thron anzumelden. Wilhelm war auch bereits 1051 von Eduard dem Bekenner als sein Thronerbe namentlich genannt worden.

Als Harold Godwinson im Jahre 1064 durch einen eigenartigen Zufall in Wilhelms Gefangenschaft geriet, schwur er Wilhelm den Eid, daß er diesem zur englischen Krone verhelfen werde. Sein Schwur ist in der zentralen Episode des Wandteppichs von Bayeux eingestickt.

Möglicherweise wollte Eduard bei seinem Tode immer noch Wilhelm zu seinem Nachfolger gewählt wissen, doch schließlich vermachte er – wer auch immer ihn dazu gebracht hatte, ist ungewiß – seinen Thron an Harold Godwinson, den zweiten Sohn Graf Godwins von Wessex.

Der englische Adel wählte ihn im Januar 1066 nach Eduards Tod als dessen Nachfolger. Harold wurde zum König gesalbt.

Er besiegte den norwegischen König Harald Hardraade am 25. September 1066. Aber noch war Wilhelm im Spiel, der auf seinem Anspruch bestand und sich zur Invasion Englands aufmachte.

Auch der Papst hatte Wilhelm quasi als König bestätigt, als er ihm ein Banner schickte, unter dem Wilhelm den Erzbischof von Canterbury, Stigand, seines Amtes entheben sollte. Stigand war von Papst Hildebrand als Usurpator geächtet und exkommuniziert worden. Damit hatte auch Papst Hildebrand den neuen König bereits vor Erringung seiner Herrschaft gesegnet.

Bei Hastings kam es zum Kampf zwischen Wilhelms Invasionsheer und Harolds II. Engländern. In der Angelsächsischen Chronik, dem einzigen zeitgenössischen Bericht über dieses Ereignis, wird dieser Abgesang der sächsischen Herrschaft und der Tod von „Harold the last of the Saxon Kings" folgendermaßen geschildert:

„1066: Wilhelm, Graf der Normandie, kam nach Pevensey am Tag von Michaelis (28. September 1066), und sobald seine Männer marschbereit waren, erbauten sie bei der Stadt Hastings eine Burg. Dies wurde König Harold berichtet; er versammelte daraufhin ein großes Heer und traf mit Wilhelm bei dem grauen Apfelbaum zusammen.

Und Wilhelm fiel unerwartet über ihn her, bevor Harolds Heer aufgestellt war. Dennoch kämpfte der König sehr tapfer mit Wilhelm zusammen mit seinen Männern, die noch bei ihm waren, und es gab ein großes Blutbad auf beiden Seiten.

König Harold wurde dort erschlagen, auch sein Bruder, Graf Leofine, und sein Bruder Graf Gyrth und viele tapfere Männer. Die Franzosen waren Herren des Schlachtfeldes, wie Gott es ihnen gab wegen der Sünden des Volkes."

Damit war das Jahr 1066 zu einer entscheidenden Wendemarke geworden. Auf der verflossenen und mit diesem Tage vergangenen Seite lag die angelsächsische Geschichte, deren Inbegriff Alfred der Große gewesen war. Auf der anderen Seite steht ein ausländischer König mit einem vagen Legitimationsanspruch, der nunmehr ein autoritäres Regime einführte. Die angelsächsische Herrschaft war für immer vorüber.

Götterglaube in Sachsen

Die Sachsen und Angelsachsen der Völkerwanderungszeit gehörten wie die Mehrzahl der anderen Seegermanen-Stämme im 5. Jahrhundert religionsgeschichtlich zum vorchristlichen Europa. Während sich diese altreligiöse Welt durch die germanische Landnahme in Britannien noch erheblich ausweitete, wurde auf dem Festland durch den Übertritt des merowingischen Königs Chlodwig (gestorben 511) zum Christentum, dem sich nach und nach auch sein Volk anschloß, die Grenze zwischen dem christlichen und dem nichtchristlichen Teil der Bevölkerung in West- und Mitteleuropa entscheidend verschoben.

Dennoch blieb für die Festlands-Germanen der Glaube an die eigenen Götter noch für Jahrhunderte bestimmender Faktor ihres Sozialgefüges.

Auf dem Kontinent wurde dies durch die Sachsenkriege Karls des Großen unter Beweis gestellt, in Britannien durch den Rückfall einiger bekehrter Gruppen ins Vorchristentum bis ins späte 7. Jahrhundert hinein.

Daß über diese Religionen nicht mehr als eine Reihe Runeninschriften (ohne die Erklärung mittels einer verständlichen und lesbaren Übersetzung, die uns ihre Sinngebung hätte erhellen können) bekannt waren, ließ den germanischen Götterglauben entgegen neuen Forschungsergebnissen vage und primitiv erscheinen.

Erst seitdem es seit etwa 1970 gelang, die Bedeutung der goldenen Brakteatenbilder zu entziffern, ist dies besser geworden. Von diesen Bildern verfügt die Forschung über etwas mehr als 800 Exemplare.

Diese „Kleinkunst der Bilder auf den goldenen Scheiben" (= bracteae aureae – Goldbrakteaten) beginnt im Norden als Nachahmung antiker Vorlagen. Dazu wurden beispielsweise die goldenen Medaillonprägungen der Spätantike mit ihren Kaiserporträts benutzt. Im späten 4. Jahrhundert n. Chr. wurde auch im Norden die im Süden schon lange bestehende Sitte übernommen, solche Medaillons als Amulett zu tragen. (Siehe dazu: Hauck, Karl: „Götterglaube im Spiegel der goldenen Brakteaten".) Diese Bilder waren zunächst Spielarten der Atem-Chiffre. Hinzu kamen später ein Vogelpaar oder eine Schlange als Geleittiere.

Als der Macht dieser göttlichen Gestalt unterworfene oder anvertraute Tiere traten der Eber, das Pferd und andere hinzu.

Es gibt auch Amulettbilder, auf denen der Gestaltwandel des Gottes solchermaßen dargestellt wird, daß er sich in einen Vogel oder eine Schlange verwandelt. Für die Zeit der Völkerwanderung war die Fähigkeit des Gottes, Tiergestalt anzunehmen und sich entweder in einen Vogel oder eine Schlange oder in ein Mischwesen aus beiden mit vielfältigen Potenzen zu verwandeln, sehr wichtig. Deswegen wurde in jüngeren Produktionsstufen dieser Kunst der Gott wiederholt ganz in Vogelgestalt abgebildet.

Dieses besondere Vermögen Gottes, sich zu verwandeln, kennzeichnet ebenso seine Schamanen- und Medizinmannrolle wie gleichfalls sein Auftreten im Vogelgeleit oder als Tänzer. Damit scheint erwiesen, daß es sich bei dem Hauptgott der Brakteatenkunst um eine Gottheit der Völkerwanderungszeit handelt, die bei den Altsachsen Wodan, bei den Angelsachsen Woden hieß.

In späteren Zeiten trat auch die Gemahlin des Gottes in Vogelgestalt auf. Die Walküren wiederum wurden entweder als Schwäne oder als Krähen dargestellt.

Verschiedene dieser Amulette zeigen den Gott mit drei Rabenvögeln als Begleitung. Diese drei Rabenvögel versinnbildlichen die Walküren, die dann in diese Gestalt geschlüpft sind. Das erleichtert nicht nur die germanischen Dreiheiten und Verwandtes bei den Kelten, sondern stellt zugleich auch die walkürische Rolle der Brakteatenvögel als Heilgehilfen Gottes dar.

In diesem Zusammenhang verdienen jene Brakteaten besondere Aufmerksamkeit, bei denen ein Pferd dargestellt wird, das die eine Hinterhand in Schonstellung hebt.

Historisch überrascht diese Verwandlungsperspektive nicht so sehr, weil ja für die Anführer der jütischen Gruppen auf der britischen Insel das geschichtliche Namenpaar „Hengest" und „Horsa" von Beda überliefert wird.

Dabei handelt es sich – entgegen früheren Erkenntnissen – nicht um eigentliche Personennamen, die von Geburt an gebraucht wurden. Vielmehr sind Hengest und Horsa so etwas wie „Funktionsnamen", welche die Führer bei der Auswanderung nach Britannien als Repräsentanten der göttlichen Dioskuren trugen." (Siehe Beda: Hist. eccles. und Müller G:)

Diese im Kentischen Königshaus weitergegebene Tradition, die tier- und menschengestaltige Ephiphanie der Dioskuren voraussetzt, erhält nunmehr insofern eine neue Bedeutung, als auf den Brakteaten mit dem Pferd zu den Geleittieren des Gottes beispielsweise nicht allein Vögel, sondern in einer zwar nicht sehr umfangreichen, aber bedeutsamen Anzahl von Amuletten auch ein zweites Pferd kommt.

Runeninschriften und Rekonstruktionen ihrer urgermanischen Formen

ᚠ	f	⁺fehu „Vieh, Fahrhabe"
ᚢ	u	⁺ūruz „Ur, Auerochs (männliche Kraft?)"
ᚦ	þ	⁺þurisaz „Thurse, Riese (unheimliche, schadenbringende Macht)"
ᚨ	a	⁺ansuz „Anse, Ase"
ᚱ	r	⁺raidō „Fahrt, Ritt, Wagen"
ᚲ	k	⁺kaunan? „Geschwür, Krankheit"
ᚷ	g	⁺gebō „Gabe"
ᚹ	w	⁺wunjō? „Wonne"
ᚺ	h	⁺haglaz, m. ⁺haglan, n. „Hagel (jähes Verderben)"
ᚾ	n	⁺naudiz „Not, schicksalhafter Zwang"
ᛁ	i	⁺īsatz, m.; īsan, n. „Eis" (ī aus älterem ī?)
ᛃ	j	⁺jēran „(gutes) Jahr"
ᛇ	ï	⁺īwaz „Eibe" (ī aus älterem ei?)
ᛈ	p	⁺perþō? (vielleicht aus dem Keltischen entlehnt) „ein Fruchtbaum"?
ᛉ	z	(R) ⁺algiz „Elch (Abwehr?)"
ᛊ	s	⁺sōwilō „Sonne"
ᛏ	t	⁺tīwaz „Týr", vgl. ahd. ziu (früher der Himmelsgott)
ᛒ	b	⁺berkanan „Birkenreis"
ᛖ	e	⁺ehwaz „Pferd"
ᛗ	m	⁺mannaz „Mensch"
ᛚ	l	⁺laukaz „Lauch (Gedeihen)", vielleicht auch ⁺laguz „Wasser"
ᛜ	ŋ	⁺ingwaz „Gott des fruchtbaren Jahres"
ᛞ	d	⁺dagaz „Tag"
ᛟ	o	⁺ōþalan (⁺ōþilan) „ererbter Besitz"

Als Amulette am Hals getragen schrieb man diesen Brakteaten eine ganz besondere Heilswirkung und Heilwirkung zu, denn die darauf abgebildeten zwei Pferde, die göttlichen Zwillinge der Dioskuren, stellen Patient und Heiler Gottes dar und repräsentierten die heilende Macht Wodans.

Die germanischen Runenschriften

Das Wort „Runen" wurde erst im 17. Jhdt. aus dem Skandinavischen übernommen. Es bezeichnet eine den Germanen eigene Schrift. Rune ist das einzelne Schriftzeichen dieser Schrift (vgl. gotisch runa – Geheimnis). Überliefert sind Runeninschriften seit dem 2. Jahrhundert nach Christus. Bis in das 8. Jahrhundert hinein liegt den überlieferten rund 230 Runeninschriften eine relativ konstante Reihe von 24 Runenzeichen zugrunde. Diese wird als älteste Runenreihe oder älteste „Futhark" bezeichnet. Diese Bezeichnung entstand aus dem Lautwert der sechs ersten Zeichen. Aus sechs Inschriften ist also diese Reihe von Runenzeichen allein oder in Zusammenhang mit anderen Runenkomplexen bekannt. Durch mittelalterliche Handschriften und Runenmerkgedichte sind die Namen der einzelnen Runen bezeugt. Die Runenforschung ist der Überzeugung, daß diese Namen den Runen von Anfang an zugehört haben. Die urgermanischen Runenformen sind folgendermaßen rekonstruiert worden: („Siehe dazu: Düwel, Klaus: Runeninschriften).

Runenschrift

Die Anordnung der Runen in dieser dargestellten Reihenfolge konnte bisher nicht überzeugend erklärt werden.
Jede Rune hat neben ihrem Lautwert noch einen Begriffswert. Letzterer ist der Name der Rune. Dazu ein Beispiel: Die Rune hat den Lautwert „f" und den Begriffswert fehu = Vieh = Besitz.
Diese doppelte Funktion ist für die Runenschrift charakteristisch und unterscheidet sie von allen anderen Alphabeten. Die Runenschrift erscheint durchweg als Lautschrift, in nur ganz wenigen Fällen kann mit den Begriffswerten gearbeitet werden.
Die Schriftrichtung ist grundsätzlich beliebig, kann also von rechts nach links oder von links nach rechts führen oder auch von Zeile zu Zeile wechseln. Im Laufe ihrer Weiterentwicklung setzte sich die bereits in den älteren Runenschriften vorherrschende Rechtsläufigkeit durch.
Der weitaus größte Teil der insgesamt bisher über 5000 bekannten Runeninschriften verteilt sich über ganz Skandinavien. Schweden führt

mit mehr als 3000 Inschriften vor Norwegen mit rund 1100 und Dänemark mit etwa 700. Auf dem Kontinent südlich der dänischen Grenze kennt man etwa 50 echte und ein Dutzend nicht gesicherter runischer Inschriften. Letztere sind möglicherweise gefälscht.

In England wurden bisher 65 Runeninschriften bekannt. Etwa gleich groß ist die Zahl der Inschriften auf Island und Grönland. In den genannten Ländern sowie in Irland und auf den Orkney-Inseln haben westwärts fahrende Wikinger Runeninschriften hinterlassen. Auf den Ostfahrten sind sie weit bis ins russische Reich gekommen. Entsprechend weitgestreut ist die geographische Verteilung der Runeninschriften.

Im Norden gehen sie bis Grönland, im Westen bis nach Irland, im Osten bis an den Ladogasee und im Süden bis nach Istanbul. Jedes Jahr kommen neue Funde hinzu, vor allem aus Schweden, aber auch auf deutschem Gebiet sind in den letzten Jahren einige zum Teil noch unpublizierte Grabfunde mit Runenbeigaben gemacht worden. Der jüngste stammt aus Griesheim in Hessen.

Zur Herkunft dieser Runen wurden von der Forschung drei Thesen vertreten. Alle drei gehen jedoch gemeinsam davon aus, daß für die Runenschrift als Lautschrift ein südeuropäisches Alphabet als Vorlage oder Anregung gedient haben muß.

Diese Thesen hängen jeweils eng mit den Fragen zusammen, wann, wo und von wem die Runen geschaffen wurden. Zeitlich läßt sich die erste Hälfte des ersten nachchristlichen Jahrhunderts bestimmen, wenn man von den fühesten überlieferten Runenschriftzeugnissen aus der Zeit um 200 etwa 100 bis 200 Jahre zurückrechnet.

Auch sprachgeschichtliche Argumente scheinen auf diesen Zeitraum zu weisen. Versucht man den Ort einzugrenzen, dann ist dabei ausschlaggebend, ob man einen direkten Kontakt mit einer als Vorbild angesehenen Schriftkultur voraussetzt oder etwa auch einen über weite geographische Räume reichenden Einfluß für möglich hält.

Die erste These: „Die Runenschrift entstand bei den Goten im Pontusgebiet auf der Grundlage der griechischen Minuskel." Diese These scheint als überholt zu gelten, da die ältesten Runeninschriften *vor* jener Zeit liegen, in welcher Goten direkt die griechische Schrift kennenlernten.

Die zweite These: „Die Runenschrift geht vom lateinischen Alphabet als Anreger aus." Dabei können einige formale Übereinstimmungen angeführt werden. Diese Auffassung erfreut sich deshalb großer Beliebtheit, weil sie mit dem bedeutenden Kultureinfluß Roms argumentieren kann, der ja bis in das älteste Verbreitungsgebiet der Runen nach Dänemark reichte.

Die dritte These: „Die Runenschrift ist aus den nordetruskischen Alphabeten entstanden, die bereits mit lateinischen Schriftzeichen vermischt waren."

Da neuere Funde gezeigt haben, daß derartige einheimische Alphabete in den Randgebieten des Römischen Reiches bis in nachchristliche Zeit erhalten blieben, ist diese These sehr plausibel und findet viele Anhänger. Für sie spricht auch eine Übereinstimmung in der Beliebigkeit der Schriftrichtungen und in der Anwendung von Worttrennern. Besonders frappierend ist die Ähnlichkeit zwischen etruskischen und germanischen Runenschriften auf Steinen und Felsplatten. Allerdings macht es hier Schwierigkeiten, einen germanischen Stamm zu benennen, der mit Benutzern etruskischer Alphabete in Berührung gekommen ist. Möglicherweise haben Eisenhändler, die von Elba kamen, wo die Etrusker Eisen förderten und bearbeiteten, die Runenschrift von dort mitgebracht.

Man denkt dabei allerdings auch an die Markomannen, vor allem in ihren alten Sitzen am Oberrhein. Mit ihrer Ausbreitung im ersten Jahrhundert n. Chr. unter König Marbod könnte auch die Runenschrift rheinabwärts bis nach Westskandinavien und dann über den Ostweg zu den Goten gelangt sein.

Hierbei aber besteht das Problem der Ausräumung der darin liegenden letzten Zweifel, daß zum einen die Entstehung der Runen im voralpinen Raum angenommen wird, während zum anderen die ältesten Runeninschriften-Denkmäler weit davon entfernt in Dänemark, Ostnorwegen und Südschweden gefunden wurden. Zwischen diesen beiden weit voneinander entfernten Standorten der Markomannen bis zu den Völkern im Norden gab es zunächst keine Runenschriften.

Erst 200 Jahre später tauchen Runenschriften vom vermuteten Entstehungsgebiet in diesem Zwischenbereich auf. Diese Fundlücke muß erst durch die Spatenforschung geschlossen werden, um letztere Theorie endgültig zu erhärten.

Nach Auffassung der alten Runenmeister dienen die den Göttern entstammenden Runen der Verständigung der Menschen mit übermenschlichen Wesen, den Göttern. Mitteilungen allgemeiner Art sind unter den älteren Runeninschriften sehr selten zu finden. In diese Sphäre des Kultes und des Übernatürlichen weist eine norwegische Inschrift, in der sich ein Priester in seiner Runenmeisterfunktion als „gegen bösen Zauber gefeit" bezeichnet und damit auch den erwünschten Frieden des Grabes, auf dem der Stein vermutlich aufgestellt war, gewährleistete. Auch die Weihe von Runen gehört in diesen Zusammenhang.

Kultische und magische Funktionen der Runen können, das zeigen viele Beispiele auf, nicht klar voneinander getrennt werden.

Totenkult und Totenmagie spiegeln die Inschriften auf Runensteinen und -platten wider, die vielfach über oder in einem Grabe angebracht waren. Formal als Gedenkschriften gestaltet, zeigen die inhaltsreichen Beispiele, daß damit vor allem der Friede, die Unversehrtheit des Grabes gesichert werden sollte. Entweder sollten Störungen von außen ferngehalten oder aber die Toten im Grabe gebannt werden, damit sie nicht als Widergänger Schaden anrichteten. In die magische Sphäre gehören auch die magisch-poetischen Waffennamen, die die machtvolle Funktion der Waffe im Wort festhielten. So auf dem ältesten Lanzenblatt von Øvre Stabu, auf dem es heißt: „raunijar – Erprober".

Die beiden um 400 in Gallehus nahe Tondern in Nordschleswig gefundenen Goldhörner waren Funde aus einem Heiligtum. Auf dem einen war eine Runeninschrift zu entziffern: „Ich, Hlewagast, Holtes Sohn, fertigte das Horn." Diese Inschrift ist der früheste Stabreim-Vers. Das Horn wurde im germanischen Gebiet angefertigt.

Alles in allem genommen, überwiegt jedoch die magische Bedeutung der Inschriften gegenüber den Angaben des Herstellers oder Besitzers des Gegenstandes. Erst nach der Zeit um 500 n. Chr., aus der die Mehrzahl der Runen stammte, die auf deutschem Gebiet gefunden wurden, werden Besitzer oder Schenker häufiger genannt.

Mit Ausbreitung des Christentums kam im südgermanischen Raum das Runenritzen als heidnische Praktik außer Gebrauch. In Skandinavien hingegen hat sich diese Kunst lange weiter erhalten. Vor allem, weil sie von der dortigen Kirche in Dienst genommen wurde. Allerdings verlor sie damit auch ihren geheimnisträchtigen Charakter und wurde besonders in Form der Totengedenkinschriften zu einem allgemein gebrauchten und verständlichen epigraphischen Mittel. Der Runenstein von Mögbro in Schweden, etwa aus dem Jahre 450, hat folgende Inschrift: „Frawarad auf dem Renner erschlagen." Unter dieser Inschrift ist ein berittener Krieger zu sehen, der von zwei Hunden begleitet wird. Es ist einer der bekanntesten Runensteine überhaupt.

Von den deutschen Runeninschriften des 5.–7. Jahrhunderts ist als älteste jene silberplattierte Scheibe zu betrachten, die als Teil eines Wehrgehänges aus einem Kriegergrab geborgen werden konnte. Dieses Grab wurde bei Liebenau an der Mittelweser gefunden. Es stammt aus dem Anfang des fünften Jahrhunderts.

Aus dem sechsten Jahrhundert wiederum stammt die Spange von

Freilaubersheim in Rheinhessen. In sie eingeritzt waren die Worte: „Boso ritzte die Runen, dich begrüßte Dathina."

Die silbervergoldete Spange aus einem bei Beuchte nahe Goslar gefundenen Frauengrab ist sächsischen Ursprungs.

Alle diese genannten Runeninschriften sind im älteren Futhark – jener ältesten gemeingermanischen Runenreihe – geschrieben. Die Runeninschriften im jüngeren Futhark begannen im Nordraum erst zu Ende des sechsten Jahrhunderts. Die Runenreihen veränderten sich von dieser Zeit an sowohl nach der Form als auch in der Zahl. Zu Ende des achten Jahrhunderts wies dann die Runenreihe nur noch 18 Runen auf.

Während die Runen im Raume der Sachsen nach der Inbesitznahme des Landes durch die Franken als Schriftsprache außer Kurs gesetzt wurden, lebten sie im Nordraum noch einmal auf und wurden von den „Wikingern" in zwei Ausprägungen, den nordischen Runen und den Stutzrunen, von Norwegen und Schweden aus nach Dänemark, zu den Orkney-Inseln, nach Island und Grönland verbreitet. Die auf einem Stein in Kensington, im US-Staat Minnesota gefundene Runeninschrift ist nach der Überzeugung der Runologen eine Fälschung.

Die Runenschrift war allerdings nicht imstande, beispielsweise die frühe sächsische Geschichte festzuhalten. Erst sehr spät und dann auch nur aus antiquarischem Interesse wurden Runenzeichen für eine Handschrift verwendet. Und zwar im Codex Runicus, der um das Jahr 1300 entstand und das Landrecht von Schonen enthält.

Sächsische Kleidung

Aus Zehntausenden von Grabfunden konnten frühmittelalterliche Trachten, ihre Stoffe und Zubehör gefunden werden. Dennoch waren nur wenige Spezialisten damit befaßt, diese Stoffe zu beschreiben, sie zu restaurieren und Kleidungsstücke daraus zu rekonstruieren.

Einer jener wenigen Männer, die versuchten, ein möglichst umfassendes Bild von der Kleidung der Merowingerzeit auf vorgeschichtlicher Grundlage zu schaffen, war Ludwig Lindenschmidt d. Ä., der in seinem ersten (und einzigen) Bande der „Deutschen Alterthumskunde" von 1880–89 die seltensten und schönsten Sammlerstücke vorstellte. Darüber hinaus verschaffte er dem Leser eine typische Vorstellung von der Tracht und dem Trachtenschmuck breiter fränkischer Bevölkerungsschichten.

Für den Bereich der Seegermanen haben Hans Hahne, Margarethe Hald, Martha Hoffmann und Karl Schlabow die Textilfunde aus norddeutschen und skandinavischen Moorfunden auf ihre Herstellungsart, Formgebung und Tragweise hin untersucht.

Von der sogenannten „Prinzessin", die im Grab Nr. 87 des sächsischen Gräberfeldes von Zweeloo in der Provinz Drenthe bestattet wurde, haben sich zwar keine sterblichen Überreste mehr erhalten. Doch man fand in diesem Grab feuervergoldete Fibeln aus Bronze und bronzene Schlüssel an einem Schlüsselring, außerdem 130 Perlen, kleine Bronzeringe und ein an einem Silberring getragenes Biberzahn-Amulett. Danach wurde die Kleidung als eine Peplos-Tracht rekonstruiert, die an der Schulter gefibelt und an den Hüften zweimal gegürtet war.

Dies sind natürlich nur Nachempfindungen. Das einzige mit völliger Sicherheit zu identifizierende Kleidungsstück aus sächsischen Gräbern scheint erst nach den karolingischen „Missionskriegen" über die Lippe gelangt zu sein. Es handelt sich um einen Mantel, der mit kleinen Scheibenfibeln verschlossen wurde.

Angelsächsische Trachten aus der Übergangszeit zur normannischen Herkunft zeigt der Wandteppich von Bayeux, auf dem allerdings nur drei Frauen mit weitärmeligen Kleidern und großen Kopftüchern dargestellt werden.

Aus der schriftlichen Überlieferung des Langobarden Paulus Diaconus (Paul Warnefried) über die Kleidung der Angelsachsen aus dem späten 7. Jhdt. wissen wir von deren weiten Leinenkleidern.

Der heilige Aldhelm wiederum hat mit folgenden Worten in seinem Bericht gegen die weltliche Kleidung adeliger Insassen in angelsächsischen Klöstern gewettert:

„Diese Tracht besteht für beide Geschlechter aus einer feinen Unterkleidung aus Leinen, einer roten oder blauen Tunika, einer Kopfbedeckung sowie Ärmeln mit seidenen Kanten. Ihre Schuhe sind mit rot gefärbtem Leder bezogen. Stirn und Schläfenlocken werden mit der Brennschere eingedreht. Anstatt dunkler Kopfbedeckung tragen sie weiße und farbige Schleier, die luxuriös bis auf die Füße hinabhängen und von Vitten festgehalten werden, die daran genäht sind." (Siehe Aldhelm: De virginitate LVIII.)

Die seegermanische Männertracht

Die Kenntnis über die Männerkleidung bei den Seegermanen ist dürftig. In der Völkerwanderung soll eine Kombination von kurzen oder langen am Leibgurt befestigten Hosen mit geschlossenen Kitteln in Form weiter Ärmelhemden vorgeherrscht haben. Zu dieser Tracht konnte ein Mantel hinzukommen.

Die Hosen, die als Langhosen gestrafft und an den Knöcheln zugebunden wurden oder mit dem Füßling in Bundschuhen verschnürt waren, sind die charakteristischen „braca", die ursprünglich keltischen Ursprungs waren. Diese erschienen den Römern zunächst sehr fremdartig, wurden dann aber auch von ihnen mehr und mehr getragen und setzten sich schließlich auch wegen der praktischen Verwendbarkeit im ganzen Römischen Reich durch. Solcherart wurde die römische Toga verdrängt.

Die genannten Bundschuhe waren in kunstvoller Mokassinart aus einem Stück Rindsleder zugeschnittene Halbschuhe mit zahlreichen Laschen, die auf dem Rist und an den Knöcheln verschnürt wurden. Nur die wulstförmig angedeutete Hacke war durch eine kleine Naht abgesetzt.

Aus Säulen und Grabmalen und anderen bildlichen Darstellungen ist uns eine Reihe verschiedener Trachten geläufig. So die Tracht eines Ostgermanen aus dem 5. Jahrhundert, der auf dem Halberstädter Diptychon zu sehen ist.

Die Leute von Issendorf

Die altsächsischen Bewohner der näheren und weiteren Umgebung der heutigen Ortschaft Issendorf im Landkreis Stade erregten bereits im Jahre 1724 das wissenschaftliche Interesse der Nachwelt. Um diese Zeit entdeckte der spätere Pastor zu Geestendorf, Martin Mushard, den dortigen Urnenfriedhof und nahm umfangreiche Ausgrabungen vor. Mushard gehörte zu den ersten Altertumsforschern, die eine kulturgeschichtliche Ausdeutung der gefundenen Altertümer versuchten.

Nach der Zahl der Urnengräber, die der Pastor ausgrub, und den darin gefundenen Beigaben vermutete er folgendes:

„Aus diesem allen wird nun ein jeder desto leichter sehen können, daß die Begräbnißstätte bey Issendorf einem solchen Ort angehört habe, so einer Stadt gegleichet..."

Mushard hatte mehrere hundert Urnen ausgegraben. Durch neue Ausgrabungen, die seit 1967 durchgeführt wurden, ist der Hauptteil des Friedhofes erschlossen. Die gesamte Größe des Gräberfeldes wurde mit 6000 Urnengräbern erkannt. Da solche großen Städte nicht vorgekommen sind und nur kleine Dörfer und Einzelgehöfte im weiten Umkreis von Issendorf vorhanden waren, hat es sich hier nach Ansicht der

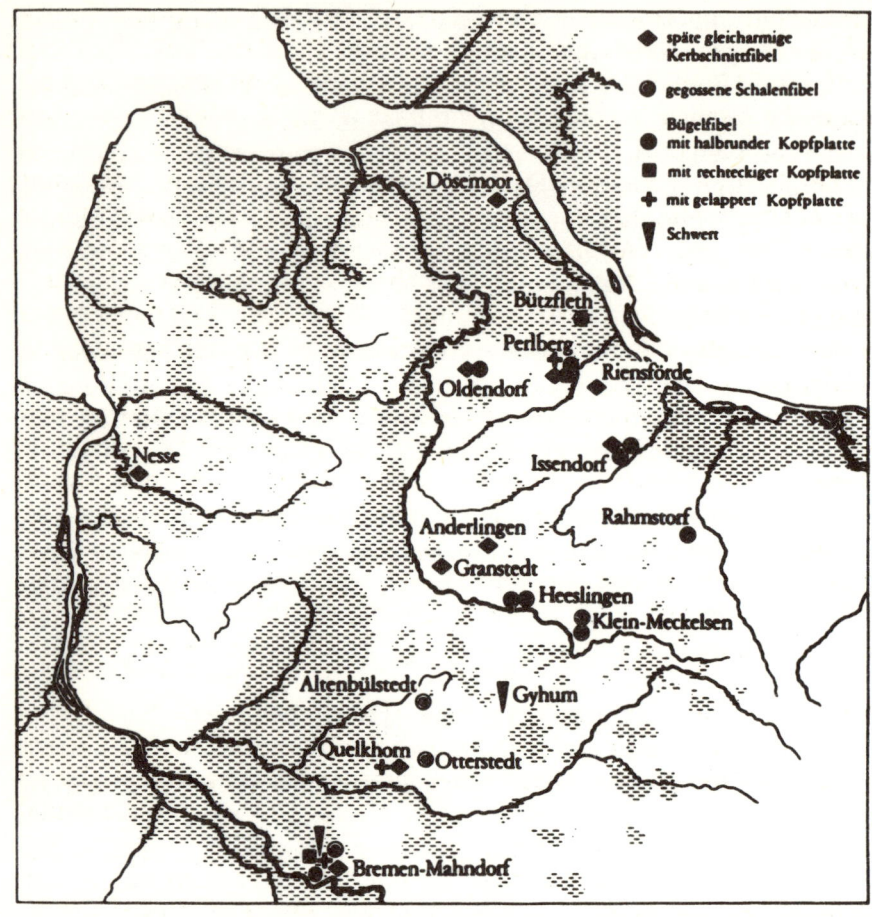

Abb. 12 Verbreitung der Funde aus der zweiten Hälfte des 5. Jahrhunderts im Elb-Weser-Gebiet.

Archäologen um einen zentralen Begräbnisplatz für eine Anzahl kleinerer Siedlungen des 4. bis 6. Jhdt. gehandelt. „Der diese Siedlung umfassende Bereich hat mit Sicherheit auch eine politische und organisatorische Einheit gebildet." (Siehe dazu Tempel, Wolf-Dieter: Die Leute von Issendorf.)

Die Sachsen von Issendorf sind etwa im 3. Jhdt. n. Chr. hier zugewandert. Hundert Jahre später hört nämlich die Belegung der älteren, bei anderen Ortschaften gelegenen kleinen Friedhöfe auf. Zwischen 150 und 250 n. Chr. finden sich auf der Stader Geest ebenfalls keine Grabfunde. Daraus schließt man, daß um diese Zeit die Abwanderung der Bewohner (vermutlich Teile des Langobardenstammes) erfolgt ist.

Die neuen Bewohner, es waren Sachsen, legten ihren gemeinsamen Friedhof weit entfernt von den alten Plätzen an, so auch bei Issendorf. Ihre als Urnen benutzten Tongefäße stehen nicht mehr in der örtlichen Formentradition, sie zeigen jedoch viele Parallelen zum sächsischen Formenkreis von Westerwanna, der im Küstengebiet zwischen Weser- und Elbemündung verbreitet ist.

Daraus und aus einer Reihe anderer Übereinstimmungen ist mit Sicherheit darauf zu schließen, daß diese neuen Bewohner zum Stamm der Sachsen oder zum sächsischen Stammesbund gehörten.

Etwa um die Mitte des 3. Jahrhunderts erschienen die Sachsen im Raume Issendorf und legten ihren Friedhof auf einer flachen Geländeerhebung unmittelbar neben einem jungsteinzeitlichen Megalithgrab an. Sie hatten dieses Steingrab sicherlich als Grabstein erkannt und lehnten ihren Friedhof bewußt daran an.

Im 5. Jahrhundert war dieser Friedhof bereits so dicht belegt, daß viele der kleinen Gräbergruppen ineinander übergingen oder sich so berührten, daß es nicht mehr möglich war, die Grenzen zwischen allen Gruppen zu erkennen. Diese Gruppen wurden durch Familien, Sippen oder Gehöfte gebildet.

Neben den Urnengräbern befand sich dort auch eine Gruppe von Körpergräbern. Es handelte sich um Holzkammergräber, mit Holz ausgezimmerte Grabgruben, in denen neben dem Sarg noch Platz für Grabbeigaben war.

In den beiden ausgegrabenen Frauengräbern lagen die Toten mit dem Kopf im Westen. Im dritten ausgegrabenen Grab, einem Männergrab, lag der Kopf nach Osten.

Es gilt als wahrscheinlich, daß es sich bei den Körpergräbern um solche der Adelsschicht gehandelt hat. Diese Körpergräber kommen auf fast allen sächsischen Urnenfriedhöfen vor, und es sind ihrer immer nur wenige, die zudem in Gruppen beieinander liegen. Wahrscheinlich setzt sich in diesen Gräbern der Edlen und Reichen eine Sitte aus der römischen Kaiserzeit fort.

Das Gräberfeld von Liebenau

Vierzehn Kilometer westlich der Kreisstadt Nienburg an der Weser liegt auf einem Dünenzug unweit der Ortschaft Liebenau eines der am besten erforschten Gräberfelder des 4. bis 9. Jhdts. in Nordwestdeutschland. Das Friedhofsgelände liegt über dem Prallhang eines heute kanalisierten Nebenflusses der Weser, der Warmen Aue. Dieser Fundplatz wird seit 1953/54 von der Urgeschichtsabteilung des niedersächsischen Landesmuseums zu Hannover systematisch ausgegraben. Hier wurde auch ein mit Waffen ausgestattetes Körpergrab gefunden, das zuerst den Beweis erbrachte, daß es sich um eine Friedhofsanlage und nicht um eine niedergebrannte Siedlung, wie zunächst vermutet worden war, handelte.

Der Friedhof bietet zum ersten Male infolge der erhalten gebliebenen Rückstände der Verbrennungsplätze einen umfassenden Einblick in das Bestattungsritual der Körperverbrennungen im Mittelwesergebiet.

Eine Besonderheit in Liebenau war, daß sich hier zwei Gräbergruppen unterschieden: die eine von Menschen- und die andere von Tiergräbern.

Diese Sitte, auch Tiere auf den Friedhöfen zu bestatten, ist in frühgeschichtlicher Zeit in Mittel-, West- und Nordeuropa weit verbreitet gewesen und findet auch in Niedersachsen viele Parallelen.

In Liebenau konnten bisher elf Pferdegräber freigelegt werden. Keines der Pferdegräber ließ sich jedoch bislang eindeutig mit einem waffenführenden Körpergrab in Verbindung bringen, so daß eine Totenfolge des Pferdes zum Begräbnis seines Reiters nicht erkennbar wird. Sechs Bestattungen von Hunden wurden gefunden. Insgesamt wurden 210 Körpergräber ausgegraben.

Eine Reihe weiterer Gräberfelder sächsischer Herkunft wurde gefunden und teilweise ausgegraben. So eines in Ketzendorf bei Buxtehude und andere.

Waffenfunde in Grabstätten

Mit dem Ende des 5. Jahrhunderts bildete sich bei den Sachsen und dem freien Teil Germaniens der Brauch der Körperbestattung aus, bei welchem dem Manne neben seiner Tracht auch Waffen beigegeben wurden. Im gesamten sächsischen Raum zwischen Nordsee und westlicher Ostsee, der Elbe, dem Nordrand der Mittelgebirge und dem heutigen Ruhrgebiet sind die Grabsitten bedeutend vielschichtiger als bei den Merowingern. Die im sächsischen Raum des 3.–5. Jahrhunderts am meisten verwendete Waffe war ein kurzes einfaches Eisenmesser.

Nördlich der Schlei und auf Fünen finden sich mehrere Moore, in denen Hunderte von Waffen – wahrscheinlich im Zuge einer kultischen Handlung – niedergelegt wurden und uns so erhalten blieben. Daraus eine allgemeine Bewaffnung der sächsischen Krieger zu konstruieren, fiele nicht schwer, wenn auch nicht sicher ist, ob sie zutrifft. Man fand dort Krieger mit Schwert und Lanze sowie Speeren, Pfeilen und Bogen, doch auch einen Reiter mit vergoldetem Helm, einem Kettenhemd und Schild ebenso wie „Messerträger".

Am südöstlichen Grenzsaum des sächsischen Gebietes, der am Ende des 3. Jahrhunderts noch von den Thüringern bewohnt war, mit Schwerpunkt an Saale und Unstrut fand man eine reich ausgestattete Fürstengräberschicht, die auch römische Lebensgewohnheiten und kostbare Ausstattung teils römischer Herkunft erkennen läßt. Dort fehlen allerdings die Waffen bis auf Pfeilspitzen, die überraschenderweise aus Silber hergestellt waren. Allerdings wurde bereits damals Silber nahe Goslar abgebaut.

Was an römischen Schwertern, eisernen Äxten, Lanzen und Schilden bisher gefunden wurde, zeigt das starke Überwiegen der Äxte allein in Kombination mit der Lanze.

Die fränkische Standardausrüstung des Kriegers des 6. und 7. Jahrhunderts war eine Norm, die auch bei den Burgundern, den Alemannen, Angelsachsen, Thüringern, Bajuwaren und Langobarden anzutreffen war.

Die Spatha – das zweischneidige Schwert – und der Sax – das einschneidige kürzere Schwert – waren die Standart-Waffen. Wo sie fehlten, fand man Messer, die allerdings meistenteils auch als Gebrauchsgeräte dienten.

Sax, Lanze und Bogen folgte die Spatha. Das einschneidige Hiebschwert, der Sax, wandelte sich seit der Mitte des 6. Jahrhunderts ständig, doch nur in Länge und Breite der Klinge. Ende des 7. Jahrhunderts war eine Klingenlänge von 40 bis 55 cm erreicht; die

Gesamtlänge betrug 65 cm. Die Saxe dieser Länge hatten ein Gewicht von 700 bis 1000 Gramm. Die römischen Spathen mit einer Länge von 75–90 cm waren etwa gleich schwer.

Speere und Lanzen waren sehr einfach, aber es gab binnen der 200 Jahre der ersten Zeit (bis ins 5. Jhdt.) etwa ein Dutzend verschiedener Typen.

Helme, Kettenpanzer oder Lamellenpanzer aus Metall gab es selten. Die häufigste Schutzwaffe war der Schild. Von den Bogenwaffen sind nur die Pfeilspitzen bekannt.

Vom ausgehenden 5. bis zum Ende des 7. Jahrhunderts waren die Waffenfunde im allgemeinen größer und zahlreicher. Der sächsische Raum hingegen zwischen Thüringen, Friesland und den Quellgebieten der rechtsrheinischen Zuflüsse zeigte auffallende quantitative Lücken, weil es dort nicht Sitte war, den Toten Waffen als Beigabe mitzugeben.

Während der Zeit der Hausmeier der fränkischen Könige vom Ende des 7. bis ins 8. Jahrhundert hinein und zum Anfang des 9. Jahrhunderts vollzog sich eine Umrüstung des Kriegers. Über zwei Jahrhunderte lang kennzeichneten neben dem Messer zwei Waffen die Standardausrüstung des Kriegers für die Nahverteidigung und den eigentlichen Kampf: das Langschwert und der Sax. Dann wurde die Spatha noch breiter und geringfügig länger und damit zum Schwert, während der Sax nur merklich länger wurde, und zwar bis zu 90 Zentimeter Gesamtlänge, aber unter seiner veränderten Form mehr als ein Fünftel seines Gewichtes verlor. Aus dem schweren Breitsax war ein auffallend leichterer eleganter Langsax geworden.

Auch im 8. und 9. Jahrhundert gab es für die Sachsen keine spezifische Bewaffnung. Offenbar erhielten sie ihre Waffen auch von den Franken, wie ein Erlaß Karls des Großen, zu Weihnachten 805 in der Pfalz Diedenhofen erlassen, bewies, in welchem er den Handel mit Waffen in östlicher Richtung verbot. Das galt den Sachsen und nun vor allem auch den Slawen. Der Denunziant einer illegalen Waffenlieferung an die Sachsen erhielt 25 % des Wertes der durch seine Meldung konfiszierten Waffen.

Wenn in den Jahren 803–05 Sachsen bis an die Elbe befriedet erscheint, Bardowick, Scheeßel und Magdeburg die Grenze gegen die Slawen nicht nur markierten, sondern durch Beauftragte des Kaisers als Zoll- und Grenzkontrollplätze bekannt sind, kann sich diese Okkupation, die dem sächsischen Stamme seine „staatliche Existenz" nahm, dort im Bereich der Bewaffnung weder vorher noch nachher verändernd ausgewirkt haben. Man benutzte im kontinentalen Nordwesteuropa schon seit Jahrhunderten die gleichen Waffen, wenn vielleicht auch nicht die gleichen Bewaffnungen, ohne Rücksicht auf irgendeine Stammeszugehörigkeit.

An dieser Stelle sei auch gleich die Bewaffnung Karls des Großen geschildert; dies mit all den Unwägbarkeiten, die damit verbunden sind.

Das wenige, was wir von Karl dem Großen aus zeitgenössischen Beobachtungen wissen, reicht nicht aus, die von der Vorgeschichte her aufgeworfene Frage nach der Bewaffnung des Kaisers zu beantworten.

Die beiden bildlich-plastischen Zeugnisse aus der Kirche von Münster (Mustair) in Graubünden und dem Dom von Metz (jetzt im Louvre) zeigen keine gewöhnliche Gewandung und auch keine Bewaffnung.

Da aber von Karl ausdrücklich gesagt wird, daß er zweimal im Sachsenkrieg am Kampf selber teilnahm, und zwar kurz nacheinander im selben Monat des Jahres 783, und daß dabei der fränkische und der sächsische Hochadel Verluste hatte, dürfte klar sein, daß er eine zwar reguläre, aber aus hochwertigem Material gefertigte Bewaffnung trug und sie auch zu benutzen wußte. Einhard berichtete, Karl der Große habe stets ein Schwert getragen, dessen Griffpartie und Riemengarnitur von Gold und Silber waren. Bei besonderen Festlichkeiten und zur Repräsentation trug Karl ein mit Edelsteinen verziertes Schwert.

Karls Gegner, Herzog Widukind in Sachsen und König Godofredus (Göttrik) von Dänemark, dürften sich in der Bewaffnung nur graduell von diesem Gegner unterschieden haben. Dies trifft mit Sicherheit auch für die slawischen Fürsten ihrer Zeit zu, die allerdings von dem 805 beschlossenen fränkischen Waffenembargo stark betroffen waren.

(Siehe E. Behmer: Das zweischneidige Schwert in der Völkerwanderungszeit, 1939, und K. Raddatz: Die Bewaffnung der Germanen in der jüngeren römischen Kaiserzeit, in: Nachrichten der Akademie der Wissenschaften in Göttingen, I. Philologisch-historische Klasse, 1967, Nr. 1.)

Die sächsischen Adelsgräber

Gräber der Könige und der hohen Adeligen sind zu allen Zeiten mit allen Attributen ihres Reichtums ausgestattet worden. So wurden beispielsweise dem Grabe des angelsächsischen Königs Readwald in Sutton Hoo in East Anglia bedeutende Teile des königlichen Schatzes beigegeben.

Die als Adelsgräber bezeichneten Bestattungen der sächsischen Nachbarn, der Franken, Angelsachsen und Thüringer, prunken mit reichen Edelmetallbeigaben. Im Adelsgrab von Beckum in Westfalen waren neben den Schätzen auch Waffen zu finden. Vorherrschende Grabsitte bei den Sachsen war bis ins 6. Jahrhundert hinein die Urnenbestattung. Körpergräber, die vor dem 6. Jahrhundert angelegt wurden, sind selten und fallen durch ihre Beigaben an Schmuck und Waffen auf.

Seit dem 7. Jahrhundert begann die Sitte der Körperbestattungen die Brandbestattung langsam zu verdrängen, wenn auch noch bis ins 9. Jhdt. hinein die Toten verbrannt und in Urnen bestattet wurden.

Die Sachsen kannten keine Prunkgräber, wie sie im Gebiet der Franken, Alemannen und Thüringer gefunden wurden. Dies mag an der Selbstsicherheit der sächsischen Großen gelegen haben. Demzufolge könnten die reichen Gräber, die im Kreise Soest in Westfalen gefunden worden sind, und ebenso das Fürstengrab in Beckum in der Kontaktzone zwischen Franken und Sachsen entstanden sein, in der fränkische Große gegenüber den Sachsen eine besondere Repräsentation ihres Lebensstils darbieten wollten.

Ob also im Beckumer Fürstengrab ein Sachse liegt oder ein fränkischer Adeliger, ist ungeklärt. Auch das prächtige Ringknaufschwert aus dem fränksichen Fürstengrab von Krefeld-Gellep deutet darauf hin, daß das Grab von Beckum fränkischen Ursprungs ist; beide weisen ja ein solches Ringknaufschwert auf.

Die besondere Untersuchung der sächsischen Funde im Kernland der Sachsen zeigt, daß Adelsgrablegen fehlen. Das Fürstengrab von Bekkum aus der 1. Hälfte des 7. Jahrhunderts schließt sich nach seinen Beigaben unmittelbar fränkischen Prunkgräbern an.

Im sächsischen Bereich fand sich in den Waffengräbern des 4. und 5. Jahrhunderts ebenso wie in den Waffengräbern des 7. bis 9. Jahrhunderts nur eine funktionsgerechte Bewaffnung, die man aber auch bei jedem sächsichen Krieger vermuten kann. Es sind kaum reichere und wertvollere Grabbeigaben vorhanden. Im Gräberfeld von Bremen-Mahndorf beispielsweise wurden in mehr als 260 Gräbern nur drei Bestattungen mit Schwert und Sax gefunden. Im Gräberfeld von Drantum bei Kloppenburg fand man in 540 Gräbern nur zwei Saxe. Das Gräberfeld von Cleverns im Kreise Friesland mit 220 Gräbern erbrachte nur drei Hiebwaffen, und im Gräberfeld Zetel, Kreis Friesland, wurden in über 700 Gräbern nur sieben Schwerter und Saxe, bei Dunum in Ostfriesland mit fast 800 Gräbern nur zwei Schwerter gefunden. Im Gräberfeld von Katzendorf bei Haarburg gab es in rund 500 Gräbern überhaupt keine Waffen.

Eine Besonderheit der sächsischen Grabstätten sind allerdings die Pferdegräber. Es waren überwiegend Reitpferde, wie an den Trensen und anderem Reitzeug erkannt wurde, die man bestattete. In einer

Handschrift der Karolingerzeit mit dem Titel „Lex Ripuaria" ist zu lesen, daß ein Reitpferd etwa den gleichen Wert hatte wie eine vollständige Waffenausrüstung mit Schwert, Lanze und Schild.

Auf dem Maschener Gräberfeld bei Harburg enthielt das Grab mit der Katalognummer 200 eine aus Sax, Lanze und Schild bestehende vollständige Waffenausrüstung. Der Sax hatte einen Holzgriff und steckte in einer Lederscheide, die mit silbernen Nieten zusammengepreßt war. Auf dem Schild waren 22 silberplattierte Bronzenieten zu sehen. Dieses Grab stammt aus dem 8. Jahrhundert und ist die älteste Bestattung dieses Gräberfeldes; es liegt etwas abseits von den übrigen Gräbern. Ob dies das Grab eines Edlen war, kann trotz seiner reicheren Beigaben nur vermutet werden.

Das reichste bekannte Sachsengrab wurde auf dem Galgenberg bei Sahlenburg im Lande Hadeln gefunden. Der hier bestattete Tote hatte ein Schwert, eine Lanze und einen Schild mitbekommen, außerdem noch Sattel, Zaumzeug und Sporen. Letztere und einige Schlaufen des Sattelzeugs sind mit einem Goldüberzug versehen. Das war das einzige Sachsengrab, in dem Gold gefunden wurde, obwohl nur in verschwindend geringer Menge.

Die Franken – Todfeinde der Sachsen

Die Merowinger als Auslöser

Daß die Sachsen und Angeln ebenso wie die übrigen germanischen Stämme und Stammesgruppen des 5. Jahrhunderts, was die Religionsgeschichte anlangt, zu den sog. Heiden Europas zählten und sich das Gebiet dieser „Heiden" nach Britannien hinein fortsetzte, ist bereits dargelegt worden.

Mit dem Übertritt des Merowingers Chlodwig I. zum Christentum und der sich daraus ergebenden Christianisierung des gesamten Frankenreiches ging es in Westeuropa mit dem Christentum sprunghaft voran.

Gleichzeitig damit drangen fränkische Truppen weiter nach Osten und Nordosten vor, um in die Freiräume hineinzustoßen, die hier durch die Abwanderung der Sachsen nach Britannien entstanden waren.

Chlodwig I., der als Kleinkönig der Salier im Gebiet von Tournay an die Regierungsmacht gekommen war, gelang es, die Römer unter Syagrius 486 bei Soissons zu schlagen und dieses römische Restgebiet zwischen Loire und Somme in seinen Besitz zu bringen.

21 Jahre darauf gewann er im Kampf das westgotische Aquitanien bis zur Garonne und konnte die Franken weiter einigen, indem er – von keinerlei Gewissensskrupeln belastet – die übrigen Teilkönige der Salier und Ripuarier umbringen ließ.

Die Alemannen drängte er um 500 weiter nach Süden zurück, aber sein 508 in die Tat umgesetzter Plan, ans Mittelmeer vorzudringen, scheiterte am Eingreifen Theoderichs des Großen.

Durch seine Gemahlin Chrodechilde, eine christliche Prinzessin der Burgunder, wurde Chlodwig 499 in Reims zum Christentum bekehrt. Von nun an kämpfte er mit aller Kraft gegen weitere „heidnische" Reiche und wurde so, da er dies erfolgreich tat, zum Gründer des Frankenreiches.

Nach seinem Tode am 27. November 511 in Paris wurde bei der Reichsteilung Chlotar I. König des Teilreiches des altsalischen Gebietes zwischen Seine und Rheinmündung. Dieses Reich vergrößerte er – mit Hilfe der Sachsen, wie vorher bereits dargestellt, durch die Einverleibung großer Teile Thüringens nach dem Sieg in der Schlacht an der Unstrut im Jahre 531 und der Provence im Jahre 536. Nach dem Tode seiner Brüder vereinigte er die Teilreiche 558. Aber nach seinem Tode am 29. November 561 in Compiègne (andere Quellen nennen den Dezember) wurde dieses riesige Reich, das von den Pyrenäen bis nach Kärnten reichte, abermals geteilt.

Chilperich I., der von seinem Vater mit der Herrschaft über das Gebiet um Soissons – dem späteren Neustrien – ausgestattet worden war, gelang es in einer Reihe von Kriegen gegen seine drei Brüder nicht, das ganze Reich für sich zu gewinnen. Nach der Ermordung seiner Gemahlin Galaswintha (Galswind) im Jahre 567 und dem Streit seiner Geliebten Fredegunde, die als Anstifterin des Mordes an Galaswintha gilt, mit seiner Schwägerin Brunhilde, der Gattin König Sigiberts I., weitete sich der Zwist zu einem vierzig Jahre andauernden blutigen Machtkampf aus. Diesem fiel auch Sigibert I. 575 zum Opfer. Dessen Sohn Childebert II., der 575 zum König gekrönt worden war, starb im Jahre 595. Seine Mutter Brunhilde, die für ihn als Vormund die Regierungsgeschäfte geführt hatte, übergab die Regierungsgewalt an ihren Sohn als König von Austrien. Nach dem Tode König Guntrams von Burgund im Jahre 592 fiel dieses Teilreich an Childebert II., denn Guntram hatte sein Reich nach dem Tode seiner Söhne im Vertrag von Andelot aus dem Jahre 586 Childebert II. von Austrien überschrieben.

Als Childebert II. im Jahre 595 nach nur dreijähriger Regierungszeit starb, suchte Brunhilde energisch und gewalttätig zugleich das Reich zu erhalten. Zunächst gelang dies, doch im Jahre 613 unterlag sie Chlotar II., dem König von Neustrien, der sie gefangensetzte und von einem Pferde zu Tode schleifen ließ. Chlotar II. gelang es dank seiner Rücksichtslosigkeit, das gesamte Frankenreich wieder unter sich zu vereinigen.

Als Lohn für diese Hilfeleistung im Kampf mußte Chlotar II. allerdings den austrischen Adel mit dem Edictum Chlotharii und der Einsetzung seines Sohnes Dagobert I. als Unterkönig in Austrien belohnen.

Der fränkische Adel erlangte damit eine dominierende Stellung, die sich noch weiter ausbauen ließ. Aus den zunächst königlichen Beamten entwickelten sich die zu Vertretern des Adels werdenden Hausmeier.

Diese Hausmeier ermöglichten den Aufstand der Karolinger, und ihnen gelang nach jahrzehntelangen Bruderkriegen erneut die Einigung des gesamten Frankenreiches.

Einer der ersten Hausmeier, Pippin I., der aus einer fränkischen Adelsfamilie nördlich der Ardennen stammte, war zusammen mit

Arnulf von Metz Führer des austrischen Adels gewesen, der 613 den Sieg über Brunhilde errang. Er wurde Hausmeier von Dagobert I. in Austrien und dessen Erzieher. Nach Dagoberts Regierungsantritt wurde er zunächst kaltgestellt.

Als Berater Dagoberts I. wieder zu Ehren gelangt, veranlaßte er diesen zu einem Heerzug gegen die Wenden, die im Jahre 632 unter ihrem Anführer Samo nach Thüringen eingefallen waren und dort alles verheerten.

Dagobert machte sich sofort auf den Weg. Als er mit seinem Heer Mainz erreicht hatte, trafen hier gleichzeitig auch Gesandte der thüringischen Sachsen ein. Sie versprachen ihm, die bedrohte fränkische Grenzmark gegen die Wenden zu verteidigen, wenn er ihnen den Tribut der 500 Kühe, der noch immer auf ihnen lastete, ersparen würde. Dies versprach er ihnen.

Die Sachsen konnten die wendischen Eindringlinge nach einigen Kleinkämpfen und Scharmützeln an der Grenze zurückwerfen und waren damit der so lange drückenden Tributleistung ledig. Dies bedeutete gleichzeitig ihre Unabhängigkeit und die Anerkennung ihrer Herrschaft über das Land nördlich der Unstrut.

Nach Dagobert I. Tod am 19. Januar 639 in Paris leitete Pippin I. als Hausmeier gemeinsam mit Kunibert von Köln die Regierung Austriens, die später an Pippins Sohn Grimoald überging.

Daß noch nicht zum Christentum bekehrte Germanenstämme entlang der Nordost- und Ostgrenze des merowingisch-fränkischen Herrschaftsbereiches lebten, war den Kirchenobersten der damaligen Zeit noch nicht bewußt. Diese Stämme lagen weitgehend außerhalb des missionarischen Blickfeldes ihrer seit längerer Zeit christlichen Nachbarn im Westen.

Die Fama weiß beispielsweise zu berichten, daß Papst Gregor, der die Missionierung der Angelsachsen und der Merowinger so rasant vorangetrieben hatte, erst bei einem Besuch auf einem römischen Sklavenmarkt davon erfahren habe, daß es außer Sachsen und Angeln in Britannien auch Sachsen auf dem Festlande gab und daß sie „allesamt Heiden waren".

Erst auf diese Erkenntnis hin soll er 596 die ersten Mönche unter Augustinus nach Britannien entsandt haben. An eine Bekehrung der Festlandssachsen dachte er damals noch nicht.

Lasche Bekehrungsversuche an den Sachsen der Ostgrenze des Frankenreiches begannen unter Kunibert von Köln, der auch die an der Küste wohnenden Friesen zu bekehren suchte. Doch die ersten wirksamen Bekehrungsversuche erfolgten nicht durch diese Fernmissionierung, sondern durch die junge angelsächsische Kirche, die als erste eigene große Missionsaufgabe die Bekehrung der „Heiden" ostwärts des Rheins zu ihrer Aufgabe machte.

Von Beda Venerabilis wissen wir aus seiner 731 vollendeten Geschichte der angelsächsischen Kirche über das umfangreiche Programm dieser Missionsaufgabe. Sie umfaßte nicht nur die Stämme der Friesen und Sachsen und der südlich daran anschließenden Brukterer und Westfalen, sondern auch jene der Slawen und Awaren. Hauptanliegen waren jedoch die germanischen Stämme, weil diese nach Beda „von gemeinsamer Herkunft waren und es um die Rettung der Brüder und Schwestern gleicher Abstammung und um ihre Entreißung aus den Klauen des Satans und ihre Zuführung zu Christus ging".

Die Missionierungsversuche

Der Bischof von York, Wilfriet, versuchte im Jahre 678 einen Winter lang die Friesen zu bekehren, ohne besonders erfolgreich zu sein.

Daß er und vor allem sein Nachfolger Willibrord überhaupt dort missionieren konnten, war der Tatsache zu verdanken, daß der fränkische Hausmeier Pippin II. in einem Überraschungsfeldzug den westlichen Teil Frieslands erobert hatte und die dortigen Friesen zum Stillhalten verurteilt waren.

Pippin II. wies Willibrord die Stadt Utrecht als Stützpunkt an. Einige der Mitarbeiter Willibrords verließen sehr bald Utrecht. Sie überquerten weiter südlich den Rhein und stießen in das Stammesgebiet der Brukterer (Boruktuarier) und Sachsen hinein.

Während der Angelsachse Swidbert zu den Boruktuariern ins südliche Westfalen zog, versuchten zwei weitere angelsächsische Brüder – die zwei Ewalde – zu den westfälischen Sachsen vorzustoßen. Sie unterschieden sich nach ihrer Haarfarbe. Der eine von ihnen hieß wegen seines dunklen Haares „der schwarze", der andere mit hellem Haar „der weiße Ewald".

Als diese beiden auf ihrem Wege zu einem der Stammesführer der Sachsen das Dorf Aplerbeck bei Dortmund erreichten und dort auf einem Hof nach dem Führer fragten, wurden sie mit Knüppeln erschlagen. Die Leichen der beiden Missionare wurden in die Emscher geworfen. Von dort trieben sie bis in den Rhein und weiter flußabwärts bis in die Gegend von Köln. Hier wurden sie geborgen und als Märtyrer bestattet.

Dieser Angriff erfolgte jedoch nicht aus heiterem Himmel, sondern war das Ergebnis einer langen Beobachtung der beiden Mönche, deren fremdes Gebaren und deren Bekehrungsversuche unter Beleidigung jener Götter, an welche die Sachsen glaubten, öffentliches Ärgernis erregt hatten. Ihre täglichen Schmähreden gegen Wotan und Donar und andere Götter waren Anlaß genug, die beiden umzubringen. Hinzu kam die Befürchtung der Sachsen, daß der Abschied von ihren Göttern zugleich auch eine Veränderung ihrer politischen Herrschaft bedeuten konnte.

Damit waren die ersten Versuche einer Missionierung der Sachsen blutig gescheitert. Das Schicksal der beiden Ewalde machte den christlichen Oberen deutlich, wie viele Opfer die Sachsenbekehrung kosten würde.

Daß die Bekehrung der Sachsen zum Christentum auch zu Beginn des 8. Jahrhunderts immer noch nicht möglich war, zeigt ein geschichtlich untermauertes Ereignis. Willibrord, der zwischen 714 und 719 seine Arbeit in Friesland unterbrechen mußte, weil dort die fränkische Herrschaft nach dem Tode Pippins II. zusammengebrochen war, wollte das Land verlassen. Auf dem Rückweg mußte er das Gebiet der Sachsen umgehen, weil ihm ein Durchzug durch dieses Land zu gefährlich erschien.

Erst im Jahre 738 bat Winfried, der sich später Bonifatius nannte, nach den kriegerischen Erfolgen Karl Martells gegen die Sachsen noch einmal um die Entsendung zu den Sachsen, um diese bekehren zu können. In einem Brief an seine Landsleute im angelsächsischen Wessex bat er um eine Gebetsunterstützung bei der Bekehrung der Sachsen, „weil diese vom selben Fleisch und Blut sind wie wir".

Erst von dieser Zeit an nahm auch Rom stärkeren Anteil an der Bekehrung der Sachsen. In einer Briefsammlung des Bonifatius befindet sich ein Brief Gregors II. (andere Quellen nennen als Schreiber Gregor III.), in dem sich der Papst an die Gesamtheit der Sachsen richtet und diese beschwört, den „heidnischen Glauben" abzulegen.

Doch Bonifatius wandte sich nach Rückkehr aus dem hessisch-thüringischen Missionsfeld nicht an die Sachsen, sondern zog noch einmal nach Friesland, wo er bei Dokkum im Jahre 754 den Tod fand.

Dennoch gewann die Frage der Sachsenmissionierung seit der Mitte des 8. Jahrhunderts ständig an Aktualität. Dem Bischof Gregor von Utrecht, dem Nachfolger Willibrords, und seinem Mitbischof Aluberth wurde als neues Tätigkeitsfeld ausdrücklich das „as Ealdsaxos" (der Altsachsen) genannt. Mit den Ealdsaxos und den römischen Antiqui Saxones waren jene Festlands-Sachsen gemeint, die als Menschen gemeinsamer Abstammung mit den Angelsachsen verstanden wurden.

Es war der angelsächsische Missionar Liafwine (oder Lebuin), der im Grenzgebiet zwischen Friesen und Sachsen an der Ijssel arbeitete und im Jahre 768 auf einer sächsischen Stammesversammlung in Marklo auftrat.

Weitere Sachsenkriege der Merowinger

Nach dem Tode des Hausmeiers Pippin II. am 16. Dezember 714 brachen in Frankreich Wirren aus, die von den Sachsen sofort zu Unternehmungen gegen den austrasischen Teil des Frankenreiches genutzt wurden. Man schrieb das Jahr 715, als die Sachsen in die „terram Chattuariorium" einfielen. Es war dies jenes Land an der unteren Ruhr, das den Chattuariern gehörte, die wiederum den Franken tributpflichtig waren.

Im Gegenzug eröffnete Karl Martell einen fränkischen Angriff gegen die Sachsen. Seine Truppen drangen mit nicht zu bremsendem Schwung nach Osten vor. Auf ihrem Wege durch sächsisches Land ließen sie brennende Gehöfte und Dörfer hinter sich zurück.

Sie gelangten bis an die Weser. Hier wurde ihrem Vordringen ein Schlußstrich gesetzt, und nach einigen Wochen des Ausschwärmens und Brandschatzens kehrten die Franken wieder in ihr Land zurück.

Dieser harte Schlag, so schwer er die Sachsen auch traf, genügte jedoch nicht, um sie friedensbereit zu machen. Sie griffen im nächsten Jahr die fränkischen Grenzbefestigungen erneut an, umgingen sie teilweise und hausten nun ebenso, wie dies die Franken ein Jahr zuvor im Sachsenland getan hatten.

Dies rief abermals Karl Martell auf den Plan. Er kam mit einer schnellen Truppe aus Reiterverbänden als Kern ins Grenzland und jagte die Sachsen hinaus. Diese zogen sich ohne große Verluste vor dem nur zögernd nachfolgenden Gegner zurück.

Bereits anno 729 beschloß Karl Martell, einen großen Kriegszug gegen die Sachsen durchzuführen und damit nicht nur die Grenzen seines Reiches unter seine Botmäßigkeit zu zwingen.

Dieses Vorhaben verzögerte sich aus anschließend näher erläuterten Gründen und kam erst im Jahre 738 zur Ausführung.

Karl Martell, Friedelsohn Philipps II., der um 688 geboren wurde, war zugunsten der Enkel Pippins II. (seine Söhne waren vor ihm gestorben) von der Erbfolge ausgeschlossen.

Karl war jedoch wild entschlossen, diese Hintanstellung nicht kampflos hinzunehmen. Nachdem er Neustrien und die damit verbundenen

Sachsen und Friesen geschlagen hatte (siehe Kurowski, Franz: Das Volk am Meer), regierte er als Hausmeier des merowingischen Schattenkönigs Chilperich II., dem er anfangs den Merowinger Chlotar IV. entgegengesetzt hatte. Nach dessen Tod im Jahre 720 beließ er Chilperich die Rolle eines Schattenkönigs.

Im Jahre 731 besiegte er den alemannischen Herzog Lantfried, und mit Hilfe der Langobarden gelang es ihm 732, auch die Araber bei Poitiers zu überwinden und sie in einigen nachfolgenden Kämpfen aus ganz Südfrankreich zu verdrängen. Nach diesen Siegen unterwarf er zugleich auch Südfrankreich der fränkisch-merowingischen Herrschaft.

Karl Martell hatte damit seinen Ruhm gefestigt. Dennoch befand sich das Frankenreich nun in einer kritischen Lage, die sich aus der Rivalität zwischen dem merowingischen Königtum und dem fränkischen Adel ergab. Es kam darauf an, in einem großen Feldzug den lange vorher geplanten Kampf gegen die Sachsen aufzunehmen und dadurch die Entscheidung zu erzwingen. Daß Karl darin in keiner Weise durch die Sachsen herausgefordert wurde, sondern daß dies lediglich ein weiterer Eroberungszug zum Zweck des Landraubes war, ist erwiesen.

Im Jahre 738 kam es dann auch zum Kriegszug gegen diese östlichen Nachbarn. Das kampferprobte Heer Karl Martells setzte bei der Lippemündung über den Rhein, zog weiter nach Osten, eine breite Spur der Vernichtung hinter sich zurücklassend, und machte die im Westen ihres Reiches lebenden Sachsen tributpflichtig. Darüber hinaus ließ er sich Geiseln stellen, die er mitnahm.

Nach dem Tode Karl Martells im Jahre 741 übernahmen seine beiden Söhne Karlmann und dessen jüngerer Bruder Pippin III. als Hausmeier die Regierung des Frankenreiches. Karlmann erhielt Austrien, Thüringen und Alemannien. Die Brüder vertrieben ihren Halbbruder Grifo, unterwarfen 742 und 745 Aquitanien und besiegten 742 den alemannischen Herzog Gotfried. Ein Jahr darauf unterlag ihnen auch Odilo, der Herzog von Bayern.

Auf dem Cannstätter Gerichtstag unterwarf Karlmann 746 die Alemannen und verzichtete ein Jahr später auf die Regierung, um als Mönch auf den Monte Soratte bei Rom zu gehen. Von dort pilgerte er 750 zum Kloster Monte Cassino, wo er den Rest seines Lebens verbrachte.

Als er sich im Jahre 754 erdreistete, bei Philipp III. zugunsten des langobardischen Königs Aistulf zu vermitteln, ließ Pippin ihn gefangensetzen und seine Söhne zu Mönchen scheren, was sein oft bewährtes und radikales Mittel zur Ausschaltung von gefährlichen Nebenbuhlern war.

Im Kampf gegen die Sachsen, die sich unter ihrem Führer Theoderich im Jahre 743 in die zwischen Halle und Eisleben gelegene Festung Hoohseoburg zurückgezogen hatten, konnte Karlmann kurz vorher noch einen letzten großen Sieg erringen. Theoderich wurde gefangengenommen und ins Frankenreich gebracht.

Nachdem Theoderich mit Hilfe einiger Freunde aus dem feindlichen Lager entkommen konnte, rief er sofort zu einem neuen Aufstand gegen Karlmann auf. Erneut drangen fränkische Truppen in Sachsen ein. Es gelang ihnen, Theoderich zu stellen. Er wurde ein zweites Mal gefangengenommen und abermals ins Frankenreich zurückgeführt.

Ein Teil der Grenzbevölkerung ergab sich den Franken und ließ die Taufzeremonie über sich ergehen.

Das Jahr 748 sah den Sohn von Karl Martell und dessen zweiter Gemahlin Swanahild, Grifo, im Aufstand. Dieser war nach der Abdankung Karlmanns mit der Auflage aus dem Gefängnis entlassen worden, sich ruhig zu verhalten. Doch Grifo dachte gar nicht daran, sich seinen Teil des merowingischen Erbes entgehen zu lassen. Er ritt auf dem schnellsten Wege mit einigen seiner Vertrauten zu den Sachsen und versuchte diese zum Kampf gegen Pippin den Jüngeren zu gewinnen. Er versprach ihnen im Falle seines Sieges große Beute und reichen Landgewinn nach Westen.

Dies reizte die Sachsen. Sie stimmten einer Teilnahme am Aufstand zu, boten den Heerbann auf und eröffneten den Feldzug mit ersten schnellen Überfällen.

Pippin III. mobilisierte das Heer, das durch Gruppen von Sachsen und abgefallenen Friesen sowie durch ein wendisches Truppenkontingent verstärkt wurde, und zog damit von Thüringen aus nach Norden in das Gebiet des sächsischen Stammes hinein. Er gelangte – abermals eine breite Spur der Vernichtung hinter sich zurücklassend – bis nach Schöningen südlich von Helmstedt, auf dem linken Okerufer gelegen. Dort bezog er zunächst ein Lager, während die Sachsen sich auf das rechte Okerufer zurückgezogen und bei Ohrum verschanzt hatten.

Zu einer Entscheidung kam es aber auch diesmal nicht, weil *beide* Seiten einen Verhandlungsfrieden suchten. Sie wollten sich miteinander verständigen und nicht gegeneinander kämpfen.

Die Sachsen gaben Grifo preis, der ihnen diese Suppe eingebrockt hatte. Doch sie ließen ihm gleichzeitig auch eine Chance, vor dem Zugriff der Franken nach Bayern zu entkommen. Sachsen mußte sich verpflichten, den früher bereits geleisteten Tribut auch weiterhin zu zahlen.

In einem besonderen Vertrag unterwarfen sich auch die Nordschwaben, die gleichzeitig damit das Christentum annahmen. Sie galten dennoch auch für die Zukunft als Unterabteilung des sächsischen Stammesverbandes.

Zur Erklärung dieser Tatsache sei auf die Ereignisse des Jahres 700 verwiesen. Zu dieser Zeit waren im östlichen Sachsengebiet die Nordschwaben, die ein Teil der Thüringer waren, zusammen mit den Friesen und Hassegauern dieses Gebietes von den fränkischen Herzögen in Thüringen, Theotbald und Heden II., unter ein hartes Regime gezwungen worden. Sie schlugen sich auf die Seite der Sachsen, die ihre nächsten Nachbarn waren. Ab 743 wurden die Hassegauer und fünf Jahre darauf auch die Nordschwaben zu den Sachsen gerechnet. Nach dieser Klärung zurück zu den Ereignissen im Raume Schöningen-Ohrum.

Um die gleiche Zeit, da Grifo zu den Bayern geflohen war, gerieten auch die Westgaue der Sachsen in Aufruhr. Ihr Bemühen, die Tributleistung und die Gestellung von Geiseln für alle Zeit abzuschütteln, sahen sofort Philipp III. zur Stelle, der 753 gegen sie zu Felde zog, indem er mit seinem Heer über den Rhein setzte und bei Iburg nahe Osnabrück auf die Sachsen stieß, die sich ihnen dort entgegenstellten.
In diesem Kampf fand Bischof Hildegar von Köln den Tod, der Philipp als Ratgeber begleitet hatte. Der fränkische Vorstoß ging nach Überwindung des sächsischen Widerstandes bis in den Raum Rehme bei Minden weiter. Dort wurde das westliche Weserufer erreicht.
Die Sachsen unterwarfen sich und versprachen, nunmehr christliche Missionare ins Land zu lassen, ihnen die freie Missionstätigkeit zuzusichern und ihre Abgaben zu erhöhen. Das war mehr, als Pippin III. erhofft hatte, daher zogen die Franken nach der Gestellung der üblichen Geiseln nach Westen ab.
Unmittelbar nachdem dieser Gegner das sächsische Gebiet verlassen hatte, kamen die Sachsen wieder zur Sache. Die Missionare wurden hohnlachend an der Grenze abgewiesen und dort, wo sie bereits im Lande waren, hinausgeworfen. Kleinere fränkische Kontingente, die im Lande geblieben waren, wurden in nächtlichen Überfällen niedergemetzelt.
Pippin kam 758 erneut mit einem großen Heer über den Rhein. Diesmal hatten die Sachsen eine Kette von Wallbefestigungen angelegt und die Lippestraße bei Sythen südwestlich von Dülmen gesperrt.
An dieser Sperre kam es zum Kampf. Die Reiter Pippins konnten auf beiden Flanken die Sperren durchbrechen, und auch der Frontalangriff

der Panzerreiter, denen Fußtruppen folgten, drang durch. Die Sachsen wichen zurück, entgingen um ein Haar der Einkesselung und machten den Franken erneut ein Friedensangebot. Diesmal verpflichteten sie sich, dem König jährlich auf der stattfindenden Reichsversammlung 300 Pferde zu liefern und auch alle übrigen fränkischen Bedingungen getreulich zu erfüllen. Daß diese Pferde sehr begehrt waren, weil die sächsischen Pferdezüchter das Beste hervorbrachten, was die damalige Welt kannte, zeigen einige zeitgenössische Berichte auf. Die Franken gingen auf dieses verlockende Angebot ein.

Dazu heißt es in den „Annales regni francorum": „König Pippin zog nach Sachsen und drang in die Befestigungen der Sachsen ein bei Sitnia (Sythen). Beim Sachsenvolk traten schwere Verluste ein. Da versprachen sie Philipp, alle seine Wünsche zu erfüllen und als Ehrengabe auf seinem Reichstag 300 Pferde jährlich zu stellen."

Daß ausgerechnet bei Sythen eine der Hauptverteidigungsstellungen angelegt war, hat seine besondere Bewandtnis. Dort nämlich lag auf einem Hügel der Borkenberge in 104 Meter Höhe ein alter germanischer Opferstein, auf dem auch die dort ansässigen Sachsen ihren Göttern opferten (siehe Wübbe, Walter Sythen).

Es handelt sich um einen riesigen Schwarten-Eisenstein, der als beachtliches Monument in vielen Sagen der Borkenberge genannt wird.

Der Heimatschriftsteller Ludwig Bielefeld hat diesen Opferstein in seinem Werk „Aus Dülmens Vergangenheit" folgendermaßen beschrieben:

„Aus dem Abhang hervorragend, erscheint ein bemooster Felsblock von einem Meter Höhe, der auf zwei unter ihm hervortretenden Blöcken wie auf einem Fundament ruht.

Treten wir auf den unteren Felsvorsprung, so haben wir den oberen Felsen gleichsam als Tischplatte vor uns. Seine Oberfläche ist mit rätselhaften Bildern bedeckt. Rechts eine gerade, breite (Blut-)Rinne. Dann folgen nach links zwei holzschuhartige Abdrucke von Menschensohlen. Weiter ein vertieftes Dreieck, dann ein Loch und dahinter der Abdruck von Hundepfoten.

Das war der Opfertisch des Wodan oder Odin, des damals höchsten Gottes der Germanen, der hier auf seinem ‚Hlidskialf' – dem Hochsitz – in seiner Wohnung – ‚Walaskialf' – in Asgard die ganze Welt überschauen konnte. Sein Fuß stand dort, wo die beiden Abdrücke zu sehen sind; daneben lag sein Trinkhorn (das Dreieck). Das Loch stellt den nie fehlenden Speer ‚Gungnir' dar. Die Tierfährten gehörten seinen beiden Rüden Frecki und Geri. In die Vertiefung des Trinkhornes wurden Met und Blut gegossen. Das Opferfleisch aber wurde auf die Fährte der Hunde geworfen, denn der Gott selber aß nicht, sondern trank nur. – –

Rings im Heiligen Hain waren die Beutestücke aus siegreichen Kriegen aufgestellt: Waffen, Feldzeichen und Bilder. Hier auf dem Stein floß wahrscheinlich auch das Blut der römischen Gefangenen aus dem nahe gelegenen Römerkastell Aliso – Haltern – und das der fränkischen Soldaten Karls des Großen.

Hier haben die Priester Wodan angefleht, als sich der Sieg den Sachsen zuneigte: ‚Großer Wodan! Hilf uns und unserem Bannerherren Widukind und auch unseren anderen Führern! Vergeltung dem abscheulichen Karl!'

Dieser germanische Opferstein wurde im Jahre 1952 von britischen Besatzungstruppen teilweise gesprengt.

Alle diese Erfolge, so zahlreich und bedeutend sie auch waren, brachten den Franken jedoch nicht den völligen Sieg über die Sachsen, weil bei diesen stets nur ein Teil ihres großen Stammesverbandes besiegt werden konnte, während die Mehrzahl der sächsischen Stämme nach wie vor frei war. Den Stammesbund in seiner Gesamtheit niederzuwerfen, das sollte erst einem späteren König vorbehalten bleiben.

Pippin III., der nach diesen überzeugenden Erfolgen auf der Höhe seines Ruhmes stand, hatte die Herrschaft im gesamten Frankenland übernommen. Er hatte bereits 751 den von Karlmann eingesetzten Schattenkönig Childrich III. abgesetzt und sich selber 751 zum König erheben lassen.

Das Vorspiel zu diesem genialen Coup ist in seiner Anlage beispielgebend und ebenso verblüffend wie einleuchtend-raffiniert. Und zwar ließ Pippin III. bei Papst Zacharias anfragen, wem denn nun der Titel eines fränkischen Königs zustehe. Die Antwort des Heiligen Vaters ließ nicht lange auf sich warten; sie lautete:

„Der Titel eines Königs steht demjenigen zu, der die Macht hat. Deshalb ist Pippin III. mit seiner Familie in die königliche Würde einzusetzen."

Daß dies nicht umsonst sein würde, das hatte Papst Zacharias bereits unter der Hand erfahren.

Mit der daraufhin im November 751 stattfindenden Weihe Pippins III. zum fränkischen König war das Herrscherhaus der Merowinger durch die adeligen Hausmeier der Karolinger abgelöst. Die Krönung Pippins III. und die anschließende Salbung durch eine Anzahl römischer Bischöfe, darunter auch Bonifatius, ersetzte von nun an das fehlende Geblütsrecht.

Als sich Papst Stefan III., der Nachfolger von Zacharias, am Hofe Pippins III. befand, wiederholte er 754 die Krönung und Salbung des neuen Königs persönlich.

Im Gegenzug dazu erhielt er die Pippinsche Schenkung, laut der sich Pippin am 14. April 754 in Quierzy durch eine Urkunde dazu verpflichtete, „die Rückgabe von ehemaligen byzantinischen Besitzungen, zum Teil von den Langobarden eroberte Gebiete, an die Römer", lies an den Papst, „zu vollziehen". Nach dem Wortlaut dieser Urkunde umfaßte diese Pippinsche Schenkung Korsika, Tuszien, das Exarchat Ravenna, Venetien, Istrien und die Herzogtümer Benevent und Spoleto.

Dafür übertrug Stephan II. seinem „lieben Pippin" und dessen Söhnen den Titel Patricius Romanorum und bestätigte durch die Wiederholung der Salbung am 28. Juli 754 das Königtum der Karolinger.

Karl der Große erkannte diese Pippinsche Schenkung im Jahre 774 in feierlicher Form an. In Verbindung mit der Konstantinischen Schenkung wurde die Pippinsche Schenkung zur Grundlage des Kirchenstaates der Päpste.

Am 24. September 768 starb König Pippin III. im 45. Lebensjahr. Er wurde wie Karl Martell und mehrere merowingische Könige vor ihm in St. Denis bestattet. Wenige Tage vorher hatte er mit der Zustimmung der fränkischen Großen und der Bischöfe das Königreich unter seine beiden Söhne geteilt. Während Karl als älterer den größten Teil des ehemaligen austrischen Königreiches erhielt, welches das ganze Neustrien und den zum Atlantik gelegenen Teil Aquitaniens umfaßte, sollte Karlmann nach der Niederschrift des Chronisten, Abt Suger, „das Königreich von Burgund, Provence, Septimanien, Elsaß und Alemannien" regieren.

Beide Söhne erhielten den Titel „reges Francorum – Könige des Frankenreiches". Die von den Priestern durchgeführte Salbung mit dem heiligen Öl bedeutete zugleich auch ihre Einsetzung in das königliche Erbe.

Karlmann, erst 19 Jahre alt, starb drei Jahre darauf. Karl, im Jahre 742 geboren und damit im 26. Lebensjahr stehend, sollte noch 45 Jahre regieren. Karl war ein Sohn Pippins mit der Tochter des Grafen von Laon. Er war schon früh in seinen Pflichten unterwiesen worden. 761 hatte er bereits seinen Vater auf einer Strafexpedition nach Aquitanien begleitet.

Als Karlmann Ende 771 starb, wurde Karl von führenden Persönlichkeiten aus Karlmanns Reich die Huldigung angeboten. Unter ihnen war auch Abt Fulrad von St. Denis und der Erzbischof der Gallier, Wilchar.

Karlmanns Witwe und ihre noch kleinen Kinder zogen mit einer adligen Gefolgschaft an den langobardischen Hof zu König Desiderius, der ihnen Schutz bot.

Karl war nunmehr Herrscher über das gesamte Frankenreich.

Die Zeit der Karolinger

Der Beginn der karolingischen Herrschaft

Nach dem Tode von Pippin III. am 24. September 768 übernahm Karl zusammen mit seinem jüngeren Bruder Karlmann die Regierung. Auch zwischen diesen beiden stellten sich sehr rasch Rivalitätskämpfe ein, deren offener Ausbruch nur durch den plötzlichen Tod Karlmanns am 4. Dezember 771 verhindert wurde.

Nun war Karl alleiniger Herrscher des Frankenreiches. Karlmann hatte die Tochter des Langobardenkönigs Desiderius geheiratet. Dadurch hatte er sich im fränkischen Bündnis isoliert. Nach dem Tode ihres Gatten Karlmann war Gerberga mit ihren Söhnen zu ihrem Vater Desiderius geflohen.

Die Sachsen als letztes großes Bollwerk an der Ostgrenze des Frankenreiches, die seit 758 nicht mehr angegriffen worden waren, weil sie in ihrer Gesamtheit ohnehin nicht so leicht hätten unterworfen werden können, waren Karls erstes großes Ziel. Da ihm nunmehr die gesamte fränkische Heeresmacht zur Verfügung stand, gedachte er, sie auch einzusetzen, die Sachsen endgültig zu unterwerfen und ihnen christliches Glaubensgut einzuhämmern. Daß dieser Kampf nicht der gedachte Spaziergang wurde, war nicht vorhersehbar und kostete die Franken 32 Jahre eines weiteren kontinuierlichen Aufbaus.

Auf dem Reichstag zu Worms im Frühjahr 772 ließ sich König Karl dieses Vorhaben der Expansion nach Osten durch die versammelten Reichsfürsten bestätigen. Die Zustimmung erfolgte um so einheitlicher, als zur gleichen Zeit die Sachsen über die Diemel gesetzt und ins hessische Land der Chatten eingefallen waren, die wiederum der fränkischen Oberhoheit unterstanden.

Da man seinerzeit im allgemeinen erwartete, daß sich ein König als Befehlshaber seines Heeres zu diesem begab, um es im Kampf zu führen, setzte sich König Karl ebenfalls an die Spitze seiner Truppen und führte sie zunächst von Mainz aus, wo sie zusammengetrommelt worden waren, in Richtung Hessen. Erstes Ziel war die Grenzfestung Bürenburg, die ihnen gehörte.

Die Sachsen, die sich noch auf fränkischem Chattengebiet befanden, wichen einem so starken, geschlossenen Heer geschickt aus. Sie teilten sich in mehrere Gruppen, um auch das fränkische Heer zu spalten, und erst bei Osnabrück leistete eine der Gruppen den ersten hinhaltenden Widerstand.

Nun wandte sich Karl mit dem Hauptheer zur sächsischen Grenze in den Raum der oberen Diemel. Es war seine erklärte Absicht, die Eresburg, jene befestigte sächsische Niederlassung, in deren Bereich sich auch die Irminsul befand, ein altes sächsisches Heiligtum, zu erobern und eine Absprungbasis für einen weiteren Angriff nach Sachsen hinein zu gewinnen.

Jenes Heiligtum der Sachsen, das von ihnen als Säule der Welt verehrt wurde, war so etwas wie ein oberstes Wahrzeichen für die sächsische Freiheit. Für die Franken wiederum eine der Hauptkultstätten der „heidnischen" Feinde, die es zu vernichten galt.

Es gelang Karls Truppen, die Eresburg im Handstreich zu erobern. Sie wurde geplündert und in Brand gesteckt, allerdings nicht völlig zerstört, so daß die ursprüngliche Absicht, einen kleinen Truppenverband hineinzulegen, ausgeführt werden konnte.

Auf der Höhe in der Nähe dieser Eresburg, stand das Heiligtum der Sachsen, die Irminsul. Es war dies nicht etwa irgendein Eichenstamm oder ein anderer Baum, sondern ein kunstvoll geschnitzter Holzstamm. Diese Säule war dem alten germanischen König Irmin geweiht, dem Stammvater der Irmionen, jener Ostgermanen also, die sich durch diesen Irmin und dessen Vater Mannus als von göttlichem Geblüt abstammend betrachteten.

Damit ging Karl bei seinem ersten Sachsenfeldzug genauso vor, wie es auch der römische Feldherr Germanicus im Jahre 15 n. Chr. bei den Hessen gehalten hatte, als er deren Mattburg vernichtete. In sehr nahe zurückliegender Zeit hatte auch Bonifatius, der vom Papst Gregor nach Hessen entsandte Missionar, der unter dem Schutz Karl Martells stand, bei Fritzlar die dort stehende Donareiche gefällt. Aus dem Bericht seines Helfers Willibald darüber wissen wir folgendes:

„Damals empfingen viele Hessen, die den katholischen Glauben angenommen hatten, die Handauflegung. Andere aber, deren Geist noch nicht erstarkt, weigerten sich, des reinen Glaubens unverletzbare Wahrheiten zu empfangen. Einige opferten heimlich Bäumen und Quellen, andere taten dies ganz offen. – – –

Andere befaßten sich mit Amuletten und Zeichendeuterei und pflegten die verschiedensten Opferbräuche. Andere, die schon gesünderen Sinnes waren und allem heidnischen Götzendienst entsagt hatten, taten von alledem nichts.

Mit *deren* Rat und Hilfe unternahm Bonifatius es, eine ungeheure Eiche, die mit ihrem alten heidnischen Namen als Donareiche benannt wurde, in einem Ort, der Gaesmere – Geismar – hieß, im Beisein der ihn umgebenden Knechte Gottes zu fällen."

Dies ist das einzige schriftliche zeitgenössische Zeugnis über die Fällung eines altgermanischen Heiligtums gewesen. Diesem Vorbilde wollte es nun offenbar auch der Frankenkönig Karl gleichtun. In drei Tagen war das Zerstörungswerk vollendet. Nicht nur die hölzerne Kultsäule, sondern auch die Schatzkammer wurde heimgesucht, wie König Karls Chronisten ausnahmsweise berichteten: „Aurum et argentum, quod ibi reperit, abstulit." Gold und Silber wurden nicht nur hier „fortgeschafft", sondern allerorten in Sachsen.

Karls Heer zog, nachdem dieses Werk getan war, weiter in Richtung Weser. Ein Teil jener Bewohner, durch deren Gebiet Karls Truppen zogen, unterwarf sich dem fränkischen Herrscher und stellte nach der damaligen Sitte zwölf Geiseln.

Mit dieser reichen Beute an Gold und Silber aus dem sächsischen Heiligtum der Irminsul und mit jenen Schätzen, die sie den reichen Bauern abgenommen hatten, kehrten die Franken im Oktober 772 in ihr Land zurück, und Karl reiste zu seinem Königssitz Herestal weiter.

Die eroberte Eresburg, an der oberen Eder im Raume Obermarsberg gelegen, war eine jener sächsischen Befestigungsanlagen, die bereits Jahrhunderte vorher entstanden waren. „Firmitates der Sachsen" wurden in den Nachrichten über die Sachsenkriege sehr häufig genannt. Es waren dies neben den Burgen oft nur bescheidene Grenzsicherungen in Gestalt von Verhauen, Wallgräben und Palisadenzäunen. Moderne Ausgrabungen haben in sächsischen Befestigungen dieser Zeit der Sachsenkriege Karls des Großen bisher kaum stattgefunden. So bleibt es fraglich, ob die in den spärlichen Quellen genannte sächsische „Luburg" mit der Iburg in Bad Driburg oder der Iburg südlich von Osnabrück identisch gewesen ist. Ob mit dem im Jahre 775 genannten Brunsberg die Brunsburg bei Höxter gemeint ist, scheint ebenfalls nicht hundertprozentig gesichert.

Sicher bekannt sind neben der Eresburg lediglich die im Grenzgebiet befindlichen drei weiteren Burgen. Da ist einmal die Sigisburg, die an der Stelle der Einmündung der Diemel in die Weser dort stand, wo die Diemel die östliche Grenze Altsachsens zum fränkischen Hessen bildete.

Ferner kennen wir die Burg am Einfluß der Lenne in die Ruhr, die einen ähnlichen Namen trug, die „hohe Syburg" genannt wurde und heute Hohensyburg heißt. Sie lag in der Nähe des oft von Frankentruppen benutzten Überganges über die Ruhr, der sich bei Herdecke befunden hat. Einige Kilometer weiter südlich dieser Burg begann bereits das ripuarische Frankenreich.

Als vierte Burg hat die Iburg zwischen Osnabrück und Versmold als Fliehburg vor den angreifenden Franken gedient.

Während die Burgen Sigisburg, Eresburg und Iburg dem Stamme der sächsischen Engern gehörten, war die Hohensyburg eine Fliehburg der Westfalen.

Die Hohensyburg – hohe Sehburg – gehörte zum Oberhof Westhofen an der Ruhr, der zum Eigentum des späteren Herzogs Wittekind zählte; seine Hauptbesitzungen lagen bei Wildeshausen und im Raume Enger.

Nachdem nun aus diesen sächsischen Festungswerken eines durch Karls Krieger herausgebrochen war, hoffte der Frankenkönig, daß die Sachsen nun Ruhe geben würden.

Bereits im Frühjahr 773 mußte König Karl fast alle in Sachsen zurückgebliebenen Truppen herausziehen, um einem Hilfeersuchen von Papst Hadrian I. nachzukommen, der sich durch die Langobarden bedroht fühlte. Zugleich wollte Karl seinen Schwiegervater Desiderius Mores lehren, da dieser in Italien offen gegen jenen Karl opponierte, der seine Tochter einfach verstoßen hatte, um eine andere zu heiraten.

Noch im Jahre 773 traf er mit seinem Heer in Italien ein. Für einen großen Feldzug gegen die Langobarden unter König Desiderius war es bereits zu spät. Der Waffengang wurde auf das kommende Frühjahr verschoben.

Sofort erkannten die Sachsen ihre Chance. Sie riefen den Heerbann aus und zogen mit den Kriegern der Engern und Westfalen zur Eresburg.

Die fränkische Besatzung in der Burg wurde in einem mörderischen Kampf bis auf den letzten Mann niedergemacht und die Burg von sächsischen Kriegern besetzt. Der weitere Vorstoß auf die Büraburg, ein schwerbewaffnetes fränkisches Kastell, konnte nicht durch die Eroberung dieser Burg gekrönt werden. Auch das Kloster Fritzlar griffen die Sachsen an. Sie wurden durch schnell zusammengetrommelte Franken daran gehindert, dieses von Bonifatius gegründete Kloster zu vernichten.

Als nun Karl, seit dem Frühjahr 774 in Italien im Kampf gegen das langobardische Heer siegreich geblieben war und danach das gesamte Königshaus der Langobarden in seine Hand bekam, nannte er sich „König der Franken und Langobarden und Patrizier der Römer".

Im Spätsommer 774 kehrten die Franken aus Italien heim. Als Karl von der Wucht des sächsischen Angriffs erfuhr, sagte er nach den Aufzeichnungen seines Geheimschreibers Eginhard:

„Ich werde die Waffen nicht eher ruhen lassen und das treulose, wortbrüchige Sachsenvolk so lange bekriegen, bis es entweder völlig besiegt und zu Christen gemacht oder gänzlich ausgerottet ist."

Auch in dieser Äußerung Karls wurde die seit dem ersten Feldzug vertretene Absicht sichtbar, daß es das erste Ziel der Franken war, die Sachsen zu unterjochen und daran den Kampf gegen das „Heidentum" anzuschließen.

Die letztere Absicht trug zweifellos mit dazu bei, daß der sächsische Widerstand immer aufs neue entbrannte. Da sich nach Ende des ersten Feldzuges 772 wahrscheinlich nur die Engern unterworfen und zwölf Geiseln gestellt hatten, blieben noch genügend andere sächsische Stämme übrig, um den Kampf aufzunehmen.

Das Eingangstor ins Sachsenland: die Hohensyburg

Der fränkische Gegenzug des Jahres 774 wurde von Karl und seinen Beratern sorgfältig geplant. Zum erstenmal wurde er so geführt, daß sein Einsatz genau der sächsischen Wehrverfassung entsprach. Es wurden also vier eigene Stoßverbände gegen die vier sächsischen Gaue eingesetzt.

Der Feldzug konnte erst im Frühjahr 775 beginnen, also blieb genügend Zeit für sorgfältige Planung.

Aus dem Raume Ingelheim wurden im Frühjahr 775 zunächst vier Spähergruppen von den vier fränkischen Heeresteilen in Marsch gesetzt. Unmittelbar darauf lud Karl zu einem Reichstag nach Düren, auf dem sich alle Führer der Franken und des fränkischen Klerus versammelten. Alle Versammelten stimmten dem Plane Karls zu, „die Sachsen zu unterwerfen und sie zu Christen zu machen".

Drei der fränkischen Heere eröffneten im späten Sommer 775 die Kämpfe in den drei sächsischen Heerfolgegebieten oder Aufgebotsbezirken, die es zu durchstoßen galt. Die vierte Heeresgruppe zog nach, mit dem erklärten Ziel, die zurückgelassenen und nur umgangenen Widerstandsnester der Sachsen zu zerschlagen.

Der Weg des fränkischen Heeres führte bei Köln über den Rhein und folgte der durch das Bergische Land führenden römischen Heerstraße in Richtung Wipperfürth bis in den Raum Radevormwald und Halver. Hier wurde die sächsische Grenze erreicht.

Zwischen Wupper und Ennepe und zwischen Ennepe und Volme

entlang vorgehend, wurde Herdecke erreicht. Vor den Augen der fränkischen Krieger lag die Hohensyburg an der Ruhr. Der Kaiserberg bei Herdecke wurde Lagerplatz, und die vorgeschobenen Lehmwälle der Sachsen nahm das Frankenheer in Besitz.

Bei Dahle, Hohenlimburg und Oestrich mußten weitere Vorwerke der Sachsen erobert werden, ehe der Angriff gegen die Hohensyburg eröffnet wurde. Diese 240 Meter über dem Ruhrtal angelegte Wallburg fiel mit ihrer Hauptflanke sehr steil zur Ruhr hin ab. Zur Burg selbst gehörte ein sächsischer Tempel mit einer heiligen Quelle, dem späteren Petersbrunnen, und deshalb waren die sächsischen Verteidiger guten Mutes, sie gegen jeden Feind zu halten.

Immerhin war hier auf der Höhe des Haarstranges bereits zu vorsächsischer Zeit an genau der gleichen Stelle eine Burg angelegt worden. Der strategische Wert dieser Burg an der Übergangsstelle über die Ruhr bei Herdecke war von Karls Herzögen sofort erkannt worden. Alles wurde nun eingesetzt, die Hohensyburg in die Hand zu bekommen.

Für die Verteidiger zeigte es sich, daß die Wasserversorgung durch die Quelle bei der starken Belegung der Burg nicht mehr gewährleistet war. Es wurde ein Aufzugsystem entwickelt, mittels dessen man über einen Steilabfall von der Ruhr Wasser in großen Eimern heraufziehen konnte. Dieses Aufzugsystem war derart geschickt getarnt worden, daß es von den Franken nicht entdeckt wurde. Erst als einer der landansässigen Bauern den Franken diese Wasserförderungsanlage verraten hatte, ging es mit der Hohensyburg zu Ende.

Nach zweiwöchiger weiterer Belagerung ohne das zusätzliche Wasser erstürmten die Franken die Burg und hatten damit das Haupteingangstor ins Sachsenland in ihre Hand gebracht.

Von hier aus zog das fränkische Heer bis zur Ruhrquelle weiter und erreichte die Eresburg, die von einer anderen fränkischen Gruppe bereits im ersten Anlauf erobert worden war.

Jedes nunmehr eroberte sächsische Castra, wie die befestigten Orte nach römischem Vorbild genannt wurden, ließ Karl in eine fränkische Festung umbauen und belegte sie mit Soldaten. Darüber hinaus ließ er weitere eigene Castra errichten. So entstanden im Laufe der Zeit eine Reihe von befestigten Ansiedlungen und richtigen Festungen in Südsachsen, die zum Teil schon aus Stein errichtet waren. Auf die gleiche Art und Weise ließ Karl die kleinen Kirchen und Kapellen errichten und sie ebenfalls zu Verteidigungspunkten machen.

Der rasche Weitermarsch in Richtung Weser erreichte den Brunisberg bei Höxter, wo sich ein sächsisches Aufgebot dem Gegner entgegenwarf, um den Franken den Flußübergang zu verwehren. Die Sachsen wurden zurückgeworfen. Wieder fielen die schnellen Reiterverbände der Franken in seitlicher Überflügelung dem Feind in die Flanken, fielen ihm in den Rücken und zwangen ihn zum raschen Rückzug über den Fluß.

König Karl setzte dem weichenden Gegner über die Weser nach; er erreichte die Oker an der Grenze zwischen Nordsachsen und Thüringen. Hier baten die Sachsen erneut um einen Waffenstillstand und boten Friedensverhandlungen an, ein Angebot, auf das die Franken eingingen.

Eine Abteilung, die Karl am Weserübergang zurückgelassen hatte, um den eigenen Rückzug über den Fluß sicherzustellen, war während des weiteren Vormarsches des Gros bei Lübbecke von den Sachsen mittels einer Kriegslist überwältigt worden und mußte sich nach verlustreichem Kampf den Rückzug durch einen demütigenden Vertrag erkaufen. Führer dieses erfolgreichen sächsischen Verbandes war Brun mit seinen Engern. Ihre Freude über den Sieg sollte nicht von langer Dauer sein.

Das ging so: Die an der Weser zurückgebliebenen fränkischen Truppen zogen in der Erwartung einiger schneller Siege und großer daraus zu gewinnender Beute nach Norden. Sie erreichten Hlidbeki, das heutige Lübbecke, und lagerten dort.

Brun hatte mit seinen Getreuen in der Nähe ein Lager aufgeschlagen. Als sie die Franken anrücken sahen, bezogen sie an der richtigen Stelle in einem weiten Halbkreis Stellung. Die Franken zogen in das günstige Lager ein und schickten einige Gruppen zum Fouragieren – dies bedeutete: zum Plündern der Bauernhöfe – aus.

Ein Teil dieser Gruppen wurde von Bruns Kriegern erfaßt und getötet. Die Engern zogen sich die Kleidung der Franken über, mischten sich auf dem Rückweg der übrigen Franken mit Beute beladen unter diese und gelangten solcherart unbemerkt ins fränkische Lager.

Sie verteilten sich auf die einzelnen Gruppen, und die Späher meldeten Brun, daß seine besten Kämpfer an den entscheidenden Punkten im Lager der Franken säßen. Der Sachsenherzog ließ nun seine Truppen dicht um das Lager herum aufrücken.

Kurz nach Mitternacht, als der Gegner schlief, eröffneten die ins feindliche Lager eingeschleusten Sachsen das Blutbad. Bruns Männer stürmten hinzu, und binnen einer Stunde glich das Lager einer Schlachthofszene. Die überlebenden Franken ergaben sich. Sie lieferten alle Beute ab und schlossen mit den Sachsen einen Vertrag, in dem sie sich verpflichteten, sofort zurückzukehren.

Dieser Vertrag „in tali necessitate", in schwerer Notlage geschlossen, wie die Annalen des Einhard sagten, wurde natürlich auch von den Franken nicht gehalten. Zunächst aber mußten sie sich zurückziehen.

Die Lorscher Annalen vertuschten diesen sächsischen Sieg, indem sie dieses Gefecht in einen eigenen Sieg ummünzten. Aber in Franken wurde dieser verlustreiche Kampf völlig mit Schweigen übergangen.

Karl verhandelte indessen an der Oker mit Hessi, dem Führer der Osterludi, der Ostleute, wie die Ostfalen genannt wurden. Die Verhandlungen verliefen erfolgreich. Die vereinbarten Geiseln wurden gestellt, die Abgaben entrichtet.

Karls Heer trat den Rückmarsch an. Als es die Weser erreichte, unterwarf sich ihm auch Brun mit seinen Engern und leistete den Treueid.

Aus einigen Quellen ergibt sich, daß sowohl Brun als auch Hessi und ein Teil ihrer Krieger getauft wurden.

Bis zu diesem Zeitpunkt hatten es die Franken mit den drei Aufgebotsbezirken Westfalen, Engern und Ostfalen zu tun gehabt. Nunmehr wandten sie sich gegen die Iburg. Auch sie wurde erstürmt und besetzt. Von dort aus ließ Karl in jene Richtung marschieren, in der seine Spähergruppen das Hauptlager seiner Feinde entdeckt hatten.

Es war der Raum Lidbechi – Lübbecke. Auch dieser sächsische Kampfverband wurde in einer erbittert geführten Schlacht überwunden. Gegen Gestellung von Geiseln und Übertritt zum Christentum ließ Karl von den Bewohnern ab.

Aus dem Raume Lübbecke zog das Frankenheer mit dem König in Richtung Schlettstadt, wo das Winterlager eingerichtet werden sollte. In zwei der eroberten sächsischen Burgen ließ Karl an der westlichen und der Südgrenze Sachsens starke Garnisonen zurück.

Von diesem Feldzug heimgekehrt, wurde König Karl das Lob vieler angelsächsischer Geistlicher zuteil, die in seinem Reich lebten. Sie gratulierten ihm zu seinem Erfolg und dem „Gott wohlgefälligen Tun".

In Schlettstadt erreichte Karl bereits der nächste Hilferuf von Papst Hadrian. Er brach noch im Jahre 775 zu einem weiteren Heerzug nach Italien auf, um die dort aufständig gewordenen Gegner zu vernichten.

Als Karl solcherart in Italien gebunden war, riefen die Sachsen ihre Aufgebote zusammen. Mit einem rasch zusammengerafften Heer berannten sie zunächst die Eresburg. Die Franken wurden überwunden und die Burg wieder von sächsischen Kriegern besetzt.

Nun galt es, auch die Hohensyburg wieder in eigene Hände zu bekommen. Sie wurde lange Zeit belagert und immer wieder von der flußabgewandten Seite über die nicht so steilen Hänge hinweg angegriffen. Doch diese Angriffe blieben ergebnislos. Die Anstrengungen wurden verdoppelt. So entschieden die Sachsen den Sieg zu erzwingen suchten und so schwach schließlich im Frühjahr 776 die Verteidiger geworden waren, die Burg blieb doch in fränkischer Hand, denn es war ein entscheidendes Ereignis eingetreten, das die Verteidiger ausharren ließ: Karl war auf dem Wege nach Deutschland!

Auf dem Reichstag in Worms ließ er sich ein weiteres Mal den Krieg gegen die „heidnischen" Sachsen bestätigen, und diesmal rückte er mit einer viermal stärkeren Heerschar ins Land der Sachsen ein als vorher. Zunächst gelang es ihm, von Süden heranziehend, die Hohensyburg zu entsetzen. Danach stießen die Franken in einem langen, unaufhaltsamen Sturmlauf zur Weser vor. Während Karls Truppen neue Erfolge errangen, richteten seine Baumeister und Geschützexperten die Eresburg wieder zur Verteidigung her und setzten weitere nachträglich aus Franken in Marsch gesetzte Krieger hinein.

Den sich zurückziehenden Sachsen dicht auf den Fersen, durchzogen die Franken die Dörfer und großen Gehöfte. Dort, wo die sächsischen Bauern ruhig auf ihren Anwesen saßen, wurden sie vor die Wahl gestellt, entweder die Wassertaufe oder die Bluttaufe zu wählen. Dies veranlaßte viele, sich gegen die eigene Überzeugung taufen zu lassen.

An der oberen Lippe, an einem für den weiteren Vorstoß zur Weser strategisch wichtigen Punkt, ließ Karl die Karlsburg errichten und eine Garnison hineinlegen.

Die Sachsen gaben abermals auf. An den Lippequellen versammelten sich im Spätsommer 776 Vertreter aller Teilstämme der Sachsen. Sie unterwarfen sich Karl und versprachen, sich taufen zu lassen.

Wahrscheinlich hängt mit dieser Bereitschaft zur Taufe, die von allen Stämmen bekräftigt wurde, die erste vorläufige Aufteilung des sächsischen Herrschaftsbereiches in Missionsbezirke zusammen, von welcher die Vita Sturmi berichtete.

In der Karlsburg, die der Frankenkönig hatte erbauen lassen, fand bereits die Taufe vieler sächsischer Edelinge statt, wie dies die Versprechungen gesagt hatten. Fränkische Garnisonen blieben in Sachsen zurück.

Bereits bei diesen Kämpfen war Widukind einer der von den Westfalen berufenen Herzöge, die sich den vordringenden Sachsen entgegengestellt hatten. Auch wenn es keine schriftlichen Bezeugungen darüber gibt, gilt es als sicher, daß er auch bei der Verteidigung der Hohensyburg an der Ruhr mit seinen westfälischen Sachsen Zentrum der Verteidigung war. Immerhin lag eine seiner wertvollsten Besitzungen, der Oberhof in Westhofen, in unmittelbarer Nähe der Hohensyburg.

Mit Widukind gegen die Franken

Von diesem Zeitpunkt an schien sich Widukind an die Spitze aller sächsischen Krieger gestellt zu haben, denn von nun an war sein Name in aller Munde und tauchte auch in den Annalen immer wieder auf, in denen er als „Anstifter vieler Übeltaten" genannt wird.

Die Franken hatten 776 Sachsen gerade wieder verlassen, als der sächsische Heerbann aufgerufen wurde und sich die Krieger unter Widukind auf die Eresburg stürzten. Diese Burg wurde zurückerobert. Als Widukind seine Stammburg, die Hohensyburg, angriff, stieß er hier auf erbitterten Widerstand. Karl hatte diese entscheidende Festung über der Ruhr nahe der Übergangsstelle Herdecke so stark belegen lassen, daß eine Eroberung scheitern mußte. Nur eine lange Belagerung hatte hier Aussicht auf Erfolg.

Ein Ausfall der Belagerten trieb die Sachsen zurück. Sie mußten der Gewalt weichen und wurden bis an die Lippe zurückgedrängt.

Doch dann schienen die Sachsen dennoch die Oberhand zu gewinnen. Wieder wurde die Hohensyburg von ihnen umzingelt, aber kurz danach tauchte das fränkische Heer wieder auf.

Widukind, der soeben Befehl gegeben hatte, Verhaue und Befestigungen anzulegen, wurde von Karls Truppen angegriffen und durch ganz Westfalen zurückgedrängt.

Der Großteil dieses fränkischen Heeres bestand aus Panzerreitern, die Karls Vorfahren, Karl Martell, ihre Aufstellung verdankten. Karl Martell hatte sie zum erstenmal erfolgreich in die Schlacht geführt.

Diese erste Reitertruppe der Franken kämpfte in Panzerkleidung, die aus schuppenförmig übereinanderliegenden Metallplatten bestand. Sie war mit den berüchtigten Frankenschwertern bewaffnet, die durch Gold- und Silbereinlagen in den Griffen besonders wertvoll waren. Diese Schwerter galten als beliebter und von den anderen Völkern begehrter Exportartikel der damaligen Zeit. Sie gingen nach Skandinavien, England und zu den Arabern. Zu gewissen Zeiten unterband Karl einen Export dieser Waffen nach Sachsen durch ein „Waffenembargo", um seine erklärten Todfeinde nicht mit diesen wirkungsvollen Kriegswerkzeugen zu beliefern.

Der besondere Schutz der Panzerreiter bestand auch aus einem kegelförmigen Helm ohne Visier und aus Beinschienen.

Die Einführung der Steigbügel, des Sattels und des Hufeisens macht diese Reitertruppe vermöge ihrer größeren Beweglichkeit zu einem schlagfertigen Kampfinstrument, dem kaum eine Fußtruppe widerstehen konnte.

Neben diesen Panzerreitern, die im Zentrum der fränkischen Schlachtordnung standen, gab es im fränkischen Heer auch die leichte Reiterei, die noch sehr viel beweglicher war und durch schnelle Überraschungs- und Überflügelungsangriffe immer wieder erfolgreich eingesetzt wurde.

Diese Berittenen trugen Schild, Lanze und Schwert, dazu noch ein dolchartiges Halbschwert für den Nahkampf. Darüber hinaus wurden auch noch Pfeil und Bogen mitgeführt.

Die fränkischen Fußsoldaten, durch langen Drill an genaue Schlachtordnungen gewöhnt, kämpften mit Lanzen, Bogen und Pfeilen und trugen ebenfalls einen schützenden Schild.

Dieses stark gepanzerte und teilweise berittene Frankenheer durchzog nun Westfalen bis zur Weser. Alle Herzöge dieses Gebietes unterwarfen sich. Als Karl dann bei den Lippequellen die sächsischen Herzöge zu einer Rechtfertigung in sein Lager befahl, erschienen sie alle, mit einer Ausnahme: Widukind.

Karl war klar, daß er diesen großen Widersacher nur dann besiegen, daß er nur dann das Land der Sachsen unter seine Macht zwingen konnte, wenn er den sächsischen Adel für sich gewann. Dieser Adel spielte auf dem alljährlich in Marklo stattfindenden Thing eine große Rolle. Er beließ diese Edlen, wo sie sich bereits in seinem Herrschaftsbereich befanden, in ihren Positionen und zog so Anhänger unter der sächsischen Führungsschicht auf seine Seite.

Diese von den Franken privilegierten Edelinge stießen jedoch bereits ab 776 und von Jahr zu Jahr mehr auf den Widerstand der freien sächsischen Bauern, die sich gegen die Selbstherrlichkeit dieser Führungsschicht und vor allem wegen ihres Paktierens mit den Franken erbittert zur Wehr setzten. Um diese Zeit erstrahlte heller und heller der Stern jenes unversöhnlichen Feindes der Franken, des Herzogs Widukind, der das Herz der Verteidiger der sächsischen Freiheit wurde.

König Karl versprach allen Edelingen in Sachsen den Schutz ihrer Güter und Rechte, wenn sie seine Oberherrschaft anerkannten und sich taufen ließen. Dieses Geschäft machte der Adel mehr und mehr, und die Christianisierung Sachsens, soweit es bereits fränkisch geworden war, konnte intensiv angegangen werden.

Auf Befehl ihrer Oberen kamen die Ostfalen und Engern zu Massentaufen, die von Priestern aus dem Troß vollzogen wurden; sie waren beritten und auf allen Kriegszügen dabei.

Um sich noch weiter abzusichern, mußte jeder freie sächsische Bauer „bei Verfall von Leib und Gut" jenes Treuegelöbnis sprechen und beeiden, sich selber und seinen Besitz an König Karl zu übereignen und ihn von diesem wieder zu Lehen zurückzuerhalten.

Nach dem Volksrecht der Sachsen ging beides im Falle eines Schwurbruches oder Aufstandes an die Franken verloren. Eine Kirchensteuer, die schon geplant war, wurde aus taktischen Gründen in dieser Krisenzeit noch nicht eingeführt; sie sollte erst später folgen.

Widukind als Führer und Herzog der Sachsen und vor allem der freien Bauern stand nicht auf der Seite des Adels, obgleich auch er adeligen Geblütes war. Er lehnte wie die Freien eine Unterwerfung unter die Franken ab.

Um auch nach außen hin zu dokumentieren, daß die Sachsen nun unterworfen seien, ließ König Karl, der in Nimwegen weilte, die Arbeiten an der Kirche und an der königlichen Pfalz zu Paderborn mit allen Mitteln beschleunigen, um dort im Herzen des Sachsenvolkes den nächsten Reichstag zu halten.

Reichstag zu Paderborn – Der neue Aufstand

Als König Karl dann zum Osterfest 777 in Paderborn erschien, um den Reichstag zu eröffnen und die Huldigungen der sächsischen Edlen entgegenzunehmen, waren alle erschienen, die in Sachsen Rang und Namen hatten. Lediglich einer war nicht zur Stelle: Widukind. Er war mit einer Reihe seiner vertrauten Unterführer zu Ende des vergangenen Jahres zu seinem Schwager, König Siegfried von Dänemark, entkommen.

In den Lorscher Annalen wird dieses Fernbleiben Widukinds mit den Worten „rebellis extitit – er blieb führender Rebell" gebrandmarkt.

Die Flucht Widukinds war ein Zeichen dafür, daß sich dieser in seinem eigenen Stammesgebiet nicht mehr sicher fühlen durfte. Dies bedeutete andererseits auch, daß die Franken das gesamte sächsische Stammesgebiet unter ihre Kontrolle gebracht hatten.

Von diesem Zeitpunkt an stand Widukind, von Karl als „die Wurzel allen Übels" bezeichnet, für weitere acht Jahre des Kampfes an der Spitze des sächsischen Widerstandes, der sich nun aber nicht mehr nach den Aufgebotsbezirken orientierte, sondern allgemeinsächsischer Natur war.

Die sächsischen Kämpfer aus allen Bezirken sammelten sich unter ihren gewählten Herzögen und kämpften in einer geschlossenen Gemeinschaft.

Widukind konnte nur noch auf einen Teil des sächsischen Adels zählen. Eine Reihe jener Edlen, die den Franken Treue geschworen hatten, hielt diesen Schwur. Einige davon mußten ihre sächsische

Heimat verlassen, weil die Ihren sie wegen dieser Haltung geächtet hatten. Sie suchten ihr Heil am fränkischen Hof, wo sie willig aufgenommen wurden und sich nach Weisung Karls auf Führungsaufgaben in Sachsen vorbereiten mußten. Diese würden sich stellen, wenn Sachsen erst fest in fränkischer Hand war.

Auch in Paderborn fand eine Massentaufe von Sachsen statt.

Dort traf zu dieser Zeit eine arabische Abordnung ein, die von einer moslemischen Herrschergruppe geschickt worden war, um König Karl gegen eine rivalisierende Gruppe in Spanien als Beistand zu gewinnen. Der König, der darin einen Fingerzeig Gottes zu sehen vermeinte, auch jenseits der Pyrenäen als Glaubensbringer tätig werden zu sollen, sagte diese Hilfe zu. Der Spanienfeldzug war damit beschlossene Sache.

Im Frühjahr 778 zog Karl der Große mit einem stolzen Heer nach Süden. Der Kampf gegen das maurische Spanien begann. Pamplona wurde erobert. Bei Saragossa erlitt das fränkische Heer eine empfindliche Niederlage, und während die Franken mit wechselndem Erfolg weit unten im Süden kämpften, rief Widukind alle Sachsen erneut zum Aufstand auf.

Der Großteil der sächsischen Bauern und Freien schloß sich ihrem erklärten Führer an. Unterwegs kamen weitere Kämpfer gegen die Fremden im Lande hinzu. Wie eine Lawine wälzte sich dieses Aufgebot nach Westen und begrub alles unter sich, was ihm im Wege lag.

Die Eresburg und die uneinnehmbare Hohensyburg sparten sie aus. Das benachbarte fränkische Ripuarien (das Bergische Land) wurde durchgezogen. Bei Deutz wurde der Rhein erreicht, und nun ging es entlang dem Ostufer des Flusses bis hinunter nach Koblenz. Alles, was die Sachsen an christlichen Stätten fanden, wurde niedergerissen, die Mönche verjagt.

Nachdem dies getan war, schwenkte das sächsische Heer in Richtung zur Lahn ab. Auch hier gingen die Sachsen hart ans Werk. Der Zug durch den Lahngau wurde zu einem einzigen Erfolg. Die Mönche des Klosters Fulda ergriffen rechtzeitig die Flucht.

In Auxerre erhielt König Karl Nachricht von diesem „Schurkenstreich der Sachsen". Er schickte einen Teil seines Heeres, die Ostfranken und die Alemannen, nach Norden voraus und gab ihnen den Befehl mit, „den Feind schleunigst zu verjagen", wie der Chronist Einhard zu berichten weiß.

Das Gros des Frankenheeres erlitt auf seinem Rückzug in die Heimat im Paß von Roncesvalles noch eine empfindliche Schlappe, als seine Nachhut unter Markgraf Roland überfallen und niedergehauen wurde.

Auch Roland, von dem die Sage geht, daß er ein unehelicher Sohn Karls gewesen sei, fiel in diesem Gemetzel.

Glücklicher waren die vorausgeschickten Kontingente Karls, die in Eilmärschen das Kampfgebiet erreichten und die letzten sächsischen Truppen nahe der Eder beim Übergang über die Lihesi (die Leisa) oder nach dem Flußübergang bei Battenfeld zum Kampf stellten und zusammenhieben. Dies allerdings genügte dem wutschnaubenden Karl nicht als Strafaktion gegen die Eidbrüchigen.

Der nach Düren im Frühjahr 779 zusammengerufene Reichstag stimmte hundertprozentig zu, als Karl um den Auftrag zum Kriegszug gegen die Sachsen bat. So wurde auf dem Maifeld bei Düren die neue Heerfahrt organisiert. Der Zug begann mit dem Rheinübergang bei Lippeham im Raume Wesel. Nachdem die fränkischen Vorhuten bereits die Grenzbefestigungen der Sachsen durchstoßen hatten, kam es bei Bocholt zum ersten großen Kampf. Die Sachsen wurden geschlagen. Sie mußten ihre hier angelegten Befestigungswerke verlassen und sich zurückziehen.

In einer Urkunde des Stiftes Nottuln aus dem Jahre 834 wird belegt, daß Karl der Große die Sachsen 779 zuerst in „Bucholti", sodann zum zweitenmal in diesem Feldzug in „Monte Coesio" geschlagen und das Lager der Sachsen bei Dodorpe erobert habe.

Der Mons Coesius aber, die Coesfelder Berge, liegen zwischen Coesfeld und Nottuln. Am ostwärtigen Ausgang des Längstales, durch das die Landstraße Coesfeld–Nottuln führt, liegt das Dorf Darup, in der angezogenen Urkunde Dodorpe genannt.

An dieser strategisch günstigen Stelle hatten die Sachsen also ihre Gegner erwartet. Obgleich sie diese Enge befestigt hatten, wurden sie von den Franken geschlagen, deren Reiterei in einer rasanten Attacke die Verteidigungslinien durchbrach und diese Anlage dann von hinten, nach beiden Seiten ausschwärmend, zu Fall brachte.

„Nachdem nun der Weg (nach Osten, zur Weser) geöffnet war, haben sie die Sachsen unterworfen." (Siehe: Cronic. Reginonis)

Im weiteren Verlauf dieses vierten Feldzuges gegen die Sachsen erreichten die fränkischen Truppen die Weser. Bei Medofulli (Midufulli) schlugen die Franken noch westlich der Weser ihr Lager auf. Ganz Westfalen war von fränkischen Truppen überschwemmt. In ihrem Gefolge reisten auch die Geistlichen mit ihren Gehilfen, die die Taufen vornahmen. Die Westfalen mußten sich nun zur Gänze unterwerfen, danach auch die Engern und Ostfalen.

In den Friedensverhandlungen bei Medofulli, wie Gregor von Tours es nannte: „in loco, qui dicitur modo Pulli", konnte es sich nur um die heutige Ortschaft Polle an der Weser handeln, die unterhalb von Holzminden lag.

Aus Einhards Annalen, im Volksmund fränkische Hofzeitung genannt, erfahren wir mehr über den Ort, der als Endpunkt dieser Schlacht angegeben wird, und über die folgenden Ereignisse. Dort heißt es zum Jahre 779: „Als der König in der Gegend der Westfalen vorgeschritten war, nahm er überall Unterwerfungen an. Von da zur Weser gekommen, schlug er das Lager auf an einem Orte mit Namen Midufulli und blieb dortselbst einige Tage. Dorthin kamen die Angrarier und die Ostfalen; sie gaben Geiseln und schwuren den Eid der Treue. Nachdem dies ausgeführt war, begab sich der König zurück über den Rhein nach der Stadt Worms ins Winterlager."

Dies sagt u. a. aus, daß Karl der Große das westliche Ufer der Weser gegenüber Uffeln erreichte und daß jenseits des Flusses die Engern und Ostfalen standen und zur Erlangung des Friedens Geiseln anboten. Im lateinischen Text wird erklärt, daß er die Weser überschritt, um die Geiseln in Empfang zu nehmen und sich Treue schwören zu lassen. Darüber gibt es folgenden Bericht:

„Mit den Ostfalen vereinigt, hielten die Engern der Weserfurt gegenüber auf dem rechten Flußufer bei Midufulli. Diese Stellung war taktisch vorzüglich gewählt, genauso wie jene der Westfalen bei Darup und jene der Hamaländer Sachsen bei Bocholt.

Gegenüber dem Gegner, aber noch vor ihren Augen, ließ Karl der Große auf dem Amtsberg bei dem jetzigen Vlotho ein Lager aufschlagen. Seine Truppen taten den Engern und Ostfalen nicht den Gefallen, das gefährliche Manöver des Flußüberganges durchzuführen, das sie hohe Opfer gekostet hätte.

Die Engern und Ostfalen ließen es ebenfalls nicht zur Schlacht kommen. Sie strebten einen Vergleich an und boten deshalb Geiseln an, um mit den Franken verhandeln zu können.

Die Führer beider Seiten trafen sich auf einer Insel in der Weser. Der hier durch die Insel geteilte Fluß war besonders gut als Furt geeignet, weil die beiden schmalen Arme leichter überschritten werden konnten. Die Flutseite des Flusses liegt bei Vlotho (Vlotowe – Flut-Aue), der seichtere Flußarm bei Uffeln."

Ähnliche Flußübergänge oder „Werder" – wo eine Insel die Gewalt des Flusses teilte – befanden sich weiter flußabwärts bei Minden und flußaufwärts bei Rinteln, Hameln und Bodenwerder. Diese Furten waren die Übergangsstellen für Truppen beider Seiten.

„Die Verhandlungen dauerten einige Tage. Als die Frage der Geiseln geklärt war und diese ins Lager Karls kamen, trat das fränkische Heer den Rückmarsch an. Dieser führte über die Kaiserpfalz in Paderborn und die Eresburg (Marsberg), wo der Abt des Klosters Fulda, Sturmius, den König mit seinen Missionaren erwartete, um von Karl Weisungen zur Missionierung dieser eroberten Gebiete zu empfangen. Sturmius war jedoch bereits erkrankt. Er starb am 17. Dezember 779 in Fulda.

Auf der alten Frankfurter Straße erreichten Karls Truppen den Rhein. In Worms ging das Heer ins Winterlager." (Siehe: Deppe, August: Karls des Großen 5. Kriegszug gegen die Sachsen.)

Im Frühjahr 780 wurde dann der fränkische Heerbann erneut einberufen. Karl zog abermals nach Osten, um sich nach Horheim zu begeben, wohin die sächsischen Führer bestellt worden waren.

Die Sachsen fanden sich ihrem Versprechen gemäß dort ein, beschworen die Unterwerfung und ließen sich größtenteils taufen. Als Karl nach Widukind fragte, wurde ihm geantwortet, daß er wieder zu seinem Schwager gegangen sei und wahrscheinlich nie wieder ins Sachsenland zurückkehren werde.

Neben den bereits genannten strategisch wichtigen Punkten in Westfalen und Engern ist als wichtige Weserfurt noch Hameln zu nennen. Dort, wo sich auf dem „oberen Horst", dem nördlichen der zwei Hamelner Stadthügel, ein altes germanisches Heiligtum der Cherusker erhebt, das später von den Altsachsen übernommen wurde, ließen die Mönche des Klosters Fulda in der zweiten Hälfte des 8. Jahrhunderts eine kleine christliche Kirche errichten.

Sowohl für die Cherusker als auch für die Sachsen und noch später für die Franken lag diese Stelle der Wasserfurt bei Hameln als Verkehrsknotenpunkt sehr günstig. So wurde denn auch Hameln in der sächsischen Gauverbindung ein wichtiger Zentralpunkt für das gesamte Wesertal zwischen Hameln, Bodenwerder und Polle.

Hameln lag genau in der Mitte des sächsischen Tilithigaues. Zu diesem Verwaltungsbezirk des Klosters Fulda gehörten nach den Fuldaer Registern acht Fronhofverbände, von denen einer in Hameln selbst gelegen war.

Die alten sächsischen Gaue waren voneinander durch natürliche Grenzen getrennt. Der Tilithigau beispielsweise wurde von den Höhenzügen und Wasserscheiden zu beiden Seiten der Weser und ihrer Zuflüsse von Polle bis nach Fuhlen begrenzt. Dort begann der Osterberggau.

Der Tilithigau war der dichtestbesiedelte Gau in ganz Altsachsen. Davon legen die Grabfunde im gesamten Gaubezirk beredtes Zeugnis ab.

Nach der Eroberung dieses Raumes, der von einem Gaufürsten regiert wurde, den die Bewohner wählten, machten die siegreichen Franken die Gaugrafen zu vom Frankenkönig eingesetzten Beamten. Der Ort aber, wo die Hamel in die Weser mündet, wurde dem Kloster Fulda geschenkt. Der Besitzer und Schenker, Graf Ewrard Osten und seine Gattin Oldegundis, gaben den Mönchen die Erlaubnis, das sich dort befindende Heiligtum niederzulegen und an dessen Stelle eine kleine Kirche zu setzen.

Bischof Lull und Abt Sturmi von Fulda baten wenig später Karl den Großen, diese Schenkung durch sein Einverständnis rechtskräftig zu machen. Karl soll dieser Bitte nachgekommen sein. Da Abt Sturmi im Jahre 779 starb, muß diese offizielle Verleihung vorher stattgefunden haben.

Was die Stifterfamilie anlangt, so wird diese durch die Annalen von Fulda des 8. und 9. Jahrhunderts, in denen die Schenkungen niedergelegt wurden, belegt. In einem dieser Bücher heißt es:

„Ego, Berenhart comes de Saxonia trado ad sanctum Bonifacium bona mea quae sunt in terminis Tigildi cum municipiis – Ich, Graf Berenhart von Sachsen, schenke dem Heiligen Bonifatius meine Besitzungen im Gebiet des Tigildigaues mit den Hörigen."

Diese Passage in den Klosterannalen stammt aus der Zeit des Abtes Baugulf, der von 780 bis 802 residierte. Mit dieser materiellen Zuwendung wurde die Voraussetzung zum Bau der Kirche bei Hameln erst gegeben, so daß dieser später anzusetzen ist.

Die in Hameln von den Fuldaer Mönchen gegründete und erbaute Kirche wurde dem heiligen Romanus geweiht. Die Mönche gründeten in diesem Gebiet noch zwei weitere Kirchen, eine in Hilligsfeld, die den Namen St. Martin erhielt, und eine weitere in Wenge, die als Dionysius-Kapelle bekannt wurde.

Es wird angenommen, daß der älteste Bischof von Minden, Erkanbert, zuerst in Hameln residiert hat. Erkanbert wurde zu Ende des 8. Jahrhunderts in den Fuldaer Traditionen als „episcopus de Saxonia – Bischof von Sachsen" genannt.

Der Hamelner Besitz der Fuldaer Mönche hebt sich nach einer alten Gaukarte seit etwa 780 vom benachbarten Augau und dem Nethegau ab, die Paderborner Missionaren unterstanden. Auch der von Mainz missionierte Hessengau ist scharf vom Tilithigau und den anderen genannten abgegrenzt.

Dies bekräftigt die Annahme, daß Erkanbert 780 zunächst Missionsleiter von Hameln gewesen ist. Als er dann Bischof von Minden wurde, behielt er seinen früheren Missionssprengel bei und fügte ihn in sein neues Bistum ein. Auf diese Weise war es möglich daß der Tilithigau mit seiner Missionsstation Hameln zum Bistum Minden gelangte.

Außer der Schenkung des Grafen Berenhart von Hameln wurden eine Reihe weiterer Schenkungen reicher Sachsen an das Kloster Fulda bekannt. Einer der Schenker ist Ditmar aus Hameln. Er bekundete: „Ditmar de Hamelon tradidit Deo et sancto Bonifacio quicquid ibi proprietatis habuit – Ditmar von Hameln schenkte Gott und dem heiligen Bonifatius sein Eigentum in Hameln."

Aus dem Lagerbuch Fuldas des 9. Jahrhunderts, in welchem das Verzeichnis jener Ortschaften niedergelegt ist, die zur Pfründe des Kosters gehörten, sind allein im Hamelner Bezirk 111 Höfe genannt, die den Zehnten an das Kloster abzuführen hatten. Diese Höfe lagen mit zwei Ausnahmen alle im Wesertal. Die beiden Ausnahmen befanden sich im Bistum Verden. Außerdem gehörten noch 60 Zinspflichtige, drei Kirchen und sechs Mühlen dazu.

Der Tilithigau wurde nach dem Verschmelzen der Cherusker mit dem sächsischen Stammesverband in die altsächsische Gauverfassung einbezogen. Das Ur-Heiligtum der Germanen mit dem Heiligen Hain nahm auch unter sächsischer Führung einen beherrschenden, zentralen Platz ein.

Im 10. Jahrhundert wurde Hameln zur „villa publica Hamelen" ernannt, woraus sich die Stadt Hameln entwickelte. Das Grafenamt im Tilithigau lag zur Zeit Ottos I. in den Händen der Billunger. Graf Hermann Billung, stellvertretender sächsischer Herzog, wurde 965 hier zum ersten Male genannt. Die Nennung von Bernhard II. – Enkel Hermann Billungs und Sohn von Bernhard I. – zeigte, daß dieser, nachdem er im Jahre 1011 die Nachfolge seines Vaters angetreten hatte, auch das Grafenamt über mehrere Wesergaue innehatte.

Grafschaftsverfassung und neuer Aufstand

Nun wurde die fränkische Grafschaftsverfassung eingeführt. Jeder der eingesetzten Grafen würde unter fränkischer Oberherrschaft stehen, und Herrscher über sie alle würde König Karl sein.

Die Versammlungen für ihre öffentlichen Beratungen mußten die Sachsen von nun an vorher anmelden. Erst wenn der König diese Termine bestätigt hatte, durften sie diese durchführen. Zum Schluß folgte der „dicke Hammer", als dekretiert wurde, daß zum einen alle Kirchen nicht nur von den christlichen, sondern auch von den heidnischen Sachsen höher geehrt werden müßten als deren Götterhaine.

Dem Priester aber müsse der Zehnte an Früchten aller Art und auch an Einnahmen als Kirchensteuer ausgehändigt werden. Die Todesstrafe sollte alle treffen, die einen Leichnam dem heidnischen Brauch entsprechend verbrennen würden. Alle jene, die sich versteckten, um der heiligen Taufe zu entgehen, und jene, die das Fasten nicht einhielten und an den dazu bestimmten Tagen Fleisch essen sollten, wurden mit schweren Strafen bedroht. Wer sein neugeborenes Kind nicht binnen eines Jahres zur Taufe bringe, müsse eine hohe Geldstrafe zahlen.

An den Schluß setzte dann der mit der Ausarbeitung dieser Gesetze beauftragte Klerus jene Bestimmung, nach welcher „alle jene, die solcher Vergehen schuldig waren, der Strafe entgehen konnten, wenn sie zum Priester gingen und sich taufen ließen. Sollten sie aber bereits getauft sein, dann müßten sie sich der Kirchenbuße unterwerfen, um der weltlichen Strafe ledig zu sein."

Die versammelten Sachsen willigten in diese Friedensbedingungen ein. Die Sachsen aus dem Bardengau um Lüneburg und die Nordleute, jene Sachsen, die noch immer nördlich der Elbe lebten, ließen sich ebenfalls taufen.

Die Sachsen mit ihrem Stammesgebiet wurden ab Anfang 782 dem fränkischen Reichsgebiet gleichgestellt. Neben den fränkischen regierten auch sächsische Edelinge, die von den Franken für ihre Treue mit Grafschaften belohnt worden waren. Damit hatte Karl der Große das traditionelle Verfassungsgefüge des Sachsenstammes endgültig zerschlagen, die dort vom Adel ausgeübte Herrschaft entscheidend beschnitten und die Teilnahme der Liten (Halbfreien) am politischen Geschehen beseitigt.

Der erste große Beweis für diese neugewonnene „Partnerschaft der Sachsen an Rechten und Pflichten des fränkischen Reiches" war die Teilnahme eines sächsischen Aufgebotes am Kriegszug des Jahres 782 gegen die aufständischen Slawen im Gebiet zwischen Elbe und Saale. Diese slawischen Sorben waren in fränkisches Gebiet eingedrungen und sollten wieder hinausgeworfen werden.

Die Sachsen leisteten dieser Aufforderung Folge, und zwar kamen sie in viel größeren Kontingenten, als man dies erwartet hatte. Es galt, das Gebiet zwischen Elbe und Saale von slawischen Eindringlingen freizuschlagen. Karls Vorhaben erwies sich als Bumerang, denn anstatt die Grenzen des fränkischen Reiches gegen die Slawen zu sichern, versammelten sich die zusammengerufenen Sachsen auf dem an der Weser gelegenen Süntelberg um Widukind. Dieser hatte Boten zu den Friesen mit dem Ersuchen gesandt, den Sachsen gegen die Franken beizustehen.

Dieser Aufstandsbrand griff nun auch auf die Friesen über „und breitete sich über die Lauwers nach Westen bis zum Flie hin aus". (Siehe Kurowski, Franz: a.a.O.)

Friesische Truppen schlossen sich Widukinds Verbänden an. Der Angriffskrieg begann und wurde in den Annalen Einhards folgendermaßen dargestellt: „compererunt Saxones ex concilio Widukindi ad bellum Francis inferendum esse praeparatos."

Nachdem die Franken und die kleinere Gruppe der im fränkischen Heer dienenden Sachsen unter der Führung der Feldherren Geilo, Adalgis und Worad das Land zwischen Saale und Elbe erreicht hatten, erfuhren sie, daß hinter ihrem Rücken der Teufel los sei. Die Sachsen machten kehrt, anstatt zu den bereits vorausgeeilten Franken aufzuschließen. Wittekind führte sie zum Kampf gegen die noch weiter westlich hinter Karls Heer in den Festungen und Engstellen wartenden Franken.

Die den Sachsen unliebsam aufgefallenen Grafen der westlichen Gaue wurden gefaßt und erschlagen. Priester und Mönche bezahlten ihren Einsatz mit dem Leben, und die Kirchen gingen ein weiteres Mal in Flammen auf.

Als der reitende Bote das Heer der genannten drei Kommandeure erreichte und diese Hiobsbotschaft überbrachte, machten die drei Feldherren kehrt. Sie erhielten die ebenfalls von dem Boten übergebene Zusicherung des Königs, daß von Ripuarien her rasch unter Graf Thierry (Theoderich) ein weiteres Heer im Anmarsch sei und daß sie das Herankommen dieses Heeres abwarten sollten, ehe sie zum Angriff übergingen.

Doch anstatt dieses Verstärkungskontingent abzuwarten, marschierten sie direkt der Nordseite des Süntel entgegen. Das Heer erreichte das ostwärtige Weserufer und marschierte daran entlang.

Graf Theoderich teilte seine Streitmacht, und während der eine Teil auf dem westlichen Weserufer verblieb, setzte der andere Teil stromabwärts ziehend bei der Weserscharte über den Fluß, wandte sich weiter flußabwärts und stand schließlich im Rücken der Sachsen.

Die von Osten kommenden Truppen griffen mit ihren Reiterabteilungen in gestrecktem Galopp an. Sie wurden von den in Schlachtordnung aufmarschierten Sachsen erwartet. Die Reiter wurden gestoppt und von den aus ihren Flankenstellungen hervorbrechenden berittenen Sachsen umzingelt und niedergemacht. Wer von den Angreifern entkommen konnte, der floh nicht in das weiter ostwärts gelegene eigene Lager zurück, sondern hetzte durch die Weserfurt und über das Gebirge zu Theoderich.

Auf dem Gefechtsfeld blieben zwei Missi – Königsboten –, vier

Grafen und 20 Edle als Anführer mit einem Teil ihrer Männer als Tote zurück. Das war die schwerste Niederlage, die das fränkische Heer in allen seinen Kämpfen gegen die Sachsen erlitten hatte.

Daß die Friesen an diesem Abwehrerfolg großen Anteil hatten, wird von Zeitzeugen berichtet.

Nach der Nachricht von dieser Niederlage eilte König Karl mit seinen Kerntruppen heran. Er ließ die fränkischen Führer und die in seinem Dienst stehenden sächsischen Grafen zu sich kommen und fragte sie nach dem Grund dieser erschreckenden Niederlage, die alles Erreichte wieder zunichte zu machen drohte.

Die einhellige Meinung der Versammelten war, es sei nur Widukind zu verdanken, daß die Sachsen wieder so stark geworden waren. Ihn galt es zu vernichten, wenn man endgültig der Sachsen Herr werden wollte. Außerdem mußte gegen die Treulosen ein Exempel statuiert werden.

Der ganze Sommer und Winter 782 sah den fränkischen König an der sächsischen Front, um sich Widukinds zu versichern. Doch dieser war bereits wieder mit seinen Getreuen zu seinem Schwager nach Dänemark entkommen.

Die Strafexpedition Karls setzte hinter jedem auch noch so kleinen sächsischen Truppenverband her. Wo sie auf Sachsen stieß, die bewaffnet waren, wurde der Kampf aufgenommen. Diesmal gab es keine Friedensverhandlungen und keine Ergebenheitsadressen. Gehöfte wurden in Brand gesteckt, Felder verwüstet.

Das Blutbad von Verden

Vor einer Versammlung der Sachsen forderte Karl von ihnen die Auslieferung oder freiwillige Stellung der edlen und freien Sachsen. Sie sollten sich zu einer Versammlung in Verden an der Aller den Franken stellen; ansonsten werde das ganze Sachsenland ausgeräuchert.

In der Hoffnung, auch diesmal davonzukommen, gingen die Edlen dorthin. Sie wurden von starken Gruppen fränkischer Krieger entwaffnet und enthauptet, denn sie waren allesamt Verräter, und auf einen solchen Verrat stand der Tod. Insgesamt sollen es 4500 gewesen sein.

Daß eine Zahl von 4500 waffenfähigen Männern die gesamte waffentragende Mannschaft mehrerer Gaue bedeutete, die auszuliefern nicht einfach war, weil sie sich wohl nicht hätten wehrlos abführen lassen, liegt nahe. Im Nachlesen einiger alter Berichte darüber stößt man auf einige auch aus unseren Tagen bekannte „Lesefehler" und erfährt, daß in Verden nicht 4500, sondern nur eine Handvoll Rädelsführer hingerichtet worden sei. Die Sachsen, die diese Rädelsführer gefaßt und ausgeliefert hatten, seien nämlich nicht imstande und auch nicht willens gewesen, eine solche Zahl zur Hinrichtungsstelle zu schleifen. (Siehe dazu auch: von Bippen in der Deutschen Zeitschrift für Geschichtswissenschaft I.)

Der Abschreckungsfaktor, den Karl mit dieser Hinrichtungsaktion zu erzielen hoffte, schlug ins Gegenteil um. Der Haß auf die ins Land eingedrungenen Eroberer wuchs ins Unermeßliche. Widukind hatte nun keinerlei Mühe mehr, immer neue Kampfgruppen aufzustellen. Der Kampf war also nach der Hinrichtung dieser Rädelsführer nicht zu Ende, er hatte erst begonnen.

Eine weitere Version dieses Massakers von Verden an der Aller, die von dem Kirchengeschichtler Hauck geboten wird, hat nach allem, was über Karls Plan, die Sachsen auszurotten und sich ihr Land anzueignen, bekannt wurde, einen hohen Wahrscheinlichkeitsgrad. Hauck sieht darin den Versuch der „fränkischen Partei unter den Sachsen, das Stärkeverhältnis unter ihrem Volk auf Dauer zu ihren Gunsten zu verschieben".

Daneben wurde auch die These aufgestellt, daß die in Verden hingerichteten Sachsen Kriegsgefangene gewesen seien und sie für ihren Treuebruch mit nachfolgendem Aufstand nur ihre gerechte Strafe bekommen hätten. Bei Einhard, dem Schreiber Karls des Großen, können wir lesen, daß es tatsächlich 4500 gewesen sein müssen, denn dort heißt es darüber:

„Omnes Saxones iterum convenientes subsiderunt se sub postestate supradicti regis et reddiderunt omnes malefactores illos, qui ipsud begellum maxime terminaverunt ad occidendum quatuor milia quingentos. – Alle Sachsen, die wiederum zusammengekommen waren, unterwarfen sich der Macht des Königs und lieferten alle jene Übeltäter aus, die am meisten auf die Empörung hingewirkt hatten, auf daß sie getötet würden, viertausendfünfhundert."

Kriegsgefangene waren diese Sachsen jedoch nicht, wie die Geschichte darlegt. Sie waren weder aus den Händen ihrer Stammesgenossen nach Kriegsschluß den Franken überantwortet worden, noch waren sie von ihren eigenen Stammesgenossen aus ihren Höfen geholt worden, die im weiten Lande verstreut waren. Alle diese Versionen müssen als Erfindungen der fränkischen Geschichtsschreiber angesehen werden, die zum Ziel hatten, die Schuld an dieser Bluttat auf die Sachsen selber zu schieben.

Der Wahrheit am nächsten kommt möglicherweise Wilhelm Teudt, der darüber folgende Version gab, die abschließend zitiert sei:

„Die 4500 Hingeschlachteten können, was ihre Hauptmasse anlangt, nur jene Zivilgefangenen gewesen sein, die nach der Paderborner Entrechtung der Sachsen, weil sie noch Anhänger des alten Glaubens waren, ergriffen und nach Verden in das ständige Gefangenenlager geschafft worden waren. An ihnen hat Karl seinen Rachedurst für seine Niederlage am Süntel gestillt. Aber diese Tat entsprach auch dem uns von Einhard ausdrücklich mitgeteilten Haß gegen dieses ganze um seine Freiheit ringende Volk. Im Bericht Einhards über das Jahr 775 heißt es: ‚Während seines Winteraufenthaltes in Carisiakus beschloß der König, das treulose und bundesbrüchige Volk der Sachsen mit Krieg zu überziehen und nicht zu ruhen, bis sie besiegt und zum Christentum bekehrt oder *ganz ausgerottet* wären.'" (Siehe Teudt, Wilhelm, Germanische Heiligtümer, Beiträge zur Aufdeckung der Vorgeschichte.)

„Und damit begann eines der scheußlichsten Kapitel der europäischen Geschichte, die Zertrümmerung, der Versuch der Ausrottung eines der besten Germanenvölker durch zum Teil romanisierte Stammesgenossen im Dienst des Papstes. Das Heer, das wir 775 von Düren ausziehen sahen, war von einer Menge von Priestern begleitet." (Siehe Hoffmann, A. von: Politische Geschichte der Deutschen, Stuttgart 1921.)

„Durch die Hinrichtung der 4500", so Teudt, „hatte Karl mit einem Schlage den wesentlichsten Teil der Besten des Landes für immer stumm gemacht. Zum kleinen Teil konnten dies auch die Convenientes – Leute der Friedenspartei – gewesen sein, die im Vertrauen auf Karls Zusagen nach Verden gekommen waren, um mit ihm einen erträglichen Frieden zu schließen."

Die weiteren Kämpfe

Aus Dänemark zurückgekehrt, stand Widukind auch 783 an der Spitze der Sachsen, die Widerstand leisteten, und erhielt auch jetzt von den Friesen Waffenhilfe. Unter den Verwandten und Söhnen der Erschlagenen wurde ein Rachebund gegründet, der es sich zum Ziel gesetzt hatte, bis zum letzten Atemzug gegen den Mörder eines ganzen Volkes zu kämpfen. Alles, was Waffen tragen konnte, schloß sich den Rächern des Mordens von Verden an. Von nun an wurde nicht mehr von Kämpfen und Scharmützeln geschrieben, sondern von zwei großen Schlachten, wie dies in den Fuldaer Annalen zu lesen ist. Die Absicht der Sachsen, weit ins fränkische Gebiet einzufallen, war nicht mehr zu verwirklichen, da Karl in aller Eile sein Heer hatte rüsten lassen und von Diedenhofen aus zum Rhein marschieren und den Fluß überschreiten ließ. Das Land der Engern wurde erreicht, und bei Theotmalli (Detmold) kam es zur ersten dieser großen Feldschlachten. Beide Seiten stießen mit allen verfügbaren Kräften zu.

Gerade an diesem Tage hatte Karl von einem aus seiner Residenz kommenden Boten die Nachricht vom Tode seiner Gemahlin Hildegard erhalten, sich aber dennoch „des rachegierigen Beginnens heftig angenommen", wie Eginhard, sein Schreiber, notierte. Den Schlachtort gab Eginhard dergestalt an, daß sich dieses Ringen ungefähr dort abgespielt habe, wo Hermann der Cherusker den Varus geschlagen hatte, „nämlich an der Ostneyge" (Osningecke?).

Im Mai 783 kam es zwischen den sächsisch-friesischen Aufständischen und dem fränkischen Heer zur Schlacht. Es gelang Karl, die drei Heerhaufen der Sachsen vor ihrer Vereinigung einzeln zu stellen. Es waren die Engern, die am Osning geschlagen wurden. Beide Seiten wurden in dieser Schlacht stark zur Ader gelassen, so daß sich Karl mit seinen Truppen gegen Abend nach Paderborn zurückziehen mußte, um das Herankommen weiterer Streitkräfte abzuwarten. Auch die Sachsen waren froh, zur Ruhe zu kommen.

Als die Verstärkungen eingetroffen waren, marschierte Karl erneut gegen den Feind, der im Bereich der Hase gemeldet worden war. Sieben Tage nach der ersten Feldschlacht fand bei Schlachtvorderberg an der Hase – im Raume Bramsche – das zweite Ringen um den endgültigen Sieg statt. Die Westfalen Widukinds waren hier die Hauptgegner Karls. Bei diesem Berg handelte es sich um den heutigen Clus am rechten Ufer der Hase unweit Osnabrück.

Diesmal ging es ums Ganze. Der Kampf tobte drei Tage und Nächte hin und her. Danach mußte sich Widukind zunächst in eine nur ein paar Fußstunden entfernte Fliehburg zurückziehen. Diese Burg wird heute noch Wittekindsburg genannt.

Der friesische Herzog Surbold fiel neben seinen sächsischen Kampfgefährten. Nicht weniger als 6000 Kämpfer beider Seiten sollen in dieser Schlacht des Jahres 783 den Tod gefunden haben. Das Grabmal Herzog Surbolds soll alle Gräber auf dem Hümmling – der als dritter Kampfplatz gilt – in seiner Größe weit übertroffen haben.

Die Burgbelagerung zeigte dem Sachsenherzog, daß er nicht sehr lange werde aushalten können. In einem nächtlichen Ausfall gelang es ihm, die dichte Umklammerung seiner Feinde zu durchbrechen und zu entkommen.

Karl zog sich wieder nach Paderborn zurück, um wenig später das Sachsenland erneut zu verlassen.

Die beiden Orte, an denen die einander feindlichen Heere ihr Lager

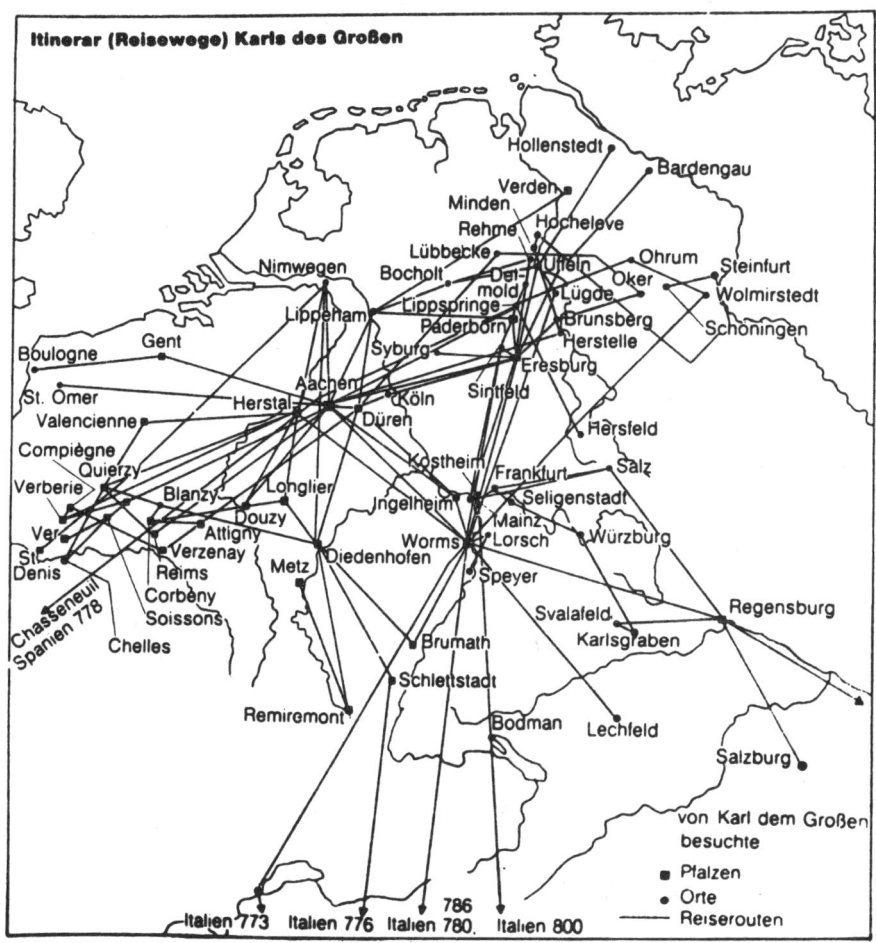

(Aus: Lorscher Annalen.)

aufgeschlagen hatten, heißen noch heute das Wittekindsfeld und das Karlsfeld.

Der siebente Frankenzug nach Sachsen

Im Frühjahr 784 brach Karls Heer abermals auf, überschritt bei Lippeham, der Einmündung der Lippe, den Rhein und wollte sich nach Nordosten wenden, um den im Norden wohnenden Sachsen und den Friesen Gottesfurcht beizubringen. Unterwegs wurde wie üblich gebrannt und geplündert.

Da die Weser Hochwasser führte und nicht zu überschreiten war, wandte er sich nunmehr in Richtung Enger, um von dort weiter nach Thüringen vorzustoßen.

„Damit waren die Friesen, die das Joch des Christentums abgeschüttelt hatten und wieder ihren alten Göttern opferten, aus der Schußlinie und der Todesspur des Frankenzuges heraus." (Siehe Kurowski, Franz: a.a.O.)

Während sich Karl mit dem Hauptheer nach Ostfalen wandte, ließ er seinen Sohn Karl, der zu dieser Zeit erst zwölf Jahre alt war und seinen Vater das erstemal begleitete, mit einem Teilheer in Westfalen zurück.

Gegen diese Nachtruppen unter dem Sohn Karls sammelte Widukind eine größere Schar sächsischer Krieger. Auf der nördlichen Lippeseite bei Drentgow (Dreingau im Münsterland) kam es zum Kampf. In den Einhardschen Annalen wird dieser als Reiterschlacht angegeben und der Ruhm des Sieges auf Karls Sohn gehäuft. Doch die Reiter standen nur auf fränkischer Seite, und Karls Sohn „kam mit heiler Haut davon", wie das „illaesus remeavit" eines Annalisten entgegen der fränkischen „Hofzeitung", wie Einhards Annalen genannt wurden, berichtete.

Wieder waren auch friesische Kontingente dabei, die den gleichen Feind bekämpften wie Widukind, der mit seinen Truppen so aktiv blieb, daß Karl diesmal nicht über den Winter in eine seiner Residenzen zurückkehren konnte, sondern im Sachsenland bleiben mußte.

Er feierte das Weihnachtsfest in seinem Lager unterhalb eines alten sächsischen Burgwalles bei Altschieder in Huntagow in der Gegend von Lügde und Pyrmont. Da die Überschwemmung der Weser jedem weiteren Vordringen einen Riegel vorgeschoben hatte, zog sich Karl schließlich mit seiner Familie in die Eresburg zurück, weil diese den besten Schutz gegen überraschend angreifende Sachsen bot. König Karl blieb also an der „sächsischen Front", um jederzeit eingreifen zu können.

Immer wieder kam es auch im Winter zu sächsischen Überfällen. Dort, wo fränkische Kampfgruppen, die das Land durchschwärmten, auf Sachsen stießen, kam es zum Kampf, der mit größter Erbitterung geführt wurde.

Karls strategisches Konzept, zunächst die Sachsen in eine Reihe kleinerer Zermürbungsgefechte zu verwickeln, die letzten ihnen noch verbliebenen Befestigungen zu erobern und sich solcherart die Anmarsch- und Nachschubwege zu sichern, schien aufzugehen.

Im Frühjahr 785 eröffnete König Karl den Großkampf mit seinem in den Bardengau hineinstürmenden Heer. Die Sachsen zogen sich kämpfend vor dieser Kriegsmacht zurück. Das fränkische Heer drang von Paderborn aus sengend und plündernd durch Mittel- und Nordsachsen bis zur unteren Elbe vor. Noch befanden sich die in Nordalbingien wohnenden Sachsen außerhalb der Reichweite dieser fränkischen Sturmtruppen. Ebenso waren auch die weit ausgedehnten Sumpfgebiete zwischen der Weser- und Elbemündung noch sicher vor dem fränkischen Zugriff.

Dennoch: Der Widerstand der Sachsen erlahmte. Widukind, bereits an die 60 Jahre alt, hatte im Jahr zuvor eine Rückenwirbelverletzung erlitten, die ihn peinigte und ihn dazu zwang, sich auf sein Pferd heben zu lassen. Darüber hinaus sah er nun ein, daß dieser Kampf niemals mit der sächsischen Befreiung enden konnte und daß er – um sein Volk oder das, was noch von diesem übriggeblieben war, zu retten – die Franken um Frieden angehen mußte.

Er hatte sich mit seinem Verwandten Abbio und einigen Gefährten zu den nordelbischen Sachsen zurückziehen müssen. Von hier aus entsandte er einen Reiter zum Heerlager Karls, der dem Frankenkönig die Nachricht Widukinds überbrachte, daß er bereit sei, sich zu unterwerfen.

Karl war sofort einverstanden, denn sooft er auch gesiegt hatte, die Unterwerfung dieses wahrhaften Stammes schien noch in weiter Ferne zu liegen. Er stellte die geforderten Geiseln, die mit dem Boten zu den nördlichen Sachsen ritten und sich in Widukinds Hand gaben.

Der Krieg war zu Ende. Widukind und Abbio (Alboin) begaben sich mit ihrem engsten Gefolge nach der Pfalz Attigny bei Reims, wo sie – wahrscheinlich zu Weihnachten 785 – getauft wurden, nachdem sie ihren Göttern abgeschworen hatten. Auch Wittekinds Gemahlin Gera soll zur gleichen Zeit in Attigny getauft worden sein wie alle übrigen Begleiter des Sachsenherzogs, die mit ihm nach Attigny gezogen waren. Die ihnen auferlegte, zu beschwörende Eidesformel lautete:

„Hilken maktik Konnink Karelo, ik tin vanken Oddo, pana of

thousand, vorsaki ten krotten Woudanabelta up Artisbarko. So ok all men godmanni ok kriskneeti to kerstene. Al min sittoma ok rekto is in thin will ok anda. We bit di otmode um levens ok fridoms. We will oldena bi Gotto almaktik ten vater, ten son, ten illiken ost, so we nu lernet, ok an ti, us nadik konnink. – Heiliger mächtiger König Karl, ich, dein Gefangener Otto, Panierherr über tausend, entsage dem großen Wodansbilde auf dem Harzberge. So werden auch alle meine Gutsmannen und Kriegsknechte zu Christen. All mein Besitztum und Recht ist in deinem Willen und deiner Hand. Wir bitten dich demütig um Leben und Frieden. Wir wollen halten bei Gott dem Allmächtigen Vater, dem Sohn und dem Heiligen Geist, so wir nun gelernt, und an dir, unserem gnädigen König."

Für den Begriff „Heiliger Geist" wurde das Wort „Ost" benutzt, weil man dafür keinen anderen sächsischen Namen hatte. „Heiliger Ost" bedeutete in der sächsischen Sprache „aufgehendes Licht".

Widukind trat vom Kriegsschauplatz in Sachsen ab. Viele Edle nahmen nach seinem Beispiel die Taufe, und die Krieger taten es ihren Gauführern nach. In der „fränkischen Hofzeitung" war denn auch zu lesen: „Nun war das ganze Sachsenland unterworfen."

Doch dies sollte – wie sich sehr bald herausstellte – ein Trugschluß gewesen sein, wenn es auch in den nächsten sieben Jahren verhältnismäßig ruhig blieb.

Auf Bitten Karls ließ der Papst nach der Meldung, daß Karl die heidnischen Sachsen der fränkischen Herrschaft unterworfen hatte, in Rom, im gesamten Frankenland und in der gesamten übrigen christlichen Welt drei Tage lang Dankgottesdienste halten, denn nun konnte die Kirche daran gehen, auch dieses Land in ihre bereits weltumspannende Organisation einzubinden. Bistümer wurden gegründet, neue Kirchen erbaut. Und als wichtigste flankierende Maßnahme ließ Karl die Capitulatio de partibus Saxoniae mit ihren drakonischen Strafbestimmungen herausgeben, in der Grafen, Königsboten, Kirchen und Geistliche unter höchsten Schutz gestellt waren und jeder Übergriff gegen diese Personen und Institutionen mit dem Tode bestraft wurde.

Daß für Widukinds Taufe in den vielen Sagen und Berichten auch andere Orte genannt werden, ist überliefert. Insgesamt stritten sich nicht weniger als zwölf Orte um diese Ehre. Es waren dies neben Attigny noch Bardowick, Belm, Bergkirchen, Enger, Hohensyburg, Medebach, Minden, Mitterbach, Paderborn, Wolmirstedt und Worms.

Die zeitgenössischen Annalisten Einhard, die beiden Saxo und die Lorscher Annalen nennen jedoch übereinstimmand Attigny als Taufort.

Karls persönlicher Bericht über die Unterwerfung Widukinds, geschrieben an den angelsächsischen König Offa, der für gefälscht gehalten wird, aber dennoch genau das umreißt, was Karl empfunden haben mochte, lautete:

„Es geziemt mächtigen und gefeierten Königen, sich durch das Band der Freundschaft aneinander zu schließen und sich zu freudigen Ereignissen Glück zu wünschen, damit im Bande der Liebe Christus in allen und von allen verherrlicht werde. – – –

Withimund und Albion haben mit fast allen Einwohnern Sachsens das Sakrament der Taufe empfangen, um in Zukunft dem Herrn Jesus Christus zu dienen. Durch diese heilbringende Nachricht wünsche ich, Carl, der mächtigste unter den christlichen Königen des Ostens, Dich, o Offa, den mächtigsten christlichen König des Westens, zu erfreuen und Dich in besonderer Liebe inniger zu umfassen."

In einem persönlichen Handschreiben an König Karl schrieb Papst Hadrian:

„Mit Freuden habe ich aus dem Briefe, der mir durch Deinen Gesandten, den Abt Andreas, überbracht ist, entnommen, daß Du die wilden und feindseligen Stämme der Sachsen zur Verehrung Gottes und zum rechten Glauben unserer heiligen, katholischen und apostolischen Kirche geführt hast. Du hast mit der Hilfe Gottes und der Fürbitte der heiligen Apostelfürsten Petrus und Paulus ihren Nacken unter Seine Macht und Herrschaft gebeugt und ihre Großen durch göttliche Erleuchtung mit königlichem Bemühen unterworfen und so jenes gesamte Volk der Sachsen zum heiligen Taufquell geführt.

Mir ist dein Wunsch, für den Sieg eine Feier zum Lobpreise Gottes zu veranstalten, sehr erfreulich, und ich habe beschlossen, daß in allen der heiligen römischen Kirche unterworfenen Teilen des Erdkreises am 23., 26. und 28. Juni 786 als dem Vorabend des Festes des heiligen Johannes des Täufers, am Feste des heiligen Johannes und Paulus und am Vorabend des Festes des heiligen Apostels Petrus Litaneien gehalten werden sollen. – – –

Ich habe die Zeit der Feier deshalb so weit hinausgeschoben, damit auch die außerhalb des Frankenreiches wohnenden christlichen Nationen es bis dahin erfahren haben und an der Feier teilnehmen können."

Damit dürfte erwiesen sein, daß mit dem Sieg über Widukind neben dem militärischen Erfolg auch jener auf politischem und religiösem Gebiet gefeiert wurde.

In seinem Kapitular, dem berüchtigten Capitulare Saxonicum, das König Karl kurz nach dem fränkischen Sieg herausgeben ließ und das sich zur Gänze mit dem eroberten Gebiet befaßte, wird in den ersten

14 Kapiteln, den „capitula maiora", deutlich, daß die „Bekehrung durch das Schwert" auch in der Folgezeit fortgesetzt werden würde.

Die Ahndung für das gewaltsame Eindringen in eine Kirche oder für eine heidnische Leichenverbrennung war die Todesstrafe. Diese griff auch dann, wenn einer das vierzigtägige Fasten „aus Verachtung des Christentums" nicht einhielt, oder einen Bischof oder Diakon tötete. Einer der schlimmsten Abschnitte lautete:

8. „Wer sich künftig als Ungetaufter im Sachsenvolke verbergen will, es unterläßt, zur Taufe zu kommen und Heide bleiben will, der soll des Todes sterben."

An die Stelle der friedlichen Bekehrung war die unter Todesandrohung vorgeschriebene Zwangstaufe getreten.

Was aber unter die kleinen Kapitel fiel, das war noch entscheidender, denn dort wurden die Grundlagen zur Versklavung eines Volkes gelegt:

„Zu jeder Kirche", heißt es im Absatz 15, „sollen die zugehörenden Gaubewohner einen Hof und zwei Morgen Landes geben, und auf je 120 Menschen – Adelige, Freie oder Abhängige – sollen sie der Kirche einen Knecht und eine Magd zuteilen."

„Ebenso bestimmen wir nach Gottes Willen, daß alle den Zehnten ihres Vermögens und ihrer Arbeit den Kirchen und Priestern geben." (Absatz 17).

„Wir befehlen", heißt es im weiteren Verlauf dieses Gesetzes, „daß die heidnischen Priester und Wahrsager den Kirchen und Geistlichen ausgeliefert werden. – – –

Wir verbieten allen Sachsen, auf allgemeinen Volksversammlungen zu tagen, wenn sie nicht *unser* Sendbote auf *unseren* Befehl einberufen hat. Dafür soll jeder Graf in seinem Gau Versammlungen abhalten und Recht sprechen, und die Priester sollen darauf sehen, daß er nicht anders handelt."

Die germanischen Götter wurden von der Kirche zu Teufeln degradiert, denn auf die Frage beim Taufgelöbnis „Entsagest du dem Teufel und allen Teufelswerken?" lautete die Antwort: „Ich entsage allen Teufelswerken und Worten, Donar, Wodan, Saxnot und allen Unholden, die ihre Genossen sind."

Mit dem Wort „Forsachistu – entsagest du?" wurden nun in Sachsen Männer, Frauen und Kinder verfolgt und mußten sich zur Zwangstaufe entscheiden, wenn sie nicht getötet werden wollten. Doch alles dies konnte nicht verhindern, daß sich die Sachsen in ihrer größten Not noch einmal zum Widerstand aufrafften; das Gegenteil der mit der Zwangsbefriedung beabsichtigten Niederwerfung und Ruhe der Sachsen wurde erreicht.

Vom Oberhof zum Reichshof

Zu Wittekinds Oberhof auf dem rechten Ruhrufer, wo später die „Freiheit Westhofen" entstand, gehörten vier umliegende Bauernschaften. Es waren dies die Bauernschaft Holthausen im Norden, Wanthofen im Osten in Richtung Schwerte, Gahrenfeld im Süden jenseits der Ruhr und die auf dem Bergrücken gelegene Bauernschaft Syburg. Letzteres soll zur Zeit Widukinds eine Stadt gewesen sein.

Daneben gab es in dem besagten Oberhof, dem späteren Reichshof Karls des Großen, noch acht Edel- oder Burgmannsitze, die bereits zur Zeit Widukinds vorhanden waren. Es waren nach dem Bericht von Steinens in der „Westphälischen Geschichte" zunächst die Familie von Boyle, die ein Erbgutlehen im Reichshof besaß, das später in Teilen an das Haus Ruhr gelangte. Als zweite kam die Familie von Husen in Betracht. Der schloßartige Familiensitz dieser Familie lag zwischen Westhofen und Hohensyburg.

Die Familie von Kücken zum Kückenshuse hatte ihren Rittersitz nordwestlich an Syburg anschließend. Aus ihrem Besitz und den Landmannhäusern entstand die Ortschaft Kükelshaus.

Das Haus Ruhr, ein zwischen Westhofen und Schwerte gelegenes Rittergut, wurde von einer unbekannten Ritterfamilie aufgebaut. vom 15. bis 18. Jahrhundert gehörte es einer Familie von Neim oder Neheim.

Die Ritterfamilie in dem Spyker zu Westhofen, deren Schloß noch 1742 wenigstens in den Grundmauern stand, lebte vom 15. bis ins 17. Jahrhundert dort und bekleidete Ämter im märkischen Raum.

Die Familie Syberg oder Syburg wiederum bewohnte das Schloß auf der Hohensyburg bis zu dessen Zerstörung. Sie baute danach in Westhofen eine neue Burg, deren Spuren nicht mehr zu finden sind.

Nördlich von Westhofen befand sich das Gut derer von Steenhuß mit dem Schloß gleichen Namens. Seit wann und wie lange diese Familie als Burgmannen dort wohnte, ist unbekannt.

Bliebe noch der Burghof zu Garenfeld zu nennen, über dessen Herrschaft wir nichts wissen, dessen Existenz aber in alten Urkunden verbürgt ist.

Ob diese Burgen bereits zu Widukinds Zeit angelegt wurden oder erst ab dem 13. Jahrhundert, als die genannten Familien in den Urkundenbüchern auftauchten, ist ungeklärt.

Es ist geschichtlich untermauert, daß auf dem alten Reichsgut Karls des Großen eine Hof- und Wohnburg angelegt wurde, die dem Stellvertreter des Königs und Kaisers als Wohnung diente. Möglicherweise ist diese älteste Burg mit dem „Spykerschen Schloß" identisch, denn die

Kapelle dieses Schlosses wurde in Hovels Hist. Westpha. erwähnt, in der es heißt: „Sie wurde im Jahre 804 von den Franken errichtet und vom heiligen Aegidius geweiht."

Nach dem Entstehen dieser Hofburg auf der Hohensyburg schienen sich mehrere Händler und Handwerker hier angesiedelt und die Freiheit Westhofen gebildet zu haben. Diese Freiheit war schließlich zur Zeit der Feudalherrschaft und des Faustrechts vom 9. bis 11. Jahrhundert dazu genötigt, sich durch Gräben und Mauern zu schützen. Dies konnte seit der Zeit Heinrichs I. oder während der Regierungszeit Heinrichs I. und Ottos I. von 919 bis 973 in Anfängen der Fall gewesen sein.

Die genannten Burgmannfamilien waren aller Wahrscheinlichkeit nach – selbst wenn ihre Sitze nach der Zeit Widukinds entstanden sein sollten – altsächsischen Geblüts und nicht fränkischen Ursprungs wie ein Großteil des übrigen westfälischen Adels.

Dies geht aus der Tatsache hervor, daß Karl die Verfassungseinrichtungen in seinem Reichshof Westhofen so beließ, wie sie vorher unter Widukinds Herrschaft waren. Zwar verlor Widukind den Oberhof Westhofen an Karl, doch die darauf wohnenden Burgleute erhielten aus der Hand Karls ihr eigenes Erbe als Lehen zurück, und das gesamte Gebiet wurde zum freien Reichshof erhoben. Dieser freie Reichshof wurde durch aufgeworfene Gräben und Wälle vom umliegenden Land abgeschottet. Seine besondere Aufgabe war es, als Stützpunkt zu dienen und den ab und zu vorbeikommenden Kaiser mit seiner Begleitung aufzunehmen und voll zu versorgen.

Dies blieb bis zum Ende des 12. Jahrhunderts so, und die karolingischen, die fränkischen und sächsischen Herrscher haben hier mehrfach Station gemacht. Dies wurde beispielsweise sehr oft von Heinrich IV. (1056-1106) wahrgenommen, der in diesem ehemaligen Kernland der westfälischen Sachsen derart regierte, daß es mehrfach zu Aufständen und Gewalttaten kam. Von Heinrich IV. wird behauptet, daß er die Mehrzahl auch der bekannten und genannten Burgen und Schlösser errichten ließ, vor allem aber die Hohensyburg, um solcherart „die Sachsen immer in Zaum halten zu können".

Andere Historiker sagen jedoch genau das Gegenteil, daß diese Burgen und Schlösser von den Rittern angelegt worden seien, um sich der Übergriffe der jeweiligen Herrscher erwehren zu können.

Jürgen Velthuiß, der die Geschichte der Hohensyburg und ihrer Eroberung durch die Franken dargestellt hat, berichtet darüber:

„Nachdem König Karl das Burghaus auf dem Berge zerstört, die Mauern der Stadt geschleift und die heidnischen Tempel von den Götzenbildern gereinigt hatte, ließ er die sächsischen Edlen zu sich rufen. Er entband sie im Namen des Papstes von dem Eid, den sie Widukind geleistet hatten, und ließ sie einen Treueeid auf ihn schwören. Hernach nahm er sie in Gnaden auf, gab ihnen ihre Erbgüter und ihre um den Berg herumliegenden Vesten zurück und schloß mit ihnen eine Conditio (Übereinkunft)."

Nach dieser Übereinkunft hatten die Burgleute und Barone die alten vorher Widukind geleisteten Dienste nunmehr König, später Kaiser Karl zu leisten. Hauptaufgabe war es, „dem König mit Leib und Gut gegen die Feinde des Reiches zu dienen und bei den königlichen Festen Tafeldienst zu verrichten. Dazu kam, daß alle Dienstpflichtigen den jährlichen Hofpfennig zu entrichten hatten, und zwar entweder an den König oder in Abwesenheit desselben an dessen Stellvertreter."

Diese Urkunde wurde mit dem Siegel des römischen Reichsadlers bestätigt und den betreffenden Burgherren und Hofleuten ausgehändigt.

Um die Dinge alle in den Griff zu bekommen und überwachen zu können, setzte Karl einen Stellvertreter und kaiserlichen Rat „in den Oberhof auf dem Felde zu Westhofen" ein.

Der Hofpfennig bestand in Gestalt einer Mai- und einer Herbstbede, einem Hundelegger und einem Heerschilling. Diese Abgaben waren in Geld zu entrichten. Hinzu kamen Naturalabgaben, und zwar alljährlich 60 Malter Früchte; Hafer, Gerste und Roggen für den gesamten Reichshof und eine Abgabe an den Abt des Klosters Deutz.

Neben diesem genannten kaiserlichen Rat war die „alte Parochikirche zu Syburg" die älteste Erbin dieser Steuer. Sie erhielt nicht nur 50 Malter Früchte aller Art, sondern hatte das Recht, des Reichshofes Saat und Maße aufzubewahren und auszuteilen. Sie allein durfte in ihrer Braupfanne Bier zum Verkauf brauen und einen Teil davon für sich behalten.

Die Güter des Reichshofes durften nicht geteilt werden. Auf sie Schulden aufzunehmen, war untersagt. Sie konnten lediglich nach Genehmigung durch den obersten Statthalter des Kaisers an einen anderen Hofmann verkauft werden. Eine Verpachtung oder „lebenslängliche Leibzucht" war möglich.

Falls ein Gutseigentümer ohne Erben starb, fiel das Gut an den Kaiser zurück, der es dann an einen anderen Herrn verkaufen konnte.

Falls einer der Gutsherren mit dem Gesetz in Konflikt geriet, wurde er vor Gericht gestellt und mit einer Geldstrafe bestraft. Das Höchstmaß betrug dabei 100 Mark in lötigem Gold. Fiel die Strafe härter aus, dann wurde der Täter durch die Amtsfronen abgeholt und in die Burg Hörde, die als kaiserliches Gefängnis diente, eingeliefert. Diese kaiserliche Burg war nach der Vernichtung der Syburg errichtet worden.

Damit nichts von dem alten sächsischen Hofrecht in Vergessenheit gerate, hatte der kaiserliche Hofrat alljährlich am 9. September auf dem Oberhof nach altsächsischer Art ein „Kluhtengericht" abzuhalten, auf dem alle „Kluhten" – Hofsleute aus den vier Bauernschaften – zu erscheinen hatten. Ein Fernbleiben wurde bestraft.

Auf dem Kluhtengerichtstag wurden die Hofrechte verlesen und alle Anwesenden befragt, ob sie dem Gericht Beschwerden anzutragen hätten. Nach der Frage, ob alles in Ordnung sei, wurden sodann die Marken und Fluren besichtigt und an jenen Stellen, wo die alten Grenzpfähle verrottet oder umgefallen waren, neue gesetzt.

Dieses Hofgericht hatte vor allem auch darüber zu wachen, daß keine Grundstücksabtretungen und andere Zersplitterungen der Höfe stattfanden und daß keine Geldverleih-Praktiken einrissen, die geeignet waren, die Hofbesitzer zu überschulden. Auf diesen Gerichtstagen wurden auch jene zur Ader gelassen, die den Hofpfennig nicht entrichtet hatten.

War ein Bauer nicht mit dem Richtspruch einverstanden, dann konnte er sich an das kaiserliche Gericht wenden, das in Brakel und Elmenhorst eingerichtet war.

Daß auch im übrigen Westfalen die hier stellvertretend für alle in knappen Umrissen dargelegten Gebräuche und Rechte zutrafen, wird als sicher angenommen. Vor allem das freie Volksgericht und das Erbrecht gehörten dazu. Aus diesen freien Hof- und Gaugerichten ging schließlich die Veme hervor, über die in einem späteren Abschnitt berichtet werden muß.

Wer war Widukind?

„Wir kennen aus dem 8. Jahrhundert nur einen einzigen Westfalen in Sachsen, nämlich Widukind." Dieser Ausspruch eines bekannten Historikers, der auch in dem von Gustav Engel verfaßten Werk „Stadt Enger – Beiträge zur Stadtgeschichte 1" zu lesen ist, wird bestätigt, wenn man versucht, die Persönlichkeit Widukinds auszuforschen und etwas von seinen Zeitgenossen aus seiner engsten Umgebung über ihn zu erfahren.

Allerdings werden aus der Geschichte, der Spatenforschung und der Sage Einzelheiten deutlich, welche die Persönlichkeit dieses sächsischen Edlen umreißen und aus der Dunkelheit des Vergessens ans Licht bringen.

Die Nachkommen Widukinds, auf die wir uns bei der Erforschung seines Lebens stützen müssen, besaßen im 9. Jahrhundert bedeutende

Besitzungen in und um Wildeshausen, bei Oldenburg, an der Hase und im Emsland. Enger im Kreis Herford, Vreden im Münsterland und möglicherweise auch Utrecht sind Standorte Widukindischer Besitzungen. Nicht zu vergessen der Oberhof in Westhofen und Widukinds Burg, die Hohensyburg über der Ruhr.

Diese Besitzverhältnisse zeigen deutlich, daß Widukind nicht irgendein beliebiger sächsischer Gaugraf gewesen ist, sondern daß er durch seinen über ganz Westfalen verstreuten Besitz dazu bestimmt war, die Westfalen zu führen.

Daß Widukinds Geschlecht und auch er selber aus Wildeshausen stammen, ist durchaus wahrscheinlich, weil er dem Namen Wigaldeshusun mit den Vornamen der Sippe, Widukind, Wigbert und Waltbert durch Alliteration, der Wiederkehr gleicher Laute, vor allem gleicher Anfangslaute, verbunden ist.

Aus der Geschichte wissen wir über Widukind sehr wenig. Das meiste, das über diesen sächsischen Edlen zu erfahren ist, wird durch Sagen überliefert. Erst im Jahre 777 tauchte sein Name in den Annalen fränkischer Geschichtsschreiber auf. Und zwar heißt es in den Annales Lauriss SS I, 151, über den zu Paderborn abgehaltenen Reichstag, zu dem alle sächsischen Edlen geladen waren:

„Alle waren zu ihm" (Karl) „gekommen, nur Widukind nicht, einer der westfälischen Großen, der im Bewußtsein seiner vielen Übeltaten aus Scheu vor dem König zu Siegfried, dem Dänenkönig, geflohen war."

Die Bemerkung über seine „vielen Übeltaten" lassen den Schluß zu, daß Widukind sicherlich bereits seit Beginn des fränkischen Annexionsversuches mit seinen Sachsen zu den entscheidenden Widersachern Karls gehört hat. Wahrscheinlich war er auch neben Brun bei Lübbecke dabei, als dort die Franken überlistet wurden.

Die Stellung Widukinds in Westfalen war die eines Heerführers, zunächst in Westfalen, später in ganz Sachsen. Darüber hinaus soll er auch Herzog von Westfalen gewesen sein. Einige andere Rollen wurden ihm ebenfalls zugeschrieben.

Die historischen Zeugnisse lassen ihn – gestützt auf die sächsische Verfassung – als Führer der Westfalen im Kampf gegen die Franken auftauchen, und nach dem Blutbad von Verden an der Aller wird er ab 783 als alleiniger Feldherr der Sachsen genannt.

Daß er auch zu Beginn der Frankenkriege einer der bedeutendsten Männer Westfalens war, wird durch Einhard bezeugt, der ihn „unus e primoribus Westfalaorum" nennt.

Ähnlich wird er nach dem Poeta Saxo „e majoribus ejus gentis" genannt. Damit stand er mit Bruno und Hessi, den beiden anderen sächsischen Führern der Engern und Ostfalen, auf einer Stufe, sie zählten zu den „optimates" und „primores".

Und mit den „primates" der Sachsen hatte König Karl ja in Paderborn seine Zusammenkunft, zu der auch Widukind geladen war, aber nicht kam.

Daraus folgert, daß Widukind bis 782 „dux Westfalaorum" und ab 785 „dux Saxonum" war.

In der Vita der heiligen Mathilde heißt es: „Sie stammte aus dem Geschlecht Widukinds, des Führers der Sachsen." Und in der Vita Posterior ist zu lesen, daß Widukind in der „occidentali regione dux gloriosus" war.

Widukind von Corvey nennt seinen Namensvetter Widukind „magnus dux", und da der dux im Kriege *nur* aus den Reihen der principes gewählt werden konnte, lautete der auch hieraus gezogene Schluß, daß Widukind u. a. princeps – Fürst und Vorsteher eines Gaues war.

Seine erste Rolle im Gau war damit auch die eines Beraters und Redners auf den Volksversammlungen, auf denen den Sachsen auch der Kampf gegen die Franken vorgeschlagen wurde. Dies wird untermauert durch die Annalen, in denen über diese Fürsten verlautbart wird, daß sie „suadendi magis quam jubendi potestatem – mehr zu raten denn zu befehlen hatten".

Damit dürfte klar sein, daß Widukind vor seiner Bekehrung einer der Edelinge in Westfalen war, Princeps eines Gaues in Westfalen im Frieden und Heerführer im Kriege. Diese Position weitete sich von Westfalen über ganz Sachsen aus.

Nach seiner Taufe hat sich Widukind nie wieder an den noch folgenden Aufständen seines Volkes beteiligt. In der Vita der heiligen Mathilde wird dies bestätigt:

„Alle Kräfte hat er eingesetzt, das Christentum zu verteidigen. Kirchen hat er dort errichtet, wo er früher Götterbilder aufgestellt."

Mit großer Wahrscheinlichkeit hat Karl seinen ärgsten Widersacher nach dessen Bekehrung in eines der Grafenämter eingesetzt. Und zwar aus taktischen Gründen, weil keiner der Edlen im Lande so angesehen war wie er. Daß dies so war, wird auch aus der zweiten Lebensbeschreibung des heiligen Ludgerus klar, der „vita Liutgeri II", in der es heißt, daß Widukind die Freigabe eines zu Tode verurteilten Pferdediebes zur Bestattung an Liudger geben mußte. Liudger hatte auf einer Reise durch den Ittergau, der im Süden an Hessen anschloß, im Grafenamt Buddenfeld diesen Pferdedieb gefunden und von dem Grafen des Amtes, Widukind, die Freigabe zur Bestattung erhalten.

Dieses Zeugnis erhärtet, daß er nach seiner Unterwerfung „nur" Graf war. Daß auch sein Enkel Waldbert ein Grafenamt innehatte, ist ein weiteres Indiz für diesen Umstand. Daß Widukind nach seinem Tode von Schriftstellern des 10. Jahrhunderts (Dietmar von Merseburg) bereits König genannt wurde, ist der Popularität zuzuschreiben, die dieser sächsische Heerführer gewonnen hatte, obgleich ihn die zeitgenössischen Annalen weitgehend totschwiegen.

Widukind war ein Mann von königlichem Adel, aber *ohne* Königtum. Auch sein Sohn Wiebert wurde „vir valde nobilis" genannt.

Daß er nach seiner Bekehrung Kirchen gegründet habe, ist sicher. Die Vita Mathilda bestätigt dies für die Kirche in Enger. Der engersche Kirchenschatz, der teilweise von Widukind stammt, untermauert dies auch. Die Stiftsherren von Enger nennen als Stiftungsjahr der „cellula" das Jahr 788. Die heilige Mathilde, Gemahlin König Heinrichs I., erweiterte diese cellula mit den daran gebauten klösterlichen Wohnungen zu einem Kollegiatstift. Da eine solche cellula gewöhnlich dort gegründet wurde, wo deren Stifter auch ein Hofgut besaß, dürfte Widukind auch in Enger ein solches besessen haben.

Ob dies auf der Babilonie zu suchen ist, dort, wo Widukind eine Burg besaß und der Sage nach auch seinen persönlichen Schatz vergraben ließ, ist nicht erhärtet.

Da Mathildes Vater, Dietrich, ein Ururenkel Widukinds war und Mathilde dort ein von ihrem Vater ererbtes Gut besaß, dürfte dies das von Widukind an seine Nachfahren vermachte Gut gewesen sein. Zur Erhärtung dieser These führte Heinrich von Herford in seiner „ex chronicis Angarorum" an, daß Mathilde „fuit de Angara – aus Enger" war und nicht von der in anderen Quellen genannten Dietrichsburg aus Melle stammte.

Da sich in dieser Kirche in Enger seit dem 12. Jahrhundert das Grabmal Widukinds befindet und dort auch seine Gebeine ruhen (deren Echtheit sicher zu sein scheint), ist auch diese Wahrscheinlichkeit groß. Bei Eberhard von Gandersheim (1216) leitete Widukind denn auch von Enger „den Namen aff und heyt Konigh to Engeren".

Diese Tatsache, daß er einen Königssitz in Enger hatte, machte Widukind in manchen späteren Annalen zum Engeraner, obgleich er Westfale war und Enger ja nicht die Hauptstadt von Engern sein konnte, weil diese Stadt in Westfalen lag und heute noch liegt.

Um die Bedeutung Engers noch zu erhöhen, schenkte Otto I., Sohn der heiligen Mathilde, dem Kloster Enger ab 948 eine Reihe von Gütern. In seiner dritten Schenkungsurkunde vom 17. Juli 966 schenkte Otto I. seiner Mutter einen Hof in Pewsum/Ostfriesland und Güter in verschiedenen Gemeinden seines Reiches, darunter auch eines zu

Drodminne – Dortmund, das möglicherweise mit dem Oberhof Widukinds in Westhofen identisch ist.

Daß die Geburtsheimat Widukinds aber Wildeshausen ist, darauf deuten die großen Widukindschen Familiengüter dortselbst hin. Seinen Lebensabend aber verbrachte er nach seinem Ausscheiden aus dem Grafenamt in Enger.

Über Widukinds Tod ist nichts bekannt. Sein Todesjahr wird zwischen 794 und 807 datiert. Der Sterbetag soll der 7. Januar gewesen sein. Daß er im Zweikampf mit Herzog Gerold von Schwaben gefallen sein soll, welche Meldung sich in der Kaiserchronik aus dem Jahre 1137 findet, ist unwahrscheinlich. Möglich ist jedoch, daß er während eines Streites mit Herzog Gerold verwundet wurde, daraufhin sein Grafenamt niederlegte und sich nach Enger zurückzog, wo er schließlich starb.

Der 6. Januar wird noch heute in Enger als Tag der Wittekindsspende gefeiert. Diese Spende wurde bereits im Jahre 1581 von Reinecke von Steinham (Reinerus Reineccius) als „Feier mit einer althergebrachten Gewohnheit" bezeichnet. Der Verlauf dieser alten Gedächtnisfeier wurde von Pastor Hagedorn aus Jöllenbeck im Jahre 1747 folgendermaßen beschrieben:

„Am Tage vor der eigentlichen Feier wird Wittekind von 12–1 Uhr vom Untervogt verläutet. Am Fest selbst läutet der Bürgermeister persönlich ‚zur Kuhle', das tut er eine Stunde lang vor dem Gottesdienst. Nach dem Gottesdienst erfolgt dann das Läuten ‚zur Senke', das eine halbe Stunde andauert.

Alle Geläute werden in sogenannten Pulsen von zehn Minuten Geläut und fünf Minuten Pause durchgeführt. Danach werden Brote und Mettwürste unter die Armen verteilt."

Die in den späteren Jahren der Wittekindsspende veranstalteten Feiern wurden nach den dabei ausgegebenen „Timpken" – einer Art von Semmel in viereckiger Form – Timpkenfeste genannt.

Die Naturalien dazu wurden laut den Akten des Amtes Enger (Fach 8, Nr. 10) bis zum Jahre 1842 von 44 Bürgern aus Enger und Umgebung in natura geliefert. Diese Lieferungen wurden später durch eine Ablösesumme von 391,50 Mark ersetzt, von deren Zinsen die Naturalien gekauft werden sollten.

Als dies nicht mehr möglich war, wandte sich Enger durch ein Immediatsgesuch an den König von Preußen mit der Bitte um Hilfe. Der Preußische Minister des Inneren erstattete dem König darüber Bericht:

„Die Wittekindsspende ist seit 1000 und mehreren Jahren und seither ununterbrochen, und zwar der Sage nach seit dem Tode Wittekinds im Jahre 807 (!), in der Kirche zu Enger am Heiligen Dreikönigstag als dem Gedächtnistage dieses Herzogs der Sachsen abgehalten worden." Friedrich Wilhelm IV. spendete von nun an als Gnadengeschenk per Kabinettsorder jährlich 120 Mark zur Erhaltung dieser Spende. Im Jahre 1854 wurde dieser Betrag durch eine Ablösesumme von 1000 Talern (gleich 3000 Mark) ersetzt. Damit konnte aus den beiden Spenden ein Betrag von jährlich 154 Mark an Zinsen für den Kauf von Semmeln und Wurst verwendet werden.

Die geistlichen und weltlichen Beamten von Enger, insgesamt sieben Personen, erhielten aus dieser Spende zum 6. Januar jeder ein Brot, eine Wurst und 37 Pfennige als Mahlzeitgeld.

Während des Ersten Weltkrieges, als diese Spende infolge der Schwierigkeiten der Beschaffung der Naturalien zu versiegen drohte, wurden Weizen und Korn für Timpken und Brot von den Engerschen Sattelmeiern – deren Familien sich bis auf Widukind zurückführten – und von anderen Bauern aufrechterhalten.

Nach der Inflation wurde das Kapital der Wittekindspende von seiten der evangelischen Kirchengemeinde erneuert.

In den vergangenen 350 Jahren fiel die Wittekindspende nicht einmal aus, und wenn Widukind möglicherweise auch nicht in Enger gelebt hat, so ist sein Name doch in Enger durch die Jahrhunderte hindurch lebendig erhalten worden. Nicht zuletzt natürlich auch durch das Widukindmuseum.

Von der Widukind-Gedächtnisstätte zum Widukindmuseum

Als man in Enger im Jahre 1937 an die Arbeit ging, um eine zeitgemäße Widukind-Gedächtnisstätte ins Leben zu rufen, konnte man auf eine museale Haussammlung zurückgreifen, die ein Bürger aus Enger mit Namen Carl Riso in seinem Hause eingerichtet hatte. Darin waren verschiedene Gegenstände der Volkskunst und Schrifttum über Enger enthalten.

Wilhelm Weitz, Direktor der Berufsschule zu Enger, trug die Idee einer Gedächtnisstätte für Widukind an den seinerzeitigen Bürgermeister Brune heran. Beiden gelang es, in Verbindung mit der Forschungs- und Lehrgemeinschaft „Deutsches Ahnenerbe" in Berlin die Genehmigung zu einer Gedächtnisstätte zu erhalten. Schirmherr dieser Stätte wurde der Reichsführer SS Heinrich Himmler. Dieser sandte auch zu ihrer Einweihung am 8. Juni 1938 ein Glückwunschtelegramm.

Himmler hatte bereits vor der Einweihung der Gedächtnisstätte den Versuch unternommen, die Wittekindkirche zu einer „germanischen Weihehalle" umzugestalten. Dies wurde jedoch durch den einstimmigen und entschiedenen Einspruch der Engerschen Geistlichkeit verhindert.

Die Gedächtnisstätte wurde in einem alten Engerschen Bauernhaus am Kirchplatz eingerichtet, das im Jahre 1716 erbaut worden war.

Die Inschrift über der Eingangstür, die in nationalsozialistischem Sinne ausgeschmückt war, wurde nach Ende des Zweiten Weltkrieges geändert. Aus dem „sächsischen Freiheitskämpfer und Volksführer" wurde der schlichte „Sachsenherzog Widukind". Das war jedoch nicht die einzige Korrektur. Noch eine weitere Änderung betraf den Spruch an der Wand des Ehrenraumes. Dieser lautete:

> „Wer seinem Volke so die Treue hält,
> soll selbst in Treue nie vergessen sein.
>
> Adolf Hitler"

Der Spruch blieb erhalten, lediglich der Name ‚Adolf Hitler' darunter wurde gelöscht.

Das vor der Kirche in Enger stehende bronzene Wittekindsdenkmal wurde im Jahre 1942 eingeschmolzen. Es stammte aus dem Jahre 1903.

Nach dem Zweiten Weltkrieg blieb diese Wittekind-Gedächtnisstätte bis zum Jahre 1973 in der alten Form erhalten, bevor sich die ersten Stimmen meldeten, sie zu entnazifizieren. Ab 1979 ging das Westfälische Museumsamt in Münster an die Arbeit, um für die Gedächtnisstätte „eine historisch plausible und wissenschaftlich fundierte Konzeption des Museumsinhaltes als auch für eine zeitgemäße museumsdidaktische Ausstattungsform" zu finden. (Siehe: Kaldewei, Gerhard: Von der Gedächtnisstätte zum Museum, in: Stadt Enger – Beiträge zur Stadtgeschichte II.)

Dr. Harmut John, wissenschaftlicher Referent für Sozial- und Wirtschaftsgeschichte im Museumsamt Münster, übernahm die neue Konzeptionsplanung, die darauf abzielt, „die geschichtliche Wirkung Widukinds nicht primär in individuellen Eigenarten der Person des Sachsenführers darzustellen, sondern ‚Wirken und Wirkung überwiegend aus dem Zusammenspiel überindividueller Gegebenheiten zu klären'". (Siehe Kaldewei, Gerhard: a.a.O.)

Das Widukindmuseum zu Enger wurde am 23. April 1983 mit einer Sonderausstellung der Staatlichen Museen Preußischer Kulturbesitz,

Berlin, eröffnet. Diese Sonderausstellung präsentierte mit dem Dionysiusschatz jene Schmuckstücke, die aus dem Dionysiusstift in Enger stammten.

Als historisch-volkskundliches Spezialmuseum mit überörtlicher Bedeutung ist das Widukind-Museum in Enger unter der Leitung von Dr. Gerhard Kaldewei bereits in der kurzen Zeit seit seiner Eröffnung zu einer Volksbildungsstätte im wahrsten Sinne des Wortes geworden.

Widukinds Grab

In der Kirche zu Enger befindet sich das Grabmal Widukinds. Die Formensprache der Deckplattenfigur deutet ins 12. Jahrhundert. Kaiser Karl IV. hat das Grab 1377 auf seiner Reise von Tangermünde nach Frankreich besucht. Da er es stark verfallen vorfand, gab er die Weisung, es auf seine Kosten erneuern zu lassen. Danach war das Grabmal wieder in seiner ursprünglichen Form zu sehen.

Im Jahre 1866 wurde es umgesetzt. Bei den dazu notwendigen Grabungsarbeiten wurden Tonscherben gefunden, die nicht in Widukinds Zeit, sondern ins spätere Mittelalter weisen.

Die in der Stiftskirche zu Enger in einem Schrein hinter dem Altar aufbewahrten Gebeine wurden über einige Jahrhunderte hindurch als jene des Sachsenführers Widukind verehrt. Spätere genaue Untersuchungen haben jedoch ergeben, daß es sich um die Gebeine einer jungen Frau handelte. Widukinds Gebeine mußten also noch irgendwo unterhalb des gegrabenen Niveaus in der Kirche bestattet liegen, oder die Überlieferung, daß er als Stifter der Kirche hier bestattet worden sei, war falsch.

Daß Widukind in Enger begraben liegen sollte, wurde zum erstenmal in direkter Schriftrede in einer Chronik des frühen 13. Jahrhunderts gefunden, in welcher es heißt: „de here starf unde wart to Engere begraven." (MG = Monumente Germaniae D Chr. II)

Ein älteres Zeugnis als diese schriftliche Überlieferung ist jedoch die Grabplatte in der Kirche zu Enger, ein bedeutendes Bildwerk aus der Zeit um 1100 nach Christus, die irgendwann später auf einen Renaissance-Unterbau aufgebracht wurde. Eine Inschrift, die darauf hinweist, daß *dies* Widukinds Grabmal ist, finden wir auf dieser alten Platte nicht, sondern lediglich auf deren Renaissance-Unterbau, der aus dem 16. Jahrhundert stammt. Die Inschrift aber ist bereits aus dem 15. Jahrhundert überliefert und mag noch älter sein.

Es kann trotz aller Mängel in der präzisen Darstellung davon ausgegangen werden, daß um 1100 das Grab Widukinds in Enger lokalisiert und die erwähnte Platte dazu angefertigt wurde. Daß in den verschiedenen Urkunden Otto I. an seine Mutter Mathilde nichts darüber steht, ist zwar bedauerlich, widerlegt aber die Auffassung nicht, daß Enger Widukinds Grablege ist.

Die archäologischen Grabungen des Jahres 1973 brachten dann den Beweis der Richtigkeit dieser Theorie. Sie legten die Reste eines Schatzes frei, darunter das Bursenreliquiar Widukinds aus dem 8. Jahrhundert n. Chr. und eine Inkunabel der Goldschmiedekunst, die den einstigen Glanz dieses Königsschatzes erahnen lassen.

Die *älteste* Phase der Baugeschichte der Kirche zu Enger war eine einschiffige Saalkirche. Sie wurde von dem Kryptenwerk der späteren zweiten Phase des Kirchbaues übermauert und nach der Übermauerung nicht wieder freigelegt, bis man dort 1973 mit den Grabungen begann.

Als man diesen ältesten Teil aufgegraben hatte, fand man drei im Chor dieses Teiles symmetrisch angelegte Grabgruben. In den dort gefundenen drei Verfärbungsresten wurden Baumsärge erkannt. Jede dieser Gruben enthielt ein vollständiges menschliches Skelett. Das nördliche Grab barg die Gebeine eines jungen Mannes. Im mittleren und im südlichen Grabe aber lagen zwei Skelette, die aussagten, daß die hier zur Ruhe gebetteten Männer erwachsen und von großem Körperwuchs gewesen waren. Tonscherben, die man hier fand, stammten ohne jeden Zweifel aus dem 8. Jahrhundert.

Nach der Errichtung der Krypta über dieser Stelle waren diese drei Gräber für immer verschwunden. Das mittlere Grab wurde als Grab Widukinds erkannt.

In der zweiten Bauphase der Kirche fand man anläßlich dieser Arbeiten etwa fünf weitere Gräber, die zur zweitältesten Periode gehörten und im östlichen Teil des Langhauses lagen. Auf dem Grund einer tiefen und breiten Grube, die man kurz vor dem Jahre 1200 während des romanischen Neubaues im Querhaus angelegt hatte, fehlen die Gebeine bis auf wenige kleinste Knochenreste, die man offenbar seinerzeit nicht beachtet hatte. Sicher ist, daß man die *hier* liegenden Gebeine für jene des Sachsenherzogs gehalten hatte und daß sie als „Widukinds Gebeine" geborgen und dann in der eingangs genannten Art ausgestellt und verehrt worden waren.

Damit war jener Zweifel ausgeräumt, der dadurch entstanden war, daß man ein späteres Skelett und dazu das einer Frau für Widukinds Gebeine gehalten hatte. Die *echten* Gebeine lagen ebenfalls in der Kirche, aber unter deren ältestem Teil.

Wenn nunmehr davon die Rede ist, daß die in der Kirche zu Enger gefundenen Gebeine Widukinds *nicht* seine wirklichen Gebeine seien, dann bezieht sich diese Meinung stets auf jenes um 1200 ausgegrabene Skelett der jungen Frau. Leider haftet dieser Irrtum zu tief und hat seit langem in der Literatur Einzug gehalten, während die neuen Erkenntnisse noch weitgehend unbekannt sind.

Widukinds Skelett ist nach den Auskünften der Experten das eines etwa sechzigjährigen Mannes, dessen Wirbelsäule drei große zackenförmige Auswüchse aufweist. Es sind dies Kennzeichen einer schweren Spondylitis (Wirbelentzündung). Mit einer solchen Krankheit war Widukind nicht mehr in der Lage, zu reiten und seine Aufgaben ständig wahrzunehmen. Daraus mag sich auch sein oftmaliges Fernsein von Sachsen erklären lassen.

Dies wird auf alle Fälle mit ein Grund gewesen sein, den Kampf aufzugeben. Mit an Sicherheit grenzender Wahrscheinlichkeit sind diese 1973 geborgenen Gebeine jene des Sachsenherzogs Widukind. Doch zurück zu den Ereignissen in Sachsen nach dem Tode des erbittertsten Gegners der Franken, Widukind.

Die gebietliche Neuordnung in Sachsen

Die Gaue ganz Sachsens wurden nach dem Sieg Karls des Großen zur fränkischen Provinz Sachsen, die wiederum in mehrere Comitate – Bezirke – unterteilt wurde. Da sich diese Comitate mit den bisherigen pagi deckten, wurden sie ebenfalls pagi – Gaue genannt. Jedem dieser Comitate (es konnte auch mehrere in einem Gau geben, denn die Bezeichnung stand für das Amt, die Würde, nicht für das Territorium) stand ein comes oder Graf vor. Diese Grafen wurden von Karl aus dem alten sächsischen Adel ausgewählt, der sich auf seine Seite gestellt hatte.

Diese Grafen waren nunmehr die Stellvertreter des Königs, und ihr Amt wurde ihnen zunächst auf Lebenszeit verliehen. Bei den angesehensten und mächtigsten Edlen wurde dieses Amt bald auch erblich.

Recht und Gewalt des Königs war ihnen in ihren comitates gegeben. Sie waren also Richter und führten den Heerbann in ihren Gauen an. Zu Anfang ihrer Einsetzung fungierten sie außerdem noch als advocati ecclesiarum, also als Kirchenvögte. Deren Wahl ging jedoch sehr bald neben anderen Privilegien auf die Kirchen über.

Unter den Comitaten hatten die Grenzcomitate, jene an der Grenze liegenden Grafschaften, besondere Vorteile, denn zu diesen Grafschaften gehörte zusätzlich jenes Gebiet, das nicht zum Reich gehörte, sondern den angrenzenden Nachbarn weggenommen worden war, die *Marken*. Aufgabe aller zu Markgrafen ernannten Grafen war es, diese eroberten Gebiete zu schützen und sie bei feindlichen Angriffen zu verteidigen.

In Sachsen gab es einige solcher Markgrafschaften. Sie erhielten denn auch von Karl mehrere Gaue, wenn sie „in confinio vel termino barbarorum constituti erant". Aus diesen Markgrafschaften entwickelten sich die Herzogtümer. Ihre Herrscher wurden später Herzöge genannt.

Die letzte Phase des Sachsenkrieges

Im Jahre 792 begannen urplötzlich ohne äußeren Anlaß erneut sächsische Aufstände, die vor allem die nördlichen und nordöstlichen Randgebiete des gesamten Stammesterritoriums jenseits der Weser erfaßten. Anführer vom Format eines Widukind traten dabei allerdings nicht mehr hervor, und es wurden auch von fränkischer Seite keine Anführer der Aufständischen mehr genannt.

Es handelte sich um verbissene Hinterhaltsgefechte gegen einen vielfach überlegenen Feind. Kleinräumige Aufstände, welche durch die Ungeschicklichkeit und Härte einiger von Karl eingesetzter Grafen, aber auch durch die Unduldsamkeit und Habgier einiger geistlicher Herren ausgelöst wurden, konnten rasch niedergeschlagen werden. Es sah so aus, als sei Sachsen ganz befriedet.

Die Franken griffen gegen jeden Aufrührer mit drakonischer Härte durch, wozu sie durch die Capitulatio de partibus Saxoniae wenigstens offiziell berechtigt waren. Sooft ein Aufrührer gefaßt wurde, konnte er sicher sein, nach dem Frankenland verschleppt zu werden. Mainz erwies sich in den folgenden Jahren mehr und mehr als erster Auffangsort von Deportierten, deren Zahl sich zu entsetzlicher Höhe steigern sollte.

Während dieser Zeit ernannte Karl den Bischof Willehad, der 787 in Worms zum Bischof geweiht worden war, im Jahre 788 zum Bischof des soeben zum Bistum ernannten Bremen. Dieser machte nunmehr Bremen zum Ausgangspunkt der gesamten Skandinavien-Mission. Von hier aus brachen auch Missionare zu den Slawen auf, die in dem Gebiet ostwärts der Elbe bis zur Oder wohnten und nun den Segen des Christentums auch zu schmecken bekommen sollten. Doch beide Reisen brachten keinen durchschlagenden Erfolg. Dieser sollte Ansgar vorbehalten bleiben, wie später zu lesen sein wird.

Die erste Domkirche in Bremen wurde am 1. November 789 geweiht. Acht Tage darauf starb Willehad in Blexen.

Karl hatte die Autonomie der sächsischen Stammesherzöge zunächst zumindest formell durch die Einsetzung von Grafen und Herzögen gebrochen. Es gab nun keine Stammesherzöge der Sachsen mehr, die dieses Amt von den Sachsen selber erhalten hatten. Den neuernannten Herzögen konnte dieses Amt zu jeder Zeit wieder entzogen werden. Oftmals waren sie außerdem Stammesfremde, die lediglich als Beamte des fränkischen Reiches fungierten.

Damit war auch die selbständige Entwicklung der germanischen Stämme in einem Großteil Deutschlands vorüber. Von diesem Zeitpunkt an blieb die sächsische Geschichte eng mit der fränkischen verbunden und damit auch mit dem später aus dem Ostfrankenreich entstehenden Reich der Deutschen.

Entwicklung in acht Jahren der Ruhe

Erst durch diese fränkischen Eroberungen im Sachsenland gelangte auch die lateinische Schrift zu den Sachsen, die sich vorher der Runenschrift bedient hatten, obwohl sie zur Niederschrift längerer Abhandlungen nicht geeignet war. Dadurch waren sämtliche sächsischen Geschichtsdaten nur von Mund zu Mund weitergereicht worden und einige überhaupt nicht, weil ihre Zeit sie nicht für wichtig hielt.

Das sächsische Recht fundierte ebenfalls auf der mündlichen Überlieferung. Erst durch Karl dem Großen wurde es in lateinischer Sprache mit allen jenen Veränderungen, die den herrschenden Franken zugute kamen, aufgezeichnet und damit vor dem Vergessenwerden bewahrt.

Ebenso geschah dies mit den Liedern und Heldenerzählungen. So weiß der Langobarde Paul Warnefried (Paulus Diaconus) von einem großen sächsischen Heldenlied zu berichten, in dem Ruhm, Kriegsglück und die Tapferkeit des mit den Sachsen befreundeten Langobardenkönigs Alboin auch von den Sachsen besungen wurden, weil sie mit einem Teil ihres Stammes an diesem Kriegszug teilgenommen hatten.

Im Widsidhlied wird dieser König ebenfalls besungen, werden alte Beziehungen zwischen den Myrgingen-Sachsen und den Langobarden hervorgehoben.

Eine besondere sächsisch-westfälische Schöpfung war das Wielandslied, das in nordischer Umgestaltung in der Edda wiedergefunden wurde.

Die Sachsen hatten trotz der Verschiedenheit der einzelnen Stämme dieses Stammesverbandes in politischer und kultureller Hinsicht eine Einheit gebildet. Diese gründete sich nicht auf eine gewaltsame Einigung der verschiedenen Stämme durch ein dominierendes Herrenvolk, sondern im wesentlichen auf das zahlenmäßige Übergewicht und die Stärke, welche der Hauptträger des Stammesverbandes, die Chauken, darin besaß. Stämme mit ingwäonischer Abstammung kamen hinzu, so die holsteinischen Sachsen, die Barden und andere.

Am längsten dauerte bei den Sachsen der Prozeß einer einheitlichen Sprache. Die Germanisten unter den Sachsenforschern vertreten die Überzeugung, daß das gesamte sächsische Gebiet anfänglich nur eine einzige Mundart, ein reines Westgermanisch, gesprochen haben müsse und daß die heute feststellbaren Unterschiede ein Ergebnis späterer Entwicklungsstufen seien.

Unterabteilungen der sächsischen Stammesstaaten waren die Gaue. An ihrer Spitze stand ein „Heritogo – Herzog". Er entsprach den „principes" des Tacitus. Er war Heerführer, hatte den Vorsitz in der Volksversammlung *und* fungierte auch als Priester.

Diese Einteilung des Sachsengebietes in Gaue hatten auch die Franken beibehalten. Sie wählten den neuen Gaufürsten meistenteils unter den Edelingen des Landes, die einen Verwaltungs- und Gerichtsbezirk erhielten. Unterbeamte dieser Gaufürsten waren der „Hunno" oder Schultheiß; unter diesem wiederum stand der „vilicus" oder Dorfvorsteher.

Zwischen den Gauen und der Gesamtheit des Sachsenlandes standen jene drei Provinzen Westfalen, Engern und Ostfalen. Die Nordalbingier-Sachsen gehörten zu den Ostfalen.

Die Verbindung und der Zusammenhalt untereinander waren bei den westfälischen Gauen am weitesten ausgeprägt. Weniger fest waren sie bei den Engern und noch lockerer bei den Ostfalen.

Die Verschiedenartigkeit dieser einzelnen Provinzen untereinander bestand vor allem in den Eigentümlichkeiten ihres Rechts. Sie kam aber auch sehr stark in Sitte und Sprache zum Ausdruck. Das Familienrecht der Westfalen beispielsweise unterschied sich von jenem der Engern und Ostfalen in vielerlei Hinsicht. Diese Unterschiede lagen vor allem in der ethnischen Vielfalt begründet. Die Westfalen gehörten in ihrer Mehrheit wie die Engern zum Stamme der Chauken, während die Ostfalen Nordalbingier und Barden waren.

Die Volksversammlung war – wie dies bereits anklang – Schwerpunkt der politischen Führung und Gewalt. Die Führer berieten das Volk, wie wir aus dem Abschnitt über Widukind wissen, ohne daß sie selber über wesentliche Entscheidungen wie Krieg oder Frieden befinden konnten.

Es herrschte also Gewaltenteilung. Die germanische Geschichte kennt die Alleinherrschaft nicht.

Aus dieser Sicht wird auch klar, warum Karl nach der Unterwerfung der Sachsen *sofort* alle Volksversammlungen verbot. Es sei denn, eine solche war durch einen Königsboten befohlen worden und galt einer Sache, die *er* vertreten wissen wollte. Der Begriff für die Volksversammlung lautete Thing oder Thiodo. Bei der Eröffnung dieser Thiodos wurden den Göttern Opfer gebracht und Gebete an sie gerichtet.

Über die politischen Gauversammlungen ist lediglich bekannt, daß jeder Gau insgesamt 36 Vertreter nach Marklo zu entsenden hatte. Neben jedem Gauführer waren dies zwölf Edelinge, zwölf Freie und zwölf Laten. Die bedeutendste dieser Versammlungen fand einmal im Jahr in Marklo statt. Marklo war eine Lichtung im Grenzwald bei Lohe an der Weser nördlich von Nienburg.

Diese Versammlung entschied über Krieg und Frieden. Auf ihr wurde das Heeresaufgebot erlassen. Der Führung dieser Versammlung gehörten auch die zurückkehrenden eigenen Gesandtschaften ebenso wie fremde Gesandtschaften an. Hier wurden die Verträge der Stämme untereinander und jene mit anderen Völkern abgeschlossen, und zwar nach sächsischem Recht. An dieser Stelle wurden auch die neuen Gauführer gewählt, wenn die alten ausschieden.

Die Vorbereitungen zu diesem Thing in Marklo wurden von jenen sagenhaften 777 aus dem gesamten Stammesverband erwählten „senatus" getroffen. Es war dies die Gesamtheit der Gauführer, die diesen Fürstenrat bildete. Sie wählten aus ihrer Mitte den Concionator – den Präsidenten, der allem vorstand. An dieser Stelle sollen die bereits vorher kurz genannten Stände in ihren genauen Umschreibungen vorgestellt werden.

Die Stände der Sachsen

Über die Sachsen wurde bereits von den fränkischen Historikern nach Karl dem Großen die Unterscheidung in „Edhilingi", „Frilingi" und „Lazzi" getroffen. In der Translatio S. Alexandri von Rudolf und Meginhart aus den Jahren 853 – 865 treten uns die Sachsen in folgender Umschreibung entgegen:

„Quattuor igitur differentiis gens illa consistit, nobilium, scilicet et liberorum, libertorum atque servorum."

Die Übertragung dieser Geschichte des heiligen Alexander von Rom soll durch den Enkel Widukinds im Jahre 851 erfolgt sein.

Die Edelinge oder nobiles waren die Adeligen; die Frilinge, auch ingenuiles oder liberti genannt, sind Freigelassene, und die Lazzen serviles oder servi sind Hörige, oftmals auch als Laten oder Liten vorgestellt. Daß in der Translatio S. Alexandri noch ein vierter Stand genannt wurde, der gleich nach den Adeligen kam, die liberi – Freien, ist von Widukind von Corvey bezeugt, denn auch er spricht von vier sächsischen Ständen, die sich auch noch zu seinen Lebzeiten bei den Sachsen fanden.

Diese Unterteilungen entstanden folgendermaßen: Die sächsischen Eroberer, die aus dem Norden kamen und das Land in Besitz nahmen, gehörten einer Kriegerkaste an, die das Land beherrschte und deren Mitglieder Edelinge wurden. Einen Teil des gewonnenen Landes gaben sie an ihre Freunde ab, die ihnen möglicherweise bei der Eroberung geholfen hatten. Dies waren oftmals Franken, die den zweiten Stand, die liberi oder Freien, bildeten.

Die sächsischen Edelinge gaben einen weiteren Teil des Landes an die Freigelassenen, die den Stand der Frilinge bildeten. Die noch im Lande sitzende Urbevölkerung wurde zu Laten oder Liten, lies zu Hörigen gemacht.

Das an die fränkischen Mitkämpfer der Sachsen verteilte Land gehörte jedoch zur „possessa terra", dem eigenen sächsischen Lande. Dem zweiten sächsischen Stand gehörten also in der Hauptsache fränkische Krieger an, die im Sachsenlande ansässig wurden und nunmehr mit den Sachsen in einer Art von Gesellschaft und Freundschaft zusammenlebten.

Während der weiteren Verschiebung des sächsischen Stammesbesitzes nach Westen brachten die Sachsen in der Mitte des 6. Jahrhunderts ihre seit über 100 Jahren bestehenden Standesverhältnisse mit und schufen auch im Westen ihres Herrschaftsbereiches die gleichen Standesverhältnisse.

Der oberste Stand, die Edelinge oder Edelfreien, wurde somit von den sächsischen Eroberern gestellt. Da sie das Land nicht allein in Besitz nehmen, verwalten und dazuhin bearbeiten konnten, benötigten sie Siedler, denen sie vertrauten und die ebenfalls noch zur Oberschicht des Landes gehörten.

Die nach Ansehen und Besitz an vorderster Stelle stehenden Edelinge wurden als Gauvorsteher gewählt, die Lebuin in seiner Vita „Fürsten" nennt. Neben den Herzögen, die im Kriegsfalle gewählt wurden, gab es für Westfalen, Engern und Ostfalen noch jeweils einen besonderen Herzog, der als „Fürst" seinen Bereich im Frieden verwaltete. Aber auch dieser gab sich nach Widukind von Corvey mit den Befugnissen,

Heer einzuberufen und nur im Kriegsfalle von seiner Macht Gebrauch zu machen, zufrieden.

Nach der Unterwerfung der Sachsen und der Einführung von fränkisch gewählten Grafen, die an der Spitze der einzelnen Gaue standen und die Militär- und Gerichtshoheit wahrnahmen, waren diese die erste Schicht geworden. Die übrigen Edelinge rangierten von nun an hinter den Grafen. Sehr bald aber festigte sich auch ihre Stellung wieder, und Karl der Große begünstigte diese Edelinge in der 802–803 herausgegebenen „Lex Saxonum", setzte dafür aber auch ein Wergeld für diese Edelinge fest, das mit 1440 Solidi äußerst hoch war.

Im Sachsenspiegel des Eike von Repgow, über den noch zu sprechen sein wird, zählen diese Edelinge mit den Fürsten zum ersten Stand in Sachsen, denen an Wergeld und Buße die gleiche Summe zustehe wie den Fürsten.

Die Freien oder liberi gehörten wie die Edelinge ebenfalls der Kriegerkaste an, nur waren sie, wie bereits angedeutet, von anderer, fränkischer Nationalität.

Als Miteroberer vor allem im nördlichen Thüringen 530–531, aber auch bei anderen Gelegenheiten erhielten sie damals Freiheit und freien Grundbesitz. Sie versuchten sich in der Folgezeit den Edelingen möglichst anzupassen und mußten, um nicht von den Sachsen wieder enteignet zu werden, auch in die Kämpfe gegen das eigene Volk, die Franken, eingreifen, denn nun waren sie Sachsen.

Durch den Sieg der Franken über die Sachsen wurde die Stellung der „sächsischen Franken" im Lande bedeutend gefestigt. In den Gesetzen Karls des Großen für die Sachsen zählten sie natürlich nicht zu jenen, weshalb die fränkische Rechtsprechung denn auch nur drei Stände, Edelinge, Frilinge und Liten kennt. Dies trifft auf alle fränkischen Gesetze zu; auf die Capitulatio de partibus Saxoniae von 782 (785) ebenso wie auf das Capitulare Saxonicum von 797 und die „Lex Saxonum" von 802–803. So werden Sachsen und Franken im Capitulare Saxonicum von 797 einander gegenübergestellt, denn dort heißt es zu diesem Problem:

II.) Si quis supradicta VIII capitula transgressus fuerit, omnes statuerunt et aptificaverunt, ut Saxones similiter sucunt et Franci LX solidos conponant." Des weiteren wurden in diesem Gesetzesentwurf die Sachsen als „nobiliores Saxones" bezeichnet.

Aus diesem Gesetz geht hervor, daß es auch noch andere Vornehme gab, die unter den Edlen standen, aber nicht so vornehm wie diese waren. Allerdings war diese Schicht nur unter den Franken zu finden, und sie bestand dem Text nach aus den fränkischen Freien, die auch zum Adel gerechnet wurden und zum Schöffenamt im Grafengericht zugelassen, also „Schöffenbarfreie" waren, wie dies genannt wurde.

Auch der Sachsenspiegel rechnet die schöffenbarfreien Männer zur adeligen Oberschicht: „Vorsten, vri herren, schepenbare lute, die sin gelich in bute unde wergelde."

Sie standen demnach den Edelingen in Wergeld und Buße gleich, weil sie Miteroberer des Landes waren, worauf auch ihre Zugehörigkeit zum sächsischen Adel zurückführen war. Zum Stande der schöffenbarfreien Sachsen konnte nur jemand gehören, der mindestens vier altfreie Ahnen nachweisen konnte. Dazu gehörte dann auch ein freier Grundbesitz von mindestens einer halben Hufe Größe mit einem Haus und einem Hof, auf dem ein Wagen wenden konnte. Nach einer anderen Quelle mußte er über drei Hufen echten Eigentums verfügen. Die Hufenmaße schwankten in den verschiedenen Landesteilen, sie betrugen im Durchschnitt 10 Hektar; die Königshufe war doppelt so groß.

Nur wenn dies der Fall war, konnte der Eigentümer in den Schöffenstuhl eintreten. Diese Schöffenbarfreien gehörten zum alten sächsischen Adel niederer Art, und erst nach der Einfügung in das Frankenreich kam eine zweite Gruppe niederen Adels, die Militärs, ins Spiel.

Der dritte Stand der Sachsen, die Frilinge, waren „gemachte Freie", also Freigelassene. Durch ihre Freilassung zu liberi geworden, gehörten ihre Nachkommen zu den Freien und zugleich auch zu den „ingenui, den Freigeborenen". Die lateinisch schreibenden Autoren dieser Zeit nennen sie liberi und ingenuiles, was „Freigelassene" bedeutet. Sie geben als adäquaten sächsischen Begriff das Wort „Frilinge" an.

Auch dieser dritte Stand besaß eine persönliche Freiheit, wenngleich nur ein Teil Eigentum an Grund und Boden besaß. Dieses Grundeigentum war allerdings nicht frei. Alle Angehörigen dieses Standes waren Bauern. Die ersten Angehörigen dieses Standes hatten von den Sachsen nach der Besitzergreifung Nordthüringens 531 von den Eroberern die persönliche Freiheit und auch Grundeigentum erlangt. Beides vererbten sie auf ihre Nachkommen weiter, und diese konnten, wenn sie mit in den Kampf zogen, bei neuen Gebietserwerbungen abermals Eigentum an Boden erlangen. Dies waren jene Pfleghaften, die der Munt eines Herrn unterstanden. Sie waren an die Scholle gebunden und damit festgelegt. Diese Stellung unter die Munt, die schützende Hand des Herrn, war im germanisch-sächsischen Recht verwurzelt.

Eine Untergruppe dieser Pfleghaften bildeten die Bergilden, die abgabepflichtig waren. Wer sich von der Bindung an die Scholle ablösen wollte, der gab als Entgelt für diese Loslösung den Zins und war damit Bergilde geworden. Damit hatte er die Möglichkeit erhalten, sein Gut auch zu verkaufen und nicht für alle Zeiten darauf sitzenbleiben zu müssen. Trotz ihrer Zinspflichtigkeit wurden auch die Bergilden als Frilinge angesehen.

In der etwa gleichen Position mit den Pfleghaften und Bergilden standen die freien Landsassen, die zwar persönliche Freiheit, aber *kein* Grundeigentum besaßen. Etwa vom König freigelassene Ministerialen wurden ebenso Landsassen wie alle freigelassenen Hörigen. Damit waren sie Bauern, die ihr Land jedoch nur zur Pacht erhalten konnten. So sagt denn auch der Sachsenspiegel frei nach einer Glosse zu einem Absatz, den er enthält, über sie: „Diese sitzen auf gemietetem Laßgut, da man sie abweisen mag, wenn man will."

Sie hatten ihren Gerichtsstand nicht im Grafen- oder Freigericht, sondern nur im Gogericht des Gografen: „Die lantseten die nichen eygen habent in me lande, die sollen suchen ires gogreven ding", lautete der Hinweis darauf im Sachsenspiegel.

Blieben die Hörigen oder Laten übrig, auch Liten genannt. Sie kommen in den lateinischen Texten als serviles, liti oder litones vor. Dies waren die Reste der niedergerungenen Vorbevölkerung des Landes, die von den sächsischen Eroberern 531 tributpflichtig gemacht wurde. Sie erhielten in den eroberten Gebieten im Osten Land als „Anbauer" zugewiesen. Im Sachsenspiegel finden auch sie Erwähnung dergestalt, daß man ihnen den Acker beließ, nachdem man ihre thüringischen Herren „slugen unde virtreben" hatte.

Sie bestellten nunmehr als Hörige den Acker. Etwa 100 Jahre später, mit dem Vordringen der Sachsen zu Lande auch nach Westen und Südwesten und dem damit verbundenen erneuten Landerwerb wurden auch die dort wohnenden Bauern zu neuen Liten oder Hörigen gemacht. Sie waren somit die an einen fremden Hof gebundenen Halbfreien und gehörten zu dem Hof, auf dem sie arbeiteten. Dies bedeutete, daß sie Leibeigene des Grundbesitzers, eines Adeligen und später auch der Kirche (!) waren. Ihr Wergeld betrug 20 Schillinge und sechs Pfennige. Ihr Gericht war ebenfalls das Gogericht. Sie schuldeten den Grundbesitzern Abgaben und Leistungen mannigfacher Art von Hilfs- und Spanndiensten bis zu Erntearbeiten.

Sächsische Krieger – Waffen und Burgen

Was die Sachsen als Krieger berühmt und gefürchtet machte, war ihre stete Waffenbereitschaft, ihr Abenteuerdrang und ihre Entschlossenheit, auch fernste Ziele mit unzulänglichen Mitteln anzugehen und – sie zu erreichen.

Dies ist vor allen bei den Chauken und Seesachsen besonders von antiken Schriftstellern vermerkt worden. Tacitus in seiner Germania, aber auch Julian, Zosimus und Orosimus haben diese Vorzüge erkannt und beschrieben. Im Heliand wurde der kriegerische Geist der Sachsen verkündet und in der Lex Saxonum heißt es dazu: „Saxones ... sacra, entis ut eorum mos erat, super arma placata firmant."

Die sächsischen Kriegszüge haben – wie bereits dargestellt – in den ersten sieben Jahrhunderten unseres Zeitalters zu Lande ebenso wie auf dem Wasser stattgefunden. Daß ihre Reiterei ebenso wie bei den Franken eine besondere Rolle spielte, geht aus der Tatsache hervor, daß die Sachsen als hervorragende Pferdezüchter bekannt waren. Die „alae Saxonum", die im römischen Heer bekannt wurden, waren solche sächsischen Reiter. Übrigens weideten im Heliand jene Hirten, die die Geburt Christi verkündeten, ihre – Pferde. Durch Widukind von Corvey wissen wir um die Ausrüstung und Bewaffnung der sächsischen Krieger:

„Sie trugen den viereckigen wollenen Mantel, die Lanze, den kleinen Schild und das lange Messer, den Langsax." Aber auch das breite zweischneidige Schwert war eine gefürchtete sächsische Waffe.

Die Gaumannschaften waren nach Hundertschaften unter dem Befehl eines „Hunno" gegliedert. Ihre Feldzeichen führten den fliegenden Adler über einem Drachen und Löwen. Das berühmte Sachsenroß, das angeblich Widukinds Wappentier gewesen sein soll, gab es erst später.

Das sächsische Befestigungswesen, das uns bereits in den Schilderungen der Kämpfe um einige ihrer Burgen in groben Umrissen bekannt wurde, war sehr ausgeprägt. Sie traten den Franken niemals in offener Feldschlacht gegenüber, weil sie ihnen zum einen an Kopfzahl unterlegen waren und zum anderen niemals im gesamten Umfang des Sachsenvolkes antreten konnten, sondern stets nur in einzelnen Gebietsteilen den Kampf aufnahmen.

Aus diesen Gründen zogen sich die Sachsen bei fränkischen Angriffen stets in den Schutz ihrer Wallburgen zurück. Diese Volks- und Fliehburgen waren die Hauptverteidigungsstätten. Angelegt waren sie an den strategisch wichtigen Punkten, bei Flußübergängen oder an Engstellen, die von senkrechten Felsen überragt wurden.

Als Hauptverteidigungslinie diente stets ein großer, geschlossener

Ringwall; später wurde dieser durch Mauern ersetzt, die mörtellos aufgerichtet wurden.

Als vorgeschobene Befestigungen legten die Sachsen stets an der gefährdeten Seite des Walles, dicht vor dem Hauptring, einen weiteren Schutzwall mit Außengraben an. Am Tor pflegten diese Gräben dann auszuschwenken und kleine flankierende Schanzen zu bilden, auf und hinter denen die Verteidiger, in Deckung liegend, den anrennenden Feind erwarteten.

Von dem Dortmunder Altertumswissenschaftler Dr. Karl Rübel wissen wir, daß die sächsischen Fliehburgen Hohensyburg, Eresburg und Herlingsburg „Volksburgen mit Kantenwall und Toranlage mit seitlichen Vorsprüngen" waren. Er bekundet auch, daß die Iburg bei Bad Driburg, die Brunsburg bei Höxter und die Burg auf dem Tönsberge bei Oerlinghausen in die gleiche Kategorie fallen. Bei der Tönsburg wird neben den bestimmten seitlichen Schanzen am Tor auch ein „Quellhaus" gefunden. Bei der Karlsschanze wiederum, die Karl bei Willebadessen angelegt hatte, findet sich laut Rübel das „System der Vorwälle als Zwingeranlagen in der ersten Entwicklung".

Neben diesen sächsischen Befestigungsanlagen gab es auch noch die alten germanischen Volksburgen, die von „Hünenringen" umgeben waren. Zu ihnen gehören die Grotenburg bei Detmold und die Teutoburg bei Porta. Bei der Teutoburg lag der Teuthof, bei der Wittekindsburg der Wedingstein-Herrenhof.

Zu diesen Burgen gehörte also fast immer auch ein direkt darunter angelegter Herrschaftssitz. Dies tritt ganz besonders bei der Burg Scheidungen in Erscheinung, welche die „urbs" des Königs beherbergte. Die Burg Quittilinga oder Quitilingoburg, in welcher Heinrich I. begraben wurde, gehörte zur Residenz Quedlinburg.

Unter oder in einer Reihe dieser Volksburgen hat Karl seine eigenen Befestigungsanlagen anlegen lassen. Unterhalb der Burgen setzte er jene „castella", in denen sein Vertreter residierte, so in Westhofen unterhalb der Hohensyburg. Unter der Brunsburg ließ er Huxaria anlegen und unter der Skikroburg Schidara. Im Schutze der Eresburg siedelten die Franken mit ihrer Verwaltung in Horohusen, und im Abwehrbereich der Hünenburg bei Hameln wurde die curtis Hedemünden angelegt.

In seinem Werk „Reichshöfe im Gebiete der Lippe, Ruhr und Diemel" hat Rübel es verstanden, diese Doppelnutzung deutlich zu machen und Zusammenhänge aufzuhellen.

So setzte Karl nach seinem Sieg bei Teutmalli unter die Teutoburg seine curtis Teuthof.

Bleibt nur noch übrig, von der sich entwickelnden Rechtspflege der Sachsen zu sprechen, die zwar bereits in spezieller Hinsicht genannt wurde, aber zu ihrer Abrundung hier geschlossen dargestellt sein soll.

Der Vorsitzende des Mahal oder Thing genannten Gerichtes war der Fürst. Die Rechtspflege selber konzentrierte sich in den Gerichten der Hundertschaften, wie Verbände von etwa 120 Familien genannt wurden. Es war für alle Stände gleicherweise zuständig. Die Urteilsfindung erfolgte durch die Gemeinde unter Mitwirkung rechtskundiger Männer, jener auch im Heliand genannten „Eosagon". Als Unterrichter fungierte der Anführer der Hundertschaft, der Hunno. In späterer Zeit wurde dann der Schultheiß zum Vollstreckungsbeamten. Ob er auch bereits in altsächsischer Zeit diesen Dienst versah, ist unbekannt.

Die Unterteilung aller sächsischen Menschen in die vier genannten Stände war genau und nicht zu durchbrechen. Es war bei Todesstrafe verboten, daß ein Mann aus einer unteren Schicht eine Frau der Oberschicht heiratete. Dadurch hatte der Adel gegenüber den Frilingen seine vorherrschende Stellung zementiert.

Daß die Laten oder Hörigen, die an ihre Höfe gebunden waren, an der Heeres- und Thingpflicht teilnahmen und alle übrigen Lasten ebenso mit den Edelingen und Frilingen teilten, verstand sich von selbst.

Neben den Nordthüringern waren es noch Angehörige des Stammes der Angrivarier, die hauptsächlich diese Schicht stellten.

Im Gegensatz dazu gab es bei den Nordalbingiern, die nördlich der Elbe wohnten, nur zwei Stände, die allerdings sehr rigoros voneinander getrennt waren. Die Hvelude – Hofleute waren Großbauern, die den Edelingen nur zum Roßdienst verpflichtet waren, und die Huslude wiederum hatten Fußdienste zu leisten.

Daß auch die Edelinge selber mit ihren Helfern kleine Güter bewirtschafteten, ist überliefert. Die späteren Sachsenherzöge Hessi, Brun und Widukind besaßen ungeheure Reichtümer und Besitzungen in ganz Sachsen.

Gütererzeugung, Handel und Geldwesen

Die genannten Bauern und Hörigen wohnten in Häusern, die als dreischiffiges Hallenhaus mit Reisigwänden und einem laubenartigen vorspringenden Dach, das allseitig abgewalmt war, bekannt wurden. Die Unterkünfte für Menschen und Vieh waren lediglich durch Querwände voneinander getrennt. Die Einrichtung dieser Häuser war einfach: Bank, Tisch und Truhen waren vorhanden. Betten gab es noch nicht. Man streckte sich zum Schlafen auf den Bänken oder auf Reisigschütten am Boden aus.

Neben dem Anbau von Roggen, Hafer und Gerste galt die Pferde- und Rinderzucht als Haupteinnahmequelle der Bauern. Als Zahlungsmittel dienten zunächst noch Naturalien. Die wenigen Geldmünzen, überwiegend von Sachsen aus römischem Dienst in die Heimat zurückgebracht, dienten hier nicht als Geld, sondern wurden zu Schmuck verarbeitet.

Allerdings wurde zur Frankenzeit der Wert der Tauschmittel durch Karl den Großen in fränkischen Solidis festgesetzt. Der Solidus war in drei Tremissen oder zwölf Denare unterteilt. Die Lex Saxonum kennt auch den kleineren sächsischen Solidus zu zwei Tremissen und acht Denaren.

Dies deutet bereits an, daß König Pippin III. und Karl der Große am Werke gewesen waren, das zerrüttete Münzwesen ihres Reiches, das sich als Überbleibsel aus spätrömischer Zeit noch immer behauptet hatte, gründlich zu reformieren. Sie schufen einen aus 1,6 Gramm Silber bestehenden Pfennig als Hauptmünzsorte, die schließlich auch in Sachsen eingeführt wurde.

Zwölf Pfennige waren ein Zählschilling und 20 Schillinge ein Zählpfund. Dieses „pondus Caroli" wog 393,12 Gramm.

Der fränkische Pfennig sollte von nun an 500 Jahre hindurch die Hauptmünze bleiben, und das duodezimale Zahlsystem zog mit ihm auch in Sachsen ein und blieb hier wie anderswo bis zur Mitte des 19. Jahrhunderts in Kraft, auf den britischen Inseln sogar bis weit in das 20. Jahrhundert.

Vom 11. Jahrhundert an gab es die Mark. Die Kölner Mark, die am weitesten verbreitet war, wog 233,856 Gramm.

Die Münzhoheit gehörte seinerzeit zu den „iura regalia", war also Königsrecht. Doch bereits unter Ludwig dem Frommen (814–840) und ebenso durch Lothar II. (855–869) wurde dieses Privileg an die Bistümer und Abteien verliehen, und in der sächsisch-salischen Zeit wurde die Verleihung des Münzrechtes immer häufiger. Es wurde neben den damit bedachten Bistümern auch weltlichen Fürsten verliehen. So auch an die billungischen Herzöge in Sachsen, an die Grafen von Braunschweig und andere. Die damaligen Handelszentren in den großen Städten begnügten sich zunächst mit der Aufsicht über diese Prägungen. Vom 13. Jahrhundert an aber erwarben auch sie das volle Münzrecht durch Kauf.

Von den wenigen erhaltenen Pfennigen der ersten Zeit weist ein Obol, der ein halber Pfennig war, die Namen der Münzherren Ludewic und Brun auf. Es ist der Liudolfinger Herzog Brun, der darauf verewigt wurde.

Die Denare, welche von den billungischen Herzögen herausgegeben wurden, waren in Lüneburg, Bardowick und Mundburg an der Aller geprägt worden. Die Hauptmünzstätte des Reiches seit König Heinrich III. wurde Goslar, und während der billungischen Münzprägungen waren auch die Bistümer und Erzbistümer zwischen Weser und Elbe eifrig bei der Arbeit, um sich ihren Anteil aus diesem exklusiven und einträglichen Geschäft zu sichern. So ab 833 in Corvey und ab 888 in Bremen.

Der Sachsen- oder Wendenpfennig, die Otto-Adelheid-Denare und die Agrippiner, wie eine Nachahmung des Köln-Andernacher Pfennigs genannt wurde, dienten im Handelsverkehr mit dem slawischen Osten und Skandinavien als Geld. Der Sachsenpfennig wurde erstmals von Heinrich I., der Otto-Adelheid-Denar von Otto III. geprägt. Beide Münzen bestanden aus Silber, das man im Rammelsberg bei Goslar förderte und an verschiedenen Orten prägte. Einige der bekannten Münzstätten dieser Zeit waren Magdeburg, Halle, Naumburg und Merseburg.

Durch die Mark in Gold oder in Silber, die aus Nordeuropa kam, wurde vom 11. Jahrhundert ab das Pfund verdrängt. Die Mark in Gold wurde zuerst in 24 Karat zu 288 Grän, die Silbermark in vier Vierding gleich acht Unzen geprägt. Diese acht Unzen waren wiederum in 16 Lot und 64 Quentchen teilbar, und 64 Quentchen waren wiederum gleich 288 Grän.

Doch zurück zum damaligen Handel im allgemeinen und zur Erzeugung der Gebrauchsgegenstände im besonderen. Diese Gebrauchsgegenstände des täglichen Lebens wurden von den Unfreien hergestellt, soweit sie nicht aus der Einfuhr stammten.

Die sächsische Keramik verdient in diesem Zusammenhang besondere Erwähnung, denn sie wurde in der Hauptsache ohne Töpferscheibe hergestellt. In ihrer ältesten Periode, dem 3. Jahrhundert n. Chr., war sie noch sehr einfach und ohne Verzierungen. Im 5. und 6. Jahrhundert jedoch gelangte diese Keramik und Töpferei zu einer Vervollkommnung, die sie sehr ansehnlich, ja schön machte. Es war die sog. Buckelkeramik, die sich durch aufgelegte Zierleisten und Buckel auszeichnete.

Diese Kulturstufe in Sachsen wurde nach dem großen Gräberfeld von Westerwanna, wo hervorragende Erzeugnisse dieser speziellen Art gefunden worden waren, als Westerwanna-Kultur bezeichnet. Sie reichte aus dem Raum um Buxtehude nach Süden und Südwesten bis nach

Verden an der Aller hinunter und schwenkte von dort aus, entlang der Weser verlaufend, bis nach Stolzenau aus, wo sie ihren südlichsten Punkt erreichte. Von dort führten ihre Spuren nach Nordwesten über Vechta bis nach Leer und noch weiter nach Deventer in Holland, Amersfoort und, nach Norden drehend, zur Zuidersee.

Vor allem aber war es die sächsische Schmiedekunst, die von sich reden machte und die auch als begehrter Ausfuhrartikel diente. Die Schalenfibeln, gleicharmige Fibeln und andere Schmuck- und Gebrauchsgegenstände legten beredtes Zeugnis von dieser sächsischen Kunstfertigkeit ab.

Da sich die Sachsen sehr früh bereits von ihren Feinden, den Römern, abgesondert und abgeschottet hatten, machten sie auch die rege römische Entwicklung nicht mit, sondern blieben in ihrer Art völlig ungestört. Daraus ergab sich nicht nur ihr eigenständiger Stil, sondern auch ihre „Rassenreinheit und ihr gesteigertes völkisches Bewußtsein". (Siehe Schmidt, Ludwig: Die Westgermanen.)

Daß besonders die Keuschheit der sächsischen Frauen weit bekannt war, wird aus einem Brief des heiligen Bonifatius deutlich, in welchem der Sachsenapostel an den König von Mercien schreibt:

„Gefallene Mädchen und Ehebrecherinnen werden von Dorf zu Dorf mit Geißeln verfolgt und zuletzt getötet oder genötigt, sich selber den Tod durch den Strang zu geben."

Diesen Eigenschaften der Sachsen standen auch andere gegenüber, die sich zwar aus den ersteren ergaben, aber in unserer Zeit als negativ betrachtet werden müssen: „Gewalttätigkeit, Grausamkeit und Treulosigkeit gegenüber ihren Gegnern." (Siehe Schmidt Ludwig: a.a.O.)

Die Strafen, die von den sächsischen Thingen ausgesprochen wurden (dies wird ein späterer Abschnitt über die Thing- und Gogerichte erweisen), waren härter als anderswo in Germanien. Die Todesstrafe spielte eine große, manchmal entscheidende Rolle im sächsischen Recht. Man pflegte darüber hinaus jeden zehnten Kriegsgefangenen den Göttern zu opfern, ein Brauch, der allerdings auch bei anderen germanischen Stämmen und Völkern bekannt war und betrieben wurde.

Die Gesamtzahl der sächsischen Stammesgemeinschaft wird nach den verschiedenen Chronisten unterschiedlich hoch geschätzt. Die Mittelzahl liegt bei 650000 Menschen.

Die Bestattung der Toten fand in Gestalt der Leichenverbrennung statt. Es gab jedoch auch – und die Gräberfelder weisen dies eindeutig aus – sehr viele Körperbestattungen. Auf den Friedhöfen herrschte keine Trennung nach Alter und Geschlecht. Darüber hinaus wurden auch keine Sippen-Begräbnisstätten gefunden.

Daß die Sachsen im allgemeinen ihr Haar lang auf die Schultern herabfallend trugen, aber jene des Vorderkopfes schoren, damit ihre Stirne höher erschien, wird durch Widukind von Corvey bezeugt.

Die weitere Missionierung zur Zeit Karls des Großen

Nachdem Karl der Große den angelsächsischen Missionaren die Aufgabe abgenommen hatte, die Sachsen zu christianisieren, wurde eine neue Missionsstrategie ins Spiel gebracht, die durch das Blutbad bei Verden an der Aller gekennzeichnet ist: jene der gewaltsamen Missionierung. Wie hoch auch immer die Gesamtzahl der dabei umgebrachten Sachsen gewesen sein mag, brachte diese Art der „Bekehrung" die Bereitschaft der Sachsen mit sich, sich zwangstaufen zu lassen, um nicht auf eben diese Weise ums Leben zu kommen. Wer nicht Christ wurde, mußte um sein Leben fürchten. Diese Art der Taufen wurden nicht nur von den Sachsen selber, sondern von einer großen Zahl der Missionare verurteilt oder zumindest kritisiert.

Dennoch hatte dieses System zur Folge, daß in den sieben Jahren völliger Ruhe im Frankenreich die Missionierung der Sachsen gewaltige Fortschritte machte. Die Taufe Widukinds in Attigny zeigte den Anfang jener entscheidenden Entwicklung an.

Karl sandte nunmehr die in Friesland kampferprobten Missionare zu den Sachsen, um die neue sächsische Kirche ostwärts des Rheins zu organisieren. Ihre Arbeit wurde von ihm mit einer strengen Gesetzgebung unterstützt.

Liudger, ein Enkelschüler Willibrords, wurde mit der Leitung der Sachsenmission beauftragt. Willehad erhielt das Gebiet der Unterweser zugeteilt, das er 782 nach dem Aufstand der Sachsen fluchtartig hatte verlassen müssen.

Damals hatten die Sachsen einige seiner Schüler im Lande Rüstringen und in Dithmarschen ermordet. Sie brachten, wie es in der Vita Willehads heißt, „den Gerwal mit seinen Genossen in Bremen aus Haß gegen die Christen mit dem Schwerte ums Leben". Dies war die *erste* Erwähnung von Bremen in der Geschichte.

Willehad kehrte 785 in seinen Missionssprengel zurück und gründete 789 die erste Kirche in Bremen.

Bereits zwei Jahre zuvor war er als erster der Sachsenmissionare zum Bischof erhoben worden. Seine Kirche befand sich auf der Höhe der Weserdüne, wo heute der Bremer Dom steht. Am 1. November 789 wurde diese Kirche geweiht.

Daß Bremen 790 Bischofssitz wurde, erlebte Willehad nicht mehr, denn unmittelbar nach der Weihung seiner Kirche ging er wieder auf Missionsreise zu den Sachsen. An der Wesermündung gegenüber dem heutigen Bremerhaven, in dem Dorf Blexen, fand er nur eine Woche nach der Weihe seiner Kirche den Tod.

Paderborn, von 777 bis zum Todesjahr Karls des Großen 814 mehrfach Stätte eines Reichstages, die Stadt, die 799 Papst Leo III. in ihren Mauern sah, gehörte ursprünglich als vorgeschobener Stützpunkt zum Bistum Würzburg. St. Kilian war aus diesem Grunde der Dompatron und jener mehrerer Urpfarrkirchen, bis 836 aus Le Mans die Reliquie des heiligen Liborius nach Paderborn überführt wurde. Dieser Bischofssitz entstand als Diözese für das obere Wesergebiet. Missionszentrum Paderborns war das Kloster Corvey.

Im Jahre 805/06 erhielt Paderborn mit Hathumar einen eigenen Bischof. Es war der von 1009 bis 1036 amtierende Bischof Meinwerk, der den Besitz dieses Bistums bedeutend vergrößerte.

Vorausgegangen waren die Gründungen der Bistümer Osnabrück und Minden um 800.

Daß neben den angelsächsischen Mönchen vor allem auch fränkische *und* sächsische Adelige ihren Beitrag zu diesem Werk leisteten, ist geschichtlich erwiesen. Erwähnt sei nur das Kloster Corvey bei Höxter an der Weser. Es zählte zu einem der ältesten Klöster im Sachsenlande und wurde 815 bis 816 von Adalhard und Wala, den Vettern Karls des Großen, in Hethi gegründet und von Ludwig dem Frommen 822 an seinen heutigen Ort verlegt. Die Mönche kamen aus Corbie an der Somme. Der heilige Vitus, dessen Reliquien 836 von Saint Denis bei Paris nach Corvey überführt wurde, avancierte zum sächsischen Stammesheiligen.

Daß dieses Kloster eines der bedeutendsten im Sachsenlande war, bezeugt Widukind von Corvey. Trotz der möglichen Übertreibungen, die durch seinen gesunden Lokalpatriotismus entstanden sein dürften, sind auch die Fakten, die Widukind über *sein* Kloster berichtet, imponierend: „In seiner Bibliothek befanden sich die Abschrift der ersten fünf Bücher der Annalen des Tacitus, ein Cicero-Codex und viele andere wertvolle Handschriften."

Die Stifte Herford und Wildeshausen wurden von sächsischen Edelingen gegründet. Herford war zur Kampfzeit von Widukind bereits Mittelpunkt der „Weserfestung" an der Mündung der Aa in die Werre. Hier legten die Franken, als sie den Platz in Besitz nahmen, eine ihrer Curtes an, um sich den Vorteil dieser strategisch wichtigen Stelle zu sichern. Durch diese Befestigungen gelang es, die Furt durch Aa und

Werre zu schützen und stets eine Übergangsstelle zur Verfügung zu haben, wenn es galt, den nach Osten weichenden Sachsen rasch nachzusetzen.

Weil sich hier die beiden bedeutendsten Straßen – die Hellwege – kreuzten, einmal die von Frankreich über Köln und Dortmund nach Herford und von dort nach Nord- und Nordosteuropa weiterführende und zum anderen die von den Niederlanden über Osnabrück nach Herford und von dort weiter in Richtung zum Harz verlaufende, war Herford der wichtigste Punkt im ganzen Sachsenland.

Unmittelbar nach der Taufe Widukinds gründete der ebenfalls zum christlichen Glauben übergetretene sächsische Edeling Waltger (Wolderus) im Jahre 789 das erste sächsische Frauenstift im Schutze des fränkischen Königshofes Herford. Er übertrug dieses Stift 823 Kaiser Ludwig dem Frommen, der es zum Reichsstift ausbauen ließ und es mit den Rechten von Notre Dame im merowingischen Königssitz Soissons ausstattete.

Um dieses Stift besonders zu schützen, wurde es von Ludwig dem Frommen dem Männerkloster Corvey an der Weser angeschlossen. Durch diese Maßnahme waren Corvey und Herford Jahrhunderte hindurch eng miteinander verbunden.

Herford blühte durch die dichte Nähe zum fränkischen Königshof Adonhusa bereits zu Beginn des 9. Jahrhunderts auf und erhielt neben Corvey schon in der ersten Hälfte dieses Jahrhunderts als eine der ersten Städte im Reich das kaiserliche Markt-, Münz- und Zollrecht.

In Wildeshausen wurde das Kloster von einem Nachkommen Widukinds gegründet. Der Enkel Widukinds, Waldbert, war es, der mit einigen anderen 851 die Gebeine des heiligen Alexander nach Wildeshausen holte. Herford erhielt 860 die Reliquien der heiligen Pusinna. In diesen mit Heiligen-Reliquien ausgestatteten Klöstern wuchs eine neue Mönchsgeneration heran.

Erster Leiter der Corveyer Klosterschule wurde der aus der Picardie stammende Ansgar, der aber sehr bald das Kloster an der Weser wieder verließ, um als Missionar in den Norden zu gehen. (Siehe dazu auch Hauck, K.: Ein Utrechter Missionar auf der altsächsischen Stammesversammlung; und ders.: Ausbreitung des Glaubens in Sachsen und die Verteidigung der römischen Kirche als konkurrierende Herrschaftsaufgaben Karls des Großen, in: Frühmittelalterliche Studien 4, 1970; ferner noch: Lammers, W.: Die Eingliederung der Sachsen in das Frankenreich, in: Wege der Forschung, Darmstadt 1970.)

Waldbert schenkte nach einer Urkunde vom 17. Oktober 872 einen Teil seines Erbes dem Alexanderstift. Es war die „Villa Wihaldeshusen an der Hunte im Gau Leri mit allem zu ihr gehörenden Territorium". Die Liste jener Reihe von Gütern, die er als „dos der Kirche des heiligen Alexander" schenkte, ist lang.

Im übrigen hatten Wicbert, Widukinds Sohn, und Waldbert, des Sachsenführers Enkel, bereits 834 ihre Besitzungen in den heutigen Niederlanden, und zwar in Ostarbac und Prast nahe Arnheim, an die Martinikirche in Utrecht als Schenkung übertragen.

Das Kloster Vreden wurde von Wicbert und dessen Sohn Waldbert um 839 gestiftet. In Vreden befindet sich auch Waldberts Grabmal. Die Inschrift darauf zeigt uns, daß Waldbert bereits damals als Heiliger verehrt wurde: „Hic Waldberte comes, servatus protegis edes Custos ipse loci sacra per ossa tui."

Neben diesen westfälischen Klöstern waren es vor allem auch jene im heutigen Südostniedersachsen, dem alten Ostfalen, die einen hohen Bekanntheitsgrad erreichten. Archäologische Funde und Grabungen aus dem frühen 8. Jahrhundert haben gezeigt, daß vereinzelt bereits zu jener Zeit Christen dort lebten und daß sich möglicherweise bereits damals kleine christliche Gemeinschaften gebildet hatten. Schon die Heerzüge Karlmanns und Pippins in der Mitte des 8. Jahrhunderts ins Wesergebiet und in das nördliche Harzvorland hatten erste Christianisierungsversuche im Gefolge gehabt, die jedoch keine nachhaltigen Folgen zeitigten.

Erst die Kriegszüge Karls des Großen brachten große Erfolge, die durch das Schwert erzwungen wurden. Die drakonischen Strafbestimmungen der Capitulatio de partibus Saxoniae wurden erst im Jahre 797 durch das Capitulare Saxonicum gemildert, nachdem Massentaufen zur Zufriedenheit der fränkischen Geistlichen erfolgt waren.

Mit jener Massentaufe im Jahre 780 in Ohrum ging der erste Sachsenkrieg zu Ende. In dieser Zeit gründete das sächsische Geschlecht der Liudolfinger zwischen 780 und 785 das Kloster Brunshausen bei Gandersheim als Fuldaer Missionszelle. Diese Gründung lag in einem Gebiet, das nicht direkt vom Sachsenkrieg betroffen wurde. Es war die erste christliche Niederlassung im genannten Gebiet.

Nach der völligen Unterwerfung der Sachsen, an deren Ende die Taufe Widukinds stand, breitete sich die Missionierung auch im südöstlichen Niedersachsen rasch aus. Sie erreichte von Thüringen aus über das nördliche Harzvorland die Weser.

Daß auch hier die Heiligenverehrung von besonderer Wichtigkeit war, weil diese Heiligen und ihre Reliquien die Macht Gottes vergegenwärtigten, wurde sehr bald klar.

Es waren zunächst die klösterlichen Missionssprengel, die das Christentum in diesem Raum verbreiteten. Einfache Kirchen als Gaukirchen, mit dem Recht ausgestattet, Taufen vorzunehmen, standen bald zur Verfügung.

Die Gründung der Bistümer Halberstadt und Hildesheim gliederte diese Klöster und Taufkirchen in sich ein. Und zwar entstand Halberstadt aus einer von Karl dem Großen gegründeten Missionskirche in Osterwiek. Diese wurden 814 unter Bischof Hildegrimm nach Halberstadt verlegt; aber Bischofssitz wurde sie erst nach dessen Tod.

Der Missionssitz Elze mauserte sich zum Bistum Hildesheim. Es wurde 815 gegründet. Das Erzbistum Mainz reichte im Süden bis nach Gandersheim und Goslar, während das Wesergebiet zu den Bistümern Minden und Paderborn gehörte. Paderborn war Diözese für das obere Wesergebiet.

Die Bischöfe wurden vom König eingesetzt und waren königliche Beamte, die für den kirchlichen Bereich ihrer Diözese zuständig waren. Ihnen standen in weltlicher Hinsicht die Gaugrafen gegenüber, deren königlicher Gerichtsbarkeit sie zunächst unterworfen waren. Doch bald wurden sie und ihre Bischofssitze von dieser Unterstellung befreit und erhielten weitere Privilegien bis hin zu ihrer Ernennung zu Reichsfürsten unter Otto dem Großen.

Den Zehnten, den die Bischöfe einnahmen, behielten diese jeweils zu einem Drittel für sich; ein Drittel erhielt ihre Kirche, und das letzte Drittel wurde zur Unterstützung der Armen verwandt. Daß gerade in Sachsen die Armut nach dem Tode Karls des Großen zunahm, lag in der Tatsache begründet, daß dieses Land durch die Normanneneinfälle aus dem Norden, durch die Ungarnfeldzüge aus dem Süden und durch die Slawenangriffe aus dem Osten verheert wurde.

Das aus einer Missionszelle entstandene Kloster Brunshausen, das bereits vor 785 von Fulda aus gegründet worden war, wurde um die Mitte des 10. Jahrhunderts zum Eigenkloster des Stiftes Gandersheim. Dieses Stift wurde 852 durch Herzog Liudolf von Sachsen als Reichsstift gegründet. Im 10. Jahrhundert lebte und wirkte hier die Dichterin Roswitha (Hrosvith), die 935 geboren wurde und nach 975 starb. Das Kapitel war 852 unter der Leitung von Herzog Liudolfs Tochter, Hathumod, in Brunshausen zusammengetreten.

Das Stift Gandersheim stieg unter der Schirmherrschaft und Gönnerschaft seines Stiftergeschlechtes, der Liudolfinger, im letzten Drittel des 10. Jahrhunderts zu überragender Bedeutung auf.

Als Missionszelle des Benediktinerstiftes Werden an der Ruhr wurde um 800 das Ludgerikloster vor Helmstedt gegründet. Es besaß gegenüber dem Bistum Halberstadt, dem es an und für sich unterstand, eine gewisse Selbständigkeit, weil es mit dem Mutterkloster in Werden durch einen gemeinsamen Abt verbunden war.

So wurde der mittelalterlichen Kirche im Sachsenlande der Weg bereitet, auf dem sie weiter fortschritt. Von Bistümern und Klöstern, von adeligen Geschlechtern und von Kaisern und Königen beeinflußt, wurde so die christliche Religion zum Anstoß für alle. Kirchlicher Glanz und Glorie wurde zum Vorbild für den Adel der damaligen Zeit, dem er nacheiferte.

Der erste große Bruch zwischen Kirche und öffentlichem Leben fand erst Ende des 11. Jahrhunderts statt, als auch die sächsischen Bischöfe überwiegend im Gegensatz zu den Päpsten standen, die ja mit ihren Reformversuchen den Investiturstreit einleiteten. Als bezeichnende Reformteile, die diesen Streit auslösten, gilt das Verbot der Laieninvestitur, das jedoch Kirchenfürsten bis hinauf zum Papst nicht davon abhielt, Laien im Schnellverfahren zu Geistlichen, Bischöfen und Erzbischöfen und sogar Päpsten zu machen.

Die Forderung nach Ehelosigkeit der Geistlichen, die ebenfalls in der gregorianischen Reform ausdrücklich befohlen wurde, erschien den sächsischen Geistlichen fast undurchführbar.

Die ins Leben gerufene Gottesfriedensbewegung, welche den zu damaliger Zeit besonders in Sachsen blutig ausgetragenen Fehden wehren sollte, konnte sich nicht auswirken. Erst später gelang es dank des Reichslandfriedensgebotes, diesen Fehden ein Ende zu setzen.

Die Kreuzzugsidee hingegen fand auch in Sachsen viele Anhänger. Erst nach dem Wormser Konkordat des Jahres 1122 und durch die Wahl von Lothar von Süpplingenburg zum König kam das sächsische Territorium wieder zur Ruhe. Was aber war auf politischem Gebiet seit der Taufe Widukinds in Attigny geschehen?

Die letzten Sachsenkriege

Als der Einfall der Araber im Jahre 793, der bis Narbonne und Carcassonne gelangte, den Krieg im Südwesten wieder aufleben ließ, so daß Karl mit einem großen Heer dorthin aufbrach, war für die Sachsen die Gelegenheit gekommen, sich noch einmal gegen die neuen Herren aufzulehnen. Sie riefen zum Aufstand auf und überfielen eine Reihe der Missionsstationen und Klöster.

Diesmal wurde kein neuer großer Sachsenführer wie Widukind oder Abbio bekannt. Dieser Aufstand entbrannte vor allem in den nördlichen Landesteilen Sachsens, wo die Reform Karls des Großen noch keine eigenen Günstlinge in die Grafenstellungen gehievt hatte. Das Land an der unteren Elbe stand in Flammen.

In alljährlich sich wiederholenden Feldzügen mußte Karl nach seiner Rückkehr aus Frankreich den Kampf erneut aufnehmen, wenn er auch diesmal mehr in Strafexpeditionen ausartete. Diese Scharmützel dauerten bis zum Jahre 797 an. In diesem Jahre wurde in der Annahme, daß diese Kämpfe nun für immer beendet seien, das mildere Capitulare Saxonicum in Kraft gesetzt. Westfalen, Engern und Ostfalen hatten bei der Abfassung dieses neuen Gesetzes mitgewirkt.

Karl hatte sein fränkisches Stammeskönigtum zu einem Staat entwickelt und sah sich als „Führer und Verteidiger des Gottesstaates auf Erden", wie er selber dies einmal formulierte.

Damit identifizierte er sich mit jenem großen, strahlenden Herrscher, den die Kirchenlehrer, allen voran der heilige Augustinus, „am Ende der Zeiten" heraufziehen sahen.

Byzanz, das in einem andauernden Abwehrkampf gegen die Araber und Slawen stand, war nicht mehr in der Lage, als Wahrer des Christentums aufzutreten. Dort konnte es nur noch um die Sicherung der nackten Existenz des Byzantinischen Reiches gegen eine Welt von Feinden gehen.

Um so mehr sah sich Karl mit seinem neuen selbstgeschaffenen Reich dazu verpflichtet, die christliche Herrschaft *und* die „Verteidigung des wahren Glaubens gegen die Mächte der Finsternis" zu führen.

In den libri Carolingi – den Büchern Karls –, als deren Verfasser Kaiser Karl selber gilt, wandte er sich gegen die in Byzanz amtierenden Kaiser, die den Anspruch erhoben, für die ganze Christenheit zu sprechen. Karl erklärte, daß er bei allen Dingen, welche die Christenheit beträfen, gehört werden *müsse*.

Diesem Anspruch Karls trug Papst Leo III. Rechnung, als er 795 den Stuhl Petri bestieg, indem er seinem Bruder „Carolo, dem Schutzherrn der Römer", seine Wahlanzeige *und* den Schlüssel zum Grabe des Petrus sowie das Banner der Stadt Rom sandte. Dies als symbolisches Zeichen dafür, daß er Karl als neuen und wahren Herrn von Rom anerkenne. Daß sein Vorgänger Hadrian I. nur zehn Jahre vorher den byzantinischen Kaiser als „Herr von Rom" bezeichnet hatte, war sehr rasch vergessen, als Karl der Kirche reiche Pfründe schenkte.

Da die römische Adelsgruppe diesen Sinneswandel nicht mittragen wollte, begann sie einen Hetzfeldzug gegen Leo III. Ein in Rom im Jahre 799 geschickt inszenierter Aufstand, bei dem er verwundet wurde, ließ den Papst die Flucht ergreifen. Bei Nacht und Nebel verließ er Rom und erreichte nach langer Irrfahrt den königlichen Hof Karls in Paderborn. Hier suchte und fand er Hilfe bei seinem „Bruder Carolo". Von dort aus soll sich Leo III. auch zum Reichshof in Westhofen begeben haben, wo Karl mit dem Herrscher der Christenheit auf die Hirschjagd gegangen sein und ihm versichert haben soll, daß er ihn persönlich nach Rom zurückbegleiten und wieder in sein Amt einsetzen werde.

Ob Leo III. wirklich die Peterskirche, die Karl hart unterhalb der Hohensyburg hatte errichten lassen, einweihte, wie die Sage berichtet, ist nicht geklärt.

Mit einem schlagkräftigen Reiterheer zog Karl im Jahre 800 nach Süden, um Leo III. wieder in seine Rechte einzusetzen. Der Kampf gegen die Widersacher des Papstes war bald zu Ende, und am 25. Dezember 800 wurde König Karl in einer großartigen Zeremonie von Leo III. zum Kaiser gekrönt. Als Leo III. ihm die Krone aufs Haupt setzte, wiederholten der bereitstehende Chor und das Volk dreimal den Hochruf:

„Carolo Augusto, dem von Gott gekrönten großen und friedschaffenden Kaiser der Römer, Leben und Sieg!"

Damit war der Patricius Karl zum Imperator und Augustus aufgestiegen. In dieser Eigenschaft hielt Kaiser Karl dann auch über die römischen Widersacher des Papstes Gericht und verurteilte die Gegner Leos III. als Rebellen.

Die mit dieser Kaiserwürde verbundenen Rechte bezogen sich ursprünglich nur auf den Kirchenstaat, in dem ja Karl seit dem Vertrage von Quierzy als „Patricius Romanorum" Hoheitsrechte zustanden. Doch für die damalige Zeit und deren Herrscher galt diese Krönung bereits als Bestätigung der Führung in einem geeinten christlichen Reich.

Durch die Bestätigung der Pippinschen Schenkung und durch weitere Schenkungen hatte Karl außerdem den Kirchenstaat beträchtlich gefestigt und vergrößert.

Aus Ostrom erklang sehr bald schon jener Kommentar, der erwartet werden konnte, daß nämlich Karl die Kaiserkrone nur erhalten habe, weil er die Wiedereinsetzung Leos III. erzwungen hatte.

Auf seine Kaiserbulle ließ Karl die Losung setzen: „Renovatio Romani imperii – Erneuerung des römischen Weltreiches."

Nach diesem Akt in St. Peter war aus Karl, dem Frankenkönig Karl der Große geworden. Er war jetzt König der Franken und Langobarden und Kaiser und Schutzherr Roms.

Das karolingische Reich reichte nunmehr vom Ebro bis zur Elbe, von Süditalien bis zur Nordsee und an den Atlantik. Und ein Teil seines Reiches wurde auch die Provinz Sachsen. Dieser fränkischen Provinz wollen wir uns nun wieder zuwenden, nachdem klar ist, welche Macht es war, die die Sachsen während eines über 30 Jahre andauernden Krieges unter ihre Botmäßigkeit gezwungen hatte.

Es sollte noch fast zwölf Jahre dauern, ehe Karl wirklich Kaiser wurde, indem auch die Herrscher von Byzanz seine Rolle als „Beauftragten Gottes und Herrscher in der christlichen Welt" anerkannten.

Als Gegengeschenk an Byzanz verzichtete Karl zugunsten Ostroms auf Venetien, das er 810 erobert hatte. Gleichzeitig aber mußte er auch auf die spezielle Bezeichnung seines Kaisertums als „römisches" verzichten.

Die Zeit der ersten Restaurierungen nach 800 galt der Vereinheitlichung der Reichsverwaltung, der Rechtspflege und des Münz- und Heerwesens. Auch in Dingen der Kultur wollte Karl der Größte werden, und zum Zentrum aller dieser großen Pläne bestimmte er seinen Hof. Dort hatte alles zu beginnen.

Wie aber wirkte sich diese Erhöhung Karls, der nunmehr bereits von einigen Zeitgenossen „der Große" genannt wurde, auf die Sachsen aus?

Durch die erzwungene Friedfertigkeit und dadurch, daß Karl die tiefen Standesunterschiede bei den Sachsen nicht ausglich, sondern noch vertiefte, indem er die Sachsen neben der Abgabepflicht gegenüber ihren Grafen auch noch der Kirche tributpflichtig machte, verstärkten sich die Spannungen. Es kam immer wieder zu kleinen Protesterhebungen, die sofort blutig niedergeschlagen wurden.

Die Möglichkeit, daß Widukind zu seiner Zeit versucht haben könnte, mit Hilfe der von ihm geführten Volksmassen die Sachsen zu befreien und mit ihnen eine auf die Kraft des Volkes gestützte Herrschaft zu errichten, die jene der Edelinge ablöste, ist aus einigen Andeutungen zu entnehmen. Dem steht allerdings entgegen, daß er dann ebenfalls mit seiner Sippe, einem der vornehmsten edlen Geschlechter Sachsens, unter dieser Umschichtung hätte leiden müssen.

Wie auch immer: Nach 800 lösten starke sozialpolitische Konflikte der sächsischen Stände untereinander weitere Unruhen aus, an denen die fränkische Vorherrschaft vordergründig kaum schuld war. Diese war nur insofern davon betroffen, als der Zorn auf den an die Kirchen abzugebenden Zehnten jenen Tropfen bedeutete, der das Faß zum Überlaufen brachte.

Der sächsische Widerstand konzentrierte sich nun auf den nördlichen Teil des Sachsenlandes jenseits der Elbe. Schon 801 fand hier der erste

Aufstand statt, der rasch unterdrückt wurde, ohne daß die unter der Asche schwelende Glut ausgetreten worden wäre.

Der Kampf gegen die Nordalbingier, vor allem im Sommer 804, wurde mit aller Wucht geführt. Dazu benötigte Karl auch die Hilfe der Abodriten, die nun gegen die Sachsen kämpften. Dank seiner großen Übermacht wurde das Frankenheer bald dieses nordalbingischen Aufständischen Herr. In Einhards Annalen liest sich dieser Feldzug so:

„Im Sommer aber zog er (Karl) mit dem Heere nach Sachsen und führte alle Sachsen, welche jenseits der Elbe und in Wichmodi (dem Raum um Bremen) wohnten, mit Weib und Kind ins Frankenland und gab ihre Gaue den Obotriten."

Jene Sachsen, denen es gelungen war, der Wut des feindlichen Heeres und der drohenden Deportation zu entkommen, waren nach Dänemark geflüchtet. Um ihrer habhaft zu werden, zog Karl in die Festung Holdonstat – Hollingstedt. Von dort aus verhandelte er mit dem Dänenkönig Gottfried, von dem er die Auslieferung der nach Dänemark geflüchteten Sachsen erbat; in ihnen sah er die Rädelsführer; sie mußte er unter allen Umständen unschädlich machen, wenn er diesem Treiben ein Ende bereiten wollte. Er war bereit, für diese Auslieferung *sehr* viel Geld zu geben. Doch zum Glück für die nach Dänemark geflohenen sächsischen Edlen ging Gottfried nicht auf diesen Handel ein.

Unmittelbar danach erhielt Karl der Große den Besuch des Abodritenkönigs Threasco. In langen Verhandlungen erklärte sich dieser bereit, die Grenzwache für die Franken zu übernehmen und die fränkische Oberherrschaft anzuerkennen.

Zur Belohnung erhielt nun Threasco den ganzen von den Nordalbingiern geräumten Raum als zusätzliches Stammesgebiet zugewiesen.

Die Abodriten zogen in die Burg Itzehoe ein, die Karl als Schutzfestung gegenüber den Dänen hatte errichten lassen. An der Grenze zu den Slawen hin wurde der Limes Saxoniae errichtet. Dies war jene Grenzlinie, die von Lauenburg an der Elbe ostwärts entlang der oberen Trave bis zum Plöner See und zur Kieler Förde führte.

Entlang dieser Linie waren die fränkischen Grenzen stabil. Anders verhielt es sich mit den Grenzen im Osten von der Ostsee bis hinunter nach Böhmen. An ihnen herrschte dauernde Unruhe und ständiger Kampf, weil dort immer wieder neue slawische Völkerstämme versuchten, ihre Gebiete nach Westen auszuweiten. Sie mußten gestoppt werden.

Daß Karl der Große binnen weniger Jahre eine einigermaßen sichere Grenzlinie mit befestigten Wehrdörfern und Burgen schaffen konnte, war nicht zuletzt jenen Sachsen zu verdanken, die im Osten des Frankenreiches lebten. Sie sicherten die Sorbische Mark, Böhmen und Mähren und die Mark Ostland, die als Grenzmarken galten.

Daß Karl der Große die nordalbingischen Sachsen deportierte und dafür das slawische Volk der Abodriten in dieses deutsche Land setzte, ist eine jener Handlungen, die nicht in sein Bild als Sicherer und Verteidiger des Reiches im Osten passen will. Im Gegenteil versetzte er seinem eigenen Kaiserreich einen schweren Schlag, der sich nie wieder ganz beseitigen ließ, denn die Abodriten, derentwillen er die Sachsen deportierte, waren ein slawischer Stamm. Die Lorscher Annalen berichten noch dazu: „Trasiko (Threasco) wurde zum König über alles slawische Volk gesetzt, die Sachsen mit Gottes Beistand nach weisem Ratschluß des Kaisers auf verschiedenen Wegen aus Sachsen fortgeschafft und auf Gallien und andere Teile des Reiches verteilt, so daß die solcherart marschierenden Heeresabteilungen nicht die geringsten Verluste erlitten." Das macht deutlich, daß dieses Vorgehen auch in der damals rauheren Zeit als bedenklich angesehen wurde; und das von der eigenen Seite.

Dies war eine „Tat" Karls des Großen ein Jahr nach dem Friedensschluß von Salza, als man im Sachsenlande glaubte, endlich Ruhe zu haben, während das Geschehen alle vorherigen an Brutalität übertraf. Wie sehr Karl damit auch gegen die damaligen Sitten verstieß, wird durch die Tatsache deutlich, daß er befahl, diese Unglückszüge der Vertriebenen auf verschiedenen Wegen nach dem Westen zu deportieren, damit dieser einmalige Akt der menschenverachtenden Behandlung des Sachsenvolkes nicht allgemein bekannt wurde und sie zu neuem verzweifeltem Widerstand aufstacheln mußte.

In diesem Falle ist erwiesen, daß Karl der Große die deutschen Grenzen *nicht* gesichert, sondern sie den Slawen preisgegeben hatte und daß er sich in diesem Falle tatsächlich „als Verderber und Unheilbringert, betätigt hat. (Siehe Teudt, Wilhelm: a.a.O.)

Die Einführung eines fremden Bodenrechtes in Nordsachsen wurde daher auch zu einer schweren Bürde für die späteren Großen des Reiches aus sächsischem Geblüt. Viele ihrer Kämpfe hatten ihre Ursache in diesem Verhalten eines Großen.

Karl hatte also im Osten auf die Eingliederung der dortigen Grenzvölker ins Frankenreich verzichtet. Dies führte als Positivum dazu, daß sich der Handel auch in west-östlicher Richtung entwickelte. Aus den slawischen Ländern wurden noch zu Karls Lebzeiten Waren aller Art nach Köln und Mainz und von dort aus weiter in Richtung Westen nach Gallien und Spanien geschafft. Es waren dies zunächst in der Hauptsache Felle, Pelze, Honig und Wachs und – nicht zu vergessen – billige Sklaven. Letztere wurden aus dem Frankenreich, das in diesem Falle nur als Zwischenhändler fungierte, nach Spanien und Nordafrika weiterverkauft.

Der karolingische Adel, der nach der Unterwerfung der Sachsen und nach ihren übrigen Eroberungszügen in Geld und Gold schwamm, kaufte kostbares Pelzwerk und Schmuck aus Edelmetall und Elfenbein.

Mit dem Abebben des letzten sächsischen Widerstandes um das Jahr 805 bot sich in den folgenden Jahren für die Franken die Gelegenheit, das sächsische Volk in das karolingische Großreich zu integrieren. Die Awaren wurden ebenfalls in mehreren Feldzügen, den sogenannten Fossa Carolina, bis zum Jahre 805 unterworfen. Ein Bündnis mit den Dänen, das 811 abgeschlossen wurde, setzte den Normanneneinfällen zunächst ein Ende, ohne jedoch diese Geißel auf Dauer aus dem Reich fernhalten zu können.

Das Frankenreich mit seinen um diese Zeit geschätzten 15 bis 18 Millionen Menschen wurde zur unumstrittenen Führungsmacht in Europa. Volle 32 Jahre hatte es gedauert, bis ihr Kampf gegen die Sachsen mit deren endgültiger Niederlage zu Ende ging.

Zwar konnten die sächsischen Geiseln, die man in den Jahren des Kampfes nach Gallien geschickt hatte, in den Jahren 804 bis 806 in ihre Heimat zurückkehren, soweit man sie nicht schon vorher umgebracht hatte als Vergeltung gegen die sächsischen Eidbrüche. Daher kamen nur wenige. Eine aus dem Kloster St. Blasien im Schwarzwald stammende Handschrift enthält ein Verzeichnis dieser Geiseln. Es waren 37 hochgestellte Edelinge, von denen zehn aus Westfalen, 15 aus Ostfalen und zwölf aus Engern stammten. Diese hatten sich in der Obhut der alemannischen Bischöfe, des Abtes des Klosters Reichenau sowie alemannischer Grafen befunden. Ihnen war kein Haar gekrümmt worden.

Sie wurden zunächst nach Mainz geschafft, dem großen Konzentrationslager seiner Zeit, um von dort aus in ihre Heimat zurückzukehren. (Siehe dazu Brandi, Kurt: Karls des Großen Sachsenkrieg, in: Niedersächsisches Jahrbuch für Landesgeschichte, 10, 1933; ferner Last, Martin: Niedersachsen in der Merowinger- und Karolingerzeit, in: Geschichte Niedersachsens von 1977, Hrgb. Hans Patze.)

Als Karl der Große am 28. Januar 814 in Aachen starb, wo er sich in seinen letzten Lebensjahren öfter zur Kur aufhielt, hatte sich seine Herrschaft bereits so tief ausgeprägt, daß das Frankenreich seine geistige Einheit auch dann noch behielt, als unter der Regierungszeit

(Aus: Jahrbücher des fränkischen Reiches unter Karl dem Großen.)

seines Sohnes, Ludwig I., der Zerfall dieses riesigen Reiches begann, in dem beinahe das gesamte christliche Abendland politisch vereinigt war. Ludwig I. war im Jahre 778 in Chasseneuil geboren. Er kam als Nachfolger Karls des Großen an die Macht, weil seine beiden Brüder Pippin und Karl bereits in den Jahren 810 und 811 gestorben waren.

Seit 781 Unterkönig von Aquitanien, war er bereits 813 zum Mitkaiser ernannt worden, um Ende Januar 814 die Nachfolge seines Vaters anzutreten.

Unter seiner Führung, der auch der Fromme genannt wurde, weil er unter dem Einfluß Benedikts von Aniane stand und von diesem in der Reformation der Kirche geführt wurde, waren die sächsischen Edelinge loyale Anhänger dieses neuen Herrn.

Die Verteilung des Reichtums

Der gewaltige Zugewinn Karls des Großen an Marken und Einöden, jenem Grenzland, das von den Germanen zu Verteidigungszwecken zwischen sich und die Nachbarvölker gelegt wurde, war vom Frankenherrscher Karl zur „causa regis" ernannt worden, womit er die schrankenlose Verfügungsgewalt über diese Gebiete erhielt.

Einen Teil davon, soweit er gute Pfründe einbrachte, behielt er für sich. Einen weiteren Teil übergab er seinen fränkischen Rittern, die er als seine Vertreter im fremden Lande brauchte. Einen weiteren umfangreichen Teil überschrieb er der Kirche.

Karl der Große begnügte sich jedoch nicht mit diesen genannten Ländereien, die er zu herrenlosem Volksland erklärte, sondern er ließ auch die Güter und großen Höfe jener Sachsen, die sich ihm nicht unterwarfen, einziehen und die Besitzer vertreiben. Indem er solcherart diese reichen Gebiete von Menschen entvölkern ließ, machte er sie zur „herrenlosen Einöde", über die er dann unbeschränkt verfügen konnte, weil unbebaute Ländereien ja „causa regis" – königliches Eigentum waren.

Solcherart mit soviel Land bereichert, machte es einige Mühe, dieses wieder durch Schenkungen unter die Leute zu bringen; die Urkunden aus Karls des Großen Zeit sind voll von eben solchen Schenkungs-Bekundungen.

Was aber war mit jenen Schätzen, die Karl auf seinen Dutzenden von Kriegszügen zusammengerafft hatte? Diese Unmengen an Silber, Gold und Edelsteinen und eine unübersehbare Zahl an Kunstschätzen?

Mit der Verteilung aller dieser Beutestücke hatte sich Karl der Große bereits Jahre vor seinem Tode befaßt. Von seinem Leibschreiber Einhard wissen wir: „Er" (Karl der Große) „nahm sich vor, letztwillige Verfügungen zu treffen, durch die er auch seine Töchter und die unehelichen Kinder mit genau bemessenen Anteilen als Erben einsetzen wollte.

Drei Jahre vor seinem Tode begann er im Winter 811 die Teilung seiner Schätze in Angriff zu nehmen. Er verkündete in der Gegenwart seiner Freunde und vertrauten Diener, was er wem zu schenken beabsichtigte, und bat sie alle, dafür zu sorgen, daß dies nach seinem Willen geschehe. Zur Aufsetzung seines Testamentes berief er elf Bischöfe, vier Äbte und 15 Grafen nach Aachen. Ihre Namen wurden von Einhard einzeln aufgelistet. Diese Herren mußten jene „Festsetzungen schätzen, die der ruhmvolle und allerfrömmste Herrscher, der erhabene Kaiser Karl vorgenommen hat im Jahre der Fleischwerdung unseres Herrn Jesu Christi im 11. Jahr 4. Indikation. So geschehen nach frommer und weiser Erwägung und mit Gottes Willen verordnet in betreff seiner Schätze und seines Geldes, das sich an diesem Tage in seiner Schatzkammer befand."

Dieser in Karls des Großen Schatzkammer befindliche Besitz wurde zunächst in drei Teile geteilt. Aus zwei Dritteln dieser drei Teile wurden weitere 21 Teile gebildet, das dritte Drittel aber blieb zur Gänze erhalten.

Die 21 Teile wurden für jene 21 Mutterkirchen bestimmt, an die Karl gedacht hatte. Es waren dies 11 französische, fünf italienische, drei linksrheinische, eine Salzburger und eine Wiener Kirche. Jene Länder aber, aus denen er diese Schätze „mitgenommen" hatte, Sachsen, Thüringen und Ungarn, gingen leer aus. Wie sollten diese 21 Teile in den Kirchen verwendet werden? Im Testamentsanhang wurde auch dies genau geregelt:

„Der Erzbischof, der zu dieser Zeit Haupt der beschenkten Kirche ist, soll den auf seine Kirche entfallenden Teil in Empfang nehmen und mit seinen Suffraganen in der Weise teilen, daß ein Drittel seiner Kirche verbleibe. Zwei Drittel aber sollen an die Suffraganen verteilt werden."

Was sollte dieser Verteilungsmodus bewirken? Anzunehmen, daß er ohne besondere Absicht so angesetzt wurde, verbietet die dreijährige intensive Befassung mit dem Erbe. Vor allem die Sorge um sein eigenes Seelenheil veranlaßte Karl, eine solche Teilung vorzunehmen. Die zur Zeit seines Todes amtierenden geistlichen Herren sollten „in der Erwartung eines reichen Erbes gehalten werden, damit sie willig sind, viele Seelenmessen für ihn zu lesen". Aus diesem einen Grunde wurden auch die Suffraganen, jene Unterbischöfe, nicht vergessen, denen es oblag, diese Messen zu lesen.

Das der Kirche und dem Klerus vermachte Erbteil wurde noch durch Karls persönlichen Befehl für jeden anderen Gebrauch gesperrt.

Zur christlichen Sorgepflicht der Armenpflege wurde vom Rest des Schatzes ein Zwölftel bestimmt. Ein weiteres Zwölftel sollten die im Palast beschäftigten Dienerinnen und Diener erhalten. Das letzte übriggebliebene Zwölftel sollte unter seine Söhne und Töchter, an Enkel und Enkelinnen verteilt werden. Durch diesen Verteilungsmodus blieb von dem ganzen unermeßlichen Schatz kaum mehr etwas für den Staat übrig, dessen Führung Ludwig I. anzutreten hatte.

Dies wiederum ließ Ludwig nicht auf sich beruhen. Trotz der Verbürgung, daß *dies* der letzte Wille seines Vaters gewesen sei, ließ er das Testament annullieren und nahm zwei Drittel für sich und seine beiden leiblichen Schwestern in Anspruch. Die Schwestern aber mußten sich sehr bald ins Kloster zurückziehen und konnten diesen Schatz nur ihrem Bruder überlassen.

Nach 32jähriger Verwüstung des Sachsenlandes von der Ostsee bis zum Main, vom Rhein zur Elbe und zum Thüringer Wald war die hohe Zeit des Frankenreiches bereits im Verschwinden, auch wenn Karls des Großen Nachfolger dies noch nicht wahrnehmen wollten. Die Zeit jener sächsischen Edlen zog herauf, die einen ihrer Besten schließlich auf den Thron bringen würden. Doch dies sollte erst nach weiteren Kämpfen und Bruderkriegen Wirklichkeit werden. Zunächst gilt es, die Zeit der Söhne Karls in Zusammenhang mit der sächsischen Frage zu durchleuchten.

Sachsen unter Ludwig dem Frommen

Ludwig I. konnte sich in seinem Kampf gegen seine aufrührerischen Söhne aus erster Ehe, Wala, Agobard und Ebo, der sächsischen Grafen bedienen, die ihm wirksame Waffenhilfe leisteten. Nachdem Ludwig im Pactum Ludovicianum seine kaiserlichen Rechte bereits 824 aufgegeben hatte, konnte er durch die im selben Jahr erlassene Constitutio Romana diesen Titel wieder zurückgewinnen. Auf dieser Rechtsschrift fußte die kaiserliche Oberaufsicht über die päpstliche Verwaltung und die Verpflichtung eines jeden neugewählten Papstes, dem Kaiser *vor* seiner Weihe den Treueid zu leisten.

Die Abodriten hatten 817 bereits Ludwigs Oberhoheit anerkannt. Die Dänen zogen 826 nach, und dies wiederum ermöglichte die Missionstätigkeit Ansgars, der im selben Jahr den Auftrag zur Mission im dänischen Schleswig-Holstein und ein Jahr später auch in Schweden erhielt. Er errichtete 851 das Erzbistum Hamburg, dessen erster Erzbischof er ein Jahr darauf wurde.

Gleichzeitig und gemeinsam mit Ebo von Reims wurde er päpstlicher Legat im Norden.

Der Einfall der Normannen im Jahre 845 und ihr Siegeszug bis in die Hammaburg hinein mit der anschließenden Zerstörung Hamburgs durch sie beendete Ansgars Tätigkeit in Hamburg. Er mußte seinen Sitz in das Bistum Bremen verlegen.

Nach dem Tode Ludwigs I. am 20. Juni 840 sah sich der führende sächsische Adel ebenfalls in die Erbstreitigkeiten zwischen den Verteidigern der Reichseinheit und jenen der Reichsteilung verwickelt. Allerdings war nicht klar erkennbar, ob sie für oder gegen die Reichseinheit standen.

Auch unter diesen sächsischen Edelingen machten sich nach Ludwigs I. Tod Spaltungstendenzen bemerkbar. Sie wurden ausgelöst durch ein Ereignis in Sachsen, das ihre Bereitschaft zur Teilung förderte.

Dabei handelte es sich um den Stellinga-Aufstand. Dieser Aufstand brach bereits 841 los. Es ging um eine Erhebung der unteren sächsischen Stände gegen den sächsischen Adel. Die unteren Stände wollten das alte sächsische Recht wiederhergestellt wissen, wie es in der vorkarolingischen Zeit in Sachsen verbindlich war.

Daß dabei die Sachsen geschickt als Werkzeuge der Machtkämpfe der Söhne Ludwigs I. benutzt wurden, ging nur einigen wenigen auf. Tatsache war jedenfalls, daß sich der sächsische Adel nach der Schlacht von Fontenoy Ludwig II. zuneigte. Dies veranlaßte Lothar I., die sächsischen Freien und Halbfreien gegen die bisher von den Franken begünstigten Geistlichen und Adeligen der Sachsen zum Aufstand zu bringen. Er versprach, ihnen allen ihre Rechte aus der vorfränkischen Zeit wiederzugeben. Aus den sich daraus entstehenden sozialen Möglichkeiten *und* der Chance, wieder zu ihren alten Göttern zurückkehren zu können und das Christentum ebenso wie das Joch des Zehnten abzuschütteln, verschworen sie sich zum Bund der Sachsen und verjagten zahlreiche ihrer alten Herren.

Es sah so aus, als sollte Lothar I. mit dieser Maßnahme den richtigen Weg gehen, denn der Adel wurde mehr und mehr bedrängt. Immer mehr Bauernschaften wurden befreit. Der sächsische Adel richtete flehentliche Hilferufe an Ludwig II.

Dieser eilte seinen adeligen Freunden zur Hilfe. Es kam zu einer entscheidenden Schlacht, in der die nur notdürftig mit Waffen ausgerüsteten Aufständischen unterlagen.

Die Führer dieses Aufstandes wurden aussortiert, und über 150 endeten unter dem Richtschwert des von Ludwig dem Deutschen eingerichteten Gerichtes.

Dennoch waren damit nicht alle Gefahren für den sächsischen Adel ausgeschaltet. Im folgenden Winter des Jahres 843 standen die freien Sachsen noch einmal auf, um diesen Mord an ihren Brüdern blutig zu rächen. Wieder kam es zu einigen Anfangserfolgen, bis schließlich die sächsischen Grafen und Edelinge den Sieg errangen und den Aufstand aus eigener Kraft niederwerfen konnten. Daß auch sie nicht „kleinlich" waren, zeigte sich durch die abermalige Hinrichtung einiger Rädelsführer.

Der sächsische Adel, durch diese beinahe drei Jahre andauernden Aufstände seiner eigenen Untergebenen stark geschockt, trat nun für das ostfränkische Teilreich Ludwigs II. ein, weil ja dessen Feinde infolge der Stellinga-Aufstände auch zu *ihren* Feinden geworden waren.

Ein gemeinsamer Versuch *beider* Gruppen, der Edelinge und der Freien und Halbfreien, das fränkische Joch abzuschütteln, hätte in diesem Stadium des Bruderkrieges der Franken große Aussicht auf Erfolg gehabt. Angesichts der Schwächebekundungen der Nachfolger Ludwigs I. lag ein Sieg im sächsischen Befreiungskrieg nahe. Doch die sächsischen Edlen waren dazu nicht bereit. Sie waren schon zu lange als Untertanen der Franken in guten Stellungen gewesen, um diese gegen eine unsichere Zukunft einzutauschen. Sie verblieben im ostfränkischen Teilreich, aus dem im 10. Jahrhundert schließlich das spätere Hl. Röm. Reich Deutscher Nation unter der Führung eines sächsischen Königs und Kaisers hervorging. So gesehen, haben die Sachsen sicherlich den besseren Weitblick bewiesen.

843 wurde im Vertrag von Wirten (Verdun) das Frankenreich unter die drei Söhne Ludwigs des Frommen aufgeteilt. Zwar bestand der Anspruch auf die Reichshoheit unter einem kaiserlichen Oberhaupt auch weiterhin, dennoch wurde diese Teilung zur Grundlage für das Auseinanderreißen des Ost- und Westfränkischen Reiches.

Die sächsischen Edelinge wurden durch die Einbindung der Sachsen in den karolingischen Reichsverband in keiner Weise behindert oder geschädigt. Sie empfanden diese auch nicht als verletzend oder gar bedrückend, denn diese Nachfolger Karls des Großen waren nicht imstande, ihre Hände drückend auf jenen sächsischen Reichsteil zu legen, der von den Edelingen nach wie vor, wenn auch in ihrer Eigenschaft als fränkische Grafen und Beamte, regiert wurde.

Die im Ostfränkischen Reich zusammengefaßten Stämme der Sachsen genossen durch diese Schwäche der Karolinger ein weites Eigenleben auch in politischer Hinsicht.

Das Rätsel der Externsteine

Lage und Art eines Heiligtums

In der Landesbibliothek zu Detmold befindet sich alle greifbare Literatur über die Externsteine bei Horn im Teutoburger Wald. Es sind dies über 40 Schriften, von denen allein elf weitergehende Beschreibungen größeren Umfanges sind. Fast alle diese Beschreibungen stammen aus dem 19. Jahrhundert. Ihre letzte wurde 1895 in Kisa verlegt.

In fast allen diesen Schriften wird eines immer wieder beteuert, „daß die germanischen Sachsen nicht in der Lage gewesen sein könnten, diesem Platz eine seiner späteren Deutung angemessene Form zu geben".

Unter den Autoren dieser Art befindet sich auch Levin Schücking und Ferdinand Freiligrath. Erst aus der Feder von Wilhelm Teudt erhielten wir eine umfassende Darstellung über die Bedeutung einiger Felsen dieser Gruppe der Externsteine. Er schreibt dazu: „Der turm- und säulenartige Hauptfelsen, dessen Höhe etwa 30 m beträgt, trägt in seinem Kopf einen von Menschenhand hergestellten grottenartigen Raum, zu dem eine aus dem Felsen herausgehauene zum Teil alte Treppe und eine Brücke führt. Für diesen Raum wurde der Begriff Sazellum verwendet, was soviel wie kleiner Weiheraum bedeutet."

Daß dieses Sazellum heute nicht mehr in seiner ursprünglichen Gestalt vorhanden ist, fiel Teudt als erstem auf. Dazu bemerkte er, daß es „unverkennbar Spuren eines gewaltigen Zerstörungswerkes trage, das auch an weiteren Stellen dieses Turmfelsens zu beobachten" sei. Ein Viertel des Felskopfes sei abgesprengt und in die Tiefe gestürzt worden. Und zwar sei dieser Fels, der an seiner Südwestfläche eine durchgehende Gipsschicht aufweist, durch das Ansetzen zahlreicher Winden abgedrückt worden.

Während dieser Sprengung an der Ostecke des Turmfelsens sei auch auf der Nordwestseite in gleicher Höhe und etwas tiefer ein weiterer Felsteil abgesprengt worden, der eine zu dem Sazellum hinführende Treppe getragen habe. Die ganze Treppe sei mit der Absprengung dieses Felsstückes beseitigt worden. An der Nordseite war ein Umgang vorhanden, der ebenfalls abgesprengt worden war. „Alle diese Absprengungen sind anhand der jüngeren Verwitterungsschichten im Verhältnis zur Außenfläche des Felsens einwandfrei zu bestätigen."

Die Frage, ob dies nicht durch Naturvorgänge erfolgt sein könnte, erledigt sich insofern, als solche Naturereignisse nicht an drei entgegengesetzten Seiten gleichzeitig und vor allem nicht so zweckmäßig erfolgen konnten, daß dadurch ein gewaltiges Menschenwerk vernichtet wurde.

„Die Absprengung ist künstlich durch Menschenhand durchgeführt worden, und zwar nach der allgemeinen Erkenntnis nach 772." Die nachträgliche Umfunktionierung dieses alten germanischen Heiligtums in eine christliche Kapelle zeigt auch den Grund zu dieser Zerstörungsarbeit auf.

Daß trotz dieser und anderer Zerstörungsarbeit aus der Zeit Karls des Großen die Externsteine als altgermanische Kultstätte – und zwar als Gestirnsheiligtum – noch immer zu erkennen sind, gründet sich auf eine Reihe von Erkenntnissen.

Über dem Ständer im Sazellum befindet sich ein kreisrundes Loch von 37 Zentimetern Durchmesser. In der gegenüberliegenden Wand wiederum befindet sich eine 40 Zentimeter tiefe und 180 Zentimeter breite Nische, die mehr als mannshoch ist. Sie wird von zwei aus dem Fels gehauenen Säulen flankiert, die keine Kapitelle aufweisen. Diese Nische gleicht auffallend einer alten Kultnische vor einer Begräbnisstätte, wie sie auf Malta zum gleichen Zweck gefunden wurde.

Das sogenannte Fenster in der Nordwestwand, das durch einen 215 Zentimeter dicken Fels geschlagen ist und von dem gesagt wird, daß es einen Blick auf den Gipfel des ersten Felsens freigibt, ist in Wahrheit ein Ausblick auf den Sonnenstand während des Sonnenunterganges am Sommersonnwendtage. Der ganze Raum mit dem über dem Ständer befindlichen kreisrunden Loch ist nicht nach Osten, sondern nach Nordosten auf die am Sommersonnwendtage aufgehende Sonne und auf den Mondaufgang zur Zeit seines nördlichsten Extrems gerichtet. Damit ist klar, daß dies keine christliche Kirche gewesen sein kann, denn in diesen ist die Richtung stets genau nach Osten geortet, während die Richtung Nordosten vorchristlichen Ursprungs ist.

Das Loch ist in einer Höhe angebracht, daß die ersten Strahlen der an diesem Tage hinter dem gegenüberliegenden Hügelrand aufsteigenden Gestirne die Köpfe der in diesem Raum stehenden Männer treffen.

Die Wand hat mit an Sicherheit grenzender Wahrscheinlichkeit Bilder und Zeichen getragen, die mit der Verwendung des Raumes in Zusammenhang standen, wahrscheinlich Tierkreiszeichen und Runeninschriften. Sie wurden in späterer Zeit durch christliche Steinmetze beseitigt. Das bereits genannte Fenster wurde später zu einem Rundbogen ausgehauen; auch die geraden Senkrechten sind späteren Datums, wie die Steinmetzspuren zeigen.

Eins ist klar: das Sazellum ist *kein* an einer Seite offener Raum gewesen, sondern ein Hohlraum; es war „heidnische" Kultstätte.

Hätte man, wie von den meisten Annalisten dargestellt, eine solche Kirche in über 30 m Höhe zur Zeit der Sachsenkriege errichtet, dann würde man dieses einmalige Bauwerk auf alle Fälle in den zeitgenössischen Geschichtswerken, die den Bau *eines jeden noch so kleinen Klosters verherrlicht haben, auch* niedergeschrieben haben. Doch davon findet sich *nichts* in den Annalen aller Zeitgenossen. Es hat einen solchen Bau zu dieser Zeit nicht gegeben.

Diese Annahme, daß es sich um ein germanisches geweihtes Heiligtum gehandelt habe, wird auch dadurch erhärtet, daß die Wehrenverbindung sehr alter Höfe in diesem Raum noch bis zur Mitte des 18. Jahrhunderts die Gewohnheit pflegte, die Feier der Sommersonnenwende an den Externsteinen zu begehen. (Siehe dazu auch: Zeitschrift Niedersachsen, vom 19. November 1904, u.a.)

Die Annahme, daß es sich gleichzeitig um ein Mond- *und* Sonnenheiligtum gehandelt habe, wird durch viele Fakten erhärtet.

Die Annahme eines Mondheiligtums gewinnt durch die Tatsache an Wahrscheinlichkeit, daß durch das Sonnenloch des Sazellums der Mühlenstumpf der Fissenknicker Mühle bei Bad Meinberg zu sehen ist. Dieser auf einer Höhe stehende heutige Aussichtsturm stellt den astronomisch richtigen Merkpunkt der nördlichen Extremlinie des Mondes dar. Nach Südwesten über den Barnacken hinweg trifft diese Linie in der gleichen Distanz von 6,5 Kilometern und mit der gleichen Genauigkeit die frühere Hünenkirche oder Heidenkirche, die sogenannte Kohlstädter Ruine.

Wenn drei Punkte von einer ganz gewissen Beschaffenheit sich in eine Linie einordnen lassen, kann man möglicherweise noch von einem Zufall sprechen. Kommt aber noch ein vierter Punkt in der gleichen Linie hinzu, der am freien Horizont liegt, und wenn dann diese Linie mit der Genauigkeit eines Meßtischblattes übereinstimmt, dann dürfte von Zufall nicht mehr die Rede sein.

So wurde also auf der Fissenknicker Höhe bei der Mühle, bei und über den heiligen Hainen des Leistruper Waldes mit seinen Steinsetzungen, Opfersteinen und Gräberfeldern die gegebene Stelle einer Warte für die Volksversammlung und für Feste im Hain festgestellt. Hier soll auch nach urkundlicher Eintragung eine der verschwundenen Kapellen des Landes gestanden haben. Daraus ergibt sich, daß dieser „heidnische"

Ort durch diese Kapelle von den bösen Geistern des alten Glaubens befreit werden mußte.

Auf dem Barnacken war ebenfalls eine Reihe künstlicher, in den Fels gehauener Löcher zu finden, deren Bedeutung lange Zeit unbekannt geblieben war.

Die Kohlstädter Ruine wiederum ist mit ihren Gemächern aus vorchristlicher Zeit ebenfalls als sächsisches Heiligtum zu erkennen.

Das Mal der Sommersonnenwende und der Platz, auf dem es gestanden haben mußte, wurde ebenfalls um die Jahrhundertwende und kurz darauf bestimmt. Dieser Platz der Sommersonnenlinie der Externsteine befand sich knapp 1000 Meter von der Mühle über Bad Meinberg entfernt. Hier wurden zu Ende des 19. Jahrhunderts zahlreiche wild umherliegende große Steine gefunden. Später entdeckte man hier den Untergrund für eine zyklopische Mauer, und weiter unterhalb liegt ein noch in Benutzung befindlicher Steinbruch.

Vor etwa 100 Jahren hatte Oberst Scheppe an diesem Ort geforscht und war angesichts der Wälle, Gräben und Steintrümmer zu der Überzeugung gekommen, daß es sich hier um eine alte Kultstätte handeln müsse. Erst viel später wurde erkannt, daß dies der Platz für das Sonnenwendmal der Externsteine gewesen sein muß. Der Azimut der Sommersonnenwende von Stonehenge ist 49 Grad, 35 Minuten und 51 Minuten Nord, so daß der Azimut von Süd 130 Grad, 24 Minuten und neun Sekunden betragen muß. Auch bei Stonehenge wird der Azimut des Tempels nach Nordosten in 16 km Distanz von einem Hügel markiert, der als Wallburg von Silbury bekannt ist. Wir wissen auch, daß diese Linie, die sich über Stonehenge hinaus nach Südwesten fortsetzt, direkt auf Crowely Castle zielt und diesen 12 km entfernt gelegenen Ort mit dem gleichen Azimut erreicht.

Es handelt sich sowohl in Stonehenge als auch bei den Externsteinen um den Mittelpunkt einer geraden Linie zwischen zwei Wallburgen. Daß dies so ist, wurde im Jahre 1932 durch Hermann Wirth nachgewiesen.

Wenden wir uns wieder den Örtlichkeiten der Externsteine zu, dessen Heiligtum hier vorgestellt wurde!

Anhand jener auf dem Felsen Nr. 3 in den Stein gehauenen Auskehlungen und Nuten ist der Unterbau für eine Brücke zu erkennen. Die Abmessungen zeigen an, daß es sich hierbei um eine Brücke von mindestens 20 Metern Länge gehandelt haben mußte, denn ihre Auflagefläche beträgt vier Meter, und die dort liegenden Tragebohlen müssen eine Breite von 35 Zentimetern gehabt haben. Die Spurbreite beider Auskehlungen beträgt 210 Zentimeter. In der angegebenen Distanz dazu befindet sich der nur schwer zugängliche Felsen Nr. 4, der in allen christlichen Beschreibungen der Externsteine nicht genannt wird. Auf dessen nordwestlicher Ausbuchtung befindet sich das Auflager dieser nicht mehr vorhandenen Brücke und eine aus dem Felsen herausgehauene Auflagefläche. An *diesem* Felsen wurden noch (wahrscheinlich *weil* er schwer zugänglich war) eingemeißelte Runenzeichen und ein Totenschädel, der durch ausgehauene Gesteinspunkte geschaffen wurde, entdeckt.

Im Felsen Nr. 1 befindet sich eine große Grotte. Eine Inschrift neben der Eingangstür bezeugt, daß dieser Raum als christliche Kirche genutzt wurde und daß Abt Heinrich von Paderborn sie 1115 geweiht hat.

Diese Grotte erlebte in den dreißiger Jahren dieses Jahrhunderts eine Entdeckung, die eindeutig erweist, daß die Grotte *nicht* von den Kirchenleuten aus Paderborn aus dem Fels herausgehauen worden ist, wie in vielen christlichen Darstellungen verkündet wurde, sondern daß sie germanischen Ursprungs ist. Die im hinteren Seitenteil angebrachte Tyrrune und eine kesselartige Vertiefung von einem Meter Durchmesser im Fußboden sowie das Fehlen eines Altarraumes ließen bereits früher Zweifel an der Richtigkeit dieser Darstellung auftauchen.

Im Jahre 1929 wurde die Grotte zur Winterzeit von einer Gruppe von Altertumsforschern besucht. Sie fanden die inneren Grottenwände zur Gänze mit Rauhreif überzogen vor, und plötzlich entdeckten sie rechts neben der alten bekannten Rune noch eine zweite Rune von gleicher Größe und gleichem Aussehen, die oben durch einen waagerechten Strich mit dem oberen Ende der bekannten Rune verbunden war. Dadurch ergab sich ein Doppelrunenzeichen von 40×43 Zentimetern Größe.

Dies war durch die dort haftende Nässe erkannt worden. Es zeigte sich, daß diese zweite Rune sorgfältig verputzt worden war. Als man diesen zäh haftenden Verputz entfernt hatte, war klar, daß das Zeichen älter war als der Verputz. Da der Verputz aber *vor* der Weihe dieses Raumes zur Kirche aufgetragen wurde, war der Anspruch der Kirche auf Bauherrnschaft widerlegt.

Professor Hermann Wirth-Doberan wies diese Runenzeichen als Zeichen für die Wintersonnenwende aus. (Siehe: Wirth-Doberan, Prof. Hermann: in „Germanien, Blätter für Freunde germanischer Vorgeschichte".) Einige Monate darauf wurden von einem Studenten der Pädagogischen Akademie Oldenburg die Spuren einer weggehauenen großen Swastika (Hakenkreuz) entdeckt. Im Ägyptischen Museum der Universität Manchester ist in der Abteilung der Grabbeigaben ein Alabastergefäß zu finden. In der Mitte dieses Behälters ist eine

Doppelrune eingeritzt, die durch eine Linie oben miteinander verbunden ist. Es handelt sich um die genau gleichen Runenzeichen wie jene von den Externsteinen, deren zweites gefunden wurde. Die Alabastervase von 2900 v. Chr. stammt aus der I. Dynastie.

Diese Grotte ist nach den Erkenntnissen des Vorgeschichtsforschers Oberstleutnant Platz als irdische Nachbildung des von den Germanen verehrten Mutterschoßes Erde, in den die Wintersonne eingegangen ist, zu verstehen. Und zwar unter Benutzung großer Blasen im Sandstein, von denen einige heute noch erkennbar sind, die mit Faustkeil und Schlegel zu einer Grotte aus dem Felsen herausgehauen wurden. Die jetzigen Tür- und Fensteröffnungen sind nach wissenschaftlichen Erkenntnissen erst zur christlichen Zeit hineingebrochen worden.

Eine sehr kleine, rechts davon befindliche Grotte von 1,5 Meter im Quadrat und in der Höhe, deren einziger Einlaß etwa sieben Meter über dem Boden lag, muß als Schatzkammer des Heiligtumes gedient haben.

Da wir aus dem Beispiel der Irminsul wissen, daß bei großen germanischen Heiligtümern auch ein Schatz vorhanden war, dürfte diese These zutreffen, weil ja nicht Gegenstände des täglichen Gebrauches an so schwer zugänglicher Stelle aufbewahrt werden.

Die Petrusfigur, die sich in dem später verkürzten südwestlichen Tunnel befindet, wurde auf Weisung Karls des Großen nach der Zerstörung des Externsteine-Heiligtumes in den Fels eingemeißelt.

Unterhalb der unteren Grotte liegt der Felsblock mit dem Felsensarg. Diese Sarglegung wurde von Prof. Hofmeister 1932 untersucht. Er bestätigte, daß dieser Felssarg nicht im Mittelalter zur Zeit Karls des Großen oder später unter der Paderborner Herrschaft entstanden sein könne. Es muß sich seiner Überzeugung nach um eine Art von Weihesarg gehandelt haben. Zwei kleine Treppen führen auf den hinten liegenden überhöhten Teil des Felsblockes mit dem Felsensarg hinauf zu einem Platz, auf dem nur *ein* Mensch stehen kann.

Dieser Platz, an dem der Priester, mit dem Rücken zur Böschung stehend, nach Norden blickt, muß ein alter Tisch der Götter gewesen sein. Er hat eine Treppe zum Emporsteigen und eine andere zum Niedersteigen. Es war ein feierlicher Platz, ein Gebetsplatz für den Obersten Priester. Hier mußte sicherlich der Neupriester zur Weihe in das vorgenannte Felsgrab gelegt werden, aus dem er dann emporsteigen und sein erstes Gebet nach der Sarglegung zu vollziehen hatte.

Aus alledem erklärt sich auch die Tatsache, daß römische Eroberer zuerst in dieses Land zwischen dem Teutoburger Wald und dem Weserwinkel eindrangen: weil es galt, das hier befindliche germanische Heiligtum zu zerstören. Das war bei Varus so wie auch bei Germanicus und Karl dem Großen. Es gilt als sicher, daß in der Zeit, da Karl in der Herlingsburg bei Lügde sein Winterquartier aufgeschlagen hatte, seine Männer die „Aufräumungsarbeiten" – lies Zerstörungen – an diesem Heiligtum vollzogen haben.

Entwicklung bei den Externsteinen

Nach Dr. Otto Hauser, einem der bekanntesten Entdecker altertümlicher Kultstätten, müssen die Externsteine bereits den hier lebenden Urmenschen als sicherer Wohnort gedient haben. dafür machte er die Lage einer Stelle unter dem Felsen Nr. 1 am Bach, wo sich nun der kleine See befindet, namhaft. Hier müssen auch die Steinzeitjäger ihre erste kultische Stätte gehabt haben.

Wann und in welcher Größenordnung diese Kultstätte sich entwickelt hat, entzieht sich menschlicher Erkenntnis. Einzig aus der Zeit des Überganges zum Christentum in Westfalen während der Eroberungszüge der Franken sind zeitliche Bestimmungen anhand der Unterlagen der damaligen Annalisten zulässig und möglich.

Dies beginnt im Jahre 772, dem Jahr der Zerstörung der Irminsul, die in ihrer ursprünglichen Form bei den Externsteinen gestanden haben soll. Auch wenn dies nicht der Fall ist, sondern jene Irminsul bei Fritzlar das höchste Heiligtum dieser Art gewesen ist, waren doch die Externsteine jenes Heiligtum, das auszumerzen die Franken bemüht waren, als sie bereits 772 bis nach Altenbeken vordrangen.

Dieses Großheiligtum am Osning, sicherlich durch mündliche Überlieferung der Sachsen auch den Franken bekannt, galt es zu vernichten, wenn man dem Christentum zum Siege verhelfen wollte. Aus diesem Grunde wurde die große Cella im Felsen Nr. 1 bereits in sächsischer Zeit während der 32 Jahre andauernden Einfälle der Franken mit ersten Apostelbildern geschmückt. Es ist wahrscheinlich, daß Karl während seines Aufenthaltes im Winter 784/85 aus dem nahe gelegenen Winterlager in Schieder bei Lügde sich selbst an diesen Ort begeben hat, um die Verschleierungsarbeiten zu bestimmen. Der bereits genannte untere Raum mit der runden Vertiefung, die den Mutterschoß der Erde darstellen sollte, wurde mit Fensteröffnungen versehen und verputzt, wobei die Runenzeichen ausgemeißelt oder ebenfalls überputzt wurden.

Bis zum Jahre 1100 war der Raum um die Externsteine immer wieder Zentralpunkt neu auflebender Kämpfe um die Wiedererringung des alten Glaubens. Das in Holzhausen von Karl eingesetzte ansässige Grafengeschlecht war nicht in der Lage, die Obhut über diesen Felsen zu gewährleisten. Aus diesem Grund erwarb das Paderborner Kloster Abdinghof den Platz käuflich und entschloß sich, nachdem das vor dieser Cella eingemeißelte Flachbild entstanden war, die Kapelle 1115 durch Bischof Heinrich neu weihen zu lassen. (Bei der Erwerbsurkunde soll es sich um eine Fälschung handeln.)

Hier wurden dann die seltenen Messen gelesen, zu denen ein Priester erst aus Horn anreisen mußte. Da dies nicht befriedigen konnte, wurde die Kirche in eine Einsiedlerklause umgewandelt. Es wurden einige Wände eingezogen, und so entstand so etwas wie eine menschliche Wohnung. Die Einsiedler dieser Klause machten im 14. Jahrhundert mehrfach von sich reden, als sie sich als Straßenräuber betätigten. Dies führte dahin, daß sich 1350 die solcherart gerupfte Bevölkerung an den Grafen Bernhard von Lippe mit der Bitte wandte, „dieses Räubernest auszuheben".

Abt Leonhard, dem Chef des Klosters, wurde das Patronatsrecht ebenso wie die Verwaltung aberkannt und beides der Benediktinerabtei Werden an der Ruhr übertragen. Ein Werdener Mönch übernahm nun die Stellung als Kapellan an den Externsteinen. Unter seiner Leitung entstand die Kapelle im Kopf des Turmfelsens. Der Priester wohnte in Holzhausen.

Germanische Astronomie im Oesterholz

Bereits Julius Cäsar schrieb in De Bello Gallico VI: „Göttliche Verehrung genießen bei ihnen (den Germanen) die Sonne, das Feuer und der Mond."

Die Isländer, ein Teil jener Sachsen und irisch-schottischer Mönche, die im Bekehrungszeitalter zunächst nach Norwegen auswanderten, haben auch in Island noch lange feste Beziehungen zu ihrer alten Heimat aufrechterhalten.

Die Erfahrung mit den Externsteinen und ihren astronomischen Ortungslinien hatten Wilhelm Teudt zum Suchen nach weiteren astronomischen Spuren veranlaßt. Schließlich fand er am Rande der Senne den Gutshof Oesterholz (Haus Gierken) 2 km westlich der Kohlstädter Ruine. Dieses Gut fiel ihm auf der Karte nicht nur durch seine Größe, sondern auch durch seinen eigenartigen Umriß auf.

Kräftige, nahezu festungsartige Wälle mit äußeren Mauerstützen umschließen teilweise auch als Mauern in einer Gesamtlänge von 1140 m ein Grundstück von 32 Morgen Größe mit einem Wohnhaus, Verwaltergebäude und kleineren Häusern.

Dieses ganze Gelände wies nach seiner Meinung den Eindruck einer Fliehburg auf, die man später in eine Siedlung verwandelt hatte. Als bloßer Hofschutz konnten die riesigen Anlagen nicht errichtet worden sein. In diesem unregelmäßigen Sechseck, das umwallt und von Mauern umgeben war, schienen gleiche Winkel und parallele Linien bewußt vermieden worden zu sein. Dies konnte nicht von dem Spieltrieb früherer Besitzer herrühren. Alte Trockenmauern sind geradlinig geführt worden. Die Hauptmauer des Gutes wies genau nach Norden. Die Nachbarmauer markierte mit auffälliger Geradlinigkeit und Genauigkeit das von den Externsteinen gekennzeichneten Azimut der nördlichen Mondwende nach der Untergangsseite zu.

Lag hier ein sechseckiges astronomisches Gebiet vor, in dem sich frühere Astronomen mehrere Linien zusammengestellt hatten, um sie alle zu Messungen zur Verfügung zu haben?

Die erste Verlängerung dieser nach Norden gehenden Linie durchlief in einer Distanz von 9 km die Trümmerstätte der großen Teutoburg nur wenige Meter neben dem jetzigen Hermannsdenkmal auf der Grotenburg. Die Verlängerung der zweiten Linie zielt in einer Distanz von 14,5 Kilometern auf die sogenannte Hünenkirche auf dem Tönsberg bei Oerlinghausen. Beide Burgen sind als vorgeschichtliche Befestigungen erkannt und kartographiert worden.

Diese seltsamen Fakten des Gutshofes Oesterholz wurden durch Wilhelm Teudt den Observatoren am astronomischen Recheninstitut der Universität Berlin, den Professoren Riem und Neugebauer, vorgelegt, die Teudt bereits in der astronomischen Frage der Externsteine beraten hatten.

Sie untersuchten diese Linien und stellten fest, daß dieser Gutshof eine frühere astronomische Anlage gewesen sein muß. Die Ergebnisse dieser Untersuchung wurden in einem Gutachten der genannten Professoren vom November und Februar 1926 dargelegt. Darin heißt es:

„Betrifft die astronomische Orientierung des Hauses Gierken in Oesterholz, Teutoburger Wald.

Wir, die unterzeichneten Astronomen vom astronomischen Recheninstitut der Universität Berlin, sind von Herrn Direktor W. Teudt, Detmold, gebeten worden, die Messungen der Azimute der Umfassungsmauern des Gutes Gierken daraufhin zu prüfen, ob die Vermutung zutreffend sei, daß ihre ursprüngliche Anlage in prähistorischer Zeit unter astronomischen Gesichtspunkten erfolgt ist.

Als Breitengrad wurde 51 Grad und 50 Minuten in die Rechnung eingeführt. Die Azimute der Linien (das bedeutet die Abweichungen der Richtungen aus der Nord-Süd-Richtung) sind nachgemessen.

Als Ergebnis der Untersuchung kann mitgeteilt werden, daß die Azimute aller sechs in Frage kommenden Linien mit ausreichender und zum Teil überraschend großer Genauigkeit sich mit den von uns für die Zeit um 1850 vor Christus errechneten Azimuten von als mythologisch bedeutsam angesehenen Gestirnen decken.

Es erscheint als ausgeschlossen, daß bei der Anlage dieses Gutshofes diese sechs Azimute sich zufällig, das heißt *ohne* astronomische Rücksichtsnahme ergeben haben sollten.

Die Azimute sind berechnet unter Berücksichtigung der sich vorfindenden Überhöhungen durch den Teutoburger Wald im Osten bis Nordwesten in Entfernungen von 5 bis 14,5 Kilometer sowie einer mittleren Strahlenberechnung.

Daraus ergeben sich:

Seite I: Azimut der Mauern 180 Grad: Errechneter Stern-Azimut 180 Grad.

Seite II: Azimut der Mauern 39 Grad. Südl. Mondextrem, Aufgang 39 Grad. Nördl. Mondextrem, Untergang 141 Grad.

Seite III: Azimut der Mauern 59 Grad. Sirius-Untergang: Errechneter Stern-Azimut 59 Grad – 1850.

Seite IV: Azimut der Mauern 151,5 Grad, Kapella-Untergang: Errechneter Stern-Azimut 151,3 Grad – 1850

Seite V: Azimut der Mauern 72,5 Grad, Delta Orion-Untergang: Errechneter Stern Azimut 72,6 Grad – 1850.

Seite VI: Azimut der Mauern 138 Grad, Kastor-Aufgang: Errechneter Stern-Azimut 138 Grad – 1850.

Dies zeigt, daß auch die Auf- und Untergänge von Sternen beobachtet und dabei dieselben Sterne bevorzugt wurden, die in der Astronomie der Orientalen und der Antike ihre Rolle spielten. Darüber hinaus wird aus diesem Untersuchungsergebnis klar, daß die Germanen zu dieser Zeit bereits eine hochentwickelte Beobachtungstechnik besaßen.

Bei dieser großen Anlage scheint es sich um eine für das ganze Volk bedeutsame Pflege- und Lehrstätte für den religiösen Kultus der Astronomie gehandelt zu haben.

gez. Prof. Dr. P. V. Neugebauer   gez.: Prof. Dr. Johannes Riem."

Die Umgebung dieses Gutshofes nach Süden, Norden und Westen ist bis weit an den Sennerand und am Fuße des Osning entlang mit Hünengräbern und Gräberfeldern belegt. Sie wurden alle in den letzten zwei Jahrzehnten des vorigen Jahrhunderts ausgeraubt und können demzufolge keine Belege für ihre Entstehungszeit mehr liefern. Da man auch hier aus der Art der später auf der Höhe gefundenen Hünengräber geschlossen hatte, daß an diesem Ort viele Edelinge begraben liegen, gilt es als sicher, daß man auch in der Ferne Wert darauf legte, auf dem Osung begraben zu werden, an germanischer Weihestätte.

Die Fundstücke aus Grabungen beim Gutshof weisen auf eine Besiedlung in der Merowinger- und Frankenzeit bis zum Jahre 772 ebenso hin wie auch in der Bronzezeit.

30 Meter vom Wohnhaus des Gutes entfernt liegt der Quellenhügel, der etwa fünf Meter Höhe aufweist und von Menschenhand aufgeschichtet wurde. Darin eingebaut und mit der Öffnung dem Wohnhause zugekehrt befindet sich ein Kuppelbau mit vier Meter Höhe, in den man über vier Stufen hinuntersteigt. An der höchsten Stelle befindet sich ein Loch von 60 cm Durchmesser und nach der Mitte des Hügels hin ein höherer Ausbau. Türbogen und Ziegelgewölbe sind echt und stammen aus den germanischen Jahrhunderten.

Unter diesem Bau wurde durch Landrat von Uslar mittels einer Rute eine Quelle entdeckt, die in einigen Metern Tiefe genau unter der Kuppel liegt. Das Wasser hat einen Abfluß zum Teich und dieser wiederum zwei Abflüsse, die als Sinkbäche verschwinden.

Hierbei handelt es sich um ein germanisches Quellenhaus-Heiligtum. Auf diesem Hof werden die Sternenkundigen bis zu den Jahren 772–75 gewohnt haben, ehe sie von Karl und den Franken vertrieben worden sind. Danach wurde das Gedächtnis an sie systematisch ausgelöscht.

Die Externsteine als Mittelpunkt

Wenden wir uns nunmehr jenen Forschungen zu, die Walther Machalett aus Maschen bei den Externsteinen im Teutoburger Wald durchführte! Der Forscher kam nach vierzigjähriger Forschungsarbeit zu dem Ergebnis, daß die Externsteine „nicht nur eine der zahlreichen Kultstätten der Vor- und Frühzeit, sondern ein Markpunkt von überragender, ja einmaliger Bedeutung nicht nur als eine Kultstätte, sondern als ein gewaltiges Kultgebiet" gewesen waren.

Dieses Kultgebiet hat nach seiner Darstellung (in: Die Vor- und Frühzeit des Abendlandes aus neuer Sicht ZS, 1974) „den weiten Raum des Weserbogens, von Höxter her beginnend über Holzminden, Hameln, Rinteln, Minden und eine westliche Peripherie als altes heiliges Land" umfaßt, das man von Norden her durch den wuchtigen Eingang der Porta Westfalica betritt.

Die Externsteine waren das Kernstück zu diesem Gebiet, zu dem sich beispielsweise die Steinsetzungen im Leistruper Wald und eine Reihe von Opfersteinen hinzugesellen. Vor allem auch die vorgenannte „Gestirnbeobachtungsstätte Oesterholz, die Iburg bei Bad Driburg, die Grotenburg bei Detmold, die Wittekindsburg bei Minden, das Nahmer Lager, der Raum um den Senkelteich und der Bonstapel bei Vlotho" kämen nebst vielen anderen hinzu.

Nach Machaletts Überzeugung sind die Externsteine nicht weniger als „das geographische Zentrum des Abendlandes".

Ob die Externsteine auch der „kultische Mittelpunkt des gesamten Abendlandes" sind, wie Malachett dies postuliert, und daß, daraus folgernd, die gesamte Bevölkerung dieses Abendlandes, soweit sie der weißen Rasse angehörte, von einer einzigen Abstammung und einer einzigen historischen Vergangenheit ist, das will der Forscher in seinen Ausführungen gemeinsam mit Forschern aus anderen Ländern beweisen.

Daß die Völker des Abendlandes wirklich in der Völkerwanderung in dem Maße hin und her gezogen seien, daß sie geschlossen ihre Wohnsitze wegen des Völkerdruckes aus dem Osten oder aus dem Norden verlassen hätten, ist zweifelhaft. Daß sie wegen großer Hungersnöte, aus religiöser oder wirtschaftlicher Bedrängnis, als Landsuchende und Abenteurer alte Kulturen einfach überrannt und daß eine Gruppe von Streitaxtmännern ganze alte Kulturen vernichtet haben könnte, ist ebenso Spekulation. Daß Jahrhunderte hindurch ganze Völkerscharen nichts anderes zu tun gehabt haben könnten, als im Abendland mit dem einzigen Zweck umherzuziehen, andere Reiche zu unterwerfen, das leuchtet ebenfalls nicht ein. Daß sie einmal über die Beringstraße nach Europa hereinstürmten, dann wieder den Hindukusch hinabstiegen oder als Atlanter von einem Erdteil irgendwoher aus dem Atlantik kamen, das wird dennoch alles in vielen Darstellungen verkauft.

Alle diese Fragen, die Ungewißheit der Herkunft aller dieser Menschen, Rassen und „Kulturkreise" wurden darüber hinaus noch durch Unkenntnis oder aber durch absichtliche Verfälschung vergrößert.

Dabei ist allgemein bekannt, daß ein Volk und eine Kultur erst mit der schriftlichen Überlieferung – so ja auch die Geschichte der Sachsen – ins Licht der Historie trat. Diese Annalen und Viten wurden in der Mehrheit von Mönchen aufgeschrieben und von Schriftstellern, die wie heute auch die Sensationsdarstellung eher berücksichtigten als die nüchterne Wirklichkeit. Eine große Anzahl solcher unbewußter Verfälschungen und bewußter Irreführungen ist bekannt geworden. So die Fälschung einer Reihe wichtiger Konzilsakten aus dem 9. Jahrhundert, die „pseudoisidorischen Dekretalien, die Pippinsche Schenkung an Papst Stephan, die bereits von Karl dem Großen angezweifelt und dann doch anerkannt wurde. Von der glänzend gefälschten Konstantinischen Schenkung soll hier im einzelnen nicht die Rede sein.

Selbst der Inhalt des Neuen Testamentes wurde beim Ausschluß der Apokryphen-Schriften durch den 39. Osterfestbrief des Bischofs Athanasius von Alexandrien 367 und durch die Synoden von Rom 382 manipuliert. Hinzu kommt die Fälschung der Externstein-Besitzurkunden zugunsten des Klosters Abdinghof in Paderborn von 1093, die Archivar Dr. F. Flaskamp in seinem „Externsteiner Urkundenbuch", Gütersloh 1966, nachwies.

Selbst die ältesten geschichtlichen Quellen des Herodot und Solon wurden geschönt. Alles dies gipfelt in der für dieses Werk wichtigen Freilegung der Externsteine ab 1934 durch Professor Dr. Andrée. Die von diesem geborgenen Funde verschimmelten unbearbeitet und der Öffentlichkeit entzogen im Magazin des Detmolder Landesmuseums und wurden streng unter Verschluß gehalten. Statt dessen wurde und wird jenes Märchen von den Externsteinen als christliche Kirche aufgetischt. Natürlich gab es dort eine christliche Kirche *nach* der Zerstörung des alten Heiligtums.

Die im Jahre 1934 angeordnete Untersuchung und Freilegung der Externsteine zur Klärung ihrer Bedeutung in der Vor- und Frühgeschichte wurde von Professor Dr. Julius Andrée mit Unterstützung des Reichsarbeitsdienstes durchgeführt. Sie brachte eine Vielzahl an Funden, u. a. Dolmen, Baumsargbestattungen, Bronzebleche, Schachtanlagen zu vorchristlichen Kultzwecken, Skelette, zwei Trockenmauern und zahlreiche vorchristliche Felsbearbeitungen.

In einer Schrift „Die Externsteine – Eine germanische Kultstätte" hat Dr. Andrée seinen Ausgrabungsbericht veröffentlicht. Dieser Bericht ist mit 52 bemerkenswerten Fotos illustriert. Er wurde von der Universitätsbuchhandlung F. Coppenrath in Münster herausgegeben.

Die Ergebnisse dieser Grabungen sind im Landesmuseum zu Detmold durch den Verwalter der Externsteinanlagen des Landesverbandes Lippe der Öffentlichkeit entzogen worden. Aus diesem Fall kann der Schluß gezogen werden, daß man die Bearbeitung mit vollem Wollen aller Beteiligten unterdrücken will und daß hier Geschichte und Geschichtchen gemacht werden sollen.

Auch Inhaber großer Lehrstühle und erlauchte Namen gaben ihre Stellungnahme zu den Externsteinen in dem Sinne, daß diese „Heidenversion" lediglich von Schwarmgeistern aufgebracht worden sei. Ob dies so ist, läßt sich aber nur durch Offenlegung aller Fakten beweisen.

Wie war es nun wirklich mit der Völkerwanderung? Wanderten ganze Völker auf einmal mit allem, was sie hatten? Und nahmen sie ihr

Brauchtum und ihre Kultur mit in ihre neue Heimat? Dieses Verhalten wäre, selbst wenn diese Völker so vernunftswidrig gehandelt hätten, aus faktischen Gründen nicht möglich gewesen. Es gab keine Räume in Europa, die durch den Abzug bestimmter germanischer Stämme frei geworden wären und dann von Neuankömmlingen hätten besetzt werden können. Die Scharen der wandernden Stämme der Goten, Wandalen, Langobarden setzten sich stets aus den jugendlichen Überzähligen eines Stammes zusammen. Sie zogen in die Fremde, während der Kern zu Hause blieb.

Die weißen Menschen hatten seit der frühesten Zeit einen gemeinsamen Kult, der sich auf die Gestirne bezog, insbesondere auf Sonne, Mond und Fixsterne. Das Zentrum dieses Kults lag nach Machalett im Kultgebiet der Externsteine. Dorthin führten alle jene Wege, die wir als Handelsstraßen oder Hellwege kennen, die aber nicht nur Handelsstraßen, sondern auch „geweihte Straßen zum Heiligtum" waren.

Das beste Beispiel für das überragende Wissen der Priesterschaft des gesamten Bereiches der weißen Rasse ist nach Machalett die „Externstein-Pyramide", die von ihm wiederentdeckt wurde. Hier seine Wertung darüber:

„Es handelt sich um ein riesiges kosmisches Vermessungsdreieck, dessen drei Eckpunkte durch die Externsteine als Spitze im Norden, die Inselgruppe Salvage (das „Stehengebliebene", das Gerettete) der Kanarischen Inseln und die Cheopspyramide in Ägypten gebildet werden."

Diese kühne Behauptung hält er durch die Tatsache untermauert, daß die so gezeichnete Pyramide ein spitzwinkliges gleichschenkliges Dreieck darstelle, dessen Basis in der Verbindungslinie zwischen Salvage und der Cheopspyramide, dem 30. Grad nördlicher Breite, existiere. Die Spitze dieses Dreiecks, die Externsteine, lägen auf 51 Grad 51 Minuten und 14,3 Sekunden nördlicher Breite, während die beiden Basiswinkel, deren Spitze Salvage und die Cheopspyramide darstellten, ebenfalls diese Gradzahl aufwiesen. Die eine Seite dieses der Erdvermessung dienenden Dreiecks der „Externstein-Pyramide" liege in ihrem Anfang als ein 172 m hoher Mondortungswall im frühzeitlichen Observatorium Oesterholz (Sternhof) am Rande der Senne bei Horn. 172 sei die Verschlüsselung der kosmischen Zahl 127.

„Die direkte Entfernung von Oesterholz zu den Externsteinen beträgt 6,35 Kilometer, die Hälfte von 12,7. Die Abmessungen der Cheopspyramide weisen ebenfalls diese Maßverhältnisse auf."

Im gesamten Bereich des Kultes und der Kultur der weißen Rasse wurde das heilige Maß 63,5 und 127 benutzt. Diese Zahlen werden bei allen Kultstätten des Abendlandes gefunden, und eben dieses Maß,

127 Zentimeter, ist auch jene Säule hoch, die als Vermessungssäule in der Rundbogennische unter dem nach Nordosten gelegenen kreisrunden Gestirnsbeobachtungsfenster steht.

Lohengrin und die Externsteine

Als Wolfram von Eschenbach um das Jahr 1200 seine bekannt gewordenen Erzählungen über Parzival und Lohengrin schrieb, konnte er auf Grundlagenmaterial zurückgreifen. In der Erzählung Wolframs von Eschenbach fuhr Lohengrin auf seinem von Schwänen gezogenen Schiff den Rhein hinunter und erschien vor Antwerpen in der Westerscheide. Er heiratete dort Elsa von Brabant und führte für sie einen Krieg mit dem Herrn von Wesel. Als Elsa nach dem Namen ihres Gatten fragte, mußte er sie mit seinem Schwanenschiff verlassen und fuhr wieder in sein Reich rheinaufwärts zurück.

Eine andere Fassung des gleichen Themas sagt, der Schwanenritter sei aus dem Heiligen Land gekommen und habe, waalaufwärts fahrend, in Nimwegen eine Jungfrau erlöst.

Die dritte Version dieser Sage wiederum lautet ganz anders. Nach ihr fährt Lohengrin, dessen altgermanischer Name mit „Laut der Flamme" zu umschreiben ist, auf seiner Reise zur Unterwelt. Auch in dieser Version fährt sein von Schwänen gezogenes Schiff in die Honte ein, wie die Westerschelde auch genannt wird, um ins „Reich der Hel" zu gelangen.

Allen drei Versionen ist eines gemeinsam: der Niederrhein. Und in Cleve gab es den Schwanenturm, eine Burg Lohengrins, wie manche meinen.

Die Gralsburg aber lag nach von Eschenbachs Aussage auf Mulsalväsche – Montsalvant in den Pyrenäen, wie von den Deutern gesagt wurde, was in einem völligen Widerspruch zur übrigen Geschichte Lohengrins steht.

Lohengrin ist nicht weiter rheinaufwärts zu verfolgen als bis Cleve. Bei Cleve aber mündet die Lippe in den Rhein. War also Lohengrin mit seinem Schiff in die Lippe hineingelaufen? Und welche seiner Burgen sollte er erreichen? Welche Standorte kamen überhaupt als Lohengrins Burg in Frage?

Dazu hat Dr. D. Vroege, Rotterdam, in seinem Report „Wo stand die Gralsburg des Lohengrin?" eine verblüffende, aber einleuchtende Deutung gegeben.

Den alten Sagen des Brynhildliedes, des Nibelungenliedes, der

Sigurd- und Thidreksage, der Mythe von Balder und der Schwertheiligtumslegende folgend, um die hauptsächlichsten zu nennen, erklärte er: „Neben der Westerfalcna enthält die englische Königsliste als mythische Vorfahren Namen wie Saxneat und Baldaeg, die nach Westfalen weisen. In den genannten Sagen und Mythen wird mehrfach eine mythische Burg oder ein mythischer Felsen angegeben, der mit den Externsteinen im Teutoburger Wald identisch ist.

Das mythische Land in der westgermanischen Sagenüberlieferung war Westfalen, und die mythische Burg waren die Externsteine. Die darauf fußende Erkenntnis liegt nicht fern, daß die Gralsburg Lohengrins in Westfalen lag und daß es die Externsteine waren. Die dazu notwendige Wasserverbindung war mit der Lippe vorhanden."

Nach diesen vagen, mehr spekulativen Thesen kommt Vroege dann zur Sache, indem er weitere Indizien, aber auch Beweise vorlegt, die diese These stützen sollen. Er stellt fest, daß gerade an der Lippemündung, wo sich die Spur Lohengrins ins Nebelhafte verliert, ein anderer Sagenheld, Siegfried, auftaucht.

Daß alle diese Sagengestalten wie Sigurd, Dietrich von Bern, Brunhilde, Wieland, die Nibelungen, Siegfried, Lohengrin und Gudrun auf einer fast geraden Linie auftreten, darauf macht der genannte Autor aufmerksam. Es ist eine Linie, die sich über 450 Kilometer Länge von der Westerschelde bis zu den Externsteinen hinzieht.

Sigurd, Dietrich und Brunhild deuten auf die Externsteine. Der visionäre Endkampf der Nibelungen fand zwischen Unna und Soest statt, worauf auch Brunhilde deutet. Wieland ist mit Wesel verbunden, Siegfried mit Xanten, Lohengrin mit Antwerpen, Gudrun mit dem Wülpesand vor der Mündung des Waal und der Fliegende Holländer mit Terneuzen.

Jene Namen in den alten Epen, wie Gnitaheide, Susat (Soest) und Ballofa (Balve) sind nicht mit Burgen bewehrt gewesen. Anders verhielt es sich mit Hindarfjall, Isenstein, Drachenstein und dem Schwertheiligtum. Diese vier deuten alle auf die Externsteine hin.

An der Lippemündung, an der sich die Spur Lohengrins verlor, tauchte schließlich ein anderer Held, Siegfried, auf, und zwar auf der Burg Xanten gegenüber der Lippemündung. Von hier aus fuhr Siegfried zu Brunhilde, die auf der Burg „Isenstein" im Iseland wohnt, wie das Nibelungenlied aussagt. Diese Burg ist mit dem Hindarfjall im Hunaland, wie die Sigurdsaga meldet, identisch. Die Burg Isenstein jedoch ist nichts anderes als die Externsteine, wie die Vellada lehrt.

Folgen wir den Sagenhelden, von denen Siegfried die Schiffsreise zu Brunhilde von Xanten die Lippe aufwärts zum Isenstein unternahm,

Reise des Lohengrin zur Gralsburcht

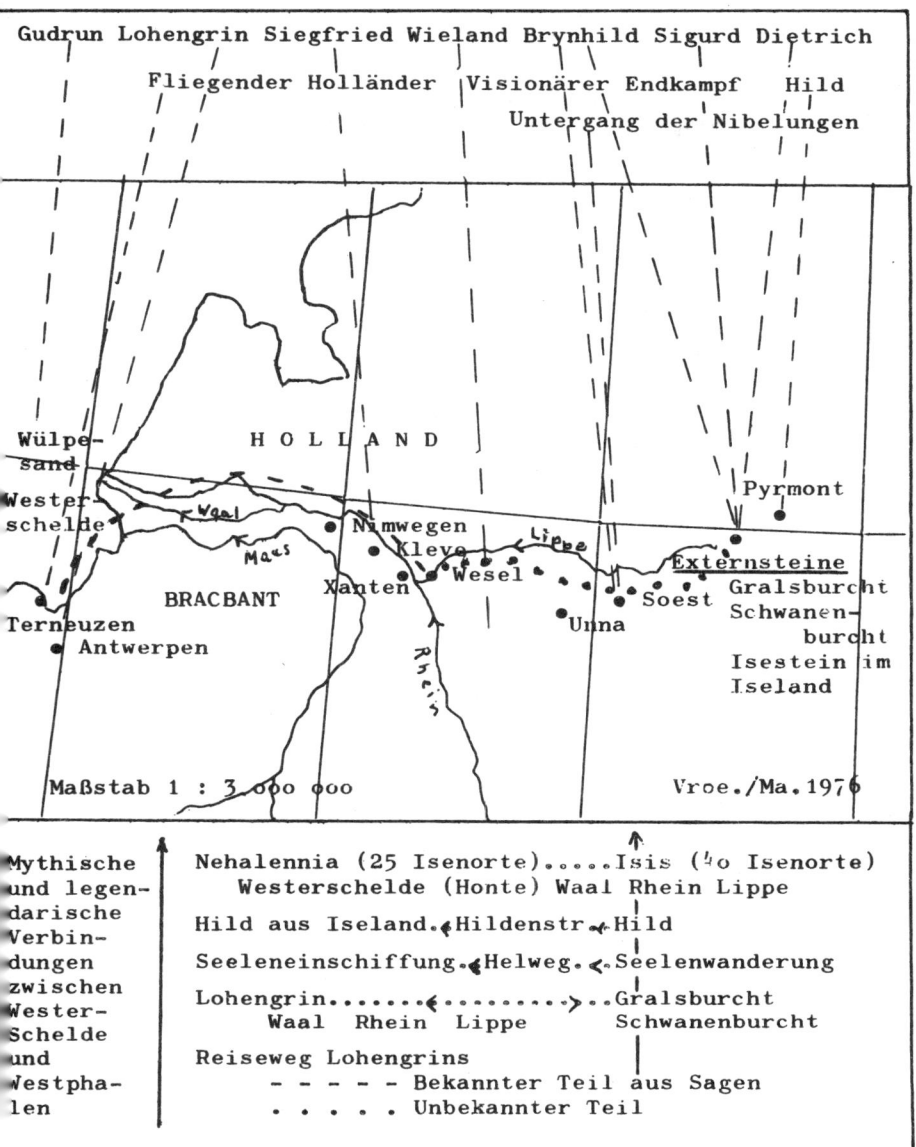

während Wieland von Ballofa aus bis zum Drachenstein und zur Weser reiste, wo er sich in einem Sarg einschiffte.

Dietrich wiederum reiste durch Westfalen zum Drachenstein im Osning (den Externsteinen), während die Nibelungen von der Lippemündung aus nach Susat (Soest) zogen. Hild wiederum stammte aus Iseland, wie das Gebiet rund um die Externsteine genannt wurde. Ihre Reise führte lippeabwärts zum Rhein und rheinabwärts zur Scheldemündung.

Lohengrin wiederum reiste von der Lippemündung nach Antwerpen und zurück zur Gralsburg, wobei sich bei der Lippemündung seine Spur verliert.

Da alle Sagengestalten im heutigen Westfalen reisten und ihre Routen stets in West-Ost und Ost-Westrichtung verliefen, ist anzunehmen, daß auch Lohengrin die Lippe aufwärts fuhr und daß seine Gralsburg irgendwo entlang der Lippe zu finden sein muß.

Interessant und für diese Version des niederländischen Gelehrten von Wichtigkeit ist die Tatsache, daß die Römer bis ins 3. Jahrhundert n. Chr. hinein die Göttin Nehalennia an der Scheldemündung verehrten. Die Zeichen dieser Göttin waren Hund und Schiff. Dieses Schiff der Nehalennia und jenes der suebischen Isis sind von der Forschung anerkannt. Da die suebische Isis mit Iseland, dem Land rund um die Externsteine, verbunden war, die ja auch als Isensteine, Stein der Isen bekannt waren, liegt eine mythische Schiffsverbindung vor, die zwischen den Externsteinen und der Westerschelde lag. Lippe, Rhein, Waal und die Schelde bildeten den durchgehenden Wasserweg.

Parallel zu dieser mythischen Schiffsverbindung verläuft der Große Hellweg. In der Volksüberlieferung Westfalens gelangten die Seelen der Toten, über diese Straße wandernd, zum Schiff der Hel an der Meeresküste. Eine weitere Lokalsaga, die an der Honte – der Westernschelde – bekannt ist und spielt, sagt, daß sich *dort* die Seelen einschifften. In diesem Zusammenhang fällt wiederum auf, daß auch der „Seelenschiffer" – wie der Fliegende Holländer genannt wurde – an der Honte in Terneuzen daheim war.

Die berühmte Schlacht am Birkenbaum, jener visionäre Endkampf zum Weltende, wird im Raum Werl–Unna angesiedelt und findet sich auch im Raume Paderborn bis zum Rhein. Diese Endkämpfe finden bezeichnenderweise immer am Hellweg statt, und hier steht sich dann die Menschheit in einem Endkampf des Nordens gegen den Süden gegenüber. Diese Schlachtlinie ist zugleich die Kampflinie zwischen Sommer und Winter.

In allen genannten Sagen sind einige Punkte identisch. So das immer wieder genannte mythische Land Westfalen. Zum anderen die mythische „Burcht", die Externsteine im Teutoburger Wald.

Eine kühne Theorie sicherlich, aber zugleich auch eine Möglichkeit und eine Verweisung auf die Tatsache, daß die Externsteine mit an Sicherheit grenzender Wahrscheinlichkeit das Hauptheiligtum der Germanen waren und daß auch die Sachsenstämme diesen Ort als ihr Hauptheiligtum erkannten.

Liudolfinger und Ottonen

Liudolf und die Franken

Zur Zeit Ludwigs des Deutschen, der von 843 an regierte und die fränkische Herrschaft bis zu seinem Tode über 33 Jahre behalten sollte, war in Sachsen ein ostfälischer Graf in das Licht der Öffentlichkeit gerückt, der sich bald als jener erhoffte Einer des alten sächsischen Volkslandes betätigen sollte. Er wurde unter seinen Standes- und Stammesgenossen der unbestrittene Erste. Er stiftete das Kloster Gandersheim, aus dessen Archiven wir wichtige Kenntnisse über das mittelalterliche Sachsen und die Reichsgeschichte erhalten haben. Es war Liudolf, der bereits unter seinen Zeitgenossen als „dux" von Sachsen bekannt wurde.

Damit war auch in Sachsen wieder ein echtes Stammesherzogtum entstanden, wie es um diese Zeit bereits in Baiern unter der Führung der Liutpoldinger bestand.

Liutpoldinger und Liudolfinger ragten in dieser nachkarolingischen Zeit weit über alle übrigen bekannten Adelsfamilien in den beiden genannten Herzogtümern hinaus. Ihre Familienbande zum Königshaus und dynastische Verflechtungen über die Grenzen ihrer Stämme hinweg ließen sie zu den wenigen Adelsfamilien zählen, die den partikularistischen Tendenzen in den Stämmen entgegenwirkten.

Liudolf sollte zum Stammvater des liudolfingischen Geschlechtes werden, das auch das ottonische hieß und aus dem bis zum Jahre 1024 einige Könige und Kaiser des Reiches hervorgingen. Ihr Wirken wies auch dem übrigen sächsischen Adel Tätigkeitsbereiche und Entfaltungsmöglichkeiten zu und ließ diesen wieder in den Brennpunkt des Interesses rücken. So konnte sich bereits unter Liudolf der historische Begriff von den Sachsen als politischem Machtfaktor erhärten. Sachsen konnte nun als Vertreter dieses Machtfaktors kräftig in Erscheinung treten. Sie brachten ja die Ottonen als ihre „Asse" in Gestalt von Königen und Kaisern ins Spiel.

Die Familie der Liudolfinger begründete schließlich unter den schwachen karolingischen Teilkönigen im 9. Jahrhundert ihre Herrschaft um den Harz, in Ostsachsen und Thüringen.

Durch seinen entscheidenden Einsatz in der Landesverteidigung gegen die von Norden her ins Land einfallenden Normannen brachte Liudolf den gesamten Stammesadel in Ostfalen einschließlich dessen Anhängerschaft unter seine Führung.

Ein Teil der Engern und deren Edle schlossen sich Liudolfs Führung an. Damit legte dieser als „dux" in Sachsen den Grundstein für das jüngere Stammesherzogtum Sachsen und natürlich auch als Gründer seines Geschlechtes.

Mit seinem Auftreten begann sich das Dunkel um diese Sippe und Familie zu lichten. Durch seine kluge Stiftung von Gandersheim blieb sie auch für die Zukunft der Nachwelt erhalten.

Liudolf als „dux orientalium Saxonum – Herzog der Ostsachsen" ist in den ersten Annalen dieses Klosters verewigt, nachdem er die ersten Abwehrerfolge gegen die Normannen erzielt hatte.

Seine Familie galt sehr bald in ganz Sachsen als die vornehmste, weil beispielsweise auch König Ludwig III. der Jüngere, der von seinem Vater in seiner Eigenschaft als ostfränkischer König Sachsen, Thüringen und Ostfranken erhalten hatte, mit Liudolfs Tochter Liudgard in den Stamm der Liudolfinger eingeheiratet hatte. Ludwig III. ließ nunmehr seinen Schwiegervater frei in Ostsachsen schalten und walten, was diesem Stammesherzogtum sehr gut bekam.

So erstrahlte der Name der Liudolfinger in noch höherem Glanz. Der Druck der Slawen auf die sächsischen Stammesgrenzen im Osten und die dauernden Angriffe der Normannen, aus dem Norden in Richtung Sachsen geführt, hatte die rasch erfolgende zentrale Stammesbildung ebenfalls sehr gefördert. In der Abwehr dieser Gefahren wurde ein Herrscher benötigt, der mit eiserner Härte durchgriff und den Feind mit allem, was er hatte und aufbieten konnte, folgerichtig bekämpfte.

Diese Rolle führte Liudolf weiter, und als er im Jahre 866 starb, folgte auf ihn Otto der Erlauchte oder Erhabene. Noch im selben Jahre trat dieser die Aufgabe des Grafen von Südthüringen an, während seinem Bruder Brun, dem ältesten Sohn Liudolfs, die Führung im gesamten Sachsenlande übertragen wurde.

Brun kämpfte mehrfach gegen die Normannen. An der Spitze eines Aufgebotes aus Ostsachsen und Engern fiel er 880 in der Schlacht bei Ebbekesdorp im Kampf gegen die Normannen.

In dieser Schlacht, die am 2. Februar 880 mitten im Winter stattfand, gelang es den Normannen, die Sachsen vernichtend zu besiegen. Neben Brun, der im wildesten Getümmel der Schlacht die Niederlage noch abzuwehren versuchte und getötet wurde, fielen zahlreiche andere

sächsische Große. Die dänische Mark Karls des Großen ging verloren. Die Elbslawen, von Karl dem Großen geduldet und gegen die deportierten Nordalbingier dort angesiedelt, erhoben sich gegen die fränkische Herrschaft und gaben damit Karls seinerzeitigen blindwütigen Entscheidungen die Quittung.

Nun war die Reihe an Otto dem Erlauchten, die Führung für seinen gefallenen älteren Bruder zu übernehmen. In einer Urkunde König Konrads bereits wird er als „dux" in Sachsen bezeichnet. Im Zeichen einer liudolfingisch-babenbergischen Verbindung heiratete Otto die Babenbergerin Hathui (Hadwig). Dieses Ereignis mit seinen Folgen richtete sich gegen die Konradiner, deren erster Vertreter, Graf Konrad, der Inhaber der Stammgrafschaft an der mittleren Lahn war.

Die Konradiner hatten sich in den Kämpfen König Ludwigs des Frommen mit seinen Söhnen emporgedient und nach Ludwigs I. Tod unter den spätkarolingischen Teilkönigen die Führung in Franken erkämpft. Gegen sie richtete sich die genannte Koalition.

Die liudolfingische Herrschaft wurde danach im Westen behutsam erweitert. Unter der Führung von Otto dem Erlauchten wurden die Slawenaufstände niedergeschlagen. Sein Sohn Heinrich stand dabei ebenfalls im Einsatz. Nach 908 gelang es ihm gemeinsam mit seinem Sohn Heinrich, ganz Thüringen in seinen Herrschaftsbereich einzugliedern. In den nächsten Jahren kämpften beide einmal gegen die Normannen im Norden und zum anderen gegen die Slawen, die aus dem Osten hervorbrachen. Schließlich mußten sie auch gegen die aus dem Südwesten nach Osten vordrängenden Konradiner zum Schwert greifen.

Ottos Sohn Heinrich konnte durch seine Heirat mit Hatheburg aus dem Merseburger Grafenhaus, die ihm eine kräftige Mitgift in die Ehe einbrachte, die liudolfingische Grundherrschaft um weiteren Besitz an der Saale und in Thüringen erweitern. Hatheburg gebar ihm den Sohn Thankmar. Aber als sich das Kräfteverhältnis zwischen den Babenbergern und Konradinern zuungunsten der Babenberger veränderte, ließ Heinrich seine Gemahlin fallen, trennte sich von ihr und heiratete 909 Mathilde aus dem Geschlecht Widukinds.

Durch diese Maßnahme suchte er auch in Westfalen Fuß zu fassen. Mit der Übernahme des Herzogtums in Sachsen beendete Heinrich im Jahre 912 die Loyalität gegenüber König Konrad I. und dem Erzbischof Otto von Mainz. Dadurch verschaffte er sich freie Hand zur Inbesitznahme der kirchlichen Mainzer Besitzungen in Sachsen und Thüringen. In Westfalen hatte sich sein Einfluß nach der Heirat mit Mathilde derart gefestigt, daß er sich bis zum Jahre 915 auch gegenüber dem Bruder König Konrads I., dem im Raume der Weser und Diemel amtierenden Eberhard, durchsetzen konnte.

Immerhin war Mathilde die Tochter des westfälischen Grafen Dietrich. Diese Familie führte sich auf Sachsenherzog Widukind zurück und war eine der reichsten in Sachsen. – So faßten die Liudolfinger auch in Westfalen Fuß.

Mathilde wurde zur Stifterin und Gründerin der Stifte zu Quedlinburg, Enger, Pohlde und Nordhausen und erwarb sich später im Verlaufe ihrer Witwenschaft den Ruf einer Heiligen. Allerdings ließ sich die von den Liudolfingern angestrebte Herzogsgewalt in Westfalen nicht verwirklichen.

Herzog Otto der Erlauchte verheiratete seine Tochter Oda mit König Arnulfs Sohn Zwentibold, dem Unterkönig von Lothringen. Dieser wiederum wirkte unter König Arnulf und dessen Sohn, König Ludwig dem Kind, maßgeblich auf die Reichspolitik ein.

In der Zwischenzeit hatte ein Ereignis stattgefunden, das sich durch die Erwähnung von Konrad I. als König des Westfränkischen Reiches bereits zeigte. Hier die näheren Umstände zu dieser Wahl.

Konrad I. – König der Ostfranken

Als König Ludwig das Kind, der letzte ostfränkische Karolinger, am 24. September 911 starb, war er erst 18 Jahre alt und noch unverheiratet und ohne Kinder. Es war zu befürchten, daß sich nunmehr das Frankenreich nach den vier Hauptstämmen auch in vier Teilstaaten auflösen würde.

Die Franken und die Sachsen folgten dem Vorschlag Herzog Ottos des Erlauchten von Sachsen, Konrad I., den Sohn Konrads des Älteren, zum neuen König zu wählen. Diese Wahl fand am 10. November 911 in Forchheim an der Regnitz statt. Damit trugen die Herzöge der Notwendigkeit der Erhaltung des Reiches Rechnung. Schwaben und Baiern, die beiden übrigen der vier Hauptstämme, hielten sich zunächst noch zurück, schlossen sich schließlich aber durch Nachwahlen dieser Entscheidung an, nicht zuletzt von den geistlichen Herren ihrer Herzogtümer dazu bewogen, weil für sie ein Auseinanderfallen des Reiches einer Katastrophe gleichgekommen wäre.

Durch ihr entschlossenes und gemeinsames Handeln hatten Franken und Sachsen mit dem nunmehr entstandenen Ostfränkischen Reich unter den Konradinern, den Vorgängern des Reiches der Deutschen, dem deutschen Gedanken Rechnung getragen.

Widukind von Corvey bekundet in seiner Sachsengeschichte, daß Franken und Sachsen gleicherweise entschlossen gewesen seien, 911 die Würde des Königtums Otto dem Erlauchten zu übertragen, daß dieser jedoch wegen seines hohen Alters abgelehnt habe, daß er aber dennoch hinter den Kulissen als wirklicher König ohne Krone gewirkt habe.

Sehr bald schon erkannte Konrad I., daß die Herzöge in der Vergangenheit immer stärker geworden waren und daß ihre Macht in ihren eigenen Herzogtümern groß war. Jeder dieser vier großen Stämme handelte zunächst für sich. Der Gedanke einer freiwilligen Unterordnung unter die Reichseinheit wurde von ihnen noch nicht begriffen. Dies traf vor allem auf die beiden nördlichen Herzogtümer Franken und Sachsen in ihrem Verhältnis zu den südlichen Schwaben und Baiern zu.

Zunächst versuchte Konrad I. die „lothringische Frage" zu lösen und damit auch das Westfränkische Reich unter seine Herrschaft zu bringen. Die drei zu diesem Zweck zwischen 912 und 913 geführten Feldzüge blieben jedoch erfolglos.

In den Bestrebungen, die Herzöge kurzzuhalten, wurde Konrad I. von den Bischöfen der fränkischen, schwäbischen und bairischen Kirche unterstützt. In Sachsen hingegen schlugen sich die Bischöfe auf die Seite des Herzogs.

Als Herzog Otto der Erlauchte von Sachsen am 30. November 912 starb, trat sein einziger ihn überlebender Sohn Heinrich an seine Stelle als neuer Herzog von Sachsen.

Konrad versuchte nun, diesen starken Widersacher aus dem Sattel zu heben. Da die Nachfolge als Sachsenherzog bereits erblich war, konnte Heinrich I. diese Würde, die er nach dem Tode seines Vaters angetreten hatte, nicht entzogen werden. Deshalb galt Konrads Bemühen zunächst der Ablösung Thüringens aus dem Herzogtum Sachsen. Thüringen, das seit vier Jahren mit Sachsen verbunden war, sollte wieder dem Reich eingegliedert werden.

Nachdem Konrad I. diesen Schritt getan und Thüringen aus dem Herzogtum Sachsen gelöste hatte, kam es 913 zum Eklat. Der erste Gegenzug Herzog Heinrichs bestand in einem Feldzug gegen Hatto, den Erzbischof von Mainz, der in Thüringen große Güter besaß. Diese nahm nun Herzog Heinrich an sich, wobei er mehrfach zu den Waffen griff, wenn die dort sitzenden Verwalter des Erzbischofs nicht gehorchten. Erzbischof Hatto verwand diesen Schlag nicht und starb am 15. Mai 913.

Die Sage, daß sich Konrad I. dieses Erzbischofs bedient habe, um

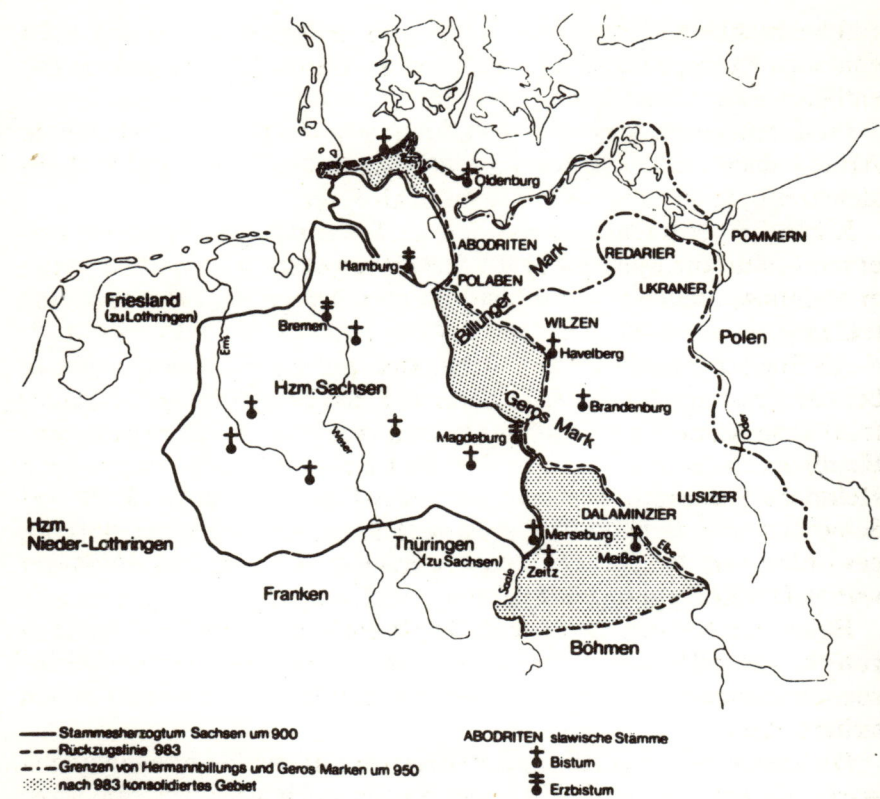

Das Herzogtum Sachsen und seine Ausdehnung nach Osten.

den Sachsenherzog Heinrich zu beseitigen, indem Hatto ihn mit einer goldenen Kette erdrosselte, die er ihm als Geschenk umlegen wollte, entbehrt jeder Grundlage.

Im Kampf gegen Schwaben blieb Konrad zunächst politisch siegreich. Als er jedoch 915 eine Doppelaktion gegen die Schwaben und Sachsen gleichzeitig unternahm, erlitt er abermals Schiffbruch.

Konrad I. entsandte seinen Bruder Eberhard nach Sachsen und ernannte ihn zum Markgrafen der Sorbischen Mark. Von dort aus sollte er Heinrichs Stellung in Thüringen untergraben und die Macht an sich reißen.

Als Eberhard mit einem fränkischen Heer durch Sachsen zog, wurde er bei der Eresburg auf dem Obermarsberg, die bereits einige sächsischfränkische Kämpfe gesehen hatte, durch sächsische Truppen gestoppt. Heinrichs Panzerreiter trugen den Sieg davon. Danach wandte sich Heinrichs Sachsentruppe dem Hohentwiel zu, wo Burchard II. von Schwaben, der nach der Verbannung Herzog Erchangers dort Herzog geworden war, in seiner Herzogsburg von Konrads I. Truppen belagert wurde. Der König gab die Belagerung beim Herannahen der Sachsen auf.

Heinrich I. zog sich nach diesem Sieg in die Pfalz Grone bei Göttingen zurück. Konrad folgte ihm, doch nun nicht mehr in kriegerischer Absicht, sondern in einem Bemühen, ein Abkommen zu erzielen, das den Frieden sicherstellte.

Da beiden Seiten gefährliche Widersacher in den Ungarn erstanden waren, die auf ihren Streifzügen nach Norden in Thüringen, Sachsen und Schwaben eingefallen waren, kam ein Vergleich rasch zustande.

Der gestürzte schwäbische Herzog Erchanger, der ins Exil geschickt worden war, kehrte nach Schwaben zurück. Er bot gemeinsam mit seinem Nachfolger und nun wieder Vorgänger Burchard und seinem Bruder Berchtold ein Heer auf, das bei Wahlwies gegen die königlichen Truppen siegte. Erchanger wurde im Herbst 915 zum Herzog der Schwaben ausgerufen.

916 gelang es König Konrad schließlich, die Baiern zu schlagen. Herzog Arnulf von Baiern wurde in Regensburg belagert, er konnte zu den Ungarn fliehen und mußte dem König das Feld überlassen.

Die am 20. September 916 in Hohenaltheim tagende Synode der Kirche, auf der außer den Geistlichen von Schwaben, Baiern und Franken auch König Konrad anwesend war, sah auch den päpstlichen Legaten am Ort der Synode. Alle Versammelten traten für die Sache Konrads ein.

Auch diesmal glänzte die sächsische Geistlichkeit durch Abwesenheit. Dies bedeutete, daß sie sich auf Heinrichs Seite gestellt hatte.

Da sich Arnulf von Baiern ebenfalls nicht der Synode stellte, wurde er kurzerhand abgesetzt. Konrad ernannte seinen Bruder Eberhard zum Verwalter des Herzogtums Baiern. Auch die Schwaben hielten sich nicht an den Beschluß von Hohenaltheim; deshalb zog Konrad wider die Brüder Erchanger und Berchtold zu Felde. Er ließ seine beiden Schwäger (Konrad hatte sich mit Kunigunde, der Schwester Erchangers und Berchtolds, die Witwe war, vermählt) und einen Neffen, nachdem er sich ihrer bemächtigt hatte, am 21. Januar 917 in Aldingen hinrichten.

Doch auch dadurch konnte er Schwaben nicht einnehmen, denn der Bundesgenosse der beiden Brüder und zugleich Rivale in der Herzogswürde, Burchard II., sprang in die Bresche und schwang sich zum Herzog von Schwaben auf.

Die Ungarn leisteten schließlich den Baiern ungewollte Schützenhilfe, als sie durch Baiern und Schwaben nach Lothringen einfielen. Arnulf nutzte die Chance, kehrte nach Baiern zurück, verjagte Eberhard, den Statthalter des Königs und königlichen Bruder, und enteignete die Kirche, indem er sie säkularisierte und für sich und seine Vasallen die Kirchengüter als Morgengabe in Besitz nahm.

Konrad I. hatte damit nach anfänglichen Erfolgen Niederlagen am laufenden Band erlitten. Kurz bevor er am 23. Dezember 918 starb und sein Grab im Kloster von Fulda eingerichtet wurde, wußte er, daß sein Nachfolger ein sehr starker Mann sein mußte, wenn es ihm gelingen sollte, das Ostfränkische Reich wieder zusammenzubringen.

Da Konrad kinderlos war, setzte er seinen Bruder Eberhard als seinen Nachfolger im Herzogtum Franken ein. Als königlichen Nachfolger aber bestimmte er den Sachsenherzog Heinrich I. Diese Art der Benennung eines Nachfolgers war zur genannten Zeit bis ins 13. Jahrhundert hinein ein Verfügungsrecht, das allen Fürsten zustand. Es konnte das Geblütsrecht hintansetzen. Damit stellte eigentlich erstmals in der deutschen Geschichte ein Herzog den Gedanken an die Vorherrschaft seines Stammes zurück und designierte *den* Nachfolger, den er als den stärksten unter den Starken erkannt hatte.

Nach Widukind von Corvey soll der Bruder des sterbenden Königs dessen letztem Willen, die Reichsinsignien an Heinrich zu überbringen, sofort zugestimmt haben.

Der Sachse auf dem Königsthron

Nach der Beisetzung König Konrads I. reiste sein Bruder Eberhard mit großem Gefolge nach Sachsen, um dem dortigen Herzog Heinrich Krone, Zepter, Stab, Schwert und Mantel der Reichsinsignien zu überbringen.

Daß die Fürsten, vielleicht nach ihrer Wahl Heinrichs, diesen beim „Vogelfang auf seinem Hof bei Dinklar nahe Hildesheim antrafen und ihm dort am Vogelherd die Wahl bekanntgaben", gehört zu den Erzählungen, an denen das Mittelalter reich ist.

Obgleich schon die Überreichung der Reichsinsignien so etwas wie eine Wahl darstellte, erfolgte die eigentliche Wahl Heinrichs in der Zeit zwischen dem 12. und 24. Mai 919 in Fritzlar. Auch diesmal waren zunächst nur Sachsen und Franken beteiligt.

Bei dieser Wahl handelte es sich um einen Akt von welthistorischer Wirkung. Wenn man bedenkt, daß die Sachsen noch rund 120 Jahre vorher „Heiden" gewesen waren und lediglich zu ihren angelsächsischen Brüdern in engem Kontakt gestanden hatten, war dies ein Erdrutsch.

Der Schwerpunkt der Herrschaft des Ostfränkischen Reiches wurde damit nach Norden und Nordosten verlegt. Ein junges Volk, von keinerlei Traditionen in Königsdingen gehemmt, hatte die Herrschaft angetreten: Herzog Heinrich I. von Sachsen war nun König des Ostfränkischen Reiches, das von diesem Zeitpunkt an zum Reich der Deutschen werden sollte.

Heinrich ließ sich nicht durch geistliche Hand zum König weihen und salben. Das Anerbieten Erzbischofs Heriger aus Mainz, ihn zu salben und zu krönen, lehnte Heinrich ab, obgleich auch er wußte, daß dieser von allen Karolingern geübte Brauch jene höhere aus Gott stammende und auf ihn überströmende Kraft und Gewalt bedeutete, die auch ihn mit göttlichen Kräften erfüllen würde.

Heinrich hatte seit jeher in Sachsen die Geistlichkeit unter seine Führung gezwungen. Seine Absicht war es, das völlige Einvernehmen mit den Herzögen des Reiches herzustellen. Und so, wie er als Herzog keinerlei Vorschläge von den Geistlichen angenommen hatte, so wenig wollte er dies in seiner Stellung als König tun. Ob er damit der Festigung des Reiches diente, sollte seine Regierungszeit erweisen.

Ein gewisser Teil seiner Animosität gegenüber der Kirche lag darin begründet, daß er Hatheburg, die Tochter des Grenzgrafen Erwin von Merseburg, geheiratet hatte. Sie war schon einmal verheiratet gewesen und war nach dem Tode ihres Gatten in ein Kloster eingetreten, um schließlich Heinrich zu ehelichen. Diese Ehe, und das war Heinrich lange vor Antritt seiner Herrschaft von der Geistlichkeit in schmachvoller Weise zu erkennen gegeben worden, galt als unerlaubt. Der Sachse vergaß diese Kränkung nicht.

Daß Heinrich sich später von seiner Frau Hatheburg abwandte, lag nicht in der kirchlichen Schmähung begründet, sondern darin, daß er „sich von der Liebe zu seiner Gemahlin abwandte und wegen der Schönheit und der Besitzungen zu einer Jungfrau namens Mathilde heimlich in Liebe entbrannte". (Siehe: Thietmar von Merseburg.)

Daß er Hatheburg verließ und dennoch deren ostfälisches Erbe behielt, verstand sich für ihn von selber. Dies geschah bereits im Jahre 909. Mit Mathilde, der Ururenkelin Widukinds, heiratete er eine stolze sächsische Frau, die auf ihren Mann keine geringe Wirkung ausübte und ihm fünf Kinder schenkte. Ihr ältester Sohn Otto wurde 912 geboren, nur acht Tage vor dem Tode des Großvaters, dessen Namen er auch erhalten hatte.

Für Heinrich war klar, daß er nunmehr zunächst die Anerkennung durch die Herzöge von Schwaben und Baiern erreichen mußte.

Arnulf von Baiern, der durch seinen Rückgriff auf das Kirchengut auch „der Böse" genannt wurde, wollte jedoch nicht zustimmen. Er ließ sich 919 vom gesamten bairischen und einem Teil des schwäbischen Adels als Gegenkönig aufstellen und zum „König im Reich der Deutschen" erklären, wie die Salzburger Annalen feststellten. Man war also im Süden des Reiches nicht gewillt, sich den Sachsen zu unterwerfen.

Noch im Jahre 919 zog Heinrich I. mit seinem Heer zunächst gegen Schwaben. Herzog Burchard von Schwaben, der zur gleichen Zeit mit König Rudolf II. von Hochburg rang und damit nichts gegen Heinrich aufbieten konnte, weil sein Heer ja anderweitig gebunden war, „übergab sich selbst dem König mit allen seinen Burgen und seinem ganzen Volk", wie Widukind, der Sachsenchronist, schrieb.

Heinrich zeigte sich erkenntlich, indem er dem Schwabenherzog nicht mehr in sein Herzogtum oder seine kirchlichen Entscheidungen hineinredete. Dadurch gewann er nicht nur Herzog Burchard für sich, sondern bewog diesen auch noch dazu, mit allen Truppen gegen König Rudolf zu Felde zu ziehen und solcherart die Reichsgrenze gegen die Burgunder zu sichern, die nach ihrer Niederlage bei Winterthur für immer abzogen.

Jetzt blieb nur noch „König" Arnulf übrig. Der Feldzug gegen die Baiern wurde 921 durchgezogen. Arnulfs Residenz Regensburg wurde belagert, Arnulf war in einer günstigen Verhandlungslage und willigte in neue Verhandlungen ein, bei denen Heinrich ihm mehr Zugeständnisse machen mußte, als dies vorher der Fall gewesen war.

Arnulf verzichtete allerdings auf seinen Titel als König, anerkannte Heinrichs Herrschaft und „übergab sich" nach Widukinds Bekundungen „mit seinem ganzen Reich".

Arnulf erhielt völlig freie Hand in der Innen- und Außenpolitik Baierns ebenso wie in der Frage der Kirchenhoheit.

Da Heinrich I. freiwillig auf Lothringen und damit auf das Westfränkische Reich Verzicht geleistet hatte, schien diese Sache von vornherein geklärt. Daß dem nicht so war, zeigte sich, als Karl der Einfältige von Lothringen durch die im Jahre 922 stattfindende Wahl Herzog Roberts von Franzien zum Gegenkönig aus dem Sattel gehoben und in der Schlacht bei Soissons am 15. Juni 923 geschlagen wurde. Da in dieser Schlacht auch Gegenkönig Robert gefallen war, wurde Herzog Rudolf von Burgund, ein Schwiegersohn Roberts von Franzien, zu seinem Nachfolger gewählt.

Dieses Durcheinander nutzte Heinrich I. geschickt aus. Sächsische Truppen drangen ins Elsaß ein und bemächtigten sich der Feste von Zabern. Hier standen alle Großen zunächst auf Seiten Rudolfs von Burgund, der nun Rudolf von Frankreich war.

Heinrich I. ließ Ende 923 den Rhein überschreiten; Metz wurde nach kurzer Belagerung erobert. Dann aber zog sich Heinrich wieder zurück, als er erfuhr, daß Rudolf mit einem Heer in Richtung Lothringen aufgebrochen war.

Im nächsten Jahr zog ein neues sächsisches Heer in Richtung Zülpich. Die dortige Burg wurde erobert. König Rudolf von Frankreich verzichtete 926 auf dem Reichstag von Worms auf Lothringen. Damit gehörten so bekannte Städte wie Köln, Trier, Straßburg und Metz zum Deutschen Reich, und mit dem Gewinn Lothringens war die Grenzsicherung nach Westen vollzogen.

Von diesem Zeitpunkt an war Heinrich gezwungen, sich wieder der Kirche anzunähern, die als natürliche Stütze gegen die Stammesgewalten galt. Bereits 923 hatte er den ersten Erzkaplan ernannt. Es war Erzbischof Heriger von Mainz. Dieser bildete aus seinen Vertrauten jene Gruppen von Geistlichen, die als Hofgeistliche die sogenannte „Kapelle" bildeten. Auch die Kanzlei Heinrichs I. – vordem ein „Einmannbetrieb" – wurde vergrößert.

Heinrich gelang es nach und nach, die Herzöge unter seiner Führung zu halten und seine Stellung zu festigen. Seine äußere Macht erfuhr eine bedeutende Festigung, als er die Ungarn, die seit 919 mit schöner Regelmäßigkeit in Sachsen und an anderen Stellen ins Reich eindrangen, in ihre Schranken verwies.

Vor jenen Ungarn, die 926 wieder in großen Scharen ins Reich

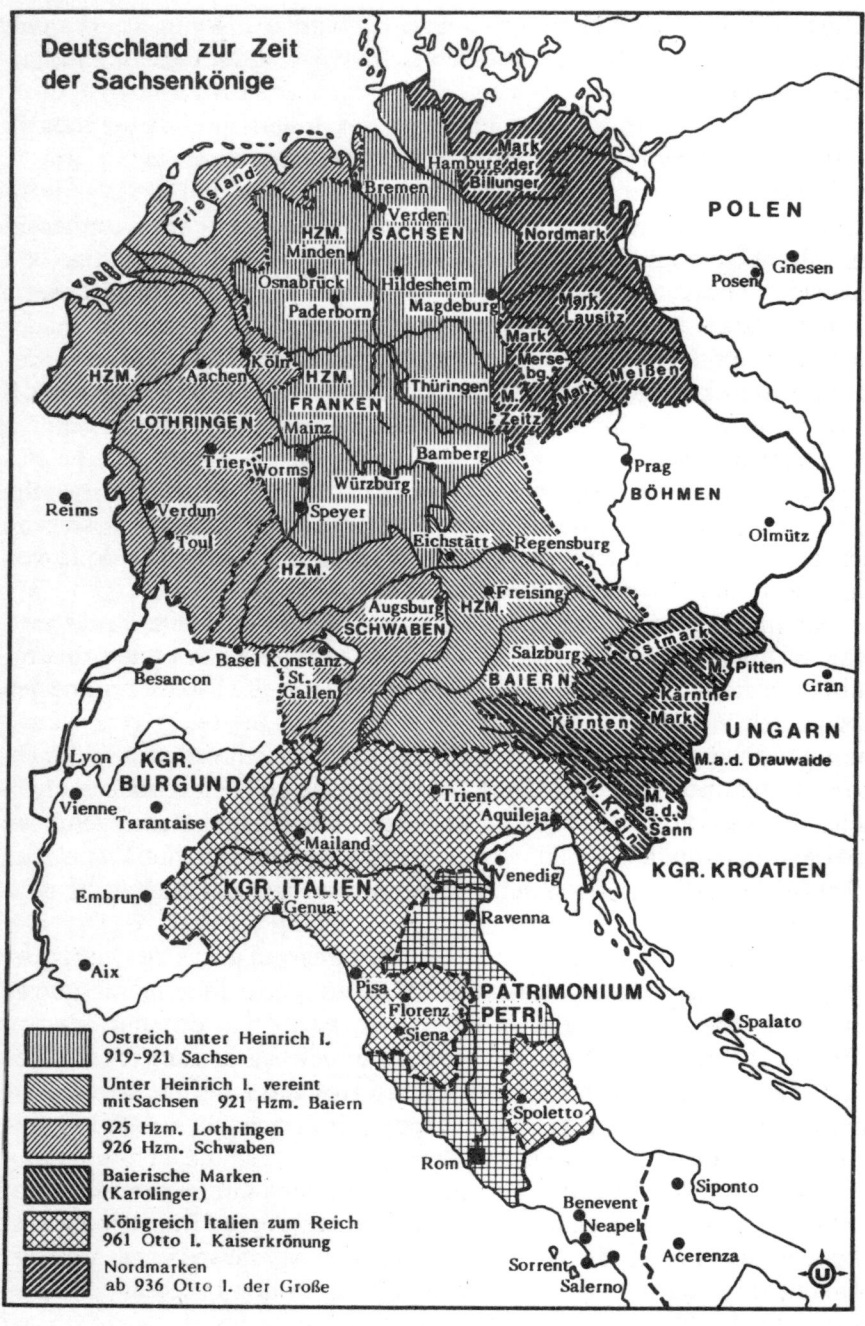

einfielen, mußte sich Heinrich I. zunächst in die Pfalz Werla zurückziehen. Es sah nicht gut aus für eine erfolgreiche Verteidigung. Dann gelang es einer aus der Pfalz ausgefallenen sächsischen Kampfgruppe, während der Requirierung von Lebensmitteln einen der ungarischen Anführer gefangenzunehmen, der das um Werla versammelte Heer befehligte.

Der Gefangene schlug einen Waffenstillstand gegen seine Befreiung vor. Allerdings mußte Heinrich I. an die Ungarn außerdem noch einen jährlichen Tribut leisten. Dennoch nahm der König an, denn dieser Waffenstillstand wurde für das ganze Reich ausgehandelt und sollte auf neun Jahre befristet sein. Diese Zeit würde genügen, die innere Lage so zu stabilisieren, daß er an den Aufbau eines starken Heeres gehen konnte, mit dem auch die Reichsgrenzen geschützt werden sollten.

Die Ungarn zogen ab und – was beinahe als unmöglich gegolten hatte – hielten sich an die getroffenen Vereinbarungen. Dies schaffte Heinrich I. den freien Raum, alles im Innern so zu richten, daß er unangefochtener Herrscher war. Darüber hinaus befahl er noch 926, eine Burgenordnung zu beschließen, in welcher der Bau von Burgen für Versammlungen in Friedenszeiten und vor allem zur Verteidigung als sichere Horte und Auffanglager während des Krieges vorgeschrieben wurde. Damit würde er den Ungarn ihren mit Sicherheit spätestens nach Ablauf des Waffenstillstandes erwarteten neuen Beutezug versalzen. Zumindest würden diese Reiterscharen sich Gedanken darüber machen, ob es sich lohnen könne, die burgenbewehrten Grenzen des Reiches zu überrennen, oder ob es nicht ungefährlicher sei, sich ein anderes, ungeschütztes Land für ihre Streifzüge zu suchen.

Diese Verteidigungsmaßnahmen griffen zunächst nur in Sachsen, wo Hermann als gebürtiger Herzog ganz und uneingeschränkt das Sagen hatte. Durch diese Tätigkeit wirkte er jedoch auch auf die übrigen Herzöge ein, die nun ebenfalls mit der Befestigung ihrer in Richtung Ungarneinfälle gelegenen Grenzen begannen.

Neben der Anlage von Befestigungen und der Gründung grenznaher Städte, die ebenfalls verteidigungsbereit waren, ließ es sich Heinrich I. angelegen sein, das Heer zu reformieren. Sein Hauptaugenmerk richtete er dabei auf die Erweiterung der Reitertruppe, die er nach den neuesten Gesichtspunkten für „schnelle Truppen" organisieren ließ.

Daß der Städtebau forciert werden sollte, lag in der erkannten Tatsache begründet, daß Sachsen über weniger Städte verfügte, als dies in anderen Teilen des Reiches der Fall war. Zwar gab es eine Reihe Burgen, Klöster und Stifte sowie große Wohnplätze, die mit Mauern umgeben waren, doch bedeutende Städte wie beispielsweise Köln oder

Mainz, Regensburg oder Worms, um nur einige zu nennen, fehlten weitgehend.

Die sächsische Grenze wurde nach Osten und Südosten besonders stark befestigt, und zwar deshalb, weil aus diesen Richtungen mit feindlichen Einfällen zu rechnen war. Die Stadtbildung wurde durch einige exemplarische Verfügungen des Königs verstärkt. Indem er sämtliche Gerichtstage, die Märkte und andere Vollversammlungen in die Festungen verlegte, zwang er die Menschen dazu, an diesen Plätzen Häusern zu bauen und Gasthäuser zu Übernachtungen und Bewirtungen zu errichten. Um viele Fremde versorgen zu können, zogen Kaufleute in diese Städte, und auch die Schöffen und Gerichtsdiener für die Gerichtstage wohnten für immer in diesen Städten, die aus den festen Plätzen erwuchsen.

Die Bauern in Sachsen wurden in „agrarii milites", sozusagen Wehrbauern umgewandelt. Jeder neunte Bauer mußte in einer der Fliehburgen oder einem der befestigten Dörfer wohnen und für seine acht übrigen Mitbauern Häuser und Wohnungen errichten. Dafür wurde er mit Feldfrüchten und anderen bäuerlichen Nahrungsmitteln versorgt, welche die acht übrigen Bauern auf den Feldern erarbeiteten. Auf diese Art und Weise konnten die festen Plätze verteidigt werden, wenn sie angegriffen wurden. Damit waren die Ursprünge zu neuen Städten gelegt.

Im Kampf gegen die Slawen, der zuerst mit aller Macht im Jahre 928 entbrannte und gegen den Stamm der Heveller gerichtet war, die in Brandenburg nahe der Havel lebten, gingen vor allem die Sachsen aufs Ganze. Im Winter tobte der Kampf um die Hauptstadt der Heveller, Brennaburg – Brandenburg. Diese wurde in Besitz genommen, die Heveller unterworfen.

Im gleichen Kriegszug ging es nach Niederwerfung dieses kleineren slawischen Stammes noch gegen die Daleminzier. Diese siedelten an der Elbe. Sie hatten sich rechtzeitig in ihre Festung Gana, das heutige Jahna, am Fluß desselben Namens verschanzt, der bei Riesa in die Elbe mündet.

Hier kam es nach der Eroberung der Festung zu einem blutigen Massaker. Alle waffenfähigen Männer, die in die Gefangenschaft gerieten, wurden umgebracht, die Kinder als Sklaven mit nach Sachsen zurückgeführt. Als Schutzburg ließ Heinrich I. auf dem Schloßberg an der Elbe die Stadt Meißen gründen, die von nun an als Grenzfestung und späterer Bischofssitz bekannt wurde.

Danach marschierte das Heer nach Sachsen zurück, um sich in wenigen Wochen aufzufrischen und aufzufüllen, denn der nächste

Feldzug stand bereits vor der Tür. Er richtete sich gegen Herzog Wenzel in Prag. Herzog Wenzel von Böhmen war ein gelehrter Mann, der durch den Einfluß seiner Großmutter Ludmilla auf ihn eine ausgezeichnete Ausbildung erhalten hatte, perfekt lateinisch sprach und auch in lateinischen, also römischen Kategorien dachte. Er regierte seit 922 selbständig, lehnte sich eng an das Reich Heinrichs I. an und förderte die kirchlichen Einrichtungen in Böhmen. Auf diesem Zug, bei dem es um die Eintreibung der Zinszahlungen Böhmens ging, wurde Heinrich I. vom Baiernherzog Arnulf begleitet. Das Heer erreichte Prag und verständigte sich mit Wenzel, der sich unterordnete und Heinrich als seinen Oberherren anerkannte. Der Anschluß Böhmens an das Reich war damit vollzogen.

Wenzels ehrgeiziger Bruder Boleslaw war mit dieser Unterwerfung ebensowenig einverstanden wie mit der Christianisierung des Landes. Gemeinsam mit einem Großteil des böhmischen Adels inszenierte er einen Aufstand. Die Aufrührer ermordeten Wenzel am 28. September 929 auf dem Wege zur Kirche und rissen die Herrschaft an sich. In der Zwischenzeit war das sächsisch-bairische Heer längst wieder nach Sachsen zurückgekehrt.

Da auch die Wilzen in Brandenburg die Zinszahlungen eingestellt hatten, brach ein schnelles Reiterheer dorthin auf, um die Zahlungsunwilligen zur Raison zu bringen. Dies geschah in kürzester Zeit.

Dann aber brach der lange aufgestaute Haß der Slawen los. Diesmal ließen sie sich nicht gegeneinanderstellen, sondern schlossen sich im Sommer 929 zu einer Schutz-und-Trutz-Gemeinschaft zusammen. Die Wilzenstämme probten im August 929 den Aufstand. Ihr Heer scharte sich um das Heiligtum Riedegost der Redarier. Diese kämpften in überfallartigen Vorstößen gegen Bernhard, den Grafen der wendischen Grenzmark. Diese lag im Gau Belxem auf dem linken Elbufer. Zum Angriff überschritten die Redarier den Fluß und erstürmten die an der Uchte gelegene Gauburg Walsleben. Das in den Schutz der Burgmauern geflüchtete Landvolk und auch die Mitkämpfer des Grafen wurden niedergemacht.

Nach dieser Initialzündung schlossen sich mehr und mehr slawische Stämme dem Aufstand an. Graf Bernhard und Markgraf Thietmar wurden mit der Abwehr dieser Überfälle beauftragt. Sie rafften eine schnelle Truppe zusammen, setzten über die Elbe und stürmten auf die Grenzburg der Slawen, Lenzen bei Höhbeck, zu.

Zur gleichen Zeit kam den Angreifern ein slawischer Heerhaufen entgegen. Dessen Absicht war es, die Burg Lenzen zu entsetzen und das sächsische Heer zu vernichten.

In dieser Lage, da alles auf des Messers Schneide stand, konnten Bernhard und Thietmar ihre Erfahrung im Kriegsdienst in die Waagschale werfen. Während Bernhard einen verzweifelten Frontalangriff gegen zahlenmäßig weit überlegenen Gegner wagte und sie so band und auf sich zog, konnte Thietmar mit dem Gros seiner Truppe die Besatzung der Burg Lenzen am Ausfall hindern und mit einer Schwadron von 50 Panzerreitern dem von Bernhard gestoppten Gegner ganz überraschend im Breitkeil in die Flanke fallen.

Damit war der große Überraschungsschlag gelungen. Der Gegner wandte sich zur Flucht und versuchte mit seinem Gros die Burg Lenzen zu erreichen. Doch hier standen noch Thietmars Truppen. Diese drängten die in zügelloser Flucht auf die Burg zurennenden Wenden zur Seite und in einen durch das Elbwasser gebildeten See hinein. Ein Teil der Wenden ergab sich hier, wurde aber niedergemacht. Der Rest floh weiter in den See und ertrank. Nur einem geringen Teil der berittenen Aufständischen gelang die Flucht.

Daß dieser Kampf nicht ohne Blessuren für die Sachsen ablief, ist durch Thietmar von Merseburg überliefert, dessen zwei Urgroßväter, die Grafen Liuthar, hier fielen. Die Sachsen hatten ein Viertel ihres Heeres verloren.

Dennoch war der Sieg vom 4. September 929 gegenüber diesem weit überlegenen Kriegshaufen der Slawen so eindrucksvoll – einen Teil der Schlacht konnten die Verteidiger von Lenzen von der Burgmauer und aus den schweren Türmen beobachten –, daß sich die Burg am nächsten Tage auf Gnade und Ungnade ergab.

Diesmal wurde das Leben der Besiegten geschont, wenngleich sie alle in die Gefangenschaft geführt und zu Sklaven gemacht wurden.

Diese Schlacht bei Lenzen verschaffte den Sachsen für lange Jahre Luft. Der Kernstamm der Wilzen, die Redarier, war dezimiert, und es bedurfte langer Jahre, ehe er sich von dieser Niederlage erholt hatte. Diesen Stamm, den Karl der Große begünstigt hatte, als es darum ging, die aus ihrer Heimat vertriebenen Nordalbingier zu ersetzen, überrundeten nun die Liutizen, die die Führung im Osten übernahmen.

Eine Reihe kleinerer Expeditionen fand in den nächsten Jahren statt. Auf einem dieser Züge erreichte König Heinrich im Jahre 934 beim Kampf gegen die Ukrer in der späteren Uckermark den Raum nahe der unteren Oder. Doch darüber und über die weiteren Auseinandersetzungen im Osten später mehr.

Daß diese Kämpfe gegen die Slawen nicht als bewußter Siedlungsgedanke und als Versuch einer weiteren Ausbreitung der Deutschen nach Osten zu verstehen sind, sondern als Grenzsicherungskriege geführt wurden, ist dadurch erhärtet, daß die eroberten Gebiete nicht in das Reich integriert wurden, sondern lediglich unter die Oberhoheit jener die Grenze sichernden Markgrafen gerieten, die den slawischen Herren keine besonderen Befehle geben konnten, sondern lediglich zur Einziehung der Abgaben berechtigt waren.

An der Unterelbe waren dies die siegreichen Heerführer Bernhard und Thietmar, im Raume Merseburg residierte Graf Siegfried, ein Vetter der Königin Hatheburg. Missionare wurden zu jener Zeit noch nicht in den wendischen Raum geschickt.

Der Waffenstillstand mit den Ungarn wurde nicht, wie vorher befürchtet, von den Ungarn gebrochen, sondern durch Heinrich I. aufgekündigt.

Auf der Reichssynode zu Erfurt am 1. Juni 932, auf der unter Leitung des Erzbischofs Hidebert von Mainz die fränkischen, schwäbischen und sächsischen Bischöfe und als Gast der Erzbischof von Trier versammelt waren, wurde abschließend eine Volks- und Heeresversammlung angesetzt.

König Heinrich ließ hier den Ungarnkrieg beschließen und von den versammelten geistlichen Herren gutheißen. Es ging dabei um die Kirchenschätze, die es zu schützen galt. Diese müßten angebrochen werden, verkündete Heinrich persönlich, wenn man den Ungarn weiterhin den Tribut leisten wolle. Auf der Synode zu Dingolfing faßten die baierischen Kirchenfürsten wenige Wochen später den gleichen Beschluß.

Damit war es klar, daß den Abgesandten der Ungarn, die jährlich den Tribut abholten, diesmal die kalte Schulter gezeigt wurde. Als sie im Herbst in Deutschland eintrafen, wurden sie nicht einmal von König Heinrich empfangen.

Damit war der Kriegszustand wiederhergestellt, und im Februar 933 tauchten die ersten ungarischen Reitertruppen an der Grenze auf. Sie zogen sengend und raubend durch ganz Thüringen. Heinrich hatte seine Truppe im Norden Sachsens zusammengezogen und erwartete diesen Angriff. Seinen Aufgebotsaufruf hatten alle Herzöge befolgt. Die zusammengerufene Truppe wurde in zwei große Kampfgruppen geteilt. Die kleinere dieser Gruppen, die sich aus Sachsen und Thüringern zusammensetzte, hatte den westlich gelegenen Abschnitt an der Werra übernommen, während das Gros der Truppe in der Gegend der Unstrut aufgestellt war und den Feind erwartete. Im Verband dieser Truppen standen die aus Schwaben, Franken und Baiern in Marsch gesetzten Verbände.

Die ungarischen vorgeschobenen Beobachter, die in Stärke von siebzig bis achtzig Reitern vor dem Gros des Heeres vorfühlten, hatten bereits von dieser Teilung Meldung gemacht. Der ungarische Befehlshaber hatte daraufhin ebenfalls sein Heer in zwei Kampfgruppen aufgeteilt.

Die beiden westlichen Kampfgruppen eröffneten die Schlacht. Die exakte Ausbildung und die Verstärkung der sächsischen Reiterei schlug bereits hier entscheidend zu Buche. Der Westflügel des Ungarnheeres wurde aufgerieben. Die Führer dieser Truppe fielen im Kampf. Ein Teil konnte entkommen, gejagt von seinen Verfolgern. Ein weiterer, doch geringer Teil geriet in Gefangenschaft.

Das Gros des Ungarnheeres versuchte im Anmarsch auf das Gefechtsfeld an der Unstrut unterwegs noch die Jechaburg des Thüringers Wido zu erstürmen. Sie belagerten die Burg und erfuhren wenige Tage später von der vernichtenden Niederlage ihres Westflügels. Sie sammelten sofort ihre weit auseinandergezogenen Kampfgruppen, indem sie Rauchzeichen setzten, und traten nun zum entscheidenden Schlag gegen Heinrichs Hauptheer an.

Bei Riade stießen die Spitzenverbände beider Heere aufeinander. Es handelte sich aller Wahrscheinlichkeit nach um den Ort Kalbsrieth an der Helme, die nur eine kurze Strecke weiter südlich der Allstedter Pfalz in die Unstrut mündet.

Am 15. März 933 kam es zur Schlacht. Die deutschen Panzerreiter mit ihrer guten Bewaffnung waren nicht zu überwinden. Dort, wo sie auftauchten, war der Gegner verloren. Die ungarische Phalanx wankte, wich dann, schneller und schneller werdend, zurück. Heinrich und seine Getreuen ritten in schnellstem Galopp hinterher und mitten in das feindliche Lager hinein, das erobert wurde. Die dort von den Ungarn festgehaltenen thüringischen Kriegsgefangenen und die Sklaven, die unterwegs „angefallen" waren, konnten durch diesen raschen Handstreich befreit werden.

Die Ungarn hielten auf ihrem Rückzug nicht mehr an. Die sächsische schwere Reiterei und deren hervorragende Disziplin hatte sie derart kopflos gemacht, daß sie nicht mehr nach Deutschland zurückkehrten, solange König Heinrich I. lebte.

Die Führer der Truppe Heinrichs wurden erneut mit Anerkennung überhäuft und erhielten, soweit dies noch nicht geschehen war, ihre Güter. Auch die Soldaten wurden mit Grundbesitz belohnt. Ihr Drill hatte sich gelohnt, und das kleine Berufsheer des Königs wurde weiterhin unter Waffen gehalten. Damit stand Heinrich jederzeit eine schlagkräftige Eingreiftruppe zur Verfügung, derer er auch bedurfte, wie das nächste Jahr zeigen sollte.

Was für diese Schlacht gegen die Ungarn besonders zählte, war die Teilnahme *aller* deutschen Stämme an diesem Abwehrsieg, der sie noch enger aneinanderband.

Im nächsten Jahr richtete sich Heinrichs I. Augenmerk nach Norden, wo die Dänen die Dänische Mark errichtet hatten und von dort aus nach Nordalbingien eingedrungen waren. Sie hatten, von Jütland vorstoßend, auch versucht, die Friesen zu überwinden und sich aus deren Besitz einen tüchtigen Happen herauszureißen, allerdings erfolglos. Unter der Führung seines wohl energischsten Königs, Hardeknut Gorm, des Alten Gorm, hatte Dänemark sich dank dessen tatkräftiger Einsätze unter seiner Hand vereinigt. Sein Unterkönig Knuba, der in Haithabu saß, hatte seine Grenzen ebenfalls ins deutsche Reichsgebiet hinein verschoben.

Gegen ihn begann der Sturmlauf der schweren Reiter Heinrichs. Der Kampf dauerte einige Tage, weil sich der Gegner nur schrittweise zurückzog. Dann aber mußte Knuba kapitulieren. Er nahm die Taufe und verpflichtete sich zu jährlichen Tributzahlungen und zur Unterwerfung und Einverleibung in das Reichsgebiet.

Damit war der Raum um die Schlei und der daran angrenzende Teil Nordalbingiens wieder zum Reich zurückgeholt. Von Bremen aus konnte Erzbischof Unni die Missionstätigkeit in diesem Gebiet aufnehmen. Das Gebiet zwischen Eider und Schlei wurde zum neuen deutschen Grenzgau.

Im darauffolgenden Jahr nahm auch Dänenkönig Knut das Christentum an, und im selben Jahr anerkannte König Rudolf von Lothringen die Besitzansprüche Heinrichs I. auf sein Reich.

Nun sollte ein Zug nach dem Süden mit dem Ziele Rom den König zum krönenden Höhepunkt seiner Regierungszeit führen. Die Vorbereitungen darauf waren deshalb mit guten Erfolgsaussichten in Angriff genommen worden, weil es Heinrich I. am Dreikönigstag des Jahres 935 in Ivois an der Chère gelang, die französischen Zwistigkeiten untereinander zu schlichten und ein deutsch-französisches Freundschaftsbündnis mit König Rudolf zu schließen. Heinrich I. erhielt von König Rudolf die „Heilige Lanze", die als Sinnbild und Unterpfand für den Anspruch auf Italien galt. Wer sie besaß, hatte alle Aussicht, König von Italien zu werden.

Dieser Plan Heinrichs I. konnte nicht mehr in die Tat umgesetzt werden. Als er, der etwa 60 Jahre alt war, sich im Herbst 935 auf seine Pfalz nach Bodfeld im Harz begab, um von dort aus die alljährlich stattfindende Jagd zu eröffnen, erlitt er einen Schlaganfall. Er konnte nun keine Reisen mehr unternehmen, ordnete aber noch die Nachfolgeangelegenheiten, indem er seinen ältesten Sohn Thankmar aus der Ehe mit seiner ersten Gattin Hatheburg als Nachfolger ausschloß und an dessen Stelle seinen Sohn Otto aus der zweiten Ehe mit Mathilde zum Thronfolger ernannte. Otto entstammte also aus direkter Blutlinie mit Widukind.

Am 2. Juli 936 starb Heinrich I. in Memleben an der Unstrut nach einem weiteren Schlaganfall. Der erste sächsische Herzog, der zugleich auch deutscher König war, wurde in Quedlinburg beigesetzt.

Es war ihm trotz seiner verhältnismäßig kurzen Regierungszeit gelungen, das Deutsche Reich im Innern zu festigen, die Zentralgewalt des Königs zu stärken und – vor allem – die Grenzen des Reiches zu schützen. Nun kam es auf seinen Nachfolger an, was er aus diesem großen Erbe zu machen verstand.

Beide jüngeren Brüder Ottos, Heinrich und Brun, die ebenfalls Anspruch auf den Thron gehabt hätten, waren zu anderen Aufgaben bestimmt worden. So sollte Brun die geistliche Laufbahn einschlagen, während Heinrich, der zum Zeitpunkt des Todes seines Vaters erst 16 Jahre alt war, vom sächsischen Adel als „unter dem Purpur" geborener Nachfolger seines Vaters ins Spiel gebracht wurde. Auch Mathilde hätte sicher gern ihrem Lieblingssohn Heinrich zum Thron verholfen, doch der Spruch ihres Gemahls hatte entschieden, daß der bereits *vor* seiner Königszeit geborene zehn Jahre ältere Otto, dessen besondere Begabung er bereits lange erkannt hatte, neuer König werden sollte. So hatte Heinrich I. auch im häuslichen Bereich die richtige Entscheidung rechtzeitig getroffen und Nachfolgekämpfe vermieden.

Otto der Große – der erste sächsische Kaiser

Der am 23. Oktober 912 geborene Sohn Heinrichs I., Otto, war seit früher Jugend mit seinem Vater zur Jagd und in den Krieg gezogen. Wie Heinrich I. lehnte auch er die gelehrte Bildung für sich selber ab, ohne sie für das Reich zu verschmähen. Daß er an den Kämpfen gegen die Slawen beteiligt war, wird an jener Tatsache bewiesen, daß er eine vornehme Slawin zu seiner ersten Geliebten machte, die ihm 929 einen Sohn gebar. Es war der spätere Erzbischof von Mainz, Wilhelm.

Seine Heirat im Herbst 929 mit Prinzessin Edgita, einer Schwester des englischen Königs Aethelstan, brachte Otto gleichzeitig in ein verwandtschaftliches Verhältnis zu König Karl dem Einfältigen und Herzog Hugo von Franzien, die durch ihre Heiraten mit den älteren Schwestern Edgitas, Edgifa und Edhilda, seine Schwäger waren.

Damit waren die Festlandssachsen wieder sehr eng mit den Angelsachsen verbunden. Während der Dauer seiner langen Regierungszeit legte Otto denn auch sehr großen Wert auf ein ständig gleichbleibendes freundschaftliches Verhältnis zum Königshof Aethelstans und seiner Nachfolger.

Otto hatte seiner jungen Frau die Stadt Magdeburg als „Morgengabe" übergeben. Dazu hatte er die Erlaubnis seines Vaters erhalten. Somit ging diese Grenzstadt zu den Slawen in seinen Besitz über, da ihm ja als Gatten der Nießbrauch am Vermögen seiner Frau zufiel.

Otto war aus diesen und anderen Gründen von da an ein besonderer Förderer dieser Stadt. Er hat hier mit seiner Frau bis zu seiner Thronbesteigung gewohnt. Hier wurde ihm 930 sein Sohn Liudolf, der spätere Herzog von Schwaben, geboren. Ein Jahr darauf schenkte Edgita ihm die Tochter Liudgard, die später Gemahlin Herzog Konrads des Roten werden sollte. Otto war es auch, der die dicht am Fluß gelegene und ungeschützte Siedlung der Kaufleute an eine höhergelegene Stelle (des heutigen Alten Marktes) verlegte und sie befestigen ließ.

Im Juli 936 wurde Otto von den Franken und Sachsen zum Nachfolger seines Vaters gewählt. Diesem ersten Wahlgang folgte der in Aachen durchgeführte Wahltag für alle fünf Herzogtümer. Damit sollte die Zustimmung der übrigen Teile des Reiches nicht – wie zur Zeit Heinrichs I. – durch Einzelverträge, sondern in einem geschlossenen Wahlgang erlangt werden.

Die Wahl von Aachen war der Wunsch Ottos. Er wollte dort König werden, wo Karl der Große, sein erklärtes Vorbild, bestattet worden und wo sein Thronsitz noch immer erhalten war.

Für die Zeit seiner Abwesenheit von der sächsischen Heimat vertraute Otto seinem Kampfgenossen Graf Siegfried von Merseburg die Aufsicht über seinen Bruder Heinrich an, der bereits mit Hilfe seiner Mutter eine große Anhängerschaft um sich versammelt hatte und unter Kontrolle gehalten werden mußte.

Am Sonntag, dem 7. August 936, wurde Otto zum neuen Deutschen König gewählt. Anwesend waren alle Herzöge und der Großteil der geistlichen Führer des Reiches.

Im Säulenvorhof des Aachener Münsters versammelten sich die Herzöge und Grafen. Sie vollzogen die Wahl und setzten Otto auf den hier aufgestellten Thronsessel. Dann reichten sie ihm die Hand und schworen Treue und Hilfe gegen alle seine Feinde.

Aus den Rerum gestarum Saxonicarum libri III (der Geschichte der Sachsen), die Widukind von Corvey verfaßte, seien zur besonderen

Untermalung in der Übersetzung durch J. Bühler einige Passagen über den Sohn des „Vaters des Vaterlandes", wie Widukind König Heinrich I. nannte, eingeblendet.

„Als Ort der Wahlhandlung wurde Aachen festgesetzt. Dort versammelten sich die Herzöge und die hohen Vasallen mit den anderen Vornehmen in der Säulenhalle der Basilika Karls des Großen und führten ihren neuen Herrscher zu einem dort errichteten Thron; und sie reichten ihm die Hände und versprachen ihm Treue und gelobten ihm Beistand gegen alle seine Feinde. Und so machten sie ihn nach ihrer Sitte zum König.

Währendessen erwartete der höchste Bischof mit dem gesamten Klerus und dem Volk im Innern der Basilika den Einzug des neuen Königs. Als dieser eintrat, schritt ihm der Erzbischof entgegen, berührte mit seiner Linken die Rechte des Königs und schritt zur Mitte des Heiligtums vor. Dort blieb er stehen und wandte sich dem Volk zu, damit er von allen gesehen werden könne.

‚Sehet her!' rief er, ‚hier zeige ich euch den von Gott erwählten und von König Heinrich designierten, jetzt von den Fürsten gekürten König Otto! Wenn euch die Wahl recht ist, dann hebt die rechte Hand zum Himmel empor!'

Mit erhobener Hand riefen alle Versammelten dem neuen König Heil zu. Dann schritt der Erzbischof mit dem König, der nach fränkischer Art ein eng anliegendes Gewand trug, hinter den Altar, auf dem die königlichen Insignien lagen: das Schwert mit dem Wehrgehänge, der Mantel mit den Spangen, Stab, Zepter und Krone.

Erzbischof Hildibert trat nun zum Altar, nahm das Schwert mit dem Wehrgehänge, wandte sich zum König und sprach:

‚Empfange dies Schwert, mit dem du alle Feinde Christi austreiben sollst, die Barbaren und die schlechten Christen, da dir durch Gottes Willen die gesamte Macht im Reich der Franken gehört, damit allen Christen der Friede gewiß sei.'

Dann bekleidete er ihn mit dem spangengeschmückten Mantel und sprach: ‚Laß dich durch diesen langen herabwallenden Mantel ermahnen, im Eifer für den Glauben und den Himmel zu glühen und auszuharren im Schutz des Friedens bis an dein Ende.'

Schließlich ergriff er Zepter und Stab und sprach: ‚Laß dich durch diese Insignien mahnen, deine Untertanen in väterlicher Zucht zu halten; reiche vor allem den Dienern Gottes und den Witwen und Waisen deine Hand voll Mitleid; niemals möge auf deinem Haupte das Öl des Erbarmens vertrocknen, auf daß du in diesem und im ewigen Leben mögest gekrönt werden mit unvergänglichem Lohne.'

Dann wurde der König durch die Erzbischöfe Hildibert von Mainz und Wichfried von Köln mit dem heiligen Öle gesalbt und mit der goldenen Krone gekrönt. Als solcherart alle Weihehandlungen vollzogen waren, wurde er von denselben Erzbischöfen über eine Wendeltreppe zu einem Thron geleitet, der zwischen zwei wunderschönen Marmorsäulen errichtet war. Von da konnte der König selbst alles sehen, und er konnte von allen erblickt werden."

„Als die erhabenen Laudes verklungen", berichtete Widukind weiter, „und das feierliche Hochamt zelebriert worden war, begab sich der König in den Palast. Er nahm mit den Erzbischöfen und allem Volk an einer königlich geschmückten Marmortafel Platz. Die Herzöge aber leisteten bei Tisch die Ehrendienste. Der Herzog von Lothringen, Giselbert, in dessen Herzogtum Aachen liegt, leitete das Ganze. Eberhard von Franken stand dem Tisch vor, Hermann von Schwaben leitete die Weinschenken, Arnulf von Baiern sorgte für das ritterliche Gefolge und für die Unterbringung der Massen in den errichteten Lagern; Siegfried von Sachsen endlich, der vornehmste der Sachsen und nach dem König der adeligste, ein Onkel des Königs, diesem sehr eng verbunden, behütete damals Sachsen, damit kein feindlicher Einfall geschähe; er hatte außerdem die Erziehung des jüngeren Heinrich übernommen, den er bei sich hatte.

Schließlich überreichte der König jedem der Fürsten je nach seiner Stellung ein königliches Ehrengeschenk mit königlicher Freigebigkeit und entließ in heiterer Stimmung die Massen.« (Aus: Rerum gestarum Saxonicarum libri III; Geschichte der Sachsen des Widukind von Corvey in der Übersetzung von J. Bühler.)

Obgleich Otto sich nicht danach drängte, sein Bild durch besonders erfolgreiche Kämpfe strahlender zu machen, kam er nicht umhin, sehr bald schon zum Schwert zu greifen. An der Ostgrenze des Reiches hatte Boleslaw, der König von Böhmen, von sich reden gemacht, indem er seinen Bruder Wenzel, der die Oberhoheit König Heinrichs anerkannt hatte und Christ geworden war, erschlagen ließ. Nach diesem Warnzeichen versuchte Boleslaw die im Osten Sachsens wohnenden Edlen gegen Otto I. aufzuwiegeln. Als Otto davon erfuhr, entsandte er die damals berüchtigten „Merseburger", eine Gruppe Räuber und Häftlinge, gewissermaßen ein Bewährungs-Verband, an die Ostfront. Die „Merseburger" schlugen hart zu, sie erschlugen jeden Böhmen, der ihnen über den Weg lief. Das Heer von Boleslaw wurde vernichtet.

Als danach aber die Sieger während ihrer Feiern zu unvorsichtig wurden, gelang es Boleslaw, mit einer Reservegruppe und dem Rest des geschlagenen Haufens das deutsche Aufgebot niederzuhauen.

Dieser Aufstand griff sehr rasch auch nach Mecklenburg über, wo die Redarier saßen. Otto war deshalb gezwungen, ein großes Heer zu versammeln und selber gegen die Aufsässigen zu reiten. Dem Markgrafen von Sachsen, Hermann Billung, übertrug er den Oberbefehl über die Truppen und ernannte ihn zum Herrn über die Sachsen vorgelagerten Gebiete Holstein, Mecklenburg und Pommern, die bis dahin mehr oder weniger nur dem Namen nach zum Reich gehört hatten.

Dies führte zu energischen Protesten anderer sächsischer Adeliger, die sich dadurch brüskiert und zurückgesetzt fühlten. Daß Otto I. dennoch seinen Feldzug erfolgreich zu Ende führen konnte, verdankte er den gut ausgebildeten sächsischen Truppen seines Vorgängers und Vaters.

Ottos außenpolitische Bemühungen waren ebenfalls erfolgreich. Gegen seinen zwölf Jahre jüngeren Bruder Heinrich, der insgeheim gegen ihn intrigierte, ging er nicht mit der an ihm gewohnten sonstigen Härte vor. Dies sollte bald zu einer gefährlichen Lage führen.

Die Ungarn, die 933 nach ihrer Niederlage Frieden gelobt hatten, fielen abermals in Thüringen und Hessen ein, und auch der Stammeszwist flammte wieder auf, der durch die Krönungszeremonien nur notdürftig überspielt worden war. Es kam zu Intrigen, Eidbrüchen, Landesverrat, Selbstjustiz und zu einer Reihe von Verschwörungen.

Es waren Jahre der „Prüfungen", die Otto I. zu bestehen hatte. Er überstand sie in dem unerschütterlichen Glauben seiner Gotteserwähltheit und in der felsenfesten Überzeugung, daß Gott, wenn er ihn schon erwählt hatte, auch nicht im Stich lassen werde.

Die Sachsen, die mit seiner Wahl zum König abermals zu einem der wichtigsten Stämme geworden waren, wurden aufmüpfig. Und auch der Frankenherzog Eberhard, gleichzeitig Graf im sächsischen Hessengau, war nicht von Ottos Durchsetzungskraft überzeugt. Als ihm beispielsweise die Zinszahlungen von den im Hessengau ansässigen sächsischen Edlen verweigert wurden, wandte er sich nicht an Otto I. und verlangte ein Königsurteil, sondern nahm die Sache selber in die Hand. Er eroberte die Burg eines zahlungsunwilligen Edlen der Sachsen und tötete dort die gesamte Besatzung.

Diese Art von Selbstjustiz konnte Otto I. nicht durchgehen lassen. Er saß über den Frankenherzog zu Gericht und verurteilte diesen zur Hergabe seiner besten Pferde im Werte von 50 000 Mark. Die Unterführer Eberhards verurteilte er zu der damaligen Schmach, Hunde zur königlichen Pfalz nach Magdeburg zu tragen. Dies galt als sichtbares Zeichen dafür, „auf den Hund gekommen" zu sein. Später verzieh Otto ihnen, doch er konnte sie auch durch diesen Gnadenakt nicht für sich gewinnen.

Der Helm aus dem Schiffsgrab von Sutton Hoo (Rekonstruktion).

Goldene Schnalle aus dem Schiffsgrab von Sutton Hoo.

Bügelfibel mit rechteckiger Kopfplatte aus Howletts, Kent.

Bügelfibel mit rechteckiger Kopfplatte aus Beuchte, Kreis Wolfenbüttel.

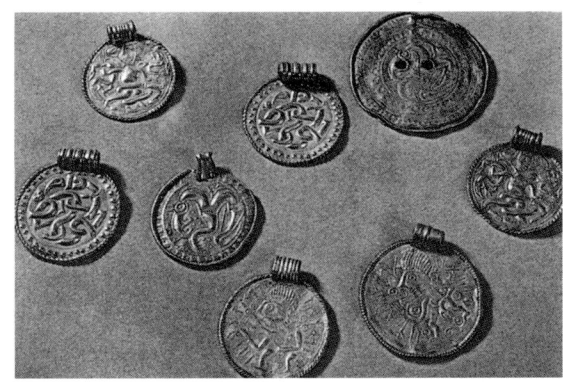

Goldfund von Nebenstedt (Kreis Lüchow-Dannenberg) mit Brakteaten.

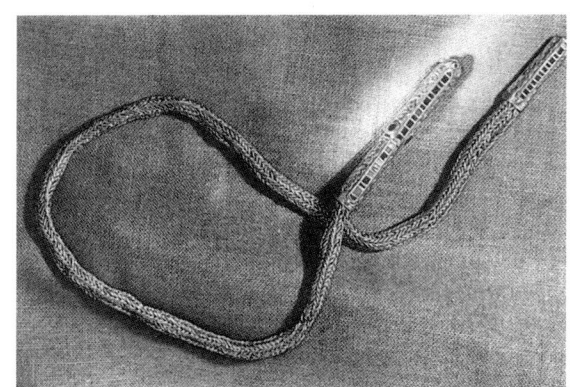

Goldene Kette mit Tierköpfen an den Enden aus Isenbüttel, Kreis Gifhorn.

Das Schiff von Sutton Hoo (Gemälde von Alan Sorrell).

Der Hortfund von Ellerbeck in Niedersachsen (römische Goldmünzen eines in Diensten der Römer stehenden Sachsen).

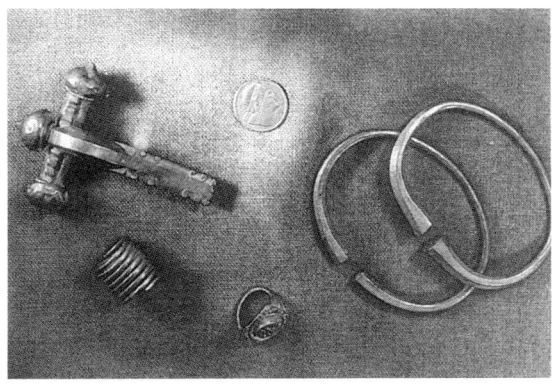

Der Hortfund von Lengerich: Schmuck aus reinem Gold.

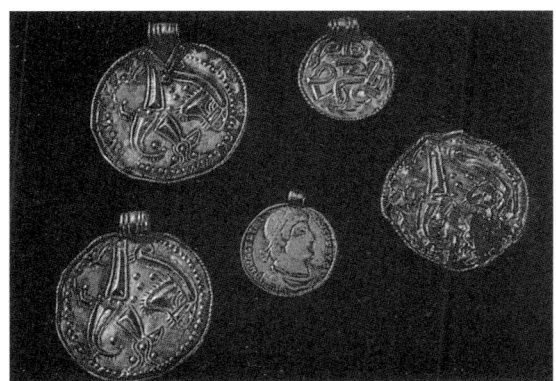

Diese Brakteaten wurden in Landegge, Kreis Meppen, in Niedersachsen gefunden.

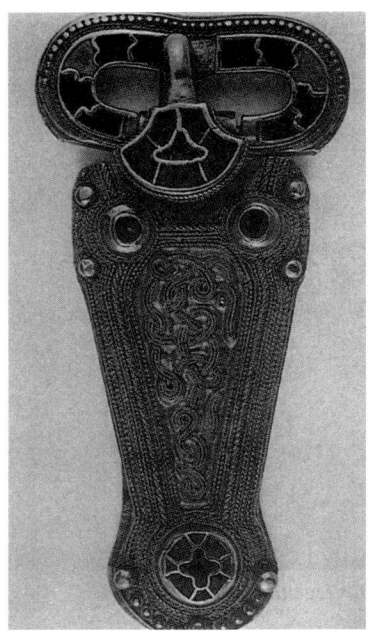

Eine reichverzierte Schnalle aus dem Grab von Toplow, Buckinghamshire.

Goldener Anhänger mit Filigranarbeit und Vogelwirbeln aus Almandinen, Faversham, Kent.

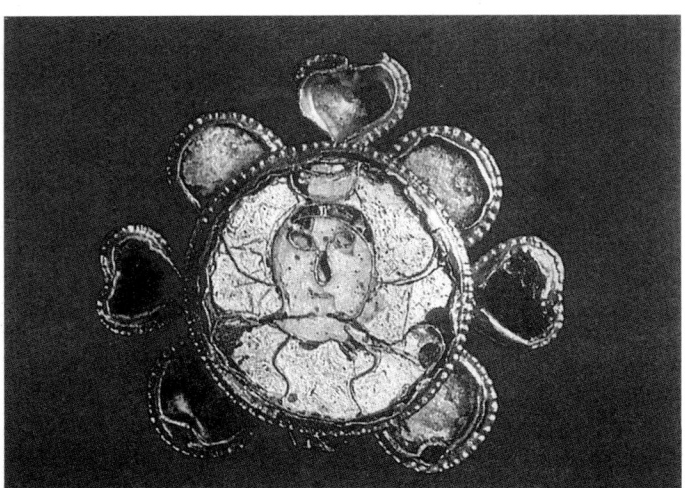

Scheibenfibel mit Menschenkopf in der Mitte aus der Kirche von Enger.

Karl der Große und sein Sohn Pippin im Gespräch.

Das legendäre Karlsschwert.

Das Achteck im Münster von Aachen, in der Mitte der Karlsthron.

Der Karlsthron im „Oktagon", ein einfacher Marmorsitz.

Das Bursen-Reliquiar Widukinds, Widukindmuseum von Enger.

Ein Kreuz aus der iro-schottischen angelsächsischen Mission.

Der Kelch Tassilos III., dem letzten von Karl dem Großen abgesetzten Stammesherzog (Kloster Kremsmünster).

Herzog Heinrich der Zänker. Ein Stifterbild im Regelbuch von Niedermünster.

Otto III. auf dem Thron mit den Symbolen der weltlichen Macht: Krone, Stab und Reichsapfel; umgeben von weltlichen und geistlichen Würdenträgern.

Weihrauchkessel Ottos III.; er zeigt Kleidung und Waffen des Herrschers und der Soldaten.

Ottonische Buchmalerei: Herrschersegen aus dem Sakramentar Heinrichs II. (Bayerische Staatsbibliothek).

Die Aachener Evangelienkanzel wurde von Heinrich II. 1014 zur Verehrung Karls des Großen gestiftet. Sie zeigt ottonische Goldschmiedekunst in Vollendung.

Vase vom Galgenberg bei Cuxhaven (5. Jh. n. Chr.) mit den alten Heilszeichen: Hakenkreuz, Rechtkreuz, Malkreuz, Urbogen und Sonnen-

Tontrommel mit Hakenkreuzen, Sonnenrädern und Sprossenbäumen.

Zonenbecher mit Eibenzweigmustern.

Urne um 400 nach Christus aus dem Bünder Museum. Hakenkreuz und Tupfenkreuz als Sonnensinnbilder.

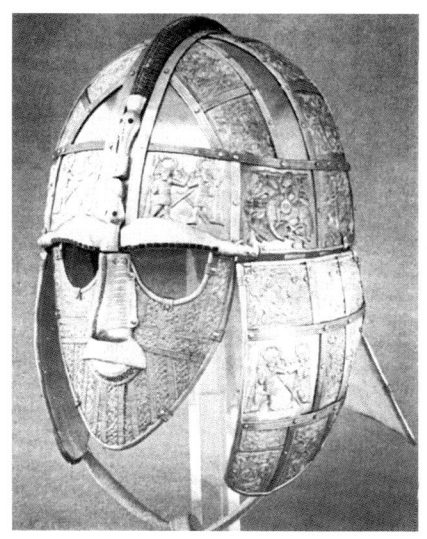

Rekonstruierter Helm aus dem Schiffsgrab von Sutton Hoo.

Trinkgefäß aus Ahornholz aus Sutton Hoo.

Silberne Schale aus dem Königsgrab von Sutton Hoo.

Zierscheibe aus Süderbrarup – Thorsberger Moor; Schleswig.

Scheibenkreuz aus dem Domschatz von Hildesheim aus dem Jahre 1120.

Das Imerward-Kreuz aus dem Braunschweiger Dom.

Das Bernwardkreuz aus Kupfer und Gold mit dem roten Kreuzreliquiar (1130 bis 1140) aus dem Hildesheimer Domschatz.

Aus dem Sachsenspiegel des Eike von Repgow (1. Hälfte des 13. Jahrhunderts), der erstmals sächsisches Recht in schriftlicher Form aufzeichnet: Bewaffnete verlassen eine Burg, um einen Überfall zu unternehmen (Universitätsbibliothek Hildesheim).

Sachsenspiegel: Boten des Richters suchen einen flüchtigen Rechtsbrecher auf einer Burg.

Dienstpflichtige zerstören nach entsprechendem Richterspruch eine Burg (Sachsenspiegel).

Das Evangeliar Heinrichs des Löwen von Helmarshausen 1188: Überreichung des Buches an Blasius, den Hauptheiligen der Braunschweiger Stiftskirche.

Die Geburt Christi mit Anbetung der Heiligen Drei Könige; die Könige vor Herodes.

Pfingsten

Die Krönung Heinrichs des Löwen und seiner Gemahlin Mathilde.

Der thronende Christus mit den sechs Schöpfungstagen.

Der Evangelist Johannes.

Der siebenarmige Bronzeleuchter im Braunschweiger Dom.

Braunschweiger Dom: Das Grabmal Heinrichs des Löwen und seiner Gemahlin Mathilde.

Die bronzene Porträtbüste Kaiser Friedrich I., ein Ehrengeschenk Barbarossas an seinen Taufpaten Graf Otto von Cappenberg.

Taufkessel im Hildesheimer Dom um 1230.

Eine der vier Trägerfiguren des Taufkessels.

Die Madonna des Taufkessels.

Teil der Bernwardsäule: Tanz der Salome und Aussendung der Apostel.

Die astronomische Uhr im Dom zu Münster.

Bochum-Kemnade: Renaissance-Kamin im Schloß.

Altes Altarbild eines nordwestdeutschen Meisters, linker Flügel, die Marter der Zehntausend.

Der rechte Flügel (Landesmuseum zu Münster).

Otto I., untersetzt, breitschultrig und von gewaltigem Körperbau, mit gerötetem Gesicht, einem langen und gepflegten Bart, mit großen, lebhaft blickenden Augen, war zwar nach außen hin verbindlich, konnte jedoch leicht in berserkerhaften Zorn geraten. Er war sparsam und unbestechlich. Zwar war er getaufter Christ, dennoch aber kamen bei ihm vorchristliche Bräuche und Gewohnheiten immer wieder zum Vorschein. Dies alles war eine Mischung von Charaktereigenschaften, die – beim Fehlen jeder Leutseligkeit – eine Aura von Gefühlskälte und Härte zu umgeben schien. Menschen, die mit ihm zu tun hatten, wurden dadurch abgehalten, sich ihm ganz zu offenbaren.

Daß Otto I. unbestechlich war, bekamen seine Gegner mehrmals zu spüren, als sie dieses Mittel anwandten, um ihn unmöglich zu machen. Seine besonderen Stärken lagen im Reiten und Jagen und in seiner militärischen Führungsqualität, wie sich bald zeigen sollte.

Daß er bei Antritt seiner Regierung weder lesen noch schreiben konnte, war bekannt. Das gehörte nicht zur Ausbildung der Adligen jeden Ranges. Erst nach dem Tode seiner ersten aus England stammenden Frau Edgita im Jahre 946 begann er mühselig diese Künste zu erlernen, um nicht immer beim Abfassen von Urkunden, Briefen und Verordnungen völlig auf andere angewiesen zu sein. Daß er seinem gelehrten Bruder Brun in dieser Hinsicht nicht das Wasser reichen konnte, wußte er ohnehin. Er war jedoch so klug, sich der Hilfe dieses Bruders zu versichern, dessen umfassende Bildung und phänomenale Lateinkenntnisse er sehr schätzte.

Da die innenpolitischen Schwierigkeiten in den Jahren 938 bis 941 nicht abrissen, war Otto I. in dauernder Gefahr, gestürzt zu werden. Es gelang ihm zwar, beim Tode Arnulfs von Baiern 937 dessen Bruder Bertold in die Regierung dieses Herzogtums einzusetzen, die Entwicklung in Sachsen, seinem Stammland, war jedoch bedeutend schwieriger in die rechten Bahnen zu lenken.

Eberhard, Herzog von Franken, hatte abermals mit sächsischen Edelingen zu streiten begonnen. In Verfolg dieser Auseinandersetzung kam es zu Sengen und Morden. Thankmar, einer der Brüder Ottos I., nutzte diese Chance aus, um sich einer Grafschaft zu versichern, indem er Eberhard unterstützte. Der Aufruhr vertiefte sich, schwoll zum Bruderkrieg an, und Thankmar scheute nicht davor zurück, seinen Stiefbruder, Ottos jüngeren Bruder Heinrich, als Geisel gefangenzunehmen und zu Eberhard zu schicken, damit dieser ein Faustpfand habe.

Otto führte nun eine schlagkräftige Truppe zur Eresburg, in der sich Thankmar verschanzt hatte. Am 28. Juli 938 erreichte er sie. Als

Thankmar Ottos überlegene Streitmacht heranrücken sah, bekam er es mit der Angst zu tun. Er befahl, die Tore der Burg zu öffnen und keinen Widerstand zu leisten.

Um sich selber vor der Rache Ottos in Sicherheit zu bringen, floh Thankmar in die Burgkapelle und brachte sich am Altar in Sicherheit. Er legte symbolisch und rechtsverbindlich, sich als Königssproß und Krieger entkleidend, seine goldene Halskette und seine Waffen auf dem Altar nieder, wurde aber dennoch von einem Gefolgsmann Ottos im Tumult hinterrücks durch einen Lanzenstich getötet. Der Aufstand brach wie ein zerstochener Luftballon zusammen.

Damit war der älteste Sohn König Heinrichs I. mit der vornehmen Sächsin Hatheburg, deren Ehe auf kirchlichen Einspruch hin gelöst worden war und den man zugunsten Ottos bei der Designation der Thronfolge übergangen hatte, aus dem Wege geräumt.

Zwar beklagte Otto I. den Tod seines Bruders. Dessen vier vornehmste Gefolgsleute und Mitverschwörer ließ er jedoch sofort aufhängen.

Nun galt es noch, den Anstifter dieses Aufstandes, Herzog Eberhard, zur Rechenschaft zu ziehen. Gegen diesen richtete sich nun Ottos ganzer Zorn.

In dieser Lage war Ottos jüngerer Bruder, der 18jährige Heinrich, noch in Eberhards Gewahrsam. Eberhard brachte ihn dazu, mit ihm einen Geheimvertrag abzuschließen, mit dem Ziel, ihm – Heinrich – bei der Gewinnung der Königskrone zu helfen. Dafür wollte er ihn fürstlich belohnen.

Damit war die Führung bei dem Aufstand, der in eine Verschwörung ausgeartet war, in die Hände von Heinrich, Ottos jüngerem Bruder, übergegangen, der Otto I. die Königskrone entreißen und sich selbst aufs Haupt setzen lassen wollte.

Erzbischof Friedrich von Mainz schlug sich sofort auf die Seite der beiden Verschwörer. Allerdings konnte auch er nicht verhindern, daß Otto I. seinen Widersacher Eberhard von Franken gefangensetzte und nach Hildesheim in die Verbannung schicken ließ. Dem Bruder verzieh Otto und nahm ihn „mit so reiner Treue und Liebe wieder auf, als dieser mitbrachte".

Doch damit war die Gefahr längst nicht beseitigt. Herzog Giselbert von Lothringen gesellte sich nun zu den Verschwörern. Durch Geldgeschenke gelang es ihm und seinen Anhängern, den sächsischen Adel auf seine Seite zu ziehen. Denn dieser Adel fühlte sich brüskiert und zurückgesetzt, weil Otto I. den Billunger zum neuen Herzog in Sachsen bestimmt hatte.

Otto sah sich damit einer Gegnerschaft Lothringens, Frankens und eines Teiles von Sachsen gegenüber. Damit stand die Hälfte seines Reiches gegen ihn. Die Baiern warteten ab, zu welcher Seite hin sich die Waage senken würde. Lediglich die Schwaben waren Otto nach wie vor treu ergeben. Sie wollten „lieber mit der gerechten Sache und ihrem gerechten König unterliegen als wider das Recht mit ihrem Vetter Eberhard siegen".

Der Kampf begann in dem Augenblick, als Ottos Heer bei Xanten über den Rhein setzte. Vom Ostufer aus mußte Otto zusehen, wie seine Vorhut im Kampf aufgerieben wurde. Wenn es dem Gegner gelang, ihn hier zu schlagen, dann war es aus mit ihm.

„Er ergriff die Heilige Lanze und wandte sich mit einem Gebet um den Sieg an Gott. Und das Wunder geschah! Seine Truppe umging die Lothringer und diese, in französischer Sprache von ihm zur Flucht aufgefordert, liefen davon, in dem Glauben, eigene Leute hätten ihnen diese Warnung zugerufen."

Ottos Bruder Heinrich und die Führer der Aufrührer flohen mit wenigen Begleitern nach Merseburg. Dort wurde er zwei Monate lang von Ottos Truppen belagert. Die Burg hielt sich, obgleich die Sachsen, durch Ottos glückhaften Sieg und von seiner wunderbaren Rettung beeindruckt, sich wieder auf seine Seite geschlagen hatten.

Schließlich aber ergab sich das Haupt der Verschwörung und setzte sich nach Vereinbarung einer dreißigtägigen Waffenruhe nach Lothringen ab.

Der Kampf mußte weitergehen. Ottos Heer nahm wieder Richtung auf Lothringen. Dort, wo sie gegnerische Dörfer und Burgen überwanden, flammten die Fackeln der Vernichtung auf. Herzog Giselbert mußte sich nach Lüttich zurückziehen. Lüttich wurde eingekreist und sollte nun zu Tode gehungert werden.

Hier erfuhr Otto I., daß der Frankenherzog Eberhard erneut gegen ihn in den Krieg eingetreten war. Zu allem Unglück kam noch ein dramatisches Ereignis hinzu, das sich in Ottos eigenem Lager zutrug. Bei Nacht und Nebel verließen viele Bischöfe auf Betreiben des Erzbischofs von Mainz Ottos Lager und zogen sich von diesem zurück.

Der folgende Kriegsrat riet, Otto solle sich mit seiner Truppe nach Sachsen zurückziehen, um nicht immer von einem Schlachtfeld zum anderen stürmen und gegen eine Hydra von Feinden kämpfen zu müssen.

Otto widersetzte sich diesem Rat. Er wollte eine Entscheidung erzwingen. Er war der Überzeugung, daß er mit Gottes Hilfe dazu berufen sei, das Erbe Karls des Großen zu übernehmen, die Einheit des Reiches wiederherzustellen und später einmal auch die Kaiserkrone zu gewinnen.

Im Jahre 939 winkte Otto das Glück, als die Herzöge Eberhard und Giselbert in dem Augenblick, als Ottos Truppen im Elsaß standen, mit ihren vereinigten Heeren den Rhein überschritten. Ihr Ziel war es, Otto I. von seiner Versorgungsbasis abzuschneiden und Sachsen zu gewinnen.

Auf Ottos Seite standen die Schwaben und die Truppen von Herzog Hermann Billung, seinem Bruder Udo als Graf des Rheingaues und ihrer beider Vetter Kurzbold, ein verwegener Haudegen.

Sie zogen den Verschwörern entgegen. Eine Schlacht gegen einen so vielfach überlegenen Gegner zu eröffnen, wagten sie nicht, wohl wissend, daß sie dann allesamt niedergemacht werden würden.

Am 2. Oktober 939 aber winkte ihnen das Schlachtenglück. Als das Heer des Gegners den Rhein überschritten hatte, stießen Hermann Billung mit seinen Gefährten Udo und Konrad Kurzbold sowie einer Gruppe Lanzenreiter bei einem Aufklärungsritt auf die Führer des gegnerischen Heeres, Eberhard und Giselbert, die gerade bei einem Brettspiel saßen. Deren Begleitung hatte es sich ebenfalls bequem gemacht. Es kam zu einem handstreichartigen Kampf.

Eberhard wurde von Pfeilen und Lanzen durchbohrt und starb auf der Stelle. Giselbert rettete sich mit wenigen Begleitern in einen Kahn. Dieser war derart überlastet, daß er mitten im Strom sank und seine Insassen mit in den Tod riß.

Daß dies ein Gottesurteil war, wer hätte es leugnen können? Damit war der Kampf zu Ende, ohne daß er erst richtig begonnen hatte. Heinrich ergab sich wieder einmal seinem älteren Bruder. Er wurde von Otto ein weiteres Mal in Gnaden aufgenommen und erhielt zur „Belohnung" das Herzogtum Lothringen, das ja durch Giselberts Tod freigeworden war.

Daß dies unlogisch, unklug, ja selbstmörderisch sei, wurde König Otto offen und verdeckt vorgehalten, doch der mittelalterliche Moralkodex sah in einem solchen Falle die Huld des Verzeihens vor.

Heinrich aber, der eingedenk der Loyalität seines königlichen Bruders zu ihm endgültig auf den Königsthron hätte verzichten müssen, der ihm ohnehin nie gehört hatte, dachte nicht daran aufzugeben. Er hoffte, es irgendwann einmal zu schaffen und seinen Bruder aus dem Sattel zu heben.

Seine Zeit schien abermals gekommen, als er feststellte, daß sich die an der Ortsgrenze lebenden Sachsen gegen die eiserne Hand des Markgrafen Gero empörten und daß sich Otto die Feindschaft der Ostsachsen zuzog, indem er sich offen auf Geros Seite stellte.

Durch freigebig verteilte Geschenke wußte Heinrich einen der sächsischen Edlen nach dem anderen für sich zu gewinnen. Er wollte versuchen, über die sächsische Herzogswürde noch einmal zur Königskrone greifen zu können. Ein neuer Verschwörungszirkel plante alles bis in die letzte Einzelheit. Otto, das war beschlossene Sache, sollte im April 941 in Quedlinburg ermordet werden. Dieser Anschlag wurde von einem sächsischen Edlen, der auf Ottos Seite stand, verraten.

Mit einer schnellen Verhaftungsaktion gelang es Ottos Schutztruppe, die Rädelsführer schlagartig festzusetzen. Sie wurden schuldig gesprochen und enthauptet. Wieder einmal entkam Heinrich. Er wurde aber rasch gefaßt, in die Festung Ingelheim geschafft und dort scharf bewacht. Heinrich gelang es noch einmal, die Flucht zu ergreifen. Ein Priester ließ sich bestechen und ermöglichte sein Entkommen. Zu Weihnachten ging dieser Bruderkrieg, der von Heinrich angezettelt war, um selber an die Macht zu gelangen, mit einer Neuauflage der Versöhnung zu Ende. Otto I. verzieh dem Bruder und verlieh ihm als Dreingabe seiner Verzeihung im Jahre 947, als Herzog Bertold starb, die Würde eines Herzogs von Baiern.

Heinrich gab nun auf und war seinem Bruder bis zu seinem Tode im Jahre 955 treu ergeben.

Otto I. war am Ziel. Nicht weniger als fünf Jahre hatte er sich mit einer Reihe von Gegnern und seinem eigenen Bruder herumschlagen müssen. Seine Macht war derart gefestigt, daß er sogar für eine Schiedsrichterrolle im Westfrankenreich gewonnen wurde. Otto I. gelang es auch hier, die politische Rivalität zwischen den Karolingern und Graf Hugo von Paris um die Königswürde auf der Synode in Ingelheim zu schlichten. Dadurch war er auch beim französischen Adel anerkannt.

Der erste Italienzug

Das, was eine Reihe von Historikern als die „umstrittenste Entscheidung Ottos I." ansieht, sein erster Italienzug, der zugleich der erste deutsche Italienzug war, ergab sich aus den von Otto I. geschaffenen Heiratsverbindungen seines Stammes.

In Pavia, dem Herrschaftssitz der Langobarden, herrschte seit 875 ein ständiger Kampf um die Langobardenkrone zwischen den Herzögen von Friaul, Ivrea, der Toscana und Spoleto. In diesem Kampf, der in Blendung, Eidbruch und Mord ausartete, behielt zunächst Hugo von Burgund die Oberhand gegen Herzog Eberhard von Baiern und den mächtigen Markgrafen Berengar von Ivrea. Berengar wandte sich an Herzog Hermann von Schwaben. Dieser empfahl ihn an König Otto I.

weiter. Hugo von Burgund versuchte Berengar für viel Geld von Otto I. ausgeliefert zu bekommen, doch dieser winkte ab.

Als sich die Stimmung in Italien wandelte, kehrte Berengar dorthin zurück und wurde sehr bald zum ungekrönten König. Nach dem Tode Hugos von Burgund und dessen Sohnes Lothar übernahm Berengar 950 in Pavia die Langobardenkrone.

Gegen ihn standen nun jene Kräfte, die sich um Lothars Witwe Adelheid scharten. Berengar überwand deren Truppen, und Adelheid mußte fliehen. Sie wurde gefangengenommen und auf das Schloß von Garda geschafft. Sie kam durch eine List frei und fand Unterstützung bei dem späteren Markgrafen von Canossa. 951 bat Adelheid Otto I. um Hilfe.

Otto entschloß sich zum Eingreifen und zog mit einem Heer über den Brennerpaß. Daß er dabei nicht nur an die ritterliche Hilfeleistung gegenüber einer Frau dachte, war klar. Für Otto schien eine Heirat mit der Witwe Adelheid der Weg zu sein, die Langobardenkrone zu erlangen und Herr in ganz Italien zu werden.

Otto machte in Pavia reinen Tisch, heiratete die zwanzigjährige Witwe und wurde nach der feierlichen Krönung in Pavia „Rex Francorum et Langobardorum – König der Franken und Langobarden."

Berengar war fallengelassen worden, doch resignierte er nicht, sondern wartete in der Felsenburg von San Marino ab, wie sich die Dinge entwickeln würden, um zu gegebener Zeit loszuschlagen.

Otto I. kehrte im Februar 952 nach Deutschland zurück. Sein Erfolg wog schwer, aber nicht so schwer, daß er von durchschlagender Bedeutung gewesen wäre. Eine von ihm nach Rom geschickte Gesandtschaft unter Führung des Mainzer Erzbischofs Friedrich, der Ottos entschiedenster Gegner gewesen war, hatte um die Verleihung der Kaiserkrone an ihren Herrn Otto gebeten und war abschlägig beschieden worden. Damit war vorerst die vollständige Wiederbelebung des karolingischen Erbes mißlungen.

Noch im Jahre 952 kamen Berengar und sein Sohn Adalbert nach Magdeburg, wo sie Otto I. den Treueid leisteten. Berengar erhielt das Königreich Italien ohne Verona und Friaul zu Lehen. Diese fielen aus politischen Gründen an Baiern.

Nachdem die Verhältnisse in Italien gefestigt waren, galt es wieder einmal, die desolaten Zustände in Deutschland zu regeln. Diesmal war sein Sohn Liudolf, nach der Hochzeit seines Vaters mit Adelheid und der Geburt des aus dieser Ehe hervorgegangenen Sohnes um sein Nachfolgerecht besorgt. Als im Sommer 952 sein Onkel Heinrich I. von Baiern die italienischen Marken Verona, Aquileja und Istrien erhielt, fühlte sich Liudolf abermals übergangen und übervorteilt. Er zettelte eine Rebellion an.

An diesem Aufstand beteiligte sich der „rote Konrad" von Lothringen, Ottos I. Schwiegersohn. Abermals gehörte auch Erzbischof Friedrich von Mainz zu den Verschwörern. Ziel dieser Verschwörung war es, Liudolf als Mitregenten durchzusetzen und damit Adelheids Einwirkung auf die Politik ihres Gatten zu bremsen, wenn nicht gar ganz auszuschalten. Otto I. ließ es nicht zu Verhandlungen kommen. Er rief ein Heer zusammen und zog damit gegen Mainz, um dort seinen Sohn festzusetzen. Doch Mainz hielt der Belagerung stand. Als er danach Regensburg belagerte, wohin sich sein Sohn inzwischen mit den vom König abgefallenen Baiern zurückgezogen hatte, gelang es Otto ebenfalls nicht, diese Stadt zu erstürmen. Er wurde vom größten Teil des Adels und der Bischöfe verlassen und kehrte nach Sachsen zurück.

Als nun die Aufrührer zu allem Überfluß auch noch mit den Ungarn paktierten, schien das Unheil vorprogrammiert. 954 klagte Otto I. auf dem Reichstag zu Lengenzenn bei Nürnberg gegen diese Aufrührer mit den Worten:

„Ich wollte es ertragen, wenn der Groll meines Sohnes und der übrigen Verschwörer nur mich allein peinigte und nicht das ganze Volk der Christenheit in Verwirrung brächte, – – – wenn nicht die Feinde Gottes und der Menschen (womit er die Ungarn meinte) in diese Händel hineingezogen würden. Eben jetzt haben sie mein Reich verödet, das Volk gefangen oder getötet, die Städte zerstört, die Kirchen verbrannt, die Priester erwürgt. – – –

Welche Freveltat, welche Treulosigkeit noch möglich sei, vermag ich nicht auszudenken."

Diese Rede und die Verlagerung des königlichen Machtkampfes auf die religiöse Ebene, die Otto I. vornahm, verfehlte ihre Wirkung nicht. Herzog Konrad der Rote von Lothringen, Friedrich von Mainz, der als Erzbischof nicht Schulter an Schulter mit Ungetauften gegen den christlichen König kämpfen wollte, und Herzog Liudolf von Schwaben unterwarfen sich Otto. Dies nicht zuletzt unter dem Eindruck der Überläufer, die ihr Lager verließen, als sie hörten, daß ihre Herren mit den ungarischen „Heiden" gegen den christlichen König paktierten.

Als die Ungarn 955 erneut in Baiern einfielen, sahen sie sich plötzlich einem Heer gegenüber, wie sie es noch niemals zuvor erblickt hatten.

Die Ungarn zogen zunächst sengend und plündernd durch Baiern, wie dies die Art *aller* Heere der damaligen Zeit war, die sich ja aus dem Lande ernähren mußten.

Das Heeresaufgebot erging sofort nach den ersten Meldungen. Es vergingen diesmal nur vier Wochen, bis das Heer des Reichsaufgebotes in Ulm versammelt war. Inzwischen waren die Ungarn bis vor Augsburg gekommen. Hier hatte Bischof Ulrich sich mit einer Handvoll entschlossener Männer zur Verteidigung verschanzt. Doch war es nur eine Frage der Zeit, bis diese Stadt, die nicht zu einer längeren Verteidigung eingerichtet war, den Ungarn zufallen würde.

Bereits zum Sturmangriff ansetzend, wurde dieser Angriff plötzlich abgeblasen. Die Ungarn gaben Augsburg frei und zogen sich nach Süden und Südosten zurück. Dies nicht, weil sie Augsburg als zu stark empfanden, sondern weil ihre Verräter im Reichsheer saßen und ihnen den Abmarsch des Reichsheeres gemeldet hatten.

Beide Heere stießen wenig später am 9. August 955 mit ihren Vorhuten aufeinander. Die ersten Pfeilschüsse und Lanzenwürfe wurden miteinander gewechselt. Dann lösten sich die Vorhuten und zogen sich jeweils auf das Gros zurück.

Otto I. beschloß bereits am nächsten Tage anzugreifen. Am frühen Morgen dieses 10. August 955 wurde ein Gottesdienst gehalten. Alle Gläubigen erhielten die Kommunion, ehe das Gros in Gestalt von etwa 10 000 Panzerreitern (andere Quellen nennen 8000) sich in Bewegung setzte. Eine Truppe, so stark wie nie, war bereit, es dem berittenen Gegner nicht leicht zu machen, im Gegenteil: man war fest entschlossen, diesen vernichtend zu schlagen.

Die drei Abteilungen bairischer Panzerreiter, die an der Spitze des Angriffskeiles vorgingen, wurden von ihrem Herzog Konrad dem Roten geführt. Dahinter ritten die Franken und mitten in der fünften Abteilung unmittelbar hinter der Fahne des heiligen Michael ritt König Otto, umgeben von seinen Getreuen. Die Schwaben bildeten die vorletzte Gruppe, und am Schluß führten die Böhmen den gesamten Troß mit und sicherten ihn.

Mit einem Teil ihrer schnellen Reiterei gelang es den Ungarn, unbemerkt von ihren Gegnern das deutsche Heer zu umgehen und den Troß von rückwärts anzugreifen. Die Schlacht schien bereits jetzt zugunsten der Ungarn entschieden. Ein Mann war es, der das Schicksal zum Guten wendete: Herzog Konrad der Rote, der einstmals ein erbitterter Gegner Ottos gewesen war. Er befahl den Angriff.

An der Spitze seiner drei Abteilungen stürmte er den Ungarn entgegen, die den Troß vernichten wollten; der Nahkampf entbrannte. Wild um sich hauend, die Lanzen führend und Pfeile abfeuernd, drangen die Baiern mitten in das Gros der Ungarn ein.

Die übrigen Abteilungen ritten, nach links und rechts ausholend, um diese kämpfenden Verbände herum, gerieten auf die Flanken und dann sogar in den Rücken der Ungarn, sie also mit ihrer eigenen Methode angreifend. Gleichzeitig damit konnten sich die Böhmen, von einer schwäbischen Abteilung unterstützt, der von rückwärts angreifenden Ungarn erwehren, die sich plötzlich allein sahen und niedergemacht wurden.

Die leichte Reiterei der Ungarn hatte gegen die deutschen Panzerreiter keine Chance. Sie wich aus. Aber das Gros des ungarischen Heeres hielt schließlich stand. Nun galt es für Otto, zu zeigen und zu beweisen, daß er zu siegen verstand. Er hielt eine kurze Ansprache an seine Getreuen. Dann griff er zur Heiligen Lanze und wandte sich den Ungarn zu. Die schweren Panzerreiter folgten ihm, schlossen zu ihm auf und bildeten eine gepanzerte Phalanx, die nun dem Gros der Ungarn entgegenstürmte. Der Sieg war mit der Flucht des Ungarnheeres auf Ottos Seite.

Entgegen seiner sonstigen Gewohnheit bot Otto diesmal nach Erringen des Sieges und der Flucht der Ungarn dem Niedermetzeln der Verfolgten *keinen* Einhalt. Jetzt sollte den Ungarn für alle Zeiten die Lust am Wiederkommen vergehen. Es gelang, einen vollständigen Sieg zu erringen, der das ungarische Heer bis auf wenige Restgruppen vernichtete. Dieser Sieg mußte jedoch teuer erkauft werden, denn eine Reihe der adeligen Anführer der Abteilungen fiel in diesem Gemetzel. Unter ihnen auch Konrad der Rote von Baiern. Er wurde in Worms bestattet.

Wie aber sah Widukind von Corvey diesen Kampf?

Die Schlacht auf dem Lechfeld (nach: Widukind von Corvey)

„Als Kaiser Otto Anfang Juli des Jahres 955 nach Sachsen zog, kamen ihm Gesandte der Ungarn entgegen, scheinbar, als wollten sie ihn der alten Treue und Freundschaft wegen besuchen, in Wirklichkeit aber, wie einige vermeinten, um den Ausgang des Bürgerkrieges gegen die aufständischen Herzöge zu erkunden.

Als er sie einige Tage bei sich behalten und, mit einigen Geschenken bedacht, in Frieden entlassen hatte, trafen Boten seines Bruders, des Herzogs von Baiern, mit der Kunde ein, daß die Ungarn wieder in Deutschland eingefallen seien und einen Kampf wagen wollten.

Sobald der König dies hörte, brach er, als hätte er noch gar keine Anstrengungen im vorangegangenen Kriege auszuhalten gehabt, sogleich gegen die Feinde auf und nahm nur ganz wenige Sachsen mit, weil bereits der Krieg mit den Slawen drohte.

Im Gebiet der Stadt Augsburg schlug er sein Lager auf, und hier stießen die Heere der Franken und Baiern zu ihm. Auch Herzog Konrad kam mit starker Reiterei in das Lager, und, durch seine Ankunft ermutigt, wünschten die Soldaten den Kampf nicht länger zu verschieben. Denn Konrad war von Natur aus kühn und, was bei kühnen Menschen selten ist, auch gleichzeitig klug im Rat und im Kampf unwiderstehlich.

Am 9. August wurde von den Spähtrupps beider Seiten angezeigt, daß die Heere nicht mehr weit voneinander entfernt seien. Da ließ der König im Lager ein Fasten ansagen und befahl allen, am folgenden Tag zum Kampf bereit zu sein. Otto ließ dabei das Heer über einen unebenen und beschwerlichen Boden führen, um dem Feind keine Gelegenheit zu bieten, mit Pfeilen, die sie trefflich zu brauchen wußten, die Züge zu beunruhigen; denn Buschwerk gab den vorrückenden Truppen hier Deckung. Die erste, zweite und dritte Abteilung bildeten die Baiern, an ihrer Spitze die Befehlshaber Herzog Heinrichs, denn er selbst war am Kampfplatz nicht erschienen, weil er an einer Krankheit darniederlag, an der er kurz darauf auch starb.

Die vierte Abteilung bildeten die Franken, deren Leiter und Führer Herzog Konrad war.

In der fünften, der stärksten, die auch die königliche genannt wurde, ritt Otto selbst, umringt von den Auserlesenen aus allen Tausendschaften der Reiterei und von mutigen, jungen Soldaten; vor ihm das Feldzeichen mit dem Bild des siegreichen Erzengels Michael, durch einen dichten Haufen gedeckt.

Die sechste und siebte Schar bildeten die Schwaben, die Burchard befehligte.

In der achten befanden sich tausend auserlesene böhmische Streiter, besser mit Waffen als mit Glück bedacht. Hier befand sich auch der gesamte Troß und das gesamte Gepäck, weil man die Nachhut für den sichersten Platz hielt.

Aber die Dinge liefen anders, als man glaubte, denn die Ungarn überschritten sogleich den Lech, umgingen das Heer und fingen an, letzte Abteilung mit Pfeilschüssen zu beunruhigen. Dann unternahmen sie mit gellendem Geschrei einen Angriff, hieben viele nieder oder führten sie in Gefangenschaft weg, erbeuteten allerlei Gepäck und zwangen die noch übrigen Bewaffneten dieser Abteilung in die Flucht.

In der ähnlichen Weise griffen sie auch den siebten und sechsten Heerhaufen an, töteten eine große Anzahl Kämpfer und schlugen die übrigen ebenfalls in die Flucht.

Als der König bemerkte, daß vor ihm noch der Feind stand und in seinem Rücken die letzten Linien in eine gefährliche Lage geraten waren, entsandte er den Herzog Konrad mit der vierten Abteilung, der die Gefangenen befreite, dem Feind die Beute abjagte und ihre Horden davonscheuchte.

Als König Otto erkannte, daß er jetzt die ganze Wucht des Kampfes von vorn zu bestehen haben werde, munterte er seine Krieger mit folgenden Worten auf:

‚Daß wir in dieser Bedrängnis festen Mut beweisen müssen, seht ihr selbst. Bisher habe ich mit euch ruhmvoll gekämpft, und außerhalb meines Landes- und Machtgebietes allenthalben gesiegt. Sollen wir nun in unserem eigenen Land und Reich dem Feind den Rücken zeigen? Ich weiß, daß sie uns an Menschen übertreffen, nicht aber an Tapferkeit, nicht an Rüstung; ihnen dient als Wall lediglich ihre Kühnheit, uns die Hoffnung auf Gott und seinen Schutz. Schimpflich wäre es für uns, jetzt dem Feind die Hand zu bieten. Lieber im Kampf, wenn unser Ende bevorsteht, ruhmvoll sterben als den Feinden untertan in Knechtschaft leben! Jetzt laßt uns lieber mit dem Schwert als mit der Zunge das Zwiegespräch eröffnen!'

Nachdem er so geredet hatte, ergriff er den Schild und die Heilige Lanze und wandte als erster selbst sein Roß gegen den Feind, so die Pflichten des tapfersten Kriegers und des trefflichsten Feldherrn vereinend.

Die Beherzteren unter den Feinden leisteten anfangs Widerstand, dann aber, als sie ihre Gefährten die Flucht ergreifen sahen, gerieten sie vor Bestürzung zwischen die Reihen der Unsrigen und wurden niedergemacht. Von den übrigen zogen sich Teile, deren Pferde ermüdet waren, in die nächsten Dörfer zurück, wurden dort von Bewaffneten umringt und samt den Gebäuden, in die sie sich geflüchtet hatten, verbrannt. Andere schwammen durch den Lech, aber da das jenseitige Ufer beim Anstieg keinen Halt bot, wurden sie vom Strom verschlungen und kamen so ums Leben.

Noch am Tage der Schlacht selbst wurde das feindliche Lager genommen und alle Gefangenen befreit. Am zweiten und dritten Tage wurde von den benachbarten Burgen aus die übriggebliebene Menge der Ungarn derart aufgerieben, daß nur wenige entkamen.

Freilich, nicht eben unblutig gelang der Sieg über ein so wildes Volk. Der Herzog Konrad nämlich, der tapfer gekämpft hatte, empfand in seinem feurigen Drang und in der Sonnenglut, die an diesem Tage überstark war, eine unerträgliche Hitze, und als er die Bänder seines Helms gelöst hatte und Luft schöpfte, fiel er, von einem Pfeil in die Kehle getroffen, tot vom Pferd. Sein Körper wurde auf des Königs Befehl ehrenvoll aufgebahrt und nach Worms geführt.

Nach diesem herrlichen Kampferfolg begrüßte das Heer den König feierlich als Vater des Vaterlandes und als Kaiser. Eines solchen Sieges hatte sich keiner der Könige vor ihm in den letzten 200 Jahren erfreut." (Siehe: Widukind von Corvey: Rerum gestarum Saxonicarum. Übersetzung von R. Schottin und P. Hirsch.)

Nun saß Otto I. fest und nicht mehr zu entfernen im Sattel des Staatsrosses, und nachdem er sich durch diese Schlacht auf dem Lechfeld den Rücken freigekämpft hatte, konnte er jetzt an die Verwirklichung seiner weiteren Pläne gehen.

Zunächst aber hatte er im Oktober 955 noch einen weiteren Waffengang zu bestehen, der sich gegen die Slawen richtete. Sie hatten den Einfall des ungarischen Reiterheeres dazu genutzt, um einen neuen Aufstand anzuzetteln, nach Ostsachsen einzufallen und die dortigen Wehrdörfer zu verwüsten.

Otto zog mit seinem Heer diesem Gegner entgegen, der gehofft hatte, der König werde eine Niederlage erleiden und derart geschwächt sein, daß ihr Aufstand erfolgreich verlaufen müsse. Sie sahen sich getäuscht. Mit seinen Truppen erreichte Otto die Recknitz, jenen Fluß, der Mecklenburg durchfließt, und schlug die Aufständischen vernichtend.

Otto I. ließ das nunmehr fest in Besitz genommene Gebiet in einer großangelegten Missionierungsaktion sichern. Eine Reihe neuer Bistümer sollte dieses eroberte westslawische Gebiet für immer ans Reich binden. Es waren die Bistümer Stargard-Oldenburg, die 968 aus der Taufe gehoben wurden. Havelberg und Brandenburg waren bereits vorher eingerichtet worden. Und noch 968 folgten die Bistümer Merseburg, Zeitz und Meißen. Alle diese Bistümer unterstellte er – mit der Ausnahme von Oldenburg – dem 967 gegründeten Erzbistum Magdeburg.

Das Deutsche Reich Ottos I. war nunmehr ein ernstzunehmender Partner oder auch Gegner im internationalen Konzert. Dies zeigte sich durch die lange Reihe von Gesandtschaften, die nach Sachsen zogen, um dem neuen König zu huldigen und an seinem Hofe vertreten zu sein. Dies beflügelte Otto I. zu jenem Schritt, der in der Luft lag.

Als er das Weihnachtsfest des Jahres 960 in Regensburg feierte, hielt er nach langen Sitzungen und Gesprächen mit seinen Vertrauten die Zeit für gekommen, den Zug nach Rom anzutreten. Er wollte sich vom Papst krönen lassen und damit das Erbe Karl des Großen antreten, das so lange verwaist war.

Dazu wurden zunächst Sondierungen eingeleitet, deren Ergebnis aber durch das Eintreffen von zwei Geheimgesandten des Papstes

Johannes XII., die eine rasche Entscheidung erbaten, nicht abgewartet werden konnte. Der Papst ließ Otto bitten, ihm im Kampf gegen König Berengar von Pavia beizustehen. Berengar hatte den Kirchenstaat angegriffen und sogar Bischöfe nach eigenem Geschmack ausgewählt und eingesetzt, ein Privileg, das allein dem Papst zugestanden hätte.

Da Otto bei seiner Krönung die Verteidigung der Kirche gelobt hatte und andererseits dieses Hilfeersuchen ganz auf seiner Linie lag, folgte er der Bitte des Papstes nur zu gern. Dies schien ihm *die* Gelegenheit, die Kaiserkrone zu erringen.

Daß der Papst ein achtzehnjähriger korrupter und skrupelloser Führer der Christenheit war und Otto I. zudem noch dessen Vater, Alberich von Spoleto, gegenüber nicht gerade freundschaftlich verbunden war, weil dieser 951 die deutsche Gesandtschaft hatte „abblitzen lassen", hinderte den König nicht daran, sich auf die Seite dieses Papstes zu stellen und zugleich damit nach der Kaiserkrone zu greifen. Die Kaiserkrönung war jene notwendige Ergänzung, derer Otto I. noch bedurfte, um seine herausragende Stellung endgültig zu festigen.

Da sein Sohn Liudolf im Jahre 957 bei dem Versuch, die Ansprüche des Reiches gegen Berengar durchzusetzen, in Oberitalien gestorben war, ließ Otto vor seiner Abreise nach dem Süden seinen sechsjährigen Sohn aus der Ehe mit Adelheid, Otto, zum Mitkönig krönen. Danach, es war Herbst 961 geworden, zog er mit einem kleinen, aber schlagkräftigen Heer nach Italien.

Die Italienzüge Ottos I.

Ende Januar 962 erreichte Otto I. mit seinem Gefolge Rom. In großartigem Pomp wurde er hier am 2. Februar 962 in Sankt Peter zum Kaiser gekrönt. Er hatte zuvor die Pippinsche Schenkung erneuert und demzufolge die Nachfolge der Verteidigung des Heiligen Stuhles und seiner weltlichen Besitzungen in Gestalt des Kirchenstaates übernommen.

Der Papst gelobte dem Kaiser im Gegenzuge Treue. Damit war das Kaisertum Karl des Großen erneuert und blieb von diesem Zeitpunkt an in den Händen deutscher Könige bis zum Ende des Heiligen Römischen Reiches Deutscher Nation.

Das zwischen Kaiser Otto I. und Papst Johannes XII. am 13. Februar 962 geschlossene Pactum Ottonianum bestätigte in schriftlicher Form die Schenkungen, bestand aber auf den kaiserlichen Hoheitsrechten gemäß der Römischen Vereinbarung der Constitutio Romana, die im Jahre 824 zwischen Papst Paschalis I. und Lothar geschlossen worden war.

Diese Vereinbarung räumte Otto und allen nachfolgenden Kaisern das Recht ein, von jedem neugewählten Papst vor seiner Weihe den Treueid für den Kaiser zu verlangen. Wieviel ein solcher Vertrag wert war, zeigte sich kurze Zeit später, als Otto I. mit seiner Truppe gegen Berengar vorging, der sich mit seinem Heer in das unzugängliche Gelände von San Leo südwestlich von Rimini zurückgezogen hatte.

Als Otto dorthin unterwegs war, verband sich der Papst, der seine Vorherrschaft durch den Kaiser gefährdet sah, mit seinem ehemaligen Widersacher Berengar, dessentwillen er Otto ins Land gerufen hatte, und den übrigen Gegnern des Kaisers.

Es herrschte ein heilloses Durcheinander, und Otto mußte 963 nach Rom zurückkehren und auf der von ihm einberufenen Synode im Petersdom im Dezember 963 zu Gericht sitzen.

Papst Johannes XII., dem vorgeworfen wurde, im Pferdestall Diakone geweiht und beim Würfelspiel heidnische Götter, u. a. Venus und Jupiter, angerufen zu haben, wurde abgesetzt. An seine Stelle trat Leo VIII. Da dieser Laie war, mußten ihm an einem Tage sämtliche Weihen verliehen werden. Er erhielt sie auch im Schnellverfahren. Kaiser Otto hatte damit gezeigt, wer der Herr in seinem Reiche war. Er verlangte den Römern den Schwur ab, keinen Papst mehr *ohne* seine Einwilligung zu wählen.

Als dies geschehen war und er das Haus reingefegt hatte, entließ er einen Teil seines schlagkräftigen Heeres in die Heimat. Dies war, wie sich sehr bald feststellen ließ, ein Fehler gewesen. Johannes XII. hatte einen Teil des Kirchenschatzes verschwinden lassen. Mit diesem Gelde kaufte er einen Teil der Bevölkerung Roms und einige Soldaten von Rang für einen Aufstand gegen Otto.

Dieser Aufstand brach im Januar 964 los. Er wurde zwar blutig niedergeschlagen. Doch als dann auch Kaiser Otto die Heimreise antrat, war Johannes XII. wieder zur Stelle. Er raffte viele Soldaten zusammen, vertrieb Leo VIII. von seinem Thron und ließ die noch in Rom befindlichen Anhänger Ottos umbringen oder vertreiben.

Als Johannes XII. im Jahre 972 starb, wählten die Römer entgegen dem Eid, den sie Otto I. geleistet hatten, den Kardinaldiakon Benedikt zum neuen Kirchenoberhaupt.

Kaiser Otto I. griff sofort ein. Er verbannte Benedikt nach Hamburg und setzte Leo VIII. im Juni wieder ein. Nunmehr regierte Leo VIII.

unangefochten, und Berengar mußte nach seiner Gefangennahme durch Otto I. im Jahre 963 mit seiner gesamten Familie über die Alpen nach Norden ins Exil reisen. 966 starb er in Bamberg.

Danach akzeptierten die Römer die Tatsache, daß der deutsche Kaiser das letzte Wort bei der Papstwahl zu sprechen hatte. Der Bischof von Narni wurde als Johannes XIII. neuer Papst.

Durch den revoltierenden Adel Roms abgesetzt und mißhandelt, landete Johannes XIII. sodann im Gefängnis der Stadt. Auf seinen Hilferuf hin entschloß sich Kaiser Otto I. erneut zu einem Zug nach Rom. Als er in die Heilige Stadt einzog, wurde er von den Bewohnern mit lauten Ovationen der Freude empfangen. Papst Johannes XIII. saß wieder auf seinem Thron, und alles schien sich in Wohlgefallen aufgelöst zu haben.

Diesmal jedoch ließ sich Otto I. nicht täuschen. Er mußte ein Exempel statuieren, wenn nicht immer wieder nach seinem Fortzug ein neuer Aufstand losbrechen sollte. Nachdem seine Erkunder die zwölf Anführer der Revolten ausfindig gemacht hatten, ließ Otto sie festnehmen und öffentlich aufhängen. Der Stadtpräfekt wurde zur Abschreckung auf einem Esel durch die Stadt geführt, in den Kerker des Lateranpalastes geschafft und dort ebenfalls umgebracht. Die Gebeine toter Gegner wurden aus ihren Gräbern gerissen und zur Schande aller verstreut.

Daß dies christlich gewesen sei, wird zwar allenthalben mit Recht bestritten; wirksam aber war es auf alle Fälle, und Otto I. war der Überzeugung, wie er diesmal zum Ausdruck brachte, daß „nur durch eine solch rigorose Handlung meinerseits das Kaiser- und Papsttum erhalten bleiben" könnte.

Nun hätte er sicher heimkehren können, denn den Römern war nach solchen Konsequenzen die Lust an weiteren Aufständen vergangen. Otto I. blieb jedoch volle sechs Jahre in Rom und in Italien. Er baute seine Herrschaft auch hier auf soliden Pfeilern auf. So durch die Abhaltung des Reichstages in Ravenna, auf dem er dem Papst das Exarchat von Ravenna zurückgab. Auf einem Zug in den Süden gewann er die Herzöge von Capua und Benevent für sich und seine Reichspolitik.

Schließlich ließ Otto seinen inzwischen zwölf Jahre alt gewordenen Sohn Otto zum Mitkaiser krönen und erreichte damit alles, was er sich vorgenommen hatte.

Daß er noch länger in Italien blieb, läßt seine Bemühungen erkennen, auch durch das Oströmische Reich in Byzanz als Kaiser anerkannt zu werden.

Nach seiner Freundschaft mit Benevent und Capua gelang es Kaiser Otto, diesen wichtigen Brückenkopf im byzantinischen Bereich weiter auszubauen, indem er 967 Apulien besetzte und die byzantinische Seestadt Bari belagerte. Gleichzeitig damit schickte er seine Diplomaten mit dem Auftrag nach Byzanz, dort eine Braut für seinen Sohn Otto zu werben, wodurch er in verwandtschaftliche Beziehungen zu den oströmischen Kaisern gekommen wäre.

Die Gesandten des Kaisers in Byzanz mußten erfahren, daß der dort regierende Kaiser Ostroms, Nikephoros Phokas, nicht gewillt war, einen römischen Kaiser neben sich zu dulden. Als König der Deutschen und der Langobarden war Otto I. ihm noch genehm gewesen, „nicht aber als Kaiser der Römer", wie er dies formulierte.

Eine Braut konnte der barbarische Emporkömmling Otto, dessen Volk noch vor knapp 200 Jahre „heidnisch" gewesen war, jedenfalls aus Byzanz nicht erwarten.

Von der Idee des Heidenkrieges erfüllt, führte Otto I. eine offensive Missionspolitik nach Norden und Osten und sicherte diese Gebiete durch die Organisation von Marken und Bistumsgründungen ab. In Magdeburg gründete er 937 das Moritzkloster und schickte Reformmönche dorthin, die aus St. Maximum bei Trier kamen.

Als Suffragane von Hamburg-Bremen errichteten diese 948 die Bistümer Schleswig, Ripen, Aarhus und Oldenburg/Holstein, als Suffragane von Mainz die Bistümer Havelberg und Brandenburg. Polen, Böhmen und auch Rußland wurden in seine Pläne, die er mit Magdeburg hatte, einbezogen. Als Krönung dieser Pläne erhob er im Jahre 968 das Magdeburger Moritzkloster gegen den Widerstand von Mainz und Halberstadt zur Metropole des Ostens.

Dem wirtschaftlichen Aufschwung besonders in den Bistümern und Reichsabteien folgte eine neue kulturelle Blüte, die ottonische Renaissance, mit der aufblühenden ottonischen Kunst. Bereits seine Zeitgenossen nannten Otto den Großen.

Kaiserliche Kriegszüge in Italien

Nach dem Fehlschlag seiner Gesandten in Byzanz versuchte Otto I. es andersherum. Sofort rüstete er sein Heer aus und zog damit nach Apulien und Kalabrien. Durch die Gewinnung dieser Provinzen wollte er den byzantinischen Kaiser gefügig machen.

Auch diesmal hatte Otto I. unerhörtes Glück, indem nämlich 969 Nikephoros Phokas ermordet wurde. Der Mörder des Kaisers, Johannes I. Tzimiskes, wurde neuer Herrscher. Da dieser sich den Russen und Bulgaren gegenüber in einer Zwangslage befand, die jederzeit in einen Krieg ausarten konnte, signalisierte er Kaiser Otto I. seine Bereitschaft, ihm eine Braut zu senden.

Der zweiten Gesandtschaft, die daraufhin nach Byzanz in Marsch gesetzt wurde, gab man die Braut mit nach dem Norden. Doch bei näherem Hinsehen mußte Otto I. feststellen, daß der gerissene Armenier ihm nicht die Prinzessin Anna für seinen Sohn geschickt hatte, sondern eine nahe Verwandte, die Prinzessin Theophanu.

Wenn Otto auch alles andere eher als begeistert über diesen dreisten Trick war, so ließ er dennoch die Heirat ausrichten, die am Sonntag nach Ostern des Jahres 972 stattfand.

Während der Zeit seiner Abwesenheit von Deutschland hatte Ottos Bruder Brun, der Erzbischof von Köln geworden war, gemeinsam mit Ottos illegitimem Sohn Wilhelm, dem Erzbischof von Mainz, die Verwaltung des Reiches geführt.

Als Otto I. im Herbst 972 aus Italien nach Deutschland zurückgekehrt war, waren beide bereits gestorben. Ebenso seine Mutter Mathilde, Markgraf Gero und viele seiner Freunde. Die Kaiserinmutter war bereits am 14. März 968 verschieden. Sie hatte lange Jahre hindurch ihren jüngeren Sohn Heinrich als Thronfolger vorgezogen, weshalb dieser auch die diversen Aufstände gegen seinen Bruder vom Zaune gebrochen hatte. Erst 946 konnte Ottos Frau Edigta die beiden miteinander versöhnen. Otto besuchte alle ihre Grabstätten in den Domen zu Köln, Mainz, Quedlinburg und Magdeburg.

In Quedlinburg hielt Otto I. am 23. März 973, dem Ostertage dieses Jahres, einen glänzenden Hoftag, zu dem Gesandtschaften aus Böhmen und Dänemark, aus Polen, Rußland und Bulgarien, aus Ungarn und Byzanz, aus Rom und Benevent herbeieilten. Boleslaw II. von Böhmen huldigte Otto I., und letzterer beschloß in Anwesenheit des Böhmenherzogs die Gründung des Bistums Prag. Es waren Tage großer Ereignisse und rauschender Feiern, die leider durch den Tod Hermann Billungs, des Herzogs von Sachsen und Freundes des Kaisers, überschattet wurden.

Das Fest Christi Himmelfahrt beging Otto I. in Merseburg, von dort aus zog er nach Memleben, dem Sterbeort seines Vaters. Dort besuchte er am Pfingstsonntag die Frühmesse und erschien sehr heiter und aufgeräumt bei Tische. Erst nachdem das Abendevangelium während der Abendmesse gelesen wurde, richtete er sich plötzlich im Fieber hoch auf und schwankte hin und her. Hilfreiche Hände griffen zu. Er wurde zu einem Sessel geleitet. Als man ihn darauf niederließ, sackte sein Kopf haltlos zur Seite. Otto I. schien bereits tot zu sein.

Doch noch einmal kehrte das Bewußtsein zurück. Er kommunizierte und „übergab dann ohne Seufzer, mit großer Ruhe den letzten Hauch seinem barmherzigen Schöpfer". (Siehe Widukind von Corvey: a. a. O.)

Derselbe Widukind berichtete zum Schluß seiner berühmten Chronik: „Das Volk sprach viel zu Kaiser Ottos Lobe und gedachte mit Gefühlen des Dankes, wie er mit väterlicher Milde seine Untertanen regiert, sie von Feinden befreit, die Ungarn, Sarazenen, Dänen und Slawen mit Waffengewalt besiegt, Italien unterworfen, die Götzentempel bei den benachbarten Völkern zerstört, kirchliche und geistliche Ordnung eingerichtet hat."

Die Regierungszeit Ottos II.

Als Otto der Große starb, war sein Sohn Otto 18 Jahre alt. Bereits 961 war er in Aachen zum Mitkönig und am 25. Dezember 967 zum Mitkaiser gekrönt worden. Für ihn hatte Otto I. um eine byzantinische Prinzessin geworben und Theophano bekommen.

Als er gewissermaßen über Nacht 973 die Regierung übernehmen mußte, hatte er zwar einige Male zur Repräsentation an Entscheidungen seines Vaters mitgewirkt, ohne jedoch die Erfahrung erworben zu haben, die mit der Führung eines solchen Reiches verbunden war. Allerdings war Otto II. von seinen Eltern verwöhnt worden. Sprunghaft, mit wachem Intellekt ausgezeichnet, hatte er immer wieder über die Stränge geschlagen und sich die Zurechtweisungen seiner Eltern gefallen lassen müssen.

Zwar hatte der Adel bei seiner Krönung zum Mitkaiser der Nachfolgerschaft Ottos II. zugestimmt, doch dies war für den jungen Herrscher kein Garantieschein, wie sich später herausstellen sollte.

Unmittelbar nach seinem Regierungsantritt versuchten die Herzöge, die Zentralgewalt des jungen Kaisers zu beschneiden und sich einige Privilegien zurückzuerobern, die ihnen Otto I. genommen hatte. Insbesondere war es Herzog Heinrich von Baiern, der „Zänker", Sohn seines Onkels Heinrich, der sich bei vorangegangenen Grenzstreitigkeiten übervorteilt fühlte und sich Otto II. ebenbürtig wähnte, da ja auch er von einem „purpurgeborenen" Vater abstammte.

Otto I. war es gelungen, mit starker Hand die Familienzwiste zu beenden oder sie zumindest zuzudecken. Nun aber brachen sie überall wieder hervor.

Heinrich der „Zänker" versuchte nun ebenso, wie sein Vater dies gegen Otto I. versucht hatte, sich an die Regierung zu bringen. Dazu nahm er die Hilfe der Böhmen und Polen in Anspruch, ohne sich allerdings im Endergebnis durchsetzen zu können. Die Herzöge von Böhmen, Boleslaw , und jener von Polen, Mieszko, beteiligten sich an dem Aufstand, der aber vorzeitig entdeckt wurde. Die Niederschlagung erfolgte mit jener Präzision, die auch Otto I. in seiner späteren Regierungszeit anwandte, um zum Ziele zu kommen. Heinrich der Zänker wurde gefaßt und auf die Festung nach Ingelheim gebracht, auf der bereits sein Vater eingesessen hatte. Aber auch ihm gelang ebenso wie seinem Vater die Flucht. Entgegen den Erkenntnissen seines Vaters suchte er nicht Otto II. auf, um seine Verzeihung zu erbitten, sondern versuchte erneut, Otto II. zu stürzen, wozu er sich abermals der böhmischen Hilfe und jener seiner bairischen Freunde sowie einiger sächsischer Adeliger versicherte.

Der Kampf um Baiern entbrannte. Ottos II. Truppen eroberten Regensburg, und Heinrich II. mußte außer Landes nach Böhmen fliehen. Das um Kärnten und die italienischen Gebiete verkleinerte Baiern fiel an Otto von Schwaben.

Von 976 bis 977 kämpfte dieser auf der Seite Ottos II. gegen die Verbündeten Heinrichs: Herzog Heinrich II. von Baiern und Herzog Heinrich von Kärnten, Graf Ekbert und Bischof Heinrich von Augsburg. Nach Niederwerfung dieses zweiten Aufstandes, und nachdem sich Heinrich II. in Passau ergeben mußte, wurde diesem das Herzogtum entzogen und Heinrich selber nach Utrecht verbannt. Ottos II. Neffe, Liudolfs Sohn Otto, wurde neuer Herzog von Baiern.

Durch seine Einbeziehung Polens und Böhmens in diesen Streit war es Heinrich dem Zänker gelungen, diesen Konflikt zu internationalisieren. Da nun auch die Dänen unter Harald Blauzahn Morgenluft witterten, schlugen sie ebenfalls los, mußten jedoch sehr rasch Ottos Überlegenheit anerkennen.

Nicht genug damit, daß im Süden und Osten des Reiches Aufstände ausbrachen, die niedergeworfen werden mußten. Die Ereignisse zwangen Otto II., sich auch auf den Westen zu konzentrieren. Hier gab es den Unruheherd Lothringen. Otto II. beseitigte diesen, indem er den Bruder des karolingischen Königs Lothar von Frankreich, Karl, mit Niederlothringen belehnte. König Lothar aber glaubte das seit Heinrich I. verlorengegangene Lothringen zurückgewinnen zu können. Um dieses Ziel zu erreichen, mußte er zu einer auch damals außergewöhnlichen Maßnahme greifen: der Kindesentführung.

Mit kriegerischen Mitteln war er dazu nicht in der Lage, denn er hatte auch auf den Herzog von Franzien (Westfranken) zu achten, der ihn bedrohte. Lothar fiel nach Lothringen ein, er eroberte die Pfalz Aachen, von der ihm seine Späher mitgeteilt hatten, daß sich dort Otto II. mit seiner schwangeren Frau Theophano aufhalte. Doch das Glück war mit Otto, indem er eine Meldung seines Vertrauten am Hofe Lothars über diesen Coup erfuhr. Er mußte mit seiner Familie von der Mittagstafel aufbrechen, um diesem Anschlag zu entgehen.

Lothar war also nur nach Aachen eingefallen, um das Nest leer zu finden. Er drehte den Adler, der von Karl dem Großen mit dem Kopf nach Osten auf dem Dach der Pfalz aufgestellt worden war, nach Westen, um so Frankreichs Überlegenheit zu demonstrieren und anzuzeigen, daß die Pfalz Aachen nun zu Frankreich gehöre. Doch damit war der Besitzwechsel nicht wirklich vollzogen, wie sich bald zeigen sollte. Es dauerte nur ein Vierteljahr, bis Lothar die Antwort auf seinen Überfall erhielt.

Auf einer Versammlung in Dortmund wurde mit selten geübter Einmütigkeit beschlossen, Lothar zu bekriegen und zu vernichten, weil er „nicht nur Otto II. persönlich angegriffen", sondern darüber hinaus noch „des Reiches Herrlichkeit herausgefordert" habe. Lothar wurde der Einmarschtag in sein Reich übermittelt. Es war der 1. Oktober 978.

Der Kampf begann, und bis dicht vor Paris ging alles glatt. Der Gegner zog sich schrittweise zurück, nur mit seinen Nachhuten kämpfend. Dann aber, als der Nachschubweg zu weit wurde und das Heer Ottos II. sich bereits verausgabt hatte, blieb alles vor den Toren von Paris liegen. Der Sturmangriff auf die von Lothar gehaltene Residenz verlief ergebnislos. Auch das Anstimmen eines lauten „Halleluja" des auf dem Montmartre angetretenen Heeres Ottos II. brachte nicht den Sieg. Die Mauern von Paris stürzten davon nicht ein. Offensichtlich hatte man die Posaunen vergessen, um ihnen das Schicksal Jerichos zu bereiten. Ottos II. Heer mußte abziehen, und in den nun ausbrechenden Rückzugsgeplänkeln ging zu allem Übel auch noch der Troß verloren.

Allerdings war es im Reich ruhig geblieben. Ottos energisches Durchgreifen gegen seine Widersacher hatte ihm hier Respekt verschafft. Eines jedoch hatte Otto II. erreicht: der Adler auf dem Dach der Kaiserpfalz wurde wieder nach Osten gedreht, und 980 erschien Lothar von Frankreich bei Otto II. und leistete seinen völligen Verzicht auf Lothringen.

Ottos II. Weg über die Alpen

Wegen der Kämpfe gegen Lothringen war ein aus Italien eintreffender Hilferuf ungehört verhallt. In Rom herrschte wieder einmal mehr ein erbitterter Untergrundkampf der gegen- und miteinander rivalisierenden Adelsgruppen, der plötzlich wieder offen aufgeflammt war.

Erst 980 konnte Otto II. mit einem großen Heer den Hilferufen seiner Partei, die zu ihm hielt, Folge leisten. Er ließ nach Pavia marschieren. Hier erfolgte die Versöhnung Ottos mit seiner Mutter Adelheid, die zwei Jahre vorher den Hof wegen eines scharfen Streites mit Ottos Frau Theophano verlassen hatte.

Mit Adelheid feierten Otto II. und seine Gemahlin Theophano gemeinsam mit ihrem kurz vorher geborenen Sohn Otto in Ravenna das Weihnachtsfest. Von hier aus zog Otto mit seiner Familie, umgeben vom Heer, nach Rom weiter. Dort regierte Papst Benedikt VII. nun unangefochten.

Italien erlebte während der Anwesenheit Ottos II. eine Phase der Stabilität, nicht zuletzt dank der gewaltigen Leistung, die Otto I. dort vollbracht hatte, indem er sechs Jahre seines Lebens für dieses Land opferte und es zu neuem Aufschwung brachte.

Italien war auch für Otto II. wichtig, weil *hier* und nirgendwo anders die Kaiserwürde vergeben wurde, die man überall anerkannte. Dementsprechend sollte Italien nach seinem Willen als Kernland des alten römischen Weltreiches gleichberechtigt neben Deutschland stehen. Darauf weist Otto II. Kaisertitulatur hin: „Imperator Romanorum Augustus – Kaiser der Römer und Augustus." Diese Titulatur war identisch mit jener der oströmischen Kaiser und deutete darauf hin, daß Otto auf ganz Italien Anspruch erhob.

Aber neben den Byzantinern lebten in Unteritalien auch noch die Sarazenen, die von Sizilien aus weiter und weiter nach Norden vordrangen, um das Land zu islamisieren, was natürlich ebenso ein Vorwand für weitere Landnahme war wie der Anspruch Ottos II., es für das Christentum zu erwerben.

Kaiser Otto war es der Christenheit schuldig, diese Sarazenen ebenso anzugreifen und sie zu vernichten, wie sein Vater es mit den Ungarn auf dem Lechfeld gehalten hatte.

Die Vorbereitungen zur Vertreibung der Sarazenen aus Süditalien begannen, und im Jahre 982 trafen die beiden Heere der Gegner in einem Glaubenskrieg aufeinander, den dennoch auch politische und landnehmerische Absichten in Gang gesetzt hatten.

Die deutschen Panzerreiter waren für die Sarazenen die große

Überraschung. Sie erlitten die ersten Verluste im Zweikampf, besannen sich dann aber auf ihre Erfahrungen im Guerillakrieg mit List und Tücke, lockten die deutschen Truppen in einen Hinterhalt und rieben sie völlig auf.

Mit einer Gruppe seiner engsten Begleitung konnte Otto II. ans Meer entkommen. Hier gingen sie an Bord eines vor Anker liegenden Schiffes, von dem sie nicht wußten, daß es ein byzantinisches war. Nur „fort aus der Nähe der Muselmanen", so hatte die Devise gelautet. Das Schiff nahm Kurs auf Konstantinopel, und als Otto II. erkannte, daß er aus dem Regen in die Traufe geraten würde, überredete er den Kapitän dieses Schiffes zu einer Zwischenlandung bei Rossano, indem er ihm reiche Beute versprach, die dort vergraben sein sollte.

Der Kapitän ging auf diese sich ihm unversehens bietende große Chance ein, und als das Schiff dort einlief, sprangen der Kaiser und seine Begleiter in der Nacht über Bord und entkamen schwimmend an Land.

Als die ganze Wucht dieser schweren Niederlage bis nach Deutschland gedrungen war und man erfuhr, daß ein Teil der adeligen Führer der Panzerreiter gefallen sei, war Ottos II. Position schwer erschüttert.

Die Slawen hatten sich in der Zwischenzeit erhoben. Ihnen kam die lange Abwesenheit Ottos vom Reich sehr gelegen, um ihrerseits loszuschlagen. In einem berserkerhaften Kriegszug überrannten sie den größten Teil der soeben erst unterworfenen ostelbischen Gebiete. Sie erreichten die Elbe, schlugen die sich ihnen hier stellenden Sachsentruppen zusammen und setzten über den Fluß. Sie drangen gegen Magdeburg vor, zerstörten Havelberg und Brandenburg und plünderten Hamburg.

Die Billunger Mark und die Nordmark gingen verloren; auch Wagrien in Südholstein fiel den Slawen zu. Lediglich Meißen und die Lausitz konnten sich der slawischen Truppen erwehren und sich halten.

In Italien blieb es ruhig, weil der Kaiser Truppen aus Deutschland nachkommen ließ, die dann allerdings in Deutschland fehlten.

Nach Verona zurückgekehrt, regelte Otto II. auf dem dortigen Reichstag im Jahre 983 die Verhältnisse der Herzogtümer Schwaben, Baiern und Kärnten. Das durch den Tod Herzog Ottos freigewordene Herzogtum Schwaben fiel an Konrad und Baiern an den Liutpoldinger Heinrich, der 978 in Kärnten abgesetzt worden war.

Von den hier versammelten Fürsten ließ Otto II. seinen dreijährigen Sohn Otto zu seinem Nachfolger wählen und setzte das kommende Weihnachtsfest als Termin für die Krönung fest. Mit der Wahl dieses Dreijährigen fand erstmals eine Wahl auf italienischem Boden statt. Dies vermittelt mehr als alles andere die enge Verbindung Italiens mit dem Reich, was wiederum eine Folge aus dem römischen Reichsgedanken war.

Nach dem Tode Benedikts VII. wurde Bischof Petrus von Pavia durch Otto II. als Johannes XIV. auf den Sessel des Papstes gehoben. Gleichzeitig traf Otto die Vorbereitungen zu einem zweiten Feldzug gegen die Sarazenen, der diesmal unter allen Umständen zum Erfolg führen mußte, denn es galt, die Schmach des ersten Feldzuges und des Kaisers Flucht zu tilgen.

Das Heer befand sich bereits auf dem Marsch, als der Kaiser ganz plötzlich in Rom erkrankte. Er erlag der Malaria tropica, die von seinen Ärzten falsch behandelt worden war, am 7. Dezember 983. Er wurde im Petersdom bestattet und ruhte damit als einziger Ottone in fremder Erde.

Otto III. – Ein König wird entführt

Nach dem Tode Ottos II. wurde dessen dreijähriger Sohn Otto III. am Weihnachtstage 983 im Dom zu Aachen durch die Erzbischöfe Johannes von Ravenna und Willigis von Mainz zum König gekrönt. Allerdings wußte die Versammlung noch nichts vom Tode Ottos II. Mitten in die Festversammlung hinein platzte der Bote aus Italien, der die Nachricht vom Tode des Kaisers nach Deutschland brachte.

Lähmendes Entsetzen machte sich breit. Jeder der Anwesenden empfand die Leere und Unsicherheit, die um so größer war, je mehr Sicherheit und Autorität der verstorbene Herrscher ausgestrahlt hatte, unter dessen Führung sich alle geborgen wußten.

Einer jedoch handelte sofort und entschlossen. Es war Heinrich II. der Zänker, der aus der Verbannung in Utrecht entlassen worden war. Er nahm den jungen Otto III. in Empfang, um ihn als sein Vormund großzuziehen oder, was richtiger ist, „ihn seiner Würde zu entkleiden". Der junge König wurde also, um es beim richtigen Namen zu nennen, gefangengenommen und entführt.

Damit versuchte Heinrich II. sich selber zum König zu machen und seinen alten Traum mit einem späten Erfolg zu krönen. Unter dem Deckmantel der Vormundschaft wollte er zum Königsmantel greifen. Zu Ostern 984 ließ er sich dann in Quedlinburg zum König wählen. Neben Boleslaw von Böhmen und Mieszko von Polen huldigten ihm auch viele deutsche Fürsten.

Doch die übrigen regierenden Herren nahmen diesen Streich nicht klaglos hin. Die sich bildende starke Opposition unter der Führung von

Willigis von Mainz zwang den Zänker dazu, das Kind am 29. Juni 984 in Rara seiner Mutter zurückzugeben. In zähen Verhandlungen gelang es dieser Opposition auch, Heinrich den Zänker zum freiwilligen Verzicht auf seine Ansprüche und zur Anerkennung Ottos III. zu bewegen.

Adelheid, Ottos III. Großmutter, und seine Mutter Theophano schufen Heinrich dem Zänker einen Ausgleich, indem sie ihn 986 erneut mit dem Herzogtum in Baiern belehnten, das er ja verloren hatte.

Theophano setzte auch in Italien die Herrschaft ihres Sohnes durch. Sie übte 989 in Rom und Ravenna anstelle ihres Sohnes herrschaftliche Rechte aus. Es zeigte sich, daß Otto II. mit dieser byzantinischen Prinzessin, die seinerzeit nur „zweite Wahl" gewesen war, sehr gut gefahren war.

Otto III. wurde äußerst sorgfältig auf seine Ämter als König und Kaiser vorbereitet. Er beherrschte sehr bald neben der Muttersprache auch Griechisch und Latein. Seine Lehrer waren außer seiner Mutter und Großmutter Gregor von Burtscheid und der Kapellan Bernward, der es als Bischof von Hildesheim zu großem Ansehen gebracht hatte. Hinzu kam der geniale Franzose Gerbert von Aurillac.

Schon in jungen Jahren wurde Otto III. als Miraculum mundi – das Weltwunder bezeichnet. Nach dem Tode seiner Mutter im Juni 991 in Nimwegen mußte seine Großmutter Adelheid nach Italien gehen, um für kurze Zeit die Regentschaft auszuüben. Trotz der starken Unterstützung der Vertreter der Reichskirche setzten sich in Polen, Dänemark, Italien und Frankreich mehr und mehr Kräfte durch, die das Ansehen des Reiches zu schmälern suchten.

Die Fürsten und Herzöge gewannen im Reich immer größere Macht durch Schmälerung der Kaisergewalt Ottos III. Als Otto 995 volljährig wurde, übernahm er von seiner Großmutter die Regierungsgewalt. Da im selben Jahr Heinrich II. der Zänker starb, übertrug Otto III. dessen Herzogtum dem Sohn des Zänkers, Heinrich, von dem er noch nicht wissen konnte, daß er sein späterer Nachfolger werden sollte.

Noch im Winter, unmittelbar nach dem Weihnachtsfeste unternahm Otto III. seinen ersten Zug nach Italien. Diesmal rief ihn Papst Johannes XV. gegen die tyrannische Regierung des Herrschers von Rom, Crescentius, zu Hilfe, der dort die weltliche Macht verkörperte.

Das Osterfest 996 feierte Otto III. in Pavia. Danach ging er mit seinem Heer nach Ravenna. Dort erhielt er die Nachricht vom Tode des Papstes. Um allen Nachfolgestreitigkeiten aus dem Wege zu gehen, ernannte Otto III. seinen Neffen Bruno, Sohn des Herzogs Otto von Kärnten, der 24 Jahre alt war, zum ersten deutschen Papst und ließ ihn als Gregor V. von Erzbischof Willigis in sein Amt einführen. Wenig später reiste auch er nach Rom und ließ sich von Gregor V. am Himmelfahrtstage 996 zum Kaiser krönen.

Kaiser Otto war entschlossen, Crescentius in Rom den Garaus zu machen, aber Gregor V. bat um Schonung des weltlichen Herrschers der Stadt. Daß dies Gefühlsduselei war, die lebensgefährlich werden konnte, zeigte sich unmittelbar nach der Abreise Ottos III. und dem Rückmarsch seines Heeres. Er mußte nach Deutschland, um die Slawen zurückzutreiben, die in sein Reich eingedrungen waren.

Crescentius, der sich während der Anwesenheit Ottos ruhig verhalten hatte, vertrieb nun mit seinen Milizen den Papst aus Rom und ernannte den Erzbischof von Piacenza als Johannes XVI.

Papst Gregor V. gelang es, nach Deutschland zu entkommen. Er war nunmehr endgültig geheilt und beschwor Otto, wieder nach Italien zurückzukehren. Da dieser die Absetzung des Papstes nicht dulden durfte und um einer Schneeballwirkung dieses Handelns zu entgehen, begann der Marsch mit einem starken Heer schon im folgenden Jahr 997. Als Otto III. sich Rom näherte, bekamen es die Römer mit der Angst zu tun. Sie fingen den fliehenden Gegenpapst, dem sie wenig vorher noch zugejubelt hatten, und schnitten ihm Zunge und Nase ab. Zudem stachen sie ihm noch die Augen aus. Mit diesen Brutalitäten sollte Otto III. milde gestimmt werden.

Otto hielt ein Strafgericht, wie es sich die Römer in ihren schlimmsten Träumen nicht hätten vorstellen können. Der gefangene Crescentius wurde enthauptet und zusammen mit zwölf seiner engsten adeligen Anhänger an den Beinen aufgehängt.

Otto III. blieb nunmehr zwei Jahre in Italien und lehrte seine Gegner das Fürchten. Seine strahlende Gestalt, die jugendliche Frische seiner 18 Jahre und der Pomp, mit dem er umgeben war, standen in einem krassen Gegensatz zu seiner oftmals geübten asketischen Einfachheit. Er ließ mitten in Rom eine eigene Kaiserpfalz errichten und führte das spätantike und zugleich byzantinische Hofzeremoniell ein. Dabei speiste er abseits der Tischfreunde allein an einem überhöhten Platz.

Dieser Zwiespalt im Wesen Ottos III. wurde von seinen beiden Ratgebern und Lehrern verursacht. Der bereits 999 heiliggesprochene Bischof Adalbert von Prag, den er 996 in Rom kennengelernt hatte und der bei der Missionierung der Preußen als Märtyrer gestorben war, hatte die mönchisch-asketische Ader im Kaiser genährt, während sein alter von ihm verehrter Lehrer Gerbert die Stellung Ottos als Aufrichter des römischen Weltreiches wünschte und den Kaiser dementsprechend unterrichtet und zu leiten versucht hatte.

Nach dem Tode Gregors V. wurde Gerbert durch Otto III. unter dem

Papstnamen Silvester II. zum Inhaber des Heiligen Stuhles ernannt. Er sollte auf das enge Zusammenwirken von Silvester I. mit Kaiser Konstantin nunmehr das Zusammenspiel von Kaiser Otto III. mit Silvester II. demonstrieren.

Man schrieb das Jahr 1000, als Otto III. nach Deutschland zurückkehrte. Er wollte zuerst das Grab des 997 von heidnischen Preußen erschlagenen Freundes Adalbert in Gnesen besuchen. Im Jahre 1000 pilgerte er dorthin und verpflichtete den Polenkönig zur Christianisierung seines Volkes.

In Erinnerung an Adalberts Tod wurde das Erzbistum Gnesen gegründet mit den Bistümern Kolberg im niemals polnisch sprechenden Pommern, Krakau und Breslau. Der unter deutscher Oberhoheit stehende Herzog von Polen wurde zum „Patricius", dem Stellvertreter des Kaisers, ernannt. Gleichzeitig damit verzichtete Otto III. auch auf weitere polnische Tributzahlungen. Damit beeinträchtigte er die Stellung des Erzbistums Magdeburg, was man ihm dort übel ankreidete. Mit der Gründung des Erzbistums Gran für Ungarn, das ebensowenig wie das Erzbistum Gnesen an die deutsche Kirchenorganisation angeschlossen war, wurde der Weg freigemacht für selbständige nationalstaatliche Kirchen in Osteuropa.

Im Jahre 1001 ließ Otto III. das Grab Karls des Großen in Aachen suchen und öffnen. Ein goldenes Halskreuz, die unverwesten Teile der Kleidung und ein Zahn Karls des Großen wurden entnommen.

Thietmar, der Bischof von Merseburg und zugleich Geschichtsschreiber, der von 975 bis 1018 lebte und der Sohn des Grafen Siegfried von Walbeck an der Aller war, hat von diesem „Grabraub" berichtet. Nach seinen Worten war diese Handlung Ottos III. aus dem Wunsche heraus geboren, daß Otto etwas von Karl dem Großen besitzen wollte, eine Reliquie gewissermaßen, welche die Kraft des ersten deutschen Kaisers auf ihn, Otto III., übergehen lassen würde. Otto betrachtete sich als Erbe Karls des Großen und sah sich darüber hinaus als eigentlicher Vollender der universalen Konzeption dieses Vorbildes als Kaiser eines vereinigten und vereinten Europas.

Doch auch diese seltsame Graböffnung und Herausnahme der genannten Teile halfen Otto III. nicht. Durch ein besonderes Ereignis wurde plötzlich seine ganze Herrschaft in Italien in Frage gestellt.

Nach einem Aufstand der Bewohner von Tivoli, der Gegner der Römer, griff Otto III. nicht so durch, wie die Sachlage dies erforderlich gemacht hätte und wie es auch von den Römern erwartet wurde, die seine harte Hand kennengelernt hatten. Er mußte wegen dieser unerwarteten Milde bei seinem dritten Italienfeldzug vor der Wut des

Pöbels in die Engelsburg fliehen. Von dort hielt er eine Ansprache an das Volk:

„Hört eures Vaters Worte! Seid ihr nicht meine Römer? Habe ich nicht euretwegen Vaterland und Verwandte verlassen? Aus Liebe zu euch habe ich die Sachsen und alle anderen Deutschen gering geachtet und den Neid aller auf mich genommen. Und dafür, daß ich euch zu meinen Söhnen machte, habt ihr die Waffen gegen mich erhoben?«

Die Römer lieferten die Rädelsführer aus. Diese Worte ihres Kaisers hatten sie beschämt. Doch Otto war durch die Handlungen seiner Untertanen vor den Kopf gestoßen. Er ließ sofort aus Deutschland Truppenverstärkungen heranholen, was schon ein Eingeständnis seines eigenen Scheiterns bedeutete. Am 16. Februar 1001 mußte er nach einem erneuten Aufstand aus Rom flüchten.

Aber auch in Deutschland gärte es heftig. Herzöge und Bischöfe waren von Otto III. enttäuscht und wandten sich dem Sohne Heinrichs II. des Zänkers, Heinrich, zu. Doch dieser hielt treu zu Otto und war nicht dazu zu bewegen, gegen ihn zum Aufstand aufzurufen.

Als Otto III. von diesem gegen ihn gerichteten Aufruhr erfuhr, war er bereits schwer krank. Sein ganzer Körper war mit Pusteln übersät. Am 23. Januar 1002 starb er in der Nähe von Rom.

Da er vorher seinen Wunsch verkündet hatte, in Aachen an der Seite Karls des Großen bestattet zu werden, wurde er aus Italien nach Norden geführt. Die Begleitung des Leichenzuges mußte sich mit dem Schwert in der Hand den Weg freikämpfen, denn die Italiener standen nun gegen Deutschland auf.

Daß diese Ereignisse die Politik Ottos III. in einem völlig falschen Licht zeigten, wird deutlich aus dem Bemühen, das er Italien widmete. Aber einem Teil der italienischen Fürsten und auch der deutschen Herzöge mag der Tod Ottos III. nicht unwillkommen gewesen sein. Darunter waren jene, die darauf pochten, seine Nachfolger zu werden.

Unter diesen Anwärtern befand sich auch Herzog Heinrich von Baiern, des Zänkers Sohn. Als der Leichenzug sein Herrschaftsgebiet durchzog, versuchte er alles, sich selber als Nachfolger Ottos III. darzustellen. Er pochte darauf, daß er der einzige nächste Anverwandte Ottos und ein Urenkel König Heinrichs I. sei.

Diesem Anspruch widersetzte sich sofort Ekkehard von Meißen und Hermann, der Herzog von Schwaben. Dennoch schlug sich auf Anraten der noch lebenden Schwestern Ottos III. und der meisten Bischöfe der größte Teil der Sachsen auf die Seite Heinrichs.

Ekkehard I., Markgraf von Meißen, hatte sich aus verschiedenen Gründen Hoffnungen auf seine Einsetzung als König gemacht. Zum einen war er als Sohn des thüringischen Grafen Gunther aus der Familie der Ekkehardinger in den Feldzügen gegen die Böhmen und gegen die slawischen Stämme der Milzener und der Liutizen jener Führer der Truppen gewesen, der den Osten des Reiches erfolgreich verteidigt und dem Reich noch Gebiet hinzugewonnen hatte. Außerdem war es ihm gelungen, Boleslaw von Böhmen zur Anerkennung der Meißener Oberherrschaft zu bringen.

Ekkehard hatte darüber hinaus Otto III. nach Rom begleitet, den Aufstand des Crescentius niedergeschlagen und die Engelsburg erobert und damit Otto III. den Südteil des Reiches erhalten. Dafür hatte ihm der Kaiser eine Reihe von Privilegien verliehen, aufgrund derer Ekkehard nach den Worten des Geschichtsschreibers Thietmar von Merseburg „in Thüringen eine herzogsgleiche Stelle einnahm".

Ein Drittes kam noch hinzu: Durch seine Heirat mit Schwanhild, einer Tochter Hermann Billungs, und der Verheiratung seines Sohnes mit einer Tochter des Polenherrschers Boleslaw Chrobry hatte er eine reichsweite besondere Anerkennung und Stellung erhalten.

Als Ekkehard sich um die Nachfolge Ottos III. bewarb, konnte er sich auf dem Treffen der sächsischen Edlen in Frose nicht durchsetzen. Auf der Rückreise von den vergeblichen Verhandlungen wurde er auf einer Raststätte in Pöhlde im Harz vom 30. März 1002 von den Söhnen des Grafen Siegfried von Northeim, vermutlich aus persönlicher Rache, heimtückisch ermordet. Allerdings wurde auch gemunkelt, daß der Thronanwärter bei dem Mord seine Hand im Spiele gehabt habe.

Die Tochter des Ermordeten, Mathilde, wurde zur Stammutter der Wettiner, über die noch zu berichten sein wird. Sein Sohn Hermann trat seine Nachfolge als Markgraf von Meißen an.

Als Herzog Hermann von Schwaben seinem Widersacher Heinrich den Weg nach Mainz verlegen wollte, wo sich die fränkischen Adeligen versammelten, um die nach dem Tode Ottos III. entstandene Lage zu beraten, wurde dieser Heerhaufe einfach umgangen. Herzog Heinrich von Baiern erreichte Mainz unangefochten und wurde dort von Erzbischof Williges gesalbt und zum neuen deutschen König Heinrich II. gekrönt.

Die Thüringer anerkannten ihn als erste. Die Sachsen huldigten ihm in Merseburg. Diesen folgte der polnische Herzog Boleslaw Chrobry (der Tapfere). Er hatte sich nach der Ermordung Ekkehards widerrechtlich die Lausitz und die Markgrafschaft Meißen angeeignet, die ja Ekkehard in seiner Eigenschaft als Markgraf von Meißen unterstanden hatten.

Boleslaw Chrobry erhielt die Lausitz zu Lehen, weil sich Heinrich II.

keinen Krieg in der ersten noch unkonsolidierten Phase seiner Regierungszeit leisten konnte.

Als auch die Lothringer mit Heinrich einverstanden waren, konnte am 8. September 1002 in Aachen seine Thronerhebung begangen werden. Sie fand mit allem Pomp statt, und Herzog Hermann von Schwaben versöhnte sich mit seinem ehemaligen Widersacher.

Heinrich II. – Die Wiederherstellung des Frankenreiches

Der neue König Heinrich II. war für den Beruf eines Geistlichen bestimmt worden und hatte in der berühmten Domschule zu Hildesheim eine Ausbildung erhalten, die weit über jener ähnlicher Herren stand. Seine Erziehung dort und die Weiterbildung durch Bischof Wolfgang von Regensburg hatten seine kirchliche Haltung und persönliche Frömmigkeit geprägt. Er sollte später, als ihm die Machtmittel dazu zur Verfügung standen, zum „Papst der deutschen Kirche" werden.

Heinrich verstand sein Königsamt ebenso wie die Würde eines Kaisers als eine Art geistlicher Pflicht. Er war mit einem lahmenden Fuß behaftet, der ihn ebenso wie seine vielen Koliken stark behinderte. Dennoch bereiste er sein Reich, soweit und sooft er konnte.

Seine Gemahlin Kunigunde, Tochter des Grafen Siegfried von Luxemburg und Schwester Herzog Heinrichs V. von Baiern, war seit 998 mit ihm vermählt. Sie sollte an den Regierungsgeschäften ihres Gatten hohen Anteil nehmen. Nach dem Tode Heinrichs II. zog sie sich in das Kloster Kaufbeuren, das sie selber gegründet hatte, zurück. Am 29. März 1200 wurde sie von Papst Innozenz III. heiliggesprochen.

In der Politik als Durchsetzung der Kunst des Möglichen hat Heinrich II. sowohl Otto III. als auch Otto II. weit übertroffen. Er wurde der „Realist auf dem Thron", der zunächst eine machbare Politik im eigenen Reich betrieb und erst danach den Zug nach Rom antrat. Daß er im Reich schon nach einem halben Jahr seiner Regierung anerkannt wurde und die innenpolitische Auseinandersetzungen und Aufstände ausblieben, lag zum großen Teil *auch* daran, daß er keine kräftezehrenden Auseinandersetzungen um Nebensächlichkeiten einging. Er respektierte die Rechte der Stammesherzöge und war als „sächsischer Baier" von einer offenen, geraden und zupackenden Art, die akzeptiert wurde.

Er setzte die Wiederbegründung des Bistums Merseburg gegen den Widerstand der Bischöfe durch und gründete 1007 das Bistum Bamberg.

Heinrichs Aufgabe im Osten

Seit dem 983 mit voller Wucht losgebrochenen Slawenaufstand war die Ostgrenze des Reiches immer wieder durch Aufstände und Überfälle beunruhigt worden. Dies war für Heinrich II. Anlaß genug, zum einen die Missionstätigkeit nach Osten zu verstärken und zum anderen die politische Oberherrschaft weiter nach Osten auszudehnen, um solche Aufstände für die Zukunft zu verhindern.

In dem Piastenherzog Boleslaw Chrobry hatte er einen Gegner gefunden, der entschlossen war, nicht nur sein Gebiet zu behaupten, sondern dies auch noch auf Kosten des Deutschen Reiches nach Westen zu erweitern. Boleslaw hatte beim Regierungsantritt Heinrichs II. in einem Handstreich die Lausitz und Meißen erobert und versuchte nunmehr – darauf aufbauend – ein großes westslawisches Reich zu errichten. Er führte auch Boleslaw von Böhmen in sein Amt zurück, der durch seine eigenen Landsleute vertrieben worden war, und erhob zugleich selber Ansprüche auf die Herrschaft über Böhmen.

Der Kampf gegen ihn wurde zu einer Notwendigkeit. Er wurde im Jahre 1004 eröffnet und sollte mit Unterbrechungen bis zum Jahre 1017 andauern.

Oftmals führte Heinrich II. selber das Heer an. Doch die Taktik der Polen, sich bei deutschen Angriffen in die Wälder und Sümpfe zurückzuziehen und einer Feldschlacht gegen die gefürchteten deutschen Panzerreiter auszuweichen, brachten Heinrich II. keinen durchschlagenden Sieg.

Um dagegen besser gerüstet zu sein, gestattete Heinrich II. die Einbeziehung der heidnischen Liutizen aus Brandenburg ins deutsche Heer. Aber auch für Boleslaw Chrobry wurde dieser Kampf zu einem dauernden weiteren Substanzverlust.

Im Jahre 1018 kam es in Bautzen zum Friedensschluß. Hier gelang es Heinrich, seinen Anspruch auf die Mark Meißen durchzusetzen, aber die Lausitz ging als polnisches Lehen verloren und verblieb bei Polen bis zum Jahre 1031. Der Chronist Thietmar von Merseburg beschrieb diesen Friedensschluß durchaus zutreffend folgendermaßen: „Die Bedingungen waren freilich nicht solche, wie sie hätten sein sollen, sondern nur, wie sie damals zu erlangen waren."

Der Zug nach Italien

Daß sich Heinrich II. in dieser turbulenten Zeit an der deutschen Ostgrenze nicht mehr so intensiv, wie dies erforderlich war, um Italien kümmern konnte, war die zwangsläufige Folge seiner harten Aufgaben im Osten des Reiches. Zwar hatte er schon im Jahre 1004 in Italien eingegriffen, um den Gegenkönig Arduin von Ivrea in seine Schranken zu verweisen. Er war auf diesem Zuge von Merseburg aus über Magdeburg und Regensburg, wo sich ihm weitere Kontingente des Heeres anschlossen, nach Trient und von dort nach Verona gezogen.

Arduin, der sich zum Gegenkönig gemacht hatte, wurde nun von seinen Anhängern im Stich gelassen und suchte sein Heil in der Flucht. Heinrich II. wurde in Pavia zum König gekrönt.

Noch in der Nacht des Krönungstages aber wurde die Pfalz erstürmt, in der Heinrich II. mit seinem engsten Gefolge wohnte. Nur mit letztem Einsatz konnten sich Heinrich und seine Männer bis zum nächsten Morgen halten. Dann trat das Heer an, schlug ihn heraus und legte alle Gebäude, die vom Gegner besetzt waren, in Schutt und Asche.

Von hier aus zog Heinrich, ohne sich um die weiteren Folgen zu kümmern, wieder nach Deutschland zurück. Damit hatte er in den Augen seiner italienischen Widersacher bekundet, daß ihm im Grunde nichts an Italien lag, und diese darin bestärkt, sich weiter um die Rückgewinnung ihrer Herrschaft zu kümmern.

Dies alles führte auch in Rom zu einem Chaos sondergleichen. Tusculaner und Crescentier kämpften nun dort gegeneinander um die Papstwürde. Das veranlaßte Heinrich II., Ende des Jahres 1013 ein zweites Mal nach Rom zu ziehen, nachdem er zu Weihnachten 1013 noch in Pöhlde im Harz den Besuch des vertriebenen Crescentinerpapstes erhalten und dieser ihn beschworen hatte, helfend einzugreifen.

In Rom angekommen, wurde Heinrich II. am 14. Februar 1014 von Benedikt VIII., einem Tusculaner-Papst, zum Kaiser gesalbt und gekrönt.

Papst Benedikt VIII. erwies sich als reichstreuer Kirchenfürst, der aufgrund seiner besonderen politischen Fähigkeiten imstande war, die Ruhe und Ordnung auch bei Anwesenheit deutscher Truppen und des Kaisers aufrechtzuerhalten.

In dieser Zeit stand Heinrich II. ebenso wie auch sein Vorgänger dem Problem der Anwesenheit der Sarazenen in Süditalien gegenüber. Diese waren in der Zwischenzeit von Mallorca aus bis nach Sardinien vorgedrungen und hatten sich somit vor der Haustür Italiens festgesetzt.

Heinrich übertrug Papst Benedikt VIII. die Abwehrkämpfe gegen die

„Heiden", und dieser konnte mit rasch zusammengezogenen Truppen Sardinien zurückerobern.

Ein weiterer Widersacher tauchte sehr bald auf. Es war Kaiser Basileios von Byzanz, der „Bulgarentöter", der von Unteritalien nach Norden zog und bald darauf auch den Kirchenstaat bedrohte. Benedikt VIII. reiste mit starker Begleitung nach Deutschland und erschien 1020 in Bamberg. Hier sollte er vordergründig und offiziell die Weihe des neuen Domes vollziehen. Sein besonderes Anliegen aber war, den Kaiser dazu zu bewegen, ihm Hilfe gegen die Griechen zu leisten.

Kaiser Heinrich sagte dies zu, und Ende des Jahres 1021 zog ein deutsches Heer, von ihm persönlich geführt, nach Süden. Auf diesem dritten Italienzug eroberte er das byzantinische Troia im Süden Italiens und brachte die alten langobardischen Fürstentümer Benevent, Capua und Salerno wieder unter deutsche Oberhoheit. Doch zu einer abschließenden und stabilen Neuordnung im Süden seines Reiches kam er nicht mehr, weil andere Tatsachen und Fragen ihn beschäftigten.

Bei diesen Plänen handelte es sich um solche kirchlicher Art. Auf einer gemeinsamen Synode mit dem Papst 1022 in Pavia trat Heinrich II. nachdrücklich *gegen* eine Verweltlichung der Kirche, gegen die Priesterehe und die Verschwendung von Kirchengut ein. Damit war er in einigen Forderungen mit den Mönchen des Klosters Cluny in Südfrankreich einig; diese hatten eine Reformbewegung eingeleitet, die der Verweltlichung des Klosterlebens Einhalt gebieten sollte. Allerdings hatte er es abgelehnt, den Universalanspruch des Papstes und einige andere Forderungen mehr zu stärken, die dazu geführt hätten, das von Otto I. ausgebaute Reichskirchensystem in seinen Grundfesten zu erschüttern.

Im August 1023 beriet Heinrich II. mit König Robert II. von Frankreich den Plan einer abendländischen Kirchenreform. Deren Durchführung scheiterte an dem kurz aufeinanderfolgenden Tod des Papstes und Heinrichs II. im Jahre 1024.

Der Kaiser starb am 13. Juli 1024 in der Pfalz Grona bei Göttingen. Im Bamberger Dom wurde er in einem imposanten Hochgrab zusammen mit seiner Gattin Kunigunde in einem gemeinsamen Sarg beigesetzt. Dieses Grab wurde im 16. Jahrhundert von Tilman Riemenschneider geschaffen. Schon 1146 sprach die Kirche Heinrich II. heilig.

Der letzte Herrscher aus dem sächsischen Stamm war 1024 gestorben. Von nun an sollten sich die Sachsen nur noch am Rande mit der großen deutschen Königs- und Kaisergeschichte befassen.

Sächsische Herzöge

Hermann Billung – Dux in Sachsen

Noch in der Kaiserzeit Ottos des Großen trat ein sächsisches Geschlecht in das Licht der Öffentlichkeit, das für mehrere Generationen in Sachsen herrschte und die sächsische Entwicklung mitgeprägt hat: die Billunger.
Zum ersten Male wird in den Annalen der Name eines Sachsen mit dem Namen Hermann genannt, als Otto I. diesem die Führung des Feldzuges gegen die wieder einmal aufmüpfig gewordenen Redarier im Osten des Reiches übertrug. Dieser Hermann wurde zum princeps militae ernannt.
Daß der princeps militae Hermann dem hohen sächsischen Adel angehörte, gilt als sicher. Hermanns Vater war der zwischen 944 und 968 mehrfach in den Annalen genannte Graf Billing, dessen Besitz überwiegend in Thüringen lag. Dieser Billung war als Graf im Slawengau Neletice eingesetzt worden, wie das Chronicon S. Michaelis Luneburgensis zu berichten weiß, das Hermann als „filius comitis Billing" erwähnt.
Die Adelsfamilie der Billunger bestand aus *zwei* Familien, und zwar den älteren und den jüngeren Billungern. Beide benutzten mehrfach auch die Namen Wichmann und Amelung. Der Name Billunger geht auf Graf Billing zurück, den Vater Hermann Billungs, wie das Chronicon St. Michaelis Luneburgensis aus dem Jahre 1230 ebenfalls zu berichten weiß.
Wie das Verhältnis der älteren zu den jüngeren Billungern war, ist unbekannt geblieben, aber die älteren Billunger sind seit dem 9. Jahrhundert in Ostfalen ebenso wie in Engern und Hessen mehrfach genannt worden. Ihre Wohnsitze hatten sie in der Hauptsache im Raum zwischen Werra und Fulda. – Die jüngeren Billunger sind erst seit dem 10. Jahrhundert nachweisbar.
Wichmann, der Ältere, der Bruder Hermanns, war mit Frederuna, einer Schwester der Königin Mathilde aus dem Geschlecht des Sachsenherzogs Widukind, vermählt. Dies schuf ihm die Möglichkeit, seinen eigenen Besitz aus billungischem Hause mit dem seiner Frau aus

widukindschem Erbe zu vereinigen. Dadurch erwarb er schließlich Ländereien, die von Ostsachsen über die Weser hinweg nach Westen bis zur mittleren Lippe und zum Niederrhein reichten. Der Bardengau um Lüneburg wird jedoch als Herkunftsland der Billunger bezeichnet.

Wichmann des Älteren Töchter Frederuna und Imma gründeten in den Jahren 959 bis 965 das Kanonissenstift Kemnade bei Holzminden.

Als Wichmann der Ältere starb, war die Macht Hermann Billungs bereits derart stark, daß er es wagen konnte, mit seinen Truppen in die billungischen Kernlande einzudringen, seine beiden Neffen, Wichmann den Jüngeren und Ekbert, in die westlichen Randzonen abzudrängen und sich in den Besitz der Kernlande zu setzen.

Daß Otto der Große mit der Ernennung Hermanns nicht jene Wahl getroffen hatte, die den übrigen Edlen Sachsen genehm war, sollte sich rasch zeigen. Vor allem Wichmann, dem älteren Bruder Hermanns, waren für diese Wahl größere Aussichten eingeräumt worden. Als Ergebnis dieser Bevorzugung leiteten einige der führenden Edelinge in Sachsen den passiven Widerstand gegenüber Otto I. ein. Die Brüder Hermann und Wichmann gingen sich von nun an aus dem Wege. Diese Haltung war für Otto I. nicht so einfach fortzuwischen, denn nach wie vor spielte Sachsen eine entscheidende Rolle im Reich.

In der Schlacht gegen die Redarier an der unteren Elbe erlitten Hermanns Truppen eine Niederlage, und einer der Führer der Verbände, der dux Haica, fand den Tod. Der Titel Dux gilt im Falle des Haica jedoch nicht als politischer Titel, sondern als Bezeichnung des Führers einer Heeresabteilung im Kampf.

Der slawische Aufstand hatte alle Stämme der unteren Elbe erfaßt, und Markgraf Gero, der diese Grenzmark zu verteidigen hatte, mußte demzufolge Hilfe anfordern. Offenbar geriet Hermann bereits sehr früh während dieser Kämpfe in dänische Gefangenschaft, und Haica hatte die Gesamtführung übernommen. Als auch er ausgeschaltet war, war Markgraf Gero allein auf sich gestellt.

Hermann kehrte bald nach Sachsen zurück und konnte hier wieder ans Werk gehen. Diesmal galt es, den Aufstand des jüngeren Bruders des Königs niederzuschlagen. Heinrich war es gelungen, mehrere Grafen im Osten des Reiches für sich zu gewinnen. Einer jener sächsischen Herren, die offen der Lehnsverpflichtung nicht mehr nachkamen, war der Sachse Brunig. Dieser verweigerte dem fränkischen Herzog Eberhard den Dienst.

Über diesen und andere Aufrührer weiß Widukind von Corvey zu berichten:

„Die Sachsen, durch die Gewalt des Königs stolz geworden, hielten es für unwürdig, anderen Stämmen zu dienen, und verschmähten es, die Lehen, die sie hatten, durch die Gunst irgendeines anderen als ihres Königs zu haben."

Doch dies war in den Augen Ottos I. nicht so gravierend wie die Verschwörung seines eigenen Bruders Heinrich gegen ihn.

Der Aufstand wurde dank der Hilfe Hermann Billungs und des Markgrafen Gero niedergeworfen. Gero und Hermann säuberten daran anschließend die Ostgaue des Reiches rigoros. Dies veranlaßte Otto I. im Jahre 953, Hermann mit der „procuratio" – als Prokurator – zu betrauen, als er sich nach Franken begeben mußte, um einen dort ausgebrochenen Aufstand im Keime zu ersticken.

Wichmann der Jüngere und Ekbert der Einäugige, Neffen Hermann Billungs, schlugen sich auf die Seite Liudolfs. Es kam zu schweren Auseinandersetzungen und Gefechten, die sich bis Oktober 955 hinzogen.

Diese Auseinandersetzungen fanden im nordöstlichen Teil Sachsens, dem Bardengau, statt. Auch die Gaue Heilan und Moside wurden zeitweilig in diese Auseinandersetzungen hineingezogen. Im westlichen Mecklenburg, zwischen Elbe und Ostsee, wo die Abodriten siedelten, seitdem sie Karl dort ins Land geholt und gegen die verschleppten Sachsen ausgetauscht hatte, kam es zu harten Auseinandersetzungen.

Hermanns schwere Reiter hieben sich ihren Weg durch die Aufständischen hindurch und konnten diesen Kriegsbrand durch ihren rigorosen Einsatz austreten.

Das Herzogtum der Liudolfinger war auch nach Heinrichs I. Wahl zum König nicht in fremde Hände gegeben worden, sondern bei den Liudolfingern verblieben. Otto I. hatte aus diesem Grunde während der Zeiten seines langen Fernbleibens aus Sachsen Hermann zum Prokurator bestellt, der in seinem Namen regierte und dafür sorgte, daß der Friede erhalten blieb und Aufstände niedergeschlagen wurden. So hatte er früher, als er beispielsweise zur Krönungsfeier nach Aachen gereist war, Graf Siegfried von Merseburg mit dieser Aufgabe betraut.

Hermanns Aufgabe war es 953, das Gebiet der unteren Elbe und dessen Hinterland zu sichern. Hierbei ging es um die Niederwerfung der Aufständischen aus den eigenen Reihen ebenso wie der aufständischen Abodriten.

Zwei Jahre nach seiner zweiten Einsetzung als Ottos Stellvertreter in Sachsen wurde Hermann bereits bei Widukind von Corvey als „Graf in den Gauen Tilithi und Marstem" an der mittleren Weser genannt. Seine Stellung wurde zementiert durch das felsenfeste Vertrauen, das Otto I. in ihn setzte und das nie enttäuscht wurde.

Als das Jahr 961 wiederum kritische Situationen heraufbeschwor, die den König zwangen, Sachsen der Obhut eines Stellvertreters zu überlassen, ernannte Otto I. Hermann abermals zum Prokurator, freilich mit dem Zusatz, daß seine Herrschaftsgewalt ausdrücklich auf das Gebiet der unteren Elbe beschränkt sei.

Fünf Jahre später, abermals hatte Otto zu weiteren Kämpfen und Kriegszügen Sachsen verlassen müssen, wurde Hermann Billung als Ottos Vertreter im gesamten Herzogtum Sachsen eingesetzt. Damit war ihm Sachsen gewissermaßen als Vizeherzog übertragen worden.

Der Billunger hatte in Verbindung mit den eigenen Rechtstiteln in ganz Sachsen, Engern und Westfalen den Höhepunkt seiner Laufbahn erreicht. Von nun an standen Hermann und seine Nachfahren als gleichrangig unter jenen Edelfreien des Landes, die vor ihm das Sagen gehabt hatten. Hermann betrachtete sich von diesem Zeitpunkt an als echten Herzog in Sachsen. Allerdings gehörte die Grenzmark Thüringen des Markgrafen Gero und das südliche Sachsen nicht zu diesem billungischen Herzogtum.

Da sich unter Otto dem Großen der deutsche Herrschaftsbereich weit nach Osten verlagerte, hätte nunmehr auch die Möglichkeit bestanden, das hinzugewonnene Land ins Reichsgebiet einzugliedern. Dieser Schritt wurde jedoch nicht vollzogen. Man begnügte sich damit, die unterworfenen slawischen Stämme zu unterdrücken und auszubeuten, ohne sie jedoch fest ins Reich zu integrieren.

Wie fest Hermann im Sattel saß, zeigte sich im Jahre 968, als *er* die Wahl des neuen Bischofs zu Halberstadt, Heldeward, durchführte und dessen Einsetzung auf dem für ganz Sachsen verbindlichen Landtag zu Werla vollzog. Dies zeigte auf, daß Hermann es nunmehr zum echten Herrscher in Sachsen gebracht hatte. Er kam gleich hinter dem König, und demzufolge wurde er auch als „secundus a rege" bezeichnet.

In Sachsen selber gab es noch einige Fürsten, die ihm in rechtlicher Hinsicht gleichgestellt waren. Nicht so aber in den Grenzmarken. Dort war Hermann alleiniger Chef und kämpfte mit seinen Truppen gegen die Dänen, die Abodriten, die Wagrier und die Redarier.

Nur einmal zeigte sich Otto I. über diese Machtanhäufung seines Vertreters in Sachsen verstimmt. Als nämlich Hermann bei einem Besuch Magdeburgs von dem dortigen Erzbischof Adalbert mit „königlichen Ehren" empfangen wurde. Obgleich noch wenige Monate vorher Otto I. Hermann als Dux angesprochen hatte, protestierte er ob dieser königlichen Behandlung seines Untergebenen und verbot sie, indem er für immer eine derart überhebliche ungebührliche Ehrung Hermanns untersagte.

Auch der Graf der sächsischen Nordmark, Thiederich, wurde von Otto I. mit „dux" bezeichnet.

Nachdem Hermann dreimal hintereinander als Prokurator in Sachsen eingesetzt war, hatte sich seine Stellung derart gefestigt, daß er als Herzog in Sachsen und Stellvertreter des Königs weitgehend anerkannt war.

Außer seinen Einsätzen gegen die slawischen Aufständischen und bei der Niederschlagung der Fürsten-Opposition mit Wichmann dem Jüngeren und Ekbert an der Spitze betätigte sich Hermann Billung auch als Bauherr. Er ließ 950 im Bardengau die Lüneburg errichten. Gemeinsam mit seinem Bruder Amelung, der als Bischof von Verden amtierte, stiftete er das am Fuße der Lüneburg errichtete Kloster St. Michael, in das die Benediktiner einzogen.

Nach dem Tode Amelungs im Jahre 962 zog Herman dessen Güter ein und behielt sie für sich. Der Protest der Kirche von Verden focht ihn nicht an, er setzte sich gegen die Geistlichkeit durch.

Als Hermann Billung am 27. März 973 in Quedlinburg starb, hinterließ er seine Witwe mit fünf Kindern, unter ihnen auch Bernhard, der als Bernhard I. sein Nachfolger in Sachsen werden sollte.

Bernhard I. am Werk

Bernhard I. trat mit der Zustimmung von Kaiser Otto I. die Nachfolge seines Vaters mit „allen Herrschaftsrechten" an. Der Kaiser hatte an den Beisetzungsfeierlichkeiten für Hermann Billung in Quedlinburg teilgenommen, da er sich zu dieser Zeit gerade selber dort aufhielt.

Quedlinburg war zu dieser Zeit ein bedeutender Ort in Sachsen. Hier fanden die Reichs- und Kirchenversammlungen statt. Hier sollten auch König Heinrich I. und seine Gemahlin begraben werden. Diese Stadt war schon lange und bis in die Zeit Kaiser Heinrichs IV. hinein bevorzugter Platz für die Osterfeierlichkeiten der Könige und auch der Gegenkönige; eine Hauptstätte weltlicher und kirchlicher Versammlungen.

Nach Otto des Großen Tod am 7. Mai 973 und der Übernahme der Regierungsgewalt durch Otto II. war es mit der von Otto dem Großen betriebenen vorwätsdrängenden Ostpolitik vorüber. Da sich Otto II. stärker nach dem Süden orientierte, gewannen die Markgrafen und auch der Herzog von Sachsen, Bernhard I., einen Machtzuwachs, der sich sehr bald noch steigern sollte, da es ihnen oblag, gewissermaßen selbständig an der Grenze einzugreifen, sooft es dort brannte.

So wuchs auch Bernhard I. derart erfolgreich in seine Aufgabe hinein, daß er schließlich sein gesamtes Gebiet als eigenen Herrschaftsbereich betrachtete. Unter seiner Führung wuchsen die verschiedenartigen Befugnisse, die er übernommen hatte, zu einer eigenständigen Herrschaft zusammen. In den Urkunden dieser Zeit werden alle Gebiete seines Herrschaftsbereiches als „comitatus" – Gebiete, in welchen er gräfliche Hoheitsrechte ausübte – bezeichnet.

Bernhard wurde schließlich unter den sächsischen Fürsten die beherrschende Persönlichkeit, die überall das Sagen hatte. Daß sich dies so entwickelte, verdankte Bernhard jener Tatsache, daß ab Otto II. die sächsischen Herrscher sich nicht mehr besonders um dieses Stammland kümmerten, sondern sich weitreichenden Aufgaben widmeten.

Da sich Bernhard deshalb mehr und mehr um innersächsische Belange kümmern mußte, trat zunächst die dauernde Beobachtung und Überwachung des Grenzlandes in den Hintergrund zurück.

Bernhard vereitelte auch die Versuche Heinrichs des Zänkers, sich des Thrones zu bemächtigen, übrigens im Verein mit den übrigen sächsischen Fürsten.

Auf dem zu Ostern 986 abermals in Quedlingburg abgehaltenen Hoftag war Bernhard I. einer der vier Auserwählten, die als Herzöge ihrer Länder dem jungen König Otto III. persönlich dienen durften. Er war zum Marschall Ottos III. avanciert. Die drei übrigen Herzöge dienten als Truchseß, als Kämmerer und als Mundschenk. Damit war Bernhard auch offiziell als Herzog von Sachsen anerkannt. Die Haltung Sachsens zu dem minderjährigen Otto III. war entscheidend für dessen Sieg gewesen.

Allerdings zeigte es sich, daß damit Bernhard noch nicht für alle Zeit „echter und geborener" Herzog in Sachsen war. Als Otto III. sich 997 in Italien befand, wurde nicht Bernhard I., sondern die Äbtissin Mathilde von Quedlingburg zur Regentin in Sachsen bestimmt. Sie war es auch, die 999 die sächsischen Fürsten, unter ihnen Bernhard I., zu einem Tag nach Magdeburg einlud.

Nach dem Tode Ottos III., der am 23. Januar 1002 in Paterno, eben 22 Jahre alt, starb, ging es bei seiner Nachfolge darum, die Königswahl Heinrichs II. durchzusetzen. Da der Baiernherzog trotz seiner Zugehörigkeit zum Hause der Ottonen als Fremder empfunden wurde, hatte Ekkard I. von Meißen alle Hoffnung, zum neuen König gewählt zu werden. Diese Wahl unterstützte auch Bernhard I., denn Ekkard I. war mit seiner Schwester Suanehild vermählt. Auf der Versammlung der sächsischen Großen in Frohse ebenso wie auf der Stammesversammlung in Werla unterstützte er Ekkard lautstark, allerdings ohne jene notwendige große Resonanz unter den übrigen Fürsten zu finden, die zur Durchsetzung der Wahl notwendig gewesen wäre.

Die Stammesversammlung entschied sich für den Herzog von Baiern, und am 7. Juni 1002 wurde Heinrich II. in Mainz zum König gewählt und sogleich gekrönt. Heinrich II. traf am 25. Juli 1002 in Merseburg ein, um auf der neuen Stammesversammlung zu sprechen.

Als Sprecher der Sachsen verkündete ihm Bernhard I. den Willen des sächsischen Volkes, daß Sachsen seine alten Rechte vertrete und von ihm zu wissen wünsche, wie er sich Sachsen gegenüber verhalten werde. Heinrich II. erklärte, daß er die sächsischen Stammesrechte stets achten und halten werde, sofern sie nicht mit den Rechten des Reiches in Widerspruch stünden. Daraufhin übergab Bernhard I. König Heinrich die heilige Lanze, womit dieser als Herrscher des Reiches auch in Sachsen anerkannt worden war.

Daß Bernhard I. dieses höchste Zeichen der Herrschaft übergeben durfte, zeigt auf, daß er, obgleich noch nicht nominell Herzog von Sachsen, dennoch das größte Ansehen unter den sächsischen Fürsten genoß und daß diese ihn gebeten hatten, das sächsische Volk gegenüber dem neuen König zu repräsentieren. Er war aus der Zahl der gleichberechtigten sächsischen Fürsten emporgewachsen und übte, wenn auch nicht die Herrschaft, so doch die Führung im gesamten Stamm der Sachsen aus. In der Folgezeit wurde Bernhard I. sowohl bei den Geschichtsschreibern als auch in den königlich-kaiserlichen Urkunden Dux genannt. Sein Herrschaftsbereich wurde immer selbständiger und in sich geschlossen. Schließlich wurde er zum „secundus a rege", wie ihn die Quedlinburger Annalen anläßlich seines Todes nannten.

Daß dennoch ein letztes oberstes Verfügungsrecht des Königs über Sachsen bestand, verblaßte nach und nach unter dem Eindruck der Tatsache, daß die Billunger nun schon seit zwei Generationen in Sachsen ihre Herrschaft ausgeübt und ausgeweitet hatten. Daraus ließ sich bereits ein Erbanspruch ableiten, und diese Tatsache kam denn auch nach dem Tode Bernhards I. zum Ausdruck, als sein Sohn Bernhard II. zu seinem Nachfolger erklärt wurde. – Doch zuvor noch ein Überblick über Bernhards Einsatz an den Grenzen nach Norden und Osten.

Gegen Aschmänner und Liutizen

Während dieser Ereignisse und Rangkämpfe im Innern Sachsens mußte auch die Grenze in der Regierungszeit Bernhards I. mehrfach gesichert und geschützt werden.

So, als im Jahre 991 die von den Sachsen „Aschmänner" genannten Normannen nach Friesland einfielen, von dort bis zur Zuidersee durchbrachen und auch nach Süden hin ihre Streifzüge unternahmen.

Drei Jahre später waren es die gleichen „Räuber aus dem Norden", die diesmal auch in das Gebiet der Weser- und Elbmündung vordrangen und die Gaue Hadeln und Wigmodingen verheerten.

Eine kleine Gruppe fuhr auf ihren kleinen Eschenholz-Schiffen (die ihnen den sächsischen Kriegsnamen „Aschmänner" eingetragen hatten) in die Wesermündung hinein und bis nach Lesum nordwestlich von Bremen weiter.

Sie hatte auf ihrem Zug nach Süden den sächsischen Ritter Heriward gefangengenommen, der sich mit seinen Mannen im vorgeschobenen Grenzgebiet befand, und führte diesen mit sich.

Heriward erbot sich, ihnen einen Weg durch das Teufelsmoor an der Hamme zu weisen und ihnen damit Gelegenheit zu geben, den Sachsen auszuweichen, die sich dort verschanzt hatten. Die Normannen nahmen diesen Vorschlag an, und Heriward führte sie genau in das Teufelsmoor hinein. Dort wurden sie von den auf den höhergelegenen Sandinseln lauernden Sachsen niedergemetzelt.

Ein Jahr später fielen die Normannen abermals nach Deutschland ein. Diesmal stellten sich drei Onkel Thietmars von Merseburg, Brüder seiner Mutter, im Raume Stade mit ihren Männern den Eindringlingen entgegen. Sie wurden geschlagen und niedergemacht. Alle jene, die lebendig und unversehrt in die Hände der Eindringlinge fielen, wurden als Sklaven weggeführt.

Als diese Nachricht nach Sachsen gelangte, ließ Herzog Bernhard I. sofort seine Unterhändler nach Dänemark reisen und sich um die Freilassung der Gefangenen bemühen. Nach Zahlung eines hohen Lösegeldes gelang es ihnen, die noch lebenden Gefangenen freizukaufen.

Allerdings war ein Teil von ihnen bereits aus Rache umgebracht worden. Und zwar war es Graf Siegfried von Stade, einem der drei Onkel Thietmars von Merseburg, gelungen zu fliehen. Aufgrund dieser Flucht wurden viele der Geiseln und Gefangenen ermordet.

Dieser Siegfried von Stade wehrte später immer wieder normannische Einfälle ab und kämpfte mit größter Erbitterung gegen seine persönlichen Feinde.

In der Folgezeit kamen die Normannen immer wieder. Sie suchten beide Ufer der Elbe heim und drangen weit nach Sachsen vor.

Neben diesen Einfällen aus dem Norden hatte Sachsen auch unter den aus dem Osten erfolgenden Überfällen der Slawen zu leiden. Vor allem der große Stamm der Liutizen und die Abodriten versuchten immer wieder, das befestigte Brandenburg in ihre Gewalt zu bekommen, das als Hauptstadt der Heveller galt. 992 führte Bernhard I. das sächsische Heer gegen diesen Feind, er nahm Brandenburg in Besitz und übergab es erneut Markgraf Thiederich.

Der sächsische Ritter Kizo, der seit geraumer Zeit mit den Liutizen gemeinsame Sache machte, eroberte nach Bernhards Abzug Brandenburg und stieß von dort aus zu mehreren Raubzügen nach Sachsen hinein. Otto mußte diesen Widersacher Thiederichs 992 erneut angreifen.

Kizo ließ es zu keinem Schlagabtausch kommen, sondern unterwarf sich dem großen Heer sofort, um unmittelbar nach dessen Abzug seine Raubzüge fortzusetzen.

Bereits im Frühjahr 993 ließ Bernhard I. seine Sachsen gegen diesen Feind antreten. Noch zweimal im gleichen Jahr ritten die sächsischen schweren Reiter dorthin, um Kizo zu zeigen, wer Herr in der Grenzmark war. Beim letztenmal unterwarf sich der Ritter und erlebte im Gegenzug einen Angriff seiner ehemaligen Bundesgenossen, der Liutizen, gegen sich selber. Königliche Truppen kamen ihm zu Hilfe. In ihren Reihen standen wieder einige Gruppen sächsischer Krieger.

994 ging dann Brandenburg bei einem liutizischen Großangriff abermals verloren. Noch immer regierte Kaiserin Adelheid für den noch nicht großjährigen Otto III.

Kizo, der sich gerade in seiner Heimat Sachsen befand, als der Liutizenhäuptling Boliljut sich Brandenburgs bemächtigte, rüstete sofort eine Truppe aus und zog mit diesen sächsischen Freiwilligen gegen Boliljut zu Felde. Kizo fiel in diesem Kampf.

Otto III., der im September 994 für großjährig erklärt worden war, führte 995, eben im 16. Lebensjahr stehend, das Heer zu einem großangelegten Feldzug gegen die Abodriten und die Wilzen. Waffenhilfe leisteten neben den Sachsen vor allem Boleslaw von Polen und ein böhmisches Heer, das der Sohn Boleslaws von Böhmen führte.

Der Markgraf der Ostmark, Hodo, war 993 gestorben und war durch Gero II. von Serimunt-Nicici ersetzt worden. Damit waren die drei Grenzmarken, die Nordmark, die Ostmark und die Mark Meißen mit dem Markgrafen Liuthar, Gero II. und Ekkard besetzt, welche die Wache nach Norden und Osten hielten.

Die weiteren Kämpfe in der Ostmark wurden von nun an auch von Otto III. beeinflußt, der im Juni 997 in der Arneburg auf dem linken Elbufer weilte und dort die Erneuerungsarbeiten an den Befestigungsanlagen befahl. Die Kommandogewalt übertrug er bei seinem Abzug bis zur Ankunft von Markgraf Liuthar auf Erzbischof Gisiler von Magdeburg.

Der Erzbischof ließ sich am 2. Juli dieses Jahres durch eine List der Slawen aus dem befestigten Magdeburg hinauslocken. Er wurde mitsamt seiner Begleitung umgebracht. Die Slawen nahmen Magdeburg in Besitz und zündeten die Arneburg an, noch ehe Liuthar herangekommen war.

Der daraufhin folgende Feldzug begann im August. Das Gebiet der Heveller wurde gebrandschatzt, ohne daß ein durchschlagender Sieg erzielt worden wäre.

Die Liutizen überschritten mit den ihnen verbündeten Abodriten weiter unterhalb die Elbe und fielen nach Lüneburg und Bardowick in den Bardengau ein.

Diesmal griffen die Westfalen zu den Waffen und zogen den Eindringlingen entgegen. Am 6. November kam es zur entscheidenden Schlacht. Einer der hervorragendsten westfälischen Kämpfer war Bischof Ramward von Minden, der „seinen Männern mit dem Kreuz in der hochgereckten Hand vorausging". Die Liutizen erlitten eine vernichtende Niederlage. Doch die Verluste überwogen diese sporadischen Siege. Nur in der Mark Meißen war es Markgraf Ekkard gelungen, die Grenzbefestigungen zu halten. Die dort angreifenden Milzen wurden geschlagen und unterworfen.

Die zerstörte Arneburg wurde von Otto III. nicht wieder aufgebaut, obgleich ihr für die Verteidigung wichtige Bedeutung zukam. Otto III. war mehr an Italien und an den Plänen zum Aufbau eines Weltimperiums unter seiner Führung interessiert. Noch 997 zog er ein zweites Mal nach Italien.

Zu Bernhards I. letzten Tagen im Jahre 1011 in Corvey traf auch der König dort ein. Immerhin wollte und mußte er dafür sorgen, daß die Sachsen in diesem kräftezehrenden Krieg gegen Polen auf seiner Seite standen. Deshalb stimmte er auch sofort der Wahl Bernhards II. zum neuen Herzog in Sachsen zu; er tat das in der Hoffnung, daß der Sohn wie sein Vater treu an seiner Seite stehen werde.

Bernhard II. – Kämpfe gegen Polen

Die im Jahre 1011 beginnende Regierungszeit dieses Billunger Herzogs war gleichzeitig auch die Zeit der langjährigen Auseinandersetzungen mit Polen unter Herzog Boleslaw Chrobry, die im Abschnitt über Heinrich II. ausführlich behandelt wurden.

Da sich König Heinrich II. in diesem Kampf der Liutizen als „Waffenbrüder" bediente, die ihm die Heerfolge gelobt hatten, waren die Sachsen, die seit Jahrzehnten unter diesen Nichtchristen zu leiden gehabt hatten, vor den Kopf gestoßen. Immerhin standen sie ja mit den Polen in freundschaftlicher Beziehung.

Alle Anordnungen und Befehle Heinrichs II. in bezug auf Polen wurden demzufolge nur sehr zögernd befolgt. Heinrichs II. Pläne wurden in mehr als einem Falle hintertrieben, und so kam es schließlich auch zu einer Verbrüderung der Bürger von Magdeburg mit dem polnischen Herzog und dessen Volk.

Auch Bernhard II. dachte in diesen Kategorien, wie sich bereits sein Vater in nur sehr wenigen Fällen an Kriegszügen gegen den Osten beteiligt hatte.

Bernhard II. von Sachsen beteiligte sich zunächst nicht an den Kämpfen gegen die Polen. Er verwandte sich beim neuen König für den verbannten Heinrich von Schweinfurt. Als ihm schließlich nichts anderes übrigblieb, als dem Befehl seines Königs Folge zu leisten, stellte er 1015 ein sächsisches Heer zusammen, dem dann auch noch zu allem Überfluß die Liutizen zugeführt wurden. Beide miteinander verfeindeten Gruppen sollten nun gemeinsam gegen die Polen kämpfen.

Heinrich II. hatte den Feldzugsplan klug ausgedacht. Während das sächsisch-liutizische Heer unter Bernhard II. als nördliche Flügelgruppe des Hauptheeres in Richtung auf die Oder vorstürmen sollte, wollte der Kaiser mit dem Hauptheer bei Torgau die Elbe überschreiten und zur Oder vorstoßen. Die dritte Gruppe wiederum stand auf der südlichen (rechten) Flanke. Sie war aus Baiern und Böhmen zusammengestellt und wurde vom Markgrafen Heinrich von Österreich und Böhmenherzog Udalrich geführt. Sie sollte durch das Land der Milzen vorstoßen und oberhalb von Crossen die Oder erreichen. Damit wollte der Kaiser den Gegner in die Zange nehmen und vernichtend schlagen.

Das Gros unter Führung des Kaisers erreichte bei Crossen am 3. August 1015 die Oder. Hier stieß es auf das polnische Heer unter Mieszko. Als dieser sich nicht freiwillig unterwerfen wollte, wurde am 3. August der Flußübergang im Handstreich erzwungen. Jetzt standen die Kaiserlichen dem Heer Boleslaw Chrobrys gegenüber. Chrobry konnte nicht verhindern, daß die kaiserlichen Truppen nach Polen einfielen.

Die Entscheidung mußten nun die beiden Flügelheere bringen. Das südliche hatte im Verlauf des Vorstoßes die Burg Biesnitz bei Görlitz erobert und einige polnische Streifgruppen geschlagen, als Markgraf Heinrich plötzlich und ohne Grund den Rückzug befahl.

Sieg oder Niederlage hing nun von Herzog Bernhard II. von Sachsen ab. Dessen Truppe hatte im ersten Vorprellen die Oder erreicht und war im Raume Lebus auf starke polnische Befestigungen gestoßen. Als Bernhard II. den Flußübergang befahl, kamen die Sachsen seinem Befehl nur zögernd nach und wurden daher prompt abgewiesen. Bernhard II. ließ durch einen berittenen Boten die Nachricht an Kaiser Heinrich schicken, daß der Flußübergang nicht erzwungen werden könne, und kehrte, ohne es ein zweites Mal versucht zu haben, mit der Truppe nach Sachsen zurück.

Heinrich II. wurde durch das Versagen der Flügelgruppen gezwungen, den Rückzug anzutreten. Auf dem Rückzug durch das Sumpfgebiet des Gaues Diedesisi – der Hauptübergang über die Oder war von Boleslaw Chrobry gesperrt – wurde am 1. September 1015 die Nachhut unter Gero II. abgefangen und dieser mit etwa 200 Rittern niedergemacht.

Die polnischen Verfolger kamen bis zur Elbe. Als ihr junger Führer Mieszko den Versuch machte, das nur schwach besetzte Meißen zu erobern, wurde er nach dem Übergang über den Fluß mit den letzten Kräften aller Verteidiger einschließlich der in der Festung wohnenden Frauen abgewiesen.

Der Feldzug endete mit einem Mißerfolg. Anstelle seines gefallenen Vaters Gero II. trat Thietmar die Nachfolge als Markgraf der Ostmark an.

Damit war dieser klug angelegte Feldzugsplan zunichte gemacht worden. Die Schuld daran trug Bernhard II. von Sachsen. Er hatte seinem Kaiser die Quittung dafür gegeben, daß dieser seiner Mutter statt Bernhard II. die Führung der Reichsgeschäfte in Ostsachsen übergeben hatte. So ging den Sachsen die Herrschaft über die Elbslawen mehr und mehr verloren.

Bernhard II. hatte fast ausschließlich mit der Erledigung der innersächsischen Streitigkeiten zu tun.

Als die Liutizen im Februar 1018 die Abodriten überfielen, die unter der Oberherrschaft Bernhards II. standen, schlugen sich die Abodriten auf die Seite ihrer Gegner. Beide wandten sich nunmehr vereint gegen die Sachsen, und so fand die billungische Herrschaft an der Elbe ein

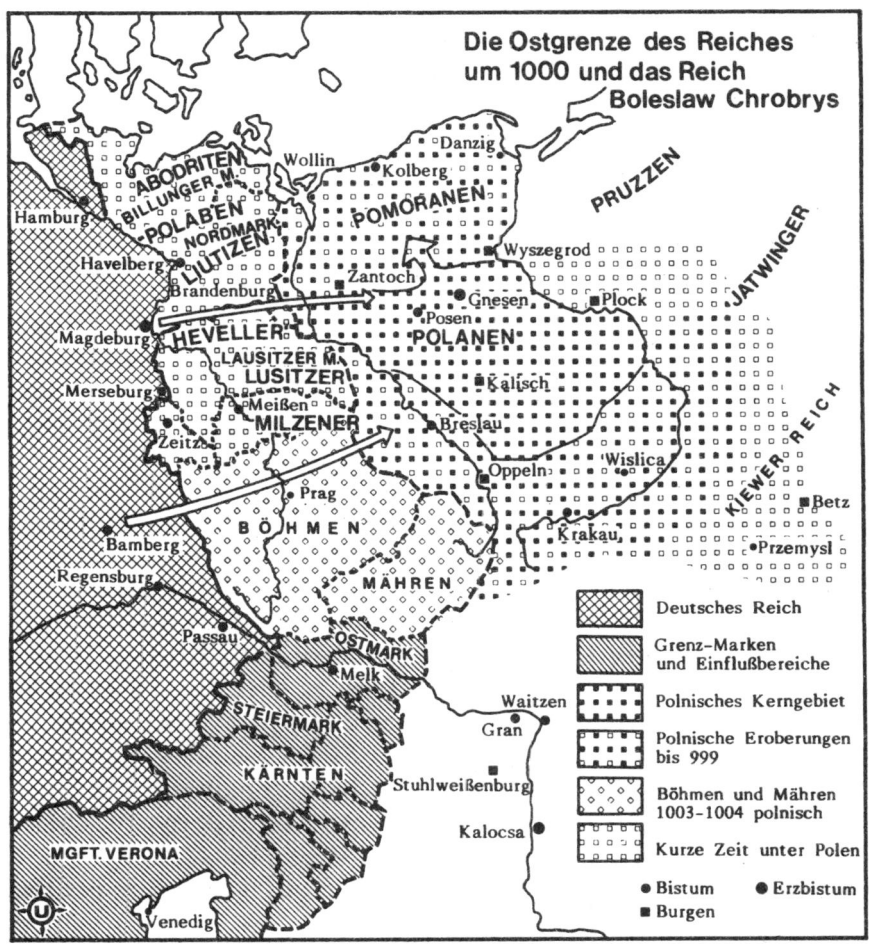

(Aus: Arnoldi Chronica Slavorum.)

jähes Ende. Herbeigerufen wurde es durch den ehemaligen kaiserlichen Verbündeten, die Abodriten. Als Bischof Bernhard von Oldenburg sich mit einer dringenden Bitte um Hilfe an den Kaiser wandte, antwortete dieser nicht einmal darauf; so sehr war er in westliche Auseinandersetzungen verbissen.

Den Sachsen, die sich solcherart brüskiert sahen, erblickten in der kaiserlichen Haltung keine Sachzwänge, die ihn am Eingreifen hinderten, sondern sahen in dessen Handlungsweise eine stillschweigende Billigung des Verhaltens der Liutizen.

Der Billunger Thietmar trommelte im Jahre 1019 alle Sachsen zusammen. Er wandte sich mit der Bitte um Hilfeleistung auch an den Grafen Hermann von Werl, der ihm eine schlagkräftige Truppe unter der Führung seiner beiden Söhne schickte. Sie gingen nun aber nicht gegen die Liutizen vor, sondern gegen den Kaiser.

Dieser Aufstand wurde blutig unterdrückt. Aber die Empörung schlug in Sachsen nach wie vor hohe Wogen. Bernhard II. hielt seine Zeit für gekommen. Zu Anfang des Jahres 1020 sammelte er in Westfalen ein Heer, ließ seine unsichere Ostgrenze Ostgrenze sein und besetzte die Schalksburg bei Minden nahe dem Weserdurchbruch. Damit blockierte er alle Wege, die nach Bremen führten. In den Annalen von Adam II. von Bremen heißt es über die Wucht dieses Schlages: „Totam secum ad rebellandum caesari movit Saxoniam."

Sofort waren kaiserliche Truppen zur Stelle. Sie belagerten Bernhard II. in der Festung Schalksburg. Durch die Vermittlung von Erzbischof Umwan von Bremen wurde Friede geschlossen. Bernhard gab sich geschlagen, wurde aber in keiner Weise in seinem Besitz oder in seinen Herrschaftsrechten beeinträchtigt. Dies gibt am besten jene prekäre Lage wieder, in der sich der Kaiser befand.

Zum ersten Male hatte der aufklaffende Gegensatz zwischen dem Kaiser und der Führungsschicht in Sachsen, allen voran Bernhard II. aus dem Hause Billung, zu einer offenen Auflehnung geführt. Wenn Bernhard II. ungeschoren davonkam, dann war dies der Tatsache zu verdanken, daß die Lage im Osten mehr als prekär war und der Kaiser immer noch und mehr denn je der Hilfe der Sachsen bedurfte, um die östlichen Reichsgrenzen zu sichern.

Bernhard II. war trotz seiner Niederlage gegen den Kaiser in seiner Herrschaft in Sachsen ungeschmälert. Er war der Herzog von West- und Ostsachsen. In einer Urkunde aus dem Jahre 1013 kommt dieses zweifelsfrei zum Ausdruck, in der Heinrich II. auch Bernhard unterschreiben ließ: „Bernhardus dux Westvalorum subscripsi."

Unter Heinrich II. stellte Sachsen somit auf alle Fälle eine Einheit dar, die unter billungischer Herrschaft stand. Einen Stammesherzog gab es nach Otto II. nicht mehr. Es waren die Billunger, die diese Position einnahmen, ohne jemals öffentlich durch kaiserliche Belehnung diesen Rang erhalten zu haben. Bernhard II. in Ostsachsen war dennoch auf dem Weg, zum wirklichen Herzog Sachsens aufzusteigen. Ganz schaffte er es jedoch nicht, auch die politische Führung in ganz Sachsen zu übernehmen. Die *eine entscheidende* Instanz über politische Entscheidungen in Ostsachsen war auch zu seiner Zeit die noch immer auftretende und tagende Stammesversammlung in Werla.

Mit dem Tode von Bernhard II. am 29. Juni 1059 wurde zum zweiten Male sein Nachfolger im Erbgang gewählt. Es war sein Sohn Ordulf. Seit 1039 hatte Heinrich III., der Sohn Konrads II., regiert. Er war am 5. Oktober 1056 gestorben. Noch zu Lebzeiten Bernhards II. hatte Heinrich III. das Erzstift Hamburg-Bremen gegen die Billunger gefördert, um deren Macht durch dieses Gegengewicht in Grenzen zu halten.

Durch den Machtverlust des Königshauses, hervorgerufen durch die Minderjährigkeit des neuen Königs Heinrich IV., der 1050 geboren und zur Zeit des Regierungsantritts des Billungers Ordulf erst acht Jahre alt war, gelang es Ordulf, sich gegenüber Erzbischof Adalbert von Bremen und Hamburg zu behaupten, da dieser seinen Rückhalt am Herrscher weitgehend verloren hatte.

Gemeinsam mit seinem jüngeren Bruder Hermann bekämpfte Ordulf das Erzstift, und Adalbert sah sich genötigt, Hermann Billung verschiedene Lehen der Bremer Kirche zu übertragen. Als man Ordulf weiteres Lehen verweigerte, die er gern gehabt hätte, griffen im Jahre 1063 die Billunger, vor allem Hermann, während Ordulf im Lande für Ruhe und Ordnung sorgte, erneut zu den Waffen.

Da die Truppen Heinrichs IV. vom Ungarnfeldzug zurück waren und Adalbert inzwischen zum Vertrauten des jungen Königs geworden war „und sein Ohr gewonnen hatte", wurde Hermann Billung vor das königliche Gericht zitiert und mit der Verbannung bestraft. Beide Billunger wurden dazu verurteilt, 50 Hufen ihres Besitzes als Buße an das Erzstift zu übergeben.

Dieses große Stück Landes fiel an die Kirche St. Willehadi in Bremen. Der König übertrug der Kirche außerdem am 27. Juni 1063 den Hof Lesum, der mit seinen 700 Hufen bebauten Landes schon ein ausgewachsenes Rittergut war. Nur wenige Monate später erhielt die Kirche auch den gesamten Herrschaftsbesitz der Grafen von Stade und zwei Jahre später die Abteien Corvey und Lorsch. Der königliche Hof zu Duisburg kam am 16. Oktober 1065 hinzu und drei Tage darauf noch der Ort Sinzig im Ahrgau.

Damit verfügte die bremisch-hamburgische Kirche über eines der reichsten Besitztümer im Lande. Dank dieser geldlichen Machfülle konnten die Erzbischöfe als durchaus potente Gegner der Billunger auftreten und sie kurzhalten. Dies war auch der Wille Heinrichs IV., der nach seiner Schwertleite 1065 volljährig wurde, sogleich die Vormundschaftsregierung seiner Mutter ablöste und selber die Regierungsgeschäfte übernahm. Auf der Synode in Tribur, wo bereits der dreijährige Heinrich IV. 1053 zum deutschen König gewählt worden war, setzte König Heinrich 1066 seinen Berater, Erzbischof Adalbert von Bremen und Hamburg, ab und entließ ihn. Dieser hatte nach zuviel Macht und Gewinn gestrebt. Der Erzbischof hatte zudem den jungen Heinrich zu hart behandelt.

Nachdem die Bremisch-Hamburgische Kirche solcherart als Machtfaktor im Bereich der Billunger ausgeschaltet worden war, verstärkten diese ihre Bestrebungen, die mächtigste Familie in ganz Ostsachsen nicht nur zu bleiben, sondern ihre Position weiter auszubauen.

Heinrich IV. aber griff auch in Ostsachsen energisch ein und versuchte, das Königsgut in Südostsachsen wieder ganz an sich zu ziehen. Dabei ging er weder mit den Billungern noch mit den übrigen sächsischen Edelherren zimperlich um. Zum Schutz der zurückgewonnenen Güter der Krone und zu deren dauernder Sicherung ließ er Burgen errichten. Es sah ganz so aus, als sei es mit der Macht der Billunger und jener der anderen sächsischen Großherren ein für allemal zu Ende. Dies bestätigte sich 1069, als Erzbischof Adalbert wieder an den Hof zurückkehrte und bis zum Jahre 1071 seine alte hervorragende Rolle zurückgewonnen hatte.

Die Northeimer als Bundesgenossen im sächsischen Aufstand

Nun begann der Erzbischof wieder den Kampf gegen die Billunger. Noch ein weiteres Geschlecht wurde in den Strudel der Ereignisse hineingerissen, ohne sich sehr dagegen zu wehren, im Brennpunkt des Interesses zu stehen, die Northeimer.

Die Familie der Grafen von Northeim hatte ihren Hauptbesitz im Gebiet der oberen Leine, an der Werra, wo ihre Festung, die Boyneburg, lag, an der Weser und an deren linken Nebenflüssen, der Diemel und Nethe. Außerdem verfügte sie über weiteren großen Besitz am linken Ufer der Unterelbe. Sie besaß die Hausklöster Northeim, Bursfelde, Amelunxborn und Oldisleben. Die Vogteirechte über die

Reichsstifte Corvey, Gandersheim und Helmarshausen gehörten ihnen ebenfalls. Damit waren sie neben den Billungern das einflußreichste Geschlecht in Sachsen.

Dieses Geschlecht wurde im Jahre 950 mit dem Grafen Otto das erste Mal geschichtlich belegt. Northeim an der Leine im südlichen Niedersachsen war sein Stammsitz.

Ordulf erlebte diese Kämpfe nicht mehr. Er starb 1072. Sein Sohn Magnus aber, der ihm als Nachfolger an die Spitze Ostsachsens gefolgt war, hatte sich bereits zu Lebzeiten seines Vaters mit Otto von Northeim verbunden. Gemeinsam erhoben sie im Frühjahr 1071 die Waffen gegen den König. In den Auseinandersetzungen dieser ungleichen Kontrahenten wurden die sächsischen Truppen unter Magnus und dem Grafen von Northeim geschlagen. Die beiden Anführer mußten sich König Heinrich IV. unterwerfen. Dieser nahm beide in Haft.

Ein Jahr später entließ er den Grafen von Northeim. Aber Magnus Billung wurde trotz der vielen Versuche seines Vaters, der zu dieser Zeit noch lebte, weiter auf der Harzburg in Haft gehalten.

So mußte Ordulf nicht nur die Gefangenschaft seines Sohnes über sich ergehen lassen, er mußte darüber hinaus zulassen, daß der Erzbischof von Bremen-Hamburg die umfangreichen Lehen, die er den Billungern hatte überlassen müssen, wieder an sich riß.

Adalbert von Bremen-Hamburg aber ließ es damit noch nicht genug sein. Er veranlaßte den König, mit dem dänischen König Sven Estridsen in Verhandlungen einzutreten, um einmal die Billunger zu demütigen und zum anderen in den Dänen willige Bundesgenossen gegen die Billunger zu finden.

Als Ordulf starb, befand sich Magnus Billung noch in Haft. Sein Onkel Hermann versuchte in mehreren Schritten seine Freilassung zu erreichen. Dazu bot er schließlich bedeutende Besitztitel an. Doch Heinrich IV. blieb hart. Er wollte Magnus Billung nur dann die Freiheit zurückgeben, wenn dieser auf alle Herrschaftsrechte und allen Eigenbesitz verzichtete und diese dem König übergab.

Damit wäre Heinrich IV. unumschränkter Herr in Ostsachsen gewesen und hätte unter den sächsischen Edlen aufräumen können. Wenn er diesen billungischen Besitz an einen seiner Vertrauten übergab, dann war er sicher vor sächsischen Überfällen, so schloß der junge König.

Bei diesen Operationen vergaß er ganz, daß er sich mit einem Gegner verbündete und die Grenzen dessen Zugriff öffnete, doch das focht ihn nicht an.

Er ließ die Lüneburg besetzen und eine schwäbische Besatzung hineinlegen. Der König unternahm 1073 auch den Versuch, die territorialen Machtgrundlagen des Königtums mit Hilfe von Ministerialen, beispielsweise des Bischofs Benno von Osnabrück, wiederherzustellen.

Dies war der entscheidende Funke, der die Entladung herbeiführte. Sowohl die meisten weltlichen Fürsten in Sachsen als auch ihre geistlichen Führer richteten sich nun gegen den König. An die Spitze des Aufstandes trat der Graf Otto I. von Northeim.

Er erwies sich mit den Anhängern der Billunger und der übrigen Fürsten in Sachsen als Führer des Aufstandes gegen König Heinrich IV. Den Truppen Heinrichs sagten die Sachsenverbände, deren Reiterei noch immer das Prunkstück des Aufgebotes war, den Kampf an.

Während Otto von Northeim von Hoetenshausen aus zur Harzburg marschieren ließ, in die König Heinrich IV. sich zurückgezogen hatte, nahm Graf Hermann Billung, Magnus' Onkel, die Lüneburg ein. Heinrich IV. mußte die Harzburg gegen Zugestehung freien Geleites räumen, und auch die Besatzung der Lüneburg erhielt Hermanns Pardon unter der Voraussetzung der Freigabe seines Neffen Magnus. Dies wurde zugesichert.

Der Friede von Gerstungen wurde am 2. Februar 1074 geschlossen. König Heinrich IV. verpflichtete sich, die Forderungen der Sachsen weitestgehend zu erfüllen. Er mußte die in Sachsen angelegten Burgen schleifen lassen und hoffte, damit die Sache aus der Welt geschafft zu haben, was allerdings nicht so war, wie die Zukunft zeigen sollte.

Die Billunger, nun unter der Führung von Magnus, trieben sofort ihre verlorengegangenen Besitzungen wieder ein und versuchten natürlich noch einen tüchtigen Happen mehr abzuzwacken. Erzbischof Liemar von Bremen bekam dies zu spüren; er hatte nach dem Tode seines Vorgängers und Königsberaters die Suppe auszulöffeln, die ihm sein Vorgänger eingebrockt hatte.

Damit nicht genug, blieben die Sachsen im Aufstand. Otto von Northeim führte ihn an. Die sächsischen Bauern forderten König Heinrich IV. zum Kampf heraus. Am 9. Juni 1075 kam es zur Schlacht bei Homburg an der Unstrut. Die Bauern hatten bis dahin während ihres Rachezuges die Harzburg niedergebrannt und die dort beigesetzten Angehörigen des Königshauses aus den Gräbern gezerrt und diese geplündert. Dieses Verbrechen verlangte eine sofortige Reaktion des Königs. Sie bestand darin, gegen die Wortbrüchigen des Gerstunger Vertrages den Reichskrieg zu verkünden.

Die Schlacht bei Homburg wurde zu einem Massaker, denn die Bauern waren nicht in der Lage, diesem übermächtigen Heer mit seiner glänzenden Ausrüstung standzuhalten. Sie wurden reihenweise niedergehauen, wie dies dem damaligen Verständnis von einem richtigen Krieg entsprach.

Doch damit war dieser riesige Sachsenaufstand nicht aus der Welt zu schaffen. Erst in der Schlacht von Spier bei Sondershausen im Herbst 1075 wurden die aufständischen sächsischen Bauern zur bedingungslosen Kapitulation reifgeschlagen.

Otto von Northeim und Bischof Burchard von Halberstadt, die Köpfe des Volksaufstandes, mußten nun abtreten. Ottos Sohn, Heinrich der Fette, übernahm die Regierung.

Die Billunger hatten sich mehr oder weniger aus diesen letzten großen Kämpfen herausgehalten. Auch wenn Hermann und Magnus insgeheim Helfer des Grafen von Northeim waren, so galt ihre Hauptaufmerksamkeit doch ihren Besitzungen, und so traten sie in der großen Auseinandersetzung ihres Stammes gegen das Herrscherhaus, das den Sachsen fremd geworden war, mehr und mehr in den Hintergrund. Dies ließ sie im Reich ebenso wie in Sachsen in die Bedeutungslosigkeit ihres Stammvaters, des Vaters von Hermann Billung, zurückfallen, von dem man nicht mehr als seinen Namen wußte.

Was geschehen wäre, wenn sich Ordulf oder Magnus an die Spitze der sächsischen Aufständischen gestellt hätte, läßt sich nur vermuten. Die Möglichkeit, die königlichen Truppen mit Hilfe *aller* Sachsen zu besiegen, lag auf der Hand. Dies hätte mit Sicherheit Ordulf oder Magnus die wirkliche Herzogswürde in Sachsen und die unumschränkte Herrschaft über dieses Land verschafft. Zumindest wären sie in Ostsachsen zur einzigen Herrscherfamilie aufgestiegen.

Sie hätten es schaffen können, zuzüglich zu ganz Ostsachsen auch das Gebiet der Wagrier und Abodriten, die ihrem Gebot unterstellt waren, in den Verband ihres Landes einzugliedern. Wahrscheinlich wären auch die Gebiete von Dithmarschen und Stormarn sowie der Holsatengau unter ihre direkte Herrschaft gefallen, in denen sie ja bereits das Aufgebotsrecht besaßen.

Die Truppen im Bardengau jenseits der Elbe standen ihnen zur Verfügung, wie eine Urkunde der Äbtissin Adelheid von Quedlinburg für Magnus erweist, in der sie 1069 bescheinigt, daß im Falle eines Kriegszuges gegen die Slawen alle zur „Villa Soltau gehörenden Dienstleute ihres Klosters unter ihm den Kriegsdienst leisten" mußten.

Mit dem Tode Magnus Billungs am 25. August 1106 ging die Herrschaft der Billunger zu Ende. Es gab keinen männlichen Nachfolger mehr. Seine beiden Töchter Wulfhilde und Eilika erhielten die billungischen Eigengüter und brachten sie nach ihrer Heirat den Welfen und den Askaniern zu.

Den billungischen Herrschaftsbereich aber übernahm Lothar von Süpplingenburg. Als neuer Herzog von Sachsen wurde Lothar am 25. August 1106 durch Heinrich V. eingesetzt, der am 5. Januar dieses Jahres nach der Abdankung seines Vaters, Heinrich IV., zum neuen König gewählt worden war.

Lothar von Süpplingenburg – Deutscher König und Kaiser

Die Stellung der Billunger war unter Magnus nach dem sächsischen Aufstand 1073 bis 1075 und bis zum Tode Heinrichs IV. nicht gewachsen, eher war das Gegenteil der Fall. Obgleich auch Magnus noch die gräflichen Rechte über die Gaue Tilithi und Marstem ausübte, wie durch einige Urkunden unter Beweis gestellt ist, ging es steil bergab. Daran änderte auch die Tatsache nichts, daß Magnus bis 1106 im Wethigau und im Osterburger Gau das Sagen hatte und den Vorsitz im Grafengericht ausübte.

Die Tatsache, daß auch Magnus noch seinen Herrschaftsbereich in gleicher Weise wie Ordulf erhalten konnte, änderte nichts an der Tatsache, daß das Erlöschen dieses Geschlechtes im Jahre 1106 keinerlei negative Folgen für Sachsen hatte.

Lothar von Süpplingenburg, der neue Herzog in Sachsen, wurde 1075 wenige Tage nach der Schlacht bei Homburg geboren. Wir wissen nichts über seine Jugendzeit und ebensowenig über die folgenden Jahre des jungen Mannes. Erst in einer Lippoldsberger Urkunde des Jahres 1100 wurde er zum erstenmal mit einer Reihe sächsischer Zeugen als „Liutherus comes" in einer Zeugenliste genannt. Unmittelbar zuvor muß er Richenza, die Tochter Heinrichs des Fetten und Gertruds von Braunschweig, geheiratet haben.

Warum wurde ein Mann zum Herzog von Sachsen gewählt, der völlig unbekannt war? Darüber gibt es einige Spekulationen. Wenn man die Geschichte der Billunger liest und sich deren Kampf gegen den Kaiser vergegenwärtigt, dann leuchtet es ein, daß der Kaiser keinen starken Grafen oder Herzog in Sachsen dulden konnte, der ihm, wo immer dies anging, feindselig entgegentrat.

Was hatte Heinrich V. dazu bewogen, ausgerechnet diesen unbedeutenden Mann mit einer so großen Führungsaufgabe zu betrauen? Heinrich V. hatte sich im Jahre 1105 gegen seinen Vater erhoben und sich dabei jener Grafen und Fürsten bedient, die auch vorher schon gegen seinen Vater gekämpft und intrigiert hatten. Wenn er Sachsen weiter befrieden wollte, mußte er einen alten Feind der Salier zum

Herzog von Sachsen ernennen. Daß dies eine gefährliche Maßnahme war, erkannte er sofort, und *deshalb* setzte er einen der schwächsten Männer ein, der auch möglicherweise leicht zu lenken war. Wenn er sich erst einmal mit dem Papsttum arrangiert hatte, waren die Dinge ohnehin gelaufen.

Doch damit hatte Heinrich V. die möglichen Verwicklungen der Geschichte nicht ins Kalkül einbezogen. Die Einigung mit dem Papst ließ auf sich warten, und die Ruhe, die er mit der Wahl Lothars in Sachsen schaffen wollte, stellte sich ebenfalls nicht ein.

Eines jedoch wurde mit der Wahl Lothars deutlich: Das Schwergewicht des sächsischen Herzogtums verschob sich aus dem Weserraum in den Raum der Niederelbe nach Südosten. Braunschweig wurde sehr bald zu einer beliebten Residenz der sächsischen Herzöge und ihres Hofes. Ein Weiteres kam schließlich noch hinzu. Lothar erwies sich als ein Herzog, der bei jeder Gelegenheit eisern zupackte. Er zeigte seine Krallen, als er die Möglichkeit dazu erhalten hatte.

Jene Männer, die sich am ehesten die Anwartschaft auf dieses große und führende Herzogtum des Reiches ausgerechnet hatten, die Grafen Otto von Ballenstedt und Ludwig von Thüringen, Graf Dietrich von Katlenburg und Pfalzgraf Friedrich von Sommereschenburg, die am Hofe des jungen Kaisers einen guten Ruf genossen, fühlten sich übergangen. Da sie am Hofe Heinrichs V. den Ton angaben, hatte man auch mit der Wahl eines dieser Sachsenfürsten zum neuen Herzog gerechnet. Ausgerechnet Lothar von Süpplingenburg mit den geringen Komitatsrechten im Derlingau, im Balsamgau und in Nordthüringen, die dazu auch noch vom Hildesheimer und Halberstädter Bischof zu Lehen gegeben worden waren, sollte nun neuer Herzog werden.

Daß er über seine Frau Richenza einen Teil des Erbes Ottos von Northeim erben würde, war zwar bekannt, aber im Verhältnis beispielsweise zum Grafen von Stade, dem Pfalzgrafen von Sommereschenburg oder dem Grafen von Ballenstedt war dies nichts Besonderes.

Erst als Otto III. von Northeim, der Bruder von Lothars Frau Richenza, überraschend etwa um 1116 starb und diese neben ihrer Schwester Gertrud Erbin der northeimischen Besitzungen wurde, änderte sich dieses Bild. Als dann 1117 auch noch Lothars Großmutter Gertrud von Haldensleben verschied und Lothar ihre Güter vermachte, als dazuhin im selben Jahr Gertrud von Braunschweig das Zeitliche segnete und Richenza und Gertrud auch dieses Erbe antraten, tauschte Herzog Lothar Gertruds Erbanteile aus und hatte damit den gesamten Besitz der Gertrud von Braunschweig in seine Hände gebracht.

Nun war er wer! Nun war er nicht mehr *nur* vornehm, sondern auch reich an Einfluß und Gütern. Lothar konnte jetzt daran gehen, die mit seiner Erhebung zum Herzog von Sachsen vollzogene Aufspaltung des billungischen Herzogsbereiches abzubauen. Da die beiden Töchter von Magnus, dem letzten Billunger, ihr Erbe durch Vermählung in die Häuser der Welfen und der Askanier eingebracht hatten, konnte Lothar lediglich die Komitatsrechte daran erhalten. Die Untergrafen, die bereits zu Zeiten der Billunger als Komitatsherren eingesetzt waren, hatten bedeutende Machtpositionen erhalten.

So mußte Lothar von Süpplingenburg zunächst darauf sehen, seine Macht in Sachsen zu stärken. Er tat dies so vorsichtig, daß er bis ins Jahr 1112 hinein nicht besonders auffiel. Allerdings war er stets zur Stelle, wenn Heinrich V. nach Sachsen kam. Dies war bereits 1107 und 1108 der Fall. Als Heinrich V. 1111 in Goslar einen Streit zwischen Herzog Lothar und dem Markgrafen Rudolf von Stade schlichten mußte, wurde zum ersten Male der Name des Süpplingenburgers besonders genannt. Es zeigte sich, daß nach dem Ende der Billunger und bereits zu Lebzeiten ihres letzten Vertreters Sachsen zurückgefallen war und in der Reichsgeschichte nicht mehr die erste Rolle spielte.

Am 21. Januar 1112 beteiligte sich Lothar am Königstag zu Merseburg. Im Streit des Ministerialen Friedrich von Stade gegen seinen Herrn, den Grafen von Stade, stellte sich Lothar als Landesherr auf die Seite der Stader. Der Ministeriale Friedrich wurde nach Salzwedel in die Haft geführt.

Von einem Ende Februar 1112 in Goslar tagenden Fürstengericht wurde nicht nur der Graf von Stade, sondern auch Lothar von Süpplingenburg wegen dieses Vorgehens vom König verurteilt. Der Stader Graf wurde enteignet. Neuer Markgraf wurde Helperich von Plötzkau. Herzog von Sachsen wurde Otto von Ballenstedt.

Vorerst mußte Lothar zu Kreuze kriechen. Er unterwarf sich diesem Richterspruch, erwirkte dann aber die Gnade seines königlichen Herrn und wurde wieder in sein Amt eingeführt. Um diese Bußfertigkeit auch öffentlich zu beweisen, mußte Lothar zum Hochzeitstag des Kaisers im Januar 1114 zu Mainz im Büßergewand erscheinen. Er erhielt ebenso wie der Graf von Stade seine alten Würden zurück. Friedrich, der Ministeriale, blieb am kaiserlichen Hof. Damit war der Goslarsche Urteilsspruch in sein Gegenteil verkehrt worden.

Daß keine ostsächsischen Fürsten und Grafen am Hof des Salier-Kaisers dienten, war auffällig. Aber noch auffälliger war die Tatsache, daß nach der Wiedereinsetzung Lothars in die Herzogswürde mehrere ostsächsische Fürsten am Kaiserlichen Hof erschienen. So Graf Wiprecht von Groitzsch, Pfalzgraf Friedrich von Sommereschenburg und

Graf Dedo von Wettin. Allerdings blieb bei Lothar wegen dieser demütigenden Behandlung ein Stachel zurück. Der salisch-sächsische Friede war in Gefahr geraten. Lothar hatte sich demütigen müssen, und das machte böses Blut. Als sich noch 1112 die kaiserfeindliche Fürstenopposition bildete, gehörte auch Lothar dazu. Die Fürsten weigerten sich, zu Weihnachten 1112 vor dem Kaiser in Erfurt zu erscheinen. Lothar reihte sich allerdings nicht in die Phalanx derjenigen ein, die den als Überfall gegen den Kaiser geplanten Warnstädter Zwischenfall verursachten. Die daran beteiligten Fürsten erhielten schwere Strafen, während die übrigen der Milde des Kaisers sicher sein durften.

Lothar fiel nicht in Ungnade, wie seine Aufnahme im Januar 1114 zu Mainz bewies. Er kehrte bereits nach dem 17. Januar nach Sachsen zurück, weil ihn in Mainz die Nachricht erreicht hatte, daß die Slawen an der Grenze angegriffen hätten.

Dieser slawische Überfall wurde abgewiesen, und Mitte Juni schloß sich Lothar mit sächsischen Truppen dem Heer des Kaisers an, das gegen die Friesen aufgeboten worden war.

Der Feldzug gegen die Friesen fand nicht statt, weil aus dem Westen des Reiches die Nachricht von einer Verschwörung des Kölner Erzbischofs Friedrich gegen seinen kaiserlichen Herrn gemeldet wurde. Heinrich V. ließ das Heer kehrtmachen und stürmte den Aufständischen entgegen. Gemeinsam mit Herzog Lothar wurde diese rheinisch-westfälische Gruppe bei Deutz belagert. Doch sie konnte nicht überwunden werden. Graf Friedrich von Arnsberg und sein Bruder Heinrich von Rietberg stoppten den Kaiser im Rheintal zwischen Bonn und Andernach und zwangen ihn zum Rückzug.

Im Herbst 1114 tauchte Heinrich V. mit einem neuen, stärkeren Heer im Westen auf. Doch Köln, das die Kaiserlichen zu erobern trachteten, hielt sich. Diesmal war Lothar von Süpplingenburg nicht dabei. Er hatte im Raume Walbeck eine Reihe ostsächsischer Fürsten versammelt und stellte sich nun offen auf die Seite der Westfalen.

Heinrich mußte den westlichen Kampfraum wieder verlassen. Obgleich er im Gebiet des Grafen von Arnsberg eine Burg mit einer starken Besatzung zurückgelassen hatte, folgten ihm die Westfalen.

Lothar hatte in Creuzburg an der Werra die niederrheinisch-westfälisch-sächsische Kampfgemeinschaft ins Leben gerufen. Kaiser Heinrich V., der inzwischen in die vorübergehend eingerichtete Reichsvogtei nach Goslar zurückgekehrt war, befahl die Aufständischen vor sein Gericht in Goslar. Doch diese, im befestigten Walbeck sitzend, ignorierten den Befehl. Kaiser Heinrich V. erließ einen Rechtsspruch gegen die von ihm Abgefallenen und befahl die Rüstung des Reichsheeres zum 10. Februar 1115.

Noch bevor das Heer versammelt war, zog Heinrich eine große Gruppe seiner engsten Umgebung und der besten Truppen zusammen und marschierte damit gegen Braunschweig, um „ad iniuriam Lotharii ducis Saxonum" vorzugehen und diesen zur Raison zu bringen. Auch in Thüringen gingen die Verschwörer gegen die kaisertreuen Truppen vor. Sie belagerten Orlamünde. Dies war für Lothar das Zeichen zum Eingreifen. Er und die mit ihm verbündeten Fürsten hatten ein großes Heer sächsischer Krieger aufgeboten. Hinzu kamen die rheinisch-westfälischen Kontingente seiner Verbündeten, der Grafen von Arnsberg, Rietberg und Calvelage.

Am 11. Februar 1115 trafen die beiden Heere bei Gerbstedt an der Ostseite des Harzes am Welfesholz aufeinander.

Mit Lothar im Bunde waren neben den genannten westfälischen Grafen Erzbischof Adelgoz von Magdeburg, Bischof Reinhard von Halberstadt, Pfalzgraf Friedrich von Sommereschenburg, Markgraf Rudolf, Wiprecht der Jüngere von Groitzsch und Otto von Ballenstedt. Erzbischof Friedrich von Köln vertrat mit seinen Truppen die rheinische Seite; Heinrich von Limburg kam noch hinzu.

Die Kaiserlichen wurden geschlagen und zogen sich in Eilmärschen zurück. Damit war Lothar von Süpplingenburg unumschränkter Herr von Ostsachsen und Engern, deren Herzog er ja war.

Nach einem klugen Plan wurden nun die weiteren Operationen gegen den Kaiser eingeleitet. Die Heimburg und die Quedlinburg des Kaisers im Nordharz wurden von Reinhard von Halberstadt, Markgraf Rudolf und Pfalzgraf Friedrich in Besitz genommen.

Erzbischof Friedrich von Köln griff die kaiserlichen Truppenkontingente im Raume Cleve-Lüdenscheid an. Lothar aber wandte sich mit seinen Gefolgsmännern Friedrich von Arnsberg, Heinrich von Rietberg, Hermann von Calvelage und Heinrich von Limburg nach Westen. Ihr Ziel war Dortmund, eine soeben erst befestigte Stadt, in die der Kaiser eine starke Besatzung gelegt hatte. Nach der Eroberung dieser Stadt und der Zerstörung ihrer Befestigungen zog Lothar gegen Münster. Die Bürger dieser Stadt unterwarfen sich ihm.

Von Corvey aus wandte sich Lothar kurz darauf dem Harz zu. Er eroberte die Festungen Falkenstein und Wallhausen und zerstörte sie, damit der Kaiser sie nicht mehr als Stützpunkte gegen die Sachsen benutzen konnte, wie er dies ja mit Wallhausen im Februar 1115 praktiziert hatte.

Kaiser Heinrich V., der durch die Ereignisse in Italien gebunden war, versuchte Lothar auf dem Verhandlungswege zu bremsen und einen Ausgleich mit den Aufständischen zu erzielen. Er führte in Erfurt Gespräche mit Lothar, die jedoch zu keinem Ergebnis führten.

Im Auftrage der Kurie hatte der Kardinalbischof Kuno von Palestrina Heinrich V. gebannt. Gleich darauf riefen Boten Lothars den in Ungarn tätigen Kardinalpriester Dietrich nach Braunschweig zurück. Hier weihte er am 1. September in Gegenwart von Herzog Lothar das von der Markgräfin Gertrud, Lothars Schwiegermutter, gestiftete Ägidienkloster ein. Eine Woche darauf exkommunizierte er auf einer in Goslar abgehaltenen Synode Kaiser Heinrich V.

Inzwischen hatte sich Graf Friedrich von Arnsberg die Sache anders überlegt. Er griff 1115 die Eresburg an und zerstörte sie. Danach setzte er sich in den Besitz der Grafschaft des Grafen von Padberg und nahm nach dem Tode seines Bruders auch die Grafschaft Rietberg an sich, ohne sich um das Erbrecht seiner Nichte, der Gattin Egilmars II. von Oldenburg, zu kümmern.

Die Burgen zu Rietberg und die Wevelsburg baute er als Zwingburgen gegen den Erzbischof von Paderborn aus.

Als Kaiser Heinrich V. aus Italien zurückkehrte, lief der Graf von Arnsberg mit fliegenden Fahnen zu ihm über und versuchte in den nächsten Jahren (mit Schwerpunkt 1119) ganz Westfalen für den Kaiser zu erobern. Doch da hatte er die Rechnung ohne Lothar gemacht, der bereits 1116 gegen die Burg Bentheim gezogen war, diese nach kurzer Belagerung eroberte und anschließend zerstörte.

Kaiser Heinrich V. hatte im Jahre 1117 Rom besetzt und im nächsten Jahr dem amtierenden Papst Gelasius II. einen kaiserlichen Gegenpapst, Gregor VIII., den früheren Erzbischof Mauritius von Braga, entgegengesetzt. Danach war er nach Deutschland zurückgekehrt.

Mit Papst Calixtus, der Gelasius II. auf den Stuhl Petri gefolgt war, begann er im September 1119 die Straßburger Friedensgespräche, die nach fehlgeschlagenen weiteren Gesprächen im Oktober 1119 in Mouzon an der Maas am 23. September 1120 in das Wormser Konkordat mündeten und den Investiturstreit beendeten. Dieser hatte Heinrich V. so lange beschäftigt, daß er darüber die Herrschaft in Deutschland verlor.

Lothars Kampf gegen den Kaiser

Die Auseinandersetzungen mit Lothar von Süpplingenburg standen ihm jedoch noch bevor. Auf der Fürstenversammlung in Goslar am 21. Januar 1120 kamen alle Fürsten des Reiches, die Rang und Namen hatten, zusammen. Heinrich V. sah sich hier auch Lothar von Süpplingenburg gegenüber. Erzbischof Friedrich von Köln und andere geistliche Herren, der Graf von Stade und alle anderen ostfälischen Grafen waren ebenfalls hier versammelt.

In ganz Sachsen mehrten sich die Bestrebungen, nun wieder Ruhe und Frieden einkehren zu lassen. Der Tag von Fulda, auf dem gegen den Kaiser opponiert werden sollte, ging daher ohne Ergebnis zu Ende.

Herzog Lothar hingegen war kein Freund solcher halbherziger, gefühlsduseliger Entschlüsse. Er trat 1120 als Feind des Kaisers auf. Mit Waffengewalt ging er gegen Münster vor, woraus der Kaiser Dietrich von Winzenburg, einen Vetter Lothars, Ende 1119 vertrieben hatte. Nun richtete sich nach der Wegnahme der Rüdenburg des Grafen von Arnsberg Ende 1120 der Angriff gegen Münster. Am 2. Februar 1121 fiel die Stadt. Lothars Vetter Dietrich kehrte als Bischof nach Münster zurück.

Alle Edlen und eine Reihe der Ministerialen wurden von Lothar als Gefangene mitgeführt. Das befestigte Dülmen wurde im Vorbeimarsch erobert.

Nach einer kurzen Ruhezeit widersetzte sich erneut Erzbischof Friedrich von Köln dem Kaiser; er schleifte die kaiserliche Burg Kerpen in der nördlichen Eifel.

Bei den Verhandlungen zwischen Kaiser Heinrich V. und der Kurie am 8. September 1122 zu Worms glänzten die Sachsen durch Abwesenheit. Erst der Bamberger Hoftag am 11. November des gleichen Jahres sah sächsische Fürsten wieder in der Umgebung des Kaisers.

Als Ende 1122 die Dienstmannen des Halberstädter Bischofs Reinhard damit begannen, die Heimburg wieder aufzubauen, offenbar um sie gegen den Sachsenherzog zu besetzen, stürmte Lothar mit seiner Kerntruppe von der Blankenburg heran und belagerte die Heimburg. Es kam zu keinem Schlagabtausch, aber es zeigte sich, daß sich gegen Lothar eine Opposition sächsischer Grafen und Fürsten gebildet hatte. Die Heimburg mußte wieder zerstört werden. Darüber hinaus wurde klar, daß der Kaiser in Reinhard von Halberstadt seinen gefährlichsten Gegner zu erblicken hatte. Als dieser am 2. März 1123 starb, wirkte Lothar dergestalt auf die Neubesetzung des Bischofssitzes ein, daß es ihm gelang, den Magdeburger Kanoniker Otto einzusetzen, den er als Bischof anerkannte.

Die weiteren Auseinandersetzungen zwischen dem Kaiser und Lothar im Jahre 1123 gingen auf eine Streitsache zurück, die der Kaiser mit Lothars Halbschwester Gertrud von Holland begonnen hatte. In sie wurde auch der Bischof von Utrecht verwickelt.

Als der Kaiser nach Pfingsten 1123 die Utrechter Schulenburg angriff, zogen Lothar und sein Neffe, Bischof Dietrich von Münster, nach Westen und gegen Deventer. Dies veranlaßte den Kaiser dazu, die weitere Belagerung der Schulenburg abzubrechen. Herzog Lothar zog mit seinen Truppen nach Sachsen zurück.

Als schließlich der Kaiser im Oktober 1123 nach dem Tode des Markgrafen Heinrich von Eilenburg die freigewordene Würde an Wiprecht von Groitsch verlieh und den nächstberechtigten Erben, Konrad von Wettin, unbeachtet ließ, griff Lothar abermals mit Waffengewalt ein. Albrecht der Bär trat an die Seite des Sachsenherzogs. Sie setzten Wiprecht ab und gaben Konrad von Wettin die Mark Meißen. Albrecht der Bär erhielt als Beute dieses Zuges die Ostmark.

Als Heinrich V. den böhmischen Herzog Wladislaw zu Hilfe rief, konnte Lothar diesen zum Abzug bewegen, indem er die Vereinigung der Truppen der beiden Kontrahenten an der Mulde blockierte. Der letzte sich noch verteidigende kaiserliche Platz, die Feste Lebusa, wurde erobert, und damit war die neue Lage gesichert.

Den Angriff des Kaisers 1124 gegen Gertrud von Holland konnte Lothar nicht stoppen. Aber er fand andere Wege, dem Kaiser zu schaden, wo er konnte.

So erschien er auch nicht auf dem Reichstag, der zum 4. Mai 1124 nach Bamberg einberufen worden war. Hier wurde in erster Linie gegen Herzog Lothar verhandelt und beschlossen, ihn mit einem Krieg zu überziehen, der ihn niederwerfen würde. Doch dazu kam es nicht.

Als Friedrich „der Streitbare" von Arnsberg 1124 starb, erlosch der westfälische Widerstand gegen Lothar. Die Wevelsburg und die Rietburg wurden auf Befehl Lothars zerstört; damit gab es keine Zwingburgen der Arnsberger mehr. Die Vogtei Paderborn und die Grafschaften des Alme- und Diemelgebietes wurden dem Grafen von Schwalenberg übertragen. Der Graf von Oldenburg übernahm Rietberg, während die Erben des Grafen von Arnsberg lediglich ihre Besitzungen im Sauerland und am Hellweg behielten.

Damit hatte Herzog Lothar das gesamte Gebiet des alten Westfalenteils des Sachsenlandes zwischen Weser und Teutoburger Wald in seine Hände gebracht. Er setzte hier seine Vasallen ein, die Grafen von

Schwalenberg und Everstein und die Edelherren zur Lippe. Der Graf von Ravensberg, der bis dahin neutral geblieben war, schloß sich nun ebenfalls Lothar an. Auch die Bischöfe anerkannten Lothars Herrschaft, und damit war Sachsen zum erstenmal von der Elbe bis zum Rhein ein Reich unter einem Herrn.

Am 23. Mai 1124 starb Kaiser Heinrich V., ohne daß es zwischen ihm und Lothar von Süpplingenburg zu einer Aussöhnung gekommen wäre. Durch alle diese Kämpfe hatte sich Lothar von Süpplingenburg über die Zahl seiner Fürstengenossen in Sachsen erhoben und auch überall im Reich durch seinen Einsatz und seine Erfolge auf sich selber als zukünftigen Herrscher des Reiches aufmerksam gemacht.

Der neue Sachsenkönig

Vor seinem Tode in Utrecht hatte Heinrich V. seinem staufischen Neffen Friedrich II. alle seine Güter übergeben, da er keine leiblichen Erben besaß. Allerdings verabsäumte er es, ihn ausdrücklich auch als Thronfolger zu designieren. Diese Unterlassung führte zu einem Nachfolgestreit. Lothar von Süpplingenburg ließ sich auf Betreiben Erzbischof Adalberts von Mainz zum Thronwärter aufstellen und von diesem am 30. August 1125 in Mainz zum König wählen. Die Krönung fand am 13. September in Aachen statt.

Mit der Wahl Lothars von Süpplingenburg zum König war wieder einmal die Reichsgewalt und die Führung des Herzogtums Sachsen in einer Hand vereinigt. Dies ermöglichte Lothar eine optimale Anwendung der ihm zur Verfügung stehenden Machtmittel.

Um die Baiern für ihn einzunehmen, wurde um diese Zeit bereits die Heirat seiner Tochter Gertrud mit dem Sohn des Herzogs von Baiern, dem jungen Heinrich dem Stolzen, vereinbart. Die Ehe wurde 1127 geschlossen.

Dies mündete allerdings in den großen, ein ganzes Jahrhundert beherrschenden Konflikt zwischen Staufern und Welfen ein.

Lothar mußte bereits 1127 den Kampf mit den Staufern um das salische Erbe aufnehmen. Es gelang ihm, sich sowohl politisch als auch militärisch zu behaupten und bis 1135 seine Stellung zu festigen.

Papst Innozenz krönte Lothar am 4. Juni 1133 zum Kaiser. Diese Krönung fand im Lateran statt, weil der römische Stadtteil mit dem Petersdom nicht in Besitz genommen werden konnte. Noch im Jahre 1133 kehrte Lothar aus Rom nach Deutschland zurück. Dort unterwarf sich ihm Friedrich II., der bei der Wahl übergangen worden war, und auch sein 1127 zum Gegenkönig ausgerufener Bruder Konrad 1135 in Bamberg.

Es war Kaiser Lothars große Aufgabe, die deutsche Ostbesiedlung neu in die Wege zu leiten und die Mission zu fördern. Die nordöstlichen und östlichen Grenzräume wurden durch ihn befriedet; er berief eine Reihe bedeutender Edelleute dorthin. Im Jahre 1126 bereits gab er Norbert von Xanten das Erzbistum Magdeburg. Die Missionsreise Bischof Ottos von Bamberg nach Pommern unterstützte er großzügig, so daß dieser 1128 bis 1129 dort bleiben konnte. Lothar reiste selber 1134 in das Missionsgebiet des Vizelin von Wagringen, um sich vom Fortgang der Mission zu überzeugen.

Dänemark, Polen und Böhmen erkannten seine Lehnshoheit über ihre Gebiete an. Als der byzantinische Kaiser und der venezianische Doge auf dem Hoftag zu Merseburg im August 1135 Lothar gegen König Roger II. von Sizilien um Hilfe baten, führte er den Italienfeldzug durch, zu dem er 1136 aufbrach.

Vorher jedoch übergab Lothar die Reichsinsignien und das Herzogtum Sachsen, dem er ja immer noch vorstand, ohne förmliche Designation und Belehnung seinem Schwiegersohn, Heinrich dem Stolzen, und übertrug ihm unterwegs auch die Markgrafenschaft Tuszien.

Lothar, der in Unteritalien große Erfolge errang, spürte, daß er krank war und kehrte im Winter 1137 vorzeitig nach Deutschland zurück. Er erreichte nur als Sterbender deutschen Boden. Am frühen 4. Dezember 1137 starb er in Breitwang am Lech. Sein Leichnam wurde nach Sachsen geschafft und im Kloster Königslutter bei Helmstedt nach seinem Wunsche beigesetzt.

Sachsen, das durch die Kaiserzeit Lothars einen zwölfjährigen friedlichen Aufbau erlebt hatte, trauerte tief um seinen Herzog. Viele der Großen des Reiches erkannten nun seine Leistungen an; Bischof Otto von Freising, kein besonderer Freund Lothars, bekundete, daß nach Karl dem Großen kein König so erfolgreich gewesen sei wie Lothar von Süpplingenburg auf seinem Feldzug nach dem Süden Italiens. Schließlich hatte er nicht nur Apulien unterworfen, sondern auch noch den König von Sizilien vom italienischen Festland vertrieben.

Da auch Lothar ohne männlichen Erben geblieben war, wurde sein Schwiegersohn Heinrich von Baiern der Erbe seines ganzen Eigentums in Sachsen, denn Lothar hatte ihn für den Fall seines vorzeitigen Todes bereits mit der Belehnung des sächsischen Herzogtumes versehen. Außerdem war er zum Markgrafen der Toscana ernannt worden.

Heinrich schien der gegebene neue König der Reiches zu sein, das unter seinem Schwiegervater so groß geworden war. Der Welfe aus

Oberschwaben hatte das Zeug dazu, Deutschland wieder zu jener Größe zu verhelfen, die es bereits unter Heinrich III. gehabt hatte. Doch auch hier kam alles anders.

Lothar als Bauherr und Städtegründer

Nachdem Sachsen zur Ruhe gekommen war, ließ Lothar in Süpplingenburg ein Kanonikerstift errichten. Das in der ersten Hälfte des 11. Jahrhunderts gegründete Stift Königslutter wandelte er 1135 in ein Benediktinerkloster um und machte es zu seinem Hauskloster mit der Bestimmung, daß es seine Grabeskirche werden sollte.

Doch nicht nur in Sachsen schuf er neue Kirchenbauten. Auch die unter seiner Führung begonnene Besiedlung des Ostens mit der nachfolgenden Missionierung sah ihn als Bauherrn und Stifter auf dem Plan. Das 1127 gegründete Zisterzienserkloster Walkenried und das zwei Jahre später gegründete Kloster Amelunxborn wirkten durch ihre Töchterklöster weit nach Osten. Das in der Nähe von Helmstedt gelegene Kloster Mariental, das zwischen 1136 und 1138 errichtet worden war, ist ebenso wie das später gegründete Kloster Riddagshausen unmittelbar und mittelbar sein Werk gewesen.

Unter dem Patronat dieser Klöster standen zahlreiche neue Kirchen im Osten. So schuf Lothar den Grundstein zu einer Besiedlung, die mit Heinrich dem Löwen erfolgreich fortgesetzt werden sollte.

Auch als Städtegründer war Kaiser Lothar tätig. Als er 1123 die Blankenburg seinem Edelherrn Poppo übergab, legte er den Grundstein zu dieser Stadt. Nach dem Tode Lothars 1137 wurden die Grafen von Blankenburg welfische Vasallen.

Am Fuße dieser Burg entwickelt sich die Stadt Blankenburg aus dem dort gelegenen Stapelplatz und Markt, auf dem die Erzeugnisse des Harzes gekauft und verkauft wurden.

Was Braunschweig, die spätere Residenz Heinrich des Löwen, anlangt, so liegen die Anfänge dieser Stadt im dunkeln. Aus dem Jahre 1031 ist die erste urkundliche Erwähnung von Brunesguik bekannt. Hier hatten die Brunonen bei ihrer Burg Dankwarderode bereits im Jahre 1030 das spätere Blasiusstift errichten lassen. Noch im selben Jahrhundert kam das Familienstift St. Cyriaci hinzu. Es gilt als sicher, daß Kaiser Lothar III. die Altmarktsiedlung von „Brunswiek" mit dem Stadtrecht bedacht hat.

Die Stadt Königslutter, auf das engste mit Lothar verknüpft und an einer der wichtigsten Straßen Deutschlands, die vom Rhein an die Elbe und von dort nach Osten bis Magdeburg und schließlich nach Brandenburg verlief, gehörte zum Besitz des Markgrafen Bernhard II. von Haldensleben, der hier das Kanonissenstift Peter und Paul gründete. Dieses Stift wurde von Lothar und seiner Gattin Richenza 1135 in ein Benediktinerkloster umgewandet.

Lothar und Richenza begannen nicht weit von ihrem Stammsitz Süpplingenburg entfernt in Luttere mit dem großartigen Bau einer Stiftskirche. Infolge dieser Tätigkeit und der Wahl von Luttere als Grabeskirche erhielt diese Ortschaft wenig später den Namen Konnigesluttere.

Die in Süpplingenburg durch Lothar III. errichtete Stiftskirche, deren Bau 1130 begann und genau zehn Jahre später vollendet wurde, ist ebenso wie die Stiftskirche in Königslutter ein Werk, das auf Lothar zurückgeht. Lothar hatte bereits 1135 den beginnenden Kirchenbau zur Grablege seiner Familie bestimmt.

An diesen beiden Kirchen zeigt sich, daß die sächsische Architektur zur Blütezeit gekommen war. Der kaiserliche Grabbau bedingte eine völlig neuartige monumentale Auswölbung des Ostteiles der Kirche. Dies geschah in Form eines Baldachingewölbes, das durch ein System von Säulengliedern gestützt wurde. Diese Säulen im Kircheninnern sind mit prachtvollen Kapitellen versehen, die verschiedene Variationen des klassischen korinthischen Kapitells aufweisen. Lombardische Steinmetze haben dieses Werk in der Nachfolge der Langobarden geschaffen.

Das große Löwenportal an der Nordseite des Langhauses ist beeindruckend, auch ohne den luftigen Vorhallenbau, den zwei liegende Löwen tragen sollten; diese Absicht wurde dann auf Wunsch Lothars zugunsten einer strengeren Lösung aufgegeben.

Von diesem Bauwerk ging für ganz Sachsen ein weiterer Impuls aus. In vielen Kirchen und Klöstern des Harzvorlandes wurde nun diese Art der Bauornamentik an repräsentativen Bauten ausgeführt. Dies wird auch am Neubau der Burg Dankwarderode durch Heinrich dem Löwen in Braunschweig deutlich.

Vor allem die Stiftskirche in Schöningen, die 1120 in Bauauftrag gegeben wurde, nachdem in diesem Jahre das seit 983 hier stehende Kanonissenstift in ein Augustiner-Chorherrenstift umgewandet worden war, weist diese mit Königslutter begonnenen stilistischen Neuschöpfungen auf.

Des weiteren wäre noch die bei Helmstedt gelegene Klosterkirche Mariental zu nennen. Sie war ebenso wie die Kirchen in Königslutter und Schöningen mit einem Flachdach versehen. Diese Kirche wurde 1146 geweiht.

Lothars Ostpolitik

Herzog Lothar von Süpplingenburg beendete die sporadischen Vorstöße nach Osten, wie sie von den Billungern mit dem Ziel durcheführt wurden, die Wenden tributpflichtig zu halten.

An die Stelle dieser vorstoßartigen Politik setzte er die langsame und planvoll eingeleitete dauernde Unterwerfung des genannten Gebietes.

Vier Feldzüge führte er noch als Herzog von Sachsen in das slawische Siedlungsgebiet. Er drang 1114 bis nach Rügen vor und hatte bereits vorher, im Jahre 1110, die Grafschaft Stormarn und Holstein nach dem Aussterben des dortigen Grafengeschlechtes dem Grafen von Schauenburg übertragen. Er und seine Nachfahren riefen Siedler aus Holland ins Land, wie dies vorher im Jahre 1106 schon Erzbischof Friedrich von Bremen getan hatte und wie dies sein Kolonisationsvertrag mit holländischen Siedlern ausweist.

Graf Adolf II. von Schauenburg ließ 1130 einen Aufruf an die Flamen und Holländer richten, in seine Grafschaft zu kommen und von dort aus unter seinem Schutz Kolonisation nach Osten zu betreiben.

Es war Vizelin, der Bremer Kanoniker und Scholastiker, der zunächst unter Erzbischof Adalbert von Bremen-Hamburg 1126 gemeinsam mit Rudolf von Hildesheim und Ludolf von Verden mit der Mission in Wagrien (Ostholstein) betraut wurde. Sie nahmen im Slawenland bei dem Abodritenfürsten Heinrich ihre Arbeit auf. Die Kämpfe dort setzten ihrer selbstgestellten Aufgabe ein rasches Ende. Vizelin kehrte nach Bremen zurück und gründete aus seiner kleinen Landpfarre Faldera auf sächsischem Boden nahe der slawischen Grenze, die ihm bereits 1121 übertragen worden war, das Stift Neumünster. Dieses wurde zum Ausgangspunkt seiner neuerlichen Missionsarbeit.

Von hier aus schickte er seinen Helfer Ludolf und den Priester Volcward nach Altlübeck. Als diese Kirche dem Überfall der Rügener zum Opfer fiel, die auch die Kaufmannssiedlung Lübeck vernichteten, war auch der zweite sächsische Vorstoß von den Slawen abgewehrt.

Erst als Kaiser Lothar III. den dänischen Prinzen Knut Laward mit dem Wendenland belehnte, ließ dieser die alte Kirche wiedererrichten. Doch im Jahre 1131 wurde er ermordet, und die Abodritenfürsten Pribislaw und Niclot konnten ihre Herrschaft im Land der Wenden errichten und festigen.

Vizelin wandte sich in dieser Lage an Kaiser Lothar mit der Bitte um Hilfe. Dieser reiste im Frühjahr 1134 nach Faldera und besuchte die Pfarrei des Wendenmissionars. Schon nach dem ersten Gespräch mit diesem war sich Lothar III. der Tatsache bewußt, daß er in diesem

Manne mit seiner Missionstätigkeit einen großen Helfer im Osten gewinnen konnte und mußte.

Er ließ auf den Rat des Missionars, der die Verhältnisse des Landes vorzüglich kannte, noch 1134 auf dem Alberg, einem Kalkfelsen bei Segeberg, eine Burg errichten. In diese Burg setzte er einen seiner Kampfgefährten, den Vasallen Hermann, als Burggrafen ein und gab ihm eine kleine, aber kampferprobte Besatzung. Von Kaiser Lothar bekam Vizelin die nötigen Mittel zum Bau des Augustiner-Chorherrenstiftes Neumünster. Von dieser Basis aus sollte er weiter nach Osten missionieren. Lothar verlieh Vizelin und seinen Mitbrüdern das Recht, die Vogtwahl in den neugewonnenen Besitzungen durchzuführen. Gleichzeitig befreite er die Hintersassen dieses Klosters von der Steuer und dem Burgwerk. (Siehe Biereye, W.: Untersuchungen zur älteren Geschichte Segebergs, Zeitschrift der Gesellschaft für Schleswig-Holsteinische Geschichte Nr. 58, 1929).

Lothar fand in der durch ihn erbauten Stiftskirche in Königslutter mit seiner Frau Richenza die letzte Ruhestätte. Ihr Schwiegersohn, Heinrich der Stolze, sollte ebenfalls hier beigesetzt werden.

Konrad III. und Heinrich der Stolze

Konrad III., der Sohn des Herzogs Friedrich I. von Schwaben, war bereits zum Jahresende 1115 von seinem Onkel, Kaiser Heinrich V., zusammen mit seinem älteren Bruder Friedrich II. von Schwaben für die Zeit seiner Abwesenheit als dessen Stellvertreter in Deutschland eingesetzt worden und hatte die Herzogswürde in Ostfranken angetreten.

Im Kampf um das gemeinsame salische Erbe hatten König Lothar von Süpplingenburg und sein Schwiegersohn, Heinrich der Stolze von Baiern, im Sommer 1127 den Kampf gegen die beiden staufischen Brüder Friedrich und Konrad aufgenommen und Nürnberg belagert. Sie blieben jedoch erfolglos, und Konrad war von seinem Bruder und Anhänger der Staufer zum Gegenkönig erhoben worden. Er war nach seinem Alpenübergang zwar vom Papst und von den deutschen Bischöfen gebannt worden, doch Erzbischof Anselm von Mailand krönte ihn am 29. Juni 1128 in Monza zum italienischen König. Dies legte die Grundlage zum ober- und mittelitalienischen Königtum Konrads, der im Herbst 1130 nach Deutschland zurückkehrte und fünf Jahre später den Königstitel ablegte.

Gemeinsam mit seinem Bruder Friedrich unterwarf sich Konrad in

Bamberg Kaiser Lothar III. und begleitete diesen 1136 nach Italien, wo sie bis zum nahenden Ende Lothars 1137 blieben.

Als nach Lothars III. Tode Heinrich der Stolze neuer König werden sollte, gelang es einer von Papst Innozenz II. unterstützten Minderheit mit Erzbischof Elbero von Trier an der Spitze, die Ansprüche Heinrichs des Stolzen abzuwürgen. Sie wählte am 7. März 1138 Konrad III. zum deutschen König. In Aachen erfolgte nur sechs Tage darauf dessen Krönung durch den päpstlichen Legaten Dietwin.

Heinrich der Stolze hatte Gertrud, die Tochter Lothars von Süpplingenburg, am 29. Mai 1127 geheiratet. Er war König und Kaiser Lothar bis zu dessen Tode treu ergeben, und da er 1126 nach Eintritt seines Vaters, des Baiernherzogs Heinrich IX., in das Kloster Weingarten dessen Nachfolge als Heinrich X. und bairischer Herzog angetreten hatte, konnte er seinen Schwiegervater tatkräftig unterstützen. Er hatte Kaiser Lothar 1136 bis 1137 auf dessen Italienzug begleitet, und Lothar wußte keinen, dem er das Herzogtum Sachsen lieber verliehen hätte als diesem neuen Sohn, den er hinzubekommen hatte. Er hatte ihm kurz vor seinem Tode das Herzogtum Sachsen übertragen.

Damit war Heinrich X. Herzog von Baiern und von Sachsen und somit der mächtigste Fürst im Reich geworden.

Heinrich wurde nach Konrads III. Wahl zum König gezwungen, die bei ihm verwahrten Reichsinsignien auszuliefern. Als man darauf drang, daß er auch eines seiner Herzogtümer abgeben solle, weigerte er sich. Konrad sprach dem Erzfeind seiner Familie in einem Verfahren das Herzogtum Baiern ab. Als Heinrich nicht einverstanden war, wurde er im Schnellverfahren geächtet und seiner beiden Herzogtümer für verlustig erklärt. Das Herzogtum Sachsen fiel an Albrecht den Bären, während Markgraf Leopold IV. von Österreich mit dem Herzogtum Baiern belehnt wurde.

Heinrich X. ging nach Sachsen. Von hier aus setzte er alle Hebel in Bewegung, die ihm widerrechtlich abgenommenen Herzogtümer zurückzugewinnen. In Sachsen war er trotz königlicher und päpstlicher Bannflüche unangefochtener Herr und Herzog. Alles deutete darauf hin, daß er sehr bald auch das Herzogtum Baiern von Leopold IV. zurückgewinnen würde. Das starke sächsische Heer stand ihm geschlossen zur Verfügung.

Bevor jedoch diese Träume reiften, starb Heinrich der Stolze am 20. Oktober 1139 in Quedlinburg.

Zur Zeit seines Todes war sein Sohn Heinrich, der um 1129 geboren worden war, erst zehn Jahre alt. Dieser erhielt ein großes Erbe. Die beiden Herzogtümer allerdings waren ihm nicht mehr sicher. Erst als seine Mutter Gertrud mit dem Halbbruder ihres verstorbenen Gatten, Heinrich Jasomirgott von Österreich, eine neue Ehe einging, gelang es diesem, auf dem Reichstag zu Frankfurt im Jahre 1142 eine Lösung zu erzielen, die zumindest für Sachsen gut aussah. Die Vormünder Heinrichs des Löwen verzichteten zugunsten von Jasomirgott von Österreich auf Baiern, während dem jungen Heinrich das Herzogtum Sachsen zugesprochen wurde.

Mit Heinrich dem Löwen sollte ein neuer Herzog der Sachsen in das Licht der Weltöffentlichkeit treten, der wieder von sich reden machte, und jeder König, der an der Regierung war, hatte mit ihm und natürlich auch mit Sachsen zu rechnen.

Heinrich der Löwe und Friedrich Barbarossa

Der Herzog von Sachsen

Nach dem Tode Heinrichs des Stolzen war dessen Sohn Heinrich im Alter von zehn Jahren aufgrund des ihm vererbten Eigengutes der Welfen kein armer Junge, doch die beiden Herzogtümer, die man ihm aberkannt hatte, stellten einen so immensen Besitz und eine derartige Macht dar, daß darum ein intensives Ringen einsetzte.

Heinrichs Vormünder hatten auf das Herzogtum Baiern für den unmündigen Herzog verzichtet, allerdings gegen die Zusage, daß Heinrich XI., der Löwe, wie er später genannt wurde, wenigstens das Herzogtum Sachsen erhielt.

Albrecht der Bär hatte als Erbe aus dem mütterlichen Hause der Billunger ebenfalls einen Anspruch auf Sachsen anzumelden; deshalb wurde er anstelle von Heinrich dem Welfen 1138 von Konrad III., der ihn als einen Freund im Kampf gegen die Welfen ansah, mit Sachsen belehnt.

Auf dem Frankfurter Vergleich im Mai 1142 ging es nun darum, den seit 1138 entflammten Streit zwischen Staufern und Welfen zu schlichten. Dieser war neu aufgeflammt, als Herzog Heinrich der Stolze sich gegen jenen Spruch des Kaisers aufgelehnt hatte, der ihn der Herzogtümer Baiern und Sachsen beraubt hatte.

Der Vergleich wurde von Erzbischof Markulf von Mainz vorgetragen und – angenommen. Er lautete: „Albrecht der Bär verzichtet auf Sachsen; Gertrud, die Witwe Heinrichs des Stolzen, und ihr minderjähriger Sohn Heinrich werden mit dem Herzogtum Sachsen belehnt. Im Gegenzuge leistet Heinrich Verzicht auf Baiern. Dieses Herzogtum wird Heinrich II. Jasomirgott zu Lehen gegeben."

Es war Welf VI., der jüngere Bruder Heinrichs X. und Onkel Heinrichs XI., des späteren Löwen, der den Verzicht seines Neffen auf Baiern nicht anerkannte. Er hatte Baiern gegen Leopold IV. verteidigt und bei Valley einen großen Sieg über diesen errungen. Doch bei Weinsberg mußte er sich König Konrad III. geschlagen geben.

Selbst nachdem die Vormünder Heinrichs XI. offiziell auf Baiern verzichtet hatten, kämpfte Welf VI. weiter und versuchte seineAnsprüche auf das Herzogtum Baiern mit Waffengewalt durchzusetzen. Er schloß, nachdem auch seine Annäherungsversuche an Konrad III. und dessen Begleitung auf den Kreuzzug 1147 nichts fruchteten, 1148 ein Bündnis mit Roger II. von Sizilien gegen König Konrad. Erst 1150 konnte Konrad III. diesen Widersacher aus dem Welfenhause bei Flochberg endgültig niederringen.

Dennoch: Diese Versuche des Welfen, Baiern für sein Haus zu retten, waren für Heinrich XI. Ansporn, dies ebenfalls wenig später zu tun, nachdem er seine Stimme als Volljähriger erheben durfte und nicht aus dem Munde seiner Erzieher zu sprechen brauchte.

Heinrich II. Jasomirgott hatte anstelle seines 1141 verstorbenen Bruders Leopold IV. die Markgrafenschaft Österreich übernommen. Im selben Atemzuge wurde die Ehe von Heinrichs Mutter Gertrud mit Heinrich Jasomirgott vereinbart. Auf diese Weise wollte man erreichen, daß das Herzogtum Sachsen durch Heinrichs Stiefvater regiert werden konnte, bis der Knabe großjährig geworden war.

Gertrud starb jedoch bereits 1143 nach der Geburt eines Kindes, und der raffiniert gesponnene Plan zerflatterte. Allerdings blieb die Anwartschaft der Welfen auf Sachsen gesichert.

Bereits im Jahre 1148, als er die Regierung als Herzog in Sachsen übernahm, forderte Heinrich XI. selbstbewußt die Belehrung auch mit dem Herzogtum Baiern, auf das er unter keinen Umständen Verzicht leisten wollte. Er nahm im selben Jahr als Führer einer der beiden Heeresformationen am Wendenkreuzzug teil und setzte sich, eben 20 Jahre alt, seit 1149 erfolgreich für die Wiedererichtung der Bistümer Oldenburg, Ratzeburg und Mecklenburg ein. (Siehe Kapitel: Die Ostpolitik zwischen Sieg und Niederlage.)

In den genannten Bistümern nahm er das Recht der Bischofseinsetzung für sich in Anspruch, das ihm 1154 von Kaiser Barbarossa endgültig zugesprochen wurde.

Der Staufer Friedrich I., der spätere Rotbart oder Barbarossa, war nach Konrads III. Tod am 15. Februar 1152 in Bamberg der nächste Thronanwärter. Er war der Sohn Friedrichs von Schwaben, der schon einmal Anwärter auf den Thron gewesen war. Die deutschen Fürsten, die sich im März 1152 in Frankfurt versammelten, wählten ihn am 4. März zum neuen König. Seine Mutter Judith war die Schwester Heinrichs des Stolzen von Baiern, und so waren Friedrich und Heinrich Vettern. Da er ein Welfe war, schien mit seiner Wahl der Streit zwischen den Staufern und den Babenbergern beendet.

Friedrich I. stand im besten Mannesalter von 30 Jahren, als er die

Führung im Reich übernahm. Seit fünf Jahren war er amtierender Herzog in Schwaben. Kriegserprobt und an einem Kreuzzug beteiligt, vereinigte er alle Vorzüge in sich, die ein damaliger Herrscher besitzen mußte, um erfolgreich zu sein.

Die Krönung Friedrichs I. in Aachen zum deutschen König erfolgte am 9. März 1152. Sie fand in der von Karl dem Großen gestifteten Pfalzkapelle statt und wurde von Erzbischof Arnold von Köln vorgenommen.

Die Forderungen des jungen Heinrich XI. an seinen königlichen Vetter auf die Rückgabe des Herzogtums Baiern wurden von Friedrich I. abschlägig beschieden. Als Trostpflaster von beträchtlichem Ausmaß belieh der König seinen Vetter statt dessen mit der Reichsvogtei Goslar. Dies war nicht irgendeine Vogtei, sondern mit ihr war der Silberabbau des Rammelsberges verbunden, der beträchtlichen Gewinn abwarf.

Als Friedrich I. im Dezember 1152 in Trier Hof hielt, war auch Heinrich XI. zugegen und versuchte abermals, ein offenes Ohr für seine Forderungen beim König zu finden. Heinrichs Frau, Clementia von Zähringen, regierte inzwischen in Sachsen anstelle ihres Mannes.

Auch im Februar 1153 war Heinrich in der Begleitung des Königs, als dieser in Mühlhausen mit Herzog Berthold von Zähringen – Heinrichs Schwiegervater – zusammentraf. So nutzte der Sachsenherzog gleich die Anfangszeit der Regierung Friedrichs I. zu intensiven Einsprüchen.

Zunächst jedoch blieb Friedrich I. fest. Die Babenberger hatten sich allen vorgeschlagenen Lösungsversuchen entschieden widersetzt. So Ende 1153 in Speyer und im Februar 1154 in Bamberg. Da aber Friedrich I. seinen Italienzug rüstete und er dafür auch die Hilfe des Sachsenherzogs und dessen Reitertruppe benötigte, ging Heinrich XI. aufs Ganze und erklärte seinem Vetter rundheraus: „Entweder erhalte ich das Herzogtum Baiern zurück, oder ich verzichte auf die Teilnahme an diesem Italienzug."

Dies entschied den Streit, denn nun mußte Friedrich I. schnell und entschlossen handeln, wenn nicht alle seine Pläne ins Wasser fallen sollten. Er berief für Juni einen Hoftag in Goslar ein, zu dem auch Heinrich II. Jasomirgott, Herzog von Baiern, eingeladen wurde. Dieser roch jedoch Lunte und verzichtete wie schon einige Male vorher auf eine Teilnahme, in der richtigen Annahme, daß es seinem Machtanspruch auf Baiern an den Kragen gehen sollte.

Doch auch die Abwesenheit des Baiernherzogs hinderte Friedrich I. in dieser prekären Situation nicht daran, einen Schiedsspruch der Fürsten über diese Frage zu verlangen. Diese entschieden sich für Heinrich XI., der bereits zu dieser Zeit der Löwe genannt wurde.

Friedrich I. anerkannte daraufhin auch offiziell die Ansprüche des

Löwen auf Baiern, vertagte aber dessen Einsetzung, um es nicht mit den Babenbergern zu verderben, die damit ebenfalls noch hoffen konnten. Dadurch wollte Friedrich die Teilnahme beider Herzöge und ihrer Truppen an seinem Italienzug sicherstellen.

Auf diesem Hoftag überließ der König seinem herzoglichen Vetter auch das Recht der Investitur in den drei Ost-Bistümern Oldenburg, Mecklenburg und Ratzeburg und darüber hinaus in allen weiteren Bistümern, die durch die Ostausweitung Heinrichs noch zu errichten sein würden.

Durch diese Übertragung wurden die Rechte des Erzbischofs von Bremen-Hamburg beschnitten, während Heinrich dem Löwen daraus ein beträchtlicher Macht- und Ansehenszuwachs zufloß.

So versammelten sich denn im Oktober 1154 auf dem Lechfeld die Teilnehmer am Italienzug Friedrichs I. Heinrich erfüllte sein Versprechen und erschien mit einer großen Ritterschar und vielen Kämpfern, die durch die Wendenkriege an der Grenze kampfgestählt waren. Allerdings hatten die Erzbischöfe von Bremen-Hamburg und jener von Halberstadt eine Teilnahme abgelehnt, weil sie sich gegenüber Heinrich dem Löwen hintangestellt sahen. Friedrich I. zögerte nicht, ihnen sofort die Regalien zu entziehen.

Es waren insgesamt nur 1700 Ritter, die den Marsch antraten und Ende Oktober den südlichen Gardasee erreichten. Auf der roncalischen Ebene hielt Friedrich I., den die Italiener wegen seines roten Bartes bereits beim ersten Sehen Barbarossa nannten, nördlich von Piacenza eine Heerschau, der am 4. Dezember der erste Reichstag in Italien folgte.

Bei Tortona kamen die sächsischen Ritter unter Heinrich dem Löwen zum Kampf, als es darum ging, die Stadt zu erobern. Die Unterstadt wurde von Heinrichs Rittern erstürmt und zerstört. Die Überlebenden flohen in die Oberburg. Trotz dieses ersten Sieges dauerte es Wochen, ehe sich die Burg von Tortona ergab.

Auf dem Siegesfest am 17. April 1155 krönte sich Barbarossa in Pavia selber, indem er sich die Königskrone der Lombarden aufs Haupt setzte.

Im Mai näherte sich das Ritterheer Rom. Hier hatte Papst Hadrian IV. im Vorjahr nach dem Tode seines Vorgängers Anastasius IV. den Heiligen Stuhl bestiegen und aufgrund von Ausschreitungen gegen den Klerus vor Ostern 1155 den Kirchenbann über die Stadt verhängt.

Als Friedrichs I. Heer kurz vor Rom stand, zog ihm Hadrian IV. entgegen. Bei Sutri trafen sie am 8. Juni 1155 aufeinander. Friedrich I. weigerte sich, dem Papst den erwarteten Marschallsdienst zu erweisen, der darin bestand, das Pferd des Papstes ein paar Dutzend Meter zu führen und dem Heiligen Vater den Steigbügel zu halten.

Nach einigem Hickhack wurde Friedrich I. am 15. Juni 1155 in St. Peter zum Kaiser gekrönt. Als die Römer dies hörten, zogen sie tobend durch die Stadt, erschlugen zwei kaiserliche Kriegsknechte und mißhandelten einige Kardinäle.

Der Kaiser selber stürmte mit Heinrich dem Löwen und dessen Rittern ins Getümmel. Der Aufstand wurde blutig niedergeschlagen. Man spricht von 800 Toten, die er gefordert habe.

Doch zurück zu Sachsen und Heinrich dem Löwen: Nach der Rückkehr aus Italien sah sich Heinrich der Löwe in Sachsen einigen aufmüpfigen Fürsten gegenüber, die er Mores lehren wollte. Kaiser Friedrich I., eingedenk der Waffenhilfe, die Heinrich ihm geleistet hatte, belieh ihn auf dem Reichstag zu Regensburg im Oktober 1155 auch in Abwesenheit des Baiernherzogs Heinrich Jasomirgott mit dem Herzogtum Baiern. Alle anwesenden bairischen Fürsten mußten dem neuen Herzog unverzüglich huldigen, womit Heinrich II. Jasomirgott aus dem Rennen geworfen war. Regensburg als Residenzstadt mußte durch seine anwesenden Vertreter dem neuen Herzog Treue schwören und Geiseln stellen. Damit wurde sichergestellt, daß die Belehnung auch durchgeführt wurde.

Um Heinrich II. Jasomirgott zum Einlenken zu bringen und die Belehnung des Sachsenherzogs mit Baiern endgültig und für beide Seiten zufriedenstellend vom Tisch zu haben, gelang es Friedrich I., seinen Vetter zum Verzicht auf Österreich zu bewegen. Heinrich II. blieb damit Markgraf von Österreich, das in ein Herzogtum umgewandelt wurde. Der Herzog verlegte seine Residenz nach Wien.

Heinrich als Herzog von Sachsen

In der Heimat war Heinrich nicht untätig gewesen. Nachdem er bereits 1145 den Besitz des ausgestorbenen Geschlechtes der Grafen von Stade an sich gerissen hatte, waren zu diesem Besitz weitere territoriale Erwerbungen hinzugekommen. So die Grafschaften Winzenburg und Oldenburg und das Erbe der Grafen von Assel sowie jener von Sommereschenburg und Katlenburg.

Vom Kaiser erhielt Heinrich der Löwe 1158 durch Tausch gegen den südlichen Breisgau mit der Burg von Badenweiler aus dem Heiratsgut seiner ersten Gemahlin Clementia von Zähringen die Burgen Herzberg, Scharzfeld und den Königshof Pöhlde. Heinrich setzte in diesen von ihm beherrschten Gebieten Grafen ein, die in seinem Namen regierten und Recht sprachen. Damit hatte er eine Regierungsform in Sachsen eingerichtet, die sein territorialstaatliches Denken verrieten, mit dem er seiner Zeit weit voraus war.

Daß er darüber hinaus durch seine planvolle Besiedlung des Ostens auf den Anfangserfolgen Lothars von Süpplingenburg aufbaute und diese sehr viel weiter voranbrachte, soll im folgenden Kapitel dargelegt werden. So schuf er sich jenseits der Elbe ein neues Herrschaftsgebiet.

Vor allem aber widmete er sich dem Aufbau seiner Residenz Braunschweig. Er gründete um 1160 das Weichbild Hagen und ließ die Burg Dankwarderode an jener Stelle errichten, auf der auch die alte Burg gestanden hatte. Der St.-Blasius-Dom wurde neben der Burg zum Wahrzeichen der Residenz des Löwen, und das von ihm in Auftrag gegebene Löwendenkmal als Gerichts- und Hoheitszeichen war bald sichtbares Symbol für die Machtfülle eines Herrn, der von vielen Fürsten des Reiches bereits um 1160 der ungekrönte König des Nordens genannt wurde.

Eine interessante zivilrechtliche Auseinandersetzung zwischen Heinrich dem Löwen und dem Bischof Otto von Freising wurde noch 1157 vor den Kaiser gebracht. Und zwar klagte Otto von Freising gegen Heinrich den Löwen. Dieser hatte unmittelbar nach der Übernahme der Regierungsgewalt über das Herzogtum Baiern eine Brücke über die Isar bei Föhring zerstören lassen. Da über diese Brücke die Salztransporte aus den südlichen, im Freisingschen Besitz befindlichen Salinen ebenso wie die Salzfuhren aller übrigen nach Norden gehen mußten, bedeutete dies einen Einnahmeausfall für Otto von Freising.

Der Kaiser wollte jedoch wegen einer solchen „Lappalie" keinen Streit mit seinem Vetter. Er unternahm nichts gegen diesen Brückenabbruch, weil Heinrich der Löwe ja an einer anderen Stelle eine neue Brücke über den Fluß hatte schlagen lassen.

Dieser Übergang wurde für Heinrich den Löwen zu einer guten Pfründe, denn am 14. Juni 1158 bestätigte ihm der Kaiser urkundlich die Markt-, Münz- und Zollrechte des sich an der Brücke bildenden Marktes, der rasch zur Stadt wurde und München hieß.

Allerdings mußte Heinrich der Löwe, der somit als Gründer von München gelten darf, ein Drittel seiner Einnahmen aus dem Zoll und der Münzprägung an das Bistum Freising abführen.

Im Jahre 1159 folgte Heinrich der Löwe einem neuerlichen Aufruf des Kaisers zum Italienzug. Nach einigen kleineren Erfolgen blieben die Kaiserlichen vor Crema in der Poebene östlich von Mailand liegen.

Sieben Monate dauerte die Belagerung. Dann ließen die in der Stadt sitzenden Mailänder Truppen durch die Vermittlung Heinrichs des Löwen und des Patriarchen von Aquileja, Peregrin, wissen, daß sie ja nicht gegen den Kaiser die Waffen ergriffen hätten. Den Kaiserlichen wollten sie sich ergeben. Am 26. Januar 1160 ergaben sich alle Verteidiger von Crema, sowohl die Mailänder als auch die Bewohner der Stadt.

Was waren die eigentlichen Stammesherzogtümer?

Diese waren keine Staaten in unserem heutigen Sinne. Die Herzogsgewalt beruhte vielmehr auf dem Grundsatz des Personenverbandes und umfaßte zunächst *nur* die Gesamtheit der zum Stamm gehörenden Menschen. Dies bedeutete auch, daß der Herzog gegenüber Fremden auf seinem Stammesboden Zwang ausüben konnte. Aber sie standen nicht unter Stammesrecht, sondern unter Fremdenrecht.

Erst im 12. Jhdt. begann sich die Anschauung durchzusetzen, daß in einem räumlich bestimmten Bereich *nur ein* Recht und *eine* Instanz herrschen durften. Und diese Gewalt mußte die Staatsgewalt werden: der dominus terrae – der Landesherr.

Der Abschluß dieser langen Entwicklung wurde in Deutschland erst durch die großen Reichsgesetze Friedrichs II. von 1220 und 1231/32 erreicht, in denen das Reich den deutschen geistlichen und weltlichen Fürsten des Landesherrn die volle Lehnshoheit übertrug. Ansätze dazu waren schon früher vorhanden.

In diesem Übergang zur Bildung von Territorien stellte sich der Sachsenstaat Heinrichs des Löwen dar. Seine Grundlagen waren in den verschiedenen Teilen des Landes noch ganz verschieden, ohne daß es unter Heinrich dem Löwen (infolge der Ungewohntheit dieser neuen Anschauungen) bereits zu einem Ausgleich auf der Ebene der Landeshoheit kommen konnte.

Die stärkste Stellung hatte Heinrich der Löwe im Osten Sachsens. In den von ihm eroberten Gebieten östlich der Elbe herrschte er souverän und übte, gestützt auf die vom Reich abgeleitete markgräfliche Gewalt und die ebenfalls vom Reich verliehene Verfügungsberechtigung über die Kirche, eine nahezu unbeschränkte Staatsgewalt aus, *ohne* daß er *hier* ein großes Eigengut bsaß.

Anders war die Lage im Herzogtum Sachsen zwischen Weser und Elbe. Hier verfügte Heinrich als Erbe der großen sächsischen Geschlechter über Grafschaften, Kirchvogteien und andere öffentlich-rechtliche Herrschaftsgrundlagen über ein zwar nicht zusammenhängendes, aber stellenweise doch dicht beieinander gelegenes Eigengut. Dieses ballte sich insbesondere in den Stammlanden seiner früheren Inhaber zusammen: das billungische im Lüneburgischen und an der mittleren und oberen Weser, das brunonische und süpplingenburgische im nördlichen Harzvorland, das northeimische, winzenburgische und katlenburgische an der oberen Leine und in Nordthüringen.

Zu diesem Eigengut gehörte eine zahlreiche Dienstmannschaft von mehr als 300 ritterlichen Familien. Alles dies stellte die Herrschaft Heinrichs des Löwen zwischen Weser und Elbe auf eine starke, sichere Grundlage. So ist denn auch dieses Gebiet mit den Mittelpunkten Lüneburg, Braunschweig und Northeim als Kernraum der Machtstellung Heinrich des Löwen anzusehen.

Westlich der Weser fehlte es dem Löwenherzog an einer ähnlich geschlossenen Machtgrundlage. Hier waren die Grafschaften und Vogteien im Besitz anderer Geschlechter. Lediglich die Diözesen Minden und Paderborn waren in seiner Hand. Als Herzog von Sachsen konnte Heinrich der Löwe aber *auch hier* das militärische Aufgebot des Landes ausrufen und führen, Landtage abhalten, das Geleit an den Heerstraßen ausüben und den Landfrieden wahren. Als Herzog war er darüber hinaus *oberster Richter* nächst dem König. Diese herzoglichen Rechte übte Heinrich auch und vor allem gerade in Westfalen aus.

Durch den Ausdehnungsdrang Herzog Heinrichs fühlten sich die benachbarten Fürsten bedroht und bedrückt. Dies gilt vor allem für die Erzbischöfe von Köln, Bremen und Magdeburg, die Askanier (bis 1170 durch Albrecht den Bären vertreten), die sächsischen Pfalzgrafen, die hessisch-thüringischen Landgrafen, die Bischöfe von Halberstadt, Hildesheim und Münster sowie eine Reihe der vom Reich belehnten großen Grafen Westfalens.

Alle diese Gegner haben sich mehrfach gegen Heinrich zur Wehr gesetzt, oftmals in Koalitionen, derer Heinrich nur Herr wurde, indem sich der Kaiser hinter ihn stellte.

Wenden-Einfälle und erste Besiedlung im Osten

In den weitgespannten Plänen Heinrichs des Löwen, der vom Rhein bis zur Elbe und nach Osten über den Fluß hinaus dachte und wirkte, zeigte sich erneut wieder der gleiche Drang der Sachsen ins Weite, der diesen Stamm im 5. Jahrhundert auf die britannische Insel gebracht hatte.

Das geplante große Siedlungswerk jenseits der Elbe nach Osten und in den unermeßlich groß erscheinenden Nordostraum Europas war das Werk des Löwen, auch wenn erste Versuche seiner Vorgänger bereits in diese Richtung zielten.

Dorthin aber, wo sie zogen, lebten jene Völker der Nordmänner, deren Vorstoßgebiet in einem riesigen Kreisbogen von der Nordspitze Britanniens über die Elbmündung hinweg bis zur Landbrücke zwischen dem Finnischen Meerbusen und dem Ladogasee reichte.

Von dort aus waren die Nordmänner weiter vorgedrungen; sie hatten sich an der deutschen Küste, in England, im Land der wendischen Völker bis hinunter in die Tiefe des russischen Raumes festgesetzt.

Im Gegenzug ergoß sich der Strom der Wenden von der sächsischen Grenze nach Westen. Durch die Saale und Elbe am weiteren Landmarsch gestoppt, fuhren sie auf ihren kleinen beweglichen Schiffen über die Ostsee nach Westen und Norden.

Aus beiden Aspekten, dem normannischen und dem wendischen, ergab sich für Sachsen, das den Grenzwall nach Osten hielt, die Tatsache, daß ihnen hier eine Bedrohung erwuchs, die bei dem Auftauchen staatsbildender Kräfte unter den Wenden bedrohlich wurde.

Dänisch-schwedische Vasallenstaaten, geführt und gehalten von Normannen und Wenden, schnürten die Sachsen ab.

Als im 11. und 12. Jahrhundert die wendischen und die übrigen slawischen Stämme zwischen Elbe und Oder durch dänische und – nicht zu vergessen – durch polnische Angriffe geschwächt waren, gingen sächsische Siedler aus der jütischen Halbinsel nach Osten vor und drangen zunächst ins östliche Holstein ein. Etwa um 1160 war das westliche Mecklenburg in ihrer Hand. Schritt für Schritt drang diese Kolonisierung über Vorpommern bis Rügen weiter vor. Zu den Holsteinern, den Holsten, kamen die Sachsen von den Küsten der Nordsee hinzu.

Von Norden zogen die Bauern nach Süden in das Land um Spree und Havel ein. An der Priegnitz und in der Uckermark wurde von Siedlern die aus Ostfalen und der Altmark stammten, das Land bebaut. Aus Engern kamen jene Bauern, die in Hinterpommern und im Sumpfland entlang der Netze mit den Rodungen begannen.

Mit ihnen beteiligten sich Schulter an Schulter fränkische Siedler an diesem Werk. Diese hatten sich seit der Zeit Widukinds bereits mit den Sachsen vermischt. Es waren vor allem die Niederfranken vom Niederrhein bis Holland, die von den sächsischen Herren gerufen wurden, wenn es galt, das überschwemmte Land zu entsumpfen und trockenzulegen. Brabanter und Flamländer machten bereits zu Anfang des 12.

Jahrhunderts das Moorland bei Bremen und die Marschen von Weser und Elbe urbar.

Das linke Ufer der Unterlebe wurde von ins Land gerufenen Holländern urbar gemacht. Vom südlichen Holstein bis nach Vorpommern ist ihre Spur nachzuziehen. Niederfränkische Neusiedler belebten das Land um Magdeburg, Wittenberg, Brandenburg und schließlich Berlin.

So baute sich die neue Bevölkerung des deutsch werdenden Ostens aus den slawischen Bewohnern auf, unter denen sich viele einstige Germanen befanden, und aus einer sächsischen Mehrheit und einer niederfränkischen Minderheit an hinzugekommenen Siedlern. Daraus entstanden niederdeutsche Stämme zwischen der Trave im Westen, der Elbe und Oder im Osten, weithin auch über die Oder hinaus. Die Führerrolle fiel den Sachsen zu, und so war die geistige Geschichte der Sachsen nicht von der geistigen Entwicklung des sächsisch-fränkischen Siedlungswesens zu trennen, wurde der Begriff „Osterlinge" eine Kennzeichnung für die sächsischen Mitglieder der Hanse.

Am 23. November 1162 wurde die Ehe Heinrichs des Löwen mit Clementia von Zähringen geschieden. Der offizielle Scheidungsgrund lautete: „Zu nahe verwandtschaftliche Beziehungen." Daß dies nach vierzehnjähriger Ehe nur ein vorgeschobener Grund war, schien jedem einzuleuchten, aber der Papst brauchte ihn, um den Dispens erteilen zu können. Um dennoch seine christliche Gesinnung unter Beweis zu stellen, schenkte Heinrich der Löwe dem Kloster Petershausen bei Konstanz fünf Pfund Silber. Heinrich heiratete 1168 Mathilde, die Tochter König Heinrichs von England.

Kampf gegen den Kaiser

Durch seine jahrelange rücksichtslose und egoistische Expansionspolitik hatte sich Heinrich der Löwe viele Feinde geschaffen. Nun stellte er mit seiner außerordentlichen Machtfülle und seinen weiteren Forderungen eine Bedrohung für viele andere Fürsten dar. Als er im Herbst 1162 erneut die Forderung auf eine Erbschaft erhob (es ging dabei um die Erbschaft des Pfalzgrafen von Sommereschenburg), taten sich dieser, Bischof Udo II. von Naumburg und Landgraf Ludwig von Thüringen zusammen und konnten außerdem noch den Böhmenkönig, den österreichischen Herzog Heinrich, und den Markgrafen Ottokar von der Steiermark für eine Koalition gegen Heinrich den Löwen gewinnen.

Auch Welf VI., der sich mit seinem Neffen Heinrich dem Löwen nie gut verstanden hatte, schloß sich dieser Gruppe der „Sachsenfeinde" an. Die Gefahr eines Bürgerkrieges in Deutschland wurde von Tag zu Tag größer. Der Kaiser mußte unverzüglich dagegen einschreiten, wenn er seine besonderen Feldzugspläne gegen die Normannen auf Sizilien noch verwirklichen wollte.

Während des Hoftages zu Nürnberg im August 1163 gelang es Barbarossa, jenen Ring aufzusprengen, der sich um Heinrich den Löwen schloß. Er brachte die Widersacher seines Vetters aus dem Süden von dem Plan ab, gegen den Sachsenherzog zu ziehen. Damit fühlten sich jene, die im Norden wohnten, nicht mehr stark genug, allein mit Heinrich dem Löwen fertig zu werden.

Doch die Reibereien in Sachsen sollten sich weiter fortsetzen. Obgleich es Friedrich I. im August 1163 in Nürnberg gelungen war, Heinrichs Widersacher zu trennen und den Löwen zu warnen, hatte dieser in der Folgezeit nichts dazu getan, um sich bei seinen benachbarten Fürsten beliebter zu machen, im Gegenteil! Seine Erfolge gegen die Wenden und seine Verlobung mit der englischen Königstochter Mathilde hatten ihn in seiner Überzeugung bestärkt, daß er besser und größer als alle anderen, ja, daß er der Größte sei.

Der zu dieser Zeit in Heinrichs Burg Dankwarderode aufgestellte bronzene Löwe mit seiner drohenden Haltung galt als Sinnbild der Aggressivität seines Herrn.

Als Kaiser Friedrich I. Ende August 1166 in der Pfalz Boyneburg an der Werra eintraf, hatten sich dort auch Erzbischof Wichmann von Magdeburg, die Bischöfe von Hildesheim und Naumburg, die Markgrafen von Brandenburg und Meißen sowie eine Reihe weiterer edler Herren versammelt. Es sollten die sächsischen Angelegenheiten verhandelt und besprochen werden. Derjenige aber, um dessen Land und Aktionen es ging, Heinrich der Löwe, war nicht erschienen.

Alle zogen gegen ihn mit Worten zu Feld, und der Kaiser hatte es schwer, den aufgestauten Groll über Heinrich zu zerstreuen und die erregten, ja empörten Edlen zu beschwichtigen. Friedrich I. wollte die Lage in Deutschland unter allen Umständen beruhigt wissen, weil er sich mit der Absicht trug, im Herbst 1166 zum vierten Italienfeldzug aufzubrechen.

Als sich Mitte Oktober 1166 die kaiserliche Streitmacht zum vierten Italienfeldzug bei Augsburg versammelte, fehlte einer, auf den der Kaiser gezählt hatte: Heinrich der Löwe. Dieser bekundete, daß er infolge der Spannungen in seinem Herzogtum Sachsen nicht mitziehen könne. Barbarossa blieb nichts anderes übrig, als ihn offiziell von der Teilnahme zu befreien.

Als der Zug unterwegs war, brach in Sachsen der befürchtete Krieg aus. Aber Heinrich der Löwe hatte sich gut vorbereitet und alle Burgen gerüstet, sie mit Kriegern besetzt und Vorräte darin aufgehäuft. Einen erneuten Wendenaufstand zur gleichen Zeit hatte er auf diplomatischem Wege verhindert und sich damit den Rücken freigehalten. Auf diese Art und Weise war er in der Lage, sich ganz der Abwehr seiner Angreifer zu widmen. Seine Feinde waren Erzbischof Wichmann von Magdeburg, der Markgraf von Brandenburg und der Landgraf von Thüringen. Allen dreien war Heinrich der Löwe bereits mehrfach in die Quere gekommen.

Diese Gegner des Löwen sammelten Ritter und Knappen und zogen vor die Burg Haldensleben, wo sie sich zu deren Belagerung vereinigten. Die Burg hielt dem starken Ansturm stand.

Graf Christian von Oldenburg, der vierte im Bunde, griff Heinrichs Burg Weyhe in der Grafschaft Hoya an und vernichtete sie. Als er zu Ostern 1167 auch in Bremen einzog, wurde er von der dortigen Bevölkerung stürmisch begrüßt. Die Bremer waren froh, der harten Hand Heinrichs des Löwen entgangen zu sein. Doch brauchten sie nicht lange auf die Rückkehr Heinrichs zu warten.

Der Sachsenherzog sammelte eine Streitmacht, mit der er bereits im Juni gegen Bremen zog. Sein erster Angriff wurde an der Gete nahe der Stadt abgewiesen. Der zweite Angriff gelang, Bremen wurde zurückerobert. Er ließ seine Männer 24 Stunden nach Herzenslust plündern, die Bewohner der Stadt flohen. Sie durften später gegen die Zahlung eines Bußgeldes von 1000 Mark in ihre alten Häuser, soweit sie noch standen, zurückkehren. Herzog Heinrich der Löwe blieb Herr in Bremen.

Als Friedrich I. im Frühjahr 1168 nach seinem verlustreichen und ergebnislosen Italienzug nach Deutschland zurückkehrte, sah er sich einem abermals erstarkten Heinrich gegenüber, der mit seinen Herzogtümern Sachsen und Baiern noch mächtiger war als Friedrich I.

Ende 1167 bereits hatte Heinrich die Zeit des Waffenstillstandes mit seinen Gegnern dazu genutzt, um die seit 1165 mit ihm verlobte Mathilda, Tochter des englischen Königs Heinrichs II., nach Sachsen zu holen. Am 1. Februar 1168 fand in Minden die Trauung statt. Dadurch hatte Heinrich den Glanz seines Namens noch vermehrt.

Im Frühjahr 1168 brachen dann die Kämpfe wieder aus. Der Kaiser griff ein und befahl die sächsischen Fürsten zum 5. Mai 1168 zu einem Hoftag nach Würzburg. Die Sachsen kamen nicht. Auch einer zweiten Einladung leisteten sie keine Folge, sondern setzten ihre Raubzüge gegen unbotmäßige Edelleute in den Ländereien Heinrichs des Löwen fort. Die Autorität des Kaisers war im Schwinden. Dennoch trat Friedrich I. immer noch für seinen Vetter ein.

Erst die dritte Aufforderung hatte Erfolg. Ende Juni 1168 trat in Würzburg ein Reichstag zusammen, zu dem drei Erzbischöfe und zehn Bischöfe erschienen. Neben Heinrich dem Löwen waren auch Udalrich von Böhmen sowie die Pfalzgrafen Konrad bei Rhein und Otto von Wittelsbach anwesend. Heinrichs Gegner waren ebenfalls zur Stelle. Dies wurde vom Kaiser besonders begrüßt, denn in erster Linie ging es auf diesem Reichstag abermals um die Beilegung der Streitigkeiten in und um Sachsen. Während dieses Reichstages belehnte Barbarossa seinen Sohn Friedrich mit dem Herzogtum Schwaben.

Kaiser Friedrich Rotbart machte schließlich in aller Deutlichkeit den Streit in Sachsen für das Mißlingen seines vierten Italienfeldzuges verantwortlich. Dennoch suchte er eine Versöhnung zwischen den einander verfeindeten Parteien zu erreichen. Der Reichstag verhandelte bis Mitte Juli, dann wurde eine Waffenruhe bis zum nächsten Reichstag vereinbart. Diese wurde eingehalten. Lediglich Graf Widukind von Schwalenberg machte eine unrühmliche Ausnahme.

Heinrich der Löwe hatte die Verschwörung gegen ihn und Sachsen dank der Hilfe seines kaiserlichen Vetters gut überstanden. Als Gegenleistung nahm Friedrich I. seinem Vetter die Stadt Goslar wieder ab, deren Besitz er ihm 1152 mit dem Nießbrauch aus der Silberförderung am Rammelsberg als Trostpflaster für die Verzögerung bei der Belehnung mit Baiern übertragen hatte. So wurde Goslar wieder, was es früher war: reichsunmittelbare Stadt. Friedrich I. setzte mit dieser Erwerbung – zu Goslar gehörte die wichtigste Kaiserpfalz in Sachsen – seine Bemühungen um die Stärkung der Königsgewalt folgerichtig fort.

Differenzen zwischen Herzog und Kaiser

Im Norden des Reiches war es dem dänischen König Waldemar I. im Juni 1168 gelungen, die auf Rügen sitzenden slawischen Ranen zu unterwerfen. Dabei hatten ihn die Abodriten auf Befehl Heinrichs des Löwen unterstützt. Da die Dänen ihre Beute nicht mit den Abodriten teilen wollten, kam es unter diesen beiden Kampfgenossen zum Streit. Die Abodriten nahmen viele dänische Krieger gefangen, von denen sie an einem einzigen Tage auf dem Markt in Mecklenburg 700 als Sklaven zum Verkauf feilboten. (Siehe dazu auch den folgenden Abschnitt.)

Im Januar 1169 sah sich Friedrich I. abermals mit sächsischem Gebiet befaßt, weil dort erneut Unruhen aufgeflammt waren.

Auf einem Hoftag versuchte der Kaiser erneut den Frieden in

Sachsen zu festigen. Heinrich der Löwe nahm an diesem Hoftag nicht teil. Friedrich I. setzte einige der dauernden Unruhestifter fest und versuchte auch auf seinen Vetter einzuwirken und ihn zu einem gemäßigteren Verhalten gegenüber seinen Vasallen zu bringen.

Seit der Eroberung der Insel Rügen durch den Dänenkönig im Jahre 1168 herrschte im Norden Unfrieden. Weder die Abodriten noch Heinrich der Löwe wollten sich mit der immer noch nicht erfolgten Beuteverteilung abfinden. So kam es zu einigen handstreichartigen Überfällen. Einmal gelang es König Waldemar, den Pommern Stettin wegzunehmen, dann wurde er im Gegenzug von dort wieder vertrieben, und die Wenden fielen über ein dänisches Schiff oder eine der dänischen Inseln her. Erst Mitte 1171 war Waldemar bereit, seine Beute, den Tribut und die Geiseln mit Heinrich dem Löwen zu teilen.

Das frühere Bündnis zwischen König Waldemar und Herzog Heinrich wurde erneuert. Die beiden einigten sich sogar auf eine Verlobung der Tochter Gertrud Heinrichs des Löwen, der Witwe Herzog Friedrichs von Schwaben, mit Knut, dem Sohn König Waldemars. Da Knut erst acht Jahre alt war, fand die Vermählung später statt, doch Gertrud zog schon sehr bald an den dänischen Königshof.

Als im November 1170 Markgraf Albrecht von Brandenburg, der Bär, starb, war dies eine Erleichterung für das östliche Sachsen. Beide Widersacher hatten sich hier über Jahrzehnte hinweg feindlich gegenübergestanden. Über diese andauernde Feindschaft wird berichtet:

„Der Löwe ist dort nicht überwunden worden, aber der Bär hat sich auch nicht überwältigen lassen."

Albrecht hatte die Oberherrschaft Heinrichs des Löwen nicht anerkannt. Albrecht hatte darüber hinaus bei der Kolonisierung eine glückliche Hand. Nicht zuletzt deshalb, weil er es verstand, die Ansiedler durch verständnisvolle Hilfen zu sichern. Heinrich der Löwe war in dieser Beziehung nicht so glücklich. Albrecht begründete die Mark Brandenburg, wohin er Holländer und Flamen zur Ansiedlung rief. Der Stadtname Berlin gleich Bärlein geht mit ziemlicher Sicherheit auf Albrecht den Bär zurück. Wenige Monate vor seinem Tode konnte Markgraf Albrecht noch im August 1170 der Einweihung des von ihm besonders geförderten Domes zu Havelberg beiwohnen.

Der Dom zu Schwerin, der im September 1171 eingeweiht wurde, sah bereits Heinrich den Löwen bei der Einweihungszeremonie.

In diesen Jahren wurden ostwärts der Elbe auch zahlreiche Klöster gegründet, überwiegend mit Unterstützung des Bischofs von Schwerin und unter dem Protektorat wendischer Fürsten. Diese lernten nun erkennen, daß sie die Herrschaft Heinrichs des Löwen und seines Statthalters Gunzelin nicht mehr abschütteln konnten.

Die Kölner waren seit dem Herbst 1167 in die Allianz eingetreten, die sich gegen Herzog Heinrich gebildet hatte. Auf dem Reichstag zu Nimwegen im Juli 1171 sollte diese Frage endgültig bereinigt werden. Der Kaiser hielt sich von August bis Oktober in Aachen auf.

Für Mitte November berief er einen Reichstag nach Goslar ein. Neben einigen anderen Fragen wurden auch die Ansprüche Kaiser Friedrichs I. gegenüber den Söhnen des Markgrafen Albrecht von Brandenburg verhandelt. Aber auch diese Angelegenheit wurde nicht entschieden, sondern fortgeschoben.

Heinrich der Löwe fühlte sich nach dem Tode des Markgrafen Albrecht von Brandenburg und dem Friedensschluß mit König Waldemar I. von Dänemark in seinem Herzogtum sicherer denn je. Es war ihm gelungen, sich mit Erzbischof Wichmann von Magdeburg auszusöhnen. Da er glaubte, nun alles gesichert zu haben, entschloß sich Heinrich der Löwe zu einer Pilgerfahrt nach Jerusalem. Aus diesem Grunde übergab er seinem ehemaligen Erzfeind, Erzbischof Wichmann von Magdeburg, für die Zeit seiner Abwesenheit die Stellvertreterrolle in Sachsen.

Etwa 500 Ritter begleiteten Heinrich den Löwen. Der Bischof von Lübeck wurde geistlicher Berater des Pilgerzuges. Ihm zur Seite standen einige Äbte. Mit von der Pilgerreise waren der Abodritenfürst Pribislaw, Graf Gunzelin von Schwerin und andere Edle. In Regensburg stießen weitere edle Herren zu dieser starken Gruppe. In Wien schloß sich der dort weilende neue Bischof von Worms auf Weisung des Kaisers dieser Wallfahrt an.

Heinrich erhielt durch dieses Gepränge und auch durch seine Heirat mit Mathilde, die jetzt ein Kind von ihm erwartete, das Ansehen eines Königs.

Während der Zeit seiner Abwesenheit von Sachsen rief Kaiser Friedrich I. zu einem Feldzug gegen das Herzogtum Breslau auf. Dort war der 1163 von Friedrich I. eingesetzte Fürst vertrieben worden. Ihn galt es wieder in seine Rechte einzusetzen und damit das Ansehen des Kaisers wiederherzustellen.

An dem Kriegszug beteiligten sich Baiern, Schwaben und Franken ebenso wie die Sachsen. Letztere stellten ein großes Kontingent an Streitern. Auch Erzbischof Wichmann – Heinrichs Statthalter – war unter den geistlichen Führern; daneben die Bischöfe von Merseburg und Naumburg sowie eine Reihe von Grafen und Rittern. Das Aufgebot der Sachsen war besonders groß, wahrscheinlich durch die Abwesenheit Heinrichs des Löwen bedingt.

Der polnische Herzog eilte Kaiser Friedrich I. entgegen und unterwarf sich, ehe es zum Kampf kam. Der Breslauer Fürst wurde wieder in sein Fürstentum eingesetzt, und der Piastenherzog huldigte Barbarossa. Er zahlte darüber hinaus dem Kaiser 8000 Mark und verpflichtete sich, eine größere Streitmacht für den nächsten Italienzug Friedrichs I. zu stellen.

Danach hielt sich der Kaiser noch längere Zeit in Sachsen auf. Die sächsischen Fürsten huldigten ihm in großer Zahl. Nur die Söhne des Markgrafen Albrecht ließen sich nicht am kaiserlichen Hof sehen.

Als Herzog Heinrich von Sachsen zu Weihnachten 1172 von seiner Wallfahrt heimkehrte, traf er in Augsburg mit dem Kaiser zusammen. Ihr Zusammentreffen verlief freundschaftlich, obgleich Gerüchte umgingen, daß Heinrich in Konstantinopel gegen Barbarossa konspiriert habe.

Als Friedrich Barbarossa auch Heinrich den Löwen um Beistand bat, um seinen fünften Italienzug 1174 antreten zu können, versagte sich dieser trotz der dauernden Beweise und Zugeständnisse der Huld seines kaiserlichen Vetters gänzlich. Damit hatte er drei Italienzüge hintereinander nicht mitgemacht. Als Begründung schob Heinrich die Unruhen zwischen dem Landgrafen Ludwig von Thüringen mit den Askaniern vor.

Heinrich hatte daheim gegen mehrere Widersacher gleichzeitig zu kämpfen. Über allem stand der Kriegszug gegen Pommern mit dem Ziel der Eroberung der mächtigen Grenzfestung Demmin, ferner tobten die Kämpfe im Westen des Herzogtums gegen die Krieger und Helfer des Erzbischofs von Köln. Die Erzbischöfe von Halberstadt und Köln sahen hier große Aussichten, Heinrich ebenfalls zu bekriegen.

Während der Kaiser mehrere Jahre von Deutschland abwesend war, gelang es Heinrich dem Löwen, sich einige weitere Erbschaften anzueignen. Als er sich auch eine solche aus der Verwandtschaft des Kölner Erzbischofs, jene des Philipp von Heinsberg, aneignete, bildeten die Kölner mit dem Halberstädter Kirchenfürsten zu Beginn des Jahres 1178 ein Bündnis gegen Heinrich den Löwen.

Kurz darauf marschierte Erzbischof Philipp mit einer großen Streitmacht in die westfälischen Gebiete Heinrichs ein. Er ließ Burgen und Städte verwüsten. Die Krieger drangen bis an die Weser nach Höxter und Hameln vor. Erst dort gelang es einigen Kirchenfürsten, darunter auch Erzbischof Wichmann von Magdeburg, den Kölner „Bruder" zum Halten zu bewegen und einen Waffenstillstand zu vermitteln, in dem

Heinrich einige Zugeständnisse machen mußte und die endgültige Regelung vom Kaiser erwartet wurde.

Der Kaiser aber kehrte erst Mitte Juli 1178 nach vierjährigem Aufenthalt in Italien nach Deutschland zurück.

Unterlassene Hilfeleistung und ihre Folgen

Als Kaiser Friedrichs I. Heer Ende September 1174 auf dem Weg nach Süden Piemont erreichte, war Barbarossa bereits klar, daß Heinrich des Löwen Truppen nicht nur fehlen würden, sondern daß ihr Fehlen zugleich den Keim einer Niederlage in sich trug. Seine Truppen waren an Zahl und an Kampfkraft bedeutend geringer als auf den beiden vorhergegangenn Kriegszügen.

Dennoch gelang es diesen Truppen, am 30. September Susa zu erobern und niederzubrennen. Damit hatte Friedrich seine Rache für die böswillige Behandlung durch diese Stadt bei seinem Rückzug aus Italien im Jahre 1168 genommen. Sein nächstes Ziel war Asti. Seit dem Brand von Susa war auch Kaiserin Beatrix bei ihrem Gemahl. Sie war Friedrich I. einfach nachgereist. Asti wurde nach siebentägiger Belagerung erobert. Nun stießen auch die zugesagten böhmischen Truppen zum kaiserlichen Heer.

Von den Angehörigen des gegen den Kaiser gerichteten lombardischen Bundes fiel Markgraf Wilhelm von Montferrat ebenso vom Bündnis ab wie der Graf von Biandrate und andere Edelherren, die es nicht mit dem rachedürstenden Barbarossa aufnehmen wollten.

Das nächste Ziel der Truppen Barbarossas war Alessandria, in das die Mailänder bei der Niederbrennung ihrer Stadt verbracht wurden. Ende Oktober wurde mit der Belagerung der „Strohstadt" begonnen. So hieß sie wegen ihrer mit Stroh eingedeckten Dächer. Hier wurde ihnen entschiedener Widerstand geleistet, und im hereinbrechenden Winter lagen die kaiserlichen Truppen frierend vor der Stadt.

Das Duell der riesigen Belagerungsmaschinen begann. Weihnachten und Neujahr gingen vorüber. Erst am Karsamstagmorgen des Jahres 1175 gelang es, durch heimlich gegrabene Stollen in die Stadt einzudringen. Doch diese durchlässigen Stellen konnten von den Belagerten geschlossen werden. 300 Söldner erstickten oder wurden erschlagen. Alessandria hielt sich, und Kaiser Friedrich mußte angesichts eines herankommenden lombardischen Entsatzheeres abziehen.

Vor Pavia standen sich beide Heere gegenüber, aber keines wagte den Angriff. Verhandlungen wurden durch den Markgrafen Opizio Malaspina vermittelt. Sie begannen am 16. April 1175 auf der Burg Montebello des Markgrafen von Montferrat.

Die Lombarden unterwarfen sich zunächst dem Kaiser, und dieser gab den lombardischen Anführern den Friedenskuß. Die Friedensverhandlungen zogen sich endlos hin. Es sah so aus, als wollten die Lombarden lediglich Zeit gewinnen. Die Gespräche wurden schließlich ergebnislos abgebrochen, und die lombardischen Truppen überfielen die auf die Seite des Kaisers übergewechselten Gebiete um Pavia und Como.

Kaiser Friedrich I. und seine Gemahlin befanden sich Weihnachten 1175 und Neujahr 1176 mit ihrem Gefolge immer noch in Pavia. Papst Alexander, der von Barbarossa im Sommer 1175 zu Gesprächen seiner Abgesandten mit dem Kaiser nach Pavia eingeladen worden war, kam diesem Versuch des Kaisers, mit ihm einen Separatfrieden zu schließen, nicht entgegen. Im Gegenteil, er leistete „seiner" Stadt Alessandria Beistand und Hilfe, wo immer er dies tun konnte.

Friedrich Barbarossa bat Anfang 1176 seinen Vetter Heinrich den Löwen zu einem Gespräch nach Chiavenna, das zum Herzogtum Schwaben gehörte. Er hoffte den Löwen, der sich nach beendeten Kämpfen gegen die Askanier gerade in seinem Herzogtum Baiern aufhielt, doch noch zur Teilnahme zu gewinnen und mit dessen Hilfe den endgültigen Sieg zu erringen.

Als Heinrich der Löwe Anfang Februar 1176 in Chiavenna nördlich des Comersees eintraf, wurde er herzlich willkommen geheißen. Friedrich I. bat seinen Vetter, ihm in diesem entscheidenden Kampf beizustehen. Doch Heinrich verschanzte sich hinter den verbrieften Rechten, nach denen er dem Kaiser lediglich innerhalb deutscher Lande zur Hilfeleistung verpflichtet sei. Ohne ein allgemeines Aufgebot und dazu noch im Ausland könne er seine Truppen nicht einsetzen.

In dieser Lage soll Kaiser Friedrich I. vor seinem Vetter auf das Knie gefallen sein und ihn um Beistand angefleht haben. Ob sich dies tatsächlich zugetragen hat, ist nicht verbürgt, doch die Quellen, die darüber berichten, haben mit einigen interessanten Einzelheiten aufgewartet, die diesen Kniefall als wahrscheinlich erscheinen lassen.

So soll der Truchseß Herzog Heinrichs seinem Herrn zugeflüstert haben, den Kaiser doch einfach knien zu lassen. Eine andere Quelle weiß zu berichten, daß die Kaiserin ihren Gemahl angefleht habe, doch aufzustehen.

Herzog Heinrich aber soll nach einer dritten Quelle durch diesen Fußfall seines kaiserlichen Vetters und Herrn erschrocken gewesen sein und versucht haben, den Kaiser aufzuheben. Wieder eine andere Quelle beteuert, daß Heinrich eine solche noble Geste schlicht unterlassen habe.

Was Heinrichs des Löwen Motive waren, ob er sich bereits als Nachfolger Friedrichs I. sah und dessen Niederlage ihm demzufolge sehr willkommen gewesen sein mußte oder ob es nur Großmannssucht war, ist nicht bekannt.

Wie auch immer, Heinrich der Löwe lehnte ab, und Friedrich I. war nicht nur geschockt, sondern wurde in seiner Würde gekränkt und geschmäht. Dies mußte – nach den wenigen Bruchstücken, die darüber vorhanden sind – von Kaiserin Beatrix geschickt genutzt worden sein, den aufsteigenden Haß des Kaisers gegen Heinrich den Löwen zu schüren, denn von nun an zog auch Friedrich I. gegenüber seinem Vetter die Handschuhe aus.

Die Schlacht bei Legnano sah Barbarossa dank der Hilfeleistung des Kölner Erzbischofs Philipp, Erzbischofs Wichmann von Magdeburg und Herzogs Bertold von Zähringen nicht im Untergangswirbel versinken. Dennoch wurde das kaiserliche Heer geschlagen, weil seine Hauptstreitmacht nicht beteiligt war.

Nach langen Verhandlungen und Streitereien genehmigte Friedrich I. am 21. Juli 1177 die erarbeitete Friedensurkunde. Drei Tage später zog Friedrich I. in Venedig ein. Der Papst hatte einige seiner Kardinäle nach dem Lido entsandt, um Kaiser Barbarossa aus dem Bann zu lösen, ehe auch er in Venedig eintraf.

Der bereits 18 Jahre andauernde Kirchenstreit war damit beendet, indem Friedrich I. Papst Alexander die Füße küßte und dieser den Kaiser aufrichtete und ihm den Friedenskuß gab.

Aufgrund des Friedensvertrages von Venedig wurde der 1160 durch Heinrich dem Löwen vertriebene Bischof von Halberstadt, Udalrich, im September 1177 wieder in sein Amt eingeführt. Er erklärte die von Bischof Gero durchgeführten Priesterweihen für ungültig und zog alle Lehen wieder ein, die während der Jahre seines Exils ausgegeben worden waren. Darunter vor allem jene Lehen, die Herzog Heinrich zugefallen waren.

Heinrich der Löwe weigerte sich selbstverständlich, diese Güter herauszugeben, woraufhin Bischof Udalrich über Heinrich XI. den Bann verhängte.

Da zur gleichen Zeit zwischen Herzog Heinrichs Parteigängern und den Truppen und Freunden des Erzbischofs von Köln tätliche Auseinandersetzungen im Gange waren, die für Heinrich nicht gut verliefen, sah auch der Bischof von Halberstadt seine Chance zum Eingreifen gegen seinen Herzog gekommen.

Das große Duell der beiden Vettern

Als Barbarossa nach Deutschland zurückkehrte, trug er seit dem 30. Juli 1178 auch die Königskrone von Burgund, die ihm Erzbischof Raimund im Dom Saint-Trophime zu Arles aufs Haupt gesetzt hatte. Damit herrschte er sicher über die drei Reichsteile Deutschland, Italien und Burgund.

Am 11. November 1178 hielt Friedrich I. Barbarossa einen Reichstag in Speyer. Im Vordergrund der deutschen Probleme stand das Herzogtum Sachsen.

Herzog Heinrich der Löwe, der diesmal erschienen war, erhob Klage gegen seine Widersacher, vor allem wegen des Kriegszuges des Erzbischofs von Köln im Frühjahr 1178. Aber auch Erzbischof Philipp hielt nicht mit Klagen zurück. Der Kaiser versprach, diese Dinge zu untersuchen, und bestellte Vetter Heinrich für Mitte Januar 1179 nach Worms, wo er den nächsten Reichstag halten wollte. Dort sollte sich Heinrich nach dem Landrecht zu den vorgebrachten Klagen äußern.

Heinrich der Löwe erschien nicht in Worms. Seine Gegner brachten hier alle Klagen gegen ihn vor. Und diesmal versuchte Friedrich I. nicht mehr wie früher zwischen Heinrich und seinen Widersachern zu vermitteln. Diesmal ging er schonungslos gegen seinen Vetter vor. Gegen Heinrich den Löwen wurde wegen fortgesetzten Landfriedensbruches die Reichsacht verhängt. Durch sein Nichterscheinen hatte Heinrich auf seine Rechtfertigung verzichtet. Da er auch keine Vertagung verlangt hatte, war die sonst nach dem Landrecht erforderliche dreimalige Vorladung nicht nötig.

Die Verkündigung der Reichsacht über Heinrich den Löwen wurde in Worms noch bis zum nächsten Reichstag am 24. Juni 1179 in Magdeburg ausgesetzt. Zu diesem wurde der Sachsenherzog abermals geladen.

Wenn der Kaiser nun so hart gegen Heinrich den Löwen vorging, lag das wahrscheinlich in der Tatsache begründet, daß dieser seinen Hilferuf in Chiavenna im Februar 1176 zurückgewiesen hatte, als sich Friedrich I. in einer schwierigen Lage befand. Andererseits war Heinrich auch für Barbarossas Begriffe zu groß und zu mächtig und damit zu einer drohenden Gefahr für ihn geworden.

Auf diesem Reichstag in Worms sah Friedrich I. zugleich noch eine zusätzliche Möglichkeit, Heinrich dem Löwen eines auszuwischen. Und zwar hatte der Löwe 1176 mit Welf VI. ein Abkommen getroffen, daß Welf VI. ihm seine Besitzungen nördlich der Alpen gegen die Zahlung einer großen Summe Geldes vererbte. Da Heinrich aber seinem Onkel Welf VI. bisher noch keinen Pfennig der vereinbarten Summe gezahlt hatte, traf Welf VI. in Worms eine gleiche Abmachung mit dem Kaiser und löste damit die Vereinbarung mit seinem Neffen auf. Diese Wendung der Dinge brachte Heinrich den Löwen gegen seinen Vetter besonders auf.

Die bereits im Januar über Heinrich verhängte Reichsacht wurde nun ausgesprochen und war damit wirksam. Von nun an konnte jedermann den geächteten Herzog töten, ohne sich verantworten zu müssen. Der Geächtete konnte sich nur aus dem Bann lösen, wenn er sich innerhalb eines Jahres dem Gericht stellte und sich dessen neuem Urteil unterwarf.

Da das Nichterscheinen auch als Mißachtung der königlichen Majestät gedeutet wurde, weil Heinrich ja ein Lehnsmann des Königs war, ließ Kaiser Friedrich zugleich auch als König bereits im Frühjahr 1179 neben dem landrechtlichen auch das lehnsrechtliche Verfahren gegen seinen Vetter eröffnen. Aus diesem Grunde waren die Verhandlungen in Magdeburg nach dem Landrecht ebenso wie nach dem Lehnsrecht erfolgt. Im landrechtlichen Verfahren fungierte die Gesamtheit der deutschen Fürsten unter dem Vorsitz des Königs als Kläger und Richter. Im lehnsrechtlichen Verfahren trat der Lehnsherr, Friedrich I., als Hauptkläger gegen Heinrich den Löwen auf. Dieses Verfahren konnte zur Aberkennung jener Lehen führen, die Heinrich vom Reich erhalten hatte.

In Magdeburg klagte insbesondere Markgraf Dietrich von der Lausitz gegen Heinrich. Dieser, so führte er aus, habe 1178 die Wenden zu einem Einfall in die Niederlausitz angestiftet. Die feindlichen Scharen seien über die Oder bis zum Spreewald vorgedrungen und hätten erhebliche Verwüstungen angerichtet. Der Markgraf bezeichnete das Verhalten von Herzog Heinrich als „Verrat gegenüber dem Reich". Er bot sich an, in einem Zweikampf mit Heinrich die Wahrheit seiner Klage zu beweisen.

Als Gerücht lief durch die Reihen der Fürsten dieses Landtages die Vermutung, daß Heinrich mit schwäbischen Fürsten gegen den Kaiser konspiriere. Offen wurde diese Anklage jedoch nicht vorgebracht.

Nach Ende des Reichstages blieb der Kaiser noch weiter in Magdeburg. Hier zeigte er sich anläßlich der Prozession am Tage Peter und Paul mit seiner Gemahlin und seinem vierzehnjährigen Sohn Heinrich dem Volk im Schmucke der Kronen. Dies deutet darauf hin, daß Friedrich darauf bedacht war, seine königliche Herrschaft im Herzogtum Sachsen besonders hervorzuheben. Wahrscheinlich war dies eine Gegenaktion zu der Tatsache, daß sich sein Vetter seit langem bereits als „oberster Herrscher in Sachsen" aufführte. In diesen Tagen stellte der Kaiser den Bistümern Havelberg und Brandenburg Privilegien aus.

Auf Bitten Heinrichs des Löwen traf sich der Kaiser mit seinem Vetter in der Nähe von Haldensleben. Hier versuchte Heinrich seinen Vetter zu beruhigen und dessen Zorn zu besänftigen. Aber selbst wenn Friedrich dies gewollt hätte, die öffentliche Erklärung der Acht konnte er allein nicht wieder rückgängig machen.

Barbarossa verlangte eine Bußzahlung von 5000 Mark, was Heinrich ablehnte, da sie ihm zu hoch erschien. Die beiden gingen ohne ein Ergebnis auseinander. Heinrich mußte nun jener Vorladung Folge leisten, die er in bezug auf sein lehnsrechtliches Verfahren erhalten hatte. Ort der neuen Verhandlung war die kaiserliche Pfalz Kayna westlich von Altenburg.

Auf dem Hoftag des Kaisers Ende Juli 1179 in Erfurt erhob auch Landgraf Ludwig von Thüringen Klage gegen Heinrich den Löwen, mit dem er sich bis dahin gut verstanden hatte.

Der zweite Gerichtstag gegen Heinrich den Löwen in Kayna verstrich, ohne daß der Sachsenherzog erschienen wäre. Aber er mißachtete nicht nur dieses Gebot, sondern trat auch noch öffentlich gegen den Kaiser auf. Und zwar waren einige Tage vor Beginn dieses Treffens Gunzelin von Schwerin und andere Vasallen Heinrichs des Löwen in Westfalen über Anhänger des Kaisers hergefallen und hatten sie bei Osnabrück vernichtend geschlagen. In der Umgebung von Soest verwüsteten andere Vasallen des Herzogs das Land. Sie steckten das kölnische Medebach in Brand, und damit hatten sich diese Geplänkel zu einem Krieg des Herzogs von Sachsen und Baiern gegen seinen König und Kaiser Friedrich Barbarossa ausgeweitet.

Die kaiserlichen Truppen marschierten nach Sachsen ein und räumten in einigen herzoglichen Besitzungen auf. Im Gegenzug besetzte Heinrich Halberstadt, dessen Bischof Udalrich seiner Meinung nach der Urheber der gegen ihn gerichteten Entwicklung sein mußte.

Am 23. September 1179 wurde Halberstadt fast völlig eingeäschert, nachdem einer der Männer des Herzogs eine Hütte in Brand gesteckt hatte und sich das Feuer bei dem starken Wind rasch ausbreitete. Viele Bürger kamen dabei ums Leben. Der Bischof und seine Kleriker wurden gefangengenommen, dazu eine Reihe Bürger der Stadt. Gerüchte erreichten den Kaiser, sein Vetter Heinrich habe nichts dagegen unternommen, daß seine Soldateska wehrlose Bürger tötete, Frauen öffentlich die Kleidung vom Leibe riß, sie dann vergewaltigte und die Häuser plünderte.

Heinrich beteuerte, daß diese Greuel nicht von ihm beabsichtigt seien. Doch dies überzeugte die Fürsten nicht, deren Haß gegen ihren großen Widersacher nun keine Grenzen mehr kannte.

Erzbischof Wichmann von Magdeburg zog Anfang Oktober vor die

Burg Haldesleben nordwestlich von Magdeburg, die von Herzog Heinrich besonders gut ausgebaut und besetzt worden war. Der Erzbischof von Köln sammelte ein Heer von 4000 Söldnern. Mit diesem Heer durchzog Erzbischof Philipp Westfalen zum zweitenmal, diesmal zur Unterstützung von Erzbischof Wichmann. Dabei wurden alle Besitztümer des Welfen, an denen dieses starke Aufgebot vorbeikam, geplündert. Das Faustrecht griff im kölnischen Heer um sich, und nicht einmal Kirchen und Klöster waren vor diesem erzbischöflichen Heer sicher.

Haldensleben war nicht nur das Ziel Wichmanns und Philipps. Auch Landgraf Ludwig von Thüringen nahte mit 400 Rittern. Ihm schlossen sich andere Grafen und Fürsten aus dem ostsächsischen Raum an.

Doch die Belagerten hielten stand. Sie steckten die Moore in der Umgebung der Burg in Brand. Die Glut fraß sich bis ins Lager der Kaiserlichen durch und vernichtete alles Belagerungsgerät, das nicht rechtzeitig in Sicherheit gebracht werden konnte.

Heinrich der Löwe ging jetzt zum Gegenangriff über und fiel in das von Truppen entblößte Gebiet des Erzbischofs Wichmann an der Bode ein. Dort wurde mit Feuer und Schwert alles vernichtet, was sich diesem sächsischen Heerhaufen in den Weg stellte oder auf dessen Weg lag. Die bischöfliche Pfalz Calbe an der Saale wurde zerstört und alles Land bis an die Elbe verwüstet.

Es gelang Heinrich, sich erneut der Wenden als seiner Werkzeuge zu bedienen, die in das gegnerische Gebiet von Erzbischof Wichmann eindrangen und Jüterbog einäscherten. Der Erzbischof mußte die Belagerung von Haldensleben aufgeben und in seine Gebiete zurückeilen, um zu retten, was noch zu retten war.

Der herannahende Winter beendete die Belagerung von Haldensleben. Welfischen Streitkräften gelang es jedoch noch, die zum Bistum Halberstadt gehörende Festung Hornburg südlich von Braunschweig zu zerstören. Die Söldner des Erzbischofs von Köln wiederum verheerten auf ihrem Rückmarsch zum Rhein alles, was sich auf diesem Rückzug vernichten ließ.

Der Kaiser war von Kayna aus nach Süden gereist und hatte auf Mitte September 1179 einen Reichstag nach Augsburg einberufen. Hier schwor Barbarossa die süddeutschen Fürsten auf ihre Treue zum Reich ein. Um Heinrich hier im Süden in seinem Herzogtum Baiern und bei dessen Nachbarn die Schau zu stehlen, blieb der Kaiser bis zum Jahresende im Süden und pflegte engen Kontakt mit den dortigen Fürsten.

In Lüneburg feierte Heinrich der Löwe das Weihnachtsfest 1179 mit allem Prunk, um klarzumachen, daß die Acht ihn völlig kalt ließ. Er versprach dem in seiner Haft befindlichen Bischof Udalrich von Halberstadt die Freiheit, wenn ihn dieser aus dem Kirchenbann löse und die entzogenen kirchlichen Lehen wieder verlieh. Udalrich ließ sich auf diesen Handel ein, erhielt dafür seine Freiheit zurück und starb einige Monate darauf. Kaiser und Papst erklärten seine in Lüneburg getroffenen Maßnahmen für ungültig.

Mitte Januar 1180 versammelten sich die Edlen des Reiches zum Reichstag in Würzburg. Dazu erhielt Heinrich der Löwe die dritte Vorladung im lehnsrechtlichen Verfahren. Auch diesmal erschien er nicht.

Von den versammelten Reichsfürsten und hohen kirchlichen Würdenträgern wurde Heinrich der Löwe seiner Reichslehen, der Herzogtümer Baiern und Sachsen, für verlustig erklärt.

Der Kaiser beschuldigte seinen Vetter in einer Urkunde der Beraubung und der Minderung der Rechte der Adeligen und der Kirche. Als Begründung für das Urteil wurde in dieser Urkunde die Weigerung des Herzogs genannt, vor Gericht zu erscheinen, obgleich diese Vorladung vom Kaiser und König ergangen war. Als er der Acht verfallen war, habe Heinrich sogar noch weiterhin den Landfrieden gebrochen. Das Urteil und die Einziehung der Reichslehen wurde besonders mit dem dauernden Ungehorsam gegenüber seinem Lehnsherrn begründet.

Seiner beiden Herzogtümer beraubt, war Heinrich der Löwe jedoch auch danach noch der Ansprechpartner der sächsischen Fürsten. Sie schlossen nach ihrer Heimkehr vom Reichstag zu Würzburg mit Heinrich einen Waffenstillstand, der bis Ende April 1180 dauern sollte. Beide Seiten wollten, dies schien klar, ihre Anstrengungen auf den bevorstehenden Krieg ausrichten und ihre Waffen und Soldaten auffrischen.

Auf dem Reichstag zu Gelnhausen im April 1180 waren alle Gegner Heinrichs des Löwen versammelt. Es galt hier, die beiden Herzogtümer Sachsen und Baiern an den Mann zu bringen. Von der Überlegung, beide Herzogtümer zweien seiner fünf Söhne zu übertragen, war Barbarossa abgekommen. Das hätte die staufische Macht so verstärkt, daß die Fürsten nicht damit einverstanden gewesen wären.

Anwesend waren auch Erzbischof Philipp von Köln und Erzbischof Wichbert von Magdeburg.

Wie erwartet, wurde über die weitere Bestimmung des Herzogtums Sachsen verhandelt. Man einigte sich darauf, Graf Bernhard von Anhalt, den jüngsten Sohn Markgraf Albrechts von Brandenburg, mit dem östlichen Teil des Herzogtums Sachsen zu belehnen. Der Kölner und Paderborner Sprengel Sachsens wurde zu einem selbständigen

Herzogtum erhoben und Erzbischof Philipp von Köln zu seinem Herzog ernannt.

In dem neuen, verkleinerten Herzogtum Sachsen erlaubte der Kaiser den Kirchenfürsten, alle kirchlichen Lehen Heinrichs des Löwen an sich zu nehmen. Mit dieser Maßnahme ebenso wie mit der Teilung Sachsens wollte Friedrich I. vermeiden, daß noch einmal eine solche Macht- und Besitzanhäufung stattfinden könne, wie sie Heinrich der Löwe auf sich vereinigt hatte.

Die Askanier hatten nun in Sachsen eine sehr starke Stellung, da neben dem neuen Herzog Bernhard von Anhalt auch der Markgraf von Brandenburg aus ihrem Hause stammte und ihnen außerdem auf diesem Reichstag zu Gelnhausen auch noch das Erzbistum Bremen-Hamburg zufiel.

In der berühmten Gelnhauser Urkunde, in welcher der Verlauf des Prozesses gegen Heinrich den Löwen verkürzt berichtet wird, wurden alle damit zusammenhängenden Vorgänge von der kaiserlichen Kanzlei der Nachwelt überliefert.

Da bereits jetzt feststand, daß Heinrich der Löwe seine beiden Herzogtümer nicht freiwillig herausgeben würde, wurde in Gelnhausen eine Reichsheerfahrt gegen ihn beschlossen. Sie sollte am 25. Juli 1180 beginnen. Landgraf Ludwig von Thüringen und andere sächsische Fürsten sollten inzwischen die Reichsstadt Goslar vor einem Angriff Heinrichs des Löwen schützen.

In der Tat zog ein Heer Heinrichs des Löwen Anfang Mai 1180 gegen Goslar, weil diese Stadt ihm besonderen Gewinn versprach. Er wurde jedoch erwartet und abgewiesen. Es gelang ihm dennoch, die Bergwerkseinrichtung am Rammelsberg zu zerstören. Auf seinem weiteren Zug ließ Heinrich die Pfalzen Mühlhausen und Nordhausen niederbrennen und ein am Wege liegendes Kloster ausplündern, das dabei ebenfalls in Flammen aufging.

Der neue Herzog in Sachsen, Bernhard, und Landgraf Ludwig konnten Heinrichs Heerhaufen nahe der Unstrut bei Weißensee stellen. Sie waren jedoch mit ihren Männern der Schar Heinrichs unterlegen und erlitten am 14. Mai 1180 eine schwere Niederlage. Landgraf Ludwig von Thüringen, der noch kurz vorher durch Kaiser Friedrich I. mit der sächsischen Pfalzgrafschaft belehnt worden war, weil der vorherige Inhaber gestorben war, geriet mit vielen seiner Ritter in Gefangenschaft und wurde von des Löwen Truppen im Triumphzuge nach Braunschweig geschafft.

Um die gleiche Zeit fielen wendische Scharen in die Lausitz ein. Angeblich waren sie auch diesmal von Herzog Heinrich dazu angestiftet worden.

Heinrich der Löwe feierte in Braunschweig ein großes Fest, weil er den Kaiserlichen eine solche gravierende Niederlage beigebracht hatte. Trotz des Verlustes von Westsachsen hoffte Herzog Heinrich immer noch, dem Kaiser und dessen Heer widerstehen zu können.

Auf dem Landtag, den Kaiser Friedrich Ende Juni in Regensburg hielt, verfiel Heinrich der Löwe – weil er bis dahin keinen Versuch unternommen hatte, sich aus der Acht zu lösen – der Aberacht. Diese war nicht mehr rückgängig zu machen. Damit war der Sachsenherzog völlig recht- und ehrlos gemacht und aller seiner Güter verlustig geworden.

Auf diesem Reichstag gelang es dem Bischof von Freysing, die Gunst der Stunde nutzend, die Genehmigung des Kaisers zum Wiederaufbau der von Heinrich dem Löwen 1157 zerstörten Brücke über die Isar bei Föhring zu erlangen und den Platz mit neuen Marktrechten zu versehen. Er forderte auch, die Brücke bei München und den Markt wieder zu beseitigen. Dies allerdings konnte der Kaiser nicht zugestehen, weil sich München bereits als neuer Marktflecken gut entwickelt hatte.

Von Regensburg aus zog der Kaiser mit seinem schnell zusammengerufenen Heer nach Sachsen. Er mußte die Reichsheerfahrt gegen Heinrich den Löwen anführen. In der versammelten Streitmacht befand sich der Erzbischof von Köln als neuer Herzog von Westfalen. Der Bischof von Utrecht war mit mehreren Vasallen und deren Mannen gekommen. Auch Wichmann von Magdeburg war mit seinen ihm untergebenen Bischöfen von Brandenburg, Merseburg und Naumburg dabei. Der neue Erzbischof von Bremen sah ebenfalls in der Teilnahme an der Hetzjagd auf den Löwen eine Gelegenheit, sich beim Kaiser beliebt zu machen. Sein Bruder, Herzog Bernhard von Sachsen, die Wettinischen Brüder von Meißen, der Lausitz, von Groitzsch und Brehna wollten ebenfalls nicht versäumen, gegen ihren Urfeind zu ziehen und sich einen Happen aus dessen Besitzungen zuwerfen zu lassen, sobald der Löwe niedergerungen war.

Der erste Angriff galt der Welfenfestung Lichtenberg bei Wolfenbüttel. Anfang August 1180 konnte diese Festung im Sturm erobert werden.

Am 15. August hielt der Kaiser auf der Pfalz Werla einen Hoftag. Hier wurde mit Zustimmung aller Teilnehmer ein Spruch verkündet, der Heinrich seiner Anhänger berauben sollte:

Alle Anhänger Heinrichs des Löwen sollten vom Kaiser begnadigt werden, sofern sie sich bis zum 11. November 1180 unterwarfen. Wer dieser huldvollen Aufforderung nicht nachkomme, verliere wegen des damit gezeigten offenen Ungehorsams alle seine Güter. Das war ein Druckmittel, dem sich kaum einer zu widersetzen wagte.

Ein paar Tage darauf wurde Halberstadt erreicht. Die Stadt war vor ein paar Jahren von einem verheerenden Brand heimgesucht worden und befand sich gerade im Stadium des Wiederaufbaus. Sie ergab sich.

Um Goslar vor Heinrich zu schützen, warf der Kaiser Truppen dorthin. Die Ruine Harzburg wurde instand gesetzt und von kaiserlichen Truppen besetzt.

Eine günstige Folge der kaiserlichen Verkündigung von Werla zeigte sich darin, daß eine Reihe von Rittern und Edlen, die bis dahin zu Heinrich gehalten hatten, nun von ihm abfielen und ihre Burgen und Festungen den Kaiserlichen übergaben. So fielen Friedrich I. ohne einen Schuß Lauenburg, Heimburg und Regenstein zu. Anfang September, nur drei Wochen nach Verkündigung dieses Dekrets, konnte Kaiser Friedrich I. in Werla das Heer auflösen lassen, weil sich beinahe alle Parteigänger Heinrichs des Löwen ergeben hatten.

Er selbst zog mit seinem Gefolge nach der Pfalz Altenberg an der Pleiße. Hier hielt er einen Hoftag und belehnte Otto von Wittelsbach mit dem Herzogtum Baiern.

Für Heinrich den Löwen war es eine sehr bittere Erfahrung, daß er nun von vielen seiner Lehnsleute im Stich gelassen wurde. Er zog mit seinen Truppen nach Norden, weil er hier mehr Treue und Beistand zu finden hoffte. Dort rächte er zunächst den Wortbruch des jungen Grafen Adolf von Holstein, indem er dessen Burg Plön in Besitz nahm. Die Mutter des Grafen, die Segeberg verteidigte, ergab sich rechtzeitig, als ihr Brunnen ausgetrocknet war; Heinrich ließ die Herzogsmutter und deren Begleitung frei.

Im weiteren Verlauf des Rachezuges konnte Herzog Heinrich einige Erfolge erzielen. Im Süden des Herzogtums war einer seiner berüchtigsten Vasallen am Werke: Bernhard von der Lippe, der das Gebiet des Erzbischofs von Magdeburg verwüstete.

Obgleich Friedrich I. nun ununterbrochen im Lande umherzog und ihm mehr und mehr Grafen zuliefen, ihm ihre Burgen übereigneten und sich ihm unterwarfen, mußte der Kaiser zu Ende dieses Jahres in Erfurt die bedrückende Bilanz ziehen, daß er einen zweiten Heerzug gegen seinen Vetter unternehmen mußte, wenn er diesen endgültig zur Einsicht in das Unvermeidliche bringen wollte.

Vor allem galt es, seinen Neffen, Landgraf Ludwig von Thüringen, und dessen Bruder, die von Heinrichs Truppen gefangengenommen waren und noch immer im Kerker schmorten, zu befreien.

Heinrich der Löwe hatte inzwischen auch Ratzeburg erobert. Er baute Plön und Segeberg stark aus und schien damit in diesem Raum sicher vor kaiserlichen Truppen. Bernhard von der Lippe plünderte weiter im Raume Magdeburg. Erzbischof Wichmann mußte handeln. Er entschloß sich zum Angriff auf die Welfenfestung Haldensleben. Diesmal suchte er die Burg durch eine Überschwemmung zu Fall zu bringen. Er ließ um die Burg herum mächtige Dämme errichten. Einer davon versperrte den Abfluß der Ohre, der zweite Damm staute das Wasser in der Umgebung der Festung.

Dieser Plan gelang; Haldensleben stand unter Wasser, und die Bürger mußten in die Dachbalken ihrer Häuser emporklettern, um keine nassen Füße zu bekommen.

Doch unter dem Druck der Wassermassen brach schließlich der Damm zusammen, und das Wasser floß ab. Der Jubel in der Festung fand bald ein Ende, denn Erzbischof Wichmann ließ neue und höhere Dämme errichten. Die Wassermassen stiegen höher und höher und überfluteten die Festung. Der Hilferuf der Verteidiger von Haldensleben an den Löwen verhallte ungehört. Am 3. Mai 1181 mußte sich Bernhard von der Lippe ergeben. Der Erzbischof gewährte ihnen freien Abzug. Danach wurde Haldensleben eingeäschert und niedergerissen.

Als auch der Dänenkönig Waldemar I. sich einem persönlichen Hilferuf Heinrichs des Löwen an ihn versagte, schien dessen Schicksal besiegelt. Der Kaiser war im ersten Halbjahr 1181 in Süddeutschland darum bemüht, Ritter und Knappen für den neuen Feldzug gegen seinen Vetter zusammenzutrommeln.

Mitte Juni sammelte sich das vom Kaiser aufgebotene Heer im Raume südlich Braunschweig. In einer Kriegsberatung entschloß sich Friedrich I., Braunschweig nicht anzugreifen, da es zu stark befestigt schien. Er ließ lediglich einen Teil seiner Streitmacht nahe Braunschweig zur Bewachung der Stadt zurück, damit ihm von dort nicht Truppen Heinrichs in den Rücken fallen konnten.

Mit dem großen Heer, in dem sich erstmals auch Streitkräfte aus Heinrichs ehemaligen Herzogtümern Baiern und Sachsen befanden, zog Friedrich I. durch die Lüneburger Heide nach Lüneburg. Die dort sitzenden thüringischen hohen Gefangenen sollten befreit werden. Aber Heinrich hatte diese einige Zeit vorher bereits nach Segeberg verlegen lassen. Lüneburg wurde von Heinrichs Gemahlin Mathilde gehalten. Sie ließ Friedrich I. wissen, daß Lüneburg zu ihrem Heiratsgut gehöre und er gefälligst die Stadt unbehelligt lassen möge. Friedrich I. befolgte diese Bitte und zog nach dem benachbarten Bardowick, wo er gut aufgenommen wurde.

Plön und Segeberg waren stark befestigt. Heinrich konnte hier sicher sein. Er ließ darüber hinaus auch Lübeck in Verteidigungszustand versetzen. Die Besatzung von Ratzeburg aber meuterte und übergab sich den Kaiserlichen.

Heinrich ritt mit seiner Truppe zur Artlenburg, seiner wichtigsten Festung an der Elbe. An diesem Platz westlich von Lauenburg befand sich der günstigste Übergang über den Fluß; die Kaiserlichen wußten dies natürlich auch. Deshalb war Heinrich bemüht, ihn rechtzeitig zu sperren. Aber die dortige Besatzung ließ ihn im Stich, und als er keine Möglichkeit sah, die Burg selber zu verteidigen, ließ er sie einäschern, um sie nicht in die Hände des Feindes gelangen zu lassen. Von den Kaiserlichen verfolgt, gelang ihm in einem Nachen die Flucht über die Elbe. Mit seinem Gefolge entkam er nach Stade.

Friedrich I. setzte an dieser Stelle über die Elbe und hatte bald darauf Lübeck erreicht. Hier gaben er und der dänische König Waldemar I. die Verlobung ihrer Kinder miteinander bekannt. Herzog Friedrich von Schwaben, der Sohn Friedrichs I., sollte eine Tochter Waldemars heiraten.

In Lübeck belehnte der Kaiser auch den pommerschen Fürsten Bogislaw und den Abodritenfürsten Niklot von Werle mit ihren Ländern. Damit anerkannten diese beiden die Oberherrschaft des Reiches auch in ihrem Herrschaftsbereich an, der von der Insel Rügen bis zur Weichsel reichte, während der Kaiser die beiden Fürsten als Reichsfürsten anerkannte.

Lübeck war von der Land- und Seeseite belagert, denn nun lief auch der ehemalige Freund Heinrichs des Löwen, König Waldemar I. von Dänemark, mit einer Flotte in die Trave ein und legte sich dort vor die Stadt. Heinrich hatte seine besten Führer dorthin kommandiert, während er selber in Stade weilte, das er ebenfalls stark befestigen ließ.

Lübeck kapitulierte schließlich, als Heinrich der Löwe den Verteidigern keine Hilfe mehr versprechen konnte. Am 10. August 1181 zogen die Kaiserlichen in Lübeck ein.

Nach dem Fall von Lübeck unterwarfen sich in rascher Folge auch jene Burgen und Ortschaften nördlich der Elbe, die bis dahin noch unter Heinrich dem Löwen gekämpft hatten. Heinrich selber gab ebenfalls den Kampf auf und erwirkte von seinem Vetter den freien Durchzug zu seiner Gemahlin nach Lüneburg. Der Kaiser räumte das nördliche Sachsen und entließ einen Großteil des Heeres Anfang September in den braunschweigischen Raum. Als er sich kurz darauf in Goslar aufhielt, trafen hier sein thüringischer Neffe, Landgraf Ludwig, und dessen Bruder ein. Heinrich hatte sie aus freien Stücken freigelassen. Von Lüneburg aus unternahm Heinrich dann noch weitere Versuche, den Kaiser zur Milde zu stimmen.

Ende September 1181 kam es auf dem Gerichtstag zu Quedlinburg zu einer neuen Verhandlung über Heinrich den Löwen. Diesmal hielt es Heinrich für geraten, selber zu erscheinen. Doch schon bald lag er wieder im Streit mit seinem Nachfolger, Herzog Bernhard. Die Verhandlung wurde für November auf den Reichstag zu Erfurt vertagt.

Am 16. November 1181 begann dieser Reichstag. Heinrich, der offiziell keinen Zutritt mehr hatte, wurde dennoch zugelassen, weil man eine Anzahl sächsischer Fürsten erwartete. Heinrich warf sich seinem Vetter zu Füßen und erflehte Gnade. Der Kaiser hob Heinrich auf und bot ihm den Friedenskuß. Dennoch konnte er nichts weiter für ihn tun, denn die Fürsten, die abzustimmen hatten, verdonnerten den Löwen zur Verbannung für die Dauer von mindestens drei Jahren aus dem Reich.

Er sollte außerdem ohne die besondere Erlaubnis des Kaisers nie wieder zurückkehren dürfen. Alle seine Reichslehen und Eigengüter sowie sämtliche Rechte und Würden wurden ihm auf Lebenszeit abgesprochen, wie dies in den gegen ihn ergangenen Urteilssprüchen verbal bereits geschehen war. Lediglich den Besitz seiner Allodien (erbeigenen Familienbesitze) in Braunschweig und Lüneburg konnte der Kaiser seinem Vetter erhalten.

Heinrich schwor, daß er das Reich verlassen und nur mit Erlaubnis des Kaisers zurückkehren werde. Er entsagte feierlich allen Würden, Lehen und Gütern.

Damit war ein weiteres Kapitel in der Geschichte der Welfen und Staufer abgeschlossen. Der Staufer war Sieger geblieben. Doch das letzte Wort sollte noch nicht gesprochen sein. Heinrichs zusammengetragene Gebiete wurden wieder geteilt und teilweise den ursprünglichen, zum anderen Teil den neuen Besitzern übereignet. Die Angelegenheiten der zahlreichen kleinen Grafschaften, die Heinrich an sich gerissen hatte, waren nicht so leicht zu klären. In Erfurt wurden auch die neuen Besitzer der Erbteile Heinrichs des Löwen auf den Kaiser eingeschworen und darauf vereidigt, daß sie künftighin Frieden halten würden. Friedrichs I. Autorität war erheblich gewachsen. Der Preis dafür war ein zerstückeltes Sachsen und eine geschwächte Grenze im Osten.

Heinrich der Löwe verließ am 25. Juli 1182 in Begleitung seiner Gemahlin, zweier Söhne und einer Tochter das Reich. Ein dritter Sohn blieb als Geisel in Deutschland zurück. Der Welfe zog mit großem Gefolge an den Hof seines Schwiegervaters in der Normandie. Heinrich II. stattete ihn mit reichlichen Mitteln für die eigene Hofhaltung aus.

Der Prozeßverlauf und seine Belegung

Der welthistorische Prozeß Heinrichs des Löwen, bei dem es um den Besitz seiner Herzogtümer Baiern und Sachsen ging, wird durch die Gelnhausener Urkunde Kaiser Friedrichs I. vom 13. April 1180 belegt.

In dieser Urkunde wird die westliche Hälfte des Herzogtums Sachsen dem Erzbischof von Köln übertragen. Damit war das kölnische Herzogtum Westfalen geboren. Der Einfluß Kölns reichte nun weit nach Osten bis zur Weser. Kölnische Direktiven bestimmten von diesem Zeitpunkt an die weitere kulturelle und politische Entwicklung dieses westlichen Teiles von Sachsen.

Im Vorspruch dieser Urkunde wird ein ausführlicher Prozeßbericht gegeben, der – sorgfältig formuliert – den Klagegrund, den Verlauf dieses Prozesses und das Urteil im Lehnsprozeß wiedergibt.

Diese Goldene Bulle, die noch erhalten ist und sich in Düsseldorf befindet, hat als einzige den einmaligen Prozeß festgehalten. Allerdings ist sie derart beschädigt, daß man lange Zeit hindurch fürchtete, sie überhaupt nicht mehr lesen zu können. Aus diesem Grunde verfaßte man eine Kopie, die verschiedenen geschichtlichen Werken zugrunde gelegt wurde, so auch den „Monumenta Germaniae".

Dem Wissenschaftler Johannes Haller war es vorbehalten, die alte Urkunde erneut zu prüfen und mit allen Mitteln der Technik förmlich zu „durchleuchten". Auf diese Weise gewann er den alten Text zurück, der in einigen Punkten bedeutend von der jüngeren Kopie dieser Bulle abweicht.

Haller hatte auch den wichtigsten und deshalb immer wieder angezogenen Begründungssatz für das Urteil genau unter die Lupe genommen und herausgefunden, daß die bisher immer wieder angezweifelte dreimalige landrechtliche Ladung unzweifelhaft stattgefunden hat. Eine solche dreimalige Ladung war *die* entscheidende Vorbedingung für diesen Prozeß. Bereits der Sachsenspiegel fordert diese, denn darin heißt es: „. . . claget man ungerichte over enen vrie scepenberen man, deme sal man degedingen dries, immer over ses weken under koninges banne."

Im 12. Jahrhundert hatte man nach dem aufsehenerregendsten Prozeß der Geschichte des Mittelalters in Deutschland die Richtigkeit dieser Angabe stets bezweifelt.

Um diese dennoch zu erhärten, überprüfte Haller eine Reihe weiterer Prozesse aus dem 11. bis 13. Jahrhundert, die alle den Text des Sachsenspiegels bestätigten und demzufolge auch jenen in der Bulle Friedrichs I.

Dieser Begründungssatz lautet in der Kopie: „Quia citatione vocatus majestate nostra presentari contempserit." Er paßte in diesem Wortlaut nicht zum folgenden Text. Haller gelang es, ihn folgendermaßen richtig aufzulösen und in den Gesamttext hineinzustellen: „*Trina* citatione vocatus." Er stellte dazu fest, daß der Schreiber der Kopie die Buchstaben tr mit qu verwechselt hatte und das in in ui – a.

Der Gesamtverlauf dieses Prozesses deckte auf, daß die Kläger Heinrich den Löwen anzeigten, ihnen Unrecht getan zu haben. Er wurde verklagt, dreimal landrechtlich vorgeladen und geächtet, weil er zu allen Vorladungen nicht erschienen war. Der Löwe stieß sich nicht an der Acht, sondern „fuhr im Unrechttun fort". Daraus erfolgte die zweite, diesmal lehnsrechtliche Klage wegen „Mißachtung des Kaisers und Auflehnung gegen die Staatsgewalt". Auch jetzt stellte sich der Herzog von Sachsen und Baiern nicht dem Gericht.

Damit verlor er nach dem bereits verlustig gegangenen Lehnsrecht auch seine Reichslehen.

Da der Aussprechung der Acht erst nach einem Jahr der Vollzug folgen durfte, wurde Heinrich der Löwe erst im August 1181 für „ehr- und treulos" erklärt. Die sich für ihn daraus ergebenden Folgen unterband er rechtzeitig durch seinen Fußfall vor dem Kaiser in Erfurt im November 1181. Doch bereits lange vorher, im Januar 1180, hatte der lehnsrechtliche Prozeß gegen ihn wegen des „reatus mejestatis" in Würzburg bereits mit einem Urteilsspruch geendet. Ihm wurden die Reichslehen aberkannt und neu vergeben.

Wie konnte es dahin kommen, daß Heinrichs Vetter Friedrich I., der diesem immer wieder vergeben hatte und ihm gut gesinnt war, plötzlich derart rigoros durchgriff? In der Urkunde wird folgendermaßen darüber berichtet:

„Es kam zur Klage der Fürsten und Herren gegen den Herzog auf Landfriedensbruch. Die Aufnahme des Prozesses erfolgte nach Drängen der Herren durch den Kaiser, der bis dahin langmütig immer wieder vergeben hatte, nun aber die Verachtung des Gerichtes und seiner eigenen Person durch seinen Vetter nicht länger hinnehmen konnte und dementsprechend handeln mußte. Friedrich I. fügte dann noch zum ordentlichen Landfriedensbruchprozeß die Klage auf Hochverrat hinzu.

Gab es persönliche Gründe für den Zorn des Kaisers? Oder hatten nur politische Motive diesen Prozeß ausgelöst? Etwa Heinrichs Weigerung, seiner Pflicht zur Reichsheerfahrt nachzukommen? War der Bruch des engen freundschaftlichen Verhältnisses der Vettern zueinander etwa gar nicht durch Heinrich den Löwen, sondern durch den Kaiser selber verursacht worden?

In den Paderborner Annalen aus dem 12. Jahrhundert fand Johannes Haller einige Indizien, die dafür sprechen. So die dort wiedergegebene Tatsache, daß der Kaiser während der Jerusalem-Wallfahrt Heinrichs des Löwen im Jahre 1171 bereits Anstalten getroffen hatte, sich in den sächsischen Besitzungen seines Vetters vorsorglich festzusetzen. Dies rief den tiefen Unwillen Heinrichs hervor.

Die erst 20 Jahre nach den Prozessen auftauchenden Berichte über das Hilfegesuch Kaiser Friedrichs I. von Chiavenna und den Fußfall des Kaisers vor dem widerstrebenden Herzog, scheinen – wenn sie auf Tatsachen beruhen – eine Art von Haß-Rachegefühl im Kaiser erzeugt zu haben, der sich derart demütigen mußte, um die Hilfe seines Vetters zu erlangen. Das habe den Kaiser begierig nach diesem Anlaß greifen lassen.

Der Prozeß sei auch deshalb mit dieser bis dahin unbekannten Schärfe geführt worden. Es sei erkennbar gewesen, daß man mit dieser radikalen Handhabung der Gesetze Heinrich jede Beschwerdemöglichkeit über persönlich willkürliche Rechtspflege im Ansatz nehmen wollte.

Alles das, was mit diesem Prozeß zusammenhing, war genau vorbereitet worden. Die peinlich genaue Einhaltung der einzelnen Vorladungen Heinrichs durch den Kaiser mit Nennung der genauen Termine ebenso wie die vorsichtig dosierte Staffelung des Prozesses. Die Zusammensetzung des Gerichtes im landesrechtlichen Verfahren ließ keinen Zweifel daran, wie ernst die Sache für Heinrich wurde, denn der Kaiser hatte *nur* Schwaben als Richter und Beisitzer des Lehnsgerichtes eingesetzt. Sie waren „pares", das heißt Reichsfürsten, im neuen lehnsrechtlichen Sinne also durchaus korrekt bestellt, aber ihre Auswahl war doch gezielt gegen Heinrich gerichtet. Die Formulierung des Urteils und die Durchsicht aller zum Prozeß verwandten Dokumente bringen zwar ebenfalls nichts gegen die Unangreifbarkeit des Verfahrens ins Spiel, zeigen aber dennoch auf, daß diesem Prozeß lediglich der Zorn des Kaisers gegen seinen unbotmäßigen Vetter zugrunde lag, wie Haller dies formuliert.

Allerdings entspricht dieses kleinkarierte Verhalten des Kaisers *nicht dem* Bilde, das sich die Nachwelt von diesem großzügigen Herrscher gemacht hat. Andererseits zeigt die Episode des Fußfalles des Kaisers vor Heinrich genügend Indizienmaterial für solches Verhalten auf, wenn auch die verschiedenen Berichte den genannten Fußfall einmal nach Partenkirchen und dann wieder nach Chiavenna oder gar an den Rand des Comer Sees verlegen und verschiedene Zeitpunkte genannt werden. Daß er stattgefunden hat, steht außer Zweifel.

Möglich ist auch, daß außer den großen reichs- und territorialpolitischen Gegensätzen des Kaisers zu Heinrich dem Löwen auch jene geistlichen Fürsten eine Rolle spielten, die von Heinrich dem Löwen geschröpft worden waren, später auch persönliche Dinge hinzufügten und daß all dies zusammen die Haltung des Kaisers verschärfte.

Herzog Bernhard von Sachsen regierte gleich zu Beginn seiner Herrschaft unglücklich. Er geriet mit Graf Adolf von Holstein in Streit. In seinem Herzogtum Sachsen breitete sich Unruhe aus. Willkür war an der Tagesordnung. Dann drohte ihm sogar der Verlust des Gebietes nördlich der Elbe, nachdem Adolf von Holstein mit Gunzelin von Schwerin und weiteren Herren die herzogliche Lauenburg an der Elbe zerstörte.

Dem Kaiser gelang es, im Dezember 1182 zu Merseburg diese Streitigkeiten beizulegen. Graf Adolf von Holstein mußte eine Buße zahlen und die Lauenburg wieder aufbauen.

Im September 1184 begab sich Erzbischof Philipp von Köln, der ja den westlichen Teil Sachsens, Westfalen, erhalten hatte, im Auftrag des Kaisers zum englischen König Heinrich II. Dort sollte Philipp die Heirat einer Kaisertochter mit dem englischen Thronerben vorschlagen. Mit dieser Heirat wiederum wollte Friedrich I. sicherstellen, daß es zu keiner Koalition zwischen Frankreich und England kam.

Bei der Unterredung mit dem Erzbischof brachte Heinrich II. auch das Schicksal seines Schwiegersohnes, des Herzogs Heinrich der Löwe, auf die Tagesordnung und erlangte dessen Rückkehr und die Restitution; das geschah vor allem im Interesse seiner Tochter Margarete und seiner Enkelkinder.

Die Einigung erfolgte dahingehend, daß Heinrich der Löwe auf das Herzogtum Westfalen Verzicht leisten solle. Dafür versprach Erzbischof Philipp, daß der Rückkehr des Geächteten nichts mehr in den Weg gelegt werde.

Während seines Aufenthaltes in Verona empfing Kaiser Friedrich I. die Gesandtschaft des englischen Königs. Er erklärte den Gesandten, daß er nichts gegen die Rückkehr seines Vetters einzuwenden habe. Heinrich II. war über diesen Ausgang hocherfreut und bedankte sich bei Friedrich I. und dem Papst.

Die letzten Jahre eines Löwen

Heinrich der Löwe kehrte aus dem Exil zurück und nahm in Braunschweig Wohnung. Er wurde 1188 nach Goslar entboten, wo der Kaiser einen Hoftag abhielt. Hier stellte Friedrich I. seinen Vetter vor die Alternative, entweder an dem neuen von ihm geplanten Kreuzzug teilzunehmen oder endgültig auf einen Teil seiner Besitzungen bei Rückgabe einiger anderer zu verzichten. Er konnte aber auch erneut drei Jahre ins Exil gehen. Damit war er allerdings für die Zeit der Abwesenheit des Kaisers außer Gefecht gesetzt. Heinrich der Löwe entschied sich für das Exil.

Er mußte das Reich noch vor dem Aufbruch des Kreuzfahrerheeres verlassen. Friedrich blieb die gesamte zweite Hälfte des Jahres 1188 in Sachsen. Er schaffte dort Ordnung, stiftete Vergleiche unter einander verbündeten Fürsten und Grafen und verlieh einigen großen Ortschaften die Markt- und Stadtrechte.

Noch im Jahre 1188 wurde das Magdeburger Stadtrecht aufgezeichnet, das zum wichtigsten Mutterrecht für die Städte im Osten wurde. So u. a. für Breslau, Posen, Allenstein, Königsberg, Minsk, Krakau, Lemberg und Kiew.

In Hagenau versammelte Kaiser Friedrich I. im Frühjahr 1189 neben seinen fünf Söhnen Friedrich, Heinrich, Otto, Konrad und Philipp auch die Ritter und Fürsten. Noch während die Vorbereitungen zum Kreuzzug getroffen wurden, verließ Heinrich der Löwe im April 1189 das Reich und zog erneut zu seinem Schwiegervater an den englischen Hof. Seine Gemahlin Mathilde sollte zurückbleiben. Sie starb bereits am 28. Juni 1189 in Braunschweig.

Während sich der Kaiser auf dem Kreuzzug befand, war Heinrich der Löwe im Oktober 1189 nach Sachsen zurückgekehrt. Er wollte die Abwesenheit des Kaisers und vieler Fürsten nutzen und seine Besitztümer zurückgewinnen. König Heinrich, ein Sohn Barbarossas, der die Regentschaft im Reich während dessen Abwesenheit übernommen hatte, sagte ihm auf dem Reichstag in Merseburg im Oktober 1189 den Kampf an. Aber mit der Unterstützung durch Erzbischof Hartwig II. von Bremen konnte Heinrich zahlreiche feste Plätze in Sachsen unter seine Herrschaft bringen. Das reiche Bardowick ließ er niederbrennen, weil ihm die Tore nicht geöffnet worden waren. An dem erhalten gebliebenen Dom wurde später die Inschrift „Vestigium leonis – die Spur des Löwen" angebracht. Lübeck gelangte wieder in seinen Besitz. Segeberg konnte sich erfolgreich verteidigen. Der einfallende Winter verhinderte einen Kriegszug des Regenten Heinrich gegen Heinrich den

Löwen. Friedrich I. ertrank am 10. Juni 1190 im Flusse Saleph, dem heutigen Göksu nehri, in Kleinasien. Als die Nachricht von seinem Tode Deutschland erreichte, schien für Heinrich dem Löwen noch einmal die Sonne der Hoffnung, sein Reich wieder aufzurichten und sich seinem toten Widersacher überlegen zu zeigen. Doch der Löwe hatte seine Reißzähne verloren. Ihm ging es nun nur noch um den Wiedererwerb und die Sicherung seiner Besitzungen für seine Kinder.

Im Juli 1190 traf er mit König Heinrich VI. in Fulda zusammen, wo sich der Reichsfeind Heinrich der Löwe mit dem König verglich.

Herzog Heinrich verpflichtete sich, die Befestigungen von Braunschweig und Lüneburg schleifen zu lassen. Um seine Friedensbereitschaft zu untermauern, stellte der Löwe seine beiden Söhne Heinrich und Lothar als Geiseln. König Heinrich VI. überließ dem solcherart friedenswilligen Löwen die Hälfte der Reichseinkünfte von Lübeck als königliches Geschenk.

Heinrich VI., Sohn Kaiser Friedrichs I. und seiner Frau Beatrix, der seit 1169 deutscher König war, hatte die Regierung im Reich im Auftrage seines Vaters geführt. Nach dessen Tod regierte er als Alleinherrscher, und nachdem er sich mit Heinrich dem Löwen verglichen hatte, zog er nach Italien und zwang Papst Coelestin III. dazu, ihn am 15. April 1191 in Rom zum Kaiser zu krönen.

Bereits vor seinem Treffen mit Heinrich dem Löwen war er anstelle seines verstorbenen Onkels Wilhelm II. von Sizilien im Januar 1191 in Palermo zum sizilianischen König gekrönt worden.

Heinrich der Löwe begehrte ein letztes Mal 1191 bis 1192 auf und versuchte, das Steuer noch einmal herumzureißen und seine verlorenen Herzogtümer zurückzugewinnen. Doch dieses Unternehmen war zum Scheitern verurteilt, als einige seiner Vasallen und Mitkämpfer von ihm abfielen.

Im Jahre 1194 kam es dann auf der Pfalz Tilleda zu einer Aussöhnung zwischen dem Löwen und Kaiser Heinrich VI., nachdem Heinrichs ältester Sohn, der spätere Pfalzgraf Heinrich, mit der Tochter Agnes des Pfalzgrafen Konrad aus dem Stauferhause die Ehe einging.

Auf der Reise zu einem weiteren Treffen mit Kaiser Heinrich VI. stürzte Heinrich der Löwe im Harz schwer vom Pferd und wurde lebensgefährlich verletzt. Sein letztes Lebensjahr verbrachte er auf dem Krankenlager in Braunschweig.

Mit dem Tode Heinrichs des Löwen am 6. August 1195 in Braunschweig schien der Streit für immer geschlichtet und das Erbe des Löwen verloren. Doch im Jahre 1198 brach dieses Ringen noch einmal aus. Otto, der zweitälteste Sohn des verstorbenen Herzogs Heinrich, war in diesem Jahr von den niederrheinischen Fürsten unter Führung des Erzbischofs Adolf von Köln gegen Philipp von Schwaben, einen Staufersproß, zum König gewählt worden. Er wurde nach der Ermordung Philipps am 4. Oktober 1209 als Otto IV. in Rom zum Kaiser gekrönt und war damit der einzige Welfe, der jemals die Kaiserkrone getragen hat. Doch auch diese hohe Stellung änderte nichts daran, daß seiner Familie Sachsen und Baiern verloren blieb.

Im Herbst 1210 griff Otto IV. das Königreich Sizilien an und drang bis Kalabrien vor. Dafür wurde er am 18. November 1210 und noch einmal am 31. März 1211 durch Papst Innozenz III. gebannt. Der Papst führte dann eine Wende in der Sizilienpolitik herbei und ließ den Staufer Friedrich II. von einer Gruppe deutscher Fürsten im September 1211 in Nürnberg zum Kaiser wählen.

Nun mußte Otto IV. nach Deutschland zurückkehren. Er erlebte hier eine Reihe vernichtender Rückschläge und starb kinderlos am 19. Mai 1218 in Harzburg bei Goslar. Sein Bruder, Pfalzgraf Heinrich der Ältere bei Rhein, übergab kurz darauf Friedrich II. die Reichsinsignien.

Die welfischen Stammlande erbte nach dem Tode Heinrichs des Älteren Herzog Otto das Kind, der Enkel Heinrichs des Löwen und Sohn des bereits 1213 verstorbenen Herzogs Wilhelm.

Da Otto das Kind sich entgegen dem Drängen einiger seiner Ratgeber nicht dazu hinreißen ließ, sich gegen den vom Papst gebannten Friedrich II. als Gegenkönig aufstellen zu lassen, konnte auf dem Reichstag zu Mainz des Jahres 1235 die Versöhnung der Welfen mit den Staufern begangen werden. Die welfischen Eigengüter wurden in ein Herzogtum umgewandelt, das im Lehnsverband des Reiches stand.

Dies geschah in der Form, daß Otto das Kind dem Kaiser seine Burg Lüneburg mit allen dazu gehörenden weiteren Burgen, Ländern und Untertanen sowie die Stadt Braunschweig übergab. Der Kaiser übertrug diese Güter auf das Reich. Aus den zusammengefaßten Besitzungen um Lüneburg und um Braunschweig bildete der Kaiser ein Herzogtum. Er erhob den Reichsfürsten Otto das Kind zu dessen Herzog, womit dieser also nicht dem Herzogtum Sachsen der Askanier unterstand.

Mit Braunschweig hatte es allerdings seine besondere Bewandtnis. Die Stadt war durch Ottos Basen an die Staufer verkauft worden, doch Otto regierte und herrschte auch weiterhin.

Als Otto das Kind 1252 starb, wurde sein Besitz im Jahre 1267 unter seine Söhne Albrecht den Langen und Johann geteilt. Damit war die Einheit des welfischen Territoriums für immer zerstört. Mit dieser Teilung und den vielen noch folgenden Zerstückelungen wurden weitere kleine Fürstentümer und Herzogtümer geschaffen.

Alles bisher über die Zeit Heinrichs des Löwen Gesagte bedarf noch einer wichtigen Ergänzung. Sie betrifft die Besiedlung Mittel- und Ostdeutschlands mit deutschen, oft von den slawischen Fürsten oder vom Deutschen Ritterorden gerufenen Siedlern. Heinrich der Löwe hatte daran großen Anteil, wie in den folgenden Abschnitten vermittelt werden soll.

Jener längere, in verschiedenen Phasen verlaufende historische Prozeß, der als deutsche Ostsiedlung bezeichnet wird, begann bereits zu Ende der Völkerwanderungszeit. Es ging dabei um die von den germanischen Stämmen während der Völkerwanderungszeit aufgegebenen Gebiete, die von den Slawen besetzt worden waren, wobei viel Germanentum in den rassisch eng verwandten slawischen Stämmen aufging.

Doch diese ersten sporadisch erfolgenden Ansätze waren lediglich eine Art von Initialzündung. In der ersten Phase der Karolingerzeit griff die Ostsiedlung dann weiter aus. Sie erfolgte zunächst durch die Missionierung im Osten, die vom Erzbistum Salzburg aus betrieben wurde. Zwischen Böhmerwald und Ostsee wurden im 9. Jahrhundert die Grenzmarken als Grenzsicherungssysteme eingerichtet, ohne daß bereits von einer echten Kolonisation hätte gesprochen werden können.

Erst unter Heinrich II. und Otto dem Großen kam es zu einer Ausdehnung und Verschiebung der Grenzmarken nach Osten, in deren Verlauf die Bistümer Brandenburg und Havelberg im slawisch gewordenen Gebiet gegründet wurden.

Der große Slawenaufstand des Jahres 983 machte diese ersten Erfolge wieder zunichte.

Erst mit dem Regierungsantritt Lothars III. von Süpplingenburg, der die kaiserlichen Rechte in der Nordmark 1134 an den Askanier Albrecht den Bären übertrug und die Mark Lausitz zwei Jahre später dem Wettiner Konrad zu Lehen gab, wurde die Ostsiedlung kräftig gefördert.

Nach dem Tode Kaiser Lothars III. erlitt diese Politik im Wendenland einen schweren Rückschlag. Graf Adolf II. von Schwanenburg, der als getreuer Anhänger der Welfen galt, mußte während der Kämpfe zwischen Lothars Nachfolger Heinrich dem Stolzen und Albrecht den Bären um das sächsische Herzogtum seine Grafschaft ebenfalls verlassen.

An seiner Stelle wurde durch Konrad III. Heinrich von Badwide mit Holstein belehnt. Daß es während dieser Zeit der Kämpfe im Reich und insbesondere in Sachsen, ihren westlichen Nachbarn, zu neuen Wendenaufständen kam, war vorprogrammiert.

Pribislaw, der Sohn des Abodritenfürsten Niclot, überfiel die Siedlung und das Stift bei Segeberg, während der Wendenfürst Race Lübeck angriff und niederbrannte.

Erst im Winter 1138–39 konnte Graf Heinrich von Badwide nach Wagrien ziehen und die sächsischen Grenzgaue Plön, Lütjenburg und Oldenburg sichern. Ein Jahr später nahm ein Aufgebot der Holsten die Burg Plön.

In den darauf folgenden Jahren der Zwietracht in Sachsen und im Reich kam es auch zu Auseinandersetzungen zwischen den beiden Grafen Adolf und Heinrich von Badwide. Da Heinrich von Albrecht dem Bären nicht unterstützt wurde, konnte er sich nicht halten und mußte die Grafschaft Holstein aufgeben. Dies erfolgte, obgleich ihn die Witwe von Heinrich dem Stolzen nach dem Tode ihres Mannes mit Wagrien belehnt hatte.

Heinrich von Badwide zerstörte die Segeberger Burg. Das durch Pribislaw zerstörte Stift verfiel. Es wurde hinter die Trave zurückgezogen, die einige Sicherheit vor weiteren überraschenden Wendenangriffen bot.

Heinrich der Löwe führte dann im Jahre 1143 den Ausgleich herbei, indem er Graf Adolf von Badwide wieder in den Besitz der Grafschaft einsetzte und dessen Bruder Heinrich die neugeschaffene Grafschaft Ratzeburg übertrug.

Mit diesen Maßnahmen im frühmittelalterlichen Land der Wenden hatte der junge Sachsenherzog die deutsche Siedlung im Osten gesichert und die Voraussetzungen für eine ausreichende Besiedlung dieses Raumes geschaffen. Durch die Grenzgrafschaft Ratzeburg, die seine Schöpfung war, hatte er das Gebiet der Polaben bis zur Sude und zur Stepenitz seiner Herrschaft untergeordnet.

Die erste Etappe auf dem langen Weg der deutschen Ostsiedlung war zurückgelegt. Auf Heinrich des Löwen Geheiß ließ Graf Adolf die Stadt Lübeck an neuer Stelle errichten, und zwar auf dem Werder Bruch, der von den beiden Flüssen Wakenitz und Trave gebildet wurde.

Nun trat der Wendenmissionar Vizelin auf den Plan, der einige Steinkirchen errichten ließ. Er gab die Initialzündung zum Bau vieler weiterer ähnlicher Kirchen, die kurz nach seinem Tode in diesem Gebiet errichtet wurden.

1149 wurde Vizelin durch Erzbischof Hartwig von Hamburg-Bremen zum Bischof geweiht. Zu dieser Zeit erlitt der Missionar des Ostens einen ersten Schlaganfall. Im Winter 1150–51 vollzog Herzog Heinrich der Löwe die Investitur Vizelins. Dieser erlitt im Sommer 1152 einen weiteren Schlaganfall, von dem er sich nicht wieder erholte. Am 12. Dezember 1154 starb er in Neumünster.

Vizelin wurde später heiliggesprochen. Als von ihm errichtet gelten die Kirchen von Bornhövet und Oldesloe. Auch der 1150 begonnene Bau eines Sanctuariums in Oldenburg war sein Werk; in Bosau ließ er nach seiner Bischofsweihe 1151 den Bau einer Kirche beginnen.

Der Wendenkreuzzug

Der auf Betreiben des heiligen Bernhard von Clairvaux als Teilunternehmen des Zweiten Kreuzzuges eingeleitete Wendenkreuzzug begann im Jahre 1147. Er unterbrach die allmähliche Besiedlung dieses Landes zu einem Zeitpunkt, da alles auf einen endgültigen Sieg des Christentums und seiner Vertreter im Osten hindeutete. Dieser Wendenkreuzzug sollte sich als äußerst negativ erweisen, und diese negativen Auswirkungen sollten viel Blutvergießen im Gefolge haben.

Der Kreuzzug wurde in zwei Gruppen mit verschiedenen Stoßrichtungen geführt. Die eine Gruppe unter Führung Albrechts des Bären und Konrads von Meißen zog von der mittleren Elbe aus durch das Land der Liutizen. Zielpunkte waren Demmin und Stettin.

Die zweite Stoßgruppe, überwiegend aus sächsischen Kämpfern zusammengesetzt und von Heinrich dem Löwen geführt, dem Konrad von Zähringen und Erzbischof Adalbert von Bremen zur Seite standen, hatte das Gebiet der Abodriten mit der Burg Dobin am Schweriner See zum Ziel erhalten.

Doch der Abodritenfürst Niclot kam den Kreuzfahrern zuvor. Er marschierte mit einem schlagkräftigen Heer gegen Lübeck, erstürmte die Stadt ebenso wie die umliegenden Güter und Dörfer und brannte alles nieder. Die ersten Ansiedlungen der Holländer und Westfalen in seinem Gebiet wurden dem Erdboden gleichgemacht.

Die Unterstadt von Segeberg fiel ebenfalls in seine Hände. Süsel hielt dem wendischen Ansturm stand, Eutin verteidigte sich.

Als das Kreuzfahrerheer herankam, zogen sich die Wenden in die Festen und Burgen zurück. Die Belagerung Demmins durch Albrecht den Bären erbrachte nichts, die Festung war zu stark.

Die Sachsen und die ihrem Heer beigegebenen dänischen Kontingente unter Heinrich dem Löwen traten gegen die Burg Dobin am Schweriner See an, doch vergeblich.

Heinrich der Löwe gab die Belagerung auf, als sich der Abodritenfürst Niclot zur Taufe bereit fand. Bei Demmin war es ähnlich. Dort gab Fürst Ratibor von Stettin Albrecht dem Bären vertraglich die Zusicherung, sein Land zu christianisieren.

Beide Heere zogen sich nun zurück. Der Wendenkreuzzug war gescheitert, wenn auch aus der Sicht des Verfechters des Kreuzzugsgedankens, Bernhard von Clairvaux, der „Ausrottung oder Bekehrung" der Heiden verlangt hatte, das Ziel erreicht war.

Für die sächsischen Grafen im Osten aber war es eine Niederlage geworden. Das Land, aus dem sie Tribute gezogen hatten, war verwüstet und gab nichts mehr her. Der Gegensatz zwischen beiden Parteien hatte sich verschärft. Das zwischen dem Grafen Adolf und Fürst Niclot herrschende Vertrauensverhältnis war untergraben worden.

Die Slawenpolitik Heinrichs des Löwen nach dem Wendenkreuzuug

Im ersten Jahrzehnt seiner Regierung hatte Heinrichs des Löwen Politik gegenüber dem Osten durchaus defensiven Charakter. Einzige Ausnahme war der verhängnisvolle Wendenkreuzzug gewesen, in den er 1147 hineingezwungen worden war.

Erklärtes Ziel des Sachsenherzogs war es später, die Abodriten zu besiegen und diesen letzten Teil der Slawenmark seiner Herrschaft zu unterwerfen. Er wollte damit vor allem aber die Grenzlinie an der Peene gesichert wissen. Es ging Heinrich außerdem nicht in erster Linie um die Christianisierung, sondern um wirtschaftliche Interessen, wie Helmold in seiner von B. Schmeidler herausgegebenen Slawenchronik mit folgenden Worten untermauerte: „in variis autem expeditionibus ... nulla de christianitate fuit mentio, sed tantum pecunia."

So wurde das den Wenden auferlegte Tributsystem, das allein 1000 Mark im Jahr für Herzog Heinrich den Löwen und „viele 100 Mark für den Grafen" betrug, stetiger Stein des Anstoßes.

Im Jahre 1158 drang Heinrich der Löwe bei einem Angriff in das Land der Wenden ein. Hierbei soll nach einer Quelle der Wendenfürst Niclot gefangengenommen worden sein. Man habe diesen mitgeführt und nach Lüneburg in Haft gegeben.

Die Fortsetzung dieses Krieges gegen die Wenden im Jahre 1159 entfiel, da Heinrich der Löwe seinen Vetter Friedrich I. Barbarossa nach Italien begleitete. Bevor er Sachsen verließ, ließ er dem inzwischen wieder auf freien Fuß gesetzten Niclot und den übrigen Fürsten der Slawen die Nachricht zugehen, daß sie Frieden halten und die Dänen nicht behelligen sollten.

Für diese Friedensvermittlung zahlte der dänische König Waldemar an Heinrich 1000 Mark Silber.

Da Niclot dieses Versprechen nicht gehalten hatte, zog 1160 Heinrich gemeinsam mit Waldemar und einem dänischen Aufgebot nach Osten. Niclots rascher Gegenschlag gegen Lübeck scheiterte, er mußte den Rückzug einleiten, den er nach dem später geprägten Begriff der „verbrannten Erde" gestaltete.

Er ließ seine Burgen Ilow, Mecklenburg, Schwerin und Dobin in Brand setzen, um dem Feind keine Unterkunfts- und Verteidigungsmöglichkeit zu bieten. Die Burg Werle, in die er sich mit seinen beiden Söhnen Pribislaw und Wratislaw zurückgezogen hatte, konnte sich zunächst halten.

Bei einem Ausfall, den der Fürst selber anführte, fand er den Tod. Wenige Tage später mußten seine Söhne angesichts der sächsisch-dänischen Übermacht die Burg aufgeben. Sie flohen weiter nach Osten und schlossen mit Heinrich dem Löwen einen Frieden, als dessen Ergebnis sie diesem ihr gesamtes Land mit Ausnahme von Kessin übergeben mußten. Kessin wurde ihnen vom Sachsenherzog als Lehen zurückgegeben.

Das solcherart eroberte Gebiet wurde nun gesichert. Heinrich ließ zunächst die alten wendischen Burgen wieder herrichten. Die verdienten Ministerialen des Herzogs erhielten sie als Lehen.

Statthalter im Lande der Abodriten wurde Gunzelin von Hagen, dem Heinrich die Burg Ilow und Schwerin anvertraute.

Mit Ludolf von Braunschweig übernahm ein enger Vertrauter des Sachsenherzogs Quetzin am Plauer See. Ludolf von Peine wurde mit Malchow im Müritzgau belehnt, und Heinrich von Schathen erhielt Mecklenburg. Alle diese Männer waren Beamte des Herzogs, die nicht nur als Militärbefehlshaber der eroberten Gebiete amtierten, sondern auch die Verwaltung des Landes in die Hand nehmen sollten.

Damit hatte Heinrich der Löwe den neuen Versuch unternommen, diesem Bereich eine neue Form staatlicher Organisation zu verschaffen. Schwerin erhielt als Mittelpunkt dieses neuen Gebietes die Stadtrechte. Hier hatte bereits früher eine sächsische Kaufmanns-Niederlassung bestanden.

Daß dieser gebietlichen Neuordnung auch eine kirchliche folgte, verstand sich von selber. Vor allem der Mönch Berno, der sich nach dem Tode des Bischofs Emmehard von Mecklenburg geweigert hatte, von Heinrich dem Löwen die Investitur zu empfangen, missionierte ab 1154 im Land der Abodriten. Er wurde für die Mecklenburger Kirche das, was Vizelin für die oldenburgische gewesen war.

Erst nachdem Heinrich der Löwe im Jahre 1160 den Sitz des Bistums von Mecklenburg nach Schwerin verlegte, kam Berno zu größeren

Erfolgen. Desgleichen wurde noch 1160 auch der alte Bischofssitz Oldenburg in Holstein von Eutin nach Lübeck verlegt. Erzbischof Hartwig unterstellte noch 1160 die drei Bistümer Lübeck, Ratzeburg und Schwerin der Kirche in Hamburg.

Der weitere Ausbau der Bistümer Lübeck und Ratzeburg wurde von Erzbischof Hartwig und Herzog Heinrich dem Löwen betrieben. Im Jahre 1163 weihte Erzbischof Hartwig den neuerrichteten Lübecker Dom. Bischof Gerold von Lübeck war natürlich zugegen und auch Graf Adolf von Holstein. Als größte Ehre wurde der Besuch des Sachsenherzogs empfunden. Kurz nach der Weihe seines Bischofsdomes in Lübeck starb Bischof Gerold, und Heinrich der Löwe setzte dessen Bruder Konrad als neuen Bischof ein. Erzbischof Hartwig erteilte ihm die Weihe.

Im Bistum Schwerin lagen die Dinge nicht so günstig. Dort lebten und wirkten Niclots Söhne Wratislaw und Pribislaw. Diese zettelten 1163 einen Aufstand an, der jedoch rechtzeitig durch Späher gemeldet worden war, so daß Herzog Heinrich mit einer schnellen Reitertruppe dorthin aufbrechen, bis zur Werle vorstoßen und die dortige Burg mit seinen Belagerungsmaschinen zur Erstürmung reifschießen konnte. Wratislaw, der sich in dieser Burg verschanzt hatte, wurde gefangengenommen.

Wenn er diesen dauernden Aufständen und Überfällen ein Ende bereiten wollte, dann mußte Heinrich der Löwe das gesamte vorpommersche Gebiet in seine Hand bringen, das als Rückzugsort und Schlupfwinkel für die slawischen Führer galt. Er rüstete zum Feldzug gegen die dort wohnenden Ranen, trat überraschend gegen diese an, eroberte den Großraum Wolgast und zwang dessen Bewohner, seine Lehnshoheit anzuerkennen.

Dennoch brachen auch im nächsten Jahr erneut wendische Aufstände aus. Diesmal war es Pribislaw, der von einigen pommerschen Herren unterstützt wurde. Seine Truppen eroberten die Festung Magdeburg im Sturmlauf. Es gelang ihm, in einem überraschenden Handstreich auch noch die Burgen Quetzin und Malchow zu nehmen.

Heinrich der Löwe war sich darüber klar, daß nur ein entschlossener, sofort mit allen Kräften angesetzter Gegenschlag noch Schlimmeres verhüten konnte. Wieder einmal erwies er sich als schneller Starter. Er stieß mit seinen Panzerreitern so entschlossen vor, daß die Gegner ins Laufen kamen. Als Abschreckung ließ der Sachsenherzog den gefangenen Wratislaw bei Malchow hinrichten.

In der Schlacht bei Verchen am Kummerower See wurde der Gegner entscheidend geschlagen. Im Kampf fiel hier an der Seite des Herzogs

Graf Adolf von Badwide. Pribislaw wurde weiter verfolgt. Er mußte Demmin aufgeben, während Bogislaw von Pommern Heinrichs Lehnshoheit anerkannte.

Diese großen Erwerbungen in der Nähe seiner Grenze ließen König Waldemar von Dänemark auf den Plan treten, der sich in dem von den Sachsen eroberten Gebiet in seinen Rechten beeinträchtigt fühlte. Er versuchte 1166 den Lehnsmann des Sachsenherzogs, Bogislaw, zu schädigen, wo immer er konnte.

Dies kam Heinrich zu Ohren, der daraufhin zu einer Zusammenkunft und Aussprache riet. Sie trafen sich an der Kempine in Holstein. Hier kam es zu einer ernsten Auseinandersetzung, die zum Abbruch der weiteren Verhandlungen führte. Während Heinrich jetzt versuchte, die wendischen Seeräuber gegen die Dänen aufzubringen, um diesen anständig einzuheizen, war Waldemars Bestreben darauf gerichtet, die slawischen Herren zum Aufstand gegen ihren Lehnsherrn aufzustacheln.

Nach einer weiteren Besprechung herrschte zwischen ihnen plötzlich wieder eitel Freude und Wonne, und beide entschlossen sich zu einem gemeinsamen Feldzug gegen die Slawen. Sie kamen überein, die dabei gemachte Beute ehrlich zu teilen und auch die zu fordernden Tributleistungen aufzuteilen.

Gegen Ende 1166 jedoch kam es in Sachsen selber, wo Heinrich der Löwe ebenfalls hart vorgegangen war, zu einem Aufstand der dortigen Fürsten. Um sich bei der zu erwartenden langen, harten Auseinandersetzung den Rücken freizuhalten, akzeptierte Heinrich sogar wieder ein Bündnis mit dem wetterwendischen und von ihm vertriebenen Pribislaw. Er gab ihm sein väterliches Erbe bis auf Schwerin als Lehen zurück. Dafür verpflichtete sich Pribislaw, nicht nur den Frieden an der Grenze zu sichern, sondern dem Herzog als seinem neuen Dienstherren auch Heerfolge zu leisten.

Schwerin wurde Gunzelin als Lehen übergeben. Damit war der Versuch, eine neue herzogliche Verwaltung in diesem Gebiet zu schaffen, beendet.

König Waldemar von Dänemark wiederum konnte sich bei seinem Kriegszug gegen die Ranen auf die Hilfe Pribislaws stützen. Es gelang ihm, Rügen zu erobern und die dort wohnenden Ranen zu unterwerfen. Als nun Heinrich die aus diesem Feldzug gemachte Beute und den vereinbarten Anteil an den Tributzahlungen einforderte, schaltete Waldemar auf stur. Dies hätte er besser nicht tun sollen, denn Heinrich der Löwe war in diesem Punkte allergisch. Er verbündete sich mit den Wenden gegen die Dänen, und die Plünderungszüge gegen die dänische Küste begannen.

Im Gegenzug gelang es zwar einer dänischen Flotte, 1170 bis nach Wollin vorzustoßen, doch auf die Dauer hatte Heinrich den längeren Atem. Im Jahre 1171. mußte Waldemar zu Kreuze kriechen und die Friedensbedingungen des sächsischen Herzogs erfüllen. Er lieferte die Hälfte der Geiseln, des Tributes und aller erbeuteten Schätze an Heinrichs Beauftragte aus.

Um nun aber für längere Zeit, möglichst sogar für immer diesen Zwist vergessen zu machen und zwischen Sachsen und Dänemark einen dauerhaften Frieden herzustellen, stimmte Heinrich der Löwe einer Heirat seiner Tochter Gertrud mit dem dänischen König zu.

Seine andere Tochter Mathilde gab Heinrich dem jungen Heinrich Borwin, dem Sohne Pribislaws, zur Frau. So nahm es nicht wunder, daß Pribislaw den Löwen auch auf dessen Pilgerfahrt nach Jerusalem begleitete.

Im Jahre 1177 unterstützte Heinrich der Löwe seinen Schwiegersohn Waldemar auf einem Zug gegen die Wenden, an dem auch der Markgraf von Brandenburg teilnahm. Während Waldemar Wollin angriff, wandte sich die Truppe des Sachsenherzogs gegen Demmin. Diese Festung an der pommerschen Grenze konnte trotz zehnwöchiger Belagerung nicht erstürmt werden.

Heinrich der Löwe mußte nach Erhalt der Nachricht, daß sich in Sachsen wieder etwas gegen ihn tat, die Belagerung abbrechen und den Rückmarsch antreten. Allerdings hatte er erreicht, daß die pommerschen Fürsten Geiseln stellten und versprachen, den Frieden zu halten.

Durch den nunmehr beginnenden Fürstenaufstand in Sachsen war es Heinrich dem Löwen nicht mehr möglich, Vorpommern für sich zu erobern und damit ein größeres Vorfeld vor der eigenen Grenze unter seine Kontrolle zu bringen.

Arnold von Lübeck hat diese Tatsache in seiner chronica Slavorum mit den Worten kommentiert: daß Heinrich der Löwe „quasi infecto negotio", also ohne Erledigung seiner Aufgabe nach Sachsen zurückkehren mußte.

Auf dem Reichstag zu Frankfurt stellte Kaiser Friedrich I. im Januar 1170 Herzog Heinrich von Sachsen ein Diplom aus, in dem er die von Heinrich dem Löwen vollzogene Gründung des Schweriner Bistums anerkannte. Darin wurden die Besitzverhältnisse Schwerins für Vorpommern mit den Gebieten von Demmin, Tollense, Plote, Loitz, Tribsees, Circipanien und Rügen bestätigt.

Am 9. September 1171 bereits wurde der erste Dom in Schwerin geweiht. Schwerin wurde in der Folgezeit *das* Missions- und Besiedlungszentrum im Osten. Danach ging es mit allen drei Bistümern aufwärts, wenngleich sich Heinrich der Löwe aufgrund der innersächsischen Spannungen und der sich verstärkenden Auseinandersetzungen mit seinem kaiserlichen Vetter nicht mehr um sie kümmern konnte. Diese drei Bistümer hatten nicht nur Land zur Besiedlung erhalten, der Herzog hatte sie darüber hinaus auch reichlich mit seinen Allodial-Besitzungen bedacht.

Jener Versuch Heinrichs des Löwen aber, bei seiner Ostpolitik ein neues Machtgebilde zu schaffen, dieses durch die gemeinsamen Kräfte weltlicher und geistlicher Art zusammenzuhalten, dadurch Sachsen selber im Reich führend zu machen und seine Grenzen für immer zu sichern, war nach erfolgreichen Ansätzen durch seinen Sturz, der im Vorkapitel geschildert wurde, zunichte gemacht worden.

Weiterer Verlauf der Ostsiedlung in Stichworten

Das Streben der geistlichen Fürsten im Norden Deutschlands, sich an dem Erbe Heinrichs des Löwen nach dessen Tode schadlos zu halten, wurde durch das Aussterben der großen Dynastien unterstützt. Bei diesen Versuchen der Kirchenfürsten kam es zu erbitterten Auseinandersetzungen beispielsweise mit den Söhnen Heinrich des Löwen. So konnte sich Erzbischof Gerhard II. von Bremen beim Burgbau in Langwedel 1226 gegenüber Heinrichs Sohn Pfalzgraf Heinrich durchsetzen.

Als nach Siegfried von Osterburgs Tod die weitverstreuten Besitzungen dieses nunmehr ausgestorbenen Grafengeschlechtes zwischen Weser und Elbe mit der in der Altmark gelegenen Osterburg verkauft wurden, erwarb auch Otto das Kind, ein Enkel des Löwen, einige Besitzungen zu seinen Herzogtümern Braunschweig und Lüneburg hinzu. Damit wurde er Nachbar der geistlichen Fürsten von Bremen und Verden. Da er darüber hinaus auch noch wegen der Grafschaft Stade mit dem Bremer Erzbischof in Streit lag, gingen die genannten geistlichen Fürsten aufs Ganze und beanspruchten die ihnen benachbarten welfischen Lehen als Landesherren für sich. Erzbischof Gerhard ließ seine Burgmannen in die festen Schlösser Ottersburg, Horneburg, Langwedel und Vörde legen und diese verteidigen. Er rief auch adelige Fremde herbei, die er dort als ihm allein verantwortliche Dienstmannen einsetzte.

Auf diese oftmals nicht legale Art und Weise *und* auch durch Kauf und aus ihnen zugeschlagenen Hinterlassenschaften konnten Klöster und Domkapitel mehr und mehr fruchtbares Land erwerben. Dies wurde für manchen Edelherren und Ritter zum Anlaß, nach dem Osten auszuwandern. In diesem Sinne ist das Verhalten der Kirchenfürsten – zwar nicht beabsichtigt – mitbestimmend für die weitere Ostsiedlung geworden.

Der Slaweneinfall von 1201 in das Land Ratzeburg und der Zug der Abodritenfürsten Heinrich Burwy und Niclot in dieses Land Heinrichs von Dassel brachten den Deutschen bei Waschow eine schwere Niederlage bei. Heinrich von Dassel entkam mit einigen seiner Getreuen. Aber 700 seiner Gefolgsleute wurden getötet.

Von da an lag für geraume Zeit die Grafschaft Ratzeburg unbebaut darnieder, weil keine Männer für landwirtschaftliche Arbeiten zur Verfügung standen, wie Arnold von Lübeck in seinen Annalen schreibt.

Daß neben Ratzeburg vor allem Mecklenburg von diesen Ereignissen betroffen war, ist durch eine Reihe Aussagen bekräftigt worden. So auch durch die Worte, die 1219 der Schweriner Bischof Brunward sprach, laut derer „der Heidensinn der Wenden unbesiegbar" sei.

Als dann bei der Gründung von Parchim der jüngere Heinrich Burwy dieses Gebiet dem Götzendienst weihte, wurde klar, daß die Christianisierung dieses Landes noch lange nicht vollzogen war.

Es war der 1204 zum König gekrönte Waldemar von Dänemark, der deutsche Einwanderer ins Land rief, die zerstörten Klöster wieder herrichten ließ und auch neue auf Rügen und in Pommern gründete. Aber auch er hatte mit den Wenden zu kämpfen, die im westlichen Pommern und im östlichen Mecklenburg, vor allem aber im Großraum des Landes Tribsee saßen.

Zu König Waldemars Beratern und Vertrauten gehörte eine Reihe Deutscher, so auch sein Reichsverweser Albrecht, der aus Orlamünde in Thüringen stammte und Sachse war.

Im Jahre 1227 wurde dann der dänischen Herrschaft in Nordostdeutschland durch die Niederlage König Waldemars bei Bornhöved ein Ende bereitet.

Von diesem Zeitpunkt an ging die Kolonisation aufs neue unter deutscher Führung ans Werk. Vor allem der Adel aus Niedersachsen trat in die Fußstapfen jener Ritter Heinrichs des Löwen, die vor ihnen im Osten siedelten.

Nach den Siedlern aus Flamland, Holland und Westfalen wanderten nun die auch damals bereits im Osten siedelnden Sachsen nunmehr verstärkt dorthin aus, wobei nicht etwa ganze Sippen dorthin aufbrachen, sondern nur einzelne Familien. Deutschlands Bevölkerung wuchs, die letzten Mittelgebirge waren besiedelt, Landreserven gab es nur noch im Osten.

Deutsche Bauern, Ritter, Mönche und Edelleute traten die lange, gefährliche Reise ins Ungewisse an und wurden Hauptträger der deutschen Kultur im Osten.

Pribislaws Sohn, Heinrich Burwy, versuchte immer mehr deutsche Siedler ins Land zu bekommen. Als er 1227 hochbetagt starb, wurde das Land Mecklenburg und Rostock unter seine vier Enkel aufgeteilt, denn seine Söhne Nikolaus von Werle und Heinrich von Rostock waren bereits vor ihm gestorben.

Johann, der älteste Enkel, erhielt die Herrschaft Mecklenburg mit der südlich von Wismar gelegenen Burg gleichen Namens. Nikolaus wurde mit dem Land Werle belehnt, Heinrich Burwy III. erhielt Rostock und Pribislaw Parchim.

Trotz der unter diesen Brüdern herrschenden Gegensätze waren sie in einer Hinsicht gleicher Meinung: daß die Germanisierung ihres Landes fortgesetzt werden müsse. Sie traten mit dem Fürsten von Rügen in Verbindung, der auch das der Insel gegenüberliegende Festland beherrschte; er verfolgte die gleichen Absichten. Es war dies Wizlaf I., der 1250 starb, und danach dessen Nachfolger Jaromir II.

In unmittelbarer Nähe Heinrichs von Schwerin, der die Befreiung des deutschen Nordens von den Dänen bewirkte, arbeiteten die Sachsen Friedrich von Everingen aus dem Raume Lüneburg und Alardus von Badelaken aus Thüringen. Bei Gunzelin von Schwerin stand Friedrich aus Bevensen nahe Lüneburg in Dienst. In den Zehntregistern von Ratzeburg aus dem Jahre 1230 sind die Sachsen von Broke, von Karlow und von Stove zu finden. Gerhard von Schnakenburg und Konrad von Schwinge an der Elbe, Hermann von Hakenstedt aus Hildesheim, Thiderikus Klawe aus Klauen bei Peine, Friedrich von Isenhagen aus Lüneburg, Helmold von Plesse aus Göttingen und Konrad von Dotenberg aus der Nähe von Hannover hießen jene deutschen Ansiedler, die Rang und Namen errangen und großes Ansehen genossen.

Auch bei Pribislaw von Parchim standen sächsische Edle im Dienst, so Heinrich von Erteneburg, der von der Elbe kam, und Tethardus Weye aus Bremen.

Bei Burwy III. von Rostock lebten Georg von York aus dem Alten Land und Bertold von Latekop. Daß auch bei Nikolaus von Werle neben den Trägern slawischer Namen Gerhard Schocke, Vogt von Röbel aus Verden, Johann von Schnakenburg und Graf Moritz von Spiegelberg mit seinen Söhnen Heinrich und Johann, die aus Lauenstein an der Weser kamen, in Dienst standen, ist geschichtlich belegt. Ulrich von Bardenfleth aus Oldenburg, Wedekind Behr und Konrad von Brockhausen aus Hoya kamen hinzu.

In Pommern waren die Behr- und Osten-Familien zu Hause. Auf Rügen hieß ein Burgmann von Tribus Iwan von Bliderstorf; Johann Thuringus und Werner von Erteneburg, um die hauptsächlichsten zu nennen, siedelten ebenfalls hier.

Die aus Niedersachsen stammenden Familien der Boldensele, der Dorstadts und der von Yorks sowie der von Kedings und der Aldenfleths zeigen auf, daß in Pommern eine Vielzahl deutscher Siedler im 13. Jahrhundert Wohnung nahm und das Land bebaute.

Die Gründe dieser überwiegend sächsischen Familien für ihre Auswanderung in den Osten war neben Abenteuerlust und Missionsversuchen im „Heidenland" vor allem auch der Tatsache zu verdanken, daß sich die jüngeren Familienmitglieder der Adelsfamilien bei Auseinanderfallen ihrer Besitztümer oder deren Erwerb durch die Kirche nach einer neuen Lebensexistenz umsehen mußten. Der adelige Grundbesitz war durch die wachsende Territorialmacht der geistlichen Fürsten zusammengeschrumpft. So erhofften die jungen wagemutigen Männer, im Osten, dort, wohin schon ihre Vorfahren gezogen waren, neues Land erwerben und es bewirtschaften zu können, um so zu neuem Ansehen und Reichtum zu gelangen.

Hinzu kam natürlich, daß die schon mit den Zügen der sächsischen Herzöge nach Osten dorthin gewanderten und seßhaft gewordenen Familien regen Verkehr mit den in der Heimat zurückgebliebenen Freunden unterhielten und daß sie ihre Freunde aus der alten Heimat in die neue Heimat hereinholten, indem sie ihnen versprachen, für Landsitze zu sorgen und sie in der Anfangszeit zu unterstützen.

So wurde ein reger Verkehr schon im 13. Jahrhundert aus dem Raume Lüneburg und der Altmark nach Mecklenburg und Pommern eingeleitet. Die Herren von Thune, von Hitzacker, von Medingen, von Lobeck, von Grote, von Schack und andere besaßen bereits auf beiden Ufern der Elbe Besitzungen und standen im Dienste mecklenburgischer Fürsten, *ohne* ihr Dienstverhältnis zu ihren Lüneburgischen Fürsten und Herren aufzugeben. Lediglich jene Familien, wie die der Lobeck, von Thune und von Doren, die in der neuen Heimat gewaltig große Besitzungen erwarben, gaben später ihre alten Besitzungen westlich der Elbe auf. Aus dem Dorf Thun bei Braunschweig beispielsweise wurde der neue Stammsitz Wendisch-Thun in Mecklenburg.

Als nach der Absetzung Heinrichs des Löwen beispielsweise die Erteneburg auf dem rechten Elbufer von seinem Gegner Bernhard von Sachsen zerstört und an ihrer Stelle die Lauenburg gebaut wurde, wanderten die Herren von Erteneburg nach Pommern aus.

Jenes Geschlecht aber, das sich aus Niedersachsen nach Osten orientierte und dort die weiteste Ausbreitung erlangte, war die Sippe derer von Behr. Dieses Geschlecht kam aus Osnabrück. Einer der Söhne des erstmalig genannten Ministerialen, des Bischofs von Osnabrück, mit Namen Hug Bere, Lippold Behr, hatte bereits Besitzungen bei Lüchow. Von dort aus zogen die Behrs ins Land der Wenden. Einer jener Behrs, die im 13. Jahrhundert gegen Herzog Otto den Strengen von Lüneburg opponierten, mußte ebenfalls auswandern.

Alle alten Adelsgeschlechter Sachsens haben auf diese Weise dem Osten ihr Blut zugeführt. Es waren ihrer Hunderte, die mit ihren Familien nach Osten zogen, um ein neues Leben aufzubauen.

Bernhard von der Lippe, der Gründer von Lippstadt in Westfalen, ein ritterlicher Mönch, blieb nach seinen Einsätzen beim Kreuzzug gegen Livland 1211 dort und wurde Abt von Dünamünde. Später wurde er Bischof von Selburg.

Unter Heinrich dem Löwen, dem Fürsten von Mecklenburg, dem von seinem Schwiegervater, Markgraf Albrecht III. von Brandenburg, das Land Stargard verliehen wurde, diente auch dem Wendenfürst Nikolaus von Werle. Die Herren von Plesse erhielten von Heinrich dem Löwen von Mecklenburg die Zusicherung der Zahlung einer Schuld von 4100 Mark.

Pribislaw schützte im Lande Parchim seine deutschen Siedler, indem er ihnen feste Plätze zur Verteidigung zur Verfügung stellte, die er selber hatte anlegen und mit Burgmannen besetzen lassen.

Das noch in den Händen nichtchristlicher Wenden befindliche Ostmecklenburg, das sogenannte Circipanien einschließlich des Landes Tribsee in Vorpommern wurde von den Söhnen Burwys II. und des Fürsten von Rügen erobert und mit weiteren sächsischen Siedlern besetzt.

Das unvollständige Namensverzeichnis der ausgewanderten Geschlechter enthält von Aldenfleth bis Wittorp 59 Namen bekannter sächsischer Adeliger, die mit ihren Familien den Grundstein zur Ostbesiedlung gelegt haben.

Wenn auch diese erste große deutsche Ostwanderung zu Ende des 14. Jahrhunderts zum Erliegen kam, so kann doch gesagt werden, daß vor allem Sachsen dort gewirkt und gelebt haben.

Das Wirtschaftsleben Sachsens vom 11. bis zum 13. Jahrhundert war vor allen Dingen durch einen mit der Ostwanderung beginnenden und mit dieser gleichlaufenden Landesausbau gekennzeichnet. Auch in der alten Heimat griff die Rodetätigkeit weit aus. Besonders die Marsch- und Waldhufendörfer (die sogenannte Hagenkolonisation) entwickelte sich.

Dadurch wurde teilweise der Wald weiter zurückgedrängt. Diese Neusiedlungen, die zum Teil in ungünstigem Gelände vorgetrieben wurden, waren jedoch im Spätmittelalter durch diese Rodungen von Rückschlägen durch Wüstungsperioden gekennzeichnet.

Die Wirtschaftsform der Fronhofsverbände verfiel seit dem 12. Jahrhundert der Auflösung. Als Vilici auf den Haupthöfen eingesetzte Ministerialen wurden zu Gutsherren. Ihre Hintersassen, die auf den Landhufen tätigen hörigen Bauern, erlangten mit dem Meierrecht eine persönlich freiere, besitzrechtlich allerdings stärker gebundene Stellung, die allmählich in ein vererbliches Dauerpachtverhältnis überging. Sie wurde zu der vor allem für Niedersachsen bezeichnenden Form des bäuerlichen Besitzes.

Sächsische Wirtschaft, Kunst und Kultur

Wirtschaft und Architektur

Die Entwicklung von Kunst und Kultur während der Herrschaft der sächsischen Kaiser von 973 bis 1024 hatte jene weitere positive Entwicklung genommen, die sich bereits bei den frühen sächsischen Herrschern andeutete.

In der Wirtschaft dehnten sich Ackerbau, Pferdezucht und Weinanbau weiter aus. Hinzu kam der Bergbau und hier wiederum die reichen Blei-, Kupfer- und Silbervorkommen der Gruben am Rammelsberg, die unter Heinrich II. besonders intensiv ausgebaut wurden. Die reiche Silberader war erst zu Ende der Regierungszeit Ottos I. entdeckt worden.

Mit dem Bau einer Königspfalz in Goslar stellte Heinrich II. seine Erkenntnis über die Wichtigkeit dieser Silbergruben unter Beweis. Als erster unterzeichnete er in Goslar Urkunden. Aus den Erträgnissen des Goslarer Silberbergbaus wurden silberne Denare geprägt. Goslar wurde mit dem Marktrecht versehen und nahm einen großen und schnellen Aufschwung.

Durch diese günstige Entwicklung im Handel und durch die Pfalzen, Klöster und Bistümer, die an den günstigsten Stellen Sachsens errichtet wurden, konnte der Kirchenbau und deren Ausschmückung mit Kunstgegenständen verschiedenster Art verstärkt betrieben werden.

Auf dem Gebiete der Annalistik leisteten Thietmar von Merseburg und andere in Quedlinburg, Hildesheim und St. Gallen Arbeiten, die ihre Vorgänger in den Schatten stellten. Die Rechtsaufzeichnungen von Bischof Burchard aus Worms und seine Gedichte, die kunstvoll gestalteten Kaiserurkunden und viele andere geschichtliche Werke ließen aufhorchen.

Was die Dichtung anlangte, so war diese zunächst ebenfalls überwiegend von geistlichem und historischem Inhalt und auf geschichtliche Personen und Orte bezogen. Darüber hinaus traten einige Autoren mit lyrischen und Schwertgedichten hervor. Die allgemeine Sprache dieser vielen Erzeugnisse der Literatur war zunächst Latein, doch die Nationalsprachen waren im Vormarsch, auch in Sachsen, wie wir aus den

Forderungen Heinrichs des Löwen, auch mittelhochdeutsche Literatur zu schreiben, wissen. Der Lucidarius ist eine solche volkstümliche Weltbeschreibung in Prosa, die um 1190 entstand. Hinzu kommt die Braunschweiger Reimchronik aus der Zeit Albrecht des Großen in der Mitte des 13. Jahrhunderts. Die Gandersheimer Reimchronik des Priesters Ekkehard, die um 1216 entstand, artikulierte sich zum ersten Male in der mittelniederdeutschen Sprache.

Daß die schriftliche Verwendung des Niederdeutschen überhaupt in Gebrauch kam, ist den Städten im nordwestdeutschen Raum zu verdanken gewesen. Braunschweig, die Stadt des Löwen, stand hier Pate, indem sie 1227 die erste niederdeutsche Stadtrechtsaufzeichnung anfertigen ließ.

Es galt, eine für alle Städte lesbare und verständliche Sprache zu entwickeln und zu fördern, wenn man im Geschäft miteinander bleiben wollte. Die ostfälische Mundart trat in einigen der um diese Zeit und später beschriebenen Texte klar zutage. Aus Braunschweig stammte auch jener Conrad Bote, dessen „Cronecken der Sassen" 1492 zum ersten Male in Mainz gedruckt wurde. Im Braunschweiger Ägidienkloster fand die Pflege der einheimischen Sprache ihre Heimstatt.

Daß nach Otto des Großen Tod zunächst Ostfalen den ersten literarischen Rang in Sachsen einnahm, war ein Ergebnis der Gründung Magdeburgs durch Otto I., der diese Stadt zur Hauptstadt des ganzen Ostens seines Reiches machen wollte. Zur Zeit Heinrichs II. ist Magdeburg durch den Scholastiker Meginfrid zu hohem Ansehen gelangt. Einer der Zöglinge in dieser Schule war Thietmar von Merseburg, der aus dem Hause der Grafen von Waldeck stammte und auch mit dem sächsischen Kaiserhaus verwandt war. Er wurde zum Freund Heinrichs II.

Im Jahre 1002 machte er sich an die Abfassung einer Chronik von Merseburg, die zum großen Wurf der Sachsengeschichte geriet und sich bis zu seinem Tode im Jahre 1018 zur Weltgeschichte der sächsischen Kaiserzeit entwickelte.

Bischof Otwin von Hildesheim wiederum, der zur Zeit Ottos II. lebte, gab die Weisung an das Domstift, ein großes Annalenwerk zu verfassen, das auf den Hersfelder Annalen aufbaute und bis 1043 weitergeführt wurde.

Aber stärker noch als er widmete sich Bischof Bernward (993 bis 1022), ein Freund Ottos II. und Heinrichs II., der Pflege von Literatur und Kunst. Sein Lehrer war Thankmar, der die Vita des Bischofs schrieb, da er diesen überlebte.

Auf dem Gebiet der bildenden Kunst war ebenfalls Sachsen und hier wiederum Ostfalen führend, wie sich an den Bauten in Magdeburg, Quedlinburg, Gernrode und anderwärts erwies. In der Kirche des von ihm gegründeten Michalisklosters schuf Bernward von Hildesheim nach seiner Rückkehr aus Italien im Jahre 1001 ein Werk, an dem bis zu seinem Tode 1022 weitergebaut wurde. Die beiden großen bronzenen Türflügel dieser Kirche mit der Erschaffung des Menschen auf der linken Seite bis zur Ermordung Abels durch Kain und die Geschichte Christi aus dem Neuen Testament auf der rechten Seite sind ganz große Kunst, die von Bernward selbst entworfen wurde.

Die anderen plastischen Werke dieses Mannes befinden sich ebenfalls in der Michaeliskirche. Es ist einmal die Christussäule. Zu ihr wurde der Bischof in Rom beim Anblick der Trajanssäule angeregt. Auf einem breiten umlaufenden Band wird auf dieser Säule die Geschichte Christi von seiner Taufe bis zum Einzug in Jerusalem dargestellt. Durch diese Säule sollte die Erinnerung der Sachsen an die vorchristliche Irminsul ausgelöscht werden.

Die beiden schlanken Leuchter, an deren Füßen Menschen auf wilden Tieren aller Art reiten, gehören ebenfalls zu des Bischofs Werken, ebenso das aus Holz geschnitzte und mit Edelsteinen und Gold verzierte Bernwardskreuz. Außerdem noch ein großer Kronleuchter, mit welchem Bernhard seine Kirche schmückte. Er stellt das himmlische Jerusalem dar. Dieser Kronleuchter ist allerdings nicht mehr vorhanden.

Im Domschatz befinden sich weitere Werke des Abtes und Bischofs: ein Reliquienkreuz, ein Kelch und ein kostbares Reliquiar, dessen Deckel mit vergoldetem Silberblech und Elfenbeinschnitzereien verziert ist. Einige weitere kostbare Bücher mit schönen Einbänden gehören auch dazu.

Auch aus Engern sind eine Reihe westfälisch-sächsischer Kunstgegenstände überliefert. So das aus Minden stammende Evangeliar des Bischofs Milo. Bischof Meinwerk aus Paderborn gilt als Bauherr des Domneubaues und der Bartholomäuskapelle, deren drei gleichhohe Schiffe durch Kuppelgewölbe gedeckt sind.

In Westfalen schufen die Bischöfe von Münster und Osnabrück die dortigen Domkirchen. In Essen ließen die beiden Enkelinnen Ottos des Großen die Stiftskirche erneuern.

Der Dom zu Braunschweig, die alte Blasiusstiftskirche, die nach dem durch Heinrich des Löwen verfügten Umbau im Todesjahr des Löwen 1195 mit Ausnahme des Westbaues vollendet war, konnte zu neuem Glanz erweckt werden. Heute sind noch einige Teile der Ausstattung, die Heinrich der Löwe stiftete, vorhanden. So das große Triumphkreuz, das Imerwardkreuz, aus dessen Künstlersignatur wir wissen, daß es von dem

Bildhauer Imerward stammt. Der Marienaltar weist das Fertigstellungsdatum von 1188 auf. Die schlichte Altarplatte wird von fünf Bronzesäulen mit feingegliederten Adlerkapitellen getragen. Das dritte Stück aus der Zeit des Löwen ist der große silberarmige Leuchter. Emaillearbeiten und feine Blatt- und Fabeltier-Applikationen schmücken ihn aus.

Den Höhepunkt aber stellt das Evangeliar Heinrichs des Löwen und seiner Gemahlin Mathilde von England dar, das etwa um 1188 für den Braunschweiger Dom gestiftet wurde. Es wurde nach seiner Heimholung zuerst im Herbst 1985 in Braunschweig, und zwar in der Landesausstellung Niedersachsen 1985 („Stadt im Wandel") einer breiten Öffentlichkeit zugänglich gemacht.

Im Obergeschoß der Burg Dankwarderode waren die wichtigsten Illuminationen dieser großartigen Handschrift in einmalig klarer Farbwiedergabe zu sehen.

Mit dem Tode Heinrichs des Löwen war die Ausschmückung des Domes noch nicht beendet. Vor allem sein Enkel, Otto das Kind, gab im zweiten Viertel des 13. Jahrhunderts die Wand- und Deckenmalereien in den Ostteilen und an einer Reihe von Pfeilern in Auftrag. Diese Fresken gehören zu den umfangreichsten und künstlerisch besten der Spätromantik.

Um die gleiche Zeit der Ausmalung der Kirche, die zwischen 1230 und 1240 erfolgte, wurden auch die überlebensgroßen Liegefiguren Heinrichs des Löwen und seiner Gemahlin Mathilde in der hochmittelalterlichen Grabplastik geschaffen und damit das in der Mitte der Kirche aufgestellte Grabmal des herzoglichen Paares fertiggestellt.

Daß der Dom selber von seiner architektonischen Gestaltung her und dank der technischen Vollkommenheit seiner Pfeilersysteme für viele sakrale Bauten zum Vorbild wurde, bedeutet eine verdiente Würdigung seiner strengen Schönheit.

Handschriften und Bronzeguß

Die ersten Handschriften der neuen Epoche, die wir kennen, sind in Niedersachsen beheimatet. Das Zentrum dieser Buchkunst, die eng mit der franko-sächsischen Schule verbunden ist, war Corvey. Vor allem das heute in Prag verwahrte Evangeliar wurde dort als Vorbild benutzt. Daß darüber hinaus auch Zusammenhänge mit der Schule von Corbie gegeben sind, ist nicht verwunderlich, weil ja Corvey 822 von Corbie aus gegründet worden war.

Die Prunkausfertigung der am 14. April 972 in Rom ausgestellten

Heiratsurkunde für Otto II. und die byzantinische Prinzessin Theophanu im Staatsarchiv Wolfenbüttel täuscht als Material einen byzantinischen Seidenstoff vor.

Später hat man in Niedersachsen die Codices vor allem mit Federzeichnungen illustriert, wobei man ebenfalls karolingische Vorbilder verwendete, die durch Fulda und Corvey vermittelt wurden. Doch bewirkt bei den neuen Schöpfungen eine vereinfachte Linienführung ein klares, sehr bestimmt geprägtes Bild. Sie führte durch rhythmischen Wechsel von starken schwarz angelegten Partien mit dünnen Linien zu einer Steigerung des Ausdrucks.

Als man in Fulda 975 ein Evangeliar nach der Handschrift aus der Hofwerkstatt Karls des Großen kopierte, setzte man eine bereits bestehende Form fort.

Im späten 10. und frühen 11. Jahrhundert gab es neben Werkstätten in Fulda und Corvey und neben Zentren wie Reichenau, Trier und Echternach bedeutende Werkstätten auch in Köln, Regensburg und Hildesheim.

In Hildesheim residierte der tatkräftige Bischof Bernward, der selbst künstlerisch tätig war und bestimmend auf die Werkstätte an seinem Bischofssitz einwirkte. Seine besondere Aufmerksamkeit galt der Bildhauerei. Die von ihm initiierte Buchmalerei, die im Goldenen Evangeliar einen Höhepunkt erreichte, war eine folgerichtige Weiterentwicklung der niedersächsischen Malerei der zweiten Hälfte des 10. Jahrhunderts.

Seine Skulptur jedoch stellte sich als eine hervorragende neue Leistung dar. Mehrere Silbergüsse – die Curva des Abtes Erkanbald, die beiden Leuchter des Bischofs und der silberne Crucifixus – sowie die mächtigen Bronzearbeiten für St. Michael in Hildesheim, die Türen ebenso wie die Säule, die den Sockel des Kreuzes bildete, machen verständlich, warum die Bronzeskulptur in Niedersachsen eine beachtliche Nachfolge gefunden hat.

An allen bildhauerischen Arbeiten dieses Abtes ist das antike Erbe erkennbar. Neu jedoch ist bei seinen Werken, daß die Skulptur vor der architektonischen Einheit, etwa der Tür, Vorrang hat. Die Gestalten ragen weit aus dem Bildgrund hervor und unterdrücken die schmalen, einfachen Rahmenleisten.

Ein wichtiges Merkmal ist die Gegenüberstellung von Szenen des Neuen Testamentes mit solchen aus dem Alten Testament, in denen die mittelalterliche Theologie Vorbilder für die Heilsgeschichte Christi sah. Man stellte dem Typus einen Antitypus gegenüber, wie beispielsweise der Kreuzigung den Sündenfall.

Die Werkstätte zu Hildesheim hatte offensichtlich nur den Bedarf für die Kirchen der Stadt, für die Persönlichkeit des Bischofs und für seine Geschenke zu decken.

Auch für die Architektur bildet Hildesheim ein besonderes Beispiel. An den Mittelpunkten der Erneuerung des Kaisertums unter den Herrschern des ottonischen Hauses zeichnete sich die Baukunst durch ihren Anschluß an das karolingische Erbe aus. Otto der Große ließ sich in Aachen krönen und nahm auf dem Thron Karls des Großen Platz.

Otto III. ließ einer Legende zufolge das Grab Karls des Großen öffnen und fand dort die Insignien, die heute in der Wiener Schatzkammer zu sehen sind: das Reichsevangeliar, die Stephan-Bursa und den sogenannten Säbel Karls. Das Interesse der Herrscher des sächsischen Hauses und ihrer Nachfolger an Aachen liegt in ihrer Orientierung nach dem ersten Kaiser des abendländischen Mittelalters begründet. Dazu gehört auch die karolingische Bauidee, wie sie beispielsweise im Essener Münster zur Ausführung kam. Sein dreischiffiges Langhaus ist im Westen mit einem zusätzlichen Bauteil versehen, der genau dem Aufriß der Aachener Pfalzkapelle entspricht.

Die Kirche St. Michael in Hildesheim ist ebenfalls ein Beispiel dafür, wie Ausgewogenheit erreicht werden konnte. Sie ist die vollendetste Anlage dieser Art, die erhalten geblieben ist. Ihre Tore, für die jene vorher genannten Bronzetüren bestimmt waren, wurden an die Nord- und Südseite des Langhauses verlegt.

In den mächtigen Turmfassaden Westfalens, beispielsweise am Dom von Minden, an St. Patroklus in Soest, am Dom von Paderborn und an der Stiftskirche in Freckenhorst werden die Westfassaden durch drei Türme gekennzeichnet.

Die ottonische Architektur entwickelte nicht nur die karolingischen Bauten und durch sie letztlich die römische Basilika weiter, auch byzantinische Elemente traten stärker hervor. So ist in Gernrode die Anlage der Emporen nach byzantinischen Vorbildern gestaltet.

Die Bartholomäus-Kapelle in Paderborn ist das Werk eines byzantinisch geschulten Meisters. Damit lag der Schwerpunkt auch der Architektur vor allem seit Heinrich II. in Sachsen.

Die neuen politischen Zentren im Osten und Norden bezogen Kunstwerke aus den Städten am Niederrhein und aus Sachsen. Sie ließen von dort Künstler kommen oder deren Werke kopieren. Das Kloster Strahow bei Prag holte Mönche aus Köln und aus der Eifel. Der Tragaltar im Stift Melk ist eine sächsische Arbeit. In Helmarshausen entstanden die prächtigen Handschriften, die in der Bischofskirche von Lund in Südschweden lagern. Ein Teil ist allerdings in Lund (das damals zu Dänemark gehörte) entstanden, und zwar nach sächsischen Vorbildern. Auch die Altarantependien und Retabeln aus vergoldetem Kupfer, die goldenen Tafeln folgen Anregungen der niedersächsischen Metallkunst des 12. Jahrhunderts.

Die Türen der Kathedrale von Nowgorod wurden in Magdeburg unter Bischof Wichmann anno 1153 gegossen.

Die Meister der Goldschmiedekunst der damaligen Zeit empfingen byzantinische Einflüsse zu Ende des 11. Jahrhunderts. So auch Rogerus von Helmarshausen. Der Stil dieses Meisters blieb nicht auf die Goldschmiedekunst beschränkt. In den Handschriften von Helmarshausen sind genaue Vergleichsbeispiele zu seinen Treib- und Niello-Arbeiten gegeben.

Durch eine Übermittlung sekundärer Art wurden in Sachsen in der zweiten Hälfte des 12. Jahrhunderts vornehmlich durch dynastische Bindungen Heinrichs des Löwen und seiner zweiten Gemahlin Mathilde, einer Tochter Heinrich Plantagenets, enge Kontakte zur englischen Kunst gepflegt. Von dort kam der byzantinische Einfluß nach Sachsen. So wurde die byzantinische Kunst zu einer der wichtigsten, wenngleich nicht alleinigen Quelle für die bildende Kunst im Deutschland des 12. Jahrhunderts. Bereits in seinem zweiten Viertel sind in Norddeutschland diese Zusammenhänge vor allem auf dem Gebiet des ornamentalen Buchschmucks häufig gegeben. Daß Abt Wibald von Stavelot seit 1146 auch Abt in Corvey war, gestaltete die Verbindungen der beiden Klöster untereinander noch enger.

Von Helmarshausen sind seit dem Ende des 11. Jahrhunderts bereits Beziehungen zu den Abteien Stavelot und St. Jakob in Lüttich bekannt.

In Ostsachsen und in Westfalen sind aber auch Verbindungen zur französischen Skulptur gegeben. Das gewaltige Relief der Kreuzabnahme auf den Externsteinen und die Tympana und Plastiken in der Kirche von Erwitte sind als Reflexe französischer Anregungen verständlich, die wahrscheinlich aus Aquitanien kamen.

In Sachsen führte die erste byzantinische Welle, deren Träger Rogerus von Helmarshausen war, zu einer Reaktion, die sich am stärksten in den Gräbern der Äbtissinnen von Quedlinburg bemerkbar macht.

Das Evangeliar der Berufung des Evangelisten Matthäus befand sich im 10. Jahrhundert in Sachsen, wahrscheinlich in Corvey. Diese Handschrift entstand in einer der franko-sächsischen Schreibstuben der späten Karolingerzeit.

Literatur in Sachsen

Die ersten literarischen Veröffentlichungen in Sachsen fanden dort statt, wo sich dessen südliche und westliche Grenzgebiete an die Grenzen des fränkischen Reiches anlehnten, und zwar in Westfalen und Engern. Sie hängen darüber hinaus mit dem Glaubensleben und den klösterlichen Einrichtungen zusammen, wie die vorangegangene Darstellung der Verbreitung von Kunst, Kultur und Wirtschaft in Sachsen schon dargelegt hat.

Ein Sachse schuf die erste und einzige wirkliche Dichtung im Lande der Engern und in Westfalen, den Heliand.

Über den Dichter des Heliand haben wir eine Darstellung, die von Flacius Illyricus stammt. Er druckte diese 1562. Was wir daraus über den Dichter erfuhren, hält zwischen Dichtung und Wahrheit die Waage.

Auftraggeber des unbekannten Sachsen war Ludwig der Fromme. Sein Auftrag an den sächsischen Sänger lautete, eine Übersetzung der Bibel, und zwar beider Testamente, zu schaffen. Diese neue Dichtung baut auf dem Evangelienbuch des Syrers Tatian auf. Es muß zwischen 825 und 835 entstanden sein und hat Teilaspekte aus der Schrifterklärung des Beda ebenso wie des Hrabanus Maurus und des Alkuin verwertet. Die Verse, in denen der unbekannte Dichter diesen gewaltigen Stoff gestaltete, waren mit Versen der alten sächsischen Heldendichtungen verwandt. An der Sprache des Heliand ist zu erkennen, daß dieses Gedicht südlich der Weser in einem Kloster oder in der Umgebung eines solchen entstanden sein muß. Angelsächsische Stabreimkunst schlug sich hier nieder, wenn der Dichter schrieb:

„Die Segel hißten
wetterwendische Männer und ließen vom Winde sich über den
Meerstrom treiben, bis in die Mitte kam
der Göttliche mit den Jüngern.
Da begann des Wetters Kraft. Im Wirbelwind stiegen die Wogen.
Nacht schwang sich schwarz herab.
Die See kam in Aufruhr, Wind und Wasser kämpften.
Angst erwuchs den Leuten, da das Meer so mutig ward.
Der Männer versah sich keiner längeres Leben."

Mit diesem Werk war das gesamtsächsische Wechselspiel zwischen der britannischen Insel und dem Festland sicht- und lesbar geworden. Zwischen der angelsächsischen Bibeldichtung und dem altsächsischen Heliand war die Brücke gespannt. Es ist nicht ausgeschlossen, daß der Heliand im Kloster Fulda entstand.

Widukind von Corvey beendete bis zum Jahre 967, als Otto der Große den Gipfel der Macht erklommen hatte, seine drei Bücher Rerum gestarum Saxonicarum über Ursprung und Schicksal des sächsischen Volkes. Er schöpfte aus dem Quellborn sächsischer Urgeschichte, heimischer Sagen und Lieder. Er schrieb aber auch aus dem Erlebten.

Bischof Meinwerk aus Paderborn, der dem alten sächsischen Geschlecht der Immedinger entstammte, gründete mit Mönchen aus Cluny das Paderborner Kloster Abdinghof. Hier entstanden am Ende des 11. Jahrhunderts die Paderborner Jahrbücher.

Der Domherr Gerhard von Minden verfaßte den Äsop 1370 in niederdeutschen Reimen, und Johann van Brack, der Lesemeister des Augustinerklosters zu Osnabrück, übersetzte „de regimine principum", eine Abhandlung des Ägidius von Rom, ins Niederdeutsche.

In Münster verfaßte der Mönch Bernhard von der Geist als bischöflicher Schreiber und schließlich als Domherr an der Mauritzkirche das in Hexametern geschriebene Werk „Palpanista", dessen handelnde Personen ein Dichter und ein Diener sind.

Von Magister Justinus, Schulleiter in Lippstadt, ist uns ein Werk mit dem Titel „Lippiflorium" erhalten geblieben, in dessen über 1000 Versen sowohl die Heiligenlegende als auch das sächsische Heldengedicht nachweht. Held des Gedichtes war Bernhard II. zur Lippe, der 1224 starb und als Helfer der Welfen im Osten galt. In diesem Werk erlebt der Leser nicht nur den Mönch, Büßer und Prediger, zu dem Bernhard II. zur Lippe schließlich wurde, sondern auch den Krieger und Helden, die Schwertleite und das Ritterspiel, die Fahrenden und die Spielleute.

Magister Justinus wußte alles dies in Verse zu kleiden, die mitrissen und an denen die Lippstädter Schüler seiner Schule ihr Latein erproben konnten oder mußten.

Der Domherr zu Osnabrück mit Namen Jordanus, der von 1251 bis 1283 amtierte, leitete die lange Reihe westfälischer Kirchendichter ein, indem er „De praerogativa Romani imperii" schrieb. Darin weist er den verschiedenen Völkern ihre grundlegende Aufgabe zu. Den Römern das sacerdotium, den Deutschen das Imperium, den Franzosen das Studium.

Im Auftrage von Papst Johannes XXII. verfaßte Hermann von Schildesche ein umfangreiches „Staatswerk", das gegen Ludwig von Baiern gerichtet war.

Der vor 1350 geborene Dietrich von Nieheim wiederum war *der* Tagesschriftsteller des späteren Mittelalters. Er stammte aus Paderborn und trat 1372 in den Dienst der päpstlichen Verwaltung von Avignon. In seinen vielen Schriften verfocht er die Sache der Päpste. Er starb 1418.

Er war einer „der anschaulichsten Schilderer, der die Ereignisse und die handelnden Männer seiner Zeit darstellte und seinem sächsischen Volk voller Stolz und Wärme hingegeben". (Siehe: Ebert Adolf: Allgemeine Geschichte der Literatur des Mittelalters.)

Auch Gobelinus Person wurde 1358 in Paderborn geboren. Er studierte in Italien Theologie, Weisheit und Kirchenrecht und ging unter Urban VI. in die Kirchenverwaltung. Auf Sizilien, wohin er wie überall seinen Papst begleitete, meinte er die frappierende Ähnlichkeit des gesprochenen Griechisch mit seinem heimatlichen Sächsisch feststellen zu können.

Ab 1388 wirkte er in Paderborn, wo er die Pfründe der Dreifaltigkeitskirche zugesprochen erhielt. Hofkaplan des Herzogs Wilhelm von Berg war er lange Jahre, ehe er sich in das Augustinerkloster Böddecken zurückzog, wo er 1421 starb.

Er war ein echter Sachse und nach den Berichten seiner Zeitgenossen mit dem zweiten Gesicht begabt. Sein zwischen 1390 und 1418 entstandenes Weltzeitbuch „Cosmodromius" wurde 1599 in Lemgo von dem Drucker Maibom herausgebracht. Er schrieb auch in Versen über die berühmten 11 000 Jungfrauen.

Auf den Kirchenversammlungen in Konstanz und Basel machten der Osnabrücker Augusterpater Dietrich Vrye und der Münsteraner Hermann Zoestius von sich reden. Während ersterer 1417 in Konstanz sein Werk „De consolatione ecclesiae" vorstellte, das König Sigismund gewidmet war, schuf der nach 1375 zu Münster geborene Zoestius geistliche Kirchenlieder ebenso wie politische Gedichte. Er war dafür verantwortlich, daß die Kalenderfrage in der Baseler Kirchenversammlung auf die Tagesordnung kam.

Wenn sich in Westfalen und Engern kein sächsisches oder hochdeutsches Schrifttum bildete, so nicht wegen des Mangels an Autoren, sondern vielmehr aus der Tatsache, daß die erobernden Franken ihre Schrift und die lateinische Kirchensprache mitbrachten. Erst Jahrhunderte später konnte das alte sächsische Schrifttum auch hier wieder aufleben und sich aus der lateinischen Umklammerung lösen.

Anders war es im Raume Ostfalen. Hier befand sich trotz der gegen Thüringen hin gelegenen und der Slawengrenze an der Elbe das Zentrum der sächsischen Literatur. Es bestand vom zehnten bis ins 15. Jahrhundert hinein.

In diesem weiten Raum brachte die sächsische Sprache eine Fülle von Literatur hervor. Liudolf, der Ahnherr des ostfälischen Sachsentums, ein Nachkomme jenes Herzogs Brun, der die Engern gegen die Franken führte, förderte alles, was in seinem Herrschaftsgebiet sächsischen

Ursprungs war. In seinen Händen lag auch der erste Grenzschutz gegen Dänen und Wenden.

Seine Nachkommen förderten diesen Gedanken, und mit Hrotswith von Gandersheim haben wir die erste große Schriftstellerin, die in einem ihrer drei Bücher unter dem Titel „Gesta Odonis I. imperatoris" über eine kaiserliche Familie schrieb. Dies Werk wurde 967 vollendet.

Ihr zweites Werk, das epische Gedicht „Primordia coenobii Gandershemensis" handelt von den Anfängen und der Entwicklung des Klosters von Gandersheim.

Mit ihren acht Verslegenden aber, dem ersten Buch ihres Gesamtwerkes, wurde Hrotswith zur großen Künstlerin, die das Leben Marias nach der Rückkehr aus Ägypten, die Himmelfahrt Christi sowie den Martertod des heiligen Dionysius und der heiligen Agnes erzählte. In der Legende vom heiligen Pelagius schilderte sie Córdoba, „Die Blume maurischer Herrlichkeit".

In einer Novelle nahm sie einen Stoff auf, der bereits sehr modern wirkt: Es ist die Geschichte des heiligen Gangolf, jenes burgundischen Edelmannes, dem ein Geistlicher die Frau verführte und dazu auch noch deren Ehemann tötete. Weitere Novellen und Gleichnislegenden zeigen sie als „Abbild der gelehrten angelsächsischen Frauen".

Vom Kloster Altaich aus setzte dessen bekannter Abt Gotthard die Domschule in neuer Form durch. In Hildesheim wurde der aus Reichenau stammende Benno von Bischof Azelin zum Vorsteher der dortigen Domschule gemacht. Benno brachte die Werke römischer Dichter mit und ließ Vergil und Cicero lesen. Die Hildesheimer Schule wurde für das sächsische Volk zu einer Art von Lehrmeisterin.

Bischof Thietmar von Merseburg schließlich schrieb die Reichsgeschichte von Heinrich I. bis Heinrich II.

Im sächsischen Stammland der Welfen, Braunschweig, bildete sich mit und nach Heinrich dem Löwen, der Klöster und Kirchen errichten ließ und sächsische und niederfränkische Bauern ins Wendenland schleuste, nachdem er die Wenden unterworfen hatte, eine höfischritterliche Dichtkunst aus. Heinrich der Löwe, „Herr über Bayern und Sachsen und ebenso auch Herr über die meisten gräflichen Lehen in diesen Ländern, Städtegründer und Mehrer des Reiches", förderte alles, was mit Kunst und Wissenschaft zu tun hatte. Seine Architekten schufen die großen Kirchenbauten, seine Bronzegießer die noch heute als Wunder angesehenen Bronzeplastiken.

In den letzten Jahren vor seinem Tode versammelte er alle Gelehrten und Dichter seiner Reiche um sich. So den Hildesheimer Eilhard von Oberge, dessen um 1170 entstandenes Tristangedicht leider verschollen ist. Es war dies das erste Tristangedicht in Deutschland.

Aber auch unter Heinrichs Erben blieb Braunschweig der einzige Standort höfischer Literatur in Sachsen. Berthold von Holle schrieb die ersten Ritterromane. Er hielt sich in seinen drei Romanen, die bekannt wurden, an Wolfram von Eschenbach.

Unter Herzog Albrecht von Eichsfeld spielte und sang an seinem Hofe ein fahrender Sänger mit Namen Rumsland, der in mitteldeutscher Sprache etwa 100 Sprüche niederschrieb und sie unter das Volk zu bringen verstand.

Als gemeinsame Hauptstadt des lüneburgischen wie des braunschweigischen Welfenzweiges war Braunschweig von den Dichtern beider Sippen bevölkert. Die braunschweigische Fürstenchronik, die durch die Gründung des neuen Herzogtums Braunschweig-Lüneburg 1235 angeregt wurde, ging auf den Wunsch Herzog Johanns zurück; sie entstand zwischen 1269 und 1277 und gilt als verschollen.

Die braunschweigische Reimchronik hingegen wurde von Herzog Albrecht angeregt. Sie schließt daher mit dessen Tod im Jahre 1279 ab. Geschrieben wurde sie von dem als Pfarrer in Braunschweig amtierenden Bruno, der 1301 bis 1320 als herzoglicher Kaplan in Amt und Würden war.

Die sächsische Prosa wurde durch Eike von Repgow schreibfähig gemacht. Dieser zwischen Elbe und Saale ansässige Ritter und Schöffenbarfreie verfaßte ein Rechtsbuch, das er zunächst in lateinischer Sprache im Jahre 1222 abschloß.

Sein Lehnsherr, der Stiftsvogt von Quedlinburg, Graf Hoyer von Falkenstein, machte ihm Mut, dieses Buch auch ins Deutsche zu übertragen. So entstand der „Spiegel der Saxen", in gehobener Prosa mit den Reimvorreden in hochdeutscher Sprache mit sächsischem Einschlag.

Seine Quellen bestanden neben den lateinisch geschriebenen Rechtstexten vor allem im Rechtsbewußtsein des sächsischen Stammes. Das Sächsische des ostfälischen Kernlandes Sachsen wurde von ihm mit Absicht dem seiner mitteldeutschen Nachbarn angeglichen.

Er wollte zwar ein gesamtsächsisches Gesetzwerk schreiben, klammerte jedoch ebenfalls mit Absicht Westfalen aus, das ihm nach der Teilung und Abtretung dieses westlichen Teiles Sachsens im Jahre 1180 nicht mehr sächsisch erschien. So schuf er eigentlich nur ein ostfälisches Rechtsbuch, in dem das Landrecht ebenso dargestellt wurde wie das Recht der Dienstmannen, der abhängigen Bauern und der Städte. In seinem Vorwort dazu bekannte er, daß jede Rechtsverletzung eine Sünde wider Gott sei. Darüber hinaus war er einer der ersten, der verkündete, daß vor dem Gesetz alle gleich seien.

Von Ostfalen aus verbreitete sich dieses Buch sehr rasch. Es wurde ins Hochdeutsche, Niederfränkische, Lateinische und Polnische übersetzt. Die sächsischen Gerichte wandten es als Gesetzbuch an. Das Soester Stadtrecht, das an der ganzen baltischen Küste bestimmend war, *und* Eike von Repgows Sachsenspiegel drückten das Wesen des Sachsenvolkes deutlicher aus als alles andere, was in dieser Zeit und auch nachher zwischen Rhein und Elbe über Sachsen und von Sachsen geschrieben wurde.

In Goslar wurde jenes geistliche Schrifttum geboren, das überwiegend in der Landessprache verfaßt war. Teilstücke von Gedichten haben neben dem erhalten gebliebenen Werk „Ave Maria stella" in sächsischer Übersetzung davon Zeugnis abgelegt.

Aus der Goslarer geistlichen Dichtung blieb die Legende „Zeno" erhalten, welche die Übertragung der Körper der drei Könige aus dem Morgenlande über Mailand nach Köln zum Inhalt hat.

Der Dingelstedter Geistliche Konemann, der später in Goslar lebte und schrieb, schuf das Gedicht „Der Kaland", das eine Werbeschrift für die sächsische Bruderschaft war. In einem weiteren Gedicht mit der Überschrift „Sunte Marien Wortegade – Der heiligen Maria Wurzelgärtlein", das 1304 in Goslar beendet wurde, schilderte Konemann die Heilsgeschichte.

Mit seinem Chronicon Chronicorum schrieb der Pfarrer von Wittenberg, Dietrich Engelhusen, der von 1350 bis 1434 lebte, eine weitere mittelalterliche Weltchronik. Der Predigerbruder Johann Statwech verfaßte um 1450 eine abschließende Weltchronik. Er rühmte Braunschweig mit den Worten:

„O Brunsvik werestu watersrike,
Dar en were nummer dins gelike."

In Braunschweig wurde 1384 der sächsische Städtebund gegründet, der Goslar, Hildesheim, Halberstadt, Quedlinburg, Aschersleben, Hannover, Lüneburg und Braunschweig vereinte. Und Braunschweig spielte zwischen diesen Städten und der Hanse die Vermittlerrolle.

Im Lüneburger Michaeliskloster schrieb Eaduvius Basan im 11. Jahrhundert bereits von der „Goldenen Tafel", den drei kostbaren Evangelienbüchern. Nachdem schließlich ein Arbeiter der Lüneburger Salzwerke mit Namen Keppesen den abgeschlagenen Versuch des Welfenherzogs Magnus, die Stadt 1371 zu erobern, besang, war das erste literarische Werk eines Lüneburger Bürgers geboren. Hier vollendete der Ratsherr Dietrich Bromes 1425 die Lüneburger Chronik. Diese Chronik sollte eines der meistgelesenen sächsischen Bücher werden.

Mit der neuen sächsischen Prosa, der ostfälischen Literatur, wurde der Grund zur geistigen Einheit des sächsisch-ostdeutschen Raumes gelegt.

Aber auch in Magdeburg regte sich die Literatur im 13. Jahrhundert besonders stark. Dieser Grenzort zu den Slawen, vor allem zu den Wenden, wurde durch die dortige Domschule, die sich auch über die großen Wirren des Wendenaufstandes 983 hinaus hielt, berühmt.

Hier hatten sich die Barfüßer niedergelassen. Graf Albert von Hallermünde war seit 1205 in Magdeburg Erzbischof. Er hatte die Barfüßer ins Land geholt, die ab 1228 die Ordensschule betrieben, übrigens die erste, die in Deutschland existierte.

Aus Paris war als Lesemeister dieser Domschule Bartholomäus Anglicus nach Magdeburg gekommen. Er gilt als Verfasser des Werkes „De Proprietatibus rerum", des ersten Handbuches mittelalterlichen Wissens. In 19 Büchern behandelte er alles, was in der damaligen Welt als wichtig galt; nicht erfaßt waren nur geschichtliche Daten und Fakten. Er berichtete als einer der ersten exakt über Land und Leute in Sachsen.

Brun von Sconebeck schuf mit „Der Gral" eine Schilderung des Ritterfestes von 1272 in Magdeburg. Dieses Spiel und jene höfischen Briefe, mit denen er dazu einlud, sind nur ein Teil seiner Werke. Seine 12 000 Verse des „Hohen Liedes", die er im Winter 1276 schrieb, waren in mitteldeutscher Sprache verfaßt. Dazu verwertete er die gesamte lateinische Kirchenliteratur seiner Zeit.

In Magdeburg entstand auch die „Sächsische Weltchronik", das erste geschichtliche Prosawerk in deutscher Sprache; Eike von Repgow schrieb für jenes großartige Gegenstück zu seinem Sachsenspiegel das Vorwort. Danach regte sich in Magdeburg auch das Geschichtsbewußtsein dieser Stadt und ihrer Bürger. Die Magdeburger Schöppenchronik, die im Auftrage der Schöffen von dem beamteten Stadtschreiber erstellt wurde, legt beredtes Zeugnis davon ab. Heinrich von Lamspringe, Stadtschreiber und Geistlicher bei St. Petri, begann sie zu Ende des 14. Jahrhunderts. Er war ein Ostfale aus Lamspringe südlich von Hildesheim.

Dieser Autor zeigte den Lesern späterer Jahrhunderte das Leben in Magdeburg auf, die Feste und Umzüge der Stadt ebenso wie ihre Verfassung und Wirtschaft. Nach ihm fanden sich weitere, die dieses Werk festsetzten.

Wenden wir uns nunmehr Westfalen zu, das als Grenzland nach

Westen sehr stark durch die niederfränkische Literatur beeinflußt wurde. Vor allen Dingen das Münsterland und die Stadt Münster formten den westfälischen Kulturkreis. Dies geschah jedoch erst verhältnismäßig spät, weil gerade in Westfalen die vielen Herrscher und Fürsten das Land aufgesplittert hatten und von einer Fehde zur anderen zogen.

Das Brüderhaus in Münster, das 1400 auf dem Honekamp gegründet wurde und kurz darauf in den bischöflichen Obstgarten auf dem Bispinghof verlegt wurde, entwickelte sich zum Mittelpunkt des ersten Buchgewerbes. Hier tauchte 1451 Johannes Veghe auf. Er schrieb unter anderem 22 Predigten, die zwischen 1481 und 1504 entstanden. Sie wurden „die schönsten sächsischen Denkmale seit dem Heliand". (Siehe: Ebert, Adolf: a.a.O.)

Sein Sächsisch gilt als die Urfassung sächsischer Sprachkunst. In bildhaft blumenreicher Sprache verstand er es, seine Leser zu fesseln. Neben der „Geistlichen Jagd" wird er auch als Verfasser des „Lectulus floridus – des Blumenbettchens" genannt, eine sächsische Dichtung in sächsischer Sprache.

Neben einigen weiteren kam dann der Westfale Werner Rolevinck, Karthäusermönch in Köln, von dem wir eines der einfühlsamsten Charakteristika der Westfalen haben, in dem er schrieb:

„Gesetzt, der Dienst und die Arbeit, welche die Westfalen in der Welt verrichten, hörte auf; ich glaube, dann werden alsbald gewaltige Klagen unter den Menschen entstehen. Wie viele Klöster würden eingehen; wie viele Städte würden bei schweren Geschäften einen Rückgang verspüren; wie mancher Prälat würde ein minder gutes Bett und Roß besteigen; wie viele Schiffe blieben im Hafen zurück."

Diese Sätze wurden im Jahre 1478 geschrieben. In seinem Werk „De laude veteris Saxoniae nunc Westfaliae dictae" vermittelte Rolevinck als einer der ersten ausführliche, auch ins einzelne gehende Kenntnis über Westfalen und seine Menschen.

Werner Rolevinck, im Jahre 1425 bei Histmar im Münsterland geboren, trat 1447 in das Kölner Karthäuserkloster ein. Er starb im Jahre 1502 an der Pest. Er schrieb eine Fülle von Werken, aber sein Buch über Westfalen steht ganz obenan. Als dieses Werk 1478 zum ersten Male gedruckt wurde, ließ er es wegen der vielen Satzfehler wieder einziehen und vernichten. Der von Ortwin Gratius im Jahre 1514 besorgte Neudruck ist erhalten geblieben.

In Rolevincks Westfalenbuch ist alles enthalten, was man über diesen Teil des sächsischen Stammesbundes wissen muß. Der Ursprung des Volkes, seine Sitten und sein Wandertrieb sind hier erörtert. Im letzten

Abschnitt dieses Werkes läßt Rolevinck seine Verehrung für seine Heimat und deren Menschen durchklingen. Der Abschnitt ist mit den Worten „De apostolatu Westphalorum per orbem" überschrieben.

Der Edelherr Rudolf von Langen aus Everswinkel bei Münster wiederum, ein späterer Freund Rudolf Agricolas, der nach seinen Studien in Deventer und Erfurt Domherr in Münster wurde, weilte zweimal in Rom. Seine 1486 erschienenen lateinischen Gedichte sind erhalten geblieben. Er gilt als Erneuerer der münsterschen Domschule, deren Anfänge auf den Bistumsgründer, den heiligen Liudger, zurückgehen. Hier entstand eine lateinische Grammatik mit westfälischen Beispielen:

„Ego legissem libenter, si habuissem meliores libros –
Ick hedde gherne gelesen, hedde ick bether boken ghehatd."

Das Gesprächswörterbuch des aus Geldern stammenden Lehrers der Domschule, Johannes Murmellius, das lateinisch-westfälische „Pappa puerorum", wurde ein Bestseller mit 30000 verkauften Exemplaren bis 1550.

Als im Jahre 1534 die „verzückte" Tochter des Schneiders Georg thom Berge im Wirbel der Wiedertäufer ihre Weissagungen unter das münstersche Stadtvolk brachte, befand sich ein junger Mann von 15 Jahren unter den Zuhörern. Er hieß Hermann von Kerssenbroch. Dieser junge Mann erlebte die Ausrufung der Glaubensfreiheit und die Aufrichtung des neuen Zion durch Johann von Leiden und Knipperdolling ebenso wie das furchtbare Strafgericht, das die Sieger in dem entbrennenden Kampf gegen die Wiedertäufer hielten, als die Stadt ihnen 1535 wieder zufiel.

Hermann von Kerssenbroch, 1550 zum Leiter des Paulinischen Gymnasiums von Hamm nach Münster berufen, schrieb hier alle die Furchtbarkeiten auf, die er 1534 erlebt hatte. Die drei Bände dieser Geschichte wurden durch Büttel des münsterschen Stadtrates aus seiner Wohnung geholt und beschlagnahmt. Er mußte die Stadt verlassen.

Am Salentischen Gymnasium in Paderborn schrieb er später in seinen Freistunden die Geschichte der Bischöfe von Paderborn. Auch diese Arbeit brachte ihn in Konflikt mit der Obrigkeit. Er wurde abermals entlassen. 1585 starb er als Leiter der Domschule in Osnabrück.

Im Jahre 1539 erschien in Köln ein schmaler Band mit dem Titel „Eine gemeine bicht oder bekennung der predicanten to Soest". Er war in ausgezeichneter sächsischer Prosa geschrieben. Sein Autor war ein gelehrter Soester Geistlicher, der sich unter einem Pseudonym verbarg. Es war ein Spottlied auf die Anhänger der kirchlichen Neuerung.

Neben Lemgo spielte noch Dortmund eine Rolle in der westfälischen

Literatur. In Dortmund erschien 1546 als erstes Druckerzeugnis des Eobanus Hessus das „Psalterium Davidis". Hier weihte Johann Limbach 1534 das neue Gymnasium ein. Neben ihm trat noch Jakob Schöpper, Mitglied einer hochangesehenen Dortmunder Familie, hervor, der seit 1544 Prediger in seiner Heimatstadt war. Er gilt als einziger, der in Westfalen ganz bewußt gesamtdeutschen Willen und hochdeutsche Bestrebungen vertrat. Um den hochdeutschen Wortschatz in Dortmund einzubürgern, ließ er 1550 seine deutschen „Synonyma" drucken. Da sich diese zu sehr an das Alemannische anschlossen, wurden sie bald wieder vergessen.

Als Bühnendichter war Schöpper unzweifelhaft erfolgreicher. Den „Johannes decollatus" schrieb er 1544. Das Werk wurde zwei Jahre später gedruckt. Im Jahre 1550 erschien sein neues Bühnenwerk mit dem Titel „Monomachia Davidis et Goliae". Sein Schauspiel „Voluptatis ac Virtutis pugna", das ebenfalls schon 1546 gedruckt wurde, wies bairische Grundzüge auf.

Es waren wirtschaftliche und religiöse Gründe, die schließlich die Verbindung Westfalens zu den Niederlanden lösten. Sie hatten Jahrhunderte hindurch bestanden. An die Stelle der Westfalen traten die Elbsachsen als Partner der Niederländer. Die See und die Hansa führte sie zusammen.

Der sächsische Städtebund des Jahres 1384 und die Hansa beherrschten nach der Gründung beider Vereinigungen das Leben in Deutschland.

Als großer niedersächsischer „Knüller" entstand 1500 in Braunschweig das Buch über „Till Eulenspiegel", den Narren aus Knittlingen am Elm. Es wurde 1515 in Straßburg bei dem Drucker Johannes Grieninger gedruckt. Es ist *das* Schwankbuch Ostfalens geworden und blieb unverwüstlich ein Renner.

Sein Gegenstück fand Till in dem „Klaus Narr" des Welferstedter Pfarrers Wolfgang Büttner, der alle Geschichten der kurfürstlichsächsischen Hofnarren gesammelt hatte. Das Werk kam 1572 in Eisleben heraus.

In der Sage über den aus Knittlingen bei Vaihingen/Enz stammenden Schönheitssucher und Teufelsbündler Faust, die in verborgenen Handschriften von Leser zu Leser und in Von-Mund-zu-Mund-Weitergabe von Hörer zu Hörer wanderte, ehe der Frankfurter Drucker Spieß sie heimlich druckte, ist nur wenig Sächsisches verarbeitet worden.

Mehr dagegen in der Sage über Thedel von Walmoden, die um 1350 fertig wurde. In dieser Sage wurde der niedersächsische Stamm in seiner mythischen Veranlagung dargestellt. Thedel der Sagenheld war Schüler in Paris. Der Teufel wollte diesen gelehrten Mann zu Fall bringen. Auf der Jagd kam Thedel ein Zug längst Verstorbener entgegen, darunter viele Bekannte. An der Spitze dieses Zuges ein schwarzgekleideter Mann und ein anderer, der auf einer dreibeinigen Geiß ritt.

Thedel wurde zur Fahrt ins Heilige Land bestimmt. Hier prellte er den Teufel und erlangte ein schwarzes Roß, auf dem er nun im Dienste von Jesus Christus große Taten ausführte.

In diesen Stoff wurde auch die Geschichte Heinrichs des Löwen eingebracht. Dem gesamten Stoff liegt jener Sonnenmythos zugrunde, der in allen sächsischen Märchen und Sagen wiederkehrt. Das Gerüst dieses Stoffes bildet die Familie Walmoden und ihre Geschichte.

Ludolf von Walmoden, der 1549 die Geschichte seines Geschlechtes geschrieben hatte, bat den Schulleiter Georg Thym von Werningerode, der seinen Sohn unterrichtete, diese Familiensage zu bearbeiten. Dieser machte die Familiengeschichte zum Heldengedicht des edlen Helden Thedel von Walmoden.

Abschließend noch ein Blick auf die Kunst in den Hansestädten. Es war die Hansestadt Lübeck, die allein zu Beginn der Hanse auf stadteigene Ansätze sächsischen Schrifttums verweisen konnte. Als erster Drucker ließ sich im Jahre 1475 der aus Meißen stammende Lukas Brandis in Lübeck nieder. Im folgten Bartholomäus Gothan und Stephan Arndes. Aus der Werkstatt des letzteren stammte 1494 die erste vollständige sächsische Bibel. Sie wird als beste Ausgabe aller mittelalterlichen Bibelwerke dargestellt. Bereits 1478 war in Köln eine fränkisch-sächsische Bibelausgabe erschienen. So wurde Lübeck zu Ende des 15. Jahrhunderts neben Rostock *die* sächsische Druckerstadt.

Der berühmte „Reinaert" des Flamen Willem und des Holländers Hinrek van Alkmer, der Willems Stoff erweitert hatte, kam in der Übersetzung eines Lübecker Kirchenmannes als „Reynke de Vos" im Jahre 1498 in Lübeck heraus.

Damit übersetzte der Sachse eine niederfränkische Geschichte ins Niedersächsische. Der sächsische „Reynke de Vos" eroberte schließlich die Weltliteratur. Ludwig Dietz druckte ihn in Rostock nicht weniger als fünfmal. Das Lübecker Tierepos wurde zum Vorbild für alle folgenden Tierdichtungen, wie die „Froschmäuler", die „Flohhatz", der „Ameisen- und Mückenkrieg" und andere.

Und in den Hansestädten erwuchs schließlich aus der Feder von Johann Doman, dem Helmstedter Doktor der Rechte, das Hansalied:

„Vorzeiten wart ihr Hänse benamet mit der Tat,
Jetzt sagt man, seid ihr Gänse, von schlechter Tat und Rat.
Ein' Gans fleugt über Meere nach ihrem Kopf und Sinn,
Ändert sich doch nicht sehre, ist Gagag her und hin."
Damit hat der Rechtsberater der Hanse deren Verfall bedauert.
Während Bremen zur Hansazeit literarisch kaum hervortrat, war der Domherr Albert Krantz in Hamburg literarisch um so intensiver tätig. Er schrieb geschichtliche Werke, so die „Vandalia", „Saxonia", „Dania". Mit „Metropolis" schuf er ein Werk, das ihm einen guten Rang als Geschichtsschreiber sicherte. Auch der Lübecker Crantz sei in diesem Zusammenhang genannt.

Nachdem auch Hamburg nach den Hamburger Glaubensgesprächen 1528 lutherisch wurde, rief die Bürgerschaft den Pommern Johann Butenhagen in die Stadt. Dieser, bekannt als Baumeister des sächsischen Kirchentums, richtete 1528–1529 die evangelische Verfassung ein und gründete die Johannisschule, die 1529 eröffnet wurde. Hier wirkten nacheinander Gottfried Frydag, Matthäus Delius und Johannes Freder. Hennig Conradinus wurde von Kaiser Rudolf II. für zahlreiche lateinische Gedichte der Dichterlorbeer verliehen.

Mit Heinrich Knaust hielt der geschäftige Literaturbetrieb in Hamburg Einzug. Er verfaßte „Gassenhauer, Reuter- und Bergliedlein" und war Verfasser von sechs Bühnenstücken. Damit wurde ihm neben seinen literarischen Erzeugnissen auch eine Rolle im Werden des neudeutschen Dramas mit seinem künstereichen Bühnenstück zuteil; er war ein Vorläufer des Hamburger Theaterwesens.

Während sich das sächsische Schrifttum auf Lübeck stützte, hatte die neue kirchenlateinische Bildung in Hamburg ihr Zuhause. Doch zurück zu den geschichtlichen Abläufen seit der Trennung Sachsens im Jahre 1180.

Das Ende in Sachsen

Die Teilung – Das Herzogtum Westfalen

Es sei wiederholt: Im Januar 1180 hatte Friedrich I. zu Würzburg den geächteten sächsischen Herzog Heinrich den Löwen zum Verlust seiner Reichslehen verurteilt. Noch immer hoffte der Löwe, daß sein kaiserlicher Vetter wie schon so oft vorher alles wieder rückgängig machen würde, doch weit gefehlt: Diesmal war auch er an einer Verurteilung Heinrichs XI. interessiert. Er schritt am 13. April dieses Jahres auf dem Kaisertag zu Gelnhausen zur Verteilung der Würden und Besitztümer des Löwen.

Diese Teilung traf vor allem das Herzogtum Sachsen. Es wurde in zwei Herzogtümer geteilt. Wie gesagt, wurde das eine, der westliche Teil Sachsens, dem Erzbischof Philipp von Köln, der östliche Teil dem Grafen Bernhard von Anhalt übergeben. Da sich für Graf Bernhard von Anhalt keine Bestallungsurkunde finden läßt, ist jene erhalten gebliebene des Erzbischofs von Köln besonders wichtig. Darin heißt es, daß die herzogliche Gewalt des Erzbischofs über jenen Teil Sachsens gelten sollte, der das „ducatum qui Westfalie et Angarie in duo divisimus et unam partem, eam videlicet que in episcopatum Coloniensem et per totum Pathebrunnensem" umfaßte. Dies bedeutete, daß ihm die Herzogswürde über alles westfälische und engerische Land übertragen wurde, das südlich der Lippe und in der Diözese Paderborn lag.

Damit erhielten Philipp von Köln und später seine Nachfolger auch die Oberhoheit über alle in diesem weiten Gebiet wohnenden Grafen und anderen Großen. Durch diese Übertragung waren alle kirchlichen Besitzungen für immer der Herrschaftsgewalt weltlicher Herren entzogen. Die Oberherrschaft Heinrichs des Löwen über die westfälischen Gebiete und auch jene dort liegenden Kirchenbesitztümer war für alle Zeit vorbei.

Ob diese Zuweisung, die in den Worten „episcopatum Coloniensem" lag, sich auf die ganze Erzdiözese bezog oder nur auf die Diözese Köln, ist nicht endgültig geklärt. Wäre ersteres der Fall gewesen, hätten auch die Bistümer Minden, Osnabrück und Münster dazugehören müssen. Im zweiten Fall wären Philipp von Köln jedoch nur, wie eingangs dargelegt, der Paderborner Sprengel und der westfälische Anteil der Diözese Köln südlich der Lippe zugewiesen worden.

Einige Quellen berichten daher von der Richtigkeit der ersten Version, die durch Ereignisse an sich bestätigt scheint; sie fanden 1184 und 1188 statt. So weist eine 1184 ausgestellte Urkunde des Erzbischofs von Köln als Zeugen auch den Namen eines Widekindus de Reden auf, der auch von Bischof Hermann II. von Münster als „nobilis de nostra" bezeichnet wird. Im selben Jahr wurde von Köln auch Graf Simon von Tecklenburg als Zeuge in einer Beurkundung für das Kloster Laach genannt.

Am 16. März 1188 waren Bischof Hermann von Münster und Graf Otto von Bentheim zu einem Treffen in Köln erschienen, zu dem Erzbischof Adolf, der Nachfolger Philipps, geladen hatte. Am 7. Juli dieses Jahres waren die beiden Genannten auf dem Provinziallandtag in Paderborn zugegen, den Erzbischof Adolf dort abhielt.

Im selben Jahr fand unter Erzbischof Adolfs Leitung ein weiterer Landtag in Dortmund statt. Dieser wurde ebenfalls von Bischof Hermann und dem Grafen von Tecklenburg besucht.

Diese Treffen von Bischöfen und Grafen aus dem strittigen Gebiet mit ihrem Oberhirten aus Köln fanden in regelmäßigen Abständen statt, so daß daraus auf eine Zugehörigkeit der betreffenden Gebiete zu jenem Teil Sachsens geschlossen werden *kann,* den Erzbischof Philipp von Köln erhielt.

Andererseits gibt es auch mehrere Dokumente, die das Gegenteil sagen. Eines der wichtigsten ist eine Urkunde vom 30. Mai 1260. Es handelte sich dabei um eine „foederis ordinatio". Sie wurde zwischen Erzbischof Konrad von Köln, Abt Thiemo von Corvey und Herzog Albert von Braunschweig geschlossen. Der Erzbischof verpflichtete sich darin, jenseits der Weser weder Schlösser noch Burgen errichten zu lassen und auch keine zu erwerben. In dieser foederis ordinatio kommt weiter zum Ausdruck, daß die Diözesen Minden und Osnabrück *nicht* zum kölnischen Herzogtum in Westfalen gehören.

In dem in Dortmund 1298 geschlossenen Landfrieden zwischen Erzbischof Wiebold von Köln, Bischof Eberhard von Münster, dem Grafen Eberhard von der Mark und den Städten Münster, Soest und Dortmund kommt zweifelsfrei zum Ausdruck, daß auch die Diözese Münster nicht als Glied des Dukats Westfalen der Erzbischöfe angesehen wurde.

Auf den nächsten Landfriedensverhandlungen, die im Jahre 1319 ebenfalls in Dortmund geführt wurden, erklärte der kölnische Erzbischof in der darüber angefertigten Urkunde, daß er seinen Marschall von Westfalen, Graf Rupprecht von Virnenburg, an seiner Stelle zum Bewahrer des Landfriedens eingesetzt habe. Diese Übertragung schließt mit den Worten:

„Vortmer so sal de vorgenante biscop Lodewich van Monstere dey selven gewalt unde macht hebben, dey wi greve Roprecht van Virneborch hebbet in deme hertochrike unses heren des erchebiscop Hinrichs van Colne, hebben in syme hertochrike unde in deme stichte van Osenbruegge."

Nach diesen Worten war das kölnische Herzogtum im Norden durch die Lippe begrenzt und reichte *nicht* in die Diözese Münster und Osnabrück hinein. In den beiden genannten Diözesen wurde die herzogliche Macht vielmehr dem betreffenden Bischof zugeschrieben. Dies wird auch im Westfälischen Landfrieden von 1339 und 1348 so bestimmt.

Daß es den Erzbischöfen von Köln dennoch gelang, von 1180 an aus den wenigen Besitztümern in Westfalen, die zudem noch weit auseinanderlagen, bis zum Jahre 1450 ein großes zusammenhängendes Territorium im südlichen Westfalen zu schaffen, lag in der rigorosen Ausnutzung ihrer Machtbefugnisse und ihrer herzoglichen Hoheitsrechte begründet. Dennoch wußten die westfälischen Edlen, die der herzoglichen Gewalt des Erzbischofs von Köln unterstanden, sehr wohl ihre territoriale Unabhängigkeit zu bewahren.

Es kann an dieser Stelle nicht verschwiegen werden, daß um die Erhaltung ihrer Selbständigkeit alle Edlen und Grafen in Westfalen einen zweihundertjährigen Kampf gegen die Kirche zu führen hatten. Daß dieser Kampf schließlich doch noch mit einem Sieg der einzelnen Territorialherren endete, ist der Tatsache zu verdanken, daß sich die westfälischen Grafengeschlechter mehrfach zu einer einheitlichen Kampfgemeinschaft gegen den Erzbischof von Köln zusammenschlossen, wobei sie auch der Hilfeleistung der Stadt Köln und einer Reihe Territorialherren im Niederrheingebiet sicher waren.

So konnte es geschehen, daß die kölnische Kirche *nicht* zu einem geschlossenen Herzogtum im Sinne der im Jahre 1180 verliehenen Herzogsgewalt kam.

Das Reichslehen des Herzogtums Westfalen war von Kaiser Friedrich I. allen Nachfolgern des Kölner Erzbischofs Philipp zugesichert worden. Um in dieser Hinsicht sicherzugehen, ließ sich Erzbischof Adolf von Köln im Jahre 1198 von König Otto IV., dem Sohn Heinrichs des Löwen, die Bestätigung über diesen Besitz geben. Als er von Otto IV. abfiel, erhielt er die gleiche Bestätigung auch von Herzog Philipp von Schwaben. Dieser als Regalien verliehene Besitz wurde in der

Folgezeit von einer Reihe deutscher Könige nicht mehr extra bestätigt, weil er als Pertinenz zu den verliehenen Regalien gehörte. Von König Wenzel erhielt Erzbischof Friedrich III. von Köln am 14. September 1379 bei der Verleihung der Regalien noch einmal folgende ausdrückliche Bestätigung. Verliehen wurden ihm darin: „alle und igliche seine und der egenannten Kirchen zu Kolne regalia, herlichkeit, furstentum, lande und leute mit allen iren eren, werden, nuzen, gerichten, strassen, tzollen, geleiten und allen iren tzubehorungen, als ferre und weyt die geen und wo die gelegen sind, es sey uf beyden seiten des Reynes, indem hertzogtume tzu Enger und tzu Westfalen oder in dem hertzogtume Luthoringen."

Als Quelle dieser herzoglichen Gewalt galt nach wie vor der König, von dem diese Lehen aus- und auf die kölnische Kirche übergingen.

Den Erzbischöfen kam als Herzögen in Westfalen das Recht zu, Titel und Siegel dieses Amtes zu führen und gewisse Rechte allein auszüben. Nach 1300 wurde von Marschall Johann von Plettenberg ein erstes umfassendes Verzeichnis aller dieser Vorrechte erstellt. Eines der wichtigsten Rechte war jenes, daß der Erzbischof die Grafen des Herzogtums und die Vertreter der Reichsstadt Dortmund zu Landtagen berufen konnte. Darüber hinaus war er befugt, alle Bewohner des Herzogtums zum Dienst mit der Waffe zusammenzurufen und über alle Insassen des herzoglichen Gebietes in erster und zweiter Instanz zu Gericht zu sitzen.

Die Erzbischöfe von Köln waren aufgrund dieser Gerichtsherrenschaft berechtigt, Gaugrafen einzusetzen und sie mit dem Banne zu belehnen. Darüber hinaus konnten sie den Vollzug von ausgesprochenen Todesstrafen aufheben. Daß sie auch den Bau von Burgen untersagen konnten und daß jeder Bau dieser Art ihrer besonderen Bestätigung bedurfte, machte einen Teil ihrer Herrschaftsgewalt aus. Daß sie Reisenden auf ihrem Territorium freies Geleit gewähren konnten, galt für viele dieser Reisenden als ein wirksamer Freipaß des ungehinderten Durchzuges durch ganz Westfalen. Zu ihren Pflichten gehörte die Aufrechterhaltung des Landfriedens.

Zum erstenmal wurde ein Erzbischof von Köln im Jahre 1223 in einer offiziellen Urkunde als Herzog bezeichnet, als König Heinrich VII. dem Kloster Helmarshausen die erbetenen Privilegien „auf Bitten des teuren und getreuen Engelbert, Erzbischof von Köln, Herzogs von Westfalen und Engern" übertrug.

Die Herzöge waren im alten Reich als Mittler zwischen dem König und den Grafen bestellt. Sie übten die königlichen Pflichten in den aus mehreren Grafschaften zusammengesetzten Herzogtümern aus und waren damit auch unmittelbare Vorgesetzte der Grafen. Im Herzogtum Westfalen mit seinen vielen selbständigen hochstiftischen, reichsabteilichen, klösterlichen, gräflichen und Edelherren-Besitzungen neben einer Reihe von Reichsgütern war eine Ausübung dieser Herrschaft schwierig.

Zu den Großen des Herzogtums Westfalen gehörten auch der Bischof von Paderborn und die Äbtissinnen von Essen und Herford. Sie zählten zum Reichsfürstenstand, der sich ab Ende des 12. Jahrhunderts gebildet hatte. Damit gehörten sie zu jenen Standes-Privilegierten, die durch Friedrich II. in den Jahren 1220 und 1232 geschaffen worden waren. Dennoch gerieten alle genannten Reichsfürsten mehr oder weniger unter die Herrschaft der Kölner Erzbischöfe.

Von den Grafschaften, die das Herzogtum Westfalen zählte, wurde 1380 die Grafschaft Berg durch König Wenzel in den Reichsfürstenstand erhoben. Damit war auch der Graf von Berg einer der privilegierten Reichsfürsten geworden. Er mußte jedoch dem Erzbischof von Köln einen Revers unterschreiben, daß seine Erhebung in den Reichsfürstenstand *keine* Beeinträchtigung der guten Beziehungen zwischen seiner Grafschaft und der Kirche bedeute.

Auch die Grafschaft Arnsberg, ein altes Reichslehen der Arnsberger Grafen, hatte die gleichen Privilegien. Dieses Gebiet ging im Jahre 1368 in den Besitz der kölnischen Kirche über.

Die Grafschaften Everstein und Schwalenberg, die lediglich Reichsafterlehen waren, da diese Grafen ihre Belehnung vom Herzog von Sachsen erhalten hatten, blieben dennoch ihre eigenen Herren.

Alle übrigen westfälischen Grafen wurden von den jeweils herrschenden Erzbischöfen als ihre Untertanen behandelt. Dies tritt klar aus einem Schreiben des Erzbischofs Walram von Köln aus dem Jahre 1344 an die Grafen von der Mark und Arnsberg hervor, die er „comites nostros et nostre ecclesie vasallos juratos" nannte, denen er nach seinem Gutdünken Gnade oder Ungnade zuteil werden ließ.

Die Stellung der freien Reichsstadt Dortmund zum Herzogtum war anders gelagert. Wegen ihrer Reichsfreiheit war in Dortmund der Einfluß des Herzogs gemindert, obgleich Dortmund die herzogliche Oberherrschaft im 13. Jahrhundert anerkennen mußte. In einer offiziellen Darstellung der Gründung der Stadt Dortmund aus dem Jahre 1287 heißt es dazu: „Der Grund und Boden der Stadt ist bei ihrer Gründung durch kaiserliche Verfügung so geteilt worden, daß ein Teil, der sogenannten „kunincskamp", dem König vorbehalten ist.

Da der Herzog Oberherr der Stadt Dortmund war, mußte auch er nach dem Wortlaut dieser Urkunde bei der Verteilung von Grund und

Boden berücksichtigt werden. Sehr bald nach Übernahme der Herzogsgewalt versuchte der Erzbischof von Köln auch über Dortmund die Territorialherrschaft zu gewinnen. Eine Notiz aus dem Jahre 1202 weist aus, daß Dortmund als Unterpfand für eine von König Otto IV. dem Erzbischof von Köln zugesicherte Geldsumme gelten sollte.

Immer wieder erhob die Kirche im 13. und 14. Jahrhundert ihren Anspruch auf Dortmund. Jene Könige, die auch mit Hilfe der Kirche auf den Thron kamen, sollten den Erzbischöfen von Köln immer wieder entweder die Stadt als Pfand oder ihnen selber die Statthalterschaft übergeben. Schließlich wurde auch der Wunsch geäußert, sie als Reichslehen übertragen zu erhalten. Es kam daher einige Male zu solchen königlichen Vergünstigungen, die allerdings mehr oder weniger „Papier" blieben, da sich Dortmund den Besitz der Reichsunmittelbarkeit zu erhalten wußte.

Einer jener Erzbischöfe, die sich eifrig in Westfalen betätigten, war Engelbert der Heilige. Dieser griff stark in Westfalen ein. Er hielt seine ersten Landtage 1217, 1219 und 1220 in Rüthen. Ab 1221 arbeitete er als Metropolit und Landesherr, indem er alle Großen der kirchlichen und weltlichen Macht um sich versammelte, um „in Verbindung mit ihnen den Frieden und die Ruhe des ganzen westfälischen Landes zu schützen". (Siehe Jansen, Dr. Max: Die Herzogsgewalt der Erzbischöfe von Köln in Westfalen.)

Sein Nachfolger konnte diese straffe Führung nicht aufrechterhalten. Unter der Regierung von Erzbischof Heinrich I. von Köln begann der Kampf der Grafen und anderer Großer gegen die Kirche, der bis zur Mitte des 15. Jahrhunderts andauerte.

Erzbischof Konrad von Hochstaden, Heinrichs I. Nachfolger, mußte seiner Herzogsgewalt in Westfalen erst mit dem Schwert Geltung verschaffen. Er hatte sich schließlich 1260 mit Herzog Albrecht von Braunschweig zu Koglnberg über dessen Ansprüche am Herzogtum Westfalen auseinanderzusetzen.

Die Erzbischöfe kamen nun nur noch sehr selten nach Westfalen. Ihre Anhängerschaft auf den Landtagen schmolz mehr und mehr zusammen. Damit war auch ihre Aufgabe als Bewahrer des Friedens in ihrem Herzogtum gefährdet. Je mehr sich die jeweiligen Herzöge von den alljährlichen Landtagen fernhielten, desto größer wurde die Gefahr der Zwiste und kriegerischen Auseinandersetzungen im Herzogtum.

Daß aus der Diözese Osnabrück ebenso wie aus Paderborn immer wieder Rechtsentscheidungen ergingen, die von dem Herzog von Sachsen-Lauenburg als Gerichtsherrn gefällt wurden, zeigt, daß das Herzogtum Westfalen doch nicht so weit reichte, wie dies angegeben worden war. So ist auch im Rechtsbuch der Stadt Herford zu Ende des 14. Jahrhunderts aufgezeichnet, daß der Herzog von Sachsen für diese Stadt, die zum kölnischen Herzogtum gehörte, wie dies durch eine ausdrückliche Übertragung Friedrichs I. an den Erzbischof von Köln, Philipp von Heinsberg, 1180 ausdrücklich genannt wurde, einen Rechtsspruch erließ.

Daß die Herzöge von Sachsen und nicht die jeweiligen Erzbischöfe von Köln als Herzöge von Westfalen im eigentlichen Sinne des Wortes in Westfalen und Engern immer noch die Macht ausübten oder sie wenigstens für sich beanspruchten, geht aus weiteren Urkunden hervor, die zwischen 1328 und 1334 ausgestellt wurden. In diesen Urkunden bezeugen eine Reihe von Edelherren und Grafen, daß der Herzog Erich von Sachsen, Engern und Westfalen die Kurwürde und das Amt eines Reichsmarschalls erhalten müsse, weil es ihm zustehe.

Bei Sachsenherzog Erich handelte es sich um einen Vertreter der älteren lauenburgischen Linie der askanischen Sachsenherzöge.

Eine dieser Urkunden ist von Edelherr Simon von der Lippe und Graf Adolf von Holstein unterzeichnet. Ihr Empfänger war Papst Johann XXII. Darin wurde Herzog Erich als „Herzog in Westvalie et Holtsatie" bezeichnet.

Damit muß sich das Herzogtum Sachsen-Lauenburg auch über große westfälische Gebietsteile erstreckt haben, womit wiederum immer noch Zusammenhänge zwischen den beiden auseinandergerissenen Teilen des sächsischen Stammesherzogtums Heinrichs des Löwen bestanden.

Daß die Grafen von Sachsen auch noch am Ende des 13. Jahrhunderts in der Lage waren, die ihnen in Westfalen vorbehaltene Gerichtsgewalt an einen westfälischen Grafen zu delegieren, zeigt auf, daß ihre Herrschaft über diesen offiziell abgegebenen westfälischen Raum immer noch groß war.

In diesem Falle handelt es sich um das von dem Edelherrn Rudolf von Diepholz abgehaltene Gericht in dem Streitfalle zwischen dem Grafen Otto von Ravensberg und dem Vogt vom Berge.

Rudolf von Diepholz teilte Herzog Albert II. von Sachsen-Wittenberg, dem Stifter dieser sächsischen Linie, mit, daß er diesen Streitfall entschieden habe. Damit ist der Beweis erbracht, daß Sachsens Herzöge immer noch in dem Grenzraum residierten, der beiderseits der Weser in den Diözesen Paderborn und Osnabrück vorhanden war.

Doch zurück zum Herzogtum Westfalen und den Kölner Erzbischöfen als deren Träger! Zur Zeit der Übergabe der Herzogsgewalt gab es bereits keine Volks- oder Stammesheere mehr. Es gab nur Ritterscharen, die unter Führung ihrer Landesherren in den Kampf zogen. Nur im

Falle eines Angriffs von außen hätte der Herzog ein Volksaufgebot zusammentreten lassen können. Doch Westfalen lag im Innern des Reiches und war gegen jeden äußeren Feind geschützt.

Darüber hinaus konnten beim Landfriedensbruch im Herzogtum Westfalen auf den Befehl des Erzbischofs oder seines Marschalls hin die Gografen mit ihren waffenfähigen Rittern und Mannen jeden Friedensstörer verfolgen und unschädlich machen. Daß dennoch die Idee vom Herzog als Beschirmer des Herzogtums weiterlebte, zeigt die Tatsache auf, daß Bischof Otto von Paderborn 1294 die Hilfe des Herzogs gegen den Grafen von Waldeck erbat, weil dieser das Paderborner Stift verwüstet hatte. Darüber hinaus waren von ihm zwei große feste Plätze angelegt worden, die Paderborn schweren Schaden zufügten. Eine weitere Beschwerde Bischof Ottos richtete sich gegen den Grafen von Arnsberg, der den Ritter Gottfried von Meschede zum Burgmann in Eversberg ernannte, obgleich dieser die Paderborner Kirche gebrandschatzt hatte.

Der Erzbischof wies Bischof Otto an, zunächst die beiden zur Sühneleistung aufzufordern. Falls sie dieser Forderung nicht nachkämen, würde er seine Kriegsmannschaft gegen sie aufbieten und für Bischof Otto streiten.

Erzbischof Engelbert der Heilige von Köln, der die westfälischen Grafen strenger an die Kandare zu nehmen suchte, erlebte ein Fiasko. Die westfälischen Grafen planten ein Komplott zu seinem Sturz. Dies Vorhaben wurde nur deshalb nicht durchgeführt, weil einer der Teilnehmer an der Verschwörung, Graf Friedrich von Isenburg, dem Erzbischof bereits vorher aufgelauert und ihn hatte ermorden lassen. Nicht nur daß die westfälischen Grafen die Herrschaft des Kölner Erzbischofs verbal ablehnten, anno 1277 gingen sogar alle Lehnsleute Westfalens gegen Erzbischof Sigfrid mit Waffengewalt vor. In der Schlacht von Worringen wurde Sigfrid 1288 von den Mannen des Grafen von Berg gefangengenommen und durch den Grafen in Gewahrsam gehalten. Dies führte so weit, daß im Landfrieden des Jahres 1365 der Erzbischof die Verpflichtung eingehen mußte, gegen die Brecher des Landfriedens in Westfalen nur mit westfälischen Truppen einzuschreiten, womit die erzbischöfliche Macht endgültig beendet war.

Freigericht – Gogericht – Veme in Westfalen

Die Freigerichte dienten im 12. und 13. Jahrhundert zum Austrag von Streitigkeiten, die sich auf Besitz an Grund und Boden bezogen. Die Freirichter erhielten den Gerichtsbann vom König zugesprochen, und die Freigrafen erhielten ihre Bestallung von dem Stuhlherren, dem die Freigrafschaft gehörte. Damit konnte der Herzog nur in jenen Gebieten die Mitwirkung bei der Besetzung der Freistühle verlangen, wo er Stuhlherr war. In allen anderen Bezirken waren die Freigrafen unabhängig von der Gewalt des Herzogs, denn sie waren vom König selber, ihrem Stuhlherrn, mit dem Richteramt bzw. dem Gerichtsbann belehnt worden.

Die Gogerichte waren vom Herzog abhängiger, weil die Erzbischöfe von Köln das Recht der Herzöge für sich beanspruchten, alle Gografen mit dem Gerichtsbann im Herzogtum zu belehnen. Die Gografen erhielten das Richtschwert durch ihren Herzog und waren verpflichtet, dafür Sorge zu tragen, daß keinerlei herzogliches Recht verletzt wurde. Damit galten sie als Vertreter des Herzogs, wie beispielsweise die Bezeichnung des Gografen von Soest als „vicedux" dies belegt.

Dieses Recht verkümmerte mit der Zeit, und die Territorialherren setzten in der Folgezeit ebenfalls Gografen ein. Sie lösten auch unbotmäßige Gografen ab, ohne die Zustimmung des Herzogs erlangt zu haben. Allerdings war dies nicht überall der Fall, wie das Beispiel des Bischofs Balduin von Paderborn zeigt, der 1341 das Recht des Herzogs auf Einsetzung der Gografen anerkannte. Bischof Balduin schrieb den Einwohnern von Warburg vor, einen geeigneten Gografen zu wählen, den er dann dem Herzog zur Bestätigung vorschlagen würde.

Dies war allerdings die letzte Bekundung dieser Art, in der das Recht des Herzogs von einem westfälischen Territorialherren anerkannt wurde.

Die Fehden des Grafen von Arnsberg gegen den Erzbischof von Köln waren mit dem erzbischöflichen Sieg im Jahre 1354 noch nicht beendet, wenn auch damit bereits eine Vorentscheidung gefallen war. Der ärgste Widersacher gegen den Herzog wurde 1368 enteignet. Sein Besitz ging in den Besitz der Kirche über. Auch der Kampf Engelberts von der Mark gegen seinen Herzog, den Erzbischof von Köln, war sehr alt. Dieser wurde jedoch im Jahre 1387 vom Kölner Domkapitel zugunsten den Grafen entschieden.

Die herzogliche Gerichtsbarkeit trat gegenüber der territorialen

Gerichtsbarkeit immer weiter zurück. Der Landfriedenstag am 16. Oktober 1352 wurde vom Kölner Erzbischof mit folgender Formel zur Wahrung des Friedens verabschiedet:
„Der Erzbischof hat sich zur Aufrechterhaltung des Landfriedens mit den Bischöfen Ludwig von Münster und Balduin von Paderborn, dem Grafen Engelbert von der Mark und mit den Städten Münster, Soest und Dortmund verbunden." Dieses Bündnis wurde 1358 von Erzbischof Wilhelm erneuert.

Erzbischof Engelbert III., Wilhelms Nachfolger, schloß 1365 einen neuen Landfrieden mit den Vorgenannten. Es heißt in der Urkunde:
„Wy Engilbert van Godes gnaden, ertzbisscop van Colne doit kundlich alle den de dessen breif siet unde horet lesen, dat wy vor dat beste unses aligen landes to Westfalen unser man unser denstman und aller der ghener de dar inne wonachtigh sint, op desse syt des Rynes hebbet overdraghen eynes landvredes myt den ersamen heeren, heren Florenz bysschop to Munstere unde myt synen ghemeynen stichte unde heren Engilbert greven van der marke unser neven, myt der stad Dortmunde."

Engelbert ernannte seinen Neffen, den Grafen Engelbert von der Mark, zu seinem Marschall, zum Hüter des Landfriedens für ganz Westfalen. Dafür erhielt Engelbert von der Mark im Jahr 100 Mark münsterscher Pfennige.

Damit hatten der Erzbischof und seine Nachfolger ihre Macht wieder gefestigt. Sie griffen erneut nach der Oberherrschaft im Gericht und wollten die Führung über die Veme übernehmen. Ein erstes Zeichen dafür, daß ihnen dies gelang, waren die durch Kaiser Karl IV. verliehenen Rechte an den Herzog, die von den Freigerichten Verurteilten begnadigen zu können. In einer weiteren Urkunde wurde der Herzog ermächtigt, Freigrafen und Freistühle anzuordnen. In einer späteren Urkunde wurde der Zusammenhang von Herzogsgewalt und Veme anerkannt und bestätigt, daß sich das Herzogtum über ganz Westfalen erstreckte. Damit wurde im Verlaufe des 14. Jahrhunderts die Herzogsgewalt auch auf das nördliche Westfalen ausgedehnt und auch die Diözesen Münster, Osnabrück und Minden in das Herzogtum Westfalen eingereiht. Das letzte Band zum alten Herzogtum Sachsen war zerrissen.

Nach dieser kirchlichen Einverleibung sollte nun auch die territoriale folgen, zumindest sollte versucht werden, dort auch in weltlichen Dingen größeren Einfluß zu erlangen.

So versuchte der Marschall des Herzogs, Bischof Heinrich von Paderborn, 1370 den westfälischen Landfrieden durch die Reichsverfassung zu sichern *und* auch die Veme offiziell von der Reichsgewalt als

Organ des westfälischen Landfriedens anerkennen zu lassen. Seiner Bitte an König Karl IV. zum Erlaß eines Landfriedensbriefes kam dieser nach. Der König erklärte darin, daß die Freigerichte an die Stelle der Landfriedensgerichte treten sollten und daß sie die Rechtsbrecher vor die Veme bringen müßten. Dadurch sollte das territoriale Recht als königliches feststehendes Recht für alle Zeiten anerkannt werden.

Diese kaiserliche Gerichtsregelung durch den Landfriedensbrief, die Freigerichte an die Stelle der Landfriedensgerichte zu setzen, drang jedoch nicht durch. Die Territorialherren erkannten darin eine Beschneidung ihrer Rechte durch den Erzbischof von Köln. Sie ließen die Landfriedensgerichte bestehen, weil sie auf diese größeren Einfluß als auf die Freigerichte hatten.

Auf dem Landfriedenstag am 12. Juli 1376 erklärte der Erzbischof den Anwesenden, die mit ihm den Landfrieden vereinbart hatten, daß er seinen Marschall, Bischof Heinrich von Paderborn, zum Beschützer des Landfriedens von ganz Westfalen ernannt habe. Am 15. Juli 1382 erklärte König Wenzel, daß der Erzbischof von Köln auch über die Diözese Münster und Osnabrück herrsche. Seit dieser Zeit ist die Tatsache der Ausdehnung des Herzogtums Westfalen auf diese Diözesen unstreitig geworden. Am selben Tage erhielt Erzbischof Friedrich von Köln auch das Privileg, die Freigrafen im Gebiet der Herzogtümer Westfalen und Engern mit dem königlichen Bann zu belehnen, womit nun auch die Freigerichte von ganz Westfalen der kölnischen Kirche unterstellt waren. So wurde die Herzogsgewalt seit Ende des 14. Jahrhunderts gleichbedeutend mit der Hoheit über die Veme.

Was war die Veme?

Mit dem Entstehen der Veme erhielt Dortmund als Sitz eines Hauptfreistuhles seine über das Merkantile hinausgehende besondere Bedeutung als Gerichtssitz. Das Herzogtum Westfalen wiederum wurde durch die Veme zum Land der „roten Erde". Dies wegen der geheimen Blutgerichte, die hier stattfanden.

Die Veme hatte sich aus den altsächsischen Freigerichten gebildet, die Karl der Große nach seinem Sieg über die Sachsen ausdrücklich bestätigte. Sie entwickelte sich aufgrund des Faustrechts verschiedener Ritterkreise zu einem geheimen Gericht. Die Beisitzer oder Späher dieses Gerichtes mußten einen heiligen Eid schwören, das Vemegeheimnis keiner Seele anzuvertrauen. Im Falle des Eidbruches war ihr Leben verwirkt.

Die Vemegenossen wurden aus allen Schichten des Volkes gewählt, und diese wiederum wählten ihre Schöffen. Ihre Sitzungen hielten sie zur Nachtzeit auf dem Freistuhl. Neben diesem geheimen Gericht tagte die Veme auch auf den Freidingen als öffentliches Gericht.

Die Freigrafen oder Stuhlherren, die sowohl bei den öffentlichen als auch während der Geheimsitzungen – der geheimen Acht – den Vorsitz führten, hatten nichts zu fürchten, denn Anklage und Vemespruch wurden nicht von ihnen, sondern durch die anwesenden Schöffen und Wissenden ausgesprochen.

Sobald einer der Ritter oder ein anderer Übeltäter sich eines Verbrechens schuldig gemacht hatte, wurde er vor ein öffentliches Freigericht geladen und von den Freifronen verwarnt oder zur Gerichtssitzung vorgeladen. Falls dies nicht half, wurde der Angeschuldigte zur Nachtzeit vor die heilige Veme geladen.

Die schriftliche Vorladung dazu wurde von einem geheimen Vemefronen auf die Haus- oder Schloßtür geheftet. Dann wurden drei laute Schläge gegen diese Tür getan und drei Splitter aus ihrem Holze herausgehauen. Dies war der Beweis dafür, daß die Vorladung zugestellt worden war.

Wenn der zur nächtlichen Vemesitzung geladene Angeklagte erschien, wurde er von den verkappten Freiboten empfangen und zur Stelle der tagenden Veme geführt. Dort hatten sich die Vememänner, in schwarze Gewänder gehüllt, mit vermummten Gesichtern versammelt.

Der anklagende Wissende trug die Klage vor. Auf dem Tisch, an dem die Vememänner saßen, lagen Schwert, Strick und Weidenrute.

Nach kurzer Beratung wurde das Urteil gesprochen und auch vollzogen. Die Schuldsprüche, die gefällt wurden, lauteten stets auf Hängen. Dazu heißt es in der den Freischöffen gegebenen Formel:

„Dat sydem vorgenannten syn recht don und hangen an des Königs Wymen, dat ist an den eyersten bom, den sy ankomen und dar to bequame ist."

Falls der Angeklagte nicht erschien, wurde die Vorladung noch zweimal wiederholt und der Nichterschienene mit der Vemeacht belegt. Er war damit vogelfrei und wurde nach dem Vemespruch für „ächtlos, rechtlos, friedlos, ehrlos, sicherlos, mißtätig, vempflichtig, leibnlos" erkannt. Jeder konnte mit ihm tun, was ihm beliebte. Dieser Vemespruch endete mit den Worten:

„Ich weise seinen Hals dem Raye (Strick) und seinen Leichnam den Vögeln und den Tieren in der Luft, die Seele aber unserm lieben Herrgott, wenn sie derselbe zu sich nehmen will."

Der Freistuhl zu Dortmund war der Hauptort dieses Gerichtes. Von hier erhielten alle übrigen Freistühle ihre Richtlinien. Vemepflichtig waren nach einer Urkunde aus dem Jahre 1490 folgende Vergehen:

„Mutwillen an Kirchen und Kirchhöfen, Diebstähle, Notzucht, Kindelbetsraub, Verrath, Straßenraub, Eigenmacht, Todtschlag, Landabpflügen und Privilegium der Juden."

Außer dem in Dortmund heimischen Freistuhl gab es in Westfalen eine Vielzahl weiterer Vemegerichte. So in Brünninghausen, Bodelschwingh und Volmestein, in Haspe, Limburg, Bochum, Schwelm, Soest, Iserlohn und Villigst bei Schwerte. Weitere Vemegerichte waren in Hemelighofen bei Kamen, in Hamm, Halver, Haselhofen und Wetterung, bei Arnsberg, Wevelsburg, Tuspel (das heutige Dortmund-Oespel), Straubing, Warendorf, Sachsenhausen und in Forstenberg.

Die Dortmunder Stuhlherren sollen von jenem sagenhaften Grafen Trutmanus abstammen, der von Karl dem Großen mit Dortmund belehnt worden war.

Als Dortmund freie Reichsstadt wurde, trennte sich die Stadt von der Freigrafenschaft der Freigrafen von Lindenhorst, obgleich der Freigraf mit und neben dem Stadtrat die Stuhlherrschaft der Veme ausübte. Damit gewann der Freistuhl derart an Bedeutung, daß er zum Hauptfreistuhl wurde.

Die Freigrafen oder Hauptstuhlherren des Dortmunder Freistuhles waren 1233 Conrad von Lindenhorst, 1261 Hermann von Lindenhorst, 1302 wieder ein Conrad von Lindenhorst. Mit Heinrich von Lindenhorst wurde 1431 der letzte Hauptstuhlherr genannnt.

Der Dortmunder Hauptfreistuhl hat an mehreren Stellen seinen Platz gehabt. Zuerst lag er direkt am Rathaus in der Stadt und nannte sich der „Spiegel". Er führte die Bezeichnung „Des heiligen Reiches heilige Kammer". Danach war dieser Hauptfreistuhl in der Nähe des Burgtores eingerichtet, also an der Stadtgrenze, im oder am Stadtgraben. Dieser zweite Gerichtssitz wurde danach der „Freistuhl vor Dortmund am Graben" genannt.

Als der Wall infolge der Ausweitung der Stadt niedergerissen werden mußte, erfolgte die nächste Versetzung um etwa 30 Meter nach Norden zwischen zwei seinerzeit dort stehende große Linden. Sein Name lautete nunmehr „der Hauptfreistuhl zu Dortmund unter den Linden".

Im Jahre 1545 erfolgte schließlich die letzte Verlegung des Freistuhles. Dies geschah zu einer Zeit, als der Abgesang der Veme bereits eingeleitet war. Ein massiver Steintisch mit steinernen Sitzen wurde als „mahnendes Denkmal an die grausige Vergangenheit" neben dem Bahnhof errichtet, dort, wo heute die Straße am Freistuhl verläuft.

Doch zurück zur Herrschaft im östlichen Teil des sächsischen Stammesherzogtums.

Die Herrschaft im Herzogtum Sachsen

Aus der Hand Kaiser Friedrichs I. erhielt 1180 auch Albrechts des Bären Sohn Bernhard aus dem Hause der Askanier seinen Teil aus der Herrschaft Heinrichs des Löwen, das Herzogtum Sachsen. Damit griff Friedrich I. auf jene Linie, die lange vor Heinrich dem Löwen Verantwortung für das Herzogtum Sachsen getragen hatte. Er hatte als Vertreter der Reichsgewalt die Abstammung Bernhards aus dem Herzogshause der Billunger durch Herzog Magnus und dessen Tochter Eilika bei der Besetzung dieses Herzogtums berücksichtigt. So wurde Markgraf Bernhard 1180 als Nachkomme der Billunger mit dem Herzogtum Sachsen belehnt. Als solcher hatte er auch auf die billungischen Grafschaften Westfalen und Engern Anspruch, was ihm auch in der – nicht offiziellen – Belehnungsurkunde bestätigt wurde. Sie sah in Graf Bernhard von Anhalt nicht nur den Herzog von Sachsen, sondern auch den „ducatus Westfalie et Angarie". Damit gehörten die Diözesen Münster, Osnabrück und Minden zu seinem Herzogsgebiet. Wie im vorhergehenden Text dargelegt, haben auch die Askanier zumindest in den Diözesen Osnabrück und Minden bis ins 15. Jahrhundert hinein ihre richterliche Oberhoheit ausgeübt. Vor allem Herzog Albrecht I. mußte immer wieder zu den Waffen greifen, um sich der kölnischen Übergriffe zu erwehren.

Westfalen war nun ebenso wie der östliche Teil des Sachsenlandes in viele geistliche und weltliche Territorien aufgeteilt und zersplittert, so daß es bis zum Ende des Mittelalters auf dem altsächsischen Boden Heinrichs des Löwen nicht weniger als 75 Landesherren gab, davon allein 40 im Bereich des heutigen Niedersachsen.

Der Sturz Heinrichs des Löwen, der zunächst nichts anderes zu sein schien als der Sieg des staufischen Hauses über die Welfen und den welfischen königsgleichen Gegner Heinrich den Löwen, hatte erschreckende Folgen. Die Kleinstaaterei setzte rapide ein. Die großen Besitztümer zersplitterten nicht nur in Westfalen, sondern auch in Ostsachsen, wie im folgenden Abschnitt dargelegt werden soll. Uneinigkeit machte sich breit, und auch außenpolitisch hatte dies erschreckende Folgen für Sachsen *und* das Reich.

Die Reichsgewalt, König und Kaiser, mußten das gesamte Gebiet nördlich der Elbe für lange Zeit dem emporstrebenden Königreich Dänemark überlassen.

Wie aber sah es nun in den Stammlanden Heinrichs des Löwen, im östlichen Teil Sachsens aus?

Nach Heinrich dem Löwen

Allgemeiner Überblick

Die Geschichte des Stammesherzogtums Sachsen war mit der Aufteilung des Besitzes Heinrichs des Löwen in zwei Territorialherzogtümer jäh beendet worden. Neben dem Herzogtum Westfalen, dessen Geschichte bereits dargelegt wurde, waren dies das welfische Herzogtum Braunschweig-Lüneburg zwischen Weser und Elbe und das Herzogtum Sachsen der Askanier in Ostsachsen.

Das letztere teilte sich bereits im Jahre 1260 in die Linien Sachsen-Lauenburg und Sachsen-Wittenberg auf, von denen Sachsen-Lauenburg bis zum Jahre 1689 Bestand hatte, wohingegen Sachsen-Wittenberg durch die Bestimmungen der Goldenen Bulle die sächsische Kurwürde trug und diese 1422 an die wettinischen Markgrafen von Meißen vererbte.

Auf diese Weise wanderte der Name Sachsen auf rein dynastischem Wege aus dem altsächsischen Raum, den man seit 1354 Niedersachsen nannte, nach Ostsachsen. Damit ging der Name auf jenes Land über, das 1945 mit dem diesseits der Neiße gelegenen Rest von Schlesien zum Land Sachsen in der DDR wurde mit Dresden als Hauptstadt. Obersachsen war ja auch schon Königreich im Zweiten Deutschen Reich.

Um diesen geschichtsträchtigen Namen von der Landkarte und aus dem Gedächtnis der dort wohnenden Menschen zu tilgen, wurde die Provinz Sachsen im Jahre 1952 in die Bezirke Dresden, Chemnitz und Leipzig geteilt. Damit gab es auf dem Gebiet der Deutschen Demokratischen Republik kein Land Sachsen mehr.

Das sächsische Wappen aber, ein neunmal geteilter schwarzgoldener Schild, der von einem schräg rechts gelegten grünen Rautenkranz umgeben ist, und das daraus sich entwickelnde und 1889 geschaffene große Majestätswappen enthält auf seinem zweimal gespaltenen und dreimal geteilten Schild in den so gebildeten zwölf Abteilungen noch immer die Wappen von Meißen, Thüringen-Pfalz, Thüringen, Pfalz Sachsen, das königlich gekrönte Wappen von Sachsen, Pleißen, dem Vogtland, Orlamünde, Landsberg und jenes noch einmal unterteilte Feld, auf dessen einer Hälfte sich das Wappen der Oberlausitz befindet, während auf der anderen Seite, die wiederum aufgeteilt ist, die Wappen von Altenburg und Henneberg gezeigt werden. Den Schluß macht das Wappen von Eisenberg.

Ostsachsen unter Graf Bernhard von Anhalt

In der Gelnhausener Urkunde der Teilung Sachsens wird das zweite große Teilherzogtum, das Graf Bernhard, dem Sohn Albrechts des Bären, übergeben worden war, nur mit „Herzogtum Engern und Westfalen" bezeichnet. In der gesamten Urkunde taucht das Wort Sachsen nicht einmal auf.

Daß sich die Herzogsgewalt Bernhards und der Askanier nicht *nur* auf Engern und Westfalen erstreckte, sondern darüber hinaus auf ganz Sachsen mit Ausnahme jener Besitztümer, die dem Erzbischof von Köln zugeschlagen worden waren, gilt als sicher. Und zwar herrschte Bernhard über alles Land, das bis dahin dem sächsischen Herzogtum unterworfen worden war.

Die Frage, inwieweit Sachsen den Askaniern gehörte, wäre überhaupt nicht aufgetaucht, wenn sich diese in Sachsen hätten durchsetzen können. Das war jedoch nicht der Fall. Die Askanier hatten ihren Machtschwerpunkt ganz am Ostrand des alten Herzogtums Sachsen an der Elbe ostwärts des Harzes und in der Altmark. Von dort aus griffen sie damals gerade in die Weite des Landes Brandenburg hinüber. Aber die Mark Brandenburg ging auf eine andere Linie über.

Herzog Bernhards Nachkommen besaßen im 13. Jahrhundert nur zwei kleine nicht zusammenhängende Gebiete in Lauenburg an der unteren und in Wittenberg an der mittleren Elbe. Nur in der Diözese Minden besaßen sie nennenswertes Eigengut, das aus ihrem billungischen Erbe stammte. Trotz ihres anspruchsvollen Titels eines „Herzogs von Sachsen, Engern und Westfalen" fehlte es den Askaniern an einer Machtgrundlage, um diese Herzogsgewalt auch wirklich ausüben zu können.

Was sowohl die Sachsenherzöge als auch – wie vorher dargelegt – die Kölner Erzbischöfe daran hinderte, ihre volle Herzogsgewalt zu entfalten, war der rasche Aufstieg zahlreicher geistlicher und weltlicher Herren in Sachsen zur Territorialität. Eine Fülle von Kleinstaaten wucherte auch um und im alten Herzogtum Sachsen empor.

Unter diesen 70 Herrschaften, die sich auf dem Gebiet Heinrichs des Löwen tummelten und von denen die überwiegende Zahl Grafen und Edelherren waren, die bis dahin in Abhängigkeit von Heinrich dem

Löwen gestanden hatten und durch ihn zur Freiheit und zur Lehnsherrschaft aufgestiegen waren, befanden sich nur etwa 30 unmittelbar vom Reich belehnte Fürsten im Sinne des jüngeren Reichsfürstenstandes. So die Erzbischöfe von Mainz, Köln, Bremen und Magdeburg, die Bischöfe von Münster, Osnabrück, Minden und der Erzdiözese Köln, die Bischöfe von Paderborn, Verden, Hildesheim, Halberstadt, der Erzdiözese Mainz sowie jene von Lübeck, Schwerin, Ratzeburg und der Erzdiözese Bremen. Von der Erzdiözese Magdeburg waren es die Bischöfe von Naumburg, Merseburg, Meißen, Brandenburg und Havelberg. Hinzu kamen die Reichsäbte und Reichsäbtissinnen von Corvey, Werden, Essen, Herford, Gandersheim und Quedlinburg. Ferner die sieben weltlichen Fürsten, die der um 1225 verfaßte Sachsenspiegel als Träger des Fahnenlehens in Sachsen nennt, und zwar:

Die askanischen Herzöge von Sachsen, die Pfalzgrafen von Sachsen, die Markgrafen von Brandenburg, Meißen und der Lausitz, der Landgraf von Thüringen und der Graf von Aschersleben oder Anhalt.

Hinzu trat im Jahre 1235 das Herzogtum Braunschweig-Lüneburg. Dieses Herzogtum war auf der Grundlage des umfangreichen Eigenbesitzes der Erben Heinrichs des Löwen entstanden. Es sollte von nun an die alte Tradition des Hauses des sächsischen Stammesherzogtums zwischen Weser und Elbe fortsetzen.

Den Askaniern verblieb als Herzögen von Sachsen im Bereich dieses alten Stammesherzogtums lediglich das Land Hadeln an der Elbmündung sowie das um die Grafschaft Ratzeburg erweiterte Lauenburger Gebiet ostwärts von Hamburg.

Grundlage für ihre herzogliche Stellung waren nicht die genannten Splitterteile Sachsens, sondern ihre alten askanischen Kernlande um Wittenberg an der mittleren Elbe. Auf dieses Gebiet ging nunmehr der Name „Sachsen" über.

Otto das Kind als Herzog von Braunschweig-Lüneburg, ein Sohn Herzog Wilhelms von Lüneburg und Enkel Heinrichs des Löwen, hatte nach dem frühen Tod seines Vaters im Jahre 1213 zuerst das ihm 1223 im Alter von 19 Jahren übertragene Erbe seines Oheims, Pfalzgraf Heinrich, zu sichern. Dieser wiederum hatte im Jahre 1218 Kaiser Otto IV. beerbt.

Dieser Aufgabe stellte er sich mit allen Kräften. Er war trotz einiger Niederlagen in den sich daraus entwickelnden Kriegen zum Schluß siegreich.

Im Bunde mit dem dänischen König Waldemar verlor er zunächst die Schlacht bei Bornhöved, wo er in Gefangenschaft geriet und bis 1229 in Schwerin festgehalten wurde. Dennoch konnte er sein Erbe behaupten und festigte dies durch einen genialen Streich. Er trug am 21. August 1235 seine welfischen Eigengüter Kaiser Friedrich II. an und erhielt sie von ihm als Reichslehen wieder zurück. Damit stand er unter vollem kaiserlichem Schutz.

Mit diesem Schachzug war es ihm darüber hinaus gelungen, die Askanier auszubooten, denen ja 1180 die Herzogswürde im welfischen Stammland Heinrichs des Löwen übertragen worden war. Das Herzogtum Braunschweig-Lüneburg wurde wieder Reichsfürstentum, und der staufisch-welfische Gegensatz in diesem Lande war zunächst beigelegt.

Herzog Otto festigte die unterbundenen Boden- und Hoheitsrechte in der Lüneburger Heide als billungisches Erbe im Gebiet um Braunschweig als brunonisches Erbe und im Raume des Harzes und an der oberen Leine als northeimisches Erbe. Die Förderung der Städte Braunschweig, Lüneburg, Göttingen, Hannover, Osterode, Hannoversch-Münden und Duderstadt tat ein übriges.

Nach Ottos Tod regierten seine Söhne Albrecht der Lange und Johann. Diese beiden vereinbarten 1267 die erste Teilung des Herzogtums Braunschweig-Lüneburg und leiteten damit eine dynastische Zersplitterung ein, die bis ins 17. Jahrhundert hinein anhielt und dieses Herzogtum, das zu den größten Hoffnungen berechtigte, mehrfach an den Rand des Unterganges brachte.

Otto das Kind trat auch in die Fußstapfen seines Großvaters und unterstützte den Deutschen Orden am Frischen Haff. Er stand entschlossen auf der Seite seines Schwiegersohnes Wilhelm von Holland, als dieser zum deutschen König gekrönt wurde.

Vor der Teilung ihres welfischen Herzogtums Braunschweig-Lüneburg herrschte Albrecht der Lange, ab 1252 mit seinem Bruder Johann und mehrte den Besitz seines Hauses. Bei Münden erreichte ihr Besitz schließlich die Weser. Teile der Grafschaft Hallermund und Roden mit Hannover waren zurückgewonnen worden. Die Mark Duderstadt und das Gericht Leineberg kamen aus hessischem Besitz hinzu. Der alte Anspruch auf die Grafschaft Stade war hingegen 1236 bereits aufgegeben worden.

Noch im 13. Jahrhundert wurden auch Wolfenbüttel, Teile der Grafschaft Dassel, Everstein, Hallermund und Hameln welfisch. So galt im Jahre 1260 die Weser in ihrem gesamten Oberlauf als anerkannte Westgrenze des welfischen Machtbereiches gegenüber den Erzbischöfen von Köln.

Nach der Aufteilung

Am 31. März 1267 entschlossen sich – wie bereits kurz gestreift – Albrecht der Lange und Herzog Johann, die Söhne des bereits 1252 gestorbenen sächsischen Herzogs Otto, das Erbe ihres Vaters unter sich aufzuteilen.

Das Herzogtum wurde durch Herzog Albrecht in zwei annähernd gleiche Gebiete geteilt und Herzog Johann das Recht zugesprochen, daraus seine Auswahl zu treffen.

Johann, der spätere Stammvater des Alten Hauses Lüneburg, wählte den nördlichen Teil des Landes mit Lüneburg, Hannover und Celle als Schwerpunkte. Albrecht, der Stammvater des Alten Hauses Braunschweig, übernahm die Regierungsgewalt im südlichen Teil mit den Zentren Braunschweig, Einbeck, Gifhorn und Göttingen.

Die Stadt Braunschweig selbst mit dem Stift St. Blasien, St. Cyriakus und dem Kloster St. Aegidien galt jedoch als gemeinsamer Besitz beider Häuser. Dies bis ins Jahr 1671 hinein.

Das Haus Lüneburg behielt seine Geschlossenheit bei. Das Haus Braunschweig hingegen wurde weiter in mehrere Linien aufgespalten. So schon im Jahre 1291, als dieses Land unter den Söhnen Albrechts des Langen, Albrecht, Heinrich und Wilhelm geteilt wurde. So bildete sich unter Wilhelms Führung das spätere Fürstentum Braunschweig-Wolfenbüttel. Heinrich regierte die katlenburgischen Besitzungen als Fürstentum Grubenhagen, und Albrecht erhielt das northeimische Gebiet, aus dem später das Fürstentum Göttingen bzw. Oberwald hervorging.

Als Wilhelm 1292 starb, erhielt Albrecht, der auch der Feiste genannt wurde, dieses Gebiet zugesprochen. Seine Söhne Magnus I. und Ernst I. machten nach dem Tode des dritten Sohnes von Albrecht, Otto dem Milden, diese Vereinigung wieder rückgängig, wobei das Fürstentum Wolfenbüttel an Magnus fiel, während Ernst das Fürstentum Göttingen erhielt.

Trotz der Teilung, bei welcher Abrecht der Lange das südliche Gebiet um Braunschweig, Einbeck und Göttingen erhielt und das alte Haus Braunschweig begründete, gingen die Gebietserwerbungen auch im 14. Jahrhundert weiter und erfaßten an der Elbe die Grafschaften Dannenberg und Lüchow. Zwischen Weser und unterer Leine kam die Grafschaft Wölpe hinzu, ferner einige kleinere Besitzungen an der Aller und am Ostrand des Lüneburger Landes.

Die Mehrzahl dieser Erwerbungen wurde durch Heirat, Erbverträge und Lehnsverbindungen getätigt, nicht durch Krieg.

Als 1436 bzw. 1446 die letzten Reste der Grafschaften Hallermund

und Wunstorf den Welfen zufielen, hatte sich ein fast geschlossenes Herrschaftsgebiet von der Elbe bis zur Oberweser gebildet, das lediglich durch das genau dazwischen liegende Hochstift Hildesheim unterbrochen wurde.

Zwischen den Askaniern und den Welfen fand von 1371 bis 1388 der Lüneburgische Erbfolgekrieg statt. Hierbei ging es darum, die nach dem Tode von Herzog Friedrich von Wolfenbüttel freiwerdenden Besitzungen des nunmehr ausgestorbenen Älteren Hauses Lüneburg für sich zu gewinnen.

Von 1400 bis 1409 kam es zu einer gemeinsamen Regierung der Braunschweiger und Lüneburger Teile des alten Sachsenlandes. Die Brüder Bernhard I. und Heinrich der Milde führten gleichberechtigt die Regierungsgeschäfte. Die Grafschaft Everstein, die 1408 hinzugewonnen werden konnte, und die ein Jahr darauf erfolgende Erringung der Herrschaft Homburg gaben jedoch 1409 den Anlaß, wieder auseinanderzugehen. 1428 wurde diese Teilung endgültig vollzogen. Aus ihr gingen die Mittleren Häuser Braunschweig und Lüneburg hervor.

Das Mittlere Haus Braunschweig wiederum zerfiel in der Folgezeit in die Linien Grubenhagen, Wolfenbüttel, Göttingen und Calenberg.

Nach dem Aussterben der Calenberger Linie im Jahre 1584 fiel dieses Land an das Fürstentum Wolfenbüttel. 1596 konnte Wolfenbüttel auch die erloschene Linie Grubenhagen aufnehmen. Doch 1634 starb die Wolfenbütteler Linie ebenfalls aus. Allein überlebt hatte nur noch die Lüneburger Linie.

Nun bestand die große Chance, das gesamte welfische Gebiet unter der Führung Lüneburgs wieder zu vereinigen. Doch die Verantwortlichen gaben den Erbansprüchen der Nebenlinien Harburg und Dannenberg statt.

Damit wurden die seit 1584 vereinigten Fürstentümer Calenberg und Wolfenbüttel erneut geteilt. Herzog August der Jüngere aus der Dannenberger Nebenlinie erhielt Wolfenbüttel und begründete damit das Neue Haus Braunschweig. Dem Fürstentum Wolfenbüttel wurden zwei Siebentel der gesamten Erbmasse zugesprochen, da die Zahl der Erbberechtigten sieben war. Der Cellischen und Harburgischen Linie fielen fünf Siebentel zu.

Dies erklärt, warum später das Land Braunschweig-Wolfenbüttel gegenüber dem Kurfürstentum Hannover, das später Königreich wurde, so groß war.

Wie war es nun mit den geistlichen Besitzungen im Welfenlande?

Die kirchlichen Herrschaften und das Welfenhaus

Der neue Herzog von Braunschweig und Lüneburg, Otto das Kind, und seine Nackommen mußten sich, wie dargestellt, mit den Welfenlanden begnügen, die nur den östlichen Teil des Stammesherzogtums Heinrich des Löwen umfaßten. Es reichte von Lüneburg über Celle und Braunschweig bis Hannoversch-Münden.

Neben den verschiedenen Linien der Welfen siedelten auf dem Stammesherzogtum Heinrichs des Löwen noch weitere Territorialherren. Nachdem der Löwe entmachtet war, sahen nicht nur die weltlichen, sondern auch die geistlichen Fürsten die Gelegenheit, sich zu entfalten und auszubreiten. Zum Teil waren diese Geschlechter älter als die Welfen, die ja erst 1106 durch die Heirat Heinrichs des Schwarzen mit einer Billunger Erbtochter in Sachsen Fuß fassen konnten.

Dazu gehörten das Erzstift Bremen, die Hochstifte Verden, Hildesheim und Osnabrück, deren Bestehen bis in die Zeit Karls des Großen zurückreichte. Bremen und Verden lagen am Rande, Osnabrück aber mitten im Welfenland.

Das Bistum Bremen war als erstes Bistum in Sachsen unter Bischof Willehad (gest. 789) begründet worden. Es wurde 848 mit dem 831 gegründeten Erzbistum Hamburg zum Erzbistum Hamburg-Bremen vereinigt und ward so zum Hauptträger der Mission in Nordeuropa. Die Erzbischöfe Ansgar und Rimbert trugen diese Missionierungsarbeit. Bis ins 11. Jahrhundert hinein hatte, wie geschildert, der Winkel von Weser und Elbe unter den dauernden Angriffen der Wikinger zu leiden, die mehrfach auch Bremen und Hamburg bedrohten und den bedeutenden Handelsplatz Stade an der Niederelbe noch im Jahre 994 ausplünderten.

Erzbischof Adalberts Plan der Errichtung eines Patriarchats des Nordens scheiterte an der zu schmalen Basis. Adalbert regierte von 1043 bis 1072. Das Erzstift wurde in seiner territorialen Entwicklung vor allem durch die billungischen Herzöge Sachsens *und* die mächtigen Grafen von Stade gehemmt. Im 12. Jahrhundert kam das Erzstift in die Hand Heinrichs des Löwen, der 1144 auch das Erbe der Grafen von Stade an sich riß.

Erst im Jahre 1236 traten die Welfen das Erbe des Grafen von Stade wieder an das Erzstift ab. Die Grafschaft Stade wurde dann die Grundlage des Territoriums des Erzstiftes, das den Raum zwischen Niederweser und Niederelbe umfaßte. Hauptresidenz der Erzbischöfe und Verwaltungsmittelpunkt ihres Territoriums wurde, nachdem sich die Stadt Bremen früh der Oberhoheit der Erzbischöfe entzogen hatte, im 13. Jahrhundert Bremervörde. Nach einer Reihe entscheidender

Veränderungen während der Reformation und danach sowie der Verwandlung des Erzstiftes in ein weltliches Herzogtum, das 1648 säkularisiert und Schweden zugeschlagen wurde, gelangte es im Jahre 1720 wieder an Hannover.

Die Gründungsurkunde für das Bistum Verden wurde angeblich 786 von Karl dem Großen ausgestellt. Heute ist erwiesen, daß sie im 12. Jahrhundert gefälscht worden ist. Wahrscheinlich ist, daß der Bischofssitz zuerst in Bardowick war und im 9. Jahrhundert nach Verden verlegt wurde. Seine Gerichtsbarkeit blieb auf ein kleines Gebiet um Verden und Rotenburg an der Wümme begrenzt. Dieses Bistum erlebte die gleiche Entwicklung wie Bremen. Es gelangte 1648 an Schweden und von dort aus 1712 an Hannover.

Die Bistümer Osnabrück und Hildesheim, Goslar und das Eichsfeld entwickelten sich folgendermaßen:

Kurz vor 800 wurde das Bistum Osnabrück durch Karl den Großen gegründet. Unter den mittelalterlichen Bischöfen trat besonders der Schwabe Benno II. (1068 bis 1088) hervor. Er war Ratgeber und Baumeister Heinrichs IV. und gilt als Urheber der Osnabrücker Fälschungen im Streit mit Corvey um das sogenannte Nordland (Visbek und Meppen).

Das Hochstift verlor die weltliche Hoheit über den nördlichen Teil seiner Diözese an Münster. Es konnte sich aber durch die 1225 erworbene Gogerichtsbarkeit im gesamten Flußgebiet der Hase bis nach Quakenbrück und in der Exklave Reckenberg (Wiedenbrück) behaupten.

Die Stadt Osnabrück jedoch erlangte weitgehende Unabhängigkeit. Einer ihrer bedeutendsten Geschichtsschreiber, der Bürgermeister Ertwin Erdmann, war im 15. Jahrhundert geistiger Wegbereiter des Landesfürsten im Dienste des Bischofs.

Reformation und Gegenreformation gingen auch über Osnabrück hinweg. Die auf dem Westfälischen Frieden 1648 beschlossene „Alternation" sah eine abwechselnde Regierung des Hochstiftes durch katholische und protestantische Bischöfe vor. Letztere stammten aus dem Hause Braunschweig-Lüneburg. Dieser Wechsel wurde bis zum Jahre 1802 fortgeführt.

Unter dem letzten Fürstbischof, Herzog Friedrich von York, dem Sohn Georgs III., war Justus Möser, der Patriarch von Osnabrück, Volkskundler, Schriftsteller und Staatsmann, als „advocatus patriae" die Seele der Regierung (1720 bis 1794). 1803 fiel das Bistum an Hannover.

Das (nach einer Missionsstation in Elze) 815 durch Ludwig den

Frommen gegründete ostfälische Bistum Hildesheim erlebte unter den heiligen Bischöfen Bernward (993 bis 1022) und Godehard (1022 bis 1038) eine hervorragende Blütezeit. Territorial blieb es nach anfänglichen Erwerbungen im 11. Jahrhundert auf den Kernraum der Diözese zwischen Leine und Oker begrenzt. Es hatte ständig gegen die Welfen zu kämpfen, deren Stammland ja durch das Hochstift Hildesheim zerrissen wurde. Daher kam es zu häufigen Auseinandersetzungen kriegerischer Art mit den Herzögen von Braunschweig. In der sogenannten Stiftsfehde 1519–1523 eroberten letztere den größten Teil des Bistums und führten diesen Teil später dem Protestantismus zu. Im Jahre 1643 wurde das „Große Stift" fast im ursprünglichen Umfang wiederhergestellt, blieb aber bis auf die unmittelbare Umgebung von Hildesheim evangelisch. Hildesheim hatte seit dem 18. Jahrhundert eine ständige Garnison seiner welfischen Erbschutzherren in seinen Mauern.

Das Hochstift wurde schließlich durch seine Einbeziehung in die wittelsbachischen Pfründenkombinate mit den westfälischen Bistümern, dem Erzbistum Köln etc. von rheinisch-westfälischen Geschlechtern beherrscht. Es fiel 1802 an Preußen und 1815 an Hannover.

Bereits unter den Ottonen hatte Goslar durch seinen Silberbergbau im Rammelsberg eine hohe Bedeutung erlangt. Die Stadt wurde unter den Saliern (Heinrich III.) bevorzugte Residenz der deutschen Herrscher und war und blieb Reichsgut.

Friedrich I. behauptete Goslar gegenüber Heinrich dem Löwen. Goslar wurde Freie Reichsstadt (die einzige neben der Freien Hansestadt Bremen).

Erst durch den nachlassenden Ertrag seiner Bergwerke verlor Goslar im 16. Jahrhundert an Bedeutung; im Vertrag von Reichenberg mußte es 1552 sein Territorium an Herzog Heinrich den Jüngeren von Wolfenbüttel übertragen. Die Reichsstadt verfiel; ein kleinstädtisches Stilleben folgte; dazu wurde sie 1802 preußisch und kam 1815 an Hannover. Einige kleine weltliche Territorien kamen hinzu, die nacheinander in das Welfenland eingegliedert wurden.

Die Wettiner

Von Burchard, dem Stammvater des Hauses der Wettiner, dem im Jahre 892 die Sorbische Mark übertragen wurde, über seinen Enkel Dedi, Graf im Hassegau, bis zu den Teilherrschaften dieser Familie in der Niederlausitz, in Wettin, Groitzsch und Brehna, geht jener verbindende Faden, der schließlich zu der großen Wettiner Herrschaft führte.

Diese Dynastie Wettin, so genannt nach ihrem Familienbesitz Wettin in der Nähe von Halle an der Saale, gehörte seit dem Jahre 1127 zum erblichen Besitz der Markgrafschaft Meißen. Mit Konrad von Wettin, dem Stammvater dieses vielverzweigten sächsischen Regentenhauses, erwarb sie die Markgrafschaft Meißen.

Markgraf Konrad hatte durch Verleihung seines Kaisers die Reichsdomänen Rochlitz und Niederlausitz hinzugewonnen. Der Allodialbesitz des Hauses Groitzsch fiel durch Erbschaft an die Wettiner. Konrads Sohn Otto kaufte die Herrschaft Weißenfels.

Mit Dietrich dem Bedrängten und seinem Sohn, Heinrich dem Erlauchten, beginnt jene Phase der sächsischen Geschichte, die wieder nach Osten weist.

Heinrich der Erlauchte konnte nach dem Aussterben des Landgrafengeschlechts von Thüringen im Jahre 1247 die Landgrafschaft Thüringen – ohne Hessen – und die Pfalzgrafschaft Sachsen erwerben.

Friedrich der Freidige, der sich als Enkel Kaiser Friedrichs II. Ansprüche auf den Thron ausrechnete, konnte nach dem Tode seiner Brüder und Vettern bis 1307 durch den Sieg in der Schlacht bei Lucka das gesamte noch vorhandene wettinische Territorium gegen die Pläne König Adolfs von Nassau und seines Nachfolgers Albrecht in seiner Hand vereinigen.

Sein Sohn Friedrich II. der Ernsthafte, ein Schwiegersohn König Ludwigs des Baiern, setzte die erfolgreiche Politik seines Vaters und seiner energischen Mutter, Elisabeth von Lobdeburg-Arnshaugk, fort und galt 1348 als aussichtsreicher Kaiserkandidat.

Unter seinen drei Söhnen wurde jedoch das Land wieder aufgeteilt, während sein vierter Sohn, Ludwig, Erzbischof von Mainz und Magdeburg geworden war.

Einer dieser Söhne, Friedrich IV. der Streitbare, wurde als Kurfürst Friedrich I. nach dem Aussterben der Askanier durch König Sigismund, den Sohn Kaiser Karls IV., mit dem Herzogtum Sachsen und mit der Kurwürde belehnt.

Von diesen Kurlanden um Wittenberg wurde der Name Sachsen allmählich auf alle wettinischen Territorien ausgedehnt. Markgraf Heinrich der Erlauchte erhielt das Pleißener Land mit den drei Reichsstädten Altenburg, Chemnitz und Zwickau von Kaiser Friedrich II. als Pfand, als sich sein Sohn Albrecht mit der Kaisertochter Margaretha vermählte. Der Kaiser sprach dem Markgrafen auch die Anwartschaft auf die Landgrafschaft Thüringen zu, deren Regentenhaus bereits 1247 mit Landgraf Heinrich Raspe ausstarb.

Der Gewinn von Thüringen stärkte das Haus Wettin ungeheuer.

Neben einer Reihe kleiner Erwerbungen konnte durch Markgraf Friedrich den Streitbaren 1423 nach Erlöschen des askanischen Mannesstammes das Herzogtum Sachsen erworben werden. Kurfürst Friedrich I., Sohn Friedrichs II. des Sanftmütigen, erbte 1440 mit seinem Bruder Wilhelm III. die Landgrafschaft Thüringen. Beide teilten 1445 die Herrschaft. Diese Teilung führte zu Differenzen und in deren Eskalierung zum Bruderkrieg, der erst 1451 beigelegt werden konnte.

In der zweiten Hälfte des 15. Jahrhunderts kam dann noch die Erwerbung der Städte Plauen, Oelsnitz und Adorf hinzu. 1472 wurde das schlesische Herzogtum durch Kauf erworben.

Damit dehnte sich das Haus Wettin über das gesamte Herzogtum Sachsen, die Markgrafschaft Meißen und die Oster- und Pleißnerlande aus. Die Landgrafschaft Thüringen und die Schutzhoheit über die Hauptstadt Thüringens, Erfurt, kamen hinzu.

Nach dem Tode Wilhelms III., der kinderlos starb, wurde Thüringen den beiden überlebenden Söhnen seines Bruders Friedrich II., Ernst und Albrecht, im Jahre 1482 zugesprochen. Gegen den Wunsch ihres Vaters wurde 1485 von ihnen in der Leipziger Teilung alles Land des Wettiner Hauses in zwei Hauptteile gespalten: in Meißen und Thüringen. Dabei entstanden die nach ihren Stammvätern benannten Linien der Ernestiner und der Albertiner, die bis zum Jahre 1918 regierten, einander aber nicht mehr beerbten.

Nach der Bestimmung der Goldenen Bulle führte Ernst die Kurwürde und besaß damit auch das Herzogtum Sachsen allein.

Dies führte zu Streitigkeiten und Mißverständnissen, die 1485 zur Teilung der Länder führten. Diese Teilung wurde am 26. August vollzogen.

Die diversen Teilungen

Aus dem sächsischen Haus der Wettiner bildeten sich die beiden Hauptlinien der Ernestiner und der Albertiner.

Das Herzogtum Sachsen konnte jedoch nach den deutschen Reichsgesetzen nicht unter die zu teilende Masse fallen. Mehrere Rechte und Einkünfte wurden gemeinschaftlich verwaltet, so vor allem die Bergwerkserträge.

Um die Eintracht zu erhalten, wurden mehrere Ämter und Städte der Meißener Linie zugeschlagen, während im Gegenzuge mehrere Meißener Städte und Ämter an Thüringen fielen.

Die Teilung des Landes nahm der ältere Bruder, Kurfürst Ernst, vor, wie dies dem sächsischen Recht entsprach, während Albrecht als Jügerem das Recht zufiel, als erster zu wählen. Um das von ihm erstrebte Meißen zu erhalten, verfiel Ernst auf den Gedanken, daß der zukünftige Besitzer Thüringens von Meißen 100 000 Gulden in bar erhalten würde. Doch Albrecht biß auch bei diesem prächtigen Köder nicht an, sondern wählte – Meißen. Er zahlte an seinen Bruder 50 000 Gulden und stellte ihm für die zweite Hälfte der Summe das zu Meißen geschlagene thüringische Amt Jena wieder zur Verfügung.

Damit waren am 26. August 1485 die beiden regierenden Linien Meißen und Thüringen entstanden. Am 24. Februar des nächsten Jahres genehmigte Kaiser Friedrich II. diese Teilung.

Damit war der Ernestinischen Linie zum Herzogtum Sachsen auch noch das davon geographisch getrennte Thüringen zugefallen.

Herzog Albrecht regierte bis zum Jahre 1500 in Meißen. Ihm folgte sein Sohn Georg der Bärtige, der bis 1539 regierte. Dessen jüngerer Bruder Heinrich der Fromme erbte schließlich den Meißener Staat und vererbte ihn im Jahre 1541 weiter auf seinen ältesten Sohn Moritz. Moritz verband dann die kurfürstliche Würde mit dem Herzogtum Sachsen und Thüringen. Damit regierte Kurfürst Ernst bis zu seinem Tode am 26. August 1486 den gesamten Besitz der Wettiner.

Sein ältester Sohn, Kurfürst Friedrich der Weise, übernahm jedoch nur das Herzogtum Sachsen und regierte gemeinschaftlich mit seinem Bruder, Johann dem Beständigen, Thüringen.

Die Reformation in Sachsen

In der Regierungszeit Friedrichs des Weisen wurde die Hochschule Wittenberg in der Hauptstadt des sächsischen Kurstaates gegründet. Von hier ging am 17. Oktober 1517 die Reformation aus, wenn man dafür ein Datum nennen kann. Kurfürst Friedrich der Weise duldete Luthers Lehre nicht nur, sondern schützte und förderte sie. Als Herzog Georg der Bärtige diese neue Lehre in seinem Lande Meißen durch gewaltsame Maßregeln zu verhindern suchte und dieses Bemühen vor allem nach dem Tode Friedrichs des Weisen im Jahre 1525 weiter verstärkte, kam es mit seinem Nachfolger Johann zum Streit.

Kurfürst Johann hatte die neue Religion zur Staatsreligion erhoben und nach der Umgestaltung des Katechismus und des gesamten Erziehungswesens im Herzogtum Sachsen, in Thüringen und in den dazu gehörenden Landesteilen die bischöfliche Macht und deren Gerichtsbarkeit abgeschafft.

Kurfürst Johanns ältester Sohn, Johann Friedrich der Großmütige, in der neuen Lehre erzogen, mußte den Kampf zwischen den Bekennern des neuen Glaubens und den Beharrern auf dem alten aufnehmen. Damit standen sich der Bund der protestantischen Reichsstände auf der einen und der heilige Bund der katholischen Reichsstände auf der anderen Seite gegenüber. An der Spitze der Protestanten standen Kurfürst Johann Friedrich von Sachsen und Landgraf Philipp von Hessen, an der Spitze der Katholischen Kaiser Karl V. und sein Bruder, der Römische König und zugleich Wahlkönig von Böhmen und Ungarn, Ferdinand.

Der offene Kampf entbrannte 1546. Kaiser Karl V. sprach am 15. Juli die Reichsacht über die beiden führenden Männer der zum Schmalkaldischen Bund zusammengeschlossenen Protestanten aus. Er beauftragte Moritz von Sachsen, der in Meißen regierte, mit der Vollziehung der Acht in den Ländern seines kurfürstlichen Vetters. Dies fiel Moritz nicht schwer, da ja der Kurfürst mit seinem Heer in Süddeutschland weilte.

Wittenberg, Gotha und Eisenach fielen Moritz von Sachsen zu. Sein Vetter eilte mit dem Heer herbei, vertrieb Moritz' Truppen und bemächtigte sich des albertinischen Staates bis auf die Städte Dresden und Leipzig, die seinen Angriffen trotzten.

Im Frühjahr 1547 kam dann Kaiser Karl V. mit seinem durch Niederländer und Italiener verstärkten Heer nach Sachsen. In der Schlacht bei Mühlberg geriet Kurfürst Johann Friedrich am 24. April 1547 auf dem Schlachtfeld in Gefangenschaft. Vor der Festung Wittenberg sprach Kaiser Karl V. das Todesurteil über den Geächteten aus. Als sich aber selbst Herzog Moritz von Sachsen neben einer Reihe einflußreicher deutscher Fürsten für seinen Vetter verwandte, wurde das Urteil in eine Kapitulation verwandelt. Der Kurfürst blieb auf unbestimmte Zeit kaiserlicher Gefangener.

Wittenberg mußte sich dem Kaiser ergeben. Aller Besitzungen einschließlich der Kurwürden ging Johann Friedrich verlustig. An seiner Stelle wurde Moritz von Sachsen neuer sächsischer Kurfürst. Alle hinzugekommenen Besitzungen wurden wieder verteilt, wobei der Kaiser sehr zugunsten von Moritz handelte und diesem die Landgrafschaft Thüringen und einige andere dem albertinischen Staate zuschlug. Für die Kinder des gefangenen Kurfürsten ohne Kurfürstentum wurde eine jährliche Summe von 50 000 rheinischen Gulden ausgesetzt. Sie erhielten darüber hinaus den Ertrag verschiedener Ämter, Schlösser, Städte und Güter, die ihnen als vom Kaiser neugestiftetes Fürstentum übergeben wurden.

Dazu gehörten u. a. das Amt Gerstungen, Breitenbach, jener Teil von

Berka, der ihrem Vater gehört hatte, die Stadt Eisenach, Schloß und Amt Wartburg, Teile an Treffurt und Salzungen, Amt und Schloß Kreuzberg, Schloß und Stadt Weimar und viele weitere Güter und Besitzungen. Die innerhalb dieses neugeschaffenen Fürstentums liegenden Klöster Georgenthal, Heugsdorf, Rheinhardsbrunn, Ettersberg, Ichtershausen, Bürgel, Laußnitz und Wallich gehörten ebenfalls dazu.

Gleichzeitig damit gab der Kaiser den Kindern des solcherart abgesetzten und in Haft gehaltenen Kurfürsten die an die böhmische Krone verfallene Lehnsherrschaft Saalfeld zurück.

Der gefangen gehaltene Johann Friedrich, der alles im Vorhinein annehmen sollte, was das nach Trient einberufene Konzil über ihn verhängen würde, weigerte sich, seinen dort mit Sicherheit geforderten Übertritt zurück ins katholische Lager anzuerkennen.

Im Februar 1548 wurde Moritz von Sachsen in Augsburg in Gegenwart des gefangenen ehemaligen Kurfürsten feierlich mit Sachsen belehnt. Der Abgesetzte durfte sich von nun an „geborner Churfürst von Sachsen" nennen. Er blieb bis zum Frühjahr 1552 in Haft. Als regierender Chef des neugegründeten Fürstentums amtierte dessen Sohn, Johann Friedrich der Mittlere. Er berief eine Reihe von protestantischen Theologen nach Jena, um dort eine neue ernestinische Hochschule zu gründen, weil ihre Hochschule zu Wittenberg ja in die Hände der Albertiner gefallen war.

Am 10. Mai 1552 verkündete der Kaiser dem Gefangenen die Freilassung. Doch Johann Friedrich mußte sich verpflichten, ihn bis nach Innsbruck zu begleiten. Dort erhielt er am 27. August 1552 den Restituierungsbrief, durch den er in alle Würden und Länder eingesetzt wurde, die seinem Hause durch die Wittenberger Kapitulation zugeteilt worden waren. Am 26. September 1552 traf er wieder in seiner Residenz Weimar ein. Er hatte versprechen müssen, sich niemals an seinem Vetter Moritz zu rächen und nicht danach zu trachten, sein altes Kurfürstentum zurückzuerlangen.

Am 11. Juli 1553 starb Moritz von Sachsen, erst 33 Jahre alt, an der zwei Tage vorher in der Schlacht bei Sievershausen erlittenen Verwundung.

Johann Friedrich meldete seine Ansprüche auf die verlorengegangenen Würden an. Er schickte seinen Sohn Johann Wilhelm nach Brüssel, um vom Kaiser die Belehnung zu erwirken. Doch dieser lehnte ab und erklärte, daß der Bruder des Verstorbenen, dem er 1548 die Mitbelehnung über die Kurwürden erteilt habe, neuer Regierungschef sein werde.

Durch Vermittlung des dänischen Königs wurde der Naumburger Vertrag am 24. Februar 1554 unterzeichnet, in welchem die Versöhnung beider Teile und „Vergessen des Vergangenen" beschworen wurde. Die Wittenberger Kapitulation wurde zwar auch hier bestätigt, doch erhielten die Ernestiner weitere Abfindungsgeschenke. Eine Reihe von Schlössern und Ämtern fiel diesem Zuge der Wiedergutmachung zu. Zwei gräfliche Häuser kamen hinzu, und außerdem wurde vereinbart, in Wittenberg ein gemeinsames Archiv zu errichten. (Dies blieb bestehen und wurde erst 1802 geteilt.) Zum Schluß zahlte August dem ernestinischen Hause noch zusätzlich 100000 Gulden.

Dieser Vertrag wurde vom dänischen König, von Kurfürst Joachim II. von Brandenburg, Herzog Wilhelm von Jülich, Landgraf Philipp von Hessen und einer Reihe sächsischer Vasallen unterzeichnet.

Wenige Tage nachdem dieser günstige Vertrag unter Dach und Fach gebracht war, starb Johann Friedrich am 3. März 1554 im Alter von 50 Jahren. Damit war der letzte Fürst des ernestinischen Hauses, der den sächsischen Kurhut getragen hatte, von der Lebensbühne abgetreten. Ein Jahr vor ihm war bereits sein jüngerer Bruder Johann Ernst ohne Nachkommen gestorben.

Nach diesen Vorkommnissen wurde das ernestinische Fürstentum in fünf Kreise geteilt. Es waren dies die Kreise Weimar, Gotha, Altenburg, Posecken und Franken.

Zwar hatte Johann Heinrich in seinem Testament verfügt, daß seine drei Söhne das Land ungeteilt regieren sollten, doch diese Verfügung wurde von den Söhnen nicht befolgt.

Weit über 50 Jahre gingen die Schicksalsschläge über die verschiedenen Inhaber dieser fürstlichen Länder dahin, ehe das ältere Weimarer Haus im Jahre 1612 in die altenburgische und neu-weimarische Linie aufgeteilt wurde.

Das Kurfürstentum Sachsen

Das 17. Jahrhundert wurde für das Kurfürstentum Sachsen zu einem der schlimmsten, obgleich 1620 und 1635 die beiden Lausitzen erworben werden konnten. Nun lief das benachbarte Brandenburg-Preußen den Sachsen den Rang ab. Als 1625 der Leipziger Rat Konkurs anmelden mußte und in der Folgezeit der Dreißigjährige Krieg über das Land hinwegbrauste und schreckliche Bevölkerungsverluste mit zahlreichen Verwüstungen hinterließ, war jede Hoffnung, die sächsische Kurfürsten für ein mitteldeutsches Reich mit der Elbe als Hauptachse gesehen hatten, verschwunden, zumal 1680 Magdeburg, ein Zentrum dieses geplanten Reiches, preußisch wurde.

Die bürgerlichen Juristen in Staat und Verwaltung des Kurfürstentums wurden durch Adelige ersetzt, die zwar ihre Feste zu feiern wußten, aber von wirklicher Arbeit nicht ebensoviel hielten. Sie bildeten statt dessen eine Hofgesellschaft mit allen sich daraus ergebenden Folgen, deren eine es war, daß Dresden als Hauptstadt des Landes zu einem ganz besonderen Kulturzentrum aufstieg, das seinesgleichen suchte. Diese Entwicklung erreichte unter dem sächsischen Kurfürsten August dem Starken, der von 1694 bis 1735 regierte, ihren Höhepunkt.

August der Starke, am 12. Mai 1670 in Dresden als zweiter Sohn des Kurfürsten Johann Georg III. geboren, wurde erst nach dem Tode seines älteren Bruders Johann Georg IV. im Jahre 1694 Kurfürst von Sachsen. Nachdem er zum katholischen Glauben übergetreten war, wählten ihn die Großen Polens am 27. Juni 1697 zum König von Polen. Sein Übertritt zum Katholizismus war vorausgegangen.

In den längeren Friedensperioden zwischen den Feldzügen gegen Karl XII. von Schweden, der ihn als polnischen König abgesetzt und statt dessen Stanislaw Leszczynski als schwedischen Vasallen zum König Polens gemacht hatte, arbeitete August der Starke schließlich an der Seite der Russen zur Rückgewinnung der polnischen Krone. Er nannte sich Kurfürst von Sachsen Friedrich August I. und führte als König von Polen den offiziellen Namen August II. Die Ausschmükkung seiner beiden Residenzen war eines seiner Hauptanliegen. Eine dieser Residenzen war Warschau, die andere, ursprüngliche, Dresden. Hier ließ er nach dem Versailler Vorbild den Zwinger, die Frauenkirche und andere Staatsbauten errichten und hielt nach dem Vorbilde Ludwigs XIV. in Dresden Hof.

Einer der neuesten und wichtigsten Gewerbezweige Sachsens wurde nach der Erfindung des Porzellans durch Tschirnhaus und Böttcher geschaffen und erschloß Sachsen eine völlig neue Geldquelle.

Nach August des Starken Tod am 1. Februar 1733 in Warschau übernahm sein Sohn als Kurfürst Friedrich August II. die Kurfürstenwürde in Sachsen. Am 5. Oktober 1733 wurde er in Warschau von einer Minderheit zum König von Polen gewählt. Dank der russischen Mithilfe, auf die auch sein Vater erfolgreich gesetzt hatte, konnte er sich im polnischen Thronfolgekrieg gegen Stanislaw Leszczynski behaupten. Nach der Kapitulation der sächsischen Truppen während des Siebenjährigen Krieges in Pirna floh er nach Warschau.

In Sachsen folgte ihm sein Sohn Friedrich Christian auf dem Thron. Auf den polnischen Thron kam Stanislaw (II.) August Poniatowski,

dessen Wahl von der russischen Kaiserin Katharina am 7. September 1764 durchgesetzt wurde.
Als Kurfürst Friedrich August III. regierte er von 1768 bis 1827. Er kämpfte mit seinen Truppen im Kriege von 1806 auf preußischer Seite, wurde dann aber unter den deutschen Fürsten der treueste Gefolgsmann Napoleons, der ihn mit dem 11. Dezember 1806 zum König machte. Nach der Schlacht von Leipzig hielt er als Rheinbundfürst an der Seite des französischen Kaisers aus.

Vom Königreich Sachsen zur Deutschen Demokratischen Republik

Mit dem 1806 hereingebrochenen Ende des Heiligen Römischen Reiches Deutscher Nation war auch Sachsen politisch von der Landkarte verschwunden, wenngleich es als Territorium weiterbestand. Durch seinen Beitritt zum Rheinbund nach der Niederlage Preußens gegen Napoleon wurde Friedrich August III. als Friedrich August I. der Gerechte erster König des Königreiches Sachsen. Er blieb, wie angedeutet, auf der Seite Napoleons und geriet nach dessen Niederlage bei Leipzig in Gefangenschaft.

Auf dem Wiener Kongreß 1815 mußte der Nordteil des Königreiches Sachsen an Preußen abgetreten werden.

Die preußische Provinz Sachsen mit ihrer Hauptstadt Magdeburg wurde 1816 aus preußischen und ehemals sächsischen sowie mainzischen Gebieten gebildet und umfaßte die Altmark, das Erzstift Magdeburg, das Hochstift Halberstadt, die Grafschaften Hohenstein, Wernigerode, Stolberg, Querfurt, Mansfeld, das Stift Quedlinburg, die ehemaligen Reichsstädte Mühlhausen und Nordhausen. Aus mainzischem Besitz kamen Erfurt und das Eichsfeld hinzu, aus sächsischem Besitz das Herzogtum Merseburg und Naumburg, die Grafschaft Barby und der Thüringische Kreis sowie zwei Exklaven. Regierungsbezirke waren Magdeburg, Merseburg und Erfurt. Besondere Erwähnung verdient die Universität Halle, die schon seit 1680 zu Brandenburg-Preußen gehörte.

Lange Zeit war es ungewiß, ob das sächsische Königreich, derart zur Ader gelassen, weiterbestehen könne. Als aber Friedrich August I. von Sachsen 1815 nach Dresden zurückkehrte, um die auf dem Wiener Kongreß 1815 ausgesprochene Wiedereinsetzung in sein stark reduziertes Land anzutreten, war das Königreich gesichert.

Nach seinem Tode am 31. Mai 1827 übernahm König Anton die Regierungsgeschäfte. Ihm zur Seite gestellt wurde im Jahre 1830 als

Mitregent König Friedrich August II., um nach dem Tode Antons die Regierungsgeschäfte allein weiterzuführen.

Im Krieg von 1866 stand Sachsen abermals auf der falschen Seite, es mußte danach in den Norddeutschen Bund eintreten, womit es einen Teil seiner staatlichen Souveränität verlor.

1871 wurde das Königreich Sachsen in das von Bismarck geschaffene deutsche Kaiserreich aufgenommen. Der letzte sächsische König, Friedrich August III., der von 1904 bis 1918 regierte, erfreute sich großer Beliebtheit. Nach der Ausrufung der Republik Sachsen am 10. November 1918 im Anschluß an den Verlust des Ersten Weltkrieges dankte er ab und zog sich nach Schlesien zurück, wo er am 18. Februar 1932 in Sibyllenort bei Breslau starb.

Nach dem Vorbild der Weimarer Reichsverfassung trat am 1. November 1920 in Sachsen die neue Verfassung in Kraft. Die Sozialdemokraten erhielten bei der Wahl zur sächsischen Volkskammer 60 Prozent aller Stimmen. Am 13. November verzichtete Friedrich August III. auf den Thron. Er war es, der an diesem Tag den Revoluzzern die berühmt gewordenen Worte zurief: „Macht euern Dreck alleene!"

Die kommunistischen Aufstände im Vogtland nach dem Kapp-Putsch unter M. Hölz wurden von der Reichswehr niedergeworfen.

Die im März 1923 gebildete sozialdemokratisch-kommunistische Regierung unter E. Zeigner wurde im Oktober desselben Jahres durch das Eingreifen der Reichsregierung gestürzt. Die Reichswehr marschierte in Sachsen ein und schuf Ordnung.

Von 1929 bis zum 30. Januar 1933 regierten aus Vertretern der Deutschen Volkspartei und der Deutschnationalen Volkspartei zusammengesetzte Kabinette liberal-konservativer Prägung.

Nach der Machtübernahme der Nationalsozialisten in Deutschland am 30. Januar 1933 wurde der NS-Gauleiter M. Mutschmann am 5. Mai 1933 Reichsstatthalter in Sachsen. Das Land war dann bis 1945 unmittelbarer Reichsteil ohne gesonderte Rechte.

Nach Ende des Zweiten Weltkrieges verfügte die sowjetische Militäradministration am 4. Juli 1945 die Errichtung einer Landesverwaltung unter Einschluß der Gebiete Schlesiens westlich der Görlitzer Neiße. Polen annektierte das sächsische Zittau. R. Friedrichs wurde zum Ministerpräsidenten von Sachsen ernannt. Das Land erhielt am 26. Februar 1947 eine Verfassung, die jedoch durch die SED-Politik keine politische Realität gewann.

Am 31. Juli 1947 bildete M. Seydewitz die sächsische Landesregierung unter Führung der SED, die in der Wahl vom 20. Oktober 1946 von 120 Sitzen des sächsischen Landtages 59 erhalten hatte; die Mehrzahl der fünf zugelassenen Parteien hatte sich zum SED-gesteuerten volksdemokratischen Block zusammengeschlossen.

Am 23. Juli 1952 wurde Sachsen wie alle übrigen Länder der Deutschen Demokratischen Republik in Bezirke aufgeteilt. Für Sachsen waren dies die Bezirke Chemnitz, Dresden und Leipzig. Das Land Sachsen hatte damit vorerst zu bestehen aufgehört.

Seit der Wiedervereinigung am 3. Oktober 1990 gehört Sachsen zur Bundesrepublik Deutschland.

Die vier Linien des Welfenhauses

Mit dem 1495 zwischen Heinrich d. Ä. und Erich d. Ä. geteilten Fürstentum Wolfenbüttel und Calenberg zählt das Welfenhaus, wie schon gesagt, im 16. Jahrhundert vier Linien nebeneinander: Lüneburg, Grubenhagen, Calenberg und Wolfenbüttel.

Drei von ihnen starben bis 1648 aus. Es waren dies: Calenberg im Jahre 1584, Grubenhagen im Jahre 1596, Wolfenbüttel im Jahre 1634. Die allein überlebende Lüneburger Linie, von der Nebenlinien in Gifhorn (1527–1549), Harburg (1527–1642) und Dannenberg (seit 1569) abzweigten, erbte den Gesamtbesitz, teilte ihn aber 1635 erneut in die Fürstentümer Lüneburg, Calenberg und Wolfenbüttel auf, indem die ältere Nebenlinie Dannenberg Wolfenbüttel übernahm, die jüngere Hauptlinie wiederum die beiden anderen Fürstentümer Lüneburg und Calenberg.

Diese einzelnen Linien standen sich mehrfach feindselig gegenüber. Besonders gravierend wurde diese Feindschaft in der Hildesheimer Stiftsfehde sichtbar, in der Lüneburg auf der Seite des Bischofs von Hildesheim gegen Calenberg und Wolfenbüttel stand und trotz der gewonnenen Schlacht bei Soltau im Jahre 1519 unterlag.

In das größtenteils eroberte Stift Hildesheim teilten sich nunmehr Calenberg und Wolfenbüttel.

Herzog Heinrich der Mittlere von Lüneburg überließ 1521 seinem Sohn Ernst die Regierung des Fürstentums. Ernst war als Wittenberger Student für Luther gewonnen worden und führte diese neue Lehre auch in Lüneburg ein. Die Frauenklöster blieben als Versorgungsstätten für die überzähligen Töchter der Ritterschaft erhalten und wurden evangelisch umgeformt. Herzog Ernst zeigte sich auf den Reichstagen in Speyer 1526 und 1529 sowie in Augsburg 1530 in der vordersten Reihe der protestierenden Fürsten und erhielt den Beinamen Ernst „der Bekenner". Er zählte zu den Führern des Schmalkaldischen Bundes und regierte bis 1546. Seine Söhne folgten ihm in der Regierung nach.

In den Fürstentümern Grubenhagen und Calenberg verlief die Entwicklung parallel zu jener Lüneburgs. Lediglich im Fürstentum Wolfenbüttel war in Herzog Heinrich dem Jüngeren (1514–1568) ein entschiedener Gegner der neuen Lehre an der Regierung. Er galt als die bedeutendste Persönlichkeit unter den damaligen Welfenfürsten. Gleich seinen Brüdern Christoph, der Erzbischof von Bremen geworden war, und Franz, der Bischof von Minden war, stellte er sich der neuen Lehre Luthers entgegen und bekämpfte diesen in einer Reihe von Flugschriften, auf die Luther mit einer Flugschrift antwortete, die den Titel „Wider Hans Worst" trägt.

Herzog Heinrich der Jüngere, dessen Liebschaft mit Eva von Trott einige Kapriolen schlug – u. a. ließ er sie als tot zum Schein begraben und hielt sie lange Jahre auf seiner Burg verborgen –, vollzog in seinem Fürstentum den Aufbau des modernen Beamtenstaates und führte die Erstgeburtsordnung ein. Daß seine Hauptstadt Braunschweig 1528 evangelisch wurde, konnte er nicht verhindern. Das Fürstentum selber jedoch hielt er beim alten Glauben. Als Mitglied des Nürnberger Bundes war er der letzte Vorkämpfer des Katholizismus in Niedersachsen.

Er wurde 1542 durch den Schmalkaldischen Bund aus seinen Besitzungen vertrieben, die anschließend unter hessisch-sächsischer Militärverwaltung reformiert wurden. Bei dem Versuch, sein Land durch einen Handstreich zurückzugewinnen, wurde er 1545 gefangengenommen und erst wieder nach dem Siege Karls V. über die Schmalkalder im Jahre 1547 befreit.

In Niedersachsen wirkte sich dieser Sieg Karls V. nicht so stark aus, da die niedersächsischen Städte einen anderen kaiserlichen Heerhaufen unter Herzog Erich II. von Calenberg bei Drakenburg geschlagen hatten.

Von Erich II. ins Land gerufen, um Heinrich von Wolfenbüttel endgültig niederzuwerfen, unterlag Markgraf Alkibiades von Brandenburg-Kulmbach 1553 bei Sievershausen nahe Peine einem Heer, das nach einem Bündnis Heinrichs von Wolfenbüttel mit Kurfürst Moritz von Sachsen aufgestellt worden war. Dies war in erster Linie ein Sieg der Wolfenbütteler über den rebellischen Adel. Wolfenbüttel wurde noch einmal durch Heinrich den Jüngeren zum Katholizismus zurückgeführt.

Heinrichs Sohn und Nachfolger Julius (1568 bis 1598) führte das Luthertum umgehend wieder ein und verhalf diesem auch im Fürstentum Calenberg, das nach Erich II. Tod 1584 an Wolfenbüttel fiel, endgültig zum Sieg. Julius gründete 1576 die Universität Helmstedt. Dies war die erste Hochschule in Niedersachsen. Er förderte das Bergwerks- und Hüttenwesen, das im Harz im 16. Jahrhundert durch den Zuzug obersächsischer Bergleute einen starken Aufschwung nahm. Sein Sohn Heinrich Julius, Regent von 1589 bis 1613, war ebenso aktiv. Neben seiner staatsmännischen Arbeit gilt er als Verfasser deutschsprachiger Dramen. Er war ein Kenner des römischen Rechts. Im Kampf mit den Landständen und mit der Stadt Lüneburg wurde jedoch ein Teil seiner Kraft verbraucht. Dennoch gelang es ihm, die Harzgrafschaften beim Aussterben ihrer Grafenhäuser Hohenstein und Blankenburg-Regenstein 1593 und 1599 an sich zu ziehen, weil sie als braunschweigische und halberstädtische Lehen wieder heimgefallen waren.

Von 1553 bis zum Dreißigjährigen Krieg herrschte Ruhe im Land. Die zweite Hälfte des 16. Jahrhunderts sah eine reiche Entfaltung der adeligen und bürgerlichen Kultur in der Renaissance. Die Schlösser Hämelschenburg, Bevern, Schwöbber und andere entstanden und bildeten jenen sächsischen Teilabschnitt der Kunst, die als „Weserrenaissance" bekannt wurde. In Celle, Hameln, Wolfenbüttel, Lüneburg, Einbeck, Goslar, Duderstadt und Göttingen entstanden reichverzierte Rat- und Wohnhäuser.

Kennzeichnend für das ehemalige Herzogtum Sachsen war auch die bedeutende Entwicklung der ländlichen und städtischen Fachwerkbauten, die in Braunschweig, Hildesheim und Hannover, in Celle und Goslar noch reich vertreten sind. In Wolfenbüttel und Bückeburg entstanden zu Anfang des 17. Jahrhunderts die ersten großen protestantischen Kirchenbauten. In Helmstedt der Universitätsbau des „Juleums" von Paul Francke.

Insgesamt war zwar im Jahre 1618 in ganz Niedersachsen, doch nicht in Westfalen und Südoldenburg der Katholizismus aus dem Lande verdrängt, hatte aber durch die Gegenreform einige Städte und Landesteile zurückgewonnen. So das Niederstift Münster, das Eichsfeld und andere. Hildesheim, Osnabrück und Lingen blieben gespalten. Das übrige Niedersachsen aber war mit Ausnahme von Ostfriesland, der Stadt Bremen, der Grafschaft Bentheim und einer hessischen Gebietsinsel in Südhannover, wo sich der Calvinismus ganz oder teilweise durchgesetzt hatte, lutherisch.

Niedersachsen im Dreißigjährigen Krieg

Im Dreißigjährigen Krieg hatte Herzog Christian von Braunschweig-Wolfenbüttel als Nachfolger seines Vaters, Heinrich Julius, Administrator von Halberstadt, den Krieg nach Norddeutschland gezogen, als er sich zugunsten seiner Base Elisabeth von der Pfalz in die böhmischen Unruhen verwickeln ließ. Er erlitt zwei Niederlagen bei Höchst und Stadtlohn.

Dem nun nach Niedersachsen vordringenden Heer der Liga stellte sich König Christian IV. von Dänemark als Oberster der Niedersächsischen Reichskreises im Jahre 1625 entgegen und wurde bei Lutter am Barenberge 1626 von Tilly vernichtend geschlagen. Im Frieden von Lübeck mußte Christian IV. Niedersachsen preisgeben. Von 1629 an war überall der alte Glaube wiederhergestellt (Restitutions-Edikt).

Durch das Eingreifen der Schweden und des mit ihnen im Bunde stehenden Herzogs Georg von Lüneburg wurden die Kaiserlichen bei Hessisch-Oldendorf 1633 geschlagen und zum Abzug gezwungen.

Mitten im Dreißigjährigen Krieg starb das Haus Wolfenbüttel durch den Tod Herzog Friedrich Ulrichs I. 1634 aus. Das nunmehr allein überlebende Haus Lüneburg nutzte die Gunst der Stunde nicht, sondern teilte das ihm zufallende Erbe erneut auf. Lediglich das Fürstentum Calenberg wurde Lüneburg zugeschlagen. Herzog Georg verlegte dessen Residenz 1636 nach Hannover. Georg nahm auch die Bistümer Minden und Hildesheim in Besitz. Als er 1641 starb, gaben die Welfen im Frieden von Goslar 1642 ihre Position auf und übergaben das Stift Hildesheim wieder den Bischöfen. Sie verloren auch Minden. Erneut wurden weite Teile Niedersachsens zum Schauplatz des Krieges.

Im Jahre 1648 erlitten die Welfen im Westfälischen Frieden weitere Verluste, weil Bremen und Verden an Schweden fielen, während Brandenburg sich Magdeburg, Halberstadt und Minden einverleibte und auch noch den größten Teil der Grafschaft Hohnstein an sich brachte.

Die Welfen von 1648 bis 1803/06

Die Fürstentümer Calenberg (Hannover) und Lüneburg (Celle) wurden nacheinander von den vier „welfischen Brüdern" regiert. Es waren dies:

Christian Ludwig in Hannover von 1641 bis 1648; in Celle von 1648 bis 1665.

Georg Wilhelm in Hannover von 1648 bis 1665; in Celle von 1665 bis 1707.
Johann Friedrich in Celle 1665, in Hannover von 1665 bis 1679.
Ernst August in Hannover von 1679 bis 1689.
Sie wandelten ihre Fürstentümer in absolutistisch regierte Staaten um und brachten das Heer des Gesamthauses auf insgesamt 30000 Mann. Die Teilhabe der Stände, Ritterschaft, Prälatur und Städte an der Reigerung konnte jedoch nicht gänzlich beseitigt werden.
Ernst August von Hannover erreichte 1692 seinen Eintritt in die Reihe der Kurfürsten. Einige kleine Gebietsteile wurden Hannover von den Schweden zurückgegeben. 1689 konnten die Welfen das Herzogtum Lauenburg, das nach dem Aussterben der dort sitzenden Askanier frei wurde, als altes Allod Heinrichs des Löwen in Besitz nehmen. 1705 gelang dann schließlich die Vereinigung der beiden Fürstentümer Calenburg und Lüneburg. Der neue hannoversche Kurstaat war geboren.
Kurfürst Georg Ludwig, der von 1698 bis 1727 regierte, beteiligte sich 1702 bis 1714 auf kaiserlicher Seite mit Subsidien der Seemächte am Spanischen Erbfolgekrieg. Nach dem Tode Herzog Georg Wilhelms im Jahre 1705 wurde das Fürstentum Lüneburg mit Hannover vereinigt. 1708 erreichte auch Kurfürst Georg Ludwig seine Einführung in das Kurfürstenkolleg und damit die volle Anerkennung Hannovers als 9. Kurwürde im Reich.
Seine Mutter, Kurfürstin Sophie, machte gemeinsam mit ihrer Tochter Sophie Charlotte (Gemahlin Friedrichs I. von Preußen) ihren Witwensitz Herrenhausen zu einem Musenhof, an dem Gottfried Wilhelm Leibniz und Georg Friedrich Händel arbeiteten.
Die englische Krone, die durch die Parlamentsakte Act of Settlement vom Jahre 1701 Kurfürstin Sophie als Erbin des englischen Thrones vorsah, wurde mit dem Tode der Kurfürstin im Jahre 1714 hinfällig. Die englische Krone fiel nun im selben Jahr, als Königin Anna von England starb, dem Kurfürsten Georg Ludwig zu, der als Georg I. den englischen Thron bestieg.

Das Fürstentum Wolfenbüttel von 1648 bis 1806

Herzog August der Jüngere, der von 1634 bis 1666 in Wolfenbüttel als Fürst regierte, begründete die nach ihm benannte Bibliotheca Augusta in Wolfenbüttel. Sein Sohn Rudolf August trat 1666 die Nachfolge an und führte bis zum Jahre 1704 das Ruder des Fürstenhauses. Seit 1685 war sein Bruder Anton Ulrich Mitregent. Dieser galt als universell gebildete Persönlichkeit und war in der Literaturgeschichte als Verfasser von Liedern und Romanen bekannt. Sein Lustschloß Salzdahlum wurde von Hermann Korb erbaut und entwickelte sich zu einem bedeutenden Musenhof mit einer großartigen Gemäldesammlung.

Im Jahre 1671 gelang dem Gesamthause Braunschweig die Unterwerfung der bis dahin fast gänzlich unabhängigen Stadt Braunschweig. Der von Herzog Anton Ulrich geführte Kampf gegen die hannoversche Kurwürde brachte Wolfenbüttel allerdings an den Rand der totalen Erschöpfung. 1702 wurde Wolfenbüttel durch das Eingreifen Hannovers und Celles zur Anerkennung der hannoverschen Kurwürde genötigt, auf die es schließlich 1726 eine Anwartschaft erhielt.

Nach dem Tode von Anton Ulrich regierten nacheinander seine Söhne August Wilhelm und Ludwig Rudolf. Danach starb die Hauptlinie des Hauses Wolfenbüttel 1735 aus. Es folgte im selben Jahr die Nebenlinie Braunschweig-Bevern, die bis 1884 an der Regierung blieb. Diese hielt sich nach der Hochzeit Elisabeth Christines von Wolfenbüttel mit Friedrich dem Großen zu Preußen. Seine Schwester Philippine wiederum heiratete Karl I. von Braunschweig.

Karl I. von Braunschweig sorgte für Kultur und Wirtschaft gleicherweise. Er gründete im Jahre 1745 das Collegium Carolinum, die erste Technische Hochschule Deutschlands. Die Fürstenberger Porzellanfabrik von 1747 ging ebenfalls auf seine Initiative zurück. Landvermessung, eine Brandkasse und andere Errungenschaften und Einrichtungen kamen hinzu, vor allem auch soziale Einrichtungen und die Kunst.

Oper und Schauspiel wurden gepflegt. Karl I. berief Gotthold Ephraim Lessing als Bibliothekar nach Wolfenbüttel. Lessing wirkte in dieser Position von 1776 bis 1781. Im Jahre 1753 wurde die Residenz nach Braunschweig verlegt.

Karls Nachfolger, Karl Wilhelm Ferdinand, regierte von 1780 bis 1806. Er stand als Heerführer im Dienste Preußens und starb 1806 an jener schweren Verwundung, die er in der Schlacht bei Auerstedt erhalten hatte.

Hannover und Großbritannien

Die seit 1714 bestehende Personalunion Hannovers mit England bestand, staatsrechtlich gesehen, lediglich in der Gemeinsamkeit des Herrschers Georg I., der als Georg Ludwig Kurfürst von Hannover war.

Er war 1714 durch seine Mutter, eine Enkelin Jakobs I. von England, nach dem Tode der letzten Stuartkönigin auf den englischen Thron gelangt. Das deutsche Stammland der Dynastie Hannover wurde *nicht* Teil des Britischen Reiches, sondern blieb selbständiges Kurfürstentum im deutschen Reichsverband. Es wurde in Abwesenheit des Herrschers von einem Geheimen Ratskollegium regiert. Premierminister Gerlach Adolf von Münchhausen war von 1730 bis 1770 Leiter der Inneren und Äußeren Politik Hannovers und eigentlicher Vater der Universität Göttingen, die 1737 gegründet wurde.

Georg I. erwarb im Jahre 1720 von Schweden Bremen und Verden durch Kauf zurück. Daß er wegen seiner deutschen Mätressen, denen er sogar englische Adelstitel verlieh, und der Bevorzugung Hannovers in Großbritannien Anstoß erregte, verstand sich.

Auf der Reise nach Hannover starb Georg I. am 11. Juni 1727 in Osnabrück. Sein Nachfolger Georg August, als englischer König Georg II. (1727 bis 1760), besuchte seine hannoverschen Stammlande häufig. Er war sehr auf ihre Vergrößerung bedacht. 1737 wurde die nach ihm benannte Georg-August-Universität in Göttingen errichtet.

Durch verschiedene Entwicklungen auf preußische Seite gelangt, nahm Hannover im Siebenjährigen Krieg von 1756 bis 1763 zunächst eine neutrale Haltung ein. Als aber die Franzosen 1757 Hannover angriffen, kam es zum Kampf. Die Schlacht bei Hastenbeck ging verloren. Im Kloster Zeven kapitulierten die Hannoveraner 1757. Georg II. erkannte diese Kapitulation nicht an.

Unter der Führung des Prinzen Ferdinand von Braunschweig gelang es, die Kurlande Hannovers von der französischen Besetzung zu befreien und den Gegner durch Hessen und Westfalen zum Rhein zurückzutreiben. Ferdinand siegte in der Schlacht bei Minden 1759 und entlastete so das schwergeprüfte Heer Friedrichs des Großen, das sich gerade in der Schlacht bei Kunersdorf befand. Ferdinand behauptete sich in wechselvollen Kämpfen bis zum Frieden 1762/63. Für Hannover wurde der Vorkriegszustand wiederhergestellt.

König Georg III. kam nie nach Hannover. Dennoch war auch er bemüht, Hannover zu unterstützen und es auf wirtschaftlichem und sozialem Gebiet voranzubringen. In Celle wurde unter seiner Schirmherrschaft von Albrecht Thaer, dem Vater der Landwirtschaft, die Landwirtschaftsgesellschaft ins Leben gerufen. Im Bremischen ging unter der Führung von Jürgen Christian Findorff die Urbarmachung der Moore voran. Die Bauernbefreiung auf den königlichen Domänen nahm ihren Anfang.

Der Aufschwung war in seiner dreißigjährigen Friedenszeit außerordentlich. Die „goldenen Tage von Hannover" mit ihren Vertretern

Hölty, Zimmermann und Knigge sowie der Hainbund waren Zeugen dafür, daß neben dem wirtschaftlichen und sozialen Aufstieg auch der künstlerische und wissenschaftliche mit der Universität nicht zu kurz gekommen waren.

Im Jahre 1801 wurde Hannover vorübergehend von Preußen besetzt. Im Reichsdeputationshauptschluß im Jahre 1803 erwarb Preußen Hildesheim, Goslar, das Eichsfeld und Teile der westfälischen Bistümer, während dem Kurfürstentum Hannover das Hochstift Osnabrück zugesprochen wurde.

Nach Wiederausbruch des bereits in den neunziger Jahren begonnenen Koalitionskrieges gegen das revolutionäre Frankreich wurde Hannover 1803 fast widerstandslos von den Franzosen besetzt. Die hannoversche Armee trat nach den Kapitulationen von Sulingen und Artlenburg als „King's German Legion" nach England über.

Das von den Franzosen besetzte Kurfürstentum wurde 1805 von Napoleon im Vertrag von Schönbrunn dem König von Preußen aufgedrängt, um diesen mit England in Feindschaft geraten zu lassen. Preußen nahm Hannover 1806 in Besitz, mußte das Kurfürstentum aber nach seiner Niederlage gegen Napoleon bei Jena und Auerstedt wieder den Franzosen überlassen.

Das Land Niedersachsen

Wie der Name Niedersachsen entstand

Das einzige, was die buntscheckigen, oftmals miteinander verfeindeten Territorien im alten Sachsen miteinander verband, war neben ihrer meist lockeren Bindung an das Reich lediglich die niederdeutsche Sprache, das „Sassische".

Eine noch viel weitere Ausdehnung war dem Niederdeutschen ostwärts der Elbe beschieden. Dort haben sich mit der Ausweitung des Deutschtums die sächsischen Mundarten und das Recht des Sachsenspiegels von Niedersachsen aus über den gesamten Küstenraum der Ostsee bis zum Baltikum und über weite Flächen des Binnenlandes bis tief nach Polen verbreitet.

Neben dieser stammesmäßigen Ausweitung des Sachsentums ging eine dynastische einher. Die 1180 mit dem Herzogtum Sachsen belehnte und später zur sächsischen Kurwürde aufgestiegene Linie des Hauses Askanien hatte ihren Hauptsitz in Wittenberg. Wie der niederdeutsche Ortsname sagt, lag die Stadt auf niederdeutschem Boden, aber doch weit außerhalb des altsächsischen Raumes.

Als 1422 die Wittenberger Askanier ausstarben, gingen ihr Besitz und ihre Kurwürde an die Wettiner über. Diese übertrugen sofort den Namen Sachsen auf ihre thüringischen Lande und die Mark Meißen. So ist dieser Name auf rein dynastischem Wege über den ältesten Stammesraum an der Elbmündung hinaus elbeaufwärts bis Meißen und Dresden gewandert.

Die Größe des nunmehr mit Sachsen bezeichneten riesigen Gebietes – es umfaßte ganz Norddeutschland ostwärts der Weser und des Thüringer Waldes – erzwang eine Aufgliederung. Diese wurde gefunden, indem man die nördlich seewärts gelegenen Teile dieses sächsischen Großraumes als Niedersachsen und das übrige als Ostsachsen zu bezeichnen pflegte.

Dieser Name Niedersachsen läßt sich bis 1354 zurückverfolgen. Eine von der „oberen Gegend Sachsens" sprechende Urkunde von 1262 läßt den Schluß zu, daß es bereits damals schon ein niederes Sachsen gegeben haben muß.

Die Bezeichnung Niedersachsen wurde zuerst von Kaiser Karl IV. im Jahre 1354 benutzt, und zwar für die zahlreichen weltlichen und geistlichen Ländereien in einem Gebiet zwischen dem Mittelgebirge, der Mittelelbe, Mecklenburg, Holstein und der Weser, also für einen Raum, der über das heutige Niedersachsen vor allem im Osten und Norden weit hinausgeht, andererseits im Westen das gegenwärtige Bundesland gleichen Namens nicht umfaßte.

Später, als Kaiser Maximilian 1512 in der Reichsreform den Niedersächsischen Reichskreis schuf, der allerdings erst ab 1522 so genannt wurde, deckte sich dieser im wesentlichen mit dem genannten Raum.

Zum „Reichskreis Niedersachsen" zählten alle Territorien zwischen Weser und Elbe mit Ausnahme von Verden, Schaumburg und der Altmark, ferner östlich der Elbe Holstein, Lauenburg und Mecklenburg. Also ein Gebiet, das ungefähr dem früheren Machtzentrum Heinrichs des Löwen entsprach. In ihm hatten die Welfen auch jetzt wieder die Führung. Niedersachsen westlich der Weser wurde in der Nachfolge des alten Westfalenbegriffes zum „Niederrheinisch-Westfälischen Reichskreis" gerechnet.

Im Gegensatz dazu wurde der gleichzeitig gebildete wettinisch-brandenburgische Kreis an Ober- und Mittelelbe „Obersächsischer Reichskreis" genannt.

Seit dieser Zeit nannten beispielsweise die Herzöge von Sachsen-Lauenburg ihr Herzogtum Niedersachsen.

Diese beiden Reichskreise waren dazu bestimmt, zusammen mit acht weiteren die Vielzahl deutscher Kleinstaaten landschaftlich zu größeren Verbänden zusammenzufassen. Damit sollte erreicht werden, daß der Landfriede besser als bisher gewahrt wurde, daß die militärischen ebenso wie die steuerlichen Leistungen der Mitglieder für das Reich sicherer wurden und daß die Ordnung des Reiches vor allem auf wirtschaftlichem Gebiet einheitlich durchgesetzt und gewahrt bleiben konnte.

Von den 40 Landesherren des 13. Jahrhunderts hatte Niedersachsen in der Mitte des 16. Jahrhunderts noch 25, und zu dessen Ende waren es immer noch 18. Diese Veränderung des territorialen Raumbildes von Niedersachsen im 16. Jahrhundert ist durch den Machtzuwachs des Welfenhauses entstanden.

Der Dreißigjährige Krieg brachte die Säkularisierung einiger geistlicher Herrschaften. Durch den Westfälischen Frieden im Jahre 1648 gab es für Niedersachsen einige Änderungen, die von einschneidender Art waren. So gingen das Erzbistum Bremen und das Bistum Verden, die in Herzogtümer umgewandelt wurden, an die Krone von Schweden über.

Wenig später okkupierte Dänemark die Grafschaft Oldenburg. Das Jeverland wurde abgesplittert.

Obgleich die Absichten der Sicherung des Landfriedens nur unvollkommen gelangen, blieben der Niedersächsische und der Obersächsische Kreis bis zum Ende des Alten Reiches 1806 bestehen.

Nach diesen Anfängen erlebte die Bezeichnung „Niedersachsen" ihre Auferstehung durch eine Verordnung der britischen Militärregierung vom 1. November 1946. Und zwar wurde das neue Land aus der ehemals preußischen Provinz Hannover und den Ländern Braunschweig, Oldenburg und Schaumburg-Lippe gebildet. Am 1. Januar 1947 kamen Teile der Länder Bremen und Hamburg hinzu.

Das Gesetz zur vorläufigen Ordnung der Landesgewalt vom 11. Februar 1947 war die Grundlage der niedersächsischen Verfassung. Seit 1949 ist Niedersachsen Bundesland der Bundesrepublik Deutschland. In der Verfassung des Landes vom 13. April 1951 wird dokumentiert, daß der Landtag und dessen Abgeordnete für jeweils vier Jahre die gesetzgebende Gewalt ausüben. Der Ministerpräsident des Landes wird von der Mehrheit der Landtagsabgeordneten gewählt. Dieser wiederum ernennt seine Minister.

Das traditionsreiche Wappen des Landes Hannover ist zugleich auch das Landeswappen von Niedersachsen: auf rotem Grund ein springendes weißes Pferd.

Das Königreich Hannover

Napoleon in Niedersachsen

Das südliche Hannover wurde nach dem ersten Siegeszug Napoleons zu dem für dessen Bruder Jérôme errichteten Königreich Westphalen geschlagen. 1810 wurde Westphalen auch der bis dahin noch unter französischer Militärverwaltung stehende nördliche Teil des Kurfürstentums zugesprochen. Noch im Jahre 1810 wurde der nördliche Teil Niedersachsens bis zur Linie Minden-Lauenburg-Lübeck zum Kaiserreich Frankreich geschlagen, um eine wirksame „Kontinentalsperre" durchführen zu können. Das Land wurde in die Departements Oberems, Wesermündungen, Elbemündungen eingeteilt. Steuern und Aushebungen von Männern zum Militär führten zur Auflehnung der Bevölkerung.

1809 durchquerte der „Schwarze Herzog" Friedrich Wilhelm von Braunschweig auf seinem Zug von Böhmen zur Nordsee Niedersachsen und besetzte vorübergehend Braunschweig. Er entkam nach England.

Die „Königlich Deutsche Legion" kämpfte von 1803 an, im Laufe der Zeit bis 1813 auf 15000 Mann angefüllt, gegen Napoleon, und zwar vor Kopenhagen, auf Walcheren, besonders aber in Spanien und Portugal.

Nach dem Siege der Preußen, Österreicher und Russen über Napoleon bei Leipzig gelang schließlich die Befreiung. Hannover wurde am 12. Oktober 1814 zum Königreich erklärt.

Preußen hatte bereits 1807 England gegenüber feierlich auf Hannover Verzicht geleistet und 1813 eine angemessene Vergrößerung des Landes zugesichert. Diese Vergrößerung nahm der Wiener Kongreß 1815 vor. Hannover wurde in Wien durch den bedeutenden Staatsmann Ernst Herbert Graf Münster (gest. 1839) vertreten. Hildesheim, Goslar, das untere Eichsfeld und – zuletzt und unter englischem Druck – auch Ostfriesland wurden Hannover überlassen. Die Hinzufügung von Minden und Ravensburg scheiterte am Widerstand Preußens.

Auch die Grafschaften Niederlingen und Bentheim erhielt Hannover, damit man von dort einen direkten Zugang nach Ostfriesland hatte, das durch Oldenburg von Hannover getrennt war. Hinzu kam das Herzogtum Meppen-Arenberg.

Bis zum Jahre 1837 bestand die Verbindung des Königreiches Hannover mit Großbritannien als Personalunion fort. Hannover stand im Deutschen Bund an vierter Stelle in der Größe hinter Österreich, Preußen und Bayern. Nach der Einwohnerzahl an fünfter Stelle mit 9,9 Millionen Einwohnern (hierin noch hinter dem Königreich Sachsen).

Das Königreich Hannover gehörte zu den Mittelstaaten, die zwar im Rahmen des Bundes, aber im Besitz der vollen Souveränität auch in der Außenpolitik eine gewisse Rolle spielten und dies auch versuchten.

Als Anrainer der Nordsee entwickelte Hannover seit 1840 gewisse maritime Interessen. Es baute eine ansehnliche Handelsflotte auf, ohne sich jedoch eine eigene Kriegsmarine zu schaffen oder die Stellung der mächtigen Häfen Bremen und Hamburg erschüttern zu können.

Hannover klammerte sich 1866 an den Deutschen Bund, um seine Unabhängigkeit und Souveränität zu wahren, und wurde mit diesem zum Opfer der Bismarckschen Lösung der deutschen Frage.

Am 15. Juni 1866 wurde Hannover durch Preußen vor die Wahl gestellt, entweder ein Bündnis mit Preußen einzugehen und sich dessen Bundesplänen anzuschließen oder als Feind behandelt zu werden. Hannover und Georg V. wollten sich nicht unterwerfen.

Die schnelle Besetzung des Königreiches durch preußische Truppen begann. Aus Westfalen und Holstein drangen die Preußen teilweise schon vor der Kriegserklärung in Hannover ein.

Die hannoversche Armee, König Georg V. an der Spitze, zog nach Süden, um über Thüringen den Anschluß an Bayern zu erreichen. Bei Langensalza trat ihr eine kleinere preußische Streitmacht gegenüber, die geschlagen werden konnte. Doch danach wurde die hannoversche Armee von allen Seiten umstellt und mußte am 29. Juni 1688 die Waffen strecken.

König Georg V. ging nach Wien ins Exil. Damit war die 700 Jahre andauernde Selbständigkeit Hannovers und des Welfenstaates am 20. September 1866 durch das preußische Annexionspatent zu Ende.

Hannovers Eingliederung in den preußischen Staat

Die Eingliederung Hannovers in den preußischen Staat verlief mit Reibungen und Schwierigkeiten, die bis zum Ende dieser Eingliederung im Jahre 1945 erhalten blieben. Bejaht wurde diese Annexion nur in Ostfriesland, das damit wieder zu Preußen kam, zu dem es seit 1744 gehört hatte und wie man es in Ostfriesland auch weiterhin wünschte.

Ein Plan Bismarcks, das aufmüpfige Hannover aufzulösen und das ehemalige Königreich auf die drei preußischen Provinzen Niedersachsen, Westfalen und Thüringen aufzuteilen, scheiterte 1868 am geschlossenen Widerstand der gesamten Bevölkerung. Selbst die preußenfreundlichen Kreise von Ostfriesland wollten davon nichts wissen.

Ein Jahr vorher war von dem ersten preußischen Oberpräsidenten, Otto Graf von Stolberg-Wernigerode, die hannoversche Provinzialverwaltung eingeführt worden. Sie wurde zum Vorbild der Selbstverwaltungen selbst in den altpreußischen Provinzen.

Diese Selbstverwaltung leistete auf allen Gebieten der Wirtschaft, Kultur und Kunst Großes. Insbesondere fühlte sie sich der Wohlfahrtspflege und Gesundheitsfürsorge verantwortlich. Museen, Bibliotheken und die Denkmalspflege standen weit oben auf ihrem Programm.

Während des Krieges 1870–71 gegen Frankreich führte der Generalgouverneur Eduard Vogel das „Säbelregiment". Die im Lande verbliebene Königin Maria wurde vertrieben, das Privatvermögen des hannoverschen Königshauses beschlagnahmt. Es belief sich auf 16 Millionen Taler.

Im Verband des X. AK nehmen die Hannoveraner am Deutsch-Französischen Krieg 1870–71 ruhmreich teil. Die Reichsgründung söhnte weite Teile mit dem Verlust der Eigenstaatlichkeit aus, ohne jedoch den Widerstand der welfischen Bewegung zu brechen.

König Georg V. starb 1878 in Paris, ohne seinen Anspruch auf Hannover je aufgegeben zu haben. Das beschlagnahmte Vermögen des Hauses Hannover wurde von Bismarck in den „Reptilienfonds" eingebracht und verbraucht. Erst Kaiser Wilhelm II. machte 1892 dem „Welfenfonds-Skandal" ein Ende und gab die Zinsen des beschlagnahmten Vermögens frei. Die Stammsumme aber blieb beschlagnahmt und verfiel der Inflation 1923.

Viele Hannoveraner zeichneten sich im preußischen und im Staatsdienst des Reiches besonders aus. Die hannoverschen Rechtsnormen wurden bei der deutschen Justizreform 1870–75 übernommen. Rudolf von Benningsen, der Vorkämpfer der deutschen Einigung unter preußischer Führung, war von 1888 bis 1898 Oberpräsident von Hannover, nachdem er bereits seit 1868 Landesdirektor gewesen war.

Ein weiterer berühmter Hannoveraner war Johannes von Miquel, der von 1890 bis 1901 preußischer Finanzminister war. Adolf Leonhardt wiederum war von 1867 bis 1879 Justizminister in Preußen. Ludwig Lindthorst war als Zentrumsführer 1851–1853 und 1862–1865 hannoverscher Justizminister. Besonders verdiente Hannoveraner waren Gottlieb Planck, der Mitschöpfer des Bürgerlichen Gesetzbuches, Diederich

Hahn als Führer des Bundes der Landwirte, Hans und Ernst von Hammerstein-Loxten als preußische Minister, Carl Peters als Begründer der Deutsch-Ostafrikanischen Gesellschaft. Der berühmteste Hannoveraner, den die Geschichte kennt, war der große Scharnhorst (1755–1813). Um 1900 nahm das Land einen rasanten Aufschwung. Wilhelmshaven, das seit 1873 zur Provinz Hannover gehörte, wurde zum Hauptkriegshafen des Reiches ausgebaut.

Der Erste Weltkrieg forderte auch von der Provinz Hannover schwere Opfer und Entbehrungen. Doch blieb die Hauptstadt von Kriegszerstörungen verschont und wurde auch nach dem Zusammenbruch des Kaiserreiches nicht von fremder Besatzung heimgesucht.

Hannover von 1918 bis 1933

Nach Ende des Ersten Weltkrieges, nach dem Sturz der Monarchie in Deutschland und der Errichtung der Republik blieb Hannover Bestandteil des preußischen Staates. Gustav Noske, ehemaliger Reichswehrminister, wurde Oberpräsident von Hannover. Die Deutsch-Hannoversche Partei trat für ein freies Niedersachsen ein. Der in Verbindung mit dem Kapp-Putsch ohne Beteiligung der Deutsch-Hannoverschen Partei improvisierte „Welfenputsch" führte nur zu einer kurzen Besetzung des Leineschlosses, doch brach der Putsch rasch wieder zusammen. Eine Abstimmung mit dem Ziel der Ablösung Hannovers aus dem Preußischen Staat verlief ergebnislos, weil weniger als ein Drittel der Stimmberechtigten dafür war. Schließlich fand eine Vorabstimmung am 18. Mai 1924 statt. Die Deutsch-Hannoversche Partei erreichte mit 449 560 Ja-Stimmen für die Ablösung nur 25,5 % der Stimmberechtigten.

Der vom Reich eingesetzten preußischen Regierung gelang es am 1. August 1932, in der Provinz Hannover eine Verwaltungsvereinfachung durchzuführen. Zahlreiche Landkreise wurden zusammengelegt.

Niedersachsen von 1933 bis 1945

Seit Oktober 1930 saßen die Nationalsozialisten in Braunschweig in der Regierung. Sie hatten zusammen mit den Deutschnationalen die Mehrheit im Landtag. In Oldenburg zogen sie im Mai 1932 als Mehrheitspartei in die Regierung ein, während Hannover und Schaumburg-Lippe erst mit der sog. Machtergreifung des 30. Januar 1933 der NSDAP zufielen. Oberpräsident Noske, den die seit dem Juli 1932 in Preußen eingesetzte Reichsregierung im Amt gelassen hatte, wurde nun abgelöst und durch Viktor Lutze, den späteren Stabschef der SA, als Oberpräsident ersetzt. Gauleiter in Hannover war Rust, der 1933 preußischer Kultusminister und ein Jahr danach Reichsminister für Wissenschaft, Erziehung und Volksbildung wurde.

Dem niedersächsischen Raum drängte die neue Herrschaft Funktionen auf, die ins Bauerntum wiesen. So wurde Goslar zur Reichsbauernstadt. In Celle wurde das Reichserbhofgericht eingesetzt, auf dem Bückeberg bei Hameln fand das jährliche Erntedankfest statt. Im Reichserbhofgesetz wurde zwar das alte hannoversche Anerbenrecht angewendet, aber in besonderem Maße zugespitzt.

Durch die Anlage der Hermann-Göring-Werke in Salzgitter und des Volkswagenwerkes in Wolfsburg wurde Niedersachsen aber auch in die deutsche Industrie integriert. Bergen-Belsen wurde durch das dortige Konzentrationslager zum Sinnbild des Todes.

Das Gesetz über den Neuaufbau des Reiches vom 30. Januar 1934 beendete schlagartig die Eigenständigkeit der Länder auch in Nordwestdeutschland. Oldenburg, Braunschweig und Schaumburg-Lippe waren von nun an ebenso wie Bremen nur Verwaltungsbezirke unter Gauleitern als Reichsstatthalter.

Die drei aus den früheren Reichstagswahlkreisen hervorgegangenen Gaue Südhannover-Braunschweig, Osthannover und Weser-Ems, die sich später mit dem Lande Niedersachsen deckten (ohne die zum Gau Westfalen-Nord gehörenden Kreise Schaumburg und Schaumburg-Lippe), wurden sehr bald zu Trägern einer neuen Gliederung des niedersächsischen Raumes.

Während Hannover einige Räume abgeben mußte, fiel Harburg an Hamburg und Wilhelmshaven an Oldenburg, während Bremen eine Reihe preußischer Landgemeinden dazu erhielt; am 1. August 1941 folgte ein Gebietsausgleich für das Salzgittergebiet, wobei der Kreis Goslar und ein Teil des Kreises Marienburg an Braunschweig, der Kreis Holzminden wiederum an die Provinz Hannover fiel.

Während des Zweiten Weltkrieges verstärkten die Gauleiter, in Südhannover-Braunschweig Hartmann Lauterbacher, in Osthannover Otto Telschow und im Gau Weser-Ems Carl Röver, ihre Stellungen, indem sie als Reichsverteidigungs-Kommissare die Verwaltungs-Exekutive an sich zogen.

Die im Gau Weser-Ems liegenden Teile der Provinz Hannover (die Regierungsbezirke Osnabrück und Aurich) waren seit 1944 der Gauleitung in Oldenburg unterstellt. Die Gaue waren zu dieser Zeit fast ganz an die Stelle der früheren Länder und Verwaltungsbezirke getreten.

Niedersachsen im Zweiten Weltkrieg

Der Zweite Weltkrieg suchte die Großstädte und Industriezentren im norddeutschen Raum mit immer schwerer werdenden Luftangriffen heim. Besonders Emden, Wilhelmshaven, Osnabrück, Hannover, Braunschweig, Wesermünde und auch Hildesheim wurden schwer getroffen. In fünf Großangriffen auf Hannover vom 23. September 1943 bis zum 6. Januar 1945 wurden allein 10282 Tonnen Bomben geworfen. 250000 Menschen waren nach dem Angriff in der Nacht zum 9. Okt. 1943 obdachlos. Emden erlebte einige schwere Nachtangriffe. Wilhelmshaven wurde bei Tag und Nacht angegriffen und erlebte im Februar 1943 allein vier Großangriffe. Beim Tagesangriff des 30. März 1945 wurde der Kreuzer „Köln" versenkt.

Osnabrück und Braunschweig erlitten ebenfalls bei Tag und Nacht Angriffe. In der Nacht zum 15. Januar 1944 fielen in Braunschweig 2005 Tonnen Bomben.

In Niedersachsen fanden 170000 Menschen unter dem Bombenterror der Alliierten den Tod. 175000 Häuser wurden zerstört, wertvollste Kulturgüter vernichtet.

Ende März 1945 wurde Niedersachsen von den einmarschierenden alliierten, vor allem britischen Truppen erreicht und im Laufe des April teilweise noch unter heftigen Kämpfen besetzt. Besonders heftig war der Kampf um Bremen. An Aller und Weser kam es zu einer Reihe von schweren Gefechten.

Zur befohlenen Verteidigung der Festung Harz kam es nicht mehr, weil Gauleiter Jordan dies nicht zuließ und Generalfeldmarschall Kesselring davon überzeugte, daß eine Verteidigung nur blutige Verluste und den Verlust unersetzlicher Kulturschätze kosten, aber keinen Sinn mehr haben konnte. Generalfeldmarschall Albert Kesselring befahl, den Raum des Harzes nicht in eine Festung zu verwandeln.

Am 4. Mai wurde im Hauptquartier von Fieldmarshal Montgomery bei Lüneburg auf dem „Victory Hill" die Kapitulation der Deutschen Wehrmacht an der britischen Front unterzeichnet. Damit war dem Krieg in Niedersachsen ein Ende gesetzt.

Niedersachsen 1945 bis 1946

Nach der Kapitulation der Deutschen Wehrmacht am 9. Mai 1945 wurde Nordwestdeutschland entsprechend den gemeinsamen Deklarationen der vier Besatzungsmächte vom 5. Juni 1945 der britischen

Besatzung unterstellt. Die Ostgrenze zur sowjetischen Besatzungszone deckte sich im allgemeinen mit der Ostgrenze der Provinz Hannover und des Landes Braunschweig. Lediglich das rechtselbische Amt Neuhaus an der Elbe, die braunschweigische Exklave Calförde in der Altmark und der größere östliche Teil des Kreises Blankenburg wurden „zwecks glatter Grenzziehung" im Austausch gegen Bad Sachsa und einige andere kleinere Gebiete der sowjetischen Besatzungszone zugeschlagen.

Die freie Stadt Bremen wurde mit ihrem um Wesermünde erweiterten Hafen Bremerhaven am 21. Januar 1947 endgültig der amerikanischen Besatzungsmacht als Nachschubbasis zugewiesen.

Die britische Militärregierung ließ die Binnengrenzen im niedersächsischen Raum zunächst unangetastet. Sie stattete Braunschweig, Oldenburg und Schaumburg-Lippe mit dem Länderstatus aus und ernannte für die Provinz Hannover zunächst einen stellvertretenden Oberpräsidenten.

Dieses Amt erhielt der Landeshauptmann a. D. Eduard Hagemann. Am 18. September trat Hinrich Wilhelm Kopf an dessen Stelle. Er erhielt das Amt eines Oberpräsidenten und Leiters einer Art Provinzialregierung. Am 17. September 1945 wurden die Gebiete in der Hannoverregion zusammengefaßt. Schaumburg-Lippe konnte erst am 15. Mai 1946 aus der Westfalen-Region in die Region Niedersachsen zurückgeholt werden. Die einzelnen Gebiete entsandten Vertreter in den auf Anordnung der Militärregierung gebildeten Gebietsrat Niedersachsen. Dessen Aufgabe lautete: „Koordinierung der Durchführung der besatzungsrechtlichen Anordnungen und Wahrnehmung von Funktionen der ehemaligen Reichsbehörden."

Vertreter aller politischen Parteien forderten am 31. Oktober 1945 die „Umwandlung der Provinz Hannover in ein selbständiges Land sowie eine demokratische Neuordnung seiner Regierung und Verwaltung". Diesem Begehren schlossen sich die Berufsstände, die Kirchen und die wissenschaftlichen Hochschulen an.

Durch die Verordnung Nr. 46 der Militärregierung vom 23. August 1946 wurden die in ihrer Zone liegenden preußischen Provinzen zu Ländern erhoben.

Damit erhielt die Provinz Hannover 80 Jahre nach dem Ende des Königreiches Hannover die staatsrechtliche Stellung eines Landes und einer Landesregierung unter Hinrich Wilhelm Kopf als Ministerpräsident sowie einen Landtag.

Von jenen 16 Plänen zur Neugliederung der Zone, die im Sommer 1946 in einem Sonderausschuß des Zonenbeirats im Auftrag der britischen Militärregierung erarbeitet wurden, erreichte nur der Kopf-Plan am 20. September mit 16 von 22 Stimmen eine Zweidrittelmehrheit im Zonenbeirat.

Im Kopf-Plan wurde neben den Flächen-Staaten Nordrhein-Westfalen und Schleswig-Holstein sowie den Stadtstaaten Hamburg und Bremen das Land Niedersachsen als dritter Flächenstaat gefordert. Das Land sollte aus Braunschweig, Hannover, Oldenburg, Schaumburg-Lippe und Lippe bestehen. Lippe wurde jedoch am 21. Januar 1947 Nordrhein-Westfalen zugewiesen.

Am 1. November 1946 verfügte die britische Militärregierung mit ihrer Verordnung Nr. 55 die Bildung des Landes Niedersachsen. Am 23. November wurde Hinrich Kopf zum Ministerpräsidenten dieses Landes ernannt. Seine aus neun Ministern aller Parteien bestehende Staatsregierung wurde im Amt bestätigt. Am 9. Dezember konstituierte sich der ernannte Landtag, dem 86 Abgeordnete angehörten.

In seiner Regierungserklärung sagte Ministerpräsident Kopf, daß Niedersachsen trotz des Formalaktes seiner Gründung durch die britische Militärregierung *kein* künstliches oder willkürliches Gebilde sei, sondern daß dieses Land *durch die Stammesart seiner Bewohner,* durch seine gleichartige Struktur, Tradition und wirtschaftliche Geschlossenheit ein organisch gewachsenes Ganzes sei.

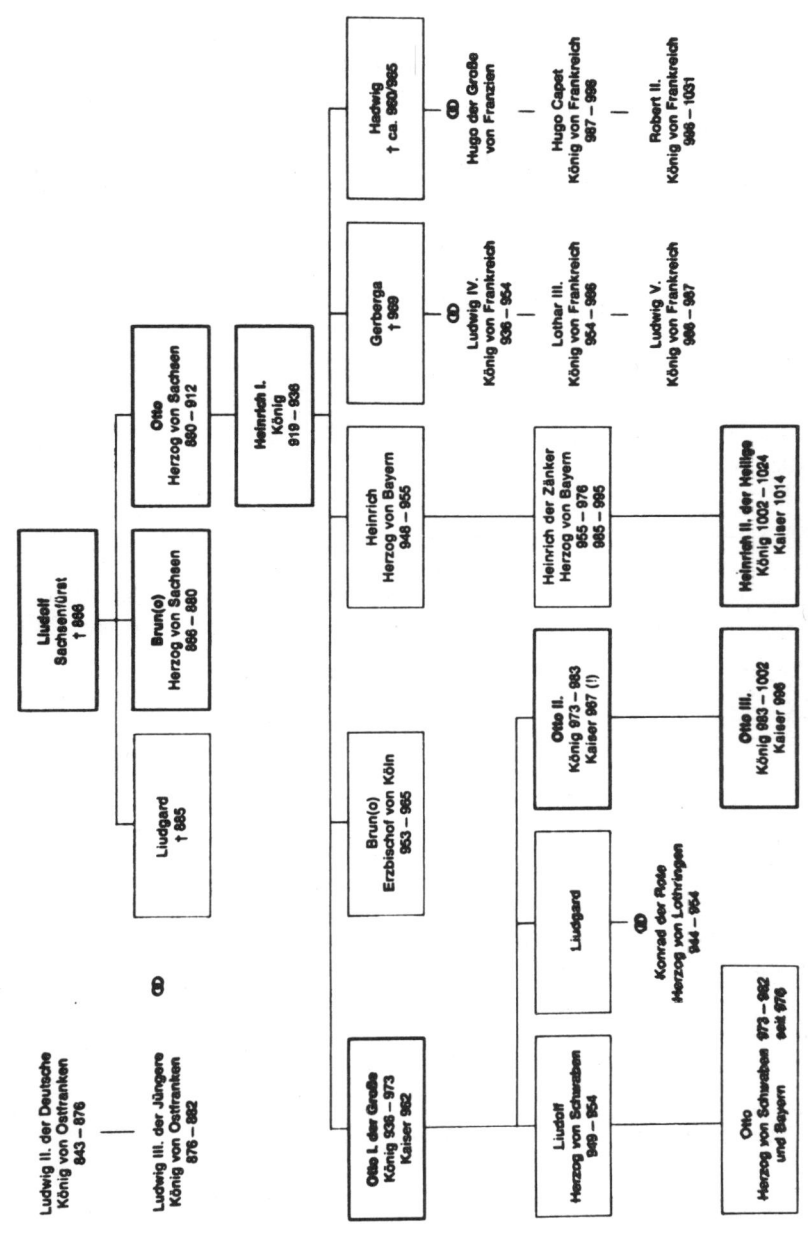

Geschichte der Ottonen-Zeit in Daten

	Deutsches Reich	**Europa**
910		Kloster Cluny gegründet
919–936	Heinrich I., König	
921	Vertrag zu Bonn: das Westfrankenreich anerkennt die Wiedererwerbung Lothringens	
933	Sieg Heinrichs I. über die Ungarn bei Riade an der Unstrut	
936–973	Otto I., der Große, König und Kaiser	
936/37	Errichtung der Marken gegen die Slawen	
951	Otto I. wird König der Langobarden	
962	Kaiserkrönung Ottos I. in Rom; Pactum Ottonianum	
966		Mieszko von Polen tritt zum Christentum über
968	Gründung des Erzbistums Magdeburg; Slawenmission	
973–983	Otto II., König und Kaiser	
982	Niederlage Ottos II. gegen die Araber bei Cotrone	
983	Großer Slawenaufstand und Verlust der ostelbischen Gebiete	
983–1002	Otto III., König und Kaiser	
984		Erik der Rote besiedelt Grönland

	Deutsches Reich	**Europa**
987–1328		Die Kapetinger in Frankreich
988		Großfürst Vladimir von Rußland nimmt das Christentum an; erste Nennung Österreichs in Urkunden Ottos III.
992–1025		Großpolnisches Reich
1000/1001	Gnesen (Polen) selbständiges Erzbistum; Gran (Ungarn) selbständiges Erzbistum	
1001	Aufstand der Römer gegen Otto III.	Ungarn wird christliches Königreich
1002–1024	Heinrich II., König und Kaiser	
1003	Krieg mit Boleslaw Chrobry von Polen	
1006	Erbvertrag mit Burgund	
1007	Stiftung des Bistums Bamberg	
1014	Kaiserkrönung Heinrichs II. in Rom	
1016–1035		Knut der Große, König von Dänemark
1016–1042		Dänische Herrschaft in England
1018	Friede von Bautzen: Boleslaw Chrobry erhält die Lausitz und das Wilzener Land zu Lehen	
1020		Normannen in Unteritalien

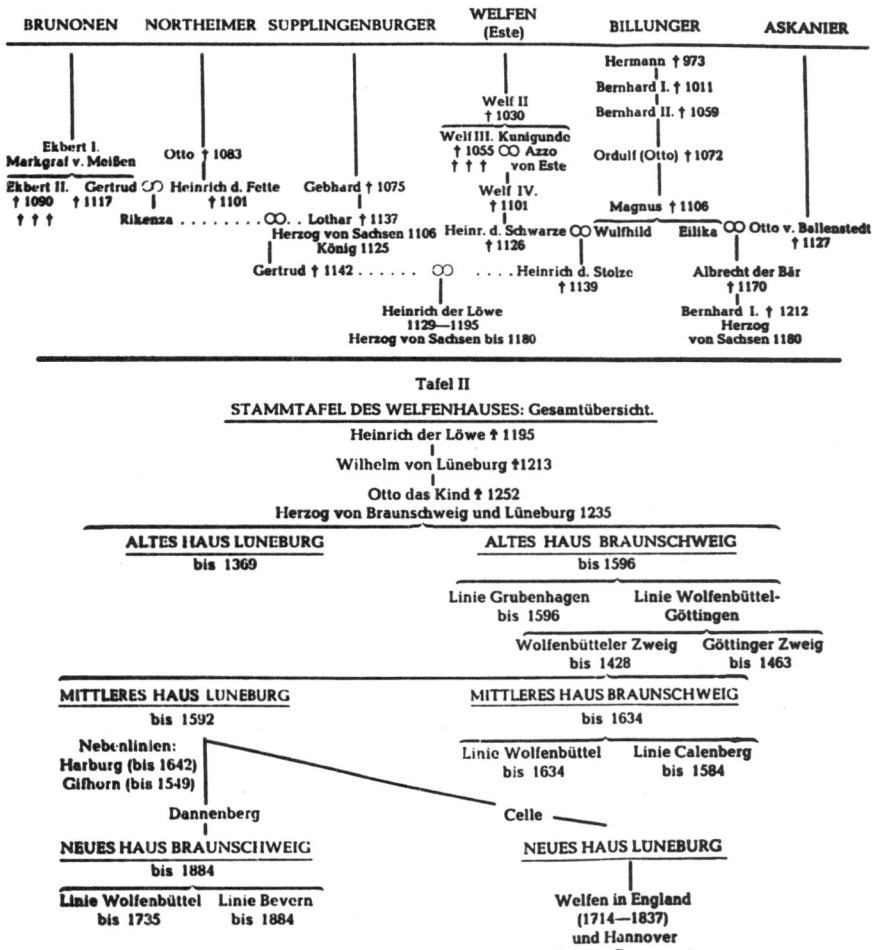

Zeittafel

Britannien	Gallien	Germanien
122–127 Errichtung des Hadrianswalls gegen die Picten.		um 160 Ptolemäus erwähnt die Sachsen als Stammesverband südlich der kimbrischen Landenge und nördlich von Elbe und ‚Chalousos'.
		nach 170 bis 5. Jh. Einbeziehung der süd-elbingischen Chauken in den sächsischen Stammesbund. Ausbreitung der Sachsen in den norddeutschen Raum.
ab 200–400 Schrittweise Errichtung und Verstärkung des „litus Saxonicum" gegen Angriffe germanischer Seeräuber; Anlage von Forts und Hafenbefestigungen an der britannischen und gallischen Kanalküste.		
	256/257 Germanen (darunter Franken) stoßen über Gallien und Spanien bis nach Nordafrika vor.	
	260–275 Schwere Angriffe germanischer Stämme über die Rheingrenze.	
285/286 „Sachsen" und salische Franken tauchen erstmals namentlich in römischen Quellen als Seeräuber auf.		
	288 Franken besetzen die Bataver-Insel.	
vor 300 Niedergang der römischen Kanalflotte (classis Britannica); Seeherrschaft der germanischen Piraten; daher Verstärkung des Küstenschutzes.		
ab 350 Verstärkte Plünderungszüge der Sachsen im gallischen und britannischen Küstenbereich; seit ca. 250 kämpfen sächsische Kontingente als foederati auch auf römischer Seite.		
	seit 355 Verstärkte Angriffe der Franken, wohl unter sächsischem Druck, über den Rhein. Ansiedlung von Franken auf römischem Reichsgebiet. Einzelne Germanen steigen in höchste römische Offiziersstellen auf.	
368 Comes Theodosius vernichtet eine sächsische Flotte.		
	370 Sächsischer Raubzug zu Lande am Niederrhein.	

um 400	Zusammenbruch des litus Saxonicum.
407	Die Römer geben Britannien auf.
407	Constantin III. landet mit dem britannischen Heer in Boulogne und vertreibt mit Unterstützung von foederierten Franken die über den Rhein vorgedrungenen Germanen.
408	Sachseneinfall in Britannien; Angriffe von Pikten und Skoten.
um 410–420	Anwerbung sächsischer Foederaten zum Kampf gegen die Pikten.
seit 413	Germanische Foederatenreiche (Burgunder in Worms, Westgoten in Toulouse und Franken in Nordfrankreich).
um 428–430	Ankunft Hengists und seiner Genossen als Foederaten des britischen Tyrannen Vortigern.
429	Germanus bekämpft die Pelagische Häresie in Britannien.
442/443	Foederatenaufstand in Südengland; Hengist erzwingt die Abtretung von Essex, Middlesex, Sussex.
5. Jh.	Abbrechen des Kontaktes zwischen norddeutschem Flachland und Gallien.
451	Schlacht auf den katalaunischen Feldern zwischen Attilas Hunnen und den Römern unter Aëtius sowie den germanischen Hilfstruppen beider Gegner.
482	Der fränkische König Childerich wird beim heutigen Tournais begraben.
482–511	Chlodwig schafft ein geeintes Frankenreich durch Beseitigung der Gaukönige und Zerschlagung des römischen Restreiches des Syagrius in Gallien.
5. Jh.	Starke Entvölkerung der sächsischen Siedlungsgebiete im Zuge der Landnahme in Britannien.

Angelsächsische Königreiche, England

450–600	Leerzeit der angelsächsischen Geschichte (keine schriftliche Überlieferung); schrittweise Herausbildung von sieben größeren angelsächsischen Königreichen: Kent (Jüten); Essex, Sussex, Wessex (Sachsen); Northumbria, Mercia, East Anglia (Angeln).
455	Kent als frühestes „englisches" Königreich unter dem Jüten Hengist erwähnt, wahrscheinlich auf römischer Verwaltungseinheit errichtet.

419

Angelsächsische Königreiche, England	Sächsische und angelsächsische Kirchengeschichte	Frankenreich, Deutsches Reich
um 502/06 Schlacht am Mons Badonicus bremst für 50 Jahre den angelsächsischen Vormarsch im Südwesten Englands.		531 Theuderich und Chlothar erobern mit sächsischer Hilfe das Thüringerreich (Schlacht an der Unstrut). Das Gebiet nördlich der Unstrut wird von sächsischen Gruppen besiedelt, die vom Frankenreich abhängig werden.
ca. 560–616 AEthelberth König von Kent.		534 Bericht Theudeberts an Justinian bezüglich seiner Herrschaft über die Sachsen.
um 600 AEthelfrith v. Bernicia (598–616) vereinigt erstmals Deira und Bernicia zum Königreich Northumbria.		555/556 Offene Empörung bei Thüringern und abhängigen Sachsen gegen die fränkische Oberhoheit.
628 König Raedwald von East Anglia wird bei Sutton Hoo begraben.		557 Sachsen stoßen bis zum fränkischen Deutz vor.
ca. 628/632–654 Penda König von Mercia.		568 Übergang der Langobarden nach Oberitalien unter Teilnahme eines sächsischen Expeditionskorps, das später in seine Heimat zurückkehrt.
7. Jh. Lange Jahre übt Northumbria trotz dynastischer Konflikte eine Art Vorherrschaft aus.	597 Augustin predigt in päpstlichem Auftrag vor König AEthelberth v. Kent und errichtet seinen Bischofssitz in Canterbury.	
670–674 Wulfhere von Mercia beherrscht alle südlichen Siedlungsgebiete der Angelsachsen.	597–ca. 700 Bekehrung der Angelsachsen von Rom, Irland („peregrini") und später Gallien (Frankenreich) aus. Zwischenzeitlich Perioden heidnischer Reaktion.	
	664 Synode von Whitby bedeutet feste Bindung an die römische Kirche.	
	669–690 Theodor, Erzbischof von Canterbury, organisiert die angelsächsische Kirche; York und Canterbury sind Metropolen (Erzbistümer).	
	678 Beginn der angelsächsischen Mission bei den Friesen und kontinentalen Sachsen; Wilfrith arbeitet einen Winter in Friesland.	
	681–686 Wilfrith, Bischof v. Selsey, bekehrt Sussex als letztes angelsächsisches Königreich.	
	690–725 Bekehrung der Friesen (Willibrord).	

718–758	Mehr als 10 fränkische Heerzüge gegen die Sachsen in Westfalen.
732	Der fränkische Majordomus Karl Martell schlägt die Araber zwischen Tours und Poitiers.
743/744	Eroberung des sächsischen Hassegaues durch die Franken von Thüringen aus.
768–814	Karl der Große, König der Franken (seit 800 Kaiser).
772–804	Sachsenkriege Karls des Großen.
772–776	Widerstand der Sachsen im Rahmen der Heerschaften.
777–785	Widukind leitet den sächsischen Kampf gegen Karl.
782	Verfassungsmäßige Gleichstellung des sächsischen Stammesgebietes mit dem fränkischen Reichsgebiet. Einführung der Grafschaftsverfassung. Schwere fränkische Niederlage im Süntel und Strafgericht von Verden/Aller.
785	Taufe Widukinds.
791	Schlacht von Bornhöved.
792–804	Kleinkrieg im nordöstlichen Stammesgebiet der Sachsen.

722–754	Angelsächsische Mission bei den später deutschen Stämmen des Frankenreiches unter Bonifatius (ohne Sachsen).
731	Angelsächsische Kirchengeschichte des Beda.
754	Bonifatius † (Märtyrertod bei Dokkum/Friesland).
767–789	Bekehrung der Altsachsen.
768	Lebuin spricht auf einer sächsischen Stammesversammlung in Marklô.
seit 772	Fränkische Politik der Zwangstaufen.
785	Taufe Widukinds; Beginn der eigentlichen Mission bei den Sachsen unter Leitung Liudgers.
787	Willehad wird Missionsbischof für das Unterwesergebiet mit Sitz in Bremen.

8. Jh.	Mercia überflügelt Northumbria an Macht.
757–796	König Offa von Mercia regiert über den gesamten Bereich Südenglands. Beziehungen zu Rom und zum Frankenreich Karls des Großen.

421

Angelsächsische Königreiche, England	Kirchengeschichte	Frankreich, Deutsches Reich
		797 Aufhebung des „Capitulatio de partibus Saxoniae" unter sächsischer Mitwirkung durch die mildere Strafgesetzgebung des „Capitulare Saxonicum".
802–839 König Egbert v. Wessex erlangt die Oberhoheit über Sussex (seit Ende 8. Jh. bei Wessex), Essex, Kent und Mercia (825).	804 Kirchliche Organisation im Sachsenland mit den Bistümern Münster, Osnabrück, Paderborn, Minden, Bremen und Verden.	804/805 Rückkehr der letzten sächsischen Geiseln in die Heimat.
	814–840 Ludwig d. Fromme gründet in Sachsen die Bistümer Hildesheim und Halberstadt.	808 Anlage des „limes Saxoniae" im nordelbischen Gebiet als Schutz gegen die Slawen.
		842 Stellinga-Aufstand; letzter Versuch der Wiederherstellung vorfränkischer Zustände.
	831 Ansgar Erzbischof von Hamburg.	843 Vertrag von Verdun; Teilung des Frankenreiches unter die drei Söhne Ludwigs des Frommen; Ludwig d. Deutsche (843–876) König des Ostfrankenreiches; Grundlegung der getrennten deutschen und französischen Entwicklung.
9. Jh. Wikingereinfälle (Dänen).		9. Jh. Dynastische Konflikte unter den Nachfolgern Karls d. Großen; Angriffe von außen; Normannen (Dänen) im Norden, slawische Stämme und später Ungarn im Osten. Entstehung der (jüngeren) Stammesherzogtümer.
seit 866 Planmäßige Eroberung des Landes nördlich der Themse durch die Dänen.		880 Brun, der Sohn des Begründers der liudolfingischen Dynastie, fällt im Kampf gegen die Dänen.
870–876 Eroberung East Anglias, Mercias und Northumbrias durch die Dänen, sogen. Danelaw.		881–887 Karl III., d. Dicke, letzter Gesamtherrscher des Frankenreiches.
871–899 Alfred d. Große v. Wessex behauptet sich gegen die Dänen. Sicherung der Grenzlinie London–Chester.		
um 855 Alfred führt in Wessex die Shires (Grafschaften) ein. Förderung der grundbesitzenden Ritter.		

911	Aussterben der ostfränkischen Karolinger; die deutschen Stämme wählen den Rheinfranken Konrad zum König.
919–936	Heinrich I., 1. deutscher König aus dem liudolfingischen (ottonischen) Geschlecht.
927	Wessex schließt die Unterwerfung der dänischen Königreiche ab.
933	Sieg eines Reichsheeres unter König Heinrich bei Riade/Unstrut über die Ungarn.
936–973	Otto I., d. Große; offensive Ostpolitik mit dem Reich vorgelagerten Marken.
936–937	Hermann Billung und Gero zu Markgrafen ernannt.
seit 948	Missionierung der Slaven; Gründung der Bistümer Schleswig, Oldenburg, Havelberg, Brandenburg, Meißen, Merseburg und Zeitz, die ab 968 dem Erzbistum Magdeburg unterstellt werden.
955	Ungarnschlacht Ottos d. Großen auf dem Lechfeld.
ab 966	Sächsisches Herzogtum der Billunger.
966	Mieszko I. von Polen tritt zum Christentum über; Schaffung des polnischen Bistums Posen.
973/75	Prag und Olmütz entstehen als Bischofssitze für Böhmen und Mähren in der Mainzer Kirchenprovinz.
978–1016	Unter AEthelred II. beginnen erneut schwere Einfälle der Dänen.
983	Großer Slawenaufstand, weitgehender Verlust der ostelbischen Gebiete.
983–1002	Otto III. scheitert mit seiner nach Rom ausgerichteten imperialen Politik.
996–999	Brun, Vetter Ottos III., wird als Gregor V. Papst.
1000	Erzbistum Gnesen wird unabhängige polnische Kirchenprovinz.
1001	Gran wird als Erzbistum für Ungarn eingerichtet.
1002–1024	Heinrich II. letzter ottonischer Herrscher; Rückbesinnung auf die deutsche Grundlage des Reiches.
1013	Die Dänen erobern England.
1016–1035	England ist Kernland für das Nordseereich Knuts des Großen von Dänemark.
1017–1021	Fehden des hohen sächsischen Adels bei gleichzeitiger Bedrohung durch die Slawen.
1042	Erlöschen der Linie Knuts d. Großen. Die Krone fällt an seinen angelsächsischen Stiefsohn Edward.

423

England

1066 Jan. Tod Edwards des Bekenners; der englische Adel bestätigt Harold, Earl von Wessex, gegen die Thronansprüche Herzog Wilhelms von der Normandie.
25. 9. Harold schlägt die einfallenden Norweger bei Stamford Bridge.
27. 9. Herzog Wilhelm landet mit einem normannischen Heer in England.
14. 10. Schlacht von Hastings; König Harold fällt. Wilhelm wird zum König gekrönt und verteilt den angelsächsischen Adelsbesitz an seine Gefolgsleute; Einsetzung normannischer Kirchenfürsten.

1086 Domesday Book, erster englischer Kataster.

1154–1399 Königshaus der Anjou-Plantagenet.

1154–1189 Heinrich II. herrscht über England und große Teile Frankreichs, sogen. Agevinisches Reich, neben dem staufischen Deutschen Reich Europas zweite Großmacht.

1199–1216 Johann I. Ohneland verliert den französischen Festlandsbesitz nördlich der Loire.

1215 Magna Charta libertatum; König Johann muß den Baronen ein feudales Widerstandsrecht verbriefen.

Zusammengestellt von K. Jäger u. F. Laux

Kirchengeschichte

1096–1099 1. Kreuzzug unter führender Beteiligung Roberts, Herzog der Normandie und Bruder König Wilhelms II. von England.

1189–1192 3. Kreuzzug unter König Philipp II. August von Frankreich und Richard Löwenherz von England. Richard erobert Zypern und Akkon.

Deutsches Reich

1142–1180 Heinrich der Löwe (Welfe) Herzog von Sachsen; Wandlung zum Territorialherzogtum durch Ausdehnung in nichtsachsenstämmige Gebiete.

1180 Ächtung Heinrichs durch Kaiser Friedrich Barbarossa; Übertragung des Herzogtums an den Askanier Bernhard; Aufteilung Sachsens in mehrere Territorien.

1235 Begründung des Herzogtums Braunschweig-Lüneburg auf Grundlage von Heinrichs früherem Eigenbesitz, daneben das Herzogtum Sachsen mit Schwerpunkt in den askanischen Kernlanden an der mittleren Elbe.

1260 Spaltung des Herzogtums Sachsen in Sachsen-Lauenburg und Sachsen-Wittenberg.

1356 Sachsen-Wittenberg steigt zum Kurfürstentum auf.

16. Jh. Namenswanderung Sachsens in die Stammlande der Wettiner (heute DDR).

1512 Kaiser Maximilian schafft den „Obersächsischen" und „Niedersächsischen Reichskreis".

Quellenangabe und Literaturverzeichnis

Abel, Dr. S.:	Jahrbücher des fränkischen Reiches unter Karl dem Großen, Leipzig 1864
Adam von Bremen:	Hamburgische Kirchengeschichte, Hrgb. B. Schmeidler, ZS 1917
Almgreen, Oskar:	Nordische Felszeichnungen als religiöse Urkunden, Frankfurt/Main 1934
Altertumskunde Westfalens:	Westfalen XVII. Jgg. 1932, Dortmund 1932
Ammon, Georg:	Tacitus Germaniae (Übers.), Bamberg 1927
Amt Enger:	Widukind-Gymnasium Enger, Enger 1973
dass.:	Beiträge zur Stadtgeschichte I und II, Enger 1983
dass.:	Amtschronik des Amtes Enger
dass.:	Akten des Amtes Enger
Appelt, H.:	Heinrich der Löwe und die Wahl Friedrich Barbarossas, in: Festschrift für H. Wiesflecker, 1973
Arntz, Helmut:	Runenkunde, Halle/Saale 1935
Augin, Hermann, und Petri, Franz:	Der Raum Westfalen, Bd. II: Untersuchungen zu seiner Geschichte und Kultur, Münster 1955
Bach, Elisabeth:	Politische Begriffe und Gedanken sächsischer Geschichtsschreiber der Ottonenzeit, Diss. Münster 1948
Bader, K. S.:	Herrschaft und Staat im deutschen Mittelalter, ZS 1942–1949
Behn, Friedrich:	Altgermanische Kunst, München 1927
Below, Gerhard von:	Der deutsche Staat des Mittelalters, Leipzig 1914
Berck, Theodor:	Geschichte der westphälischen Femgerichte, Bremen 1918
Bergengruen, Alexander:	Adel und Grundherrschaft im Merowingerreich, Wiesbaden 1958
Berges, Wilhelm:	Die Fürstenspiegel des hohen und späten Mittelalters, Leipzig 1938
Bernhardi, W.:	Lothar von Supplinburg, Leipzig 1879
Beumann, Helmut:	Widukind von Korvey, Weimar 1950

Beyer, Paul:	Die Edda (Übers.), Breslau 1934
Bielefeld, Ludwig:	Aus Dülmens Vergangenheit, Dülmen 1910
Biereye, W.:	Die Kämpfe gegen Heinrich den Löwen in den Jahren 1177–1181, in: Festschrift für D. Schäfer, 1915
Bing-Bergen, Just:	Der Sonnenwagen von Trundholm, Leipzig 1934
Bloch, Hermann:	Die Sachsengeschichte Widukinds von Korvey, NA 1913
Bode, G.:	Der Uradel in Ostfalen, Forschungen zur Geschichte Niedersachsens, Bd. 3 H 2/3, Hannover 1911
ders.:	Herkunft und Heimat Gunzelins von Hagen, des ersten Grafen von Schwerin, Wolfenbüttel 1911
Börsting-Schröer:	Handbuch des Bistums Münster, 2 Bd. Münster 1947
Böttger, Heinrich:	Diöcesan- und Gaugrenzen in Norddeutschland, Bd. 3: Altsachsen und Friesland, Halle 1875
Borgmann, Richard:	Die deutschen Freigrafschaften und Freigerichte im Mittelalter, ZS 1938
Bork, R.:	Die Billunger, Greifswald, Diss. 1951
Brand, Albert:	Die altsächsische Edelherrschaft Lippe-Stormede-Boke und das Corveyer Vitsamt Mönninghausen, ZS 1916
Brandi, K.:	Karls des Großen Sachsenkriege, Hildesheim, ZS 1933
Bremer, Heinrich:	Westfalen, Kleine Volks- und Heimatkunde, Münster 1937
Brinkmann, Hennig:	Zu Wesen und Form mittelalterlicher Dichtung, Halle 1928
Brüning, Prof. Dr. K.:	Der Landkreis Hameln-Pyrmont, Bremen-Horn 1952
Brunner, Heinrich:	Nobiles und Gemeinfreie der karolingischen Volksrechte, Leipzig 1898
Bücker, Hermann:	Werner Rolevinck. Leben und Persönlichkeit im Spiegel des Westfalenbuches, Münster 1953
ders.:	Werner Rolevinck 1425–1502 De laude antiquae Saxoniae nunc Westphaliae dictae, Münster 1953 (lateinische Erstausgabe mit deutscher Übersetzung)
Bühler, Johannes:	Deutsche Geschichte, Bd. 1–3, Berlin 1934–1938
Busch, Harald, u. Breidenstein, H.:	Land der Niedersachsen, Frankfurt/Main o. J.
Calmette, Joseph:	Karl der Große, Innsbruck–Wien 1948
Calvor:	Das alte heydnische und christliche Niedersachsen, Goslar 1714
Crusius:	Wittekindus, Minden 1679
Curs, Otto:	Deutsche Gaue im 10. Jahrhundert. Nach den Königsurkunden, Diss. Göttingen 1908
Curtius, Robert Ernst:	Europäische Literatur und lateinisches Mittelalter, Bern 1948
Darpe, Franz, Hrgb.:	Codex traditionum Westfalicarum I–VIII, Münster 1872–1914

Degener, A.:	Die Erhebung Heinrichs V. und das Herzogtum Sachsen, Innsbruck 1939
Dehio, G.:	Geschichte des Erzbistums Hamburg-Bremen bis zum Ausgang der Mission, 2 Bd. 1877 o. O.
Deppe, August:	Karls des Großen fünfter Kriegszug gegen die Sachsen im Jahre 779, in: Zeitschrift für vaterländische Geschichte und Altertumsforschung, Bd. 50, Münster 1892
Detten, Von:	Alte Weinkulturen in Niedersachsen, ZS Niedersachsen Jgg. 16
Dettmer, Josef:	Der Sachsenführer Widukind in Geschichte und Sage, Würzburg 1879
Dannenbauer, Heinrich:	Adel, Burg und Herrschaft bei den Germanen in: Historisches Jahrbuch 61, 1941
Diekamp:	Widukind der Sachsenführer, I. Teil, Münster 1877
Dilich, Wilhelm:	Hessische Chronika von 1605, Kassel 1965
Dopsch, Alfons:	Die Wirtschaftsgeschichte der Karolingerzeit, vornehmlich in Deutschland, Weimar 1912–1913
ders.:	Der deutsche Staat im Mittelalter, Leipzig 1930
Drögereit, Richard:	Fragen der Sachsenforschung in historischer Sicht in Niedersachsen – Jahrbuch für Landesgeschichte, 31, 1952
Dümmler, E.:	Die Geschichte des ostfränkischen Reiches, Leipzig 1887
ders.:	Kaiser Otto der Große, Jahrbücher der deutschen Geschichte, Leipzig 1876
Dürre, H.:	Geschichte der Stadt Braunschweig im Mittelalter, Braunschweig 1861
Dungern, Otto von:	Adelsherrschaft im Mittelalter, München 1927
Eberhard, H. A., Hrgb.:	Vita Heinrici IV. imperatoris, Hannover 1899
Eberhardt, H.:	Die Anfänge des Territorialfürstentums in Nordthüringen, Jena 1932
Ebert, W.:	Geschichte der ostdeutschen Kolonisation, o. O., 1937
Eckhardt, Karl August:	Eine unbekannte Handschrift sächsischer Rechtsbücher, in: Deutsches Archiv zur Erforschung des Mittelalters, 14, 1958
Ebert, Adolf:	Allgemeine Geschichte der Literatur des Mittelalters, Leipzig 1887
Engel, Gustav:	Dorf, Amt und Stadt Enger, Enger 1981
Erdmann, Carl:	Beiträge zur Geschichte Heinrichs I., I–IV, Sachsen und Anhalt 1943
ders.:	Das ottonische Reich als Imperium Romanum, in:

	Deutsches Archiv für Geschichte des Mittelalters, Weimar 1943
Erhard:	Regesta Historiae Westfalicae (Quellen der Geschichte Westfalens) o. O. u. J.
Erhard, H. A., Hrgb.:	Westfälisches Urkundenbuch Bd. I und II, Münster 1847/51
Eckart, Rudolf:	Handbuch zur Geschichte der plattdeutschen Literatur, Bremen 1911
Esser, Hermann:	Hohenlimburg und Elsey. Beiträge zur westfälischen Orts- und Territorialgeschichte, Dortmund 1907
Evgl. Kirchengemeinde Enger:	Zu Widukinds Gedächtnis, Enger 1980
Fehr, Hans:	Das Waffenrecht der Bauern im Mittelalter, ZS 1914
Festschrift:	Forschungen zur thüringischen Landesgeschichte, Friedrich Schneider zum 70. Geburtstag, Weimar 1958
Flemes, Bernhard:	Niedersachsen – Ein Heimatbuch, Leipzig 1922
Fredegar:	Fredegars Chronik
Frensdorff, Ferdinand:	Dortmunder Statuten und Urtheile, Halle 1882
Freytag, Hans-Joachim:	Die Herrschaft der Billunger in Sachsen, Göttingen 1951
ders.:	Der Nordosten des Reiches nach dem Sturz Heinrichs des Löwen, in: Deutsches Archiv zur Erforschung des Mittelalters, 1969
Friedländer, E., und Darpe, Franz (Hrgb.):	Codex traditionum Westfalicarum I–VIII, Münster 1872–1914
Friedmann, Käthe:	Die Rolle des Erzählers in der Epik, Leipzig 1910
Frisch, Margarete:	Die Grafschaft Mark, Münster 1937
Fürstenberg, Ferdinand von:	Monumenta Paderbornensia, Paderborn 1672
Gauch, Hermann:	Die germanische Odal oder Allodverfassung, Berlin 1934
Gaupp:	Recht und Verfassung der alten Sachsen, Breslau 1837
Gehrs, Dietmar:	Bauernhöfe im Münsterland, Münster 1965
Gensler:	Wittekind, Coburg 1817
Geographische Gesellschaft zu Hannover:	Jahrbuch für 1941/42: Hannover, Entwicklungsgang und Bedeutung der niedersächsischen Hauptstadt, Teil II, Hannover 1942
Giesebrecht, W. v.:	Geschichte der deutschen Kaiserzeit, Bd. I–III, Leipzig 1881–1890
Giesebrecht, L.:	Wendische Geschichten aus den Jahren 780–1182, 3 Bd. Berlin 1843
Göbel, R.:	Die sächsischen Grafen (919–1024), Göttingen 1954

Grauert, Hermann:	Die Herzogsgewalt in Westfalen seit dem Sturz Heinrichs des Löwen, Paderborn 1877
Griese, Gustav:	Die Höfe der Sattelmeiner in Ravensberg, Halle i. W. 1955
Grimm, Gebr.:	Deutsche Sagen, Berlin 1918
Grimm, Jakob:	Deutsche Mythologie, Göttingen 1835
Grönbech, Wilhelm:	Kultur und Religion der Germanen, Hamburg 1937
Grosse, W.:	Lothar von Süpplingenburg und seine Beziehungen zum Harzgebiet, ZS 1937
Grotelüschen, W., und Muuss, Uwe:	Luftbildatlas Niedersachsen, Neumünster 1967
Grundmann, Herbert:	Politische Gedanken mittelalterlicher Westfalen, in: Westfalen – Hefte für Geschichte, Kunst und Volkskunde, Nr. 27, 1948
Gudenius:	De vita Bonifacii Germanorum Apostoli, Diss. Helmstedt 1720
Güterbock, F.:	Der Prozeß Heinrichs des Löwen o. O. 1909
Gundlach, Wilhelm:	Heldenlieder deutscher Kaiserzeit, 3 Bd., Innsbruck 1894–99
Haase, Karl:	Niedersachsen – Territorium, Verwaltungseinheiten, geschichtliche Landschaft, Göttingen 1971
Habicht, V. C.:	Der niedersächsische Kunstkreis, Hannover 1930
Hagemann, Anton:	Die Stände der Sachsen, in: Zeitschrift der Savignystiftung, 76. Band, Weimar 1959
Haken, Roderich v.:	Eisenbarts Wappen und Grabdenkmal in Hannoversch Münden in: Archiv für Stammes- und Wappenkunde, Jgg. 11
Haller, Johannes von:	Das altdeutsche Kaisertum, Stuttgart 1944
Hammerbacher, H. W.:	Die Donareiche, Heusenstamm 1974
Hampe, Karl:	Das Hochmittelalter, Geschichte des Abendlandes von 900 bis 1250, Berlin 1932
Hartung, C.:	Die Schlacht am Welfesholz am 11. Februar 1115 nach zeitgenössischen späteren Berichten, Eisleben 1889
Hassell Wilhelm v.:	Geschichte des Königreiches Hannover, 2 Bd. Bremen 1898–1901
Havemann, Dr. Wilhelm:	Die Geschichte des Landes Braunschweig und Lüneburg, Bd. I–III, Göttingen 1853–1857
Hauck, Albert:	Kirchengeschichte Deutschlands, o. O. 1906
Haller, Johannes:	Der Sturz Heinrichs des Löwen, in: Archiv für Urkundenforschung Bd. 3, Leipzig 1911
Heck, Philipp:	Der Sachsenspiegel und die Stände der Freien, Halle 1905
ders.:	Die Standesgliederung der Sachsen im frühen Mittelalter, Tübingen 1927

Heimatverein Sythen:	Sythen – Landschaft, Geschichte, Brauchtum, Sythen 1980
Heimpel, Hermann:	Deutsches Mittelalter, Leipzig 1941
Hellmann, Siegmund:	Einhards literarische Stellung, in: Historische Vierteljahresschriften, Nr. 27, Dresden 1932
Henricus de Herfordia:	Liber de rebus memorabilioribus, Göttingen 1859
Herbst, Dr. Albert:	Die alten Heer- und Handelsstraßen Südhannovers, Hannover 1932
Herzig, R.:	Der Dom zu Hildesheim und seine Kunstschätze, Hildesheim 1911
Heinemann, O. v.:	Albrecht der Bär, Darmstadt 1864
Hessler, Wolfgang:	Die Anfänge des deutschen Nationalgefühls in der ostfränkischen Geschichtsschreibung des 9. Jahrhunderts, Berlin 1943
Heusler, Andreas:	Die altgermanische Dichtung, Potsdam 1941
Heydel, J.:	Das Itinerar Heinrichs des Löwen, in: Niedersächsisches Jahrbuch 1929
Hildebrand, Ruth:	Der sächsische „Staat" Heinrichs des Löwen, Berlin 1937
Hiller, Helmut:	Friedrich Barbarossa, Kaiser – Ritter – Held, München 1977
Hodenberg, W. v. Hrgb.:	Verdener Geschichtsquellen, Celle 1857
Höfer, Paul:	Der Königshof Bodfeld im Harz, Wernigerode 1911
Hömberg, Albert K.:	Die Entstehung der westfälischen Freigrafschaften als Problem der mittelalterlichen deutschen Verfassungsgeschichte, Münster 1953
ders.:	Westfalen und das sächsische Herzogtum, Münster 1963
Hoernes, Moritz, und Menghin, Oswald:	Urgeschichte der bildenden Kunst in Europa, Wien 1925
Holder-Egger, O.:	Über eine zweite, neue Widukind-Handschrift, in: Archiv für ältere deutsche Geschichte, 36, 521–537
dies., Hrgb.:	Annales Erphesfurdenses Lothariani, Hannover und Leipzig 1859
dies.:	Chronica Principum Saxoniae, Hannover 1880
Holtzmann, R. Hrgb.:	Die Chronik des Bischofs Thietmar von Merseburg und ihre Korveyer Überarbeitung, Berlin 1935
ders.:	Die Quedlinburger Annalen, Sachsen und Anhalt, I, 1925
ders.:	Geschichte der sächsischen Kaiserzeit, München 1943
Hoogeweg, H.:	Verzeichnis der Stifter und Klöster Niedersachsens vor der Reformation, Hannover u. Leipzig 1908
ders., Hrgb.:	Urkundenbuch des Hochstiftes Hildesheim und seiner

Hübner, Alfred:	Bischöfe, Hannover 1911 Deutschenspiegel und Augsburger Sachsenspiegel, Hannover 1933
Hücker, Wilhelm:	Die Entstehung der Amtsverfassung im Herzogtum Westfalen, in: Westfälische Zeitschrift, 68, 1910
Hüttebräucker, Lotte:	Das Erbe Heinrichs des Löwen. Die territorialen Grundlagen des Herzogtums Braunschweig-Lüneburg von 1235, Göttingen 1927
Jacob-Friesen, K. H.:	Einführung in Niedersachsens Urgeschichte, Bremen 1925
Jaffé, Ph.:	Geschichte des Deutschen Reiches unter Lothar dem Sachsen, Berlin 1843
ders.:	Annales Bremenses, Hannover 1861
Jankuhn, Herbert:	Haithabu und Danewerk, Neumünster 1972
Jansen, Max:	Die Herzogsgewalt der Erzbischöfe von Köln in Westfalen seit dem Jahre 1180 bis zum Ausgang des 14. Jahrhunderts, München 1895
Jordan, Karl:	Die Bistumsgründungen Heinrichs des Löwen, Stuttgart 1939
ders.:	Die Urkunden Heinrichs des Löwen, Weimar 1949
ders.:	Herzogtum und Stamm der Sachsen während des Hohen Mittelalters, in: Niedersächsisches Jahrbuch für Landesgeschichte, 30 1958
Kaldewei, Gerhard, Hrgb.:	1200 Jahre Widukinds Taufe, Paderborn 1985
Katalog:	Katalog der Ausstellung Karls des Großen in Aachen, Aachen 1965
Kentzler, W.:	Karls des Großen Sachsenzüge, 2 Bd., o. O. 1871
Kindlinger, V. N., Hrgb.:	Münsterische Beiträge zur Geschichte Deutschlands, hauptsächlich Westfalens, Bd. 3, Münster 1973
Kisky, Wilhelm, Hrgb.:	Die Regesten der Erzbischöfe von Köln im Mittelalter, Bd. 2–4, 11- 1332, Bonn 1901–1915
Klebel, E.:	Herzogtümer und Marken bis 900, ZS 1938
Klewitz, Hans-Walter:	Germanisches Erbe im fränkischen und deutschen Königstum, in: Die Welt als Geschichte, 7 1941
Klopp, O.:	Geschichte und Sagen der deutschen Volksstämme, Leipzig 1851
Knauth, Johann Conrad:	Beschreibung des alten Sachsenlandes, Dresden 1727
Knipping, Richard, und Kisky, Wilhelm:	Die Regesten der Erzbischöfe von Köln im Mittelalter, Bd. 2–4, 11- 1332, Bonn 1901–1915
Knochenhauer, Th.:	Geschichte Thüringens zur Zeit des ersten Landesgrafenhauses (1039–1247) Gotha 1871

Knoke, F.:	Die Wittekindsburg an der Nette, Mittlg. des Vereins für Landeskunde von Osnabrück, Bd. 35
Koegel, Rudolf:	Geschichte der deutschen Literatur bis zum Ausgange des Mittelalters, 1867 o. O.
Köpke, Rudolf, und Dümmler, Ernst:	Jahrbücher des deutschen Reiches, Otto I., 1876
Korte, Heinrich:	Verfassung und Verwaltung des Landes Niedersachsen, Göttingen 1962
Köster, Arnold:	Die staatlichen Beziehungen der böhmischen Herzöge und Könige zu den deutschen Kaisern von Otto dem Großen bis Ottokar II., Aalen 1971
Kötzschke, Rudolf:	Die Urbare der Abtei Werden a. d. Ruhr, 2 Bd., Bonn 1906 und 1917
Kuhlmann, B.:	Eresburg und Irminsul, ZS Münster 1899
Kummer, Bernhard:	Kampf um ein Heiligtum, 1953, o. O.
Kurowski, Franz:	Das Volk am Meer, die Geschichte der Friesen, Berg 1984
Kurze, F. (Hrgb.):	Annales Fuldenses, o. O., 1891
Lacomblet, Theodor:	Urkundenbuch für die Geschichte des Niederrheins, 4 Bd. Düsseldorf 1840–1858
Läwen, Gerhard:	Die herzogliche Stellung Heinrichs des Löwen in Sachsen, Diss. Königsberg 1937
Lammers, W.:	Die Stammesbildung bei den Sachsen, in: Westfälische Forschungen, 10 1957
Land Hannover:	Porträt eines Parlaments. Der niedersächsische Landtag 1947–1967, Hannover 1967
Lange, K.-H.:	Die Grafen von Northeim, Politische Stellung, Genealogie und Herrschaftsbereich, Diss. Kiel 1958
Langewiesche, Prof. Fr.:	Sinnbilder germanischen Glaubens im Wittekindsland, Eberswalde 1935
Lappenberg, J. M., Hrgb.:	Arnoldi chronica Slavorum 1869, o. O.
Laurent, I. C. M.:	Das Leben des Bischofs Willehad, Berlin 1856
Ledebuhr, Leopold v.:	Das Land und Volk der Brukterer, Berlin 1827
ders.:	Kritische Beleuchtung einiger Punkte in den Feldzügen Karls des Großen i. Ms.
Leidenroth:	Welcher Art war die Herrschaft des Sachsenherzogs Widukind? Lübben 1858
Levison, Wilhelm:	Beda as Historian, in: Aus rheinischer und fränkischer Frühzeit, Düsseldorf 1948
Liebe, Georg:	Die berittene Landfolge in Niedersachsen, vornehmlich in den Stiften Magdeburg und Halberstadt, Thür.-sächs. Zeitschrift für Geschichte und Kunst, Bd. 1
Lindner, Theodor:	Die Veme, Paderborn 1888
Lintzel, Martin:	Karl der Große und Widukind, Hamburg 1935

ders.:	Der sächsische Stammesstaat und seine Eroberung durch die Franken, Berlin 1933
ders.:	Untersuchungen zur Geschichte der alten Sachsen, I–X, Sachsen und Anhalt 1927–1932 und 1934
ders.:	Zur Entstehungsgeschichte des sächsischen Stammes, Sachsen und Anhalt, 3 1927
ders.:	Die Kaiserpolitik Ottos des Großen, München–Berlin 1943
ders.:	Der Poeta Saxo als Quelle Widukinds von Korvey, NA 1939
ders.:	Zu den deutschen Königswahlen der Ottonenzeit, in: Zeitschrift der Savignystiftung Jgg. 1948
ders.:	Zur Entstehung von Widukinds Sachsengeschichte, Sachsen und Anhalt III 1927
ders.:	Untersuchungen zur Geschichte der alten Sachsen, in: Sachsen und Anhalt 4 1928
Lodtmann:	Monumenta Osnabrugensia, Helmstadii 1753
Löhr, Gabriel, M. P. O. P.:	Die Kapitel der Provinz Saxonia im Zeitalter der Kirchenspaltung 1513–1540, Dortmund 1931
Lohmann, H. E., Hrgb.:	Die Sachsengeschichte des Widukind von Corvey, Hannover 1935
ders. u. Hirsch, P.:	Widukind von Corvey: Res gestae Saxoniae, 1935
Loreck, H.:	Bernhard I. der Askanier, Herzog von Sachsen, ZS 1893
Lubke:	Die Mittelalterliche Kunst in Westfalen, Leipzig 1853
Ludorff, A.:	Bau- und Kunstdenkmäler in Westfalen, Münster i. W., o. J.
Mayer, Th.:	Friedrich I. und Heinrich der Löwe. Kaisertum und Herzogsgewalt im Zeitalter Friedrichs I., Leipzig 1944
Mayer von Knonau, G.:	Jahrbücher des deutschen Reiches unter Heinrich IV. und Heinrich V., Bd. I–VII, Leipzig 1890 bis 1909
Mayer, Theodor:	Fürsten und Staat, Studien zur Verfassungsgeschichte des deutschen Mittelalters, Weimar 1950
Meininghaus, August:	Die Dortmunder Freistühle und ihre Freigrafen, in: Dortmunder Beiträge Nr. 19, Dortmund 1910
ders.:	Die Grafen von Dortmund, Dortmunder Beiträge, Dortmund 1915
Mertens, C., Hrgb.:	Zeitschrift für vaterländische Geschichte und Altertumskunde, Bd. 50, Münster 1982
Meyer, Georg:	Ronnenberg, Festschrift 1930
Möhlmann, Günter, und Engel, Franz:	Geschichte des Landes Niedersachsen, Ein Überblick, Würzburg 1962

Möller, Georg:	Die Hauptkirche Beatae Mariae Virginis in Wolfenbüttel, Heraldische Mittlg. Jgg. 22
Möller:	Die Feste Hohensyburg, Dortmund 1804
Molitor, Erich:	Die Stände der Freien in Westfalen und der Sachsenspiegel, Diss., Münster 1910
ders.:	Die Entwicklung der westfälischen Freigerichte, Westfalen 6 1914
Mühlbacher, Engelbert:	Deutsche Geschichte unter den Karolingern, Stuttgart 1896
Motz, Ulrich v.:	Die Externsteine als Volksheiligtum, Pähl 1954
Mutke, E.:	Helmstedt im Mittelalter, Wolfenbüttel 1913
Neckel, Gustav:	Kultur der alten Germanen, Potsdam 1934
Niese, H.:	Zum Prozeß Heinrichs des Löwen, ZS Weimar 1913
Norden, Eduard:	Die antike Kunstprosa, 2 Bd., 1918 o. O.
Obermann, Alfred:	Das Standrecht der Grafschaft Mark, Hamm/Münster 1902
Obermüller, Christoph:	Die deutschen Stämme, Bielefeld 1941
Ohnesorge, Wilhelm:	Ausbreitung und Ende der Slawen zwischen Niederelbe und Oder, Lübeck 1911
ders.:	Die Byzanzpolitik Barbarossas und der „Landesverrat" Heinrichs des Löwen, in: Deutsches Archiv für Erforschung des Mittelalters, 1943
Oldenburg und Greverus:	Wildeshausen in altertümlicher Hinsicht, Oldenburg 1837
Oppermann-Schuchardt:	Alte vorgeschichtliche Befestigungen in Niedersachsen, ZS
Ortmann, B.:	Vororte Westfalens, Paderborn 1949
Osten, von der:	Die Altsachsen, Jahresbericht der Männer vom Morgenstern, Jgg. 12
Pahde:	Widukind der Sachsenherzog, Mülheim-Ruhr 1860
Paulus Diaconus:	Geschichte der Langobarden
Pertz, G. H., Hrgb.:	Annales Magdeburgenses, Hannover 1859
ders.:	Arnoldi Chronica Slavorum, 1868
Pessler, Willi:	Das altsächsische Bauernhaus, Hildesheim 1981
Petri, Franz, Hrgb.:	Westfälische Forschungen – Mitteilungen des Provinzialinstituts für westfälische Landes- und Volkskunde, 10. Bd., Köln/Graz 1957
ders.:	Der Raum Westfalen, Bd. II: Untersuchungen zu seiner Geschichte und Kultur, Münster 1955
Pfaff, F.:	Geschichte der Abtei Helmarshausen, ZS 1910
Pfeil, Elisabeth:	Die fränkische und die deutsche Romidee des frühen Mittelalters, München 1929
Philippi, Friedrich:	Die Kaiserurkunden der Provinz Westfalen 777–1313,

	2 Bd. Münster 1867 und 1881
ders.:	Sachsenspiegel und Sachsenrecht, ZS 1908
ders.:	Zur Gerichtsverfassung der Sachsen im hohen Mittelalter, ZS 1914
ders.:	Die Umwandlung der Verhältnisse Sachsens durch die fränkische Eroberung, Hist. ZS 129 1924
ders.:	Geschichte Westfalens, Paderborn 1926
Plassmann, Joseph-Otto:	Reich und Gefolgschaft im 10. Jahrhundert, in: Germanien 1942
Poole, A. L.:	Die Welfen in der Verbannung, in: Deutsches Archiv zur Erforschung des Mittelalters, 1938
Posse, O. Hrgb.:	Codex diplomaticus Saxoniae, Leipzig 1889
Potthast, A., Hrgb.:	Chronicon Heinrici de Herfordia, Göttingen 1859
Prinz, Josef:	Untersuchungen zur Geschichte der altsächsischen Gaue, Münster 1941
Provinzialinstitut für Westfälische Landes- und Volkskunde:	Westfälische Forschungen, 4. Bd., 1.–2. Heft 1941
Ranke, Leopold v.:	Jahrbücher des deutschen Reiches unter dem sächsischen Hause, Berlin 1837
Roese, Eduard, Hrgb.:	Dortmunder Urkundenbuch 1. und Ergänzungsband I., Dortmund 1881–1910
Rolevinck, Werner:	De laude veteris Saxoniae nunc Westphaliae dictae – Das Buch vom Lobe des alten Sachsen, nun Westfalen genannt, Köln 1500 (deutsch 1834 durch Joh. Val. Kutscheit)
Rosenstock, E.:	Herzogsgewalt und Friedensschutz. Deutsche Provinzialversammlungen des 9.–12. Jahrhunderts, Breslau 1938
Rosien, Walter:	Das Werden des Landes Niedersachsen: Grundzüge niedersächsischer Gebietsentwicklung, in: Niedersachsen, Land, Volk, Wirtschaft, Bremen 1956
Rothert, Hermann:	Westfälische Geschichte, Bd. 1 und 2, Gütersloh 1949–1950
Rübel, Karl:	Reichshöfe im Lippe-, Ruhr- und Diemel-Gebiet und am Hellwege, Dortmunder Beiträge 10, 1901
ders.:	Die Dortmunder Reichsleute, Dortmunder Beiträge 15, 1907
ders.:	Die Westhofener Reichsleute, Dortmunder Beiträge 17 1909
ders.:	Grafenamt und Grafschaft in Dortmund, Dortmunder Beiträge 21, 1912
ders.:	Die Gerichtsverfassung in der Grafschaft und in der Freien Reichsstadt Dortmund, seit 1504, Dortmunder

ders.:	Beiträge 21, 1912 Geschichte der Grafschaft und der Freien Reichsstadt Dortmund, Dortmund 1917
Rübel, Dr. Karl:	Burgen und Befestigungen im Sachsenlande, Trier 1902
ders. u. Roese, Eduard, Hrgb.:	Dortmunder Urkundenbuch 1. und Ergänzungsband I, Dortmund 1881–1910
Ruwe, Hans Gerd:	Wittekind auf der Flucht, Enger 1984
Sartori, P.:	Westfälische Volkskunde, Leipzig 1922
Schambach, K.:	Der genaue Tag des Achtspruches und Aberachtspruches im Prozeß gegen Heinrich den Löwen. ZS. 1952
Schaten:	Historia Westfaliae, Neuhusii 1690
Schaumann:	Geschichte des niedersächsischen Volkes, Göttingen 1893
Schlicht, E.:	Der Hümmling in ur- und frühgeschichtlicher Zeit, Bremen Horn 1954
Schmale, F.-J.:	Lothar III. und Friedrich I. als Könige und Kaiser, in: Probleme des 12. Jahrhunderts, 1968
Scheffer-Bouchhorst, P., Hrgb.:	Annales Patherbrunnenses, Innsbruck 1870
Schmeddinghoff, A.:	Die Freigrafschaft Bocholt, Münsterland 7 1920
Schmidt, Ludwig:	Die Westgermanen, München 1970
ders.:	Geschichte der deutschen Stämme bis zum Ausgang der Völkerwanderung – Die Ostgermanen, München 1933
ders.:	Geschichte der deutschen Stämme bis zum Ausgang der Völkerwanderung, Abt. 2, Buch 1 (Die Ingwäonen), Berlin 1911
ders.:	Zur Sachsenforschung, Historische Vierteljahresschriften, Jgg. 14
Schmitz, Johannes:	Die Gogerichte im ehemaligen Herzogtum Westfalen, in Westf. Zeitschrift Nr. 59, 1901
Schnath, Georg:	Vom Sachsenstamm zum Lande Niedersachsen, Hannover 1966
ders.:	Das Sachsenroß. Entstehung und Bedeutung des niedersächsischen Landeswappens, ZS B 6, Hannover 1958
Schnath, Georg; Lübbing, Hermann; Mühlmann, Günther, und Engel, Franz:	Geschichte des Landes Niedersachsens, ein Überblick, Würzburg 1962
Schneider, Caspar, und Knauth, J. K.:	Beschreibung des alten Sachsenlandes, Dresden 1727

Schneider, Hermann:	Heldendichtung, Geistlichendichtung, Ritterdichtung, in: Geschichte der deutschen Literatur, Heidelberg 1943
ders.:	Germanische Heldensagen, Berlin-Leipzig 1928–1932, 2 Bd.
Schnettler, Otto:	Die Veme, Dortmund 1921
ders.:	Die Grafen von Westfalen und die westfälischen Grafschaften, in: Westfalen 16, 1931
ders.:	Geschichte Westfalens, Paderborn 1949
ders.:	Geschichte Westfalens im Mittelalter, Münster 1956
Scholz, Wilhelm:	Die Umwertung des westfälischen Brauchtums durch die Missionierung, Bassum 1977
Schotte, Heinrich:	Studien zur Geschichte der westfälischen Mark und Markgenossenschaft, Münster 1908
Schramm, Percy Ernst:	Der König von Frankreich, 2 Bd. Weimar 1939
Schrörs, Heinrich:	Die Vita Brunonis des Ruotger in: Annalen des hist. Vereins für den Niederrhein, 90, 1911
Schuchard, Karl:	Die Burg im Wandel der Weltgeschichte, Potsdam 1931
Schwartz, Hubertus:	Soest in seinen Denkmälern, I. Bd. Profane Denkmäler, Soest 1955
Schwerin, Claudis Fhr. v.:	Das Gottesurteil des Poppo, in: Zeitschrift der Savignystiftung 58, 1938
ders.:	Sachsenspiegel, Stuttgart 1959
Schuchard, Karl:	Vorgeschichte von Deutschland, München–Berlin 1928
Schuchardt, Carl:	Atlas vorgeschichtlicher Befestigungen in Niedersachsen, Hannover 1888–1916
Seibertz, J. S.:	Urkundenbuch zur Landes- und Rechtsgeschichte des Herzogtums Westfalen, I–III, 1834–1854
Seidel, Rita:	Universität Hannover 1831–1981, Stuttgart–Berlin–Köln–Mainz 1981
Seibertz, Johann Suitbert:	Landes- und Rechtsgeschichte des Herzogtums Westfalen, 3 Bd., Arnsberg 1839–1875
Speer, Elisabeth:	Quedlinburg, Dresden 1953
Spieß, Karl:	Bauernkunst, ihre Art und ihr Sinn, Wien 1925
Sprandel, Rudolf:	Der merowingische Adel und die Gebiete östlich des Rheins, Freiburg i. Brg. 1957
Stammler, Wolfgang, Hrgb.:	Die deutsche Literatur des Mittelalters, Berlin 1933–1943
Steinen, Johann Diedrich:	Westphälische Geschichte, 4 Bd. Lemgo 1749–1760

Stengel, E. E.:	Zum Prozeß Heinrichs des Löwen, ZS 1942
Stengel, Edmund:	Die Entstehungszeit der Res gestae Saxonicae und der Kaisergedanke Widukinds von Korvey, Leipzig 1941
ders.:	Der Kaiser macht das Heer, Weimar 1910
Stentzel, A.:	Altgermanische Kultstätten im Harz, in: Astron. Korrespondenz 1911
Storch:	Chronica von der Stadt Herford, o. O. u. J.
Strasser, C. Th.:	Eine Reise durch Niedersachsen im 17. Jahrhundert, Hannoverland Jgg. 5
Strunk, Hermann:	Das Scheingehen, ein niedersächsisches Gottesurteil, Jahresbericht der Männer vom Morgenstern, Jgg. 12
Stüve, C.:	Untersuchungen über die Gogerichte in Westfalen, o. O. 1870
Tellenbach, Gerd:	Studien und Vorarbeiten zur Geschichte des großfränkischen und frühdeutschen Adels, Freiburg i. Brg. 1957
ders.:	Königtum und Stämme in der Werdezeit des deutschen Reiches, Weimar 1939
Teudt, Wilhelm:	Germanische Heiligtümer – Beiträge zur Aufdeckung der Vorgeschichte, ausgehend von den Externsteinen, den Lippequellen und der Teutoburg, Jena 1934
Teuffel, R.:	Individuelle Persönlichkeitsschilderung in den deutschen Geschichtswerken des 10. und 11. Jahrhunderts, Leipzig/Berlin 1914
Teute, Otto:	Das alte Ostfalenland, Leipzig 1910
Thiele, Karl:	Die Hausinschriften des Fürstentums Corvey, Höxter 1931
Thomae, Curt:	Die Stellung der ersten deutschen Herrscher zur Nord- und Ostsee bis zum Beginn des salischen Kaiserhauses, Diss., Halle/Saale 1910
Tibus, A., und Mertens, Dr., Hrgb.:	Zeitschrift für vaterländische Geschichte und Alterthumskunde, Bd. 50, Münster i. W. 1982
Timerding, Heinrich:	Fränkische Königsgeschichte, Jena 1929
Treue, Wilhelm:	Zehn Jahre Land Niedersachsen, Hildesheim 1956
Vater, Fritz:	Die Zerstörung der Irminsul, Pähl/Obb. 1954
Verein für Geschichte und Altertumskunde:	Westfalen 17. Jgg. 1932, Dortmund 1932
ders.:	Zeitschrift für vaterländische Geschichte und Alterthumskunde, Münster 1892
Vetter, Eugen:	Mein Vestisch Land, Recklinghausen 1949
Vigener, Fritz:	Bezeichnung für Volk und Land der Deutschen vom 10.–13. Jahrhundert, Heidelberg 1901
Vincke, Gisbert v.:	Sagen und Bilder aus Westfalen, Hannover 1857
Vogt, Herbert:	Das Herzogtum Lothars von Süpplingenburg, 1106–1125, Hildesheim 1959

Vonhof, R.:	Die Urbevölkerung Niedersachsens, in: Niedersachsen, Jgg. 17
Vornbaum:	Die Grafschaft Ravensberg, Leipzig 1864
Vogelsang, Thilo:	Hinrich Wilhelm Kopf und Niedersachsen, Hannover 1963
Waas, Adolf:	Herrschaft und Staat im deutschen Frühmittelalter, Berlin 1938
Wahl, Rudolf:	Karl der Große, Berlin 1935
Waitz, G. Hrgb.:	Annalista Saxo, Hannover 1844
Weber, Leopold:	Midgard – Die Heldensagen des Nordlands, Stuttgart 1943
Weiland, L.:	Chronica ducum de Brunswik, Hannover 1877
ders., Hrgb.:	Braunschweigische Reimchronik, Hannover 1877
ders.:	Sächsische Weltchronik, Hannover 1877
ders.	Das sächsische Herzogtum unter Lothar und Heinrich dem Löwen, Greifswald 1866
Wenke, G.:	Über die Echtheit der ältesten Privilegien der Stadt Hannover vom 26. Juni 1241, in: Hannoversche Geschichtsblätter Jgg. 14
Wenskus, Reinhard:	Sächsischer Stammesadel und fränkischer Reichsadel, Göttingen 1976
Werneburg, Rudolf:	Gau, Grafschaft und Herrschaft in Sachsen bis zum Übergang in das Landesfürstentum, Diss. Göttingen 1910
Wersebe, A. von:	Beschreibung der Gaue zwischen Elbe, Saale und Unstrut, Weser und Werra, Hannover 1829
Wevers, Margarethe:	Einhards Vita Karoli Magni in der mittelalterlichen Geschichtsschreibung und Heldensage, Diss., Marburg/Lahn 1929
Wenskus, Reinhard:	Sächsischer Stammesadel und fränkischer Reichsadel, Göttingen 1976
Widukind:	Sächsische Geschichte; neu übertragen und bearbeitet von Paul Hirsch, Leipzig 1931
Wiedemann, H.:	Die Sachsenbekehrung, Hiltrup 1932
Wigand, Paul:	Archiv für Geschichte und Altertumskunde Westfalens, 7. Bd. Hamm 1826–1838
Willibald:	Vita S. Bonifatii, Mainz um 750
Wilmans, Roger, und Philippi, Friedrich:	Die Kaiserurkunden der Provinz Westfalen 777–1313, 2. Bd. Münster 1867 und 1881
Wilser, Ludwig:	Das Leinetal – Die Heimat der Nibelungensage?, Niedersachsen, Jgg. 16
Winkelmann, E., Hrgb.:	Acta imperii inedita, Bd. 1, Innsbruck 1880
Winterfeld, Paul v.:	Deutsche Dichter des lateinischen Mittelalters, München 1922

Winterfeld, Louise von:	Geschichte der freien Reichs- und Hansestadt Dortmund, Dortmund 1934
Wippermann, C. W.:	Beschreibung des Bukkigaues nebst Feststellung der Grenzen der übrigen Gaue Niedersachsens, Göttingen 1859
Witte, Alfred:	Ebbeke auf Raukholt, Stade 1966
Wirth, Hermann:	Der Aufgang der Menschheit, Jena 1934
Wolf, Ludwig:	Die Helden der Völkerwanderungszeit, Jena 1932
Wolff, Ludwig:	Das deutsche Schrifttum bis zum Ausgang des Mittelalters, Potsdam 1939
Wolffgram, Hugo:	Neue Forschungen zu Werner Rolevincks Leben und Werken, Münster 1892
Wübbe, Walter:	Sythen – Landschaft Geschichte Brauchtum, Sythen 1980
Wührer, Karl:	Der deutsche Staat des Mittelalters, Jena 1932
Zallinger, Otto:	Über den Königsbann, ZS 1882
Zeiß, H.:	Herzogname und Herzogamt, ZS Wien 1932
Zeitschrift der Savignystiftung für Rechtsgeschichte:	76. Band, Weimar 1959
Zeller, Adolf, Hrgb.:	Die Kunstdenkmäler der Provinz Hannover, Hannover 1911

Danksagung!
Der Dank des Autors gilt allen Helferinnen und Helfer, die zur Bestgestaltung dieses Werkes beitrugen. Vor allem jenen, die durch diverse Unterlagen und Fotos mithalfen, dem Buche diese Ausstattung mitzugeben. Es sind dies vor allem:
Herr Gerhard Bollmann, Herford
Herr Dr. Gerhard Kaldewei, Enger
Herr Walter Wübbe.

Ferner: die Stadtverwaltungen, Stadtarchive, Presse- und Informationsabteilungen der Städte Braunschweig, Enger, Dortmund, Hameln, Helmstedt, Paderborn, Ravensburg, Kirchengemeinde Süpplingenburg, Kreis Sythen, Weingarten und Wolfenbüttel, Augustbibliothek Wolfenbüttel.

Gott schuf das Meer – der Friese die Küste!

Franz Kurowski

Die Friesen
Das Volk am Meer

448 Seiten, mit zahlreichen Abbildungen, gebunden mit Schutzumschlag

ISBN: 978-3-86820-018-8

Früher € 24,95

Jetzt nur € 9,95 | sFr. 18,00

Die Geschichte der Friesen ist in ihrer Dramatik und faktenreichen Fülle zugleich ein faszinierendes Kapitel deutscher Geschichte. Von den Römern geachtet und gefürchtet lebten sie an der südlichen Nordseeküste. Sie verteidigten ihr Land gegen alle fremden Eindringlinge. Zuerst gegen die Römer, dann gegen die Franken und schließlich gegen die Normannen.

Ihrem größten Feind - der ewig wütenden See - rangen sie ihr meernahes Dasein ab. »Gott schuf das Meer - der Friese die Küste!« Ein wahres Wort, das ihr Ringen um den Erhalt dieses Landes gegen den »Blanken Hans« aufzeigt. Herzöge und Könige, Häuptlinge, Grafen und Fürsten und wieder Könige standen an der Spitze dieses Landes.

Friesen aber zogen hinaus, als Kaufleute und Forscher, als Abenteurer und Seefahrer. Ihre Koggen wurden jenen der Hanse zum Vorbild. Friesische Häuptlinge versammelten sich unter dem Upstalsboom; die Theelacht, nunmehr 1.100 Jahre alt, ist heute noch eine funktionierende Gemeinschaft der Friesen.

VERLAG

Geschichte eines Staates

Hans-Joachim Schoeps

Preußen
Geschichte eines Staates

400 Seiten, gebunden mit Schutzumschlag

ISBN: 978-386820-025-6

Jetzt nur € 9,95 | sFr. 18,00

Preußen als historische Größe des alten Europa ist heute versunken. Seine Staatsidee und sein Stil sind nur noch Reminiszenz. Der 1980 verstorbene Ordinarius für Religions- und Geistesgeschichte an der Universität Erlangen, Hans-Joachim Schoeps, hat sich mit seiner Geschichte Preußens nachdrücklich für eine historische Rechtfertigung dieses Staates eingesetzt. Die Gesamtdarstellung der Geschichte Preußens wird durch einen Anhang ergänzt, der die wichtigsten Zeugnisse preußischen Geistes in charakteristischen Ausschnitten vorführt.

»Ein bemerkenswertes und nützliches Buch, das auch dem Kenner der preußischen Geschichte neue Einblicke vermittelt. Man wünscht diesem Buch viele, vor allem junge Leser, nicht nur, damit sie erfahren, was Preußen war, sondern auch, wie oft dieser Begriff missverstanden und zuletzt missbraucht wurde.«

Die Zeit

»Wer ein klares und kluges, durch sprechende Dokumente ergänztes Buch lesen will, dem kann man diese Geschichte von 700 Jahren guten Gewissens empfehlen.«

Der Spiegel

Das Standardwerk

Ian Kershaw
Der NS-Staat

4. Auflage, 416 Seiten,
gebunden mit Schutzumschlag

ISBN: 978-3-86820-024-9

Jetzt nur € **9,95** | sFr. 18,00

Die Literatur zum Nationalsozialismus und zum Holocaust füllt ganze Bibliotheken, und selbst Fachleuten fällt es schwer, einen Überblick zu wahren. Diese unübersichtliche Situation stellt sich dank der Arbeit des britischen Sozialhistorikers und Hitler-Biographen Ian Kershaw verändert dar. Sein Buch, das nun in einer erweiterten und überarbeiteten Fassung vorliegt, ist ein Wegweiser durch das Bücherdickicht zum Ursprung und Wesen des Nationalsozialismus. Der Autor informiert über die unterschiedlichen Erklärungsmodelle, kommentiert einsichtig die großen Kontroversen und Debatten, die sie begleiten, und zeigt dabei den aktuellen Forschungsstand.

Dr. phil. Ian Kershaw, geboren 1943, studierte in Liverpool und Oxford. Er lehrte von 1968 bis 1989 an den Universitäten Manchester und Nottingham. Seit 1989 ist er Professor für neuere Geschichte und Direktor des historischen Instituts der Universität Sheffield.

Kershaws Forschungen über Hitler und das Dritte Reich führten ihn nach London, New York, Moskau und in viele Archive in Deutschland, Österreich und Frankreich.

Roms Aufstieg zum Weltreich der Antike

Yann Le Bohec
Die römische Armee

344 Seiten, mit zahlreichen Abbildungen, gebunden mit Schutzumschlag

ISBN: 978-3-86820-022-5

Früher € 39,00
Jetzt nur € 9,95 | sFr. 18,00

Dieses Buch ist eine sehr gute Darstellung der römischen Armee, da sie sich nicht nur auf die Kriege der Republik und frühen Kaiserzeit beschränkt, sondern auch auf die sozio-kulturellen Rahmenbedingungen der Entwicklung der römischen Armee. Rekrutierung und Leben der römischen Soldaten werden ausführlich dargestellt. Das Buch enthält auch einen Ausblick der Entwicklung der römischen Armee während der späten Kaiserzeit.

Aus dem Inhalt:
Die Organisation der Armee: Die Truppeneinheiten; Die Männer; Die Rekrutierung – Die Armee in Aktion: Das Exerzieren; Die Taktik – Strategie: das feste Lager – Die Rolle der Armee im Römischen Reich: Die Geschichte der römischen Armee; Die materielle Rolle; Die kulturelle Rolle

NIKOL
VERLAG